關防遺蹟의 研究

민 덕 식 저

백산자료원

關防遺蹟의 硏究

초판 인쇄 : 2024년 4월 20일
초판 발행 : 2024년 4월 27일

지은이 | 민 덕 식
디자인 | 손 영 섭
펴낸곳 | 백산자료원

등록 1991년 2월 11일(제2-1125호)
주소 | 서울특별시 중구 116 (을지로 3가 334-1)
전화 | 02) 2267-2090 010-5126-0300
팩스 | 02) 2267-7710
E-mail : gando2090@naver.com

값 24,000원
ISBN 978-89-6194-062-7-93910

〈표지 설명〉

『삼국사기』에 나오는 유명한 고구려의 백암성에 비정되는 중국 요령성 등탑현 서대요향 관둔촌 연주성대대에 위치한 연주성 치성의 굽도리 사진이다. 밑부분을 2~3m정도로 굽도리를 계단식으로 들여쌓기를 하였다. 모서리부분의 아름다운 선은 고구려인들의 건축술이 얼마나 뛰어난가를 보여주는 것이다.

목 차

제1부 고대의 관방유적

제1장 한반도내 중국군현성의 축조공법

머 리 말

중국계 토성인 중국군현성이 삼국시대 토성에도 영향을 주었으리라고 짐작되기 때문에, 이 시기의 축조공법이 어떠하였는지는 매우 궁금한 일이다. 현재 이들 토성 유적에 대한 발굴조사가 제대로 이루어지지 않고 있기 때문에 자연 분석 대상도 소략할 수밖에 없다. 소략하나 마 현재 보고된 내용이라도 종합 분석하여 보도록 하겠다.

본고에서는 중국군현성 중에서 한반도 안에 분포하는 유적만을 살펴보려고 하는 것이다. 이들 유적은 낙랑군과 대방군유적으로 알려져 왔다. 그러나 고구려와의 관계 때문에 下古城子土城과 國內城遺蹟도 함께 포함하도록 하겠다. 실제로 중국군현성의 유적도 지역에 따라 차이가 있기 때문에 요녕성, 길림성 등 주변지역에 분포하는 유적들을 종합적으로 분석해야만 이들의 성격이 보다 규명될 수 있을 것이다. 무엇보다도 지표조사만으로는 분석이 어렵기 때문에 발굴조사가 진척되어야만 할 것이다.

이해를 높이기 위해서 우선 우리나라 토성의 축조공법 문제를 간략하게 살펴보고 본론으로 들어가도록 하겠으며, 곁들여 다른 유적과도 비교하여 중국군현성의 축조공법 문제에 대한 이해의 폭을 높여 보도록 하겠다.

Ⅰ. 축조공법

1. 성토법과 삭토법

우선 축조공법의 비교를 위해서 우리나라 토성의 축조공법의 대강을 간략하게 언급해 둘 필요가 있다. 우리나라 축조공법은 대체로 盛土法(土石混築 포함),[1] 削土法, 搗築法(흙다져쌓기법) 등 3가지 공법이 응용되었다. 성토법은 성벽 주변에 있는 흙을 운반하여 흙을 무작위로 쌓아 올리는 공법으로 우리나라 토성 축조에서 가장 보편적으로 응용되던 공법이다.[2] 평지성의 경우에는 성벽 주변의 흙을 이용하였는데, 흙을 파낸 곳은 垓子로 활용하는 경우가 많았다. 산성의 경우에도 서울 三成洞土城처럼 외부에서 진흙을 날라다 쌓는 경우도 있으나, 많은 공력이 들기 때문에 가까운 성벽 주변의 흙을 사용하는 것이 보통이었다. 성벽 안팎의 흙을 파서 성토법으로 쌓아 體城을 구축하는 경우, 성 안쪽은 內隍이나 內環道가 생기고, 성 밖은 外隍이 만들어지는 경우가 많았다.[3] 이 공법은 축조공법의 발달

---

1) 토석혼축성을 토성으로 보지 않는 학자도 있으나, 토성 속에 포함시키는 것이 일반적이다. 고려 토성의 79개 자료 중에서 진흙 또는 석비레로 쌓은 토성은 17개이고, 이중 순수 진흙으로 쌓은 성은 3개뿐이며, 토성혼축이 19개로서 23.5%를 차지한다고 한다(김민철, 「고려토성의 축조 형식과 방법」, 『조선고고연구』 1, 1991, 33~35쪽). 이로써 보면 토성에서 토성혼축성이 차지하는 비중이 만만치 않다는 것을 알 수가 있다.

2) 孔錫龜, 「百濟城郭의 類型과 築造技法」, 『大田의 城廓』(大田直轄市), 1993, 137~138쪽.

3) 판축법으로 쌓았다고 보고된 울산 화산리토성의 예를 보면 성벽 안에는 斷面半圓狀의 內隍을 만들었는데, D트렌치는 폭이 420cm였다. 이 내황은 內環道로도 쓰이고, 雨天時에는 빗물이 흐르게 하여 성벽이 파괴되는 것을 막는 역할도 하였다. 성 밖에서도 土取場이 확인되었는데, B트렌치의 경우는 외벽에서의 거리는 280cm, 폭 250cm 규모였으며 불규칙한 溝狀을 이루면서 등고선을 따라 이루어져 있었다. 이러한 유구는 축성시 이곳에서 흙을 채취하

상 가장 이른 시기부터 응용되었으리라고 짐작되고 있다. 삭토법은 산성의 경우에 해당되는데 지형이 경사를 이루는 부분에는 별도로 체성을 구축하지 않고 경사 지형을 깎아냄으로써 외벽을 더욱 경사지게 하여 성벽의 역할을 하게 하는 공법으로 片築城壁을 만드는데 응용되었다.[4] 특히 계단식으로 만든 성벽을 계단형 토성벽이라고 부르는데, 산 경사면을 계단식으로 몇 단을 깎아내고 그것을 그대로 성벽으로 이용하고, 꼭대기에 높이 1m정도로 흙을 쌓고 밑에 隍을 판 경우가 고려시대의 유적에서 확인되고 있다.[5] 이러한 공법은 고려시대와 조선시대의 장성(행성)을 축조하는데 많이 응용되던 공법이었다.

2. 판축법

축조공법 중에서 가장 문제가 되는 것은 搗築法이라고 할 수가 있다. 흙다져쌓기는 다시 성토다짐법과 版築法으로 구분되어 진다. 성토다짐은 夾板으로된 거푸집을 설치하지 않고, 흙을 층층이 놓고 차례로 다져나가는 공법이다. 즉 판축법에 비교하면 비교적 단순한 공법에 속한다. 이에 비해 판축법은 공법이 복잡하며, 그 내용이 아직까지 잘 규명이 되어 있지 않은 실정이다.

이러한 판축법은 건축용 석재의 확보가 어려운 중국에서 크게 성행하였는데,[6] 중국에서는 夯土(유럽에서는 Terre pisé)라고 부르며,

---

였던 것으로 보이는데, 최단 거리인 성벽 안팎에서 흙을 채취하여 功力을 줄였음을 알 수가 있다(東亞大學校博物館, 『蔚州華山里城池』, 1990, 41~86쪽. 沈奉謹, 『韓國南海沿岸城池의 考古學的 硏究』(學硏文化社), 113~139쪽).

4) 발굴조사에서도 삭토법은 몽촌토성과 행주산성에서도 확인되었으며, 조선시대까지도 응용되었다는 기록이 있다(夢村土城發掘調査團, 『整備復元을 위한 夢村土城發掘調査報告書』, 1984, 32쪽. 서울大學校博物館, 『幸州山城』, 1991, 48쪽. 『世宗實錄』 권109, 世宗 27년 7월 己卯).

5) 김명철, 앞의 논문, 34쪽.

6) 이러한 판축법은 중국이외에도 아프리카와 스페인에서도 발견되며, 스페인에서는 望樓나 土城에도 응용되었다고 한다(Joseph Needham 著, 田中 淡 外 譯, 『中國の科學と文明』 10(思索社), 1979, 44쪽).

龍山文化期부터 시작하여, 약 B.C.16C경 商代前期 城邑의 하나인 鄭州商城에서는 성벽의 둘레도 6,960m로 방대하여 지고, 정교한 판축법이 응용되었다.[7] 한편 문헌상으로는 송대 李明仲이 저술한 『營造法式』에 판축법에 대하여 언급한 자료가 있다.[8]

> 城基開地深五尺 其厚隨城之厚 每城身長七尺五寸 栽永定柱(長視城高徑一尺至一尺二寸) 夜叉木(徑同上 其長比上減四尺) 各二條 每築高五尺 橫用紝木一條(長一丈至一丈二尺 徑五寸至七寸 護門甕城及馬面之類準此) 每膊椽長三尺 用草葽一條(長五尺 徑一寸 重四兩)木橛子一枚(頭徑一寸長一尺)

위의 내용을 정확하게 이해하기는 쉽지가 않지만, 竹島卓一은 永定柱는 柱材, 夜叉木은 영정주를 얽어매는 보조 목재로 보았다. 또 성벽의 한 면에 7척 5촌마다 永定柱와 夜叉木을 2개씩 쓰는데, 이것은 성벽의 마무리나 夾板을 제거할 때 쓰는 독립된 발판으로 보았다. 그는 성벽의 높이가 5척을 쌓을 때마다 횡으로 1개를 사용했다는 紝

---

7) 용산문화기의 유적으로는 河南 登封의 王城崗, 河南 淮陽의 平粮台, 山東 歷城의 城子崖遺蹟 등이 있다. 이들 유적은 평지보다 3~5m 높은 河水邊臺地上에 있으며, 규모는 왕성강유적 西城이 남벽 82.4m, 서벽 92m, 북벽 서단殘長 29m, 평량대유적은 동서남북 각 185m, 성자애유적은 동서 300m, 남북 450m이다. 초축년대는 왕성강유적이 약 B.C. 24C., 평량대유적 약 B.C. 23C., 성자애유적은 B.C. 20C. 보다 조금 앞설 것으로 보고 있다. 즉 中原初期國家城邑의 初期段階로 河南 龍山文化後期의 유적들이다(國立中央硏究院歷史語言硏究所,『城子崖』(南京), 1934, 26~31쪽). 張學海,「城子崖與中國文化」,『紀念城子崖遺址發掘60周年國際學術討論會文集』(齊魯書社), 1993, 13~25쪽. 張之恒,「黃河中下游幾座龍山文化城址的性質」,『紀念城子崖遺址發掘60周年國際學術討論會文集』, 90~98쪽. 河南省文物硏究所 中國歷史博物館考古部,「登封王城崗遺址的發掘」,『文物』3, 1983, 8~20쪽. 河南省文物硏究所 周口地區文物局文物科,「河南淮陽平粮台龍山文化城址試掘簡報」,『文物』3, 1983, 21~36쪽. 杜正勝,「野城과 山城」,『百濟硏究』19(忠南大學校百濟硏究所), 1988, 79~82쪽. 河南省博物館·鄭州市博物館,「鄭州商代城址試掘簡報」,『文物』1, 1977, 21~31쪽).

8)『營造法式』卷 第三 壕寨制度 城條(臺灣商務印書館印行), 1925, 55쪽.

木을 영정주 사이를 가로지르는 橫長木으로 보았다.[9] 한편 협판을 의미한다고 보이는 膊椽에는 길이 3척되는 곳마다 草葽(새끼)로 묶어서 그 새끼의 한쪽 끝을 版築城體 내부에 박은 木橛子(나무쐐기)에 고정한다는 것으로 해석되고 있다. 즉 협판을 고정시킬 때 영정주에 홈을 파서 끼우는 것이 아니고, 새끼로 매는 방법으로 하였다는 것이다.

膊椽은 중국에서는 業이라고도 불렀는데, 오늘날의 시멘트를 硬化시킬 때 쓰이는 거푸집과 같은 것으로, 우리 학계에서는 夾版, 堰板, 板木 등으로 불리고 있다. 협판의 외측에 있는 양쪽 가장자리의 木柱를 幹, 중간의 것을 楨이라고 한다.[10] 양측 협판을 묶어서 고정시킨 새끼를 繩이라고 부른다. 또 橫長木인 絍木을 穿棍이라고 하며, 희생목으로 쓰인 絍木이 부식되어 생긴 구멍을 棍眠이라 하고, 초요를 穿繩이라고 한다. 이 새끼가 부식되어 나타난 구멍을 繩眠이라고도 부른다.[11]

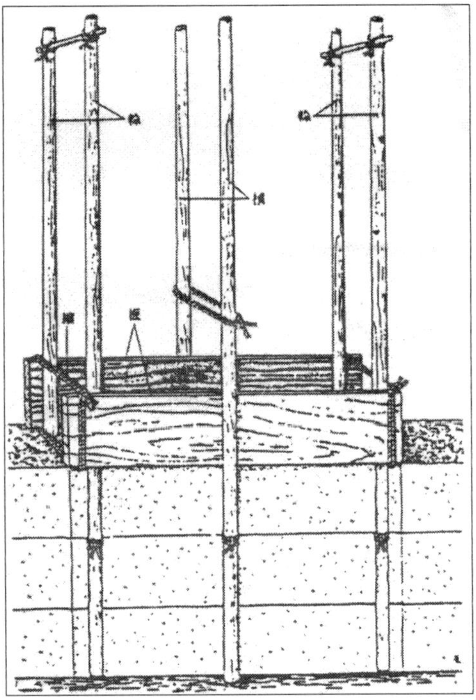

<그림 1> 한대 판축법 복원 예시도

9) 竹島卓一, 『營造法式の硏究』(中央公論美術出版), 1972, 85~87쪽.

10) 한자에서 사물의 근원이나 기초를 의미하는 楨幹도 여기에서 유래된 말이라고 볼 수가 있다.

11) 河北省文化局文物工作隊, 「河北易縣燕下都故城勘察和試掘」, 『考古學報』 1, 1965, 87~88쪽.

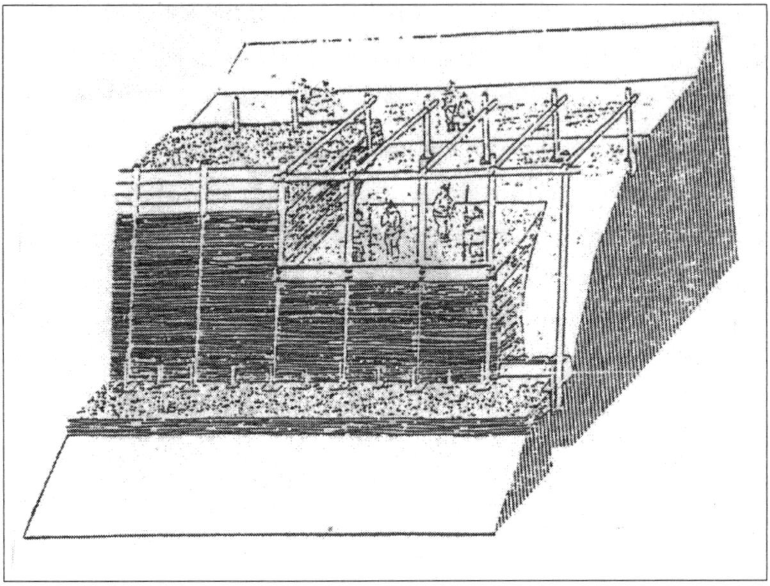

<그림 2> 일본 구주 복강현 어소곡 신농석 토루 판축 추정 복원도 (小川秀樹)

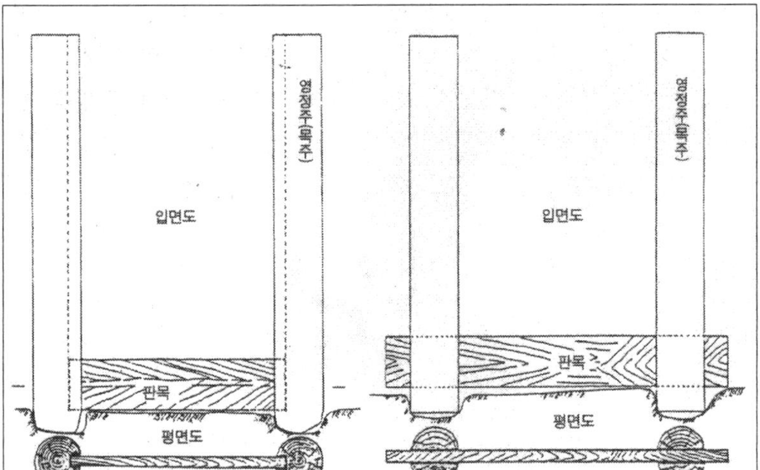

<그림 3> 목주와 판목 사용방법 추정 복원도 (崔孟植 외)

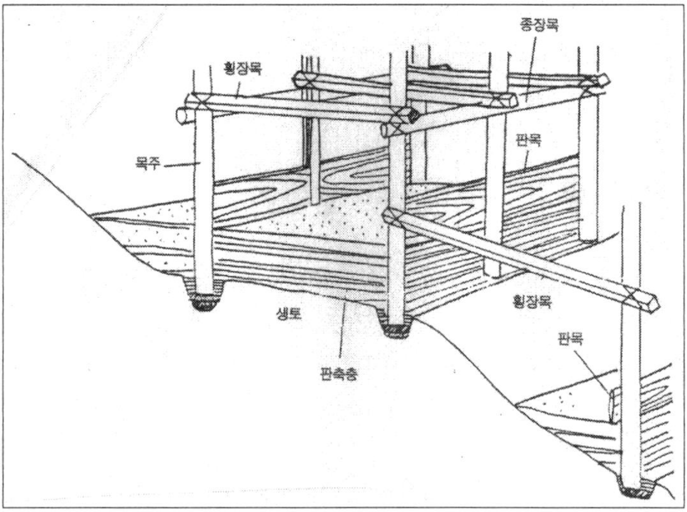

<그림 4> 부소산성 판축법 추정 복원도 (金容民)

한편 우리나라의 예를 살펴보면 鄭尙驥는 석회로서 灰築城을 쌓을 때 먼저 城基를 정지하고, 흙을 백여 척 정도 넓이로 모아서, 흙 가운데 밖에 가까운 거리에다 폭 10척의 긴 구덩이를 판다. 외면에는 높이 1척의 두꺼운 판목을 세워서 석회와 沙土를 交合하여, 조금 슈하게 하여 여기에다 집어넣는다. 그 후 여러 사람들이 힘을 모아 累千번를 방망이로 굳게 다진다. 그 후 판목을 빼내고 흙으로 석회를 묻는다. 또 판목을 灰築 外面위에 세워 앞에서처럼 다져 쌓은 후 판목을 걷어내고 흙으로 메운다. 이처럼 점차로 쌓아 올려 그 높이가 40척, 35척, 30척 정도로 한다. 실을 중앙에서 기저부 까지 내려서 높이가 높으면 높을수록 좋다. 옛날 중국의 智伯(智瑤 혹은 知瑤, 춘추시대 晉人 : 필자주)이 晉陽之城에 물을 댈 때 성이 물에 잠기지 않은 것이 3板이었다. 주의 세종이 汴京之城을 넓힐 때 겨울을 이용하여 판축하게 하였는데, 판축법은 대개 고법이다. 성벽의 상폭이 25척이면 하폭은 60~70척으로 하고, 상폭이 20척이면 하폭은 50~60척으로 한다. 혹 상폭이 16~17척이면 하폭은 40여 척으로 하되 폭이 넓으면 넓을수록 좋다. 이것은 모두 밖은 석회로 하고 안은 흙으로 쌓는 것을 말하는 것이다. 판축의 상하와 전후가 서로 닿는 곳은 혹은 나오기도 하고 들어가기도 하여 조그만 흔적들

이 남게 된다. 판목을 떼어낼 때 반드시 날카로운 삽으로 깎아서 이러한 흔적이 없게 한결같이 平滑하게 해야 한다.12)

라고 하였다.

또 丁若鏞은

> 數尺을 굴착하고 돌을 채운 다음 2丈 5尺의 협판을 城址위에 횡으로 똑바로 놓고, 하나는 성 두께를 기준으로 삼고, 하나는 협판에 흙을 쌓는 표준으로 삼아 그 두 머리를 연결하고 판목사이에 흙을 채워 축조한다. 판목을 많이 사용하여 즐비하게 설치하고 많은 사람들이 힘을 합쳐 작업하되 힘써 방망이로 소리를 맞추어 두드려 견고하게 축조한 후에 판목을 빼서 위로 올린다. 앞자리로 조금씩 옮겨가되 전 판목의 흔적이 지금 판목의 자리 중앙에 잘 맞도록 한다. 前板의 흔적은 泥灰三物13)로 그 겉면을 채운다. 그렇게 할 수 없으면 衆石을 진흙과 같이 쌓고 다시 판목 사이를 흙으로 채워서 쌓는다.14)

라고 하였다. 또 그는 무릇 城堡를 축조하는 흙의 성질이 黏實한 것이 토성을 쌓는 데는 최상이 되며, 점질토에 山砂(石飛來)를 交合한 것이 가장 좋다고 하고, 만약 흙의 성질이 푸실 거리면 쉽게 무너진다고 하였다.15)

2) 柱穴

발굴조사에서도 양산 蓴池里土城16)을 비롯하여 체성의 양단 경계

---

12) 『農圃問答』 論陣法築城墩條.

13) 灰三物은 석회, 가는 모래, 진흙을 말한다. 『農圃問答』 論陣法築城墩條에는 석회는 필히 점토, 細沙와 섞되 석회는 3분지 1 혹은 4분지 1로 하고, 전체를 석회로 하지는 않는다고 하였다.

14) 沈正輔, 『韓國 邑城의 硏究』 (學硏文化社), 1995, 397~398쪽.

15) 『與猶堂全書』 補遺 三(茶山學會) 民堡議 上卷 堡垣之制條.

16) 순지리토성은 기저부의 경사도가 심한 곳은 폭 4m의 주혈이 두 줄로 되어

면에 支柱木인 영정주로 보이는 木柱의 柱穴이 수직 상태로 확인되고 있다. 주혈의 직경은 대체로 20~30㎝내외이나, 경우에 따라서는 40~50cm도 있다. 판축에 쓰이는 목주는 20㎝(백석동토성의 土炭化된 통나무로 된 영정주의 지름은 20cm)정도가 기준이었을 것으로 보이며,[17] 판축면에 나타난 목주흠은 청주 井北洞土城처럼 직경이 30~35cm나 되는 예도 있다. 주혈의 깊이는 30~60cm가 많다. 또 정북동토성의 경우를 보면 성벽의 판축이 시작된 면의 아래로 65cm의 깊이까지 상폭 80cm의 U자 형 단면의 구덩을 만들고, 기둥이 세워질 아래 부분을 모래와 뻘을 섞어서 다지고, 그 위에 기둥을 세우고 기둥의 둘레를 다짐하였다. 개중에는 기둥 자리를 파내어 다짐을 한 뒤에 다시 범위를 좁혀 되파기를 한 후에 기둥을 세운 경우도 있었다.[18] 한편 판축부에 남아 있는 주혈은 사각형도 있으나, 대부분 원형

있었다. 주혈의 간격은 1m 전후였고, 구덩이 안은 단단한 흑갈색 점토로 메워져 있었다. 간혹 목질이 부식되어 있으면서 점토로 메우지 않은 곳도 있었고, 때로는 인접하여 나란히 2중의 흔적을 남긴 곳과 礫石이 깔려 있는 곳도 있었다. 또 일부 지역에서는 2m 이상의 목주가 부식된 흔적이 성벽면에 잔존하기도 하였다. 현재 주혈의 규모는 직경 45cm, 깊이 48cm이었다. 목주를 견고하게 고정시키기 위해 할석을 끼워 다져 넣기도 하였다. 표토층인 흙갈색 부식토층을 걷어내고 생토층 또는 퇴적암층 위에 성벽의 기저부를 형성하고, 저습지에서 운반해온 흑갈색 점토를 20cm정도의 두께로 깔고, 이를 견고하게 다지고 그 위에 인접한 성내의 산토를 20~30cm정도로 쌓아 다지며 교대로 다졌다. 판축 성벽의 기저부 좌우를 2m 폭으로 外彼覆土하였다. 보고자는 토성의 축조년대를 최소한 6C 이전으로 보았고, 나동욱도 5C 이전으로 보았다(東亞大學校博物館, 『梁山薄池里土城』, 1983, 68~339쪽. 羅東旭, 「慶南地域의 土城 硏究」, 『博物館硏究論集』 5(부산광역시립박물관), 1996, 52쪽).

17) 정북동토성의 큰 주혈 중에 하나는 직경 42cm의 구덩 안에 25cm의 직경이 되는 圓柱를 세운 다음 기둥과 구덩 사이를 흙다짐하였다고 한다(忠北大學校 中原文化硏究所·淸州市, 『淸州 井北洞 土城 I』, 1999, 38쪽). 사실 목주가 너무 무거우면 판축 작업에 지장이 있게 마련이므로, 목주의 지름과 길이는 작업에 어려움이 없도록 고려되었을 것이다. 직경이 보통 20cm쯤이 기준이었던 것은 이 정도의 규모가 사용하기에도 편리하고 견고성도 있었기 때문일 것이다.

18) 忠北大學校 中原文化硏究所·淸州市, 위의 책, 34~36쪽.

遺 蹟	柱穴直徑	잔존깊이	形 態	柱穴의 狀況	柱穴間隔 (cm)	備 考
梁山 蕁池里土城	45cm	48cm	圓形	殘存痕迹 1m~3m	幅 400 間隔 100	木相柱추정
蔚山 伴鷗洞土城						未確認 (腐植土層)
蔚山 華山里土城	25~30cm	20cm	圓形	柱穴下部에 板石	380	
釜山 堂甘洞城	20~30cm	15~20cm	圓形	柱穴下部에 板石	420~430	
馬山 會原土城	25cm	未詳	圓形 上狹下寬	殘存高 1.5m, 垂直	未詳	石築사이에 柱穴 痕迹
서울 夢村土城	西北壁 40~50cm 東壁 25~30cm	30~90cm		東壁傾斜孔 (城壁方向)	70~180 180推定	木柵(西北壁북단), 補助柱推定, 垓字(西北壁) 東壁下段 2重柱(木柵에서 90cm 離隔地點 60, 傾斜, 補助柱)
扶餘 扶蘇山城	30cm (推定東門址) 30cm (南門址附近)	25~60cm	圓形 圓形	柱穴下部에 板石 版築石壁下 90cm地點에 縱長木孔	120~130	初期2次分割版築土壘, 橫長木孔과 直交縱長木孔
中原 見鶴里土城	30cm內外	17~78cm	圓形	不規則	300~600 200~700	門口部(5m區間內 柱3個 ("사"구덩)
益山 五金山城	30cm	未詳	圓形	1m內外殘存	100~140	不規則
天原 木川土城	15cm	20~25cm	圓形 (殘高1m)	上狹下寬 1m 殘存	380	
稷山 蛇山城	10~12cm 20~28cm		長方形 圓形 (上狹下寬)	角柱穴(內壁10cm) 挿入 圓柱穴(外部)	山頂式 BTr. 160 342, 366	
羅州 會津土城	20(角木) 30, 35cm	高170cm 3, 23cm	方形, 圓形	壁角柱穴, 石列外圓柱穴	330~380 推定	柱穴位置 2段 石列 斷絶, 柱角度 87度
洪城 神衿城	內16~25cm, 外22~28cm, 2次, 16~30cm	內69~86cm, 外60~120cm, 2次,72~117cm	1,2次圓形	石列內圓柱穴	內320~420, 外280~350, 2次, 340~404	內370cm內外 外340cm內外 (2次,375cm內外)
高陽 幸州山城	20cm	70cm以上	圓形	不規則	約200	外壁 版築끝線

〈표 1〉 토성의 주혈(羅東旭)

이며, 높이는 1m정도의 흔적을 남기고 있는 경우가 대부분이지만, 경우에 따라서는 순지리토성 3m, 정북동토성 2.4m처럼 길게 주혈이 남아 있기도 하다. 또 판축부에 남아 있는 주혈의 형태는 위쪽으로 주혈이 좁아지는 경우가 일반적이나, 반대로 아래쪽으로 좁아지는 경우도 있다. 한편 이들 판축면에 나타난 주혈은 목주를 상부까지 세우고 축조하였으나, 성벽의 기울기에 따라 윗부분은 나타나지 않은 경우가 있을 수 있다. 또 목주를 위쪽으로 뽑아 올리면서 축조한 흔적들이 이 주혈에 나타나는 경우도 있기 때문에 주의를 요한다.

백제기 판축토루의 주혈 간격은 중심년대가 5C경으로 추정되는 청주 井北洞土城[19]의 주혈 간격은 110~170cm이고,[20] 6C전반을 하한으로 하는 천안 白石洞土城의 주혈 간격은 130~150cm이며,[21] 6C전반의 부여 扶蘇山城[22]의 주혈 간격은 100~150cm이다. 그러나 基壇石築[23]과 판축법이 혼합된 통일신라기의 판축토루는 주혈의 간격

---

19) 정북동토성의 축조시기에 대해서는 아직 정확한 추정을 하지 못하고 있다(忠北大學校博物館, 『청주 정북동토성Ⅳ—해자 터 발굴조사—』, 2018, 186~193쪽). 현재 이 성의 성격을 이해하기는 매우 어려운데, 미호천을 자연해자로 삼이 구축된 점, 인공해자와 八峰(지성)을 갖춘 선지한 성곽이라는 점, 미호천을 사이에 두고 오창과학단지에 있는 무령산성과 대치하고 있다는 점, 주변에 이와 관련된 취락지나 고분군이 확인되지 않는다는 점, 주변에 장수의 무덤이라고 전하던 장군총(3기)이 있었던 점으로 보아, 고구려의 남침과 관련된 방어용 군사시설이 아닌지도 모르겠다. 6.25 때도 이곳 미호천을 사이에 두고, 우리 수도사단이 남침하는 북한군 2사단을 막기 위해 치열한 미호천전투를 벌렸다.

20) 忠北大學校 中原文化硏究所・淸州市, 앞의 책, 60쪽.

21) 李南奭, 「天安 白石洞 土城의 檢討」, 『韓國上古史學報』 28(韓國上古史學會), 1998, 80쪽.

22) 부소산성은 大通(527~528년)이 찍힌 와편이 출토되어, 이 무렵에 축조된 것으로 보고 있다.

23) 판축토성의 기단부 구성의 형식은 내벽이나 외벽에 기단석축이 있는 基壇石築型과 내벽과 외벽의 기단부에 일정한 높이까지 내외 벽을 돌로서 겉 쌓기를 한 石築型으로 구분하고 있다(羅東旭, 앞의 논문, 32쪽). 즉 기단석축형은 板石狀 自然割石인 기단석을 1~3단 横平積으로 놓고, 그 위로 판축한 것으로 석축의 높이는 30cm내외이다. 석축형의 경우는 화산리토성처럼 석축의

이 3~4m정도로 넓어지는데, 이러한 유적으로는 천안 木川土城, 직산 蛇山城, 홍성 神衿城, 고양 幸州山城, 나주 會津土城, 울산 華山里土城, 완도 淸海鎭土城 등이 알려져 있다.[24] 이처럼 주혈의 간격은 비교적 이른 시기의 유적에서 짧고 상대적으로 늦은 시기의 유적에서는 4m 내외를 보이고 있으며, 한 번에 좀 더 긴 구간을 축조할 수 있다는 점에서 판축 기술의 발달에 기인한 것으로 보고 있다. 그러나 경우에 따라서는 축성에 불리한 지형에서는 주혈의 간격을 좁혀 판축한 경우도 있었을 것으로 보인다.[25]

한편 내벽 쪽에 주혈이 불분명한 경우는 內托式 版築과 관련이 있는 것으로 보고, 새끼로 협판을 고정시킨 방법이 사용되지 않았나 추정되며, 또 주혈이 일정한 간격으로 성벽의 기단석축 쪽에 하나만 보이는 것은 부소산성의 예처럼 영정주의 중앙 가장자리에 협판이 들어갈 수 있는 홈을 파서 이곳에 협판을 끼우고 판축하는 경우도 있었을 것으로 보고 있다.[26]

잔존 높이가 약 100cm, 회원토성 처럼 약 170cm 높이로 높게 쌓은 것이다. 그런데 북한에서는 고려시대의 토성혼축성에는 석심토석혼축형식과 돌기단토석혼축형식이 있다고 하면서 다음과 같이 설명하고 있다. 즉 석심토성혼축형식은 먼저 땅바닥을 고른 다음 네모나게 다듬은 돌이나 납작납작한 돌로 외면 또는 양면 축조 방법으로 3~10단 정도 쌓고, 그 속에는 돌이나 흙을 채워 성심을 만들었다. 그리고 돌성심을 중심으로 일반 토성벽처럼 흙을 다져 쌓았다. 또 돌기단토석혼축형식은 생땅이 나올 때까지 내려 판 다음 돌을 양면 축조방법으로 2~4m 높이로 쌓고, 그 안에 돌과 흙을 가득 채워서 기단처럼 만드고 그 위에 석비례로 상부까지 층층이 다져 쌓았다고 한다(김명철, 앞의 논문, 35~36쪽). 여기서 말하는 석심토석혼축형식이 우리의 기단석축형에 해당되며, 돌기단토석혼축형식은 석축형에 해당된다고 볼 수가 있는데, 고려시대에는 기단석축형이나 석축형의 높이가 매우 높아진다는 특징을 보이고 있다는 점은 주목할 필요가 있겠다.

24) 金容民, 「扶蘇山城의 城壁築造技法 및 變遷에 대한 考察」, 『韓國上古史學報』 26(韓國上古史學會), 1997, 119쪽.

25) 羅東旭, 앞의 논문, 42쪽.

26) 羅東旭, 위의 논문, 44~45쪽. 부소산성의 보고자는 각 목주마다 세로의 홈(溝)를 길게 마련하여 판자를 양 목주와 홈 사이에 끼워 넣는 방법과 원목의 목주를 횡단면상 반원이 되도록 세로로 ½씩 켜서 두 半圓木 사이에 판자

부소산성의 백제 동문지 주변 백제기 토루의 N21구역과 N22구역에서는 판축토 상면에 나타나는 횡장목공은 판축토 상부에서 2조가 나타났다. 판축토 상면에 나타난 횡장목공은 사각의 홈이 패여 져 나타났는데, 두 횡장목공 간의 간격은 120cm이며 깊이는 25cm, 폭은 30cm 정도였다. 내측 영정주 좌측에는 내부 횡장목공이 잇대어 나타났다. N31구역의 판축층 양단 영정주 사이에도 폭 20~30cm, 깊이 25cm 크기의 횡장목공이 단면상 지그재그식으로 상 · 하단에서 확인되었다.[27] 횡장목공의 구멍들의 모양은 단면상 정방형에 가까웠으나 직방 형태도 조사되었으며, 모두 角材를 사용한 橫長木으로 그 크기에 있어서도 일정하지 않았다. 크기는 지름이 19, 22, 30cm 등 다양하였으며, 길이는 최고 240cm에 이르는 것도 있었다. 상단, 하단의 각 구멍은 그 간격에 있어 목주 간격과 거의 비슷하나 상단 구멍은 하단 구멍간의 사이에 배치되고, 하단 구멍은 상단 구멍의 사이에 배치되었으며 상하 수직으로는 나타나지 않았다. 한편 조사된 횡장목공은 중심 판축토루 횡단면을 완전히 관통한 예는 발견되지 않았고, 대부분 판축토루 서벽 면이나 판축토루 동벽 면에 연접되어 노출되었다.[28] 또 삼층사 북편 백제토성에서는 종장목공흔이 횡장목공흔과 함께 시굴갱내에서 조사되었는데, 목주공을 사이에 두고 목주공 외측의 또 다른 판축층에서는 목주공 바닥층에서 위로 160㎝ 정도 상층에서 종장목공흔이 목주공에서 각각 40, 75, 90㎝ 떨어진 곳에서 3개소가 확인되었다. 3개의 종장목공의 지름은 10~13cm정도이며, 거의 같은 레벨 95~100㎝상에 높여 있었다. 횡장목공은 이와 방향이 직교하였으나, 횡장목공흔 2개는 수평으로 연장선을 종장목공흔의 바로 위와 접하는 위치에 있어 서로 묶거나 고정시켰을 가능

를 끼워 넣은 후 고정하고 판축을 하는 방법을 제시하였다(扶餘文化財硏究所, 『扶蘇山城發掘調査中間報告』, 1995, 227쪽).

27) 扶餘文化財硏究所, 위의 책, .63~69쪽.

28) 扶餘文化財硏究所, 위의 책, 227~229쪽.

성이 크다. 다른 종장목공흔은 수평으로 위치한 두 종장목공흔의 중앙부에서 상층으로 25㎝정도 되는 지점에 위치해 있었다. 종장목공흔의 크기는 횡장목공의 것과 같이 둥글고 거의 같았다.[29] 종장목공은 판축토루 내부에서 횡장목공과 직교방향으로 확인되었다. 이러한 각 횡장목공과 종장목공의 내부에는 검은 유기물층이 벽 쪽에 더덕더덕 붙어 있었던 것으로 보아 판축 후 그대로 희생되었던 희생목이었을 것으로 보인다. 이러한 횡장목공은 판축부 맨 밑층에서 130~140cm 지점이나, 조금 더 높은 위치에서만 30~45cm 간격으로 상하로 배치되었으며, 처음 판축시 횡장목을 판축부의 양벽보다 더 길게 내밀어 있었을 것으로 여겨지고, 이 길게 내민 부분은 판축부 양측단에 필요한 架構를 설치하여 일정한 높이 이상 판축작업이 이루어지면, 이 가구를 이용하여 흙을 나르거나 기타 작업을 위한 飛階木 기능을 했던 것으로 판단된다고 한다.[30]

한편 사산성의 외성에서는 협판의 나무 결 흔적이 두 곳에서 확인되었는데, 밖으로 버팀목(補助柱)으로 커다란 기둥(직경 20~28㎝)을 세우고 안쪽에 일정한 간격으로 角木(직경 10~12㎝, 永定柱)을 세워 좌우를 연결하는 협판을 대고 판축 했음을 확인하였다. 角材로 된 기둥이 있었던 기둥 홈의 內心方向으로 할석편이 박혀 있었다. 이는 판축 하나의 구간마다 세워진 角柱가 내측의 기둥과도 결구되고, 그 구간마다 약간의 석재를 넣어 판축 사이가 구분되게 하였다.[31] 또 정북동토성에서도 벽면에는 종 방향으로 뚜렷하게 널빤지를 대었던 흔적이 발견되었고, 기둥은 약 70cm마다 위쪽으로 기둥을 뽑아 올리면서 축조하여 약 3.5m의 성벽 높이에서 최소한 5번의 공정이 이루어졌다. 일정한 높이까지 판축한 성벽은 보다 높이 축조되면서 기둥

29) 崔孟植, 「百濟 版築工法에 관한 硏究」, 『碩晤尹容鎭敎授停年退任紀念論叢』, 1996, 544~545쪽.

30) 扶餘文化財硏究所, 앞의 책, 230쪽.

31) 百濟文化開發硏究院, 『稷山 蛇山城』, 1994, 135쪽.

을 壁心 쪽으로 좁혀 올려세운 후에 판축을 계속하는 방법으로 성벽의 상단으로 오르면서 축차적으로 좁혀 기둥을 세우며 축조하였다. 또 기둥 자욱은 곧게 오르지 않고 성벽 안쪽을 향하여 약간의 경사를 이루었고, 벽의 안팎 면도 이 경사에 따라 올라갔고, 심한 것은 70°, 그렇지 않은 것도 80°의 기울기를 가진다고 한다.[32)]

부소산성의 雉城이 드러난 直西便 백제기의 판축부에서는 바닥 폭이 580cm인데, 1차 판축층의 바닥 폭은 360cm, 2차 판축층(동편)의 바닥 폭은 220cm였다. 1차 판축부와 2차 판축부가 연접된 세로의 토층 구분선은 69°였다.[33)] 즉 성벽이 넓은 것을 동시에 판축한 것이 아니고, 성벽 폭을 내부와 외부로 나누어 2차에 걸쳐 축조한 것이다. 먼저 안쪽의 것이 이루진 다음 외부의 판축이 이루어 졌다. 이러한 현상은 백석동토성에서도 확인되었는데, 이곳에서는 영정주공을 파고 영정주를 거의 수직에 가깝게 세운 다음, 영정주를 기준하여 내외면을 구분하고 영정주를 가운데 두고 안을 1차 판축하고, 이어 외면인 바깥을 2차 판축하는 공법을 응용하였다.[34)] 특히 정북동토성의 경우에는 보다 독특한 공법을 보여 주목이 되는데, 성벽은 體城部分과 外皮部分으로 구성되며, 체성부분은 대략 횡단면에 나타난 기둥 사이의 간격인 2.1m의 3배수가 되는 6.3m의 폭으로 하고, 안팎의 기

---

32) 忠北大學校 中原文化硏究所 · 淸州市, 앞의 책, 30~39쪽.

33) 扶餘文化財硏究所, 앞의 책, 210 · 225쪽. 나동욱은 판축과 관련된 주혈이 조사되지 않아 정확한 내용은 알 수 없으나, 일본 神籠石의 경우 주혈과 벽면의 기울기가 내벽쪽으로 약 10°정도 기운점과 유사점이 인정된다고 하였다. 윤무병은 『營造法式』 城條의 내용에서 경사도(斜收, 收分)을 약 76°로 계산하였는데, 목천토성의 경우 벽면의 경사도는 85°가량이고, 부분에 따라서는 수직에 가까운 곳도 있었다고 한다. 또 會津土城의 경우도 영정주는 87°로 체성의 벽면 기울기는 약 80°로서 거의 수직에 가까웠다. 신금성의 내성 서벽과 북벽은 성벽의 기울기가 직각에 가까웠으나, 내성의 남벽은 82°내외였다(羅東旭, 앞의 논문, 45쪽. 忠南大學校博物館 外, 『木川土城』, 1984, 46쪽. 百濟文化開發硏究院, 『會津土城』 I, 1995, 17~42쪽. 忠南大學校博物館, 『神衿城』, 1994, 277쪽).

34) 李南奭, 앞의 논문, 90쪽.

둥과 중간에 두 개의 기둥을 두고 4개의 기둥은 등간격으로 배치되었다. 1차적으로 성벽은 단면이 사다리꼴을 이루는 안팎의 성벽을 축조하면서 중앙을 채우는 방법으로 쌓았다고 한다. 외피는 평균 1.5~1.6m의 폭으로 체성의 보호벽으로 축조되었고, 외피의 축조에는 대략 체성을 축조하기 위한 기둥의 간격 사이마다 기둥을 세우고 축조하였다. 외피축조의 부분은 체성 축조의 부분보다는 약간 늦은 시기가 아니면, 工程上의 2차 공정으로 이루어진 것 중에 하나라고 하였다.[35]

또 부소산성 동문지 주변의 백제기 판축층 동서 단면에서 들어난 1차 판축 동벽은 바닥층부터 거의 수직으로 위층으로 연결되면서도 조금씩 성 안쪽으로 물려 토층선이 나타났는데, 30cm 높이의 층단이 형성되고 있었다. 즉 높이 30cm정도의 판자를 이용하여 1차 판축층의 동단 내부를 쌓고 판자 상면까지 판축한 후 다시 판자를 끌어오려 그 내부를 다져올렸다고 한다.[36] 또 사산성에서도 외성의 북벽 東端 N1 트렌치의 동단에서 판축 성벽의 외측에 가로로 댄 판자의 흔적을 발견하였는데 확인된 판자의 폭은 40cm였다고 한다.[37] 판자의 규모는 지형과 현지 사정에 따라 차이가 있었을 것으로 보인다.

부소산성 백제 동문지 주변 토루에서는 토루 최대 높이 440cm였는데, 토루 내벽에서 노출된 영정주공의 직경은 45~50cm이고, 중심간 거리는 130~140cm였다. 평면상으로 볼 때 내측 영정주공은 판축토를 ½정도 반원형으로 잠식하고 있는 상태였고, 판축토 내벽 선은 거의 수직에 가까웠다. 한편 바닥에서 200cm 상면에 노출된 할석군

---

35) 忠北大學校 中原文化硏究所・淸州市, 앞의 논문, 60쪽.

36) 扶餘文化財硏究所, 앞의 책, 226쪽.

37) 百濟文化開發硏究院, 앞의 책, 119쪽. 한편 당감동성지에서도 협판의 설치와 관련이 있는 것으로 보이는 흔적이 판축성벽에서 확인되었다. 두께 10~20cm의 단면 반원형에 성벽 진행 방향으로 수평띠狀이었으며, 위치는 기단석축 위 10cm였다(釜山廣域市立博物館, 『堂甘洞城址』 I, 1996, 28・32쪽).

은 높은 토루를 일시에 판축 할 수 없어, 영정주를 끌어 올려 다시 세워 축조할 때 사용된 것으로 보이며, 바닥에서 400cm 상면에는 최종적으로 4번째 영정주를 뽑아 올려 괴임했던 것으로 보이는 석괴가 확인되었다. 또 외측 판축용 영정주공은 내측 영정주공으로부터 외측으로 400cm 지점에서 노출되었는데, 수직 굴토 기초부는 폭 40cm, 깊이 50cm 규모로 굴토한 다음 직경 40cm 정도의 할석 1매를 놓아 그 위에 영정주를 세우고 판축하였다. 그 상층부는 높이 120cm 지점에 판축을 위한 또 다른 할석 1매를 놓아 영정주 받침돌로 사용하였으며, 내측 영정주는 4회에 걸쳐 상층 이동하고, 외측 영정주는 2회에 걸쳐 이동한 흔적이 있었다. 횡장목은 바닥에서 100cm, 160cm, 240cm의 지점에서 서로 엇갈리게 나타났는데, 그 형태는 모두 원형이고, 직경은 20cm였다고 한다.[38] 이런 경우에는 영정주를 工程의 진행에 따라 70cm쯤의 높이로 연속적으로 높이면서 작업이 이루어진 것으로 추정된다. 단, 바닥층에서 120~200cm정도까지는 영정주를 옮긴 흔적이 나타나지 않는 것으로 보아, 이 지점에서는 영정주를 고정시키고 판자만 높이거나, 옮겨 올리면서 다져 쌓은 것이 아닌가 여겨진다. 이는 고도로 발달된 공법으로 비록 이곳에서는 기단석축은 응용되지는 못하였으나, 이보다 약간 늦게 축조된 것으로 보이는 사비도성의 나성에서는 물림쌓기한 2~3단의 기단석축까지 응용되었다. 이러한 공법은 통일신라시대에 이르러 크게 성행하고, 나아가 일본에도 영향을 주었음은 이미 잘 아려진 사실이다. 문제는 같은 성내에서도 지형에 따라 여러 공법들이 응용되었기 때문에 이러한 공법들을 종합하는 작업이 중요하다고 하겠다.

3) 版築土

판축토의 구성에 있어서 대부분의 유적은 표토를 제거하고 생토층

38) 扶餘文化財硏究所, 앞의 책, 66쪽.

또는 퇴적암층 위에 기저부를 형성하였으며, 기저부에서의 지하수의 용출 및 성벽 하부 측면에서의 물의 침투를 방지할 목적으로 갈색 粘土系를 20~30㎝ 두께로 까는 것을 기본으로 하였다. 아양리토성(신원)의 평지에서는 4~5m의 폭에 30~40cm 깊이로 땅을 파고 진흙을 넣어서 다진 다음 그 위에 성벽을 쌓기도 하였다.[39] 발해의 성상리토성(길주)에서도 구덩이를 파고 바닥 기초를 마련한 다음 땅겉면부터 판축을 하였다.[40] 고려의 토성에서는 판돌이나 기와 조각들을 일정한 두께로 깖으로서 밑으로부터 올라오는 습기를 2중, 3중으로 차단하여 성벽의 견고성을 높이는 경우도 있었다.[41] 또 사산성, 五金山城(익산), 華山里土城, 堂甘洞城(부산)처럼 이 점토층과 상부 판축토 사이에 접착력을 높이고 성벽기반의 안정화를 목적으로 외벽 안쪽 기저부의 점토층 위로 돌을 깔았다.[42] 또 수분으로 인한 자연적인 산화작용에 의한 흙의 강도 저하를 막고, 흙 속의 수분을 조절할 목적으로 목탄을 사용한 경우가 있다. 즉 會原土城(마산)의 경우는 생토층 위에 숯을 한 번 깔고 黃褐色山土와 赤褐色粘土를 교대로 다져 판축을 하였고, 순지리토성 C지구에서도 성벽 기저부인 점토층 바로 위에 숯의 사용이 짐작되는 회흑색 灰炭層이 두껍게 쌓여 있었고, 감당동성 B트렌치에서도 기저부의 점토다짐층에 숯이 섞여 있었다.[43] 한편 甓城을 축조하는 그림을 그린「庶股丕作圖」에는 벽돌로 양 벽을 쌓고, 양 벽 안을 흙으로 채우면서 불을 놓는 모습이 그려

39) 안병찬,「장수산일대의 고구려유적유물에 대하여」,『조선고고연구』2, 1990, 8~10쪽.
──,「장수산일대의 고구려유적유물」,『력사과학론문집』조선고대 및 중세초기사연구(사회과학원 력사연구소), 1992,, 158~166쪽.

40) 한인덕,「성상리토성과 그 성격에 대하여」,『조선고고연구』1, 1997, 25쪽.

41) 김명철, 앞의 논문, 38쪽.

42) 羅東旭, 앞의 논문, 38쪽.

43) 沈奉謹,「馬山 茲山城址와 合浦城址에 대하여」,『擇窩許善道先生停年紀念韓國史學論叢』(一潮閣), 1992, 1080~1081쪽. 東亞大學校博物館,『梁山 蕁池里土城』, 269쪽. 釜山廣域市立博物館,『堂甘洞城址』 I, 20쪽.

져 있다. 이는 습기를 제거하고 아울러 토양을 硬化시키기 위한 목적인 듯하다. 이처럼 토층 내에 소토층이 있거나 숯이 포함된 경우는 조심할 필요가 있다. 실제로 백석동토성에서는 축성을 완료한 후 굳히기 위해 성벽의 상단 표면에 불을 지펴 불다짐을 한 듯 표면에는 불에 탄 흔적이 토루에 일괄적으로 덮여 있었고, 여기에서 채집한 숯을 측정한 방사성탄소년대는 520~560년이었다.[44] 고려시대의 토성 형식에는 소토토성벽형식이 알려져 있다. 이는 밑바닥에 구운 진흙을 3~5cm 두께로 다져서 쌓은 다음 그 위에 일정한 두께로 석비레 흙을 다져 쌓아 올리는 공법으로, 개성 나성의 경우는 3~5cm 두께의 구운 진흙층과 15~20cm 두께의 석비레층을 교대로 쌓아 올렸다고 한다.[45] 여기서 구운흙이라는 것도 앞서의 예와 같은 것이 아닌지 모르겠다. 이는 익산의 황등제와 김제 벽골제의 제방과 경주 월성 성벽 축조의 土塊(흙덩어리)에서 연원한 것은 아닌지도 모르겠다. 한편 미륵사지 동탑지의 심초석 받침돌을 들어내면서 조사된 바로는 기단 상단부의 돌과 흙이 불에 그을려 있는 것이 일부 보였는데, 심초 받침석 밑 점토 바닥에서 더욱 분명하게 확인되었다. 불에 그을린 흔적은 초반석 하반부 레벨 주변에 있었던 돌과 흙에서 전반적으로 나타났다. 이러한 현상은 경주 황룡사 남쪽에 있는 味呑寺址 삼층석탑 기단식 아래 부분에서도 확인되었다고 한다.[46] 이러한 예도 앞서의 것과 관련이 있는 것은 아닌가 싶다.

판축토는 주로 사질토인 褐色系 磨砂土(山土)와 점토를 교대로 다져 쌓았는데, 토층의 두께는 5~20㎝가 대부분이다. 여기서 粘性土는 不透水性의 이점은 있으나 강도의 특성이 약하고, 사질토는 透水性의 약점은 있으나 含水比가 적절하면 강도가 적절하며, 함수비율이 높으면 강도가 떨어

44) 李南奭, 앞의 논문, 89쪽.

45) 김명철, 앞의 논문, 34쪽.

46) 扶餘文化財硏究所・全羅北道, 『益山彌勒寺址 東塔址 基壇 및 下部調査報告書』, 1992, 34쪽.

진다. 이 때문에 사질토와 점질토를 2 대 1 정도의 비율로 섞으면 효과적인 것으로 지적되고 있다. 한편 土層線은 上向하는 경우와 下向하는 두 가지 경우가 있는데, 지형적인 차이인지 기술적인 차이인지 확실하지 않으나, 외벽 쪽이 上向하는 경우는 외벽의 낮은 곳부터 판축되었기 때문으로 보이며, 대부분 구릉부에 위치하는 관계로 구릉을 이용하여 성벽의 낮은 곳부터 축조하는 내탁식의 성벽 축조방법과 관련 지워 생각하고 있다.47)

한편 백제의 金剛寺址 木塔址 다짐층에서는 다짐을 했던 孔痕이 발견되었는데, 孔의 직경은 약 3~4㎝정도였다. 王宮里城의 오층석탑 하부의 선행 목탑지에서도 직경 5~6㎝정도의 공흔이 있었다. 이러한 孔痕으로 보아 긴 木杵가 흙다짐의 도구로 사용되었던 것을 알게 한다. 흙다짐층에서 공흔이 발견되지 않은 곳은 좀 더 넓은 도구를 이용하여 여러 사람이 함께 달구(돌달구, 목달구)로 달구질하는 방법도 응용되었으리라고 짐작되고 있다.48)

또 하나 언급해 둘 것은 乾築과 濕築問題이다. 대부분의 판축토는 마른 흙으로 다져 쌓는 건축이나 간혹 접착력을 높이기 위해 흙을 물에 개서 다져 쌓는 濕築이 응용되었다. 최근까지도 시골에서 담장(土墻)을 쌓을 때는 습축공법을 사용하는 것을 볼 수가 있었다. 옛 토성의 축조에도 습축공법을 사용한 경우도 있었을 것으로 보인다. 습축의 범주에는 흙, 백토 등을 넣어 다질 때 소금물을 뿌리거나 소금물로 반죽하여 다지는 鹽築이나 강회(자연산 석회를 900~1300℃ 가열하여 탄산가스와 물이 발산된 산화칼슘)에 일정한 비율로 모래와 백토 또는 황토를 혼합 물반죽하여 다지는 강회다짐도 있다.49) 이러한 습축법으로 물 반죽하여 다져 쌓은 성벽은 담장의 경우로 보아 건축보다는 다짐층이 정교하지 못하면서 두껍고 투박했을 것으로 짐

---

47) 羅東旭, 앞의 논문, 40쪽.

48) 崔孟植, 앞의 논문, 534 · 538쪽. 烝土築城으로 성벽을 쌓을 때 錐가 1寸이 들어가면 築者를 죽였다는 말이 전해지는 것은 흙다짐이 성벽 축조에 얼마나 중요한 것인가를 말하여 준다고 하겠다(『晉書』卷 一百三十 載記 第 三十 赫連勃勃傳).

49) 한국보이스카우트연맹,『韓國의 城郭과 烽燧(上)』, 1989, 85 · 94쪽.

작된다.

성토다짐에는 흙을 교대로 쌓는다는 점에서는 판축의 요소를 지녔으나, 그 두께가 板처럼 얇지 않는 경우가 많다. 이를 학계의 일부에서는 類似版築,[50] 準版築[51]이라고 부르기도 한다. 사실 전형적인 판축이란 용어는 전술한 것처럼 木柱와 夾板 등으로 거푸집을 만들고, 틀 가운데에 흙이나 모래 등을 層狀으로 넣고 방망이(杵)로 찧어 다지면서 단단하게 하며, 차례로 높게 흙을 쌓아 올리는 공법으로 삼국시대 늦은 시기부터는 基壇石築도 곁들여지고 있었다. 그러나 넓게는 거푸집을 사용하지 않고 사질토나 점토를 교대로 다져 板처럼 얇게 흙다짐 한 상태를 판축이라고 표현하기도 하기 때문에 혼란을 초래하고 있다. 이러한 현상은 우리나라에서 1970년대 초부터 성벽을 지표조사 할 때 절단된 성벽의 단면에서 흙다짐 한 상태만을 보고 무조건 판축이라고 표현한데서 기인한 것이다. 그러나 이제는 발굴조사도 본격화되고 있기 때문에 판축의 개념을 엄밀하게 구분할 필요가 있다. 한편 후자를 흔히들 판축과 구별하여 전술한 것처럼 성토다짐이라고 부른다. 즉 판축은 엄밀한 의미로는 공법상의 문제이고, 다짐층의 精粗와는 관계되지 않는 용어라고 볼 수가 있다.

토성유적에서 판축과 성토다짐을 구별하기 위해서는 정밀하고 광범위한 발굴조사가 진행되어야 한다. 만일 성벽에 대한 발굴 면적을 너무 좁게 하거나 성벽의 기초까지 내려가지 못하여 주혈 등과 같은 협판의 흔적을 발견하지 못하는 경우도 있을 수 있고, 전에 발굴조사 된 유적들 중에는 이러한 판축법에 대한 세부적인 경험을 갖고 있지 못했기 때문에 발굴과정에서 놓쳐버린 경우도 생각할 수 있으므로 어려움이 따른다. 또한 단지 성토다짐으로 이루어진 공법에 대해서도 앞으로 여러 문제들이 밝혀져야 할 것이다. 특히 협판을 사

---

50) 沈奉謹, 「蔚山 伴鷗洞 土城址」, 『考古歷史學志』 8(東亞大學校博物館), 1992. 25쪽.

51) 崔孟植, 앞의 논문, 545쪽.

遺　蹟	基底部의 構成	版築土의 種類	版築土의 두께(cm)	土層線의 狀態	備　考
梁山 蕁池里土城	黑褐色粘土 20cm(A,B地區)灰黑色粘土(C地區)	黑褐色粘土+山土黃褐色磨砂土)	20~30	外壁쪽 下向(外壁木柱까지는 대체로 水平 維持)	우물지
蔚山 伴鷗洞土城	褐色系磨砂粘土 (堆積層上部)	褐色系磨砂土, 粘土	6~15	外壁쪽 下向(屈曲이 있음)	
蔚州 華山里土城	暗赤褐色粘土 15cm	褐色系磨砂土, 粘土	10~20	外壁쪽 上向	外壁바깥幅3.4m 土取場
釜山 堂甘洞城	黑色粘土 20cm	褐色系磨砂土, 粘土	10~20	外壁쪽 上向	橫木痕
馬山 會原土城	磨砂粘土 30cm	褐色系磨砂土, 粘土	5~20	水平	
서울 夢村土城		褐色系磨砂, 粘土	5~20	水平	
扶餘 扶蘇山城	테뫼부 包谷部 推定 東門址	A:赤褐色粘質土 C:黃褐色系砂質土, 粘土, 赤褐色粘土+灰白色 굵은 모래	A層2~3 C層3~6 10	水平(外壁쪽 약간 上向)	
中原 見鶴里土城	黑灰色粘質土 20cm	赤褐色粘質土+砂質土	2~3~20	水平	
益山 五金山城	黑灰褐色粘土 60cm	黃褐色粘質土+灰白砂質土	5~20	水平(外壁쪽 약간 下向)	
天原 木川土城	赤褐色粘質土 30cm	黑褐色粘質+黃褐色砂質	3~10	水平	
稷山 蛇山城	자갈+灰白色砂質土 20cm	赤褐色粘土+黃白色砂質土	10	水平	板材痕迹(40cm), 基壇外皮斜下版築
羅州 會津土城	褐色粘質土	赤褐色粘土+黃褐色磨砂土	3~15內外	外壁쪽 上向	
洪城 神衿城	貝殼과 粘質土混用 約 90cm	黃褐色砂質粘土貝殼, 粘質土混用	約5~40	水平(外壁쪽 약간 上向)	內城西壁 外城南壁
高陽 幸州山城	褐色砂質土(자갈)	赤色粘土, 褐色砂質土	5~10	外壁쪽 약간 上向	版築土內瓦積心

<표 2> 토성의 판축토 구성 (羅東旭)

용하지 않고도 공법상 다짐층을 정연하게 수평을 이루게 할 수 있는가 하는 점이 궁금한 점이다.[52]

Ⅱ. 중국균현성의 축조공법

1. 유적

1) 下古城子土城

遼寧省 桓仁縣 六道河子鄉 下古城子村에 위치하는 하고성자토성은 북벽 동단과 서북쪽 귀퉁이 성벽이 절단된 단면에서 견고하게 쌓은 흙다짐층이 확인되었다. 사용된 토질은 일정하지는 않으나 황토, 泥砂土 등이었다. 어느 지점에서는 십 수층이 확인되기도 하였다고 한다.[53]

2) 國內城

吉林省 集安縣 集安鎭에 위치한 국내성은 집안현문물보관소의 발굴조사에서 남벽 T4·T5, 북벽 T8 성벽 하부에서 한 줄의 토루가 조사되었다. 토루는 폭 7~8m, 높이 1.7~2m였다. 단면은 弓形이고 토질은 진흙에 모래가 섞인 황갈토인데 소량의 자갈이 섞여 있었다.

---

52) 신금성의 외성 남벽은 기단석축과 영정주가 확인되지 않았는데, 축성에는 구지표면을 이용하여 貝殼이 많이 섞인 흙과 점질토를 주로 사용하였다. 구간에 따라 순차적으로 축조한 것이 아니라 2개 구간을 동시에 한 층씩 맞물리도록 交互로 쌓은 것이 확인되었다. 층위가 不定하고 전면을 한 종류의 흙으로 만 쌓지 않고, 부분적으로 다른 흙들을 사용하여 한 층으로 구분되더라도 안팎의 흙 색깔이 달라지는 등 층위가 대단히 복잡하였다(忠南大學校博物館, 『神衿城』, .88~92쪽).

53) 蘇長靑, 「高句麗早期平原城－下古城子」, 『文集』(遼寧省丹東 · 本溪地區考古學術討論會), 1985, 143~144쪽. 桓仁滿族自治縣文物誌編輯委員會, 『桓仁滿族自治縣文物誌』, 1990, 33~35쪽.

견고한 정도로 보아 인공에 의해 판축된 것 같지만 다지던 기둥구멍은 보이지 않았다고 한다. 토루 내에서는 불에 탄 흙과 灰坑, 토기편 등이 출토되었다. 토루 내에서는 석기로서 石斧 1점, 環狀石斧 1점, 石刀 1점, 石器柄 1점이 있었다. 석부는 沈積沙質岩製로 길이 11.5㎝, 폭 6㎝인데 전체를 타제한 후 날 부분을 마연하였다. 손잡이 끝 부분이 약간 손상되었다. 환상석부는 灰色安山岩製로 직경 13㎝인데 중앙에 구멍을 만들려고 하였으나 관통되지 않았다. 석도는 深灰色頁岩製로 길이 12㎝, 폭 3.8㎝인데 刀身이 얇은 直刃弧背形이다. 石器柄은 深灰色頁岩製의 장방형인데 殘長 9㎝, 폭 1.5㎝이다. 하나의 小孔이 잔류한다. 이밖에 복원이 불가능한 토기편 14점이 출토되었다. 회색으로 기형은 기본적으로 일치하고 모두 무문이다. 태토에는 모래가 섞였다고 한다.54)

3) 於乙洞土城(城峴里土城)

平安南道 溫泉郡 城峴里에 위치하는 어을동토성은 동벽과 북벽이 맞닿는 모서리로부터 북벽을 따라 서쪽으로 95m 떨어진 지점의 성벽을 발굴조사하였다. 지금까지 알려진 성벽 아래에서 먼저 쌓았던 밑 성벽이 발견되었다.

아래 성벽의 기초는 굳은 석비레 땅을 그대로 이용하였고 축조방법은 판축하지 않고 석비레와 진흙을 엇바꾸어 다지면서 쌓았는데, 그 지층단면은 모두 곡선을 이루었다. 발굴된 아래 성벽의 하폭은 3.5m이었으며, 아래 성벽의 바깥 밑 부분에는 60㎝정도 수평으로 기단을 만들고, 그와 잇닿아 깊이 45㎝, 폭 60㎝정도의 도랑흔적이 있었다. 성 안쪽 벽은 지면으로부터 85㎝정도 깊이 파서 성벽을 높게 하였다. 후에 쌓은 윗 성벽은 아래 성벽의 바깥 경사면을 그대로 이용하면서 약 3m정도 성 바깥쪽을 겹쌓는 방법으로 보축을 하였다.

54) 集安縣文物保管所, 「集安高句麗國內城址的調査與試掘」, 『文物』 1, 1984, 52쪽.

역시 석비레 땅을 기초로 하였고 석비레층과 진흙층을 엇바꾸어 가면서 수평으로 다져 쌓은 판축형식으로 축조되었다. 진흙층과 석비레층의 판축 두께는 각각 10㎝ 내외이며 매우 굳게 다졌다. 윗 성벽의 바깥 면 아래 부분은 석비레층을 약 50㎝ 정도 성벽의 경사도와 같이 따서 축조부분이 나타나게 하였다. 먼저 쌓은 성벽과 후에 쌓은 성벽 사이에 간층이 없었는데, 이는 후에 성벽을 쌓으면서 먼저 쌓은 성벽의 허물어진 부분을 깎아내고 쌓았기 때문이라고 한다.55)

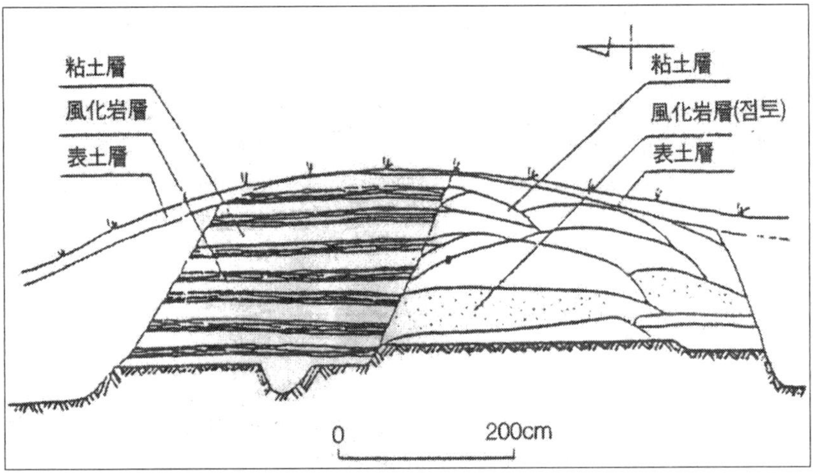

<그림 5> 어을동토성 성벽 단면도

아래 성벽에서는 청동기시대 유물인 돌도끼 1점, 석제 가락바퀴 1점이 발굴되었을 뿐 다른 유물은 하나도 출토되지 않았다. 후에 쌓은 윗 성벽에서는 회색 와편, 검은 회색 와편, 배부른 단지편 등 수십 점이 발굴되었다고 한다.56)

55) 남일룡, 「평양지방의 고대토성」, 『조선고고연구』 2, 1995, 18쪽..
———, 「新しく發掘された古代土城蹟」, 『朝鮮民族と國家の源流』(雄山閣), 1995, 75~77쪽.
56) 남일룡, 「평양지방의 고대토성」, 18쪽.

4) 雲城里土城

黃海南道 殷栗郡 雲城里에 위치한 운성리토성의 성벽은 이 일대에 있는 진흙과 석비레가 섞인 흙으로 굳게 다져 쌓았는데, 성벽 안에서는 아무런 유물도 발견되지 않았다고 한다.[57]

5) 樂浪土城

平壤市 樂浪區域 樂浪洞에 위치한 낙랑토성의 성벽은 주변의 진흙과 돌이 섞인 한 가지 흙으로 굳게 다지면서 쌓았는데 아무런 유물도 발굴되지 않았다.[58] 또 남문지 부근의 성벽은 높이가 약 200㎝정도인데, 이곳은 지형이 낮은 곳으로 성벽을 쌓을 당시에는 감탕 흙이 두껍게 바닥에 깔려 있었다. 이 감탕 흙 위에 부근의 붉은 진흙을 날라다 성벽을 쌓았는데 단면에서는 판축의 흔적은 발견할 수 없었다고 한다.[59]

6) 智塔里土城

黃海北道 鳳山郡 智塔里에 위치한 지탑리토성은 동벽과 북벽이 맞닿는 모서리로부터 북벽을 따라 서쪽으로 60m 떨어진 지점을 발굴하였다. 발굴된 성벽의 높이는 5.1m, 하폭은 10.5m였다. 아래 성벽은 자갈모래층 위에 높이 약 3m, 하폭 약 6.5m였다. 성벽은 이 지역에 흔한 진흙과 자갈이 섞인 진흙으로 쌓았다. 쌓을 때 흙을 놓고 다졌으므로 매우 견고하였다. 막쌓기방법으로 쌓았는데 검은 진흙층, 붉은 진흙층, 자갈모래가 섞인 진흙층으로 형성되어 서로 곡선을 이루고 있었다.

아래 성벽과 윗 성벽 사이에는 폭 약 80~120㎝되는 간층이 있었

57) 남일룡, 「평양일대 고대토성의 축조년대에 대하여」, 『조선고고연구』 3, 1996, 19쪽.

58) 남일룡, 위의 글, 19쪽.

59) 황기덕 外, 「기원전 5세기~기원 3세기 서북조선의 문화」, 『고고민속론문집』(사회과학출판사), 1971, 36쪽.

는데, 그것은 아래 성벽이 허물러져 내리면서 형성된 것이다. 이 간층으로 아래 성벽과 윗 성벽이 구분되어 아래 성벽은 검은 진흙층, 붉은 진흙층, 모래자갈이 섞인 층으로 되어 있었다. 이 층은 성벽 윗부분에서 기초까지 사선으로 깔려있었다.

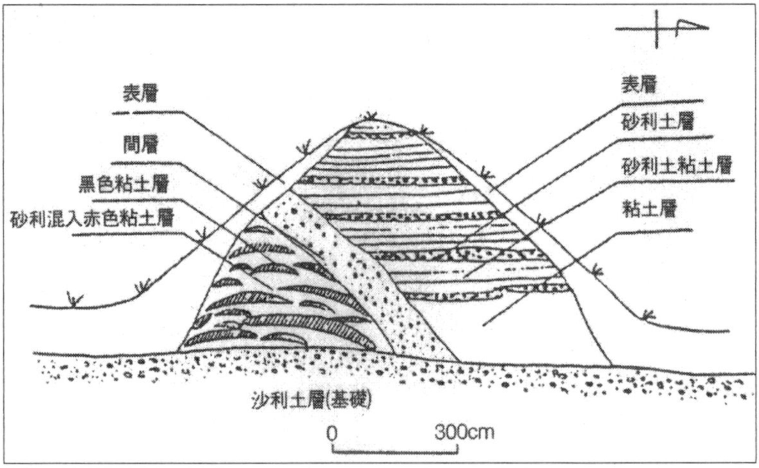

<그림 6> 지탑리토성 성벽 단면도

윗 성벽은 아래 성벽 위 간층 위에 북쪽 면인 성 밖을 보축하는 방법으로 축조하였다. 또 윗 성벽은 진흙다짐층과 자갈모래다짐층을 서로 번갈아 쌓았다. 진흙다짐층의 높이는 대체로 60~70㎝이고, 그 위에 쌓은 자갈모래다짐층의 높이는 10㎝ 내외이다. 이와 같은 방법을 반복하면서 성벽으로부터 약 3m 정도 쌓았다. 그 밑은 기초부분까지 약 2m정도는 붉은 진흙과 검은 진흙만으로 굳게 다져 쌓았다. 자갈모래다짐층에서 자갈의 크기는 1~7㎝인데 모두 강자갈이었다. 진흙다짐층은 이 지역에 흔한 검은 진흙과 붉은 진흙을 사용하였다. 판축부 부분은 모두 수평을 이루며 매우 굳게 다졌다. 성벽의 밑 부분을 진흙층으로 만 2m 정도 굳게 다진 것은 성벽 기초부분이 모래자갈이므로 습기가 성벽으로 스며들지 못하게 하기 위한 것으로 보

인다고 한다.[60]

아래 성벽에서는 신석기시대 빗살무늬 토기편과 석기들이 백 수십 점 출토되었다. 거의가 둥근 밑의 빗살무늬토기편이고, 점선 파상문은 한두 점에 불과하였다. 석기도 모두 신석기시대의 것으로 돌도끼 4점, 돌화살촉 1점, 돌그물추 2점, 돌망치 1점, 깨진 간돌판 1점, 미완성된 돌창 1점이었다.

윗 성벽에서는 회색 와편, 흑회색 와편, 배부른 단지편, 빗살무늬토기편, 돌도끼 1점, 돌망치 1점, 청동세모활촉 2점 등 수십 점이 출토되었으며, 이들 유물에는 신석기시대 것도 포함되어 있었다.[61]

2. 축조공법의 검토

하고성자토성에서는 대체로 황토와 泥砂土 등으로 견고하게 다져 쌓은 다짐층이 확인되었다고 하였다. 어느 지점에서는 십 수 층이 확인되기도 하였다. 성벽의 절단면이 들어 난 서북 모퉁이는 높이가 2m 정도인 점으로 보면 흙다짐층의 두께가 투박하지는 않은 모양이다. 발굴조사 된 것이 아니고, 단면에서 확인된 것이기 때문에 주혈의 존재 여부는 알 수가 없다. 즉 협판을 사용한 판축인지 수평 성토다짐인지는 알 수가 없다.

국내성의 토루는 폭 7~8m, 높이 1.7~2m였는데 단면은 弓形이다. 진흙에 모래가 섞인 황갈토(소량의 자갈이 섞임)로 견고하게 다져 쌓았다고 한다. T8의 성벽 단면도를 보면 토층선이 수평으로 되어 있으나 서술에서는 언급이 없다. 단면도의 토층선을 인정할 때 주혈에 대한 보고가 없는 것으로 보면 전형적인 판축은 아닌 듯하고, 수평 성토다짐 정도의 수준이 아닌가 싶다. 그러나 토층선이 수평으로 된 듯하나 확실하지 않는 것으로 본다면,[62] 이러한 수준에도

---

60) 남일룡, 「평양지방의 고대토성」, 17쪽.
　　――――, 「新しく發掘された古代土城蹟」, 71~75쪽.
61) 남일룡, 위의 논문, 17~18쪽.

이르지 못했을 가능성도 있다고 하겠다.

운성리토성은 진흙과 석비레가 섞인 흙으로 굳게 다져 쌓았다고 하였다. 아마도 성토법이 응용된 단순 성토가 아닌가 싶다.

낙랑토성에서는 진흙과 돌이 섞인 한 가지 흙으로 굳게 다지면서 쌓았다고 하며, 남문지 부근에서는 감탕흙 위에 부근의 붉은 진흙을 날라다 쌓았는데 판축의 흔적은 발견할 수 없었다고 하였다. 다짐층의 흔적이 없다는 것으로 보아 역시 단순 성토인 것 같다.

어을동토성과 지탑리토성에 대하여 車勇杰과 洪成杓는 다음과 같이 분석한 바 있다. 즉「지탑리토성과 어을동토성에서 보는 불규칙한 土層線을 가진 다짐층은 토층선이 거의 수평으로 나타나는 전형적인 판축과 구분하여야 된다면, 이 불규칙한 다짐층이 판축에 앞서서 도입된 방법이 된다. 왜냐하면 이 다짐층의 위에 間層이 덮인 다음에 축조된 판축의 모습을 보이는 지탑리토성의 경우 판축이 먼저 이루어진 다음 불규칙한 다짐이 만들어졌다고 할 수 없기 때문이다. 당초 축조된 불규칙한 다짐의 성벽이 어느 시기에 이르러 수축될 때에 비로소 전형적인 판축의 기법이 채택되었던 것으로 여겨진다. 다음의 토층선이 거의 수평으로 나타난 전형적인 판축은 두 가지 양상을 보이고 있다. 하나는 지탑리토성의 경우인데 기반에서 상당 부분을 점토로 하고, 그 위쪽에 본격적인 交代 다짐을 한 것이며 기반에 아무런 시설이 없었다. 이와는 달리 두 번째의 것은 어을동토성에서와 같이 기반을 수평으로 정지하고, 단면이 U자 모양의 홈을 만든 후 처음부터 점토층과 풍화암토를 교대로 수평 다짐한 것이다. 두 가지 방법 가운데 지탑리토성식의 것이 앞서는 시기의 것이고, 어을동토성식이 보다 발전된 형식으로 생각된다.」고 하였다.[63]

하여튼 이 어을동토성과 지탑리토성에 대하여는 좀 더 구체적으

62) 車勇杰·洪成杓,「百濟 城郭의 比較 硏究 試論」,『百濟論叢』5(百濟文化開發硏究院), 1996, 249쪽.

63) 車勇杰·洪成杓, 위의 논문, 247~248쪽.

로 검토해 볼 필요가 있다.

첫째, 우선 성벽 쌓을 지점의 부식토를 걷어낸 다음 생토층을 수평으로 잘 정지하고 성벽을 쌓은 것은 후대의 축성법과 동일하다. 한편 우리나라 토성에서는 성벽을 쌓을 바닥이 경사가 질 경우에는 바닥에 흙을 성토하여 수평으로 다진 후 체성을 쌓기도 하고, 경사가 매우 심한 경우에는 L字 모양으로 수직으로 판 후 바닥을 평편하게 정지하고 內托工法으로 쌓았는데 상폭이 하폭보다 넓은 경우도 있다.

둘째, 아래 성벽의 경우 어을동토성은 석비레로 된 생토층 위에 석비레와 진흙을 엇바꾸어 다지면서 쌓았는데, 그 지층 단면은 곡선을 이루었다. 지탑리토성은 자갈모래층 위에 진흙과 자갈이 섞인 진흙으로 쌓았다. 쌓을 때 흙을 놓고 다졌으므로 매우 견고하였으며, 막쌓기방법으로 쌓았는데 검은 진흙층, 붉은 진흙층, 자갈모래가 섞인 진흙층으로 형성되어 서로 곡선을 이루고 있었다고 하였다. 여기서 어을동토성의 석비레로 된 생토층 위에 석비레와 진흙을 엇바꾸어 다지면서 불규칙한 곡선을 이루며 쌓았다는 점은 주목되며, 이는 단순 성토가 아니고 불규칙한 곡선 성토다짐공법이 응용된 것이 아닌가 싶다. 지탑리토성의 경우 생토층인 자갈모래층 위에 검은 진흙, 붉은 진흙, 자갈모래가 섞인 진흙으로 견고하게 곡선을 이루도록 다져 쌓았다고 하였다. 단면도를 보면 자갈모래가 섞인 적색 진흙층 사이에 흑색 진흙층이 층을 이루면서 사이에 끼어 있는 것을 보이고 있다. 이 단면도가 정교하게 실측하여 작성한 것이 아니고, 대강의 토층 상태를 표시한 것이기 때문에 이해하는데 어려움이 따른다. 지탑리토성도 자갈모래가 섞인 적색 진흙과 진흙층을 대체로 서로 엇바꾸어 쌓은 것은 아닌가 싶다. 이렇게 이해한다면 어을동토성과 지탑리토성의 아래 성벽은 단순 성토가 아니고 불규칙한 곡선 성토다짐공법이 응용된 것으로 보여 진다.

셋째, 윗 성벽의 경우 어을동토성은 석비레땅을 기초로 하고, 석비레와 진흙을 교대로 수평으로 다져 쌓았다. 진흙층과 석비레층의 두께는 각각 10㎝ 내외로 매우 굳게 다졌다. 지탑리토성은 진흙과 자갈모래를 교대로 다져 쌓았다. 진흙층의 두께는 대체로 60~70㎝였고, 그 위에 쌓은 자갈모래층의 두께는 10㎝ 내외였다. 밑 부분은 약 2m정도를 붉은 진흙과 검은 진흙만으로 굳게 다져 쌓았다. 자갈모래층에서 자갈의 크기는 1~7㎝로 모두 강자갈이었고, 진흙층은 이 지역에 흔한 검은 진흙과 붉은 진흙을 사용하였다. 다짐층은 수평을 이루면서 굳게 다졌다고 하였다. 이처럼 어을동토성은 석비레와 진흙을 번갈아 각각 10㎝ 내외로 수평으로 정교하게 다져 쌓았으나, 지탑리토성의 경우는 진흙과 자갈모래를 번갈아 수평으로 다져 쌓았으며, 자갈모래층의 두께는 역시 10㎝ 내외였으나 진흙층의 두께는 대체로 60~70㎝로 투박하였다. 柱穴의 흔적이 발견되지 않았고, 벽면이 수직을 이루지 않은 점으로 보아 협판을 사용한 전형적인 판축다짐이 아니고, 수평 성토다짐이었다고 짐작된다. 아래 성벽과는 같은 성토다짐의 수준이었지만 아래 성벽은 불규칙한 곡선 성토다짐, 윗 성벽은 이 보다 축성법이 발달된 수평 성토다짐을 보이는 점은 주목할 필요가 있겠다.

넷째, 지탑리토성은 기초부분을 약 2m정도 두께로 붉은 진흙과 검은 진흙만으로 굳게 다져 쌓았다고 하는데, 이는 전술한 대로 우리나라 판축토루의 일반적인 특징이며 그 전통이 후대까지 계속 이어졌음을 알 수가 있다. 바닥이 자갈모래이기 때문에 매우 두껍게 다져 쌓은 것이다. 이는 기저부에서의 지하수의 용출 및 성벽 측면에서의 물의 침투 방지를 목적으로 한 것이다. 어을동토성은 기초가 굳은 석비레이기 때문에 이러한 시설을 하지 않았다.

다섯째, 어을동토성의 윗 성벽 바닥에는 깊이 45㎝, 폭 60㎝정도의 도랑 흔적이 있었다. 백제의 공산성 외성 5지구의 성벽 바닥의 생토 면이 남으로 경사가 시작되는 부분에 폭 30㎝, 깊이 50㎝의 도랑이 파여 있었는데, 城線을 따라 길이로 전개되었다. 이 도랑 안에는 체성의 흙다짐과 같은 토층이 남아 있었다고 한다. 보고자는 흙다짐을 견고하게 유지토록 하기 위한 시설로 해석하였다.64) 또 백석 동토성에서는 경사면을 L자 형태로 파서 바닥을 수평하게 조성하여 바닥 자체가 거의 수평을 이루게 하였다. 그러나 부분적으로 서변에서는 기단 안쪽에 80~90cm의 거리에 10~25cm의 높이로 단을 이루는 흙멈추개 시설을 하여 바닥의 수평면에 溝를 조성하기도 하였다.65)

여섯째, 지탑리토성의 1~7㎝ 크기 정도의 강자갈을 사용한 것은 재료역학상 입자가 큰 토양일수록 높은 압축 강도를 지니기 때문으로 보인다. 즉 신라의 황룡사 금당지 기초는 깊이 약 4m까지 굴토하여 흙다짐 하였는데 찰흙층 사이에는 일정한 간격을 이루면서 잔자갈이 수평으로 깔려 있었다.66) 백제 미륵사지의 목탑지에서도 크기 20×30cm 크기로 다듬지는 않았으나 일정한 크기로 쪼갠 잡석을 사용하고, 동탑지에서는 큰 할석을 사용하였다고 한다.67)

일곱째, 어을동토성의 아래 성벽은 석비레층을 기초로 하였고, 윗 성벽도 역시 석비레층을 기초로 하였다. 지탑리토성은 아래 성벽은 자갈모래층을 기초로 하였고, 윗 성벽은 약 2m 정도의 붉은 진흙과 검은 진흙을 굳게 다져서 기초로 삼았다. 즉 이들 성벽은 생토층을 정지하여 기초로 삼았으나 지탑리토성의 윗 성벽이 진흙으로 두텁게 기초를 마련한 것은 일단 축성법의 발달로 보아야 하겠다.

여덟째, 어을동토성의 경우 윗 성벽은 아래 성벽의 바깥 경사면을 그대로 이용하면서 약 3m정도 성 바깥쪽을 겹쌓는 방법으로 보축을 하였다.68) 아래 성벽과 윗 성벽 사이에 간층이 없는 것은 윗

---

64) 公州大學博物館・忠淸南道,『公山城城址發掘調査報告書』, 1990, 81쪽.

65) 李南奭, 앞의 논문, 79・89쪽.

66) 金東賢,「皇龍寺址의 基礎工法에 관하여」,『新羅文化』5(동국대학교 신라문화연구소), 1988, 123쪽.

67) 扶餘文化財硏究所・全羅北道,『益山彌勒寺址 東塔址 基壇 및 下部調査報告書』,.33~36쪽. 國立扶餘文化財硏究所,『彌勒寺遺蹟發掘調査報告書』Ⅱ, 1996, 114~115쪽.

성벽을 쌓을 때 먼저 쌓은 성벽의 허물어진 부분을 깎아 내고 쌓았기 때문이라고 한다. 아래 성벽의 하폭은 3.5m이었는데 여기에 약 3m정도를 보축하여 전체 성벽의 하폭은 약 6.5m정도였다.

지탑리토성의 윗 성벽은 아래 성벽 위 간층 위에 역시 성 밖을 보축하는 방법으로 축조하였다. 아래 성벽과 윗 성벽 사이의 간층은 폭 약 80~120㎝였으며, 아래 성벽이 허므러져 내리면서 형성된 것이다. 아래 성벽의 규모는 하폭 약 6.5m, 높이 약 3m이고, 전체 성벽의 규모는 하폭 10.5m, 높이 5.1m였다. 또한 어을동토성의 아래 성벽 안쪽 벽을 지면으로부터 85㎝정도 깊이 파서 성벽을 높게 한 점과 윗 성벽 바깥 면 아래 부분의 석비레층을 약 50㎝ 성벽의 경사도와 같이 깎아서 축조 부분이 나타나게 한 점도 눈에 뛴다.

3. 축조공법의 발달

우선 전술한 토성들의 축조시기에 대한 견해들을 살펴보면 하고성자토성의 축조는 한대나 고구려의 早期로 보고 있으며,[69] 국내성은 전국시대 혹은 한대의 유적으로,[70] 어을동토성도 한대인 B.C. 2C, B.C. 1C,[71] 운성리토성도 한대인 B.C. 2C 이전이나 B.C. 2C경,[72] 낙

---

68) 신금성에서도 補築遺構가 확인되었다. 내성 서벽의 1차 성벽은 판축 기저부 폭이 365cm이고, 영정주는 원형으로 직경은 15~28cm, 깊이는 60~120cm였다. 영정주의 간격은 외부는 233~340cm 사이였고, 내부는 대체로 370cm 정도였다. 당시 높이는 최소한 4.1m 이상이었을 것으로 보고 있다. 보축한 2차 판축은 1차 판축 축조 이후에 내부와 외부에 덧붙인 것이다. 2차 판축은 전 구간에 이루어진 것이 아니라 부분적으로 이루어졌다. 외부 2차 판축은 판축 기저부 폭이 최대 230cm이고, 영정주 구멍의 직경은 평균 23cm정도이며, 간격은 평균 375cm정도였다. 내부 2차 판축은 판축 넓이가 최대 100cm, 판축구간 폭은 400cm 내외였다(忠南大學校博物館,『神衿城』, 23~38쪽).

69) 민덕식,「三國時代 이전의 中國系 土城」,『아시아문화』13(한림대학교 아시아문화연구소), 1997, 148~149쪽.

70) 민덕식, 위의 논문, 155~157쪽.

71) 민덕식, 위의 논문, 161~162쪽.

72) 민덕식, 위의 논문, 166쪽.

랑토성도 한대인 B.C. 2C~A.D. 1C,[73] 지탑리토성도 같은 한대인 B.C. 1C~A.D. 2C[74]로 보아 왔다. 그런데 최근 南一龍은 어을동토성의 경우 아래 성벽의 윗부분에서 청동기시대의 돌도끼와 석제 가락바퀴만 나오고 그 이후 시기의 유물이 나오지 않기 때문에 아래 성벽이 단군조선시기에 축조된 것으로 주장하였다. 윗 성벽에는 고조선 후기의 전형적인 기와조각들과 질그릇조각들이 나오기 때문에 윗 성벽의 축조시기를 후조선 늦은 시기로 보았다.[75] 또 윗 성벽에서 고구려시기의 토기편과 회색 벽돌조각이 출토된 것으로 보아, 이 성벽의 축조시기를 고구려시기와 많이 결부시켜 볼 수 있게 하며, 토성 주변에 고구려시기의 무덤들이 많은 것은 고구려시기에도 이 토성이 계속 사용되었음을 보여준다고 하였다.[76] 또 그는 지탑리토성의 아래 성벽에 대해서도 축조시기를 단군조선시기로 보고, 윗 성벽은 후조선 늦은 시기에 축조된 것으로 보았다. 아래 성벽이 단군조선시기에 축조되었다는 근거로 성벽이 붉은 진흙층, 검은 진흙층, 모래자갈이 섞인 진흙층으로 곡선을 이루며 쌓은 방법은 이른 시기의 축조방법이라는 점, 신석기시대 문화층 등의 발굴지점이 성벽 발굴지점에서 불과 20~25m 떨어져 있는데, 아래 성벽을 쌓을 때 주변의 흙으로 쌓았다면 신석기시대의 유물만 포함되고 청동기시대 유물이나 고조선 후기의 유물이 하나도 포함되지 않은 것은 이 성벽의 축조시기를 단군조선시기로 볼 수 있다는 점, 토성안과 주변의 밑 부분에서 전반적으로 자갈모래층이 깔려 있으며, 그 위에 축조된 성벽에서 신석기시대의 유물만 보이는 것은 이 성벽이 팽이그릇을 남긴 단군조선시기의 주민들이 쌓은 것으로 볼 수 있다는 점, 주변에 고인돌이 많이 분포하는 것은 고인돌을 남긴 주민이 이 지역에 오랫동

---

73) 민덕식, 위의 논문, 176~177쪽.

74) 민덕식, 위의 논문, 186~188쪽.

75) 남일룡, 「평양지방의 고대토성」, 18~20쪽 ; 「新しく發掘された古代土城蹟」, 77~80쪽 ; 「평양일대 고대토성의 축조년대에 대하여」, 16~19쪽.

76) 남일룡, 위의 논문, 19쪽.

안 정착하여 살았기 때문에 팽이그릇 집자리와 고인돌을 남긴 주민들이 하나의 정치세력으로 등장하면서 아래 성벽을 축조했다는 점을 지적하였다. 또 윗 성벽이 후조선 늦은 시기에 축조했다는 근거로 축성법에서 판축법의 응용과 출토유물의 편년, 주변 유물 중 나무곽무덤, 귀틀무덤, 벽돌무덤 출토유물과 성벽 출토 유물이 시기적으로 일치한 다는 점, 성안의 일부 지역을 제외한 대부분 지역에서 신석기시대나 팽이그릇 관계유적과 유물은 전혀 보이지 않고, 모두 나무곽무덤, 귀틀무덤, 벽돌무덤시기나 그 이후의 유물이 많은 것은 윗 성벽의 축조시기가 나무곽무덤이나 귀틀무덤시기로 볼 수 있다는 점, 아래 성벽과 윗 성벽 사이에 간층이 80~120㎝ 정도 사선으로 깔려 있는데, 이것은 아래 성벽이 단군조선시기에 축조되어 오랫동안 이용되었고, 그 후 일정한 기간 이용되지 않다가 후조선 늦은 시기에 윗 성벽이 축조된 것으로 볼 수 있다는 점 등을 지적하였다.[77]

사실 성벽 내에서 출토되는 유물로 연대를 확정 짓는다는 것은 한계성이 있다는 점을 지적하지 않을 수 없다. 실제로 필자가 진천 大母山城[78]의 서남벽 절단부 흙다짐층 내에서 채집한 숯을 한국원자력연구소의 양경린박사에게 방사성탄소년대의 측정을 의뢰한 적이 있었는데, 이때 얻은 수치는 945±102B.P.였다.[79] 그러나 이 흙다층 속에서는 승석문이 타날된 전형적인 백제토기편 만이 채집되었다. 즉 성벽내의 출토유물은 연대 설정에 참고자료 정도에 지나지 않는 것이다. 보다 중요한 것은 절대연대를 알 수 있는 자료의 발견이 중요할 것이나, 그렇지 못한 경우에는 성격이 비슷한 유적과의 상대연대 추정도 필요할 것이다. 또 성벽 안에서 출토되는 유물과 성안의 문화층과의 비교에 있어서도 문제가 없지 않다. 성벽의 발굴은 성벽의 극히 일부분만을 발굴하는 경우가 많기 때문에 전체 성벽의 많은

77) 남일룡, 「평양일대 고대토성의 축조년대에 대하여」, 16~18쪽.
78) 忠北大學校 湖西文化硏究所, 『鎭川 大母山城地表調査 報告書』, 1996.
79) 민덕식, 「鎭川 大母山城의 分析的 硏究」, 『韓國史硏究』 26, 1980, 17~18쪽.

지역을 발굴대상으로 삼지 않으면 오류를 초대할 가능성이 있다는 점이다. 한편 어을동토성 윗 성벽에서 고구려시기의 토기편과 회색 벽돌조각이 출토된 것으로 보아, 이 성벽의 축조시기를 고구려시기와 많이 결부시켜 볼 수 있다고 한 언급은 주목할 필요가 있다. 만약 이들 유물들이 윗 성벽의 흙다짐토 속에서 출토되었다면 이 윗 성벽의 축조시기는 고구려시기까지 내려올 가능성도 있기 때문이다. 왜냐하면 성벽 내에서 출토된 가장 늦은 시기의 유물보다 축성시기가 올라가지는 못하기 때문이다. 이는 윗 성벽이 다른 시기에 또 다른 수축이 있기 때문인지 언급이 없어 알 수가 없다.

하여튼 전술한 토성들의 초축년대는 대체로 한대로 추정된다. 사용 하한은 고구려와 관련이 있는 하고성자토성과 국내성을 제외한 나머지 토성들은 고고학적으로는 귀틀무덤시기(2~3C경)까지 이고, 문헌적으로는 4C초까지로 볼 수가 있다. 이는 미천왕 14년(313) 10월에 낙랑군을 침습하여 남녀 2천여 구를 사로잡고,[80] 다음해 9월에는 남으로 대방군을 침략하였다는 기록이 뒷받침을 해주고 있다.[81] 이때 낙랑군이 멸망되고 대방군 역시 이즈음에 소멸된 것이 아닌가 보고 있다. 이는 중국내의 혼란을 틈타 침습한 것으로 보이는데, 이때 중국에서는 311년에 永嘉의 亂이 일어나 邊方外族의 반란이 잦아지더니, 316년에는 드디어 흉노가 서진을 멸하고 북중국에는 五胡十六國時代가 시작되었다. 317년에는 서진의 일족인 司馬睿가 양자강 방면에서 동진을 세우는 등 대혼란기를 맞고 있었다.

한편 이들 토성 유적들은 낙랑군과 대방군이 소멸된 후에도 고구려가 재활용하였거나, 지역 거주민에 의해서 일정기간 그대로 활용되는 경우도 있었을 것으로 추정된다.

하여튼 축성년대에서 논란이 있는 하고성자토성을 제외하더라도 국내성은 토층선이 분명치 못하여 분석에 어려움이 있는 것이 문제

80) 『三國史記』 권17, 高句麗本紀 5 美川王 十四年.
81) 『三國史記』 권17, 高句麗本紀 5 美川王 十五年.

이다. 운성리토성과 낙랑토성은 단순 성토이며, 어을동토성과 지탑리 토성의 아래 성벽은 불규칙한 곡선 성토다짐으로 이 시기에는 축성에 있어서 아직 발달하지 못한 점을 볼 수가 있다. 어을동토성과 지탑리토성 윗 성벽의 축조시기를 보고자의 견해대로 고조선이 멸망된 이후인 후조선기로 본다면 이때에 와서 수축된 성벽은 평행 성토다짐을 보이는 등 앞 시기 보다 발달된 모습을 보이나 협판을 사용한 전형적인 판축다짐은 보이지 않는다. 앞서의 평행 성토다짐공법이 한의 군현 설치와 거의 같은 시기에 도입되었을 가능성과 3C초에 대방군이 설치됨을 계기로 도입되었을 가능성이 제시된 바 있었는데,[82] 이러한 공법이 압록강 이남지역에서 응용된 시기는 후술 할 백제 초기 유적과 비교하여 늦어도 3C말까지는 내려오지 않을 것으로 보인다. 이러한 공법이 새롭게 도입된 것인지 아니면 앞 시기의 공법이 발달한 것인지도 밝혀져야 하겠는데, 공법상의 상당한 차이점으로 보아 전자의 가능성이 보다 높은 것은 아닌가 싶다. 아무튼 이들 토성 유적들에 대한 보다 광범위한 발굴조사가 이루어져야 좀 더 축조공법문제가 밝혀지리라고 여겨진다.

4. 다른 유적과의 비교

1) 고조선유적

(1) 平壤城

사회과학원 고고학연구소에서는 1993년부터 4년간에 걸쳐 평양시에 위치한 평양성에 대한 발굴을 진행하여, 중성 서벽에서는 4개 지점에서 발굴을 하였다. 중성은 내성 남벽 남쪽에 동서로 나란히 있는 해방산, 창광산, 안산 등의 자연 지세를 이용하여 대동교로부터 안산까지 동서로 가로질러 돌려 쌓은 성이다. 아래 성벽은 경사가 급한 암반 바닥을 일정하게 깎아내고 고른 다음 그 위에 성토하였

82) 車勇杰 · 洪成杓, 앞의 논문, 248쪽.

다. 성벽 밑의 기초 암반이 성 바깥쪽으로 심하게 경사진 곳에서는 80~100cm 간격으로 암반을 계단식으로 만들어 바닥 면이 수평이 되게 하였다. 계단이 이루어진 끝 부분에는 길이 20cm, 폭 30cm정도로 가로 홈을 파내서 암반 위의 성토벽이 경사면 아래로 밀려 내려가지 않도록 하였다. 이러한 기초 위에 막돌과 진흙을 섞어서 다지면서 쌓는 방법으로 축조하였다. 막돌의 크기는 직경 15cm 이하의 작은 깬돌이었고, 진흙은 검붉은 색깔이었다. 성벽의 규모는 하폭 11m, 높이 1.5m이며 성 안팎으로 밋밋하게 경사가 졌다. 성벽에서는 반달칼, 가락바퀴, 팽이그릇 조각들이 출토되었다. 외성의 발굴에서는 아래 성벽이 출토되지 않았다.

위 성벽은 기초를 아래 성벽을 일정하게 깎아낸 다음 그 위에 성벽의 바깥 면을 다듬은 성 돌로 쌓고, 안쪽은 진흙과 석비레를 번갈아 층층이 다지면서 쌓아올렸다. 적심은 위로부터 내려가면서 황색 진흙층과 청색 석비레층이 번갈아 가며 들어 났다. 매우 굳게 다졌는데 굳기가 원토 못지않았다. 번갈아 쌓은 두께는 5~20cm정도였다. 이러한 층위는 윗면으로부터 2.5m 아래로 내려가서 끝났다. 하폭은 8m였다. 바깥 면 밑 부분에는 다듬은 성돌로 정연하게 쌓아져 있었다. 4각추, 4각형 모양의 다듬어진 성 돌로 면과 선을 맞추고 서로 어긋물림 하면서 바깥 면만을 쌓은 것이다. 많이 무너져 내리고 밑으로부터 발굴 당시에는 두 층만 남아 있었다. 윗 성벽에서는 윗면에서 바닥에 이르기까지 기와류, 벽돌, 질그릇 조각들이 출토되었다. 기와는 고구려의 전형적인 붉은 기와와 낙랑의 회색 노끈무늬기와 고려의 검은 회색기와였다. 벽돌은 회청색 벽돌로 낙랑의 벽돌무덤에 쓰인 것과 같다. 질그릇은 낙랑의 회색 단지류, 고구려의 회색 버치류, 고려의 굳은 회색 질그릇조각들이었다. 특히 청회색 벽돌, 회색 노끈무늬기와, 회색 단지류 등 낙랑유물은 윗 성벽 면에도 출토되었지만 윗 성벽과 아래 성벽 사이에서 더 많이 드러나, 고구려가 윗 성벽을 축조할 당시 이러한 2~3C 낙랑 유물이 아래 성벽 위에 남아 있었던 사실을 말해준다는 것이다. 고려 유물은 성벽 바깥 면 덧쌓인 성토층에서 출토되어, 고려시기에 보강한 것임을 말해 준다. 보고자는 아래 성벽은 고조선 초기에 축조된 것으로 보면서, 고조선 시기에 쌓아진 평양성은 그 규모가 고구려 평양성 중성의 일부 구역을 포괄했던 것으로 보았다. 또 새로 발굴된 평양성은 고조선의 수도성일 것으로 보았다.[83] 보고자의 주장대로라면 이 성은 『史記』 卷百十五 朝鮮列傳 五十五의 漢軍의 공격에 右渠가 守城하였다고 하는 王險城에 해당된다. 즉 우리의 사서에 나오는 王儉城이다. 한편 후술할 東黃城이 동쪽에 있는 黃城의 의미라고 한다면 동황성 서쪽에는 본래의 황성이 있었다는 것이 된다. 동황성이 淸岩洞土城에 비정 될 경우 위치상으로 보아 황성은 본 평양성에 해당 될 것이다. 황성은 在城, 王城과 같은 의미로 국왕이 거주하는 성인데, 이는 고조선의 왕이 거주하던 왕검성에서 유래가 되었을 가능성도 있기 때문에 소홀하게 다룰 수가 없다. 우선 성의 규모를 밝히고 나아가 이 시기의 주거지군들을 찾아내는 노력이 뒤따라야 하겠다.[84]

(2) 黃垈城

황대성은 平壤市 江東郡 南江勞働者區(옛 杏檀里) 黃垈村에 위치한다. 이 성은 최근에 사회과학원 고고학연구소에서 발굴하였다. 성은 남강을 접하여 수면으로부터 약 50m 높이 산정의 비교적 넓은 대지을 두러 싸서 축조하였으며, 동, 북, 서측은 남강이 반월형으로

---

83) 안병찬 · 최승택, 「새로 발굴된 평양성에 대하여」, 『조선고고연구』 4, 1998, 37~41쪽.

84) 대동강 유역일대에서 현재까지 발굴조사 된 고조선시대의 취락지 유적은 30개소가 넘는데, 이 중에서도 분포 밀도가 가장 높은 지역은 대동강 중류 일대이다. 중류 일대에서 큰 취락지로는 평양시 삼석구역 호남리의 표대유적이 있다. 이 유적은 규모가 15만 ㎡로, 1지구에서 만 150여 개의 주거지가 발굴된 대 취락지이다. 다음으로는 면적이 2만~5만㎡에 달하는 삼석구역 호남리 남경유적과 사동구역 금탄리유적이 있고, 이 보다 작은 유적으로는 미림동, 휴암동유적 등 여러 유적이 있다고 한다(김종혁, 「대동강류역일대의 고대부락터유적에 대하여」, 『조선고고연구』 1, 1999, 28~32쪽).

감싸 흐르며, 남측은 높고 험준한 山稜이 막고 있다. 발굴당시 잔존한 성벽의 길이는 300m정도였고, 동서로 긴 타원형이었다. 보존이 잘된 부분의 성벽 규모는 하폭 10m, 상폭 5m, 높이 1m였다. 성벽과 기타 시설물은 성벽의 대부분이 붕괴되어 확인되지 않았다. 성안에는 지석묘 2기와 석관묘 1기가 있었는데, 특히 1호 지석묘는 동벽 위를 평편하게 정지하고 만든 五德型支石墓였다. 나머지 지석묘와 석관묘도 같은 시기에 만든 것으로 보고 있다. 즉 3기의 묘는 성보다 후에 쌓여졌다는 것이다. 석관묘에서 출토된 여자의 대퇴골을 시료로 하여 電子스핀共鳴法으로 얻은 연대는 4795±215년 전이라고 한다. 이를 근거로 이 성의 축조년대를 5,000년 전 단군조선 초기까지로 올라가는 것으로 보고 있다.

성벽은 남강의 강바닥에 산재하는 큰 강돌로 중심부를 만들고, 그 위에 흙을 씌워서 만든 토석혼축이다. 성내의 동남측 지역에서 직경 3m, 깊이 5m 이상의 土壙에 자갈돌을 채운 시설이 발굴되었는데, 성안의 雨水를 배출하기 위한 排水坑으로 보고 있다. 즉 이 지역은 성안에서 가장 낮은 지역으로 우수가 모두 이곳으로 모여서 배수구로 배어들어 가게 되어 있다.[85] 이 성벽의 단면도는 정밀하게 작성된 실측도는 아닌 것으로 보이는데, 우측은 바닥에 강돌을 깔고 위에 토석혼축으로 적심을 한 후 그 위를 강돌로 덮은 다음 흙으로 덮은 모습을 보이고 있다. 좌측은 이와는 달리 바닥에는 역시 강돌을 깔고 흙으로만 성토한 후 그 위를 강돌로 덮은 다음 다시 흙으로 덮은 모습을 보이고 있다. 이러한 축조공법은 축성이 이루어진 지역에서 가장 쉽게 구할 수 있는 재료를 이용한 원초적인 형태로 지적되고 있다.[86]

---

85) 劉秉興,「檀君 · 古朝鮮時期の遺蹟遺物の發掘成果」,『朝鮮民族と國家の源流』, 10~16쪽. 李淳鎭,「新しく發掘された黃岱城跡」,『朝鮮民族と國家の源流』, 62~70쪽.

86) 車勇杰 · 洪成杓, 앞의 논문, 247쪽.

(3) 淸岩洞土城

평양시 대성구역 청암동에 위치한 청암동토성은 김일성종합대학 역사학부에서 4차에 걸쳐 북문부근과 서문부근의 성벽을 각각 1개 지점씩 발굴하였다고 한다. 이 토성은 평면이 대체로 반월형으로 둘레는 약 3,450m이다. 성벽은 흙으로만 쌓은 아래 성벽과 돌과 진흙을 섞어 세 번에 걸쳐 쌓은 윗 성벽으로 구분되었다. 아래 성벽은 사암으로 된 암반 위에 쌓았는데, 성 안쪽과 중심부분을 일정한 깊이로 암반을 파고, 성벽을 성토법으로 쌓았는데, 황갈색 진흙을 기본으로 하면서 붉은 갈색의 진흙과 섞어서 쌓았다. 지층은 곡선을 이루었다. 황갈색의 진흙에는 작은 잔돌들이 일부 섞여 있었다. 성벽의 내벽은 약 20°정도의 완만한 경사였고, 외벽은 밑 부분에서부터 약 50cm정도까지는 70°정도의 급경사를 이루다가, 그 위로는 약 35°정도의 완만한 경사를 이루고 있었다. 규모는 하폭이 약 10m , 제일 높은 곳은 약 2.5m였다. 그 위에 쌓은 윗 성벽의 높이는 3m, 하폭은 12m였다. 아래 성벽 안에서는 반달칼, 돌창끝, 팽이그릇 조각 등이 출토되었다. 성안의 서부 건물지에서도 돌단검, 돌도끼, 돌그물추, 별도끼, 팽이그릇 조각들이 출토되었다.

보고자는 이 성의 아래 성벽을 고대시기 성을 쌓기 시작하던 초시기의 성벽 축조방법으로 쌓았다는 점, 성벽안과 성안에서 발굴된 유물들을 들어 청암동토성 아래 성벽은 고대국가가 형성되고 정치적 지배권을 장악한 지배계급이 정치적 중심지들에 처음으로 성을 쌓던 시기에 해당하는 것으로 보면서, 단군조선시기에 쌓아졌고, 고조선 전기간에 사용된 성으로 왕검성으로도 비정할 수 있을 것이라 하였다. 즉 아래 성벽에서 발굴된 유물은 신석기시대와 청동기시대의 것으로, 단군조선시기에 성을 쌓으면서 성벽 속에 포함된 것으로 해석한 것이다. 한편 윗 성벽에서는 아래로부터 1·2층에서는 유물이 없었고, 3층에서 고구려의 붉은색 기와조각들이 여러 점 출토되었다고

한다.87)

남일룡은 이 성이 평양 중심지역에서 단군조선 시기에 축조되어 고조선 전 기간 쓰인 성으로는 유일하다는 점, 성의 지세와 자연조건, 성의 규모와 방어력 등으로 보아 왕검성으로 비정된다고 하였다.88) 그러나 이 성의 평면이 경주의 4~5C의 월성처럼 반월형으로 낙랑토성보다는 발달된 형태를 보인다는 점, 규모가 당시 것으로는 너무 방대하다는 점, 성문의 구조면에서 어긋문의 형태는 4C에 석축으로 개축된 것으로 보이는 국내성 성문이 이른 시기 것이라는 점, 성안에서 고조선시기의 대형 주거지군이 확인되지 않고 있다는 점 등으로 보아, 이 성의 초축년대는 내려올 가능성이 있다. 하여튼 이 성은 『三國史記』 高句麗本紀 故國原王 13년(343) 7월조의 평양 東黃城에 移居하였는데, 성은 지금 서경 동편 木覓山中에 있다고 하는 동황성에 비정하는 견해는 주목할 필요가 있다. 아마도 4C초에 이 지역에서 낙랑군을 소멸시키고, 이 지역의 중심성으로 청동기시대 문화층 위에 쌓은 성인 지도 모르겠다. 이 지역의 중심성인 만큼 평양성으로도 불려 졌던 모양 같다. 만일 427년 평양 천도 때에 안학궁성이 축조되지 않았다면, 이 성이 일시 도성으로도 사용되었을 가능성이 있다. 안학궁성이 축조 된 후 안학궁성을 중심으로 새로운 도시가 건설되자,89) 남북대로는 안학궁성 남문에서 대동강에 건설된 나무다리 쪽으로 나고, 동서대로는 청암동토성의 동문에서 동쪽으로 통해 남북대로와 十 모양의 街路를 이루었다고 한다. 자연 청암동토

87) 남일룡, 「새로 발굴된 청암동토성」, 『조선고고연구』 4, 1997, 43쪽. 남일룡·김경찬, 「청암동토성에 대하여(1)」, 『조선고고연구』 2, 1998, 13~15쪽.

88) 남일룡, 「대동강류역 고대성곽의 성격」, 『조선고고연구』 1, 1999, 25~27쪽.

89) 신도시 里坊區域의 坊은 중간 구역을 4개씩 묶은 한 변을 560m(고구려 자인 35cm로 1,600자)로 하는 田字 모양의 정방형이었다. 작은 구역은 한 변이 140m(400자)이고, 작은 구역 4개를 묶어 田字 모양을 이룬 중간 구역은 한 변이 280m(800자)로 역시 정방형이었다. 작은 구역은 768개, 중간 구역은 192개, 큰 구역인 坊은 50개가 있었을 것으로 보고 있다(한인호, 「안학궁부근의 고구려 수도 도시 면모에 대한 복원」, 『조선고고연구』 2, 1998, 16~20쪽).

성도 이 신도시의 서쪽을 방어하는 기능을 맡게 되었다고 여겨지며, 천도를 전후하여 대대적으로 수축되었을 가능성이 높다고 하겠다. 주지하다시피 안학궁성의 고구려 성곽설을 부정하는 일본학자들은 이 청암동토성을 평양천도 후 왕궁이 있던 도성으로 보고 있다.

2) 백제초기 유적

(1) 풍납동토성

1999년 6월부터 국립문화재연구소에서는 동벽의 일부 구간에 대해 2개 지점(북편 것을 A, 남편 것을 B)을 절개하여 발굴하였다.[90] A지점에서는 성벽 중심 다짐벽에서 성 안쪽으로 가장 하단에 암청색과 암갈색의 뻘을 50cm 이상 두께로 쌓아 기초를 다지고 하폭 7m, 높이 5m정도의 사다리꼴 모양의 중심 다짐벽에 안쪽으로 사질토 다짐벽(Ⅱ)와 모래 다짐벽(Ⅲ), 뻘흙 다짐벽(Ⅳ)를 덧 붙여 나가면서 마지막 뻘흙 다짐벽 위에 강돌로 된 3단의 敷石과 할석, 강돌이 섞인 석축 1단을 쌓아 마무리하였다. 특히 4단 째의 석축은 3단까지는 강돌들이 성벽의 경사를 따라 비스듬하게 부석되어 있는 것에 반해 거의 수평으로 1.5m 이상 두껍게 쌓아올렸다. 이러한 부석과 석축은 성벽의 흘러내림을 방지하고 배수의 기능도 겸했던 것으로 보인다고 한다. 내벽에 축조된 다짐벽는 2개의 다짐벽이 약 2m정도의 폭으로 비스듬히 중심 다짐벽 쪽으로 쌓여져 있었다. 그 안쪽에 뻘

---

90) 1978년에 남벽 서쪽 끝 부분 가까이에서 주민이 건물을 지으려고 성벽 일부를 절단한 것을 필자가 조사한 일이 있었다. 토양의 색갈로 보아 절단한 직후였던 것으로 보였다. 4~7㎝ 두께의 모래가 섞인 점토와 모래를 교대로 정교하게 흙다짐하였다. 모래가 섞인 점토층에서 경질무문토기편 3점을 채집하였다. 모래질 점토층은 색깔이 동일하지 않았고 다갈색이 많았다. 모래층은 색깔이 노랑색이었다. 한 지점에서는 성벽 상부로부터 160~170㎝ 밑에는 50㎝ 두께의 노랑모래질 간층이 있었고, 그 이하는 전술한 흙다짐이 交互로 계속되었는데 성벽의 밑바닥은 드러나지 않았다(崔根泳 · 閔德植, 「淸海鎭의 歷史的 考察과 그 城의 分析」, 『張保皐의 新硏究』(莞島文化院), 1985, 26쪽).

을 위주로 쌓여진 Ⅳ다짐벽에는 가로 목들이 성벽의 종 방향을 따라 1m 간격으로 다수 노출되었고, 개중에는 수직 목과 결구된 상태로 단을 이루고 있었고, 다짐토 내부에는 나무껍질을 켜켜로 깔았다. 성 바깥쪽인 중심 다짐벽 외벽으로는 경사지게 떨어지는 자연 층위에 중심 다짐벽의 자락이 흘러 내려가면서 그 위에 암갈색계통의 다짐벽이 중심 다짐벽 쪽으로 경사를 이루며 약 2m 폭으로 축조되었으며, 안쪽과 마찬가지로 마지막 부분의 상부에 할석 1단과 강돌렬 2단을 쌓아 마무리하였다. 성 바깥쪽의 부석은 성 안쪽의 석축과 중심 다짐벽으로부터 거의 동일한 거리에 축조되었다. 부석을 포함한 성벽 내외의 폭은 약 40m, 부석 노출부로부터 중심 다짐벽 상부까지의 높이는 9m가 넘는다.

당시의 지형상 가장 높은 부분의 끝을 성벽의 중심 다짐벽으로 삼아 그 면에서 성 안쪽으로는 중심 다짐벽와 평행하게, 바깥쪽은 급경사로 하부를 정지한 후 성토 다짐으로 축조한 것으로 보인다고 한다. 현재 외벽 쪽으로는 동쪽으로 가면서 5m 이상 퇴적되어 있다.

B지점도 A지점과 거의 비슷한 양상으로 축조되었는데, 중심 다짐벽에서 성 안쪽으로는 다짐벽이 한 겹 더 확인되었고, 마찬가지로 3단의 부석과 1단의 석축으로 마무리되었다. 4단 째의 석축은 A지점과는 달리 커다란 할석으로 만 1.5m 이상 두껍게 축조되어 성벽의 가장 안쪽을 튼튼하게 막고 있는 구실을 하고 있다. 성 바깥쪽으로는 중심 다짐벽에 덧 붙여서 주로 점토로 구성된 다짐벽을 겹겹이 쌓았는데, 이는 A지점과는 달리 수평으로 정연하게 쌓았다. 가장 바깥쪽 다짐벽 상부에는 급한 외벽의 경사를 따라 강돌로 된 부석시설이 4m 남짓 깔려 있었는데, A지점에서 완만하게 단이 지는 것과는 조금 다르다. 이 부석시설의 상부에는 안쪽, 바깥쪽 모두 적갈색 점토로 살짝 덮고 있어 돌이 외부에 노출되지 않았고, 잘 흘러내리지 않도록 고정시킨 기능도 있었던 것으로 보인다고 한다. B지점의 경우에는 부석시설 상부로도 다짐토가 더 확인되어, A지점보다 돌들이

깊이 박혔던 것으로 보여 진다. 외벽 동쪽으로도 상당량의 퇴적이 이루어졌다. 지난 1997년의 성 내부 집자리 발굴조사 결과에 비교할 때 성 외벽의 부석 노출면과 주거지의 절대 레벨이 거의 비슷하여 성 내부의 대규모 집자리 거주 집단과 밀접한 관련이 있었을 것으로 보여 지고, 성안에는 상당히 높은 신분층이 집단적으로 거주했을 것으로 보고 있다. 또 성벽에서는 경질무문토기, 타날문토기, 회(흑)색무문양토기 등 원삼국토기 만이 출토되었다. 보고자는 이 성은 늦어도 3C를 전후한 시기에 이미 축조가 완료되었을 것으로 보았다.[91]

한편 풍납동토성의 평면형태는 타원형에 가까우나, 중국군현성의 방형토성 범주에 속한다고 볼 수가 있다. 필자가 조사한 방형토성 중에는 풍납동토성, 청주 정북동토성, 연천 초성리토성, 철원 토성리토성은 완전 평지이고, 충주 견학리토성, 제천 청풍토성은 능선이나 산록에 구축되었다.

(2) 몽촌토성

서울대학교에서 발굴한 서북지구에서는 현 성벽 정상부는 생토면에서 약 1.8m를 성토하였다. 퇴적층의 층위는 표토(20cm내외), 적갈색부식토층(20~60cm), 적갈색부식토층(140cm내외), 적갈색점토층(20~40cm), 생토층으로 이루어졌다. 이는 축조 당시의 것으로 보인다고 한다. 경사면의 층위는 20cm 내외의 두께를 가진 표토층 아래에 잔돌이 다량 섞이거나 작게 깨진 돌 부스러기가 많은 갈색 부식토층이 성벽의 경사가 급한 곳은 20~30cm, 경사가 완만한 곳은 40~60cm 두께로 퇴적되었고, 그 이하는 생토인 침식 화강암이었다.[92]

숭전대학교에서 발굴한 동북지구 A구의 경우 다짐층을 2分하는 약 50cm 두께의 단단한 적갈색 점토층이 있었는데, 이층은 아래위의 다짐층과 달리 정선된 점토로 다짐하였다. 즉 1차 다짐을 한 후에 고운 점토로 다지고 그 위에 다시 잡토로 다짐하였다. 흙다짐층은

---

91) 국립문화재연구소 , 『風納土城 Ⅱ—동벽 발굴조사 보고서—』, 2002, 58~59쪽.
92) 夢村土城發掘調査團, 앞의 책, 31~33쪽.

수평이나 동쪽으로 갈수록 높이는 낮아졌다. 토양은 성안의 논이나 부근에서 가져온 것으로 보이는 흑색 점토와 뻘, 적색 점토, 모래, 산자갈, 산흙 등을 섞어 여러 층으로 단단하게 다진 것이다.[93] D구에서는 정상부의 지표하 40~60cm 깊이 까지는 푸석 푸석한 황갈색의 사질토층이 나타났고, 그 아래로 적갈색 점토와 푸석 푸석한 풍화된 돌가루를 섞은 단단한 밝은 황색층, 암갈색 점토층, 적갈색 풍화된 산돌이 섞인 점토층, 검정색의 점토층, 갈색의 점토에 석회석 가루를 섞은 층 등이 정상부 쪽으로 경사지게 흙다짐 되었다. 흙다짐할 때 수평으로 쌓은 것이 아니라 성내 외에서 정상부 쪽으로 맞붙여 경사지게 쌓았다.[94]

한양대학교의 발굴에서는 동남지구의 A구와 D구 사이의 성벽이 끊어진 곳의 남쪽 벽면을 조사하였는데, 밑바닥은 부식암반층 위에 모래와 자갈이 섞인 암갈색토를, 그 위에 다시 모래와 작은 자갈이 섞인 회적색토, 이러한 순서로 맨 위층의 황토층 까지는 12층을 이루고 있었다.[95]

단국대학교의 발굴에서도 서남지구 일대에서 하폭 9m, 현고 18m의 성벽이 발굴되었다. 표토층 60cm의 부식토층 밑에 50cm 두께의 적각색의 진흙과 고운 모래가 섞여 다져진 다짐층, 55cm 두께의 적갈색의 진흙과 고운 모래와 작은 산돌의 포함층, 그 밑으로 고운 모래와 진흙층이 포함된 지층이 확인되었다.[96]

서울대학교에서 발굴한 동남지구의 동문지 남쪽 부분 성벽에서는 낮은 지대는 흙다짐층이 두껍게 쌓여 있었고, 높은 지대는 생토 위에 약 50~60cm 가량 밖에 성토되지 않았다. 이 지역의 흙다짐층 속에서는 유물의 출토가 전혀 없었다. 다른 지점에서는 흙다짐이 약

---

93) 夢村土城發掘調查團, 위의 책, 81~83쪽.
94) 夢村土城發掘調查團, 위의 책, 89~90쪽.
95) 夢村土城發掘調查團, 위의 책, 147쪽.
96) 夢村土城發掘調查團, 위의 책, 203쪽.

30~40cm의 표토 아래에서부터 시작하여 이 지역의 생토면이 나타나는 약 1.5m 가량의 깊이 까지 확인되었다. 이곳의 흙다짐층 속에서 중국 六朝青磁瓶을 비롯한 백제토기편 등이 다수 출토되었다. 동문지 남쪽 지점보다는 축조시기가 늦은 것으로 보였다고 한다. 이처럼 몽촌토성은 일시에 성벽이 축조된 것이 아니고 곳에 따라서는 시점을 달리하여 쌓여진 것으로 볼 수도 있겠으나, 특정지점에 대한 어느 시기의 보축일 수도 있다고 한다.97)

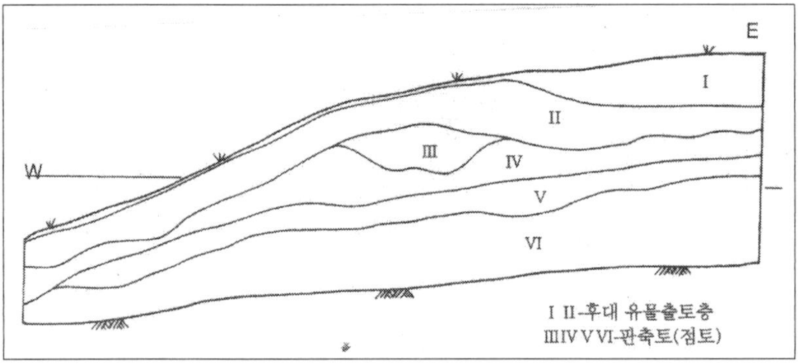

<그림 7> 몽촌토성 동남벽 성벽 단면도 (서울대학교)

이처럼 백제초기의 성벽에서도 중국군현성처럼 수평 성토다짐이 응용되고 있었다. 몽촌토성에서는 판축과 관련된 주혈에 대한 보고는 없었으며, 풍납동토성의 성벽에 대한 발굴조사에서도 주혈은 확인되지 않았고, 성벽의 양면이 수직이 아닌 것으로 보아 협판을 사용한 판축은 아니다. 한편 풍납동토성에서처럼 중심 다짐벽를 중심으로 안팎에서 비스듬하게 중심 다짐벽 쪽으로 성토다짐벽를 덧 붙여나가는 공법은 중국에서는 이른 시기부터 응용된 것이었다. 만일 판축법으로 쌓았다면 정북동토성이나 부소산성처럼 덧 붙여 쌓으면 되겠지만, 성토다짐법으로 쌓았기 때문에 이렇게 쌓여졌다고 볼 수

97) 서울大學校博物館,『夢村土城東南地區發掘調查報告』, 1988, 68~69쪽.

가 있다. 아마도 성벽의 폭이 넓고 높이가 높았기 때문에 이러한 공법이 응용된 것 같다. 성 안쪽으로 강돌로 단을 이루면서 낮아지게 부석하고, 마지막에는 수평으로 할석·강돌이나 커다란 할석으로 1.5m 이상 두께로 쌓아올려 마무리 한 것, 외벽 하단에 부석시설을 한 것은 성벽이 무너져 내리는 것을 막기 위한 공법이다. 內心壁의 석축은 防水의 기능도 하였던 것 같다.

다짐토 내부에 나무 잎이 달린 나무 가지를 켜켜로 깔았던 중국 남조에서 우리나라를 거쳐 일본으로 전해진 부엽공법은 제방의 축조에서 많이 응용하던 공법이다. 제천 義林池의 경우는 內心壁 위에 찰흙을 이겨 20~30cm 두께로 다지고, 이를 불에 태워서 굳힌 다음 모래질 흙을 20cm 두께로 깔고, 침엽수 낙엽을 30cm정도 고르게 덮고 다시 찰흙을 다졌다고 한다.[98] 이러한 나무 잎은 습기 제거용으로 사용된 것이라고 하기 때문에 나무껍질도 이러한 목적으로 사용된 것이 아닌가 싶다. 이러한 공법은 제방과 같은 습지에 응용된 특징을 보인다. 풍납동토성도 홍수를 자주 당하는 습지이므로 이러한 공법이 응용된 것은 아닌가 싶다.

하여튼 이들 백제초기 성곽의 축조공법은 중국군현성의 영향을 받았을 가능성이 있다고 보아야 하겠다. 그러나 풍납동토성에서 보았듯이 이들에서는 보이지 않던 공법들이 응용되고 있다. 이러한 현상은 시기상의 차이도 있을 수 있겠지만, 풍납동토성이 갖는 중요성, 지형성과도 연관될 수 있기 때문에 주의 해볼 필요가 있겠다.

맺 음 말

중국군현성은 대략 방형의 평면이거나, 방형에 가까운 원형의 부

98) 鄭印九,「千餘年前의 땜 築堤技術과 龍頭山의 林相變遷」,『韓國庭苑學會志』1, 1982, 66~68쪽.

정형 평면을 이루고 있다. 이는 이들 토성들의 원래의 형태가 중국식의 방형 평면에서 유래되었을 가능성이 있는 것으로 보아 왔다. 그러나 웬일인지 성벽에서는 중국에서 성행한 협판을 사용한 판축공법이 응용된 흔적은 아직 보고되지 않고 있다. 즉 현재까지의 자료로서는 전형적인 판축법이 응용되지 못하고, 성토법이나 성토다짐법 정도가 사용된 것으로 보인다. 어을동토성이나 지탑리토성의 예에서 보았듯이 처음에 쌓여진 아래 성벽은 불규칙한 곡선 성토다짐으로 되어 있으나, 후에 보축한 윗 성벽에는 이보다 발달된 수평 성토다짐으로 되어 있는 것을 볼 수가 있었다. 이러한 공법이 삼국시대 토성에도 영향을 주었을 것으로 보이기 때문에 눈여겨볼 필요가 있다. 즉 백제초기 유적인 풍납동토성이나 몽촌토성에서 수평성토다짐이 확인된 것도 이와 무관하지 않으리라고 짐작되기 때문이다. 한편 우리나라 토성의 축조공법은 단순성토, 성토다짐, 협판을 사용한 판축다짐, 기단석축(기단석렬)을 곁들인 판축다짐 순으로 발달해 온 것으로 추정이 되는데, 중국군현성의 축조공법은 아직 미숙한 단계라고 볼 수가 있다. 4C중엽~5C초인 신라의 경주 월성도 이 단계에 머무르고 있다. 성토다짐 다음의 협판을 사용한 판축다짐으로 이른 시기의 것으로는 백제계로는 중심년대가 5C경으로 추정되는 정북동토성, 6C 전반을 하한으로 하는 백석동토성, 6C 전반의 부소산성이 있고, 신라계로는 5C~6C에 축조된 것으로 추정되는 순지리토성이 알려져 있다. 이처럼 우리도 늦어도 5C 까지는 판축공법을 성곽의 축조에 응용하였을 가능성이 있다고 추정된다. 한편 고조선의 토성이라고 보고된 평양성 아래 성벽과 황대성의 토성혼축공법은 중국군현성의 축조공법과는 구별되는 것으로, 우리의 고유한 공법이라고 볼 수가 있다.

제2장 평양성의 축성

머 리 말

일반적으로 도성은 성곽이 갖추어져 있는 도읍이라는 의미로 쓰인다. 그러나 엄밀히 말하면 都란 一國의 수도 즉 중심을 말하며, 先秦時代에는 제후, 경, 대부의 읍을 지칭하는 말이었으나, 우리나라에서는 왕이 거주하는 도읍을 말한다. 도성은 도를 둘러싸고 있는 성곽을 지칭한다. 그러나 도와 도성은 함께 통용되고 있다. 한편 삼국시대의 도성은 다양한 지역적 기반을 가진 지방 세력을 중앙정부에 편입, 중앙관료화 함에 따라 지배세력의 거주지를 도성에 조성하고, 거주지에 대한 규정을 엄격하게 지키면서, 거주 지배세력을 통제하기 위해 부리(부항)제, 구역분할제를 실시하는 등의 특징을 가지고 있었다. 이러한 점은 오늘날의 서울과는 크게 다른 점으로 신분제적, 강제적 성격도 내포되어 있었으며, 지방에 비해 우월적이고 인구가 집중화되는 현상을 나타내고 있었다. 어떻든 당시의 도성은 행정, 경제, 문화의 중심지로서 번영을 누렸다.

고구려 도성의 시기구분에 대해서는 여러 견해들이 있으나, 도읍지에 중점을 두고 『삼국사기』의 연대를 기준하면 조기도성(기원전 37년~기원 후 3년, 졸본 도읍기), 전기도성(3년~427년, 국내 도읍기), 중기도성(427년~586년, 전기평양성 도읍기), 후기도성(586년~668년, 후기평양성 도읍기)으로 구분할 수 있다.

본고에서는 후기도성인 평양성의 축조과정을 살펴보려고 한다.

Ⅰ. 평양성의 구조

평양성(북한 국보유적 1호)은 북쪽은 금수산 최고봉인 모란봉과 청류벽의 절벽을 끼고 있으며, 동 · 서 · 남에는 대동강과 보통강이 둘러 있다. 평양성의 지세가 산과 벌을 끼고 있기 때문에, 외성에서 보면 뒤에 산을 끼고 있는 평지성 같고, 북쪽이나 서북쪽에서 보면 모란봉, 창광산, 서기산 등을 연결한 산성이다.

또 평양성은 북성, 내성, 중성, 외성으로 구성되고, 성벽의 바깥 둘레 약 16km, 성벽의 총둘레 약 23㎞, 성내의 총면적은 11,850,000㎡(약 12㎢)나 되는 보기 드문 대규모의 석성으로, 삼국시대 성곽 중에서 최대의 규모를 자랑한다.[1)]

1. 북성

북성은 을밀대에서 최승대를 돌아서 청류벽 마루를 타고 부벽루를 거쳐 동암문으로 올라와 내성벽에 연결된다. 면적은 약 25만㎡이다. 북성에는 남문인 전금문과 북문인 현무문이 있다. 이 두 성문은 북성에서 남북으로 통하는 큰문이다. 또 부벽루 뒤 오솔길로 통하는 곳에는 암문을 설치하였다. 전체 면적의 2%를 차지하는 북성은 방어적인 면에서는 내성을 배후에서 막아주고 있다. 窺峰을 피하는 한국식산성의 특징으로 보아 북성은 평양성내에서 가장 먼저 축조된 것으로 추정된다.

2. 내성

1) 삼국시대 지방의 성곽으로 규모가 가장 큰 산성은 고구려 烏骨城으로 비정되는 둘레가 15km인 요령성 봉성시의 봉황산성이다.

내성은 을밀대로부터 서남으로 칠성문을 지나 만수대의 서쪽에 이르고, 다시 남으로 향하여 수구동의 서측을 통해 남산재를 지난다. 여기서 동으로 꺾어 주작문을 지나 대동강안에 이르고, 다시 강안을 따라 북으로 향해 대동문과 장경문을 지나 북성에 연결된다. 면적은 약 130만㎡이다.

내성에는 동남쪽에 대동문, 북쪽에 칠성문이 남아 있고, 문자리로는 서쪽에 정해문, 남쪽에 주작문, 동쪽에 장경문과 동암문이 있는데 홍예로 된 동암문의 축대는 지금도 남아 있다. 대동문의 문루에 쓰인 초석과 축대에 쓰인 성돌 중에는 고구려 때의 것이 있었으며, 문 밑에서는 수많은 고구려 기와조각들이 깔려 있었다. 1959년 대동강의 호안정리 때에는 대동문의 홍예 앞 약 12.5m 위치에서 옹성을 쌓았던 흔적이 드러났고, 여기에 쓰인 성돌이 고구려 때의 성돌과 동일하였다고 한다. 서문인 정해문 자리는 내성의 서북 모서리 만수대 등성이에서 남으로 뻗은 능선이 일단 끊어졌다가 다시 남산재 언덕으로 이어나간 낮은 지점에 위치한다. 1969년 서문동 도로확장 공사 때에 고구려의 초석과 수많은 고구려 기와조각들이 출토되었다고 한다. 남문인 주작문은 남산재의 등성이가 내성의 서남 모서리에서부터 동쪽으로 굽어 들면서 대동강 가까이에서 낮아진 지점에 있었으며, 이미 흔적이 없어졌다. 북문은 칠성문으로 추정되는데, 만수대와 을밀대 능선 가운데서 가장 낮은 지점에 위치한다. 이 칠성문 밖의 고구려 때 성돌로 쌓은 옹벽은 당시의 모습을 잘 보존하고 있다. 내성의 동벽에 사이문으로 추정되는 장경문은 청류벽 밑을 대동강이 흐르고 있어 나루터로는 적당치 못한 것으로 보아, 중성에서 대동강 기슭 청류벽 아래 길로 통하던 작은 문으로 추정된다. 또 동암문은 북성으로 통하던 비밀통로로 이용된 것 같다고 한다.2)

關野 貞은 일찍이 왕궁지로 내성의 조선시대 감영이 있던 지점을

2) 최희림, 『고구려 평양성』, 1978, 79~83쪽.

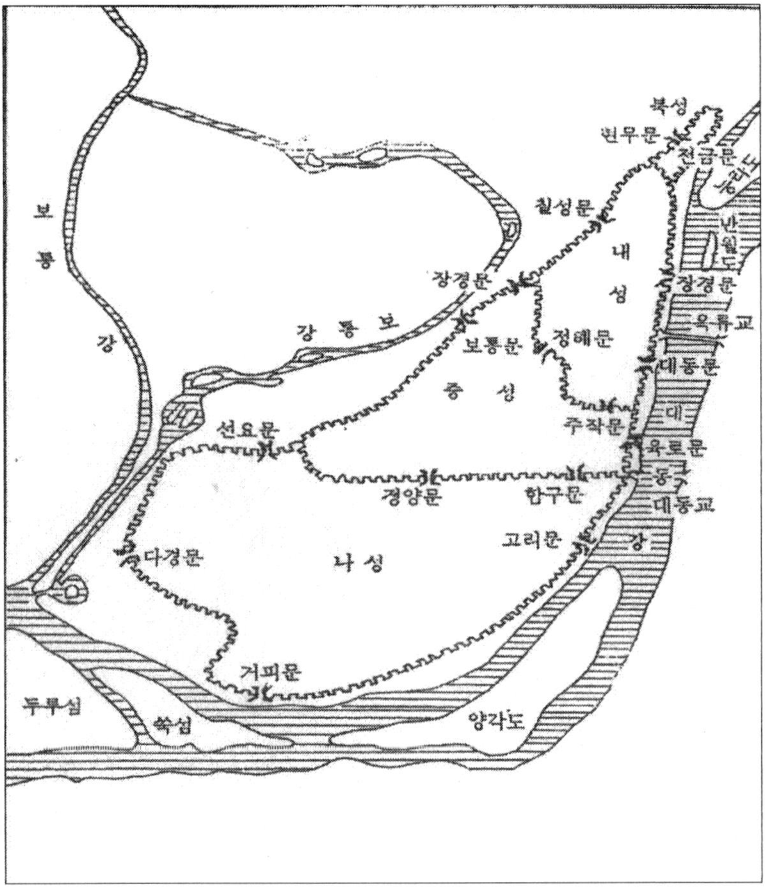

<그림 1> 평양성 평면도

지적하였다. 이곳의 뒷면에는 만수대라는 낮은 대지가 있으며, 남쪽으로는 평지가 넓게 펼쳐져 있는데, 감영 건물에서는 고구려 때의 것으로 보이는 초석이 몇 개 이용되었다고 하였다. 또 그는 북성 내 모란대 가까이의 영명사 부근을 별궁지로 추정하였다. 영명사 내의 1614년에 재건된 부벽루의 초석들은 모두 고구려 때의 초석들을 사용한 것이며, 주위에서는 고구려 말기의 기와조각들이 널려있었다고

하였다.[3] 한편 채희국은 내성의 중앙지대에 위치하며 지대가 높고 전망이 좋은 만수대건물지를 왕궁지로 지적하였다.[4] 또 최희림도 만수대 남쪽 경사면은 오목한 양지바른 대지로서, 그 지형과 지리적 조건이 궁전이 들어설 수 있는 가장 적합한 위치라고 지적하였다.[5]

이처럼 만수대 일대는 고구려 때의 왕궁이 있던 자리로 지적되고 있듯이, 내성은 왕성이며, 특히 산지대를 이용하여 성을 쌓았기 때문에 지대가 비교적 높고 전망이 좋다. 아무튼 전체 면적의 11%를 차지하는 내성 안에는 왕궁이 자리 잡았을 것으로 추정되고 있다.

3. 중성

중성은 만수대의 서록으로부터 보통강을 따라 서남으로 달리고, 대동교에서 동으로 창광산, 안산을 가로질러 대동강에 이른다. 면적은 약 300만㎡이다. 중성의 정남문인 정양문은 서쪽에 창광산, 동쪽에 서기산(현 해방산)을 낀 평지대로 중성에서 외성으로 통하는 중심부에 있다. 이 부근에서는 고구려 때의 초석이 발견된 바 있었다. 동남문인 함구문은 서기산과 대동강 사이에 위치한다. 서문인 보통문은 현재도 남아 있는데, 1962년 본래의 위치(보통강 옆)에서 동남쪽으로 약 55m 떨어진 현재의 위치로 옮길 때, 홍예석 밑에 가로놓인 기초 장대석들이 칠성문 북쪽의 성벽 기초돌들과 같은 방법으로 다듬어졌음이 확인되었다. 동문인 육로문은 1910년대 초까지 문자리가 남아 있었으며, 이곳은 대동문과 대동교 사이 중앙도서관 앞 도로가 닿는 곳으로, 중성에서 대동문 나루터와 통하는 편리한 지점이다. 북문은 경창문으로 추정되는데, 만수대 서쪽 언덕에서 성벽이 내려오다가 도로가 끊긴 지점이다. 이 문자리에도 고구려 기와조각들

---

3) 關野 貞, 「高句麗の平壤城及び長安城に就いて」, 『朝鮮の建築と藝術』(岩波書店), 1941, 365~367쪽.
4) 채희국, 「평양성(장안성)의 축성과정에 대하여」, 『고고민속』 3, 1965, 24쪽.
5) 최희림, 앞의 책, 110쪽.

이 깔려있었다고 한다.6)

전체 면적의 25%를 차지한다. 중성 남벽(2.7km)의 축조년대에 대하여는 북한학자들이 주장하는 고구려 축조설과 일본학자들이 주장하는 고려초 축조설이 있다. 1만분의 1로 그려진 「평양성지 및 유존석표도」7)에서 보면 중성 동쪽에 형성된 시가지의 남북도로는 외성내의 남북도로와는 방향이 다름을 볼 수가 있다. 또 여기에는 정양문 부근에서 출토되었다는 초석 2점의 위치를 정양문 동쪽 약 50m지점으로 표시하였다. 하여튼 중성은 전략적 측면에서 내성의 방어에 중요하다.

4. 외성

외성은 중성 남쪽의 고구려 도시유적을 감싸면서 대동강과 보통강의 기슭을 돌고 있다. 면적은 약 730만㎡이다.8) 외성의 남문인 거피문은 평천구역 평천동에 있고, 서문인 다경문은 평천구역 정평동의 강기슭에 위치한다. 이 성문은 양명문으로도 불렸다. 북문인 선요문은 다경문에서 북쪽으로 성벽을 따라 약 2㎞ 지점의 성벽이 끊어진 곳에 위치하였다. 이곳에서는 1968년 도로포장공사 때 수많은 고구려 기와조각과 막새가 깔려있었다고 한다. 동문인 고리문은 대극장 동남쪽에 위치하며, 다경문과 동서로 일직선에 있었다. 또 서남벽에는 대도문, 소통문, 수덕문이 있었다고 한다.9)

전체 면적의 62%나 차지하는 외성 안에는 행정구역으로 내부(황부), 북부(후부, 흑부) 등 5부가 있었으며, 이곳은 士庶가 거주하던 지역으로 상업 · 수공업을 비롯한 모든 생산 활동도 이곳에서 이루어졌을 것으로 보인다.

---

6) 최희림, 위의 책, 78~79쪽.
7) 朝鮮總督府, 『高句麗時代之遺蹟』, 圖版 上冊 地圖 2, 1929.
8) 최희림, 「고구려 평양성(장안성)의 성벽축조형식과 시설물의 배치상태」, 『고고민속』 3, 1967, 20쪽.
9) 최희림, 앞의 책, 73~76쪽.

Ⅱ. 축조과정

1. 각자성석

1) 각자성석 1

(1) 발견지점

각자성석 1은 劉喜海輯錄 劉承幹重校의 『海東金石苑』에 수록되어 있으며, 原石은 전하지 않고 있다. 附載된 金正喜의 題跋에는 「此刻出於丙戌 今六十四年 不可復覓」, 「此己丑 當爲長壽王 後一千三百八十一年 金正喜書」 라고 되어 있다. 장수왕대의 己丑인 장수왕 37년(449)에서 1381년 후는 순조 29년(1829)이 되는데, 64년 전의 丙戌은 영조 42(1766)년이기 때문에, 이 각자성석이 발견된 해는 1766

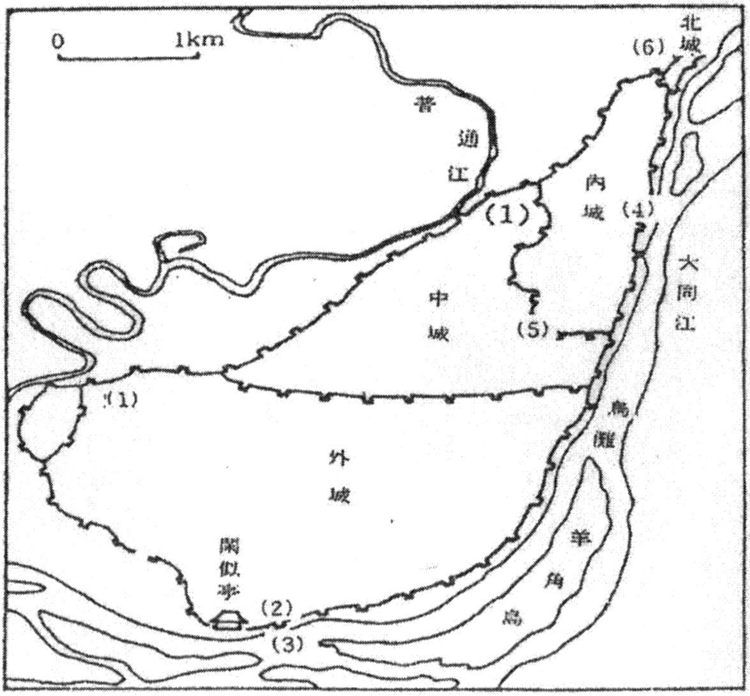

<그림 2> 평양성 각자성석 발견지점

년이 된다. 1829년 당시에는 이미 이 原石은 볼 수가 없었다는 것이다. 이 각자성석은 확실한 출토지점 조차도 알 수가 없다. 출토 위치는 각자성석 3과의 관련을 참고하여 외성의 겹성 남쪽이 아닌지 모르겠다. 또 『해동금석원』에는 「第二刻 金正喜重書. 燕庭先生謂 是橅本亦誤」라고 한 것으로 보아, 김정희의 重書를 바탕으로 한 것임을 알 수가 있고, 劉燕庭이 김정희가 보내준 橅本(模本)에 잘 못된 곳이 있었다는 지적도 주목할 필요가 있다. 즉 『해동금석원』에서 인용한 본 각자성석 1은 탁본으로 판독한 것이 아니고, 김정희가 만든 橅本으로 판독을 한 것으로 무본에 誤讀된 부분이 있었다는 것이다. 이 때문에 다른 각자성석과 세심한 비교가 필요하다.

(2) 판독

12	11	10	9	8	7	6	5	4	3	2	1	
造	侔	夫	兄	里	十	西	始	八	月	年	己	①
作	利	若	相	小	一	向	役	日	廿	五(三)	丑(酉)	②

모두 12행 24자이다. 『해동금석원』에만 수록되었기 때문에, 上記 판독문도 『해동금석원』에서 그대로 인용한 것이다. 田中俊明은 제1행 2번째의 丑字는 본래 酉字가 아닌가 의심하였다.10) 유자의 오독이라는 설에 필자도 찬성한다. 또 제2행 2번째의 五字도 같은 외성에서 출토된 각자성석 2 · 3과 비교하여, 三字의 오독일 가능성이 있는 것 같다. 酉字와 丑字, 三字와 五字는 마모가 심할 경우 字形上 오독될 가능성이 높은 글자들이다.

한편 다른 각자성석의 行數가 5~8행인 것에 비해, 본 각자성석의

10) 田中俊明, 「高句麗長安城城壁石刻の基礎的硏究」, 『史林』 68―4, 1985, 119쪽.

행수만 12행인 것이 특이한데, 김정희가 무본을 만들 때 1행에 2자씩을 일정하게 배치하여 임의로 글자를 배열한 것은 아니지 의심된다.

2) 각자성석 2

(1) 발견지점

吳慶錫의 『三韓金石錄』에서 인용한 『平壤志』[11]에는 「純廟己丑 大漲 九疊城潰決而出二誌石」이라고 하여, 1829년에 홍수로 九疊城[12]의 성벽이 무너지면서 2개의 각자성석이 출토되었다는 것이다. 그러나 『해동금석원』의 金正喜 題跋에는 「得一石於外城烏灘下」라고 하였다. 또 『三韓金石錄』에는 「此刻 今在平壤府治西十里 烏灘江涯. 余於咸豊乙卯 作燕臺之行路 出箕城 謁殷師廟 歷覽井田故址 因沿江而至閑似亭 訪得此刻于故城潰決處 蓋高句麗築城時 所刻也」라고 하여 역관이었던 오경석이 1855년 使行을 따라 북경에 갈 때 烏灘 江涯에서 직접 보았다는 것이다.[13] 이후 오경석은 이 각자성석을 자기 집에 옮겨 보관하다가, 『朝鮮金石總覽』에서 언급한 것처럼 그의 아들 吳世昌이 소장하게 되었다. 그 후 1965년 10월 27일에 이화여자대학교 박물관에서 구입하여 소장하고 있다. 이를 좀 더 구체적으로 언급하면 이화여자대학교 박물관 등록번호 2475호 「平壤城壁石刻字片」으로 등록되어 있는 본 각자성석은 박물관 카드에 따르면 納入者는 오세창 舊藏으로 되어 있는데, 상인을 통해 구입하였다고 하며 구입가격은 10만원으로 기록되어 있다.

현재 폭 43cm, 높이 21.5cm, 두께 11cm의 석고 속에 원석을 고정시켜 놓았는데, 일제강점기 때 이렇게 고정시켜 놓았다고 한다. 11개로 쪼개져 이처럼 석고로 고착시켜 놓은 것이다. 제2행 부분은 5

---

11) 1855년에 간행된 저자 미상의 『平壤續志』이다.
12) 평양성 외성의 별칭이다.
13) 본 각자성석의 출토지점을 최희림은 외성나루터 부근으로 보고, 田中俊明은 閑似亭 부근으로 보았다.

<탁본 1> 평양성 각자성석 2

번째 자인 日字의 좌단부만 남고 나머지는 떨어져 나갔다.[14] 『조선금석총람』에서도 제2행의 판독을 오세창 소장의 구탁본에 의거했다고 한 것을 보면, 1919년에도 이처럼 원석이 파손되어 있었음을 알 수가 있다. 『삼한금석록』에는 본래 원석의 크기를 高 1尺 4寸, 廣 1尺 7寸, 字徑 1寸許라고 하였다. 현재는 최대고 18.5cm, 최대폭 37cm이고, 後長은 11cm 두께의 석고 속에 들어 있기 때문에 알 수가 없다.[15] 자경은 3.3cm이고, 비교적 편평한 自然石面에 가공 없이 刻字되었다. 석재는 수성암이며, 석면에 약간의 요철이 있다. 서체는 필획이 매우 遒勁하고 전반적으로 北朝楷書의 분위기가 강하다. 字體의 結構는 매우 강하게 되어 있어 전체적으로 매우 안정적인 분위기를 자아내고 字間이나 行間은 자연스럽게 배치되었고, 안정된 필획을 구사하였다. 그러나 전체적으로 볼 때 세련된 필획이라기보다

14) 崔淳姬는 이 떨어져 나간 조각을 黃壽永교수가 소장하고 있다고 하였으나 사실과 다르다(崔淳姬, 「平壤城城石考」, 『文化財』 12, 1979, 75쪽).

15) 평양성의 面石들이 사각추형을 이루고 있는 것을 보면, 본 각자성석은 형태가 크게 변형된 것이다. 한양으로 옮길 때 운반하기 좋게 본래의 각자성석을 떼어 내면서 현재와 같이 파손된 것으로 추정된다.

는 古拙한 느낌을 준다. 특히 자획이 비교적 깊고 뚜렷하게 남아 있는 것은 다행스러운 일이다. 평양성 각자성석 중에서 본 각자성석만이 남한에 있으며, 보물 642호로 지정되어 있다.

<탁본 2> 평양성 각자성석 2 (구탁본)

한편 오세창이 소장했던 원석은 전술한 것처럼 이화여자대학교 박물관으로 들어갔고, 구탁본은 상인을 통해 黃壽永에게 넘어갔으나, 황수영교수가 1992년에 이화여자대학교 박물관에 기증하였다.

(2) 판독

7	6	5	4	3	2	1	
作					三	己	①
節	俳	物	東	自	月	酉	②
	須	荀	十	此	廿	年	③
矣	百	小	二	下	一		④
	頭	兄	里	向	日		⑤

모두 7행 27자이다. 제1행 2번째 자는 『해동금석원』이래 丑字로 판독되어 왔으나, 근래에는 酉字로 판독하고 있다.[16] 필자가 원석

을 實見한 바로도 酉字의 좌쪽 종획이 분명하게 나타나고 있기 때문에 유자로 판독하는 것이 옳다고 생각한다. 제2행 1번째 자는 三字와 五字로 판독을 하고 있다. 즉 劉喜海의 『해동금석원』에서는 五字로 되어 있으나, 『삼한금석록』 所引의 『평양지』, 『삼한금석록』, 劉承幹重校의 『해동금석원』, 『朝鮮金石攷』에서는 三字로 되어 있다. 본 각자성석의 구탁본으로도 이 자를 판독할 수가 없다. 그러나 같은 장소에서 발견된 것으로 보이는 각자성석 3이 三字로 되어 있고 날짜도 같기 때문에 三字로 보는 것이 좋을 것 같다.[17] 제5행 3번째 자는 『해동금석원』과 『조선금석고』에서는 省字로 보았으나, 『삼한금석록』 所引의 『평양지』, 『삼한금석록』, 『조선금석총람』, 田中俊明, 崔淳姬는 苟字로 판독하였다. 여기서도 苟字로 판독하도록 하겠다. 제7행 1번째 자는 판독을 못한 예가 많으나, 『삼한금석록』의 판독대로 作字이다.

3) 각자성석 3

(1) 발견지점

『삼한금석록』 所引의 『평양지』에서 「純廟己丑 大漲 九疊城潰決而出二誌石」이라고 하는 誌石 중의 하나로, 1829년에 각자성석 2와 같은 곳에서 발견된 것이다. 현재의 소재는 알 수가 없다. 『삼한금석록』에서는 高 1尺 5寸, 廣 1尺 7寸, 字徑 1寸 3分許라고 하였다.

---

16) 井上秀雄, 「新羅金石文調査の中間報告」, 『東北大學文學部硏究年報』25(東北大學文學部), 1975, 69쪽. 崔淳姬, 「平壤城城石考」, 76쪽. 田中俊明, 「高句麗長安城城壁石刻の基礎的硏究」, 123쪽. 鬼頭淸明, 「高句麗の國家形成と東アヅア」, 『朝鮮史硏究會論文集』 21, 1984, 36쪽. 梨花女子大學校博物館, 『韓國書蹟』(梨花女子大學校博物館特別展圖錄 20), 1992, 9쪽.

17) 金昌鎬와 徐永大도 三字로 추독하였다(『韓國古代金石文資料集』 Ⅰ, 國史編纂委員會, 1995, 116쪽).

(2) 판독

6	5	4	3	2	1	
節	位	內	向	廿	己	①
矣	使	部	△(西)	一	丑(酉)	②
	尒	百	下	日	年	③
	丈	頭	二	自	三	④
	作	上	里	此	月	⑤
				下		⑥

『삼한금석록』 所引의 『평양지』에는 27자로 되어 있으나, 吳慶錫이 제5행 5번째 자인 作字를 확인함으로써 모두 6행 28자가 되었다. 제1행 2번째 자는 『삼한금석록』 所引의 『평양지』와 『삼한금석록』에서는 丑字로 되어 있으나, 각자성석 1 · 2와 같이 酉字가 아니었나 추정되고 있다.[18] 제3행 2번째 자를 『삼한금석록』 所引의 『평양지』에서는 東字로 판독하였으나, 오경석은 「向下字 今已泐損 幾不可辨然 諦審其跡 恐非東字」라고 하여 東字가 아닌 것 같다고 하였다. 각자성석 2의 東字에 대비되는 西字가 아니었나 의심된다. 제3행 3번째 자는 『삼한금석록』 所引의 『평양지』와 『삼한금석록』에서는 下字로 되어 있다. 제4행 2번째 자는 『삼한금석록』 所引의 『평양지』와 『삼한금석록』에서는 中字로 되어 있으나, 각자성석 4의 제4행 2번째 자와 같은 部字일 것이다.[19] 제5행 4번째 자는 『삼한금석록』 所引의 『평양지』에는 仗字로 되어 있으나, 오경석은 丈字로 정정하였다.

4) 각자성석 4

(1) 발견지점

본 각자성석은 1913년 大同門에서 4町 정도 떨어진 성벽을 파헤

18) 田中俊明, 「高句麗長安城城壁石刻の基礎的研究」, 124쪽.
19) 田中俊明, 위의 논문, 124쪽.

치며 牡丹臺 밑에 이르는 도로를 개수할 때 석벽에 刻字가 있는 것을 발견하였다고 한다.[20] 발견지점은 平壤府 鏡齊里 大同江畔 성벽이었는데,[21] 지금의 내성 동벽의 옥류교 부근이다.[22] 발견 후 平壤府立樂浪博物館,[23] 平安南道廳,[24] 平安南道敎育會[25]에 있었다고 한다. 현재는 평양의 조선중앙력사박물관에 소장되어 있다.[26] 본 각자성석의 사진을 비교하여 보면 조선중앙력사박물관 것은 모조품이 아닌가 하는 느낌을 준다. 크기는 높이 1척, 폭 2척 2촌, 길이 1척이고, 자경은 1촌이다.[27] 사진을 보면 거칠게 다듬은 표면에 새겨진 刻字는 해서로 가는 필획과 함께 더욱 遒勁한 느낌을 주고, 필획은 古拙하지만 전반적인 기상은 매우 활달하다.

<사진 1> 평양성 각자성석 4 (일제강점기 사진)

---

20) 淺見倫太郎, 「大同江岸發見の高句麗古城石刻」, 『朝鮮及滿洲』 83, 1914, 46쪽.

21) 『朝鮮金石總覽』 上(朝鮮總督府), 1919, 8~9쪽.

22) 최희림, 『고구려 평양성』, 19쪽.

23) 葛城末治, 『朝鮮金石攷』(圖書刊行會), 1974, 122쪽.

24) 『朝鮮金石總覽』 上, 8쪽.

25) 梅原末治, 『朝鮮古文化綜鑑』 4(養德社), 1966, 도판1.

26) 田中俊明, 「高句麗長安城城壁石刻の基礎的研究」, 125쪽.

27) 『朝鮮金石總覽』 上, 8~9쪽.

<사진 2> 평양성 각자성석 4 (조선중앙력사박물관 소장)

(2) 판독

8	7	6	5	4	3	2	1	
涉	西	節	兄	後	漢	二	丙	①
之	北	自	文	部	城	月	戌	②
	行	此	達	小	下	中	(十)	③

글자는 8행 23자이다. 『조선금석총람』에서는 제2행 3번째 자 및 제4행 1번째 자를 四字로 판독하였는데, 藤田亮策이 제2행 3번째 자를 中, 제4행 1번째 자를 後字로 정정한 후,28) 지금까지 큰 이견이 없는 것 같다.29) 제1행 3번째 자는 판독이 어려우나, 필자는 원석을

28) 鮎貝房之進, 「高句麗城壁石刻文」, 『雜攷』 6 俗文攷(圖書刊行會), 1972, 357쪽.

29) 葛城末治, 『朝鮮金石攷』, 122~123쪽. 田中俊明, 「高句麗の金石文」, 『朝

보지 못하였기 때문에 지금까지의 판독에 따랐다. 金昌鎬는 十字가 없는 글자로 판독을 하였는데 주목하여 보아야 할 것 같다.[30] 사실 사진으로는 十字는 보이지 않는다. 특히 이 글자는 축성과정을 이해하는데 중요한 글자이므로, 앞으로 원석을 바탕으로 좀 더 과학적인 조사가 이루어져야 하겠다.

5) 각자성석 5

(1) 발견지점

본 각자성석은 1964년 최희림에 의해 내성 서남 모서리인 중구역

<사진 3> 평양성 각자성석 5

남문동 정해문[31]이 있던 자리의 남쪽 150m 지점(내성 남벽)인 지금의 남산병원 울타리 밑에서 발견되었다. 성벽 기저부 밑에서부터 셋

鮮史硏究會論文集』 18, 1981, 125쪽. 이밖에 최희림은 中字를 추독하고(최희림, 『고구려 평양성』, 17쪽), 蔡熙國과 鄭燦永은 中字와 部字를 추독하였다(채희국, 「평양성(장안성)의 축성과정에 대하여」, 『고고민속』 1965—3, 21쪽. 정찬영, 「평양성에 대하여」, 『고고민속』 1966—2, 13쪽).

30) 『韓國古代金石文資料集』 I (國史編纂委員會), 125쪽.

31) 내성의 서문에 해당된다.

째 단에서 발견되었다고 한다.[32] 현재는 발견지점에서 약 150m 동쪽의 인민대학습당 북서쪽 광장 귀퉁이에 신축한 성벽에 놓여있다. 크기는 높이 20cm, 폭 30cm이고,[33] 해서이다.

(2) 판독

5	4	3	2	1	
尺		此	兄	卦	①
治	里	東	加	婁	②
			群	盖	③
	四	廻	自	切	④
		上		小	⑤

글자는 5행 17자이다. 보고자인 최희림은 제4행 2번째 자인 里字 앞에 한 자가 더 있는데 마멸이 되어 잘 보이지 않으나, 六字가 아닌가 추측된다고 하였다.[34] 북한 측의 안내문에도 「괘루부에 속한 소형 벼슬을 가진 가군이 여기서부터 동쪽으로 돌아 올라가면서 ㅁ리 4자를 쌓았다.」 고 하여, 리자 앞에 글자 한 자를 더 넣었다.[35] 또 남한에서 간행된 금석문자료집에도 리자 앞에 한 자를 넣고 있다.[36] 그러나 원석을 조사한 田中俊明은 리자 앞에 글자를 새겼던 흔적을 전혀 발견할 수 없었다고 한다.[37] 국립중앙박물관의 탁본에도 리자 앞에 글자는 확인되지 않는다.

6) 『平壤續志』 所引의 石刻

32) 최희림, 『고구려 평양성』, 16쪽.
33) 최희림, 위의 책, 19쪽.
34) 최희림, 위의 책, 17쪽.
35) 田中俊明(다나카 도시아키) 교수가 1986년에 촬영하여 필자에게 보내준 사진을 참고 하였다.
36) 『韓國金石遺文』(黃壽永), 『韓國金石文追補』(李蘭暎), 『韓國金石全文』(許興植).
37) 田中俊明, 「高句麗の金石文」, 125쪽.

尹游가 1730년에 편찬한 『平壤續志』 城池 北城條에는 1714년에 감사 閔鎭遠이 북성을 수축할 때 발견한 것이 아닌가 추정되는 石刻을 하나 소개하고 있다.[38] 즉 「舊城底有石刻曰 本城四十二年畢役. 古人之不計功力而以堅築爲事者 可見矣. 俗傳 舊城蒸土築之. 今觀居城底者 鑿土非斧斤不入 種樹根拳而不深入 蒸土之說 恐非虛也」라고 하였다. 여기서 구성은 북성의 옛 성을 지칭한다고 볼 수가 있다. 본성은 석각의 발견 지점으로부터 보면 북성으로 볼 수가 있겠으나, 42년간을 고려하면 북성의 축성기간으로는 너무 길기 때문에, 평양성 전체 축성기간을 나타내는 것으로 볼 수가 있다.[39] 즉 「四十二年」은 평양성 전체의 총 공사기간인 셈이다.[40]

여기서 말한 석각이 축성비인지 각자성석인지는 분명하지 않으나, 성벽 밑에서 나온 것으로 보아 앞서 언급한 것과 같은 각자성석이 아닌가 짐작된다. 또 석각의 내용인 「本城四十二年畢役」이라는 8자도 본래의 석각 내용을 그대로 옮긴 것인지, 아니면 석각의 내용 중에서 중요한 부분만 일부 발췌하여 언급한 것인지도 알 수가 없다. 『평양속지』가 석각이 발견된 지 17년이라는 오래되지 않은 기간에 기록되었다는 점과 각자성석일 경우 刻字에는 글자를 많이 쓸 수가 없고 특히 大字로 쓸 경우는 그리 많은 글자를 넣을 수 없는 제한성이 따르기 마련이라는 점도 감안해야 한다. 만일 42년 만에 役事를 마치었다는 문장에 역사의 시역과 필역의 일자가 있었다면, 이는 중요한 자료이기 때문에 『평양속지』에 반드시 기록하여 놓았을 것이다. 이렇게 보면 석각의 8자는 본래의 석각 내용의 줄거리를 어느 정도 충실하게 옮긴 것이 아닌지 모르겠다.

---

38) 평양감사 閔鎭遠은 장계하기를 내성은 이미 수축되었고, 북성의 모란봉을 버려두어 窺峰이 되게 할 수 없으며, 북성에는 옛 사람들이 흙으로 쌓은 基址가 완연히 남아 있으니, 옛 터에 그대로 營築한다면 백성의 힘을 번거롭게 하는 데 이르지 않을 것이라고 하였다(『肅宗實錄』 권55, 肅宗 40년 10월 辛未).

39) 田中俊明, 「高句麗長安城城壁石刻の基礎的硏究」, 128쪽.

40) 정찬영, 「평양성에 대하여」, 14쪽. 최희림, 『고구려 평양성』, 29쪽.

2. 축조과정

1) 내성

A—㉮ 陽原王 8년에 長安城을 쌓다(『三國史記』 권19, 高句麗本紀 7 陽原王 8년)

㉯ 平原王 28년에 長安城으로 도읍을 옮겼다(『三國史記』 권19, 高句麗本紀 7 平原王 28년)

㉮에서 양원왕 8년(552)에 長安城을 쌓았다는 것은 장안성의 始築을 의미한다고 생각되고, 장안성의 위치를 오늘날 평양 중구역에 있는 평양성으로 보는 데는 異論이 없다. 장안성이라는 명칭은 기존의 전기평양성을 평양성이라고 불렀기 때문에 이와 구별하여 수도, 서울을 의미하는 중국식의 長安이라는 명칭을 붙였으나, 수도를 의미하던 고구려식의 평양성으로 널리 불려 졌던 것으로 추측된다. 즉 『新唐書』 高麗傳에 왕은 평양성에 거주하고, 평양성을 장안성이라고도 불렀다고 한 것을 보면, 평양성과 장안성이 서로 혼용되고, 평양성이라고 많이 불렀음을 알 수가 있다.

㉯의 평원왕 28년(586)에 장안성으로 도읍을 옮겼다는 것은 중기도성인 평양 대성구역 일대의 전기평양성에서 후기도성인 평양 중구역의 후기평양성으로의 천도를 의미한다고 볼 수가 있다.

양원왕 8년에 장안성을 쌓았다는 것은 입지선정 등 축조에 대한 계획이 구체적으로 세워지고 실제로 공사가 이루어지기 시작했다는 것을 의미하며, 결정 단계의 사실을 의미하는 것은 아닐 것이다. 신도의 건설 배경에 대하여는 신라의 북상과 같은 외부의 충격에 의해 수도 방위체제를 강화한 것으로 보는 견해가 많았다. 실체로 북쪽에서 수도 평양으로 통하던 길목을 차단하기 위해 축조된 태천 농오리산성이 555년에 축성된 것도 이와 관련이 있다.[41] 이는 이 시기에 도성의 축조와 함께 지방에도 수도방위를 위해 요소마다 성곽들이 축조되거나, 개축되는 등 방어체제에 대한 재정비가 이루어졌던 것을 말해준다. 최근에는 신도의 건설이 이처럼 외부의 요인에 의해 갑자기 이루어진 것이 아니고, 사전에 충분한 검토와 준비를 거쳐 이루어졌을 것으로 보는 견해도 있다.[42]

이무렵 고구려는 내우외환의 어려움을 겪던 시기였다. 안으로는 안장왕이 531년 3월에 피살을 당하고,[43] 안원왕 말년인 545년에도 안원왕이 위독하자, 왕위계승을 둘러싸고 대란이 일어나 中夫人 세력인 麤群集團과 小夫人 세력인 細群集團이 각기 자기 측의 왕자로 왕위를 계승시키기 위해 북을 치며 궁문에서 싸웠다. 결국 싸움에서 세군측이 패하였는데도 추군측은 3일 동안이나 병력을 해산하지 않고, 세군 자손들을 모두 잡아 주살하고, 세군측 2,000여 인이 희생되면서 중부인의 아들인 세자가 8세로 양원왕으로 즉위하게 되고,[44] 난이 발발한지 5일에 왕이 薨去하였으므로, 이 와중에 안원왕도 해를 입었을 가능성이 있다고 보고 있다.[45] 이와 같은 政亂에 따른 갈등은[46] 상당기간 계속되고 있었으며, 그 여파는 지방에 까지 미치고 있었던 것 같다.[47] 또 557년 10월에는 환도성에서 干朱理가 모반하

41) 齋藤 忠, 『古代朝鮮 · 日本金石文資料集成』(吉川弘文館), 1983, 32쪽.

42) 金希宣, 「6~8세기 東아시아 都城制와 高句麗 長安城」(韓國學中央硏究院 韓國學大學院 博士學位論文), 2007, 35쪽.

43) 『日本書紀』 권17, 繼體天皇 25년.

44) 『日本書紀』 권19, 欽明天皇 6 · 7년.

45) 李弘稙, 「日本書紀所載 高句麗關係記事考」, 『韓國古代史의 硏究』(新丘文化社), 1973, 158쪽.

46) 대규모의 반대세력의 숙청을 통해 즉위한 양원왕이 즉위시의 혼란을 수습하고 자신의 즉위를 도운 麤群系를 중심으로 중앙귀족세력을 재편성하기 위해 일종의 정국전환용으로 장안성으로의 천도를 도모하였을 가능성이 있는 것으로 보는 견해도 있다(金希宣, 「6~8세기 東아시아 都城制와 高句麗 長安城」, 41~42쪽).

47) 『三國史記』 권44, 列傳4 居柒夫傳. 한편 居柒夫傳에 惠亮法師가 지금 우리나라의 정사가 어지러워 멸망할 날이 얼마 남지 않았다는 말은 545년의 왕위계승에 따른 귀족 상쟁의 여파가 지속되었다기 보다는 당시 고구려 대외정세의 악화에 따른 정세 불안, 또는 이에 따른 정치 혼란으로 보는 견해도

다가 주살되는 사건이 발생하였다.48) 이들 환도세력은 양원왕의 즉위에 반대하는 입장에 있던 세군세력과 동일한 존재이거나 아니면 세군세력을 지지하고 그들과 정치적 입장을 같이 하였던 세력이 아니었을까 추측하는 견해가 있다.49) 이러한 안장왕부터 양원왕대의 왕위계승전을 비롯한 분렬과 대립은 평양천도 이후 平壤系 신진 귀족들의 성장과 이에 따른 國內系 구귀족 세력과의 정치적 갈등과정에서 나타난 것으로 보기도 한다.50)

대외정세면에서도 550년대에 접어들면서 급박한 상황이 전개되었다. 551년에는 고구려의 내분을 틈타 백제를 주축으로 한 신라 · 가야의 연합군에 의해 竹嶺과 鷄立峴 이북의 漢水流域을 상실하고 말았다.51) 이에 고구려는 552년부터 西部와 北部 국경선 방면에서의 압력과 분쟁으로 南顧의 여지가 없게 되자, 한강유역과 함흥평야를 포함한 동해안 일대를 포기하고 그 지역에 대한 신라의 영유권을 인정하며, 신라는 대신 고구려와의 相爭을 중지한다는 밀약이 맺어져 고구려는 남으로부터의 급박한 위협에 대처하고, 신라는 553년 7월에 한강하류지역의 백제점령지를 기습적으로 점령한 것이 아닌가 보는 견해도 있다.52) 또한 서부와 북부의 국경지대에도 약 100여 년간 지속되었던 동아시아의 세력균형이 6세기 중엽부터 무너지기 시작하

있다(閔喆熙, 「高句麗 陽原王 · 平原王代의 政局變化」, 『史學志』 35, 2002, 74쪽).

48) 『三國史記』 권19, 高句麗本紀7 陽原王 13년.

49) 林起煥, 「6 · 7세기 高句麗 政治勢力의 동향」, 『韓國古代史硏究』 5, 1992, 9쪽.

50) 林起煥, 위의 논문, 24쪽.

51) 『三國史記』 권19, 高句麗本紀7 陽原王 7년. 『三國史記』 권4, 新羅本紀4 眞興王 12년. 『三國史記』 권44, 列傳4 居柒夫傳. 『日本書紀』 권19, 欽明天皇 12년.

52) 盧泰敦, 「高句麗의 漢水流域 喪失의 原因에 대하여」, 『韓國史硏究』 13, 1976, 54쪽. 盧重國, 「高句麗 · 百濟 · 新羅사이의 力關係變化에 대한 一考察」, 『東方學志』 28, 1981, 82~83쪽. 盧泰敦, 「5~6世紀 東아시아의 國際政勢와 高句麗의 對外關係」, 『東方學志』 44, 1984, 50~51쪽.

면서 심각한 위협을 받게 되었다. 즉 550년에 東魏를 계승한 北齊는 552년 정월에 庫莫奚를 토벌하여 대파한 후,[53] 文宣帝(高祥)는 고구려에 崔柳를 보내 北魏末의 혼란기에 고구려로 東徙하였던 유민 5,000호를 쇄환하여 갔다.[54] 이는 고구려의 내외적인 약점을 포착하여 무력시위를 배경으로 강압적인 외교적 조치를 취한 것이다.[55] 또 553년 10월에도 문선제는 거란을 친정하여 이를 대파하고, 營州까지 이르렀는데,[56] 이는 고구려에 군사적 위협이 되었으나 북제로부터의 위협은 북제가 北周 및 陳과 相爭하고, 일면으로는 남으로 밀려오는 돌궐세력의 방어에 급급하였으므로 직접적인 양국 간의 대결은 없었다. 그러나 돌궐의 위협은 보다 지속적이고 광범위하게 전개되었다. 茹茹(柔然)에 복속하였던 돌궐은 6세기 전반경에 그 추장 土門이 흥기하여 독자적인 세력을 형성하더니, 552년 2월에 여여를 대파하자 그 可汗 阿那瓌이 자살하였다.[57] 555년에는 여여를 완멸시키고, 塞北의 패자로 군림하게 되었다.[58] 이처럼 신흥 돌궐에 의한 막북고원의 유목민 사회의 대변화는 고구려로서는 큰 위협이 아닐 수 없었다. 오랜 동안 우호적이던 여여가 격파당하고 돌궐이 興安嶺을 넘어 東進하여 오자 고구려의 서북부 국경지역에는 긴장이 고조되고, 거란족과 말갈족에 그 세력을 뻗쳐오자, 이 지역 일대에 깊은 이해관계를 갖고 있던 고구려에게 큰 위협이 되었다. 북제나 돌궐의 동향에 따라서는 고구려의 주요 중심지인 요동지역에 대한 직접적인 위협이 될 수 있는 상황이었기 때문이었다.[59] 고구려와 돌궐의 상호대립 항

---

53) 『北齊書』 권4, 帝紀4 文宣帝 天保 3년 1월.

54) 『北史』 권94, 列傳82 高句麗傳.

55) 盧泰敦, 「5~6世紀 東아시아의 國際政勢와 高句麗의 對外關係」, 49쪽.

56) 『北齊書』 권4, 帝紀4 文宣帝 天保 4년 10월.

57) 『周書』 권50, 列傳42 異域下 突厥傳. 『北齊書』 권4, 帝紀4 文宣帝 天保 3년 2월.

58) 돌궐의 木汗可汗이 茹茹의 鄧叔子를 치자, 등숙자는 餘中을 이끌고 북제로 來奔하였다(『周書』 권50, 列傳42 異域下 突厥傳). 여여가 망하자 여여의 유민들은 많이 고구려로 내분하였다고 한다.

쟁은 여여가 멸망된 555년부터 580년대 말까지 지속되었다.60)

주지하다시피 신도인 평양성은 천연의 요새로 조선시대까지 서북 지방의 중요한 거점성의 역할을 수행하였다. 이는 평양성이 대동강과 보통강을 끼고 군사적인 요충지에 축조되었기 때문이었다. 당시 고구려는 전기평양성의 구조가 평지 궁성과 입보용 산성인 대성산성으로 분리되어 방어 면에서 큰 취약점이 있었기 때문에 이처럼 새로이 複郭城의 형태를 취한 평양성을 축조하려고 계획하였던 것으로 보인다. 하여튼 평양성의 이러한 입지조건으로 보아 신도의 축조 목적 중 가장 큰 요인은 당시 대외정세의 변화에 따른 군사적인 측면에 있지 않았는가 추정된다. 이는 일찍부터 이민족과 싸우면서 성장해온 고구려인들의 슬기라고 볼 수가 있다. 신도의 건설에서는 한양도성에서처럼 왕의 居所인 왕궁의 축조로부터 시작하는 것이 일반적이다. 이때 축조한 왕궁은 전술한 것처럼 내성안의 만수대 일대나 조선시대 평양감영지 일대에 있었던 것으로 추정되고 있다.

내성의 축조에 대해서는 문헌에는 전하지 않으나, 내성의 성벽에서 발견된 각자성석 4와 5를 통하여 겨우 단편적인 사실만을 알 수가 있을 뿐이다. 각자성석 4의 丙戌은 『조선금석총람』에서 평원왕 8년인 566년으로 본 이후 별 이론이 없다. 또 간지가 없는 각자성석 5의 간지도 병술년으로 보는 것이 일반적이다.61) 내성의 축조가 이루어진 일자에 대해서는 각자성석 4에 기록되어 있으나, 전술한 것처럼 「二月中」과 「十二月中」으로 판독을 달리하고 있다. 우리나

59) 盧泰敦, 「5~6世紀 東아시아의 國際政勢와 高句麗의 對外關係」, 49~50쪽.

60) 고구려는 547년 7월에 서북의 요충인 白巖城을 개축하고, 新城을 수축하였다(『三國史記』 권19, 高句麗本紀7 陽原王 3년). 551년 9월에는 돌궐병이 신성을 포위하다가 이기지 못하고 백암성을 移攻하자, 양원왕은 장군 高紇을 시켜 군사 1만을 이끌고 拒戰하여 이기고, 적 1천여 급을 살획하였다(『三國史記』 권19, 高句麗本紀7 陽原王 7년).

61) 田中俊明, 「朝鮮三國の都城制と東アヅア」, 『古代の日本と東アヅア』, 小學館, 1991, 396쪽.

라 축성관련 자료에서는 엄동설한인 12월에 축성공사가 이루어진 예는 것의 찾아 볼 수가 없는데,[62] 조선의 海州城改築碑에서처럼 이들 성곽의 축조는 혹한기가 닥쳐오자 12월에 서둘러 공사를 마무리 하였다. 그러나 2월 중에 공사가 이루어진 사례는 흔하게 찾아 볼 수가 있다. 하여튼 내성의 축조시기는 566년이라고 볼 수가 있고, 신도의 건설을 시작한지 15년 만에 이루어진 셈이다.

내성의 축조가 이처럼 늦어진 원인에 대하여는 양원왕 13년 환도성에서의 干朱理 모반사건 등 양원왕 말년의 심각한 정국혼란 때문으로 보고 있다.[63] 조선의 한양으로의 천도에서는 민생의 안정을 내세우며 자신들의 안정된 생활환경을 도모하려는 유신들을 억누르고 천도를 단행시킨 것이 국왕이었던 점을 고려한다면,[64] 전기평양성에 세력의 기반을 두면서 신도의 건설과 천도를 반대하였을 평양천도 이후의 평양계 신진귀족들을 제압할 수 있는 강력한 왕권이 확립되지 못하였던 것이 큰 문제였던 것 같다. 즉 조선의 태조나 태종에 비해 왕권이 상대적으로 약했던 당시 고구려왕으로서는 신도건설에 어려움이 많았을 것으로 짐작된다. 오늘날 행정중심복합도시인 세종시로 정부종합청사를 옮기는 문제를 가지고도 어려움을 겪었던 것을 보면, 신도의 건설과 천도는 많은 희생을 감수해야만 하는 대역사라는 점을 새삼 느끼게 되며, 여기에는 우선 강력한 왕권과 이를 뒷받

---

62) 閔德植, 「朝鮮時代의 築城碑」, 『年報』17(충북대학교박물관), 2008, 92~93쪽.

63) 김희선, 「高句麗 長安城의 築城過程과 遷都의 背景」, 『역사문화연구』22(韓國外國語大學校 歷史文化硏究所, 2005, 12쪽.

64) 공민왕 때부터 南京復置와 漢陽府 체제로의 번복, 한양천도를 둘러싼 王權과 臣權의 대립, 풍수도참사상으로 표현되는 보수적 입장과 성리학으로 표현되는 개혁세력간의 주도권 다툼 등은 개혁세력에 의한 조선왕조 건립과 한양천도를 통한 한성부 설치로 매듭지어졌다. 조선 초의 한양천도 과정에서 국왕인 태조 이성계의 조속한 천도 주장과 신진사대부들의 반대가 전개되면서 국왕의 의지대로 천도가 실행된 것이다(나각순, 「高麗末 南京復置와 漢陽遷都」, 『江原史學』 17 · 18, 2002, 130쪽).

침해 주는 지지 세력이 필요하였다. 하여튼 신도의 건설이 본격적으로 이루어진 것은 안정된 정국운영이 이루어진 평원왕대였다.[65] 평원왕대는 귀족연립체제가 성립됨으로써, 귀족들의 합의에 의해 大對盧를 교대로 선출하여, 정치세력 간의 균형이 이루어졌기 때문이었다.[66]

각자성석 4에서는 漢城下 後部[67]의 小兄 文達이 여기서부터 서북쪽의 성벽을 감역하여 축조하였다고 하였다. 문달은 주로 내성 동벽의 북쪽부분 성벽을 쌓은 셈이다. 문달의 관등은 각자성석 1, 2, 4, 5와 같이 小兄이었다. 평양성 각자성석에서는 각자성석 3만이 上位使(上位使者)이다. 고구려의 관등제에서 상위사자는 13위중에서 9위, 소형은 11위로 모두 제3계층에 속한다.[68] 농오리산성의 축조를 감역한 於九婁 역시 제3계층인 小大使者(소사자)였다. 이들은 한양도성의 축조를 감역한 각 고을의 수령과 관등의 위치가 비슷하다. 한성은 三京의 하나였던 오늘날의 신원이다.[69]

---

65) 평원왕대는 급박했던 대외적 위기상황이 어느 정도 해소되었으며, 내부적으로도 안정되어 왕권강화를 이루면서, 평원왕 중심의 정국운영이 이루어졌다고 한다((閔喆熙, 「高句麗 陽原王 · 平原王代의 政局變化」, 84쪽). 즉 수도방비체제의 강화를 촉구하였던 돌궐의 위협과 신라의 급격한 북상은 점차 진정 국면에 들어서게 되었고, 이러한 대외상황의 호전은 양원왕 이래의 정치 혼란을 안정시킬 수 있는 외적 여건이 되었으며, 고구려의 내분도 평원왕 즉위 이후 점차 수습되었고, 이러한 대내외적인 안정을 기반으로 평원왕대에 평양성의 축성이 본격적으로 추진되었다(金希宣, 「6~8세기 東아시아 都城制와 高句麗 長安城」, 49쪽).

66) 盧泰敦, 「5~6世紀 東아시아의 國際政勢와 高句麗의 對外關係」, 50쪽.

67) 鮎貝房之進, 葛城末治, 田中俊明은 漢城下의 後部로 해석하였던 것에 반해, 홍기문은 漢城과 下後部로 구분하여 하후부는 한성안의 행정구역을 상 · 하로 나누고, 이를 다시 세분한 것으로 이해하였다(洪起文, 『리두연구』, 1957, 298쪽). 신라의 함안 성산산성과 대구의 팔거산성에서 출토된 목간으로 보아 下는 에의 뜻을 가진 처격조사로 추정된다.

68) 武田幸男, 「高句麗官位制とその展開」, 『朝鮮學報』 86, 1978, 43쪽.

69) 황해북도 신원군 아양리와 월당리 일대의 남북 약 4.5km, 동서 약 4km에 펼쳐진 고구려유적을 말한다(최창빈, 「신원에서 고구려시기의 큰 도시유적 발견」, 『력사과학』 1985—4, 46~47쪽).

각자성석 5에서는 卦(桂)婁部[70] 盖切[71]인 小兄 加群이 여기서부터 동쪽으로 향하다 위로 돌아 올라가는 성벽 1리 4척을 감역하여 축조하였다고 하였다. 즉 가군은 내성 남벽과 동벽 남쪽부분을 쌓아 각자성석 4 방향으로 쌓은 것이다. 1리 4척의 길이가 약 642.8m이고,[72] 각자성석 4와 5의 실측거리가 약 2,100m인 점으로 보면,[73] 각자성석 4와 5 사이에는 몇 개의 각자성석이 더 있었다고 볼 수가 있다. 하여튼 가군이 맡아서 축조한 성벽은 1리 4척인데, 1리의 규모는 1척이 35.638cm인 고구려척으로는 641.4m가 된다.[74] 1리로 분할되었다고 하는 安鶴宮城[75]의 동벽의 실측치는 622m로 34.6cm의 고구려

70) 각자성석내의 部는 장수왕대 체제정비 과정에서 새로운 귀족세력의 편제방식으로 정비된 부로 수도의 행정구역으로 보고 있다(林起煥, 「6 · 7세기 高句麗 政治勢力의 동향」, 27쪽).

71) 盖切은 각자성석 2 · 3의 百頭처럼 직명으로 추정되나 그 성격은 알 수가 없다. 김창호는 卦婁盖切을 출신지명으로 보았다(金昌鎬, 「高句麗 金石文의 人名表記」, 『先史와 古代』 3, 1992, 163~166쪽).

72) 고구려척의 1보는 5척이라는 설과 6척이라는 설이 있다. 전자의 입장을 취한 尹善泰는 고구려는 量田의 단위면적을 생산량을 기준으로 설정하기 위해 고구려척과 고구려척 5척=1보제를 탄생시키고, 이로써 고구려의 척도제가 국가의 基準尺(漢尺)과 量田尺(高句麗尺)으로 이원화되었으며, 고구려척 5척-1보제는 신라와 고대일본으로 전파되었다고 보았다(尹善泰, 「韓國 古代의 尺度와 그 變化—高句麗尺의 誕生과 관련하여—」, 『國史館論叢』 98, 2002, 42~58쪽). 후자의 입장을 취한 龜田 博은 大寶令大尺의 6척을 1보로 한 것은 그 이전의 度地法으로 소위 代制이며, 고구려 평양성 외성과 신라왕경의 분할도 1,800척의 1리가 기본이 되었다고 보았다(龜田 博, 『日韓古代宮都の研究』, 學生社, 2000, 178~180쪽). 즉 대보령(701년) 이전의 量田尺인 고구려척은 6尺=1步이고, 1代는 5보평방이며, 1段인 50代는 250步평방이었다. 1보가 5척이면 1리는 360보, 1보가 6척이면 1리는 300보로, 1리는 1,800척으로 동일했던 것으로 추정된다.

73) 최희림, 『고구려 평양성』, 20~21쪽.

74) 關野貞, 「高句麗の平壤城及び長安城に就いて」, 『朝鮮の建築と藝術』(岩波書店), 1943, 360~364쪽. 高句麗尺은 後漢代의 尺(23.7cm)의 1肘인 1尺5寸에서 탄생하였다고 하며, 後漢尺 6尺=1步는 4肘에 해당된다고 한다(尹善泰, 「韓國 古代의 尺度와 그 變化—高句麗尺의 誕生과 관련하여—」, 44~45쪽).

75) 安鶴宮이라는 명칭은 『新增東國輿地勝覽』 平壤府 古跡條에 나오는데, 이에 앞서 편찬된 成俔의 『慵齋叢話』 권1에는 평양성의 동쪽 10리 九龍山 밑에

척이 사용되었다.[76] 즉 평양성 각자성석에서 언급한 1리의 길이는 약 622~641m정도가 된다. 한편 한양도성의 大工區는 370.86m. 中工區는 185.43m, 小工區는 30.9m이었다. 가군이 맡아서 축조한 受地距離는 한양도성 대공구의 2배 가까이 되는 큰 규모였다. 물론 가군이 맡아서 축조한 수지거리 내에는 신라의 명활성 · 남산신성 및 한양도성처럼 많은 소공구들이 있어, 여러 감역관들이 감역을 맡아 축조하였던 것은 아닌가 싶다. 이들 각자성석에는 이 중에서 대공구의 내용만 서술하여 축성에 대한 책임을 지운 것으로 이해할 수가 있다.

내성이 축조된 지 21년 만인 평원왕 28년인 586년에는 드디어 신도인 평양성으로 천도하게 되었다. 신도의 건설을 시작한 지 35년 만의 일이다. 평양성으로의 천도는 수의 세력 확장에 대비한 방비책의 일환으로 추진된 것으로 보고 있다. 수의 출현 이후 진행된 동북아의 정세변화를 보면 581년에 건국한 수는,[77] 582에 柳城(營州) 일대에 군림하던 高寶寧을 토벌하고, 583년에는 돌궐이 동서로 분렬되자 이들의 내분을 이용하여 돌궐을 격파하고 복속시켰으며, 586년에

安下宮 터가 있으나, 어느 시대 만들어진 것인지는 알지 못하나 아마 이것은 別宮인 것 같다고 하였다. 여기서는 안하궁이라고 하였고, 安下는 안해와 연관이 있는 듯하다. 안해는 부여에서 출토된 문자기와인 阿尼城의 아니와 같이 안쪽을 의미한다고 생각되므로, 안해궁과 아니성은 안궁(內宮), 안성(內城)을 의미하는 것이 아닌가 싶다. 고구려나 백제의 도성민들은 왕이 거주하는 宮城(宮墻)을 안성이라고 부르고, 도성민들의 거주지를 두른 외성을 바깥성이라고 불렀던 모양 같다. 이는 신라에서 왕이 거주하는 왕성을 임금이 계신 성이라는 의미인 在城이라고 부른 것과는 차이가 있다. 『周官六翼』에는 在가 方言으로 畎이라고 하였다.

76) 안학궁성의 성벽의 길이는 동벽 622m, 서벽 623m, 남벽 617m, 북벽 618m로 복원치 630m와 비교하면 오차율이 1,1~2.1%밖에 나지 않는다(朴贊興, 「高句麗尺에 대한 硏究」, 고려대학교 석사학위논문, 1992, 32쪽).

77) 隋의 성립 직후인 581년부터 584년까지 7차에 걸쳐 수에 사신을 파견한 것은 수의 새로운 대 고구려정책의 추이를 모색해 보려는 시도로 보고 있다(金善昱, 「高句麗의 隋唐關係硏究」, 『論文集』 XI-2, 忠南大 人文科學硏究所, 1984, 250쪽).

는 党項과 羌 · 吐谷渾을 투항시키고, 587년에는 後梁을 멸망시킴으로써 중원대륙의 북부지역을 통합하였다. 수에 의한 이러한 중국 북부지역의 통합은 동북아의 패자인 고구려의 존재를 심각하게 위협하는 것이었다.[78] 이러한 동북아 정세의 불안으로 마침내 천도가 단행된 것이다.

2) 중성

중성의 남벽 2.7km의 축조시기에 대하여는 고구려 축조설과 고려 축조설이 대립하고 있다.[79] 후자는 중성이 고구려시기에는 존재하지 않았으며, 고려 태조 때 평양성이 너무 넓기 때문에 중성 남벽을 쌓아서 평양성을 축소시키고, 외성 부분을 제외시켰다는 설이다. 한편 중성 남벽과 중성 서벽이 만나는 지점의 성벽에 대한 발굴조사에서 고구려시기 성벽 아래의 최하층에서 고조선시기의 토축 성벽이 확인되었다고 한다. 그러나 중성 남벽과 외성 서벽이 만나는 지점의 최하층에서는 고구려시기의 성벽만 발견되었을 뿐이다. 보고자는 고조선시기에 쌓여진 평양성은 그 규모가 고구려 평양성 중성의 일부 구역을 포괄했던 것으로 보고, 고조선의 수도가 아닌가 추정하였다.[80] 이는 이곳에 신도가 건설되기 이전에 토축으로 된 성곽이 있었다는 것이 된다. 이런 점으로 보면 고구려시기에 중성은 존재하였다고 보여 지고, 고조선시기의 성벽위에 쌓여진 고구려시기의 성벽은 외성의 축조와 함께 축조되었다고 추정된다.

3) 외성

외성(나성)[81]의 축조에 대한 자료는 각자성석 1, 2, 3이 남아 있

78) 金希宣, 「6~8세기 東아시아 都城制와 高句麗 長安城」, 51쪽.
79) 閔德植, 「삼국시대의 도성제」, 『한국고대사입문』 2, 신서원, 2006, 343~346쪽.
80) 안병찬 · 최승택, 「새로 발굴된 평양성에 대하여」, 『조선고고연구』, 1998—4, 37~41쪽.

을 뿐이다. 각자성석 1에는 己酉年 3월 28일에 始役하여, 서쪽 방향으로 11리의 성벽은 相夫(上部) 출신의 小兄 若侔里가 감역하여 축조하였다고 하였다. 이들 축성집단은 외성의 서벽 일부, 중성의 서벽과 남벽일부를 쌓았던 것 같다. 각자성석 2에는 己酉年 3월 21일에 여기서부터 동쪽을 향하여 12리는 物苟 출신으로 百頭인 小兄 俳須가 감역하여 축조하였다고 하였다. 고구려의 郡頭나 신라의 邏頭, 都頭, 鎭頭 등 頭字가 붙은 직명이 군사적 성격이 강한 것으로 보아, 百頭 역시 군사적 성격이 강한 상설 직명으로 축성에 따른 임시 직명은 아닌 것 같다. 이들 축성집단은 외성의 남벽과 동벽, 중성의 동벽과 남벽 일부를 쌓았던 것으로 추정된다. 각자성석 3에서는 己酉年 3월 21일에 여기서부터 서쪽을 향하여 2리는 內部 출신으로 백두인 上位使者 尒丈이 감역하여 축조하였다고 하였다. 이들 축성집단은 외성의 서벽 일부를 쌓았던 것 같다.[82] 각자성석 2와 3은 같은 지점에서 옆으로 나란하게 놓여 있었던 것을 보면, 이들 두 축성집단은 3월 21일 동시에 동 · 서 방향으로 축성을 시작하였음을 알 수가 있다.

한편 각자성석 2가 발견된 지점에서 대동문아래 내성 동남벽 모서리까지 거리는 약 4,200m이고, 각자성석 3에서 내성 서남 끝에 이르는 길이는 7,750m이기 때문에,[83] 여기에 중성 남벽의 길이 2,700m를 합하면 외성의 전체 길이는 14,650m가 된다. 외성에서 발견된 각자성석의 전체 길이는 25리이기 때문에 고구려척 1척을 35.638cm로

---

81) 공간구조면에서 외성은 면적이 730만㎡로 평양성 전체의 62%나 차지한다.
82) 각자성석 3의 축성인들이 쌓은 평천동 지역의 성벽 사진이 『朝鮮古文化綜鑑』에 남아 있다(梅原末治, 『朝鮮古文化綜鑑』 4, 도판1). 규모가 방대한 토석혼축의 토루인데, 일제강점기에 성벽을 헐어 없애는 장면이다. 사진을 보면 적심에는 잡석들이 섞여 있고, 외벽 밖으로 돌이 쌓여 있는 것을 보면, 성벽은 평양성 중성벽이나 임진강 유역의 고구려성처럼 안쪽은 토루를 쌓고, 외벽은 돌로 한 겹을 쌓은 석성이 아닌지도 모르겠다.
83) 최희림, 『고구려 평양성』, 26쪽.

계산하면 16,037m가 된다. 한편 외성의 서벽에 있는 겹성의 시설은 고려 묘청의 난 때 서경 사람들이 선요문으로부터 다경루에 이르기까지 증축한 성벽(약 1,734칸)으로 고려기의 성벽이다.[84] 하여튼 외성에서 발견된 각자성석의 수지거리는 외성의 실측치와 비슷함을 알 수가 있고, 또 전술한 것처럼 이때에 중성의 남벽도 함께 쌓여졌음을 알 수가 있다. 12리의 약 7.7km는 한양도성에서 경상도인이 맡았던 약 7.6km와 거의 같다.

또 외성에서 발견된 각자성석의 날짜는 각자성석 1처럼 모두 始役日字인 것이다. 한양도성에서는 1월에 역부들을 동원하여 2월말에 방환하여 귀농시켰다. 농사철이 다가오기 때문이었다. 그러나 평양성 외성의 축조에서는 농사철인 3월에 공사를 시작한 것을 보면, 외성의 축조가 매우 급박했음을 알 수가 있다.

각자성석의 己酉年는 평원왕 31년인 589년으로 보고 있다.[85] 이곳으로 천도한지 4년 만의 일이다. 외성의 축조는 대규모의 역부를 동원하여 거의 동시에 공사를 시작하였고, 또 공사가 농사철에 급박하게 진행된 점을 보면, 축성공사는 589년에 완공되었다고 보는 것이 좋을 것 같다. 외성의 축조는 대동강과 보통강의 범람으로부터 도성민을 보호하자는 목적도 있었겠지만, 그 보다는 도성을 방어하겠다는 군사적인 목적이 강하였다고 볼 수가 있다. 이는 후일 수의 수군이 침입했을 때 외성에서 막아낸 것으로도 잘 알 수가 있으며,[86] 수와 당의 수군이 대동강을 거슬러 올라와 평양성을 칠 때는 반드시 외성에서 부디 치게 마련이었다. 이처럼 외성은 수군의 공격을 막는데 중요한 군사시설이었으므로, 당시 외성의 축조에는 이러

---

84) 『高麗史』 권98 列傳11 金富軾傳.

85) 井上秀雄, 「新羅金石文調査の中間報告」, 69쪽. 田中俊明, 「高句麗長安城城壁石刻の基礎的研究」, 140쪽.

86) 612년에 隋의 水軍인 來護兒軍을 외성(羅郭)에서 잔멸시켰다(『資治通鑑』 권181, 隋紀 煬帝 大業 8년 6월).

한 전략적인 이점을 충분히 고려하였을 것이다.

외성의 축조 역시 당시 동북아의 정세변화와 깊은 관련이 있었으리라는 점이 지적되어왔다. 즉 수의 등장으로 인한 동아시아의 급속한 정세변화는 마침내 589년에 陳의 멸망으로 이어졌다. 즉 588년 10월에 수 문제는 晉王 廣에게 51만 8천명의 병력을 주어 진을 정벌하도록 명하여,[87] 589년 1월에 진의 後主인 陳叔寶를 사로잡음으로써 진을 멸하였다.[88] 이제 중국과 막북고원의 諸勢力은 수제국으로 歸一되어졌다.[89] 평원왕은 진이 수에 멸망당하였다는 소식을 듣고 크게 두려워하여 병기를 수리하고, 곡식을 저축하여 防守의 策을 강구하였다고 한다.[90] 이제까지 중국 남북조시대의 분열 상태가 고구려로서는 큰 힘이 되어왔으나, 이처럼 중국의 통일은 고구려로서는 큰 위협이 될 수밖에 없었다.[91] 외성의 축조가 589년에 급하게 이루어진 것은 수라는 통일제국의 등장이 가져온 결과라고 볼 수가 있다.

한편 외성의 축조와 외성 안의 도시건설이 평양성의 초축단계부터 계획된 것으로 보는 견해도 있으나,[92] 외성의 축조까지 계획하였다면 586년 이곳으로의 천도에 맞추어 외성을 축조하는 것이 합리적이었을 것이다. 천도와 더불어 외성을 마련하지 않은 이유가 분명하지 않다. 외성지역인 평천동 일대는 한양도성에서처럼 전기평양성에

---

87) 『隋書』 권2, 高祖 開皇 8년 10월.

88) 『隋書』 권2, 高祖 開皇 9년 1월.

89) 盧泰敦, 「5~6世紀 東아시아의 國際政勢와 高句麗의 對外關係」, 55쪽.

90) 『三國史記』 권19, 高句麗本紀7 平原王 32년. 590년에 평원왕에게 내린 文帝의 詔書에는 전에 고구려가 몰래 재물을 주어 小人을 움직여 사사로이 弩手를 빼어가서 병기를 수리했다고 하였다(『隋書』 권81, 列傳46 東夷 高麗傳).

91) 수에 의한 진의 멸망은 고구려뿐만 아니라 주변 민족들에게도 큰 위협이 되었다(『隋書』권 83, 列傳48 西域 吐谷渾傳).

92) 林起煥, 「한국의 도성—都城造營의 전통—」(서울시립대학교 서울학연구소 심포지움 발표문), 2001, 12쪽. 金希宣, 「6~8세기 東아시아 都城制와 高句麗 長安城」, 47쪽.

거주하던 관리와 서인들에게 일정량의 家基를 量給하여,[93] 시가지를 조성하다가, 589년에 수나라의 침입에 대비할 목적으로 외성을 축조하고, 외성의 성문을 바탕으로 일정한 구획을 갖춘 바둑판식의 계획적인 시가지를 조성했던 것은 아닌지 모르겠다.[94]

평양성을 축성한 역부들의 성격을 파악할 수 있는 당시의 자료는 없다. 즉 正軍을 투입한 것이지, 아니면 한양도성의 태조 때처럼 농민 부역군인 民丁(烟軍)이 징발된 것인지, 세종 때처럼 奉足과 雜色軍 같은 보충역이 징발된 것인지 알 수가 없다. 엄청난 수의 역부들을 정군으로 충당하기는 사실상 어려웠을 것이다. 영류왕 14년에 千里長城을 쌓을 때 남자는 役事에 나아가고, 여자가 농경에 종사하여 16년 만에 畢役하였다고 한 것을 보면,[95] 평양성의 축조에도 민정이 징발된 것은 아닌지 모르겠다.[96] 이는 俗傳에서도 어느 정도 이해할 수가 있다. 즉 속전에 따르면 평양성을 쌓을 때 민정을 많이 징발하여 민정들을 옷깃이 맞대도록 열을 지어 세우고, 龍岡 烏石山의 돌을 옮겨서 쌓았다고 한다.[97]

---

93) 일본에서도 藤原京을 축조할 때인 691년 12월에 宅地를 분급하였는데, 右大臣 4町, 直度貳 이상 2정, 大參 이하 1정으로 하고, 勤 이하에서 無位까지는 戶口에 따라 分給하였는데, 上戶 1정, 中戶 반정, 下戶 4분의 1정으로 하였다(『日本書紀』 권30, 持統天皇 5년 12월).

94) 田中俊明, 「高句麗 長安城의 規模와 特徵—條坊制를 中心으로」—, 『白山學報』 72, 2005, 342~345쪽. 閔德植, 「高句麗 平壤城과 新羅王京의 區域分割制 比較」, 『白山學報』 75, 2006, 215~232쪽. 김희선, 「6~7세기 동아시아 도성제와 고구려 長安城—도성의 가로구획 방식을 중심으로—」, 『한국고대사연구』 43, 2006, 42~68쪽.

95) 『三國遺事』 권3, 興法3 寶藏奉老 普德移庵.

96) 고구려의 民은 生口나 奴婢와 구별되는 존재로서 농지의 경작이나 공물의 생산, 축성 · 수묘역 등에 종사하고, 租와 稅를 부담함과 아울러 徭役에 징발되어 노동력을 제공하였다. 577년 이후 614년 사이에 上戶는 2명의 丁男(혹은 1명의 정남과 2명의 丁女), 中戶는 1명의 정남과 1명의 정녀, 下戶는 1명의 정남(혹은 2명의 정녀)으로 구성되어 戶를 단위로 田租가 부과되었다고 한다(박남수, 「高句麗 租稅制와 民戶編制」, 『동북아역사논총』 14, 동북아역사재단, 2006, 149~159쪽).

4) 북성

북성은 북성의 성벽 밑에서 출토되었다는 石刻에서 42년 만에 畢役을 했다고 한 것으로 보아, 영양왕 4년인 593년에 축성되었음을 알 수가 있다. 북성이 축조된 시기는 수의 遼西進出이 본격화되던 때였다. 하여튼 북성을 끝으로 내외정세의 변화 속에 우여곡절을 겪으면서 42년 만에 평양성은 축성이 완료된 것이다. 특히 내성의 후면에 있는 북성은 내성의 將臺인 을밀대에서 바라보면 내성에 꽤 낮게 결합되어 있는 것을 볼 수가 있으나, 모란봉이 내성을 俯瞰함으로 만일 적이 모란봉 일대를 점령하면 내성이 위험하게 된다.[98] 우리나라 성곽에서는 이러한 窺峰을 꺼려왔다. 북성은 방어적으로는 내성을 배후에서 방어하고, 조경학적으로는 왕궁의 後苑과 別宮·寺院의 造營地 역할을 하는 등 복합적인 기능을 가지고 있었다.[99] 북성의 초축을 이른 시기로 보는 견해도 있는데,[100] 이러한 견해에 따른다면 북성의 축조는 늦어도 내성의 축조 이전에 이루어지고, 내

---

97) 『平壤續志』 권1 城池 北城.

98) 『平壤續志』 권1 城池 北城.

99) 중국도성의 禁苑은 규모가 작고, 황제가 항상 출입하여 노는 장소인 御花園苑的인 성격을 갖는 內苑과 내원의 요소 이외에 여러 요소를 갖는 규모가 방대한 外苑이 있었다(河上邦彦, 「東아시아의 都城과 苑池」, 『考古歷史學志』 11·12, 동아대학교 박물관, 1996, 17쪽). 고구려 평양성의 북성은 전기 평양성의 대성산성과 같이 外苑의 성격을 갖는다고 보여 진다. 고구려 평양성처럼 수·당의 장안성에도 궁성 북측에 북쪽으로 渭水까지 미치는 주위가 120리나 되는 禁苑인 外苑이 있었다. 동아시아 금원의 기능 중에는 방어적인 기능이 있다고 지적되는 점도 고구려 평양성의 북성의 기능과 동일하다. 또 고구려 평양성에서는 外苑을 후면에 둠으로써 왕성을 보다 도성의 중앙으로 위치하게 하는 이점도 있었다.

100) 북성은 면적이 25만㎡로 평양성 전체면적의 2%에 지나지 않는 산성이다. 일찍이 채희국은 북성을 『三國史記』 高句麗本紀의 東川王 21년 2월에 쌓았다는 평양성에 비정하기도 하였으나, 임기환은 이를 國內地域으로 보고 있다(林起煥, 「한국의 도성—都城造營의 전통—」, 11쪽). 북성은 평양천도 이전에 평지성인 청암동토성과 세트를 이룬 것은 아닌지 모르겠다.

성은 북성을 배후로 하여 증축된 것으로 볼 수도 있겠으나, 앞으로 발굴조사를 통하여 밝혀져야 하겠다.

맺 음 말

고구려 평양성은 구조면에서 산성을 끼고 형성된 평산성으로 복곽식의 형태를 취하고 있다. 이는 평지 궁성과 입보용 산성을 결합한 전기평양성의 형태를 한층 발전시킨 것이며, 이러한 구조는 고려의 도성인 개경으로 이어졌다.

도성의 축조과정 면에서는 고구려 평양성은 궁궐, 왕성(내성), 시가지를 두른 외성 순으로 축조된 것으로 추측되며, 한양도성은 궁궐, 성곽, 궁성 순으로 축조하여 궁성보다 시급한 성곽을 먼저 축조하였다. 이처럼 신도의 건설에서는 왕의 거소인 왕궁이 먼저 축조되게 마련이었다.

도성 성곽의 축조과정에서는 한양도성은 各道 州郡 民戶의 다소를 헤아려 分定하였는데, 중앙정부의 都城造築都監 提調들이 大工區(1,200척)의 감역을 맡고, 小工區(100척)는 使 · 副使 · 判官 중에서 1인이 감역을 맡았다. 각 고을에서 맡은 수지거리는 해당 고을의 수령이 해당 고을의 摠牌와 頭目을 거느리고 감역을 하였다. 고구려 평양성의 축조에서도 각자성석에 표기된 대공구 속에는 많은 소공구들이 있어 여러 감역자들이 이를 맡아서 감역을 하였을 것으로 추정된다.

고구려 평양성과 한양도성에서는 성곽의 축조과정을 알 수 있는 축성관련 금석문이 남아 있어 축조과정을 연구하는 데 많은 도움을 주고 있다. 특히 문헌자료가 거의 전하지 않는 고구려 평양성에서는 이들 축성관련 금석문에 의존할 수밖에 없다. 이들 도성에 남아 있는 축성관련 금석문은 모두 각자성석들이다. 이들은 축성의 감역을 담당했던 감역자들에게 축성에 대한 책임을 지우기 위한 것이다. 고구려 평양성은 우리나라 성곽에서 처음으로 각자성석을 사용한 성곽이다. 고구려의 축성관련 금석문은 마애석각과 각자성석 만이 알려져 있는데, 이는 축성비 만을 고집했던 신라의 축성관련 금석문과는 다른 것이다. 이러한 고구려 평양성의 각자성석 전통은 한양도성으로 이어져 읍성을 비롯하여 조선시대의 通力合築으로 축성된 성곽에서 유행하였다. 이처럼 고구려 평양성이 끼친 각자성석의 영향은 지대하였다.

규모면에서 고구려 평양성의 각자성석에 새겨진 축성집단의 수지거리는 里를 단위로 하는 대규모라는 특징을 보인다. 이는 步를 단위로 하는 소규모인 신라의 축성비와는 차이를 보인다. 여기에서도 고구려다운 면모를 잘 보여주고 있다.

한양도성에서는 농민 부역군인 民丁이 징발되었는데, 민정이 징발된 만큼 농사에 지장을 주지 않는 농한기를 철저히 이용하였다. 고구려 평양성에서도 민정이 징발된 것으로 추정이 되는데, 외성의 축조에서는 농번기에 축조를 시작한 것은 당시 수의 위협에 대비하기 위한 급박한 상황 속에서 추진되었기 때문이었다.

고구려 평양성은 무려 42년이라는 긴 세월이 지나서야 완성될 수 있었다. 여기에는 대내외의 정세변화에 따라 우여곡절을 겪으면서 점차적으로 축조되어 나갔기 때문이었다. 만일 고구려가 평양성과 같은 천연의 요새를 축조하여 천도하지 않았다면, 고구려는 수 · 당의 대군을 상대하여 그렇게 오래 버티지를 못하였을 것이다. 이처럼 고구려 평양성의 축조가 갖는 역사적 의미는 지대한 것이었

제3장 삼성동토성의 성격

머 리 말

서울 강남구 삼성동에 있었던 삼성동토성은 이미 없어진 유적이다. 필자는 일찍이 이 유적을 조사한 적이 있었다. 본고에서는 우선 필자가 보았던 삼성동토성의 상황을 언급하고, 다음으로는 삼성동토성의 위치와 기능, 규모, 축조공법, 축조시기, 蛇城의 비정, 주변성곽과의 비교 문제들을 하나하나 검토하도록 하겠다. 검토과정에서는 좀 번잡하더라도 세밀하게 진행하는 방향으로 전개하도록 하겠다.

Ⅰ. 三成洞土城

삼성동토성은 서울 강남구 삼성동 닥점마을[1] 뒤 해발 83.2m의 낮은 야산 정상에 위치했던 토성이었으나, 이곳에 건물들이 들어서면서 1982년에 완전히 없어지고 말았다.

필자가 1982년 봄에 삼성동토성을 조사할 때는 남벽의 일부가 남아 있었다. 당시 정상에는 청담배수지가 건립되어 있었고, 청담배수지가 있던 북벽 쪽은 이미 파괴되고 없었다. 동벽도 江邊二路(현 올림픽대로)를 만들면서 잘리어 없어지고 급경사를 이루고 있었는데, 본래 동벽 밖은 급경사를 이루고 있었다고 한다. 서벽은 건물을 짓기 위해 한창 파헤치고 있던 중이었다. 이곳 땅속에 묻혀있던 암반

---

1) 1963년까지 경기도 광주군 언주면에 속했던 三成里는 1914년에 봉은사, 무동도(저자도), 닥점 세 마을이 합쳐져 된 것이다. 닥나무가 무성했던 저자도와 접한 마을인 닥점은 종이의 재료인 닥을 파는 가게가 있어 붙여진 이름이라 한다. 현재는 봉은사로 109번길 일대이며 우석그린빌라 등이 들어섰다.

들이 파괴되어 널려 있었다. 본래 서벽 밑에는 암반이 갈려 있었던 것인데, 건물의 지반을 만들기 위해 이 암반들을 파괴시키고 있던 중이었다. 남벽은 일부의 성벽이 남아 있었다. 남벽은 끝부분이 수직으로 절단되어 있었기 때문에 성벽안의 상태를 자세히 볼 수가 있었다.

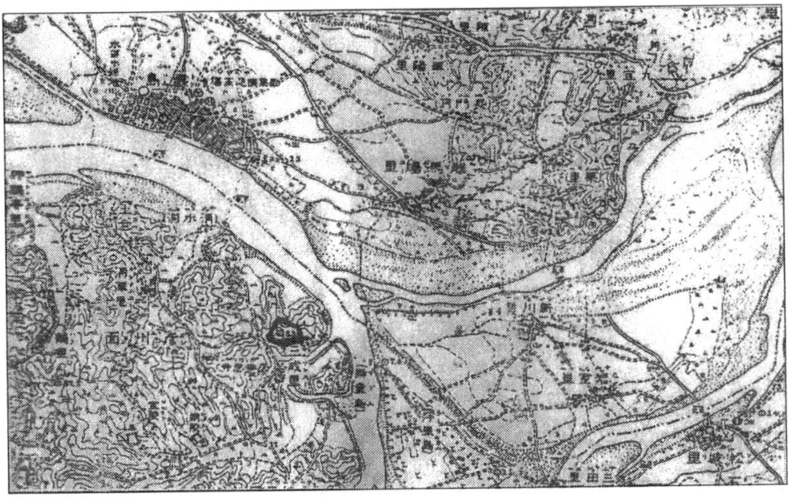

<그림 1> 삼성동토성 주변 지형도(1926년 발행 5만분의 1 지형도)

필자는 이곳에 오래 거주하시던 노인 분들의 안내를 받아 없어진 성벽의 위치를 일일이 확인할 수가 있었다. 노인 분들의 증언으로는 북벽은 정상부 바로 아래 있었으며, 북벽 밖은 급경사를 이루고 있었고, 동벽은 강변2로가 지나가는 부분에 있었다고 하였다. 서벽은 앞서 언급한 것처럼 한창 파괴되고 있었기 때문에 필자가 직접 확인할 수가 있었다.

이때 남벽 안쪽 정상부 아래에는 판자집이 한 채 있었다. 성안에서는 이곳만 약간 편평하였기 때문에 이곳에 집이 들어선 것이다.

이곳은 와편들이 산란되어 있었던 것으로 보아 옛 건물지도 이곳에 있었을 것으로 짐작되고, 우물도 이곳에 있었을 것으로 추정된다. 이곳으로부터 남벽까지는 꽤나 경사를 이루고 있었다.

필자는 닥점마을로 하여 약간 골짜기를 이룬 남벽 중앙부를 통해 삼성동토성 안으로 들어갔는데, 이 길이 사람들이 삼성동토성 안으로 다니는 길이었다. 여기에 삼성동토성의 남문이 이었을 것으로 추정된다.

1995년 6월에 삼성동토성을 다시 찾아가 보니 옛 모습은 완전히 없어져 있었다. 정상부의 청담배수지는 그대로 있었으나 성안에는 봉은중학교, 서쪽에는 힐탑빌라, 동심아파트, 북벽 밖으로는 청담배수지 입구시설, 봉은초등학교, 홍실아파트 등 건물들이 들어차 있어 분간을 할 수가 없었다. 겨우 청담배수지를 기준으로 어렴풋이 윤곽을 가늠해 볼 수가 있었다.

2012년 11월에 다시 가서 조사하여 보니, 성안에는 여전히 봉은중학교가 자리 잡고 있었다. 본래의 남벽은 봉은중학교 남쪽 울타리보다 많이 남쪽으로 내려와 있었다. 즉 봉은중학교 자리가 필자가 1982년 봄에 조사할 때 판자집이 있던 곳이다. 봉은중학교 서북에 접하여는 헤렌하우스와 다우림하우스가 새롭게 지어져 있었다. 북벽 밖으로는 봉은초등학교와 홍실아파트도 여전히 남아 있었다. 그러나 청담배수지와 청담배수지 입구시설이 있던 곳에는 동부건설에서 「삼성배수지건설공사」라는 명목으로 대규모 공사가 진행 중에 있었다. 이곳에 배수지를 확대하여 만들고, 겸하여 공원시설을 만든다는 것이었다. 서쪽으로는 힐탑빌라, 삼성빌리지, 현대빌리지가 자리 잡고 있었다. 힐탑빌라와 삼성빌리지 자리가 본래의 서벽 자리였다. 하여튼 이들 건물 중에서 봉은중학교가 삼성동토성 안에 자리 잡고 있는 것이다.[2)]

---

2) 봉은중학교는 서울 강남구 삼성1동 82—7번지에 위치한다. 한성백제박물관에서는 봉은중학교 안에 3개의 시굴구덩이를 넣었으나, 문화층은 확인되지 않았다고 한다. 지형적으로 보아 상당히 두껍게 복토를 하고 학교를 지은 것

삼성동토성에서는 서북쪽으로는 옥수동토성이 한강을 사이에 두고 마주 바라보고 있으며, 동쪽으로는 몽촌토성, 동북쪽으로는 아차산성과 풍납동토성, 남쪽으로는 대모산성이 조망된다.

Ⅱ. 검토

1. 위치와 기능

1) 위치

A—① 三成里山城은 廣州郡 彦州面에 있는데, 북으로는 한강에 임하고, 한강을 사이에 두고 뚝섬 방향을 내려다보는 산성으로 토축이다(『大正六年度朝鮮古蹟調查報告』).[3]

② 광주군 언주면 삼성리에 위치하고, 봉은사 동북쪽에 있으며 길이는 170칸, 높이는 약 1칸으로 토루는 山腹을 두르고 한강에 임하여 있다(『朝鮮寶物古蹟調查資料』).

③ 삼성동토성은 둘레가 2km이며, 기저부는 잡석이고, 위는 토축이다(方東仁).[4]

④ 삼성동토성은 길이 약 350m정도 殘有했으나, 서울시 도시계획으로 파괴되었다(『文化遺蹟總覽』).

이들의 보고에는 삼성동토성이 북으로 한강에 임해 있는 산성으로 토성이라는 것이다. 『조선보물고적조사자료』에서 산복을 둘렀다는 것은 한강과 반대편인 남벽의 모습을 표현한 것이다.

한강 쪽인 북벽은 정상부 바로 아래에 있었는데, 1926년에 발행

으로 추정된다.

3) 朝鮮總督府, 『大正六年度朝鮮古蹟調查報告』, 1917, 595쪽.

4) 方東仁, 「風納里土城의 歷史地理的 檢討」, 『白山學報』16, 1974, 74쪽.

된 陸地測量部의 5만분의 1지형도처럼 성 밖은 급경사를 이루고 있었다. 江邊二路에 의해 잘려나간 동벽의 밖도 역시 급경사를 이루고 있었다. 이에 비해 서벽 밖은 비교적 완만하여 능선이 이어지고 있었다. 닥점마을 쪽의 남벽은 산중턱까지 내려와 있었기 때문에 산성의 형태는 규모는 작지만 山腹式에 가까웠다. 山頂에만 축조하지 않고 이처럼 산복식에 가깝게 축조된 것은 성안의 활용 면적을 넓히려는 의도였을 것으로, 이 성의 중요성을 의미한다.

2) 기능

전술한 것처럼 한강 쪽인 북벽은 정상부 바로 아래에 있었고, 성 밖은 급경사를 이루고 있었으며, 남벽은 산중턱까지 내려와 山腹式에 가깝게 축조된 것은 삼성동토성이 북쪽인 한강의 방어를 염두에 두고 축조되었음을 보여주는 것이다.

산복식산성은 山頂式山城과 山肩式山城(테머리식산성)에서 변화 발전된 형태로 성 내부의 공간 확보 및 수원 확보에 대한 문제점들을 좀 더 보완한 형식이라고 볼 수가 있다. 이처럼 삼성동토성의 산성 형태는 삼성동토성의 기능과 성격을 이해하는데 매우 중요하다고 볼 수가 있다.

또 삼성동토성이 방어의 목적을 둔 한강은 한반도의 중심부를 동쪽에서 서쪽으로 흘러 서해로 들어가는 큰 강으로 수량이 풍부하고 지류가 잘 발달되어 있다. 서울로부터 약 35km 상류인 양수리에서 2개의 주요 지류인 남한강과 북한강이 합류하여 여기에서부터 한강의 본류는 서쪽으로 흘러 서울을 관류하여 인천 북방의 서해로 유입된다. 한성백제의 도읍 일대인 토평에서 잠실 사이의 한강 유역은 자연 제방과 배후 습지가 형성되어 있던 곳으로, 한성백제기의 한강은 현재 하천의 流路와는 상당한 차이가 있었던 것으로 추정되고 있다.[5]

한성백제는 해양에 관심을 기울여 뛰어난 조선술과 항해술을 바탕으로 해양을 국가를 발전시키는데 적극적으로 활용하였다. 4C가 되면 대방군지역의 일부를 차지하면서 일본열도에서 화북지방까지 연결되는 황해연안 교역권의 일부를 차지하여 황해를 중심으로 편성된 국제사회의 중심부에 자리 잡게 되었다.[6)]

한성백제기의 한강은 대외 문물교류의 루-트이며, 水運을 이용한 서해로의 대외 진출과 외래문물의 수입, 전국 각지로부터의 물자 운송을 맡았다. 즉 풍남동토성과 몽촌토성 일원에는 다양한 국적의 인물들이 다양한 목적을 가지고 왕래하면서 거래하던 외국의 물품과 사람들이 집중되던 문물교류의 중심지였다.[7)]

이를 반영하듯 풍납동토성에서는 백제의 지방산 물품과 가야계토기를 비롯하여 중국과의 교역을 암시하는 유물인 시유도기,[8)] 초두, 낙랑계토기 및 부여계 이식 장식과 복골, 월주요 계통의 청자완 등 외래계 유물들이 속속 출토되어 북방과 남방과의 활발한 대외교류 활동이 있었음과 풍납동토성이 대외교섭의 중심지였음이 밝혀지고 있다.[9)] 이밖에 몽촌토성에서는 일본열도와 관련된 須惠器도 출토되었다.[10)] 특히 풍납동토성 일대는 물의 흐름이 완만하여 배들이 드나

---

5) 서울특별시사편찬위원회, 『漢城百濟史』 1, 2008, 102~104쪽.

6) 윤명철, 『한국해양사』 (학연문화사), 2008, 110~121쪽.

7) 권오영, 「서울 강남지역 백제유적의 가치와 활용 방안」, 『鄕土서울』 75(서울特別市史編纂委員會), 2010, 237쪽.

8) 백제토기의 핵심적 기종들인 직구단경호, 직구광견호, 삼족기 등이 국가성립기 지금의 遼寧省 遼陽에 소재한 東夷校尉府를 매개로 對西晋 교섭이었고, 양자강 이남지역의 것으로 추정되는 西晋代 灰釉錢文陶器도 3C말경 이후 양자강 이남의 정치세력과의 교섭이며, 몽촌토성 출토 金銅銙帶金具도 4C 1/4분기 무렵에 東晋과의 교섭이라고 한다(朴淳發, 「漢城百濟의 對外關係—國家成立期 對外交涉의 實狀과 意義」, 『百濟硏究』 30, 1999, 30~40쪽).

9) 申熙權, 「百濟 漢城時代 都城制度에 관한 一考察—兩宮城制度를 中心으로—」, 『鄕土서울』 76, 2010, 25~27쪽.

10) 1985년에 몽촌토성 3호 저장공에서 출토된 杯身 1점은 일본열도에서 반입된 須惠器로, 백제가 475년 한성을 상실하기 이전에 반입된 것으로 보인다고 한다(木下 亘, 「韓半島 出土 須惠器(系)土器에 대하여」, 『百濟硏究』 37, 2003, 22~33쪽).

들기에 편리하고, 화물을 싣고 내리기에 좋은 입지조건을 가추고 있었다.

한마디로 삼성동토성은 한강을 통해 도성인 풍납동토성과 몽촌토성을 향하여 올라오는 적들을 막는 마지막 방어시설이었다. 즉 삼성동토성은 풍납동토성에서 한강 하류로 약 7.5km정도 밖에 되지 않기 때문에 전략적으로 매우 중요한 요새라고 볼 수가 있다. 또 한강을 통해 도성으로 들어오는 지방이나 외국의 선박들은 삼성동토성의 통제를 받았을 것으로 추정된다. 삼성동토성이 자리 잡은 입지조건 자체도 한강 쪽인 북벽이 급경사를 이루고, 한강과 동쪽의 炭川[11]이 자연해자를 이루는 등 방어 면에도 유리한 조건을 가추고 있었다.[12]

한편 삼성동토성 앞 한강에는 자양동 쪽에 한 곳의 여울(灘)이 있었고, 잠실도 쪽으로도 한 곳의 여울이 있었다.[13] 이 지역의 한성백제기 한강의 모습은 현재와는 차이가 있었겠지만, 삼성동토성은 이러한 여울을 방어하는 기능도 있었다고 볼 수가 있다.[14] 이처럼 한성백제기의 삼성동토성은 전략적으로 매우 중요한 성곽이라고 볼 수가 있다.

2. 규모

삼성동토성의 성벽 둘레에 대해 『朝鮮寶物古蹟調査資料』[15]는

---

11) 용인 石城山에서 발원한 炭川(숯내)은 과천 관악산에서 발원한 良才川과 학여울에서 합류하여 한강으로 유입된다.

12) 산성의 축조에는 방어에 최대한 효율성을 높여야 하기 때문에 입지선정이 매우 중요하다. 삼성동토성은 이 일대에서 가장 높을 지점을 점유하고, 천연의 자연해자를 갖추는 등 이 일대에서는 가장 좋은 입지조건을 갖추었다고 볼 수가 있다. 산성의 입지선정을 제대로 파악하기 위해서는 우선 전국의 산성을 많이 조사하여 경험을 쌓는 것이 중요한데, 이는 산성연구의 기본이다.

13) 方東仁, 「風納里土城의 歷史地理的 檢討」, 73쪽.

14) 성주탁은 삼성동토성이 중랑천과 한강본류와의 合水地點의 요충지를 수호하기 위해 축조된 것으로 보았다(成周鐸, 「漢江流域 百濟初期 城址硏究—夢村土城·二聖山城 調査와 文獻과의 比較檢討—」, 『百濟硏究』 14, 1983, 129쪽).

15) 1942년에 발간된 조선총독부의 『朝鮮寶物古蹟調査資料』는 1916년과 1917

309m(170칸)이라고 하였고, 『文化遺蹟總覽』에서는 약 350m정도가 잔유했으나, 서울시 도시계획으로 파괴되었다고 하였다. 즉 1977년에 문화재연구소에서 이 성을 조사했을 때는 江邊二路를 만들기 위해 동벽이 이미 잘려나가 있었다는 것이다.

그런데 강남이 개발되기 이전에 삼성동토성을 조사했던 方東仁은 삼성동토성의 둘레가 2km나 된다고 하였다. 방동인은 삼성동토성이 경기고등학교가 있는 봉은사 뒤의 수도산과 연결되어 있었으며, 강가에 봉긋하게 솟아올라 있는 약 80m의 산에 있던 테뫼식토성이라고 하였다.[16] 삼성동토성에서 봉은사 뒤의 수도산으로 이어지는 능선을 성벽으로 파악한 것이다.[17] 1947년에 삼성동토성을 조사했던 尹武炳은 성벽의 둘레가 500m 규모의 테뫼형산성이라고 하였다.[18] 필자가 조사할 때 보았던 성벽의 둘레도 이와 비슷했기 때문에 삼성동토성의 성벽 둘레는 약 500m정도로 보면 큰 문제는 없을 것 같다.

3. 축조공법

필자가 삼성동토성을 조사할 때는 남벽의 끝부분이 수직으로 절단되어 있었기 때문에 성벽 안의 축조상태를 확인할 수가 있었다. 성벽은 외부에서 고운 붉은 점토를 날라다 盛土法으로 쌓았다.[19] 잡

년경에 조선총독부 식산국 산림과에서 조사한 「古蹟臺帳」을 바탕으로 한 것이다.

16) 吳舜濟, 『漢城百濟의 都城體制 硏究』(學硏文化社), 2005, 278쪽.

17) 수도산이 있는 경기고등학교 일대에 삼성동토성이 있었다는 견해들이 있었다(李亨求, 「漢江流域 百濟前期 首都遺蹟 保存問題」, 1984, 131쪽. 서울시립대학교 부설 서울학연구소 · 한신대학교 박물관, 『서울소재 성곽조사 보고서』, 2003, 187~188쪽. 서울특별시사편찬위원회, 『서울의 성곽』, 2004, 146쪽). 서울특별시사편찬위원회, 『漢城百濟史』 3, 2008, 378쪽). 이에 따라 한성백제박물관에서는 2016년 7월 18일에서 9월 22일까지 이 일대에 대한 9개 시굴구덩이를 설치하여 발굴(시굴)조사를 하였으나 백제유구는 확인되지 않았다(한성백제박물관, 『三成洞土城』, 2018, 77~83쪽).

18) 成周鐸, 「漢江流域 百濟初期 城址硏究—夢村土城 · 二聖山城 調査와 文獻과의 比較檢討—」, 119쪽.

석은 전혀 들어 있지 않았다. 성벽은 경사면을 이용하여 쌓여져 있었다.

이처럼 삼성동토성에서는 끈기가 있는 좋은 점토를 외부에서 옮겨와 정성들여 쌓은 것이다. 산성에서 성벽을 쌓을 경우 이처럼 점토로 성벽을 쌓으면 성벽의 안쪽 內托部에서 흘러내리는 流水와 지면에서 용출하는 지하수를 차단시키는 효과도 있었다.

삼성동토성에서 응용된 성토법은 성벽 주변에 있는 흙을 운반하여 흙을 무작위로 쌓아 올리는 공법으로, 우리나라 토성 축조에서 가장 보편적으로 응용되던 공법이었다. 평지성에서는 주로 성벽 주변의 흙을 이용하였는데, 흙을 파낸 곳은 垓子로 활용하는 경우가 많았다. 산성의 경우에도 삼성동토성처럼 외부에서 점토를 날라다 쌓는 경우도 있으나, 많은 功力이 들기 때문에 후대에는 가까운 성벽 주변의 흙을 사용하는 것이 보통이었다. 성벽 안팎의 흙을 파서 성토법으로 쌓아 體城을 구축할 경우 성 안쪽은 內隍이나 內環道가 생기고, 성 밖은 外隍이 만들어 지는 장점도 있었다. 그러나 푸석거리는 산 흙으로 성벽을 쌓을 경우 쉽게 무너지는 단점이 있었다. 이 때문에 성벽에 돌을 넣어 토석혼축으로 쌓는 경우가 많았다.

필자는 삼성동토성에서 성벽의 基底部는 확인할 수가 없었다. 토성을 축조할 때는 표토를 제거하고 생토층 또는 堆積岩層 위에 기저부를 형성하였으며, 기저부에서의 지하수의 湧出 및 성벽 하부 측면에서의 물의 침투를 방지할 목적으로 갈색 粘土系를 20~30cm 두께로 까는 것을 기본으로 하였다. 峨洋里土城(신원)의 평지부분에서는 4~5m의 폭에 30~40cm 깊이로 땅을 파고 진흙을 넣어서 다진 다음 그 위에 성벽을 쌓았다.[20] 또 발해의 성상리토성(길주)에서도 구

19) 丁若鏞은 城堡를 축조하는 흙의 성질이 黏實한 것이 토성을 쌓는 데는 최상이 되며, 점질토에 山砂(石飛來)를 交合한 것이 가장 좋다고 하고, 만약 흙의 성질이 푸실거리면 쉽게 무너진다고 하였다(『與猶堂全書』 補遺 民堡議 上卷 堡垣之制).

덩이를 파고 바닥 기초를 마련한 다음 땅 겉면부터 판축을 하였다.[21] 고려의 토성에서도 판돌이나 기와 조각들을 일정한 두께로 깖으로써 밑으로부터 올라오는 습기를 차단하여 성벽의 견고성을 높이는 경우도 있었다.[22] 그러나 삼성동토성에서는 좋은 점토로 성벽을 쌓았기 때문에 이러한 공정을 하지 않아도 되었을 것으로 추정된다.

풍납동토성이나 몽촌토성에서는 수평 성토다짐 공법이 응용되었으나, 삼성동토성에서는 단순 성토법이 응용된 것이 주목되는데, 이는 삼성동토성의 축조시기가 앞선 다기 보다는 도성인 풍납동토성이나 몽촌토성은 이들이 가지는 중요성 때문에 당시의 모든 토목기술들을 동원하여 공을 들여 견고하게 쌓았기 때문일 것이다.

4. 축조시기

1) 토기

朴容塡은 삼성동토성에서 백제계의 격자문, 승석문이 있는 토기편들을 채집하였다고 하였다.[23] 필자도 성벽 안에서 한성백제기 것으로 보이는 적갈색을 띠고 둥근 구멍들이 있는 시루의 저부편을 채집하였다. 연질로 정선된 점토질 태토이며, 소성도는 높은 편이었다.[24]

2) 기와

(1) 평기와

---

20) 안병찬, 「장수산일대의 고구려유적유물에 대하여」, 『조선고고연구』 2, 1990, 8~10쪽; 「장수산일대의 고구려유적유물」, 『력사과학론문집』 조선고대 및 중세초기사연구(사회과학원 력사연구소), 1992, 158~166쪽.

21) 한인덕, 「성상리토성과 그 성격에 대하여」, 『조선고고연구』 1, 1997, 25쪽.

22) 김명철, 「고려토성의 축조 형식과 방법」, 『조선고고연구1, 1991, 38쪽.

23) 朴容塡, 「서울 三成洞出土 古瓦」, 『考古美術』 129 · 130(한국미술사학회), 1976, 129쪽.

24) 성벽 단면에서 한 점의 토기편만 채집된 것은 이 성벽이 초축일 가능성을 높여 준다고 하겠다.

박용진은 삼성동토성에서 여러 종류의 평기와를 채집한바 있었다. 그는 채집한 암기와를 格子文, 斜格文, 平行線文, 斜線文, 羽狀文(어골문), 繩蓆文, 素文 등으로 분류하고, 수키와는 平行線文, 同向位角文, 斜線文, 素文 등으로 분류하였다. 또 박용진은 이들 문양이 고구려의 와당문화와 초기백제의 타날문토기의 기면 구성 문양에서 영향을 받아 형성된 것으로 보면서, 대부분을 초기백제 기와로 보았다.[25]

한편 권오영은 한성백제기의 기와는 공통적으로 얇은 두께(1cm 내외), 낮은 경도, 회색이나 회황색 색조를 띤다고 하였다. 또 대부분 매우 정선된 泥質土를 사용하고 성형은 점토띠를 이용하거나, 마포를 입힌 와통을 이용하였는데 와통은 대나무나 나무를 깎아 만든 통쪽을 끈으로 연결하여 만든 폭 3~5cm정도의 통쪽와통과 통나무의 가운데를 파내어 만든 원통와통을 이용하였다고 하였다. 또 수키와에는 통쪽의 흔적이 발견되는 예가 거의 없으므로, 원통와통의 가능성이 높다고 보았다. 암키와의 배면 문양은 短板을 이용한 격자문이 절대 다수를 점하는데, 격자문은 正格子, 斜格子, 長格子 등이 있고, 격자문 다음으로는 평행선문(線條文)과 승문이지만 승문의 비중은 극히 미미하며, 문양빈도는 백제토기의 것과 동일한데 이는 기와와 토기의 타날이 동일하였기 때문이고, 수키와의 경우 배면 무문에 내면 마포흔이며, 기와의 측면은 대칼로 수회 조정하여 말끔하게 정면하였다고 하였다.[26]

하여튼 박용진이 채집한 이들 평기와들은 實見하지 않은 이상 정확한 판단을 내리기는 어려우나. 이들 평기와들은 통일신라기와가 주를 이루고, 일부는 고려시대 기와로 보이는 것도 있다. 일부 승석문 기와와 태선문 기와, 정격자문 기와 역시 문양만 가지고는 그 소속을 정확히 알기는 어려우나, 내면의 포목흔적이 백제기와에서 나

25) 朴容塡, 「서울 三成洞出土 古瓦」, 129쪽.
26) 서울특별시사편찬위원회, 『漢城百濟史』5, 2008, 84~87쪽.

타나는 통쪽흔(모골흔)이 나타나지 않는 것으로 보아 백제기와라고 단정하기는 어렵다. 이중 일부 기와는 삼국시대 기와가 분명한 듯하지만, 백제기와라고는 단언하기가 어렵다.[27]

사실 풍납동토성에서의 기와류 출토 상황으로 보면, 한성백제기에 삼성동토성 안에서 기와집의 존재는 생각하기 어렵다.

(2) 와당

삼성동토성에서 채집한 연화문와당은 2점이 학계에 알려져 있다. 그 중 한 점은 1948년 1월 11일에 윤무병교수가 채집한 것으로, 현재 서울대학교 박물관에 소장되어 있다. 직경이 15.6cm, 厚 3.5cm, 子房徑 2.8cm, 周緣幅 1.7~2cm이다. 흑갈색으로 태토는 정선되어 있고, 높은 온도에 소성된 경질이다. 작은 子房에는 6顆가 있고, 瓣端은 둥글고 8葉이며 판단의 좌우에 珠紋이 배치되어 있고, 일부 남아있는 周緣은 無文帶이다.[28]

이 와당을 직접 채집한 윤무병은 이 와당이 백제 최고식 와당으로 한성백제기의 와당이라고 하였다.[29] 김원룡도 이 와당이 중국 삼국시대의 沂南石墓 출토 蓮華와 일맥상통한다고 보면서, 뚝섬 출토 금동불좌상과 같이 백제 초기불교와 관련이 있다고 보았다.[30] 또 김화영도 이 와당을 고구려계로 보면서 한성백제기 것이라고 하였다. 조성 시기는 같은 한성백제기의 것인 廣壯洞 채집 연화문와당 보다 선행하는 양식으로 보고, 광장동 채집 연화문와당은 공주 천도를 전후한 시기의 것으로 보았다.[31] 박용진도 백제 素瓣蓮華文瓦當樣式의 祖型이 되며 고구려 와당문화의 수용으로 형성된 것이나, 입체적이고 雄勁한 고구려적 연판이 평면적이고 간소 단아한 백제적인 조형감각으로 轉形되었다고 보았다. 또 이 와당은 연화문 구성이 백제와

---

27) 이들 평기와에 대해서는 겨레문화유산연구원 서봉수 팀장의 가르침을 받았다.
28) 忠南大學校百濟研究所, 『百濟の古瓦』(學生社), 1976, 10쪽.
29) 尹武炳, 「漢江流域에 있어서의 百濟文化研究」, 『百濟研究』15, 1984, 6쪽.
30) 金元龍, 「纛島出土 金銅佛坐像」, 『歷史教育』5(歷史教育研究會), 1961, 22쪽.
31) 金和英,「三國時代 蓮華紋 研究」,『歷史學報』34(歷史學會), 1967, 86~89쪽.

당문화로서는 초기적인 소박한 형식이고, 웅진성 · 사비성 지역에서는 발견된 예가 없기 때문에 한성시대 말기 작으로 볼 수 있다고 하였다.[32]

<사진 1> 삼성동토성 연화문 와당 (1) (윤무병교수 채집)

그러나 권오영은 이 와당을 백제와 연결시키기가 곤란하다고 보았다. 즉 고구려토기가 다량 출토된 몽촌토성에서 연화문와당이 출토된 점과는 대조적으로 고구려, 신라 유물이 일체 없는 풍납동토성에서 연화문 와당이 전무한 점은 시사하는 바가 크며,[33] 웅진기 와당과도 연결되지 않기 때문이라고 하였다. 이들 유물의 출토지점을 근거로 막연히 한성기백제 것으로 볼 수는 없으며, 오히려 고구려나

32) 朴容塡, 「百濟瓦當에 關한 硏究」, 『公州教育大學論文集』 5, 1968, 38~39쪽; 「서울 三成洞出土古瓦」, 129쪽; 『百濟瓦塼圖錄』(百濟文化開發研究院), 1983, 337~393쪽.

33) 국립문화재연구소, 『風納土城 Ⅰ—현대연합주택 및 1지구 재건축 부지—』, 2001, 578쪽.

<사진 2> 삼성동토성 연화문 와당 (2) (김상기교수 채집)

신라와의 관련성을 염두에 두어야 할 것이라고 하였다.[34]

삼성동토성에서 채집한 또 하나의 연화문와당은 1933년 4월에 金庠基교수가 채집한 것으로, 현재 서울대학교 박물관에 소장되어 있다. 이 와당이 학계에 알려진 것은 2003년 권오영교수에 의해서였다.[35] 8엽 연화문와당으로 자방은 융기되어 있고 내부의 연자는 손상되었다. 연판의 중앙에는 양각된 종선이 있으며, 瓣端側이 넓어졌고 先端의 중앙은 뾰족하다. 주연은 높고 무문대이다.

이와 유사한 연화문와당은 윤무병교수가 1947년 10월 17일에 서울 성동구 광장동에서 채집하여 현재 서울대학교 박물관에 소장되어 있는 1점과 1987년 몽촌토성 발굴에서 출토된 1점이 있다. 우선 광장동에서 채집되었다는 연화문와당은 8엽 연화문와당으로 직경은

34) 권오영, 「漢城期 百濟 기와의 製作傳統과 發展劃期」, 『百濟研究』 38, 2003, 6~7쪽.

35) 권오영, 위의 논문, 21쪽.

15cm이고 자방이 융기되어 있으며, 내부의 연자는 손상되어 있다. 연판의 중앙에 양각된 종선이 있고, 판단측이 넓어져 있으며 선단은 뾰족하다.[36]

광장동 채집 연화문와당과 몽촌토성 출토 연화문와당에 대해 권오영은 한성백제기의 와당이 출토된 지점은 몽촌토성, 풍납동토성,

<사진 3> 광장동 채집 연화문 와당 (윤무병교수 채집)

석촌동고분군에 한정되며, 와당의 문양은 四區劃文系가 주류를 이루는데 각 구획 내부는 雲文과 유사한 圓文 혹은 錢文으로 채워져 있기 때문에 錢文瓦當[37]이라고 부른다고 하였다. 이들 사구획에 운문 도안은 전국시대 齊國故城에서 출토되었고, 兩漢과 魏晋代까지도 주

---

36) 忠南大學校百濟硏究所, 『百濟の古瓦』, 10쪽.

37) 門田誠一은 西晋으로부터 南朝에는 錢에 대한 의식이 깔려 있었는데, 그와 같은 정보가 錢 혹은 錢范과 함께 한성백제의 왕도에 들어와서 전범에서 나타나는 것과 같은 특징적인 배치에 錢의 문양을 배치한 富貴를 상징하는 와당이 한성백제의 왕성에서 창출된 것이 아닌가 추정하였다(門田誠一, 「百濟前期における錢文瓦當の創出とその背景―石村洞出土資料の再檢討―」, 『淸溪史學』 16 · 17, 한국정신문화연구원 청계사학회, 2002, 353~354쪽).

류를 이루며, 이러한 문양은 낙랑, 고구려에도 영향을 미치고 백제와당의 사구획문도 기본적으로 이러한 계통에 속한다고 하였다. 즉 이들 연화문와당은 한성백제기 것으로 볼 수 없고, 고구려나 신라와의 관련성을 염두에 두어야 한다는 것이다.[38] 박순발은 몽촌토성 출토 연화문와당은 주연부가 낮고 와당의 뒷면 주연부가 돌출된 것이 풍납동토성에서 출토된 전문와당과 같아 일단 한성백제기의 와당으로 상정하여도 좋을 듯하다고 보면서, 시기는 5C 전반으로 올라갈 가능성은 것의 없다고 하였다. 또 연판의 형태가 複瓣인 것으로 보아 복판은 남조지역보다 북조지역에서 먼저 나타나고 있기 때문에 북위와 연관이 있을 것으로 추측하고, 지금까지 한성백제기의 와당이 아닌 것으로 여겨오던 광장동에서 채집된 연화문와당 역시 이와 유사한 점이 주목된다고 하였다.[39]

광장동 채집 연화문와당을 직접 채집한 윤무병교수는 이 와당을 山上에 위치한 소규모의 城堡遺蹟에서 채집하였다고 하였다.[40] 여기서 말하는 소규모의 성보유적은 白蓮峰堡壘를 지칭한다. 필자는 1995년에 고 윤무병교수께 이 와당의 채집지점을 여쭈어본 적이 있었다. 이때 윤교수는 필자에게 위치를 말해 주면서 한번 가서 조사해 보라고 일러 주었다. 이때 필자가 이 유적을 조사하러 가 보았으나, 중곡동 3거리에 있었던 백련봉보루는 이미 도시개발로 없어지고, 이 부근에 백악관예식장이 자리 잡고 있었다.[41] 노인 분들의 이야기로는 본래 이곳은 지형이 높았으나 길을 내기 위해 파괴시켜 버렸는데, 이곳을 파헤치니 겉은 붉은 흙이었고 속은 돌산이었다고 하였다. 지금도 이곳은 산을 없애고 도로를 냈기 때문에 주변보다 지대가 약

38) 권오영, 「漢城期 百濟 기와의 製作傳統과 發展劃期」, 5~7쪽. 서울특별시사편찬위원회, 『漢城百濟史』 5, 2008, 88쪽.

39) 서울특별시사편찬위원회, 『漢城百濟史』 3, 2008, 296~298쪽.

40) 尹武炳, 「漢江流域에 있어서의 百濟文化硏究」, 6쪽.

41) 백악관예식장은 서울 광진구 중곡4동 93—13에 위치하는데, 지금은 백악관웨딩하우스로 이름이 바뀌었다.

간 높다.

『조선보물고적조사자료』에는 백련봉보루에 대해 「紅蓮峰堡壘에서 서북 약 3~4町에 있는 獨立 小丘인 白蓮峰上에는 壘址가 있는데, 둘레는 약 30칸이고, 높이는 약 20척이다. 성안은 평탄하고 도기편과 와편이 산포되어 있다.」 고 하였다. 이 자료에 따르면 백련봉보루는 홍련봉 2보루에서 서북으로 약 327~436m 거리에 위치했다는 점, 둘레는 약 54.5m였고 높이는 약 6m정도였다는 점, 성벽은 석축이라는 점, 성안은 평탄했다는 점을 알 수가 있다. 백련봉보루는 홍련봉보루와 함께 아차산, 용마산, 망우산, 봉화산, 불암산, 수락산 일대에 있는 고구려보루유적 중에서 가장 중요한 보루였다. 즉 의정부에서 내려오려면 상계동을 거쳐, 봉화산보루, 면목동, 백련봉보루, 홍련봉보루로 하여, 광나루를 건너 풍납동토성이나 몽촌토성에 다다르게 된다. 이 통로는 한성백제기부터 주요한 통로로 이용되었음은 말할 필요도 없다. 이처럼 백련봉보루에서 와당이 채집된 것은 이 보루가 지리적으로나 군사적으로 중요했기 때문일 것이다.

이 일대의 고구려보루에서는 신라토기류도 소량 출토되었다. 아차산 4보루를 예로 들어보면 신라토기류는 완형으로 출토된 개체가 없으며 수량도 5개체분에 불과하여, 보고자는 이것으로 신라에 의해 이 유적이 점유되었다고 보기는 어렵다고 하였다.[42] 이는 이 일대의 고구려 보루들은 고구려 점유기에 축조되고 사용되었다는 의미이다. 신라가 이 지역을 점유한 후에는 오늘날과 같은 석축으로 된 견고한 아차산성 성벽을 축조하여 이 지역의 거점성으로 삼으면서, 앞 시기의 소규모 고구려보루들은 활용 기치가 없어졌다고 볼 수가 있다. 이들 고구려 보루유적의 축조시기에 대해 최장렬은 5C말로 보고,[43]

---

42) 서울대학교박물관 외, 『아차산 제4보루 발굴조사 종합보고서』, 2000, 223쪽.

43) 최장렬은 5C 말에 광진구 일대에 남평양이라는 군사거점도시를 건설하면서, 그 외곽의 방어 및 신라와 백제의 침입에 대비하기 위해 아차산 일원에 보루를 축조하였다고 보았다(崔章烈, 「漢江北岸 高句麗堡壘의 築造時期와 그

박순발은 신라와 백제에 의해 고구려가 한강유역을 상실한 무렵인 6C 중엽 경으로 추정하였다.[44] 양시은은 아차산 보루군에 목책이 설치되는 시점은 5C 중후반 토기[45]가 전혀 출토되지 않는 다는 점에서 6C 무렵에 축조되었을 가능성이 있고, 아차산 보루군의 석축 성벽과 관계된 토층에서 대체로 6C대의 고구려 토기가 출토되고 있는 것으로 보아, 6C 전반기 어느 시점에는 석축 단계로 전환되었을 것으로 보았다. 또 백제가 점차 세력을 회복하는 6C가 되면 금강 유역의 고구려 성이 폐기되면서 아차산 보루군은 목책에서 석축 방어단계로 전환하게 되었을 것으로 보았다.[46] 하여튼 광장동 채집으로 학계에 알려진 본 연화문와당의 제작시기도 채집 장소로 보아, 이 무렵일 가능성이 있는 것은 아닌가 싶다.[47]

몽촌토성에서 발굴된 연화문와당은 87—1호 주거지(5C 초반 경)에서 동쪽으로 15m정도 떨어진 경사면의 약 10×10m 범위의 유물폐기장으로 추정되는 유물산포지에서 출토되었다. 이 유물산포지에서는 본 연화문와당을 비롯하여 백자유가 시유된 六朝 陶製 벼루편, 회백색연질토기 蓋, 고배, 삼족토기, 시루로 쓰인 甕形土器 등이 출토되었다. 여기서는 신라토기는 출토되지 않았다. 본 연화문와당은 직경이 10.8cm이고, 두께는 0.8cm내외이며, 상당량의 사립이 섞인 거친 태토이다. ⅓가량이 깨져나간 파손품이다. 6엽 연화문으로 연판은

性格」, 서울대 석사학위논문, 2001, 38~52쪽). 하여튼 고구려는 아차산 보루군을 축조하기 이전까지는 475년 한성 함락 이후부터 몽촌토성을 사용한 것으로 추정된다. 즉 고구려의 몽촌토성 사용 시기는 아차산 보루군의 축조 시기 이전까지만 한정된다.

44) 서울특별시사편찬위원회, 『漢城百濟史』 3, 313쪽.

45) 5C 중후반으로 편년되는 남한의 고구려 유적에서는 중호문, 점열문, 파상문과 같은 특정 문양이 시문되거나 타날흔이 남겨진 토기가 확인된다(양시은, 「한강하류 유역 고구려유적」, 『온달장군』(광진문화원), 2013, 249쪽).

46) 양시은, 위의 글, 251~252쪽.

47) 이른 시기 신라 와당 중에도 이와 유사한 복판 연화문와당이 있는 것을 보면, 이들 와당은 이런 형태의 이른 시기 신라 연화문와당의 모형이 된 것이 아닌가 추정된다.

길이 2.5cm, 최대 폭 2.3cm이며, 중앙에는 각각 1.3cm, 2.8cm 크기의 2중의 원형 홈을 돌렸다. 연판의 중앙에 양각된 종선이 있고, 판단측이 넓어져 있으며 선단은 뾰족한 편이다.[48] 이 와당도 앞서 언급한 광장동 채집 연화문와당과 동일계통의 것이다.

하여튼 삼성동토성 채집 연판의 중앙에 양각된 從線이 있는 複瓣연화문 와당은 광장동 채집으로 학계에 알려진 앞에서 언급한 연화문와당과 동일계통인 것으로 보아 고구려 계통의 와당일 가능성이 있는 것은 아닌지 모르겠다. 또 삼성동토성에서 채집된 주문이 있는 연화문와당의 제작시기도 문제가 되는데, 우선 생각해 볼 것은 주문이며, 이러한 주문은 고구려 연화문 와당에서 區劃線이 생략되고, 판단의 좌우에 주문 혹은 삼각형문을 배치하는 형식이 나타나는데, 대부분 通溝 山城子에서 출토되며, 연판 양측 상 · 하의 주문 혹은 삼각형문은 구획선의 생략으로 생긴 것으로 삼각형문은 주문보다 넓고 효과적인 공간처리를 이루는데, 이는 한대 와당의 주연 · 자방 주위의 삼각형 문양대에서 유래된 것이라고 한다.[49] 이 와당도 연판의 중앙에 양각된 종선이 있는 연화문와당처럼 같은 시기의 고구려 계통의 와당이 아닌지 모르겠다.

삼성동토성에서 채집된 유물들을 통하여 보면 삼성동토성은 한성백제기에 축조되었을 가능성이 높으며,[50] 고구려 점유기에도 활용된 것으로 추정된다. 이 지역을 점유한 고구려는 새롭게 보루들을 축조

---

48) 서울特別市 · 서울大學校博物館, 『夢村土城東北地區發掘報告』, 1987, 202~210쪽.

49) 金和英, 「三國時代 蓮華紋 硏究」, 71~72쪽. 한편 동국대학교 박물관 소장의 부여 雙北里 扶餘初等學校 서방 출토 연화문와당도 연판 중앙에 陽線이 있고 子房 내부에 돌출한 蓮子가 있으며, 2條의 구획선으로 와당면을 4등분하고 판단의 좌우에 삼각형의 珠紋이 있다(忠南大學校百濟硏究所, 『百濟の古瓦』, 103쪽).

50) 龜田修一은 삼성동토성 축조의 상한 시기는 不明인 것으로 보았다(龜田修一, 「考古學から見たる百濟前期都城」, 『朝鮮史硏究會論文集』 24, 朝鮮史硏究會, 1987, 54쪽).

하여 방어태세를 갖추었기 때문에, 이 일대에 분포한 고구려의 보루 유적들은 모두 석축으로 쌓여졌다. 그러나 삼성동토성만이 토축인 것은 이전 시기의 토성을 그대로 활용했기 때문으로 추정된다. 또 삼성동토성은 신라가 이 지역을 차지한 후에도 삼성동토성이 갖는 전략상의 중요성 때문에 그대로 활용된 것으로 보인다. 통일신라기에도 방어시설로서의 역할을 계속 수행했다고 볼 수가 있다. 특히 나당전쟁 중에는 이곳에서 직접 전투를 하지는 않았으나, 당군의 남하를 막기 위한 대비에 중요한 역할을 하였을 것으로 추정된다.

5. 문헌자료

조선시대 지지류에는 삼성동토성에 대한 언급은 일체 보이지 않는다. 그런데 洪敬謨의 『南漢誌』卷八 題詠條에는 楮子島라는 無名氏 작의 다음과 같은 칠언절구가 수록되어 있다.

百濟城邊草樹荒 千秋往迹問漁郎

回頭不答興亡事 流下前灘釣夕陽

(백제성 가에 풀이 우거져 천추의 지난 자취를 어부에게 묻노라. 머리를 돌려 홍망사를 대답하는 이 없어 앞 여울 가로 내려가서 석양을 낚는다)

詩題의 楮子島는 舞童島의 다른 이름이다.51) 조선시대에는 대부분 저자도라고 불렀다. 1926년 발행 5만분의 1지형도에는 삼성동토

51) 국립중앙도서관 소장 「海東輿地圖」의 廣州圖(1735), 서울대학교 규장각 소장 「海東地圖」의 廣州府圖(1750년대)에는 浮來島 옆에 舞童島, 무동도 옆에 楮子島가 표시되어 있다. 여기서 부래도는 1926년 간행 5만분의 1지형도의 浮里島이다. 부래도와 무동도는 마주 보고 있는 섬이다. 그러나 성신여자대학교 박물관 소장 「輿地大全圖」의 廣州府圖(1725), 서울대학교 규장각 소장 「廣輿圖」의 廣州府圖(1767~1776), 국립중앙박물관 소장 「京畿道地圖」의 廣州府圖(18C 중엽), 서울대학교 규장각 소장 「輿地圖」의 廣州府圖(18C 중엽)에는 부래도 옆에 저자도만 표시되어 있다. 앞서의 무동도 옆에 저자도를 표시한 지도는 착오라고 볼 수가 있다.

성 동남쪽에 무동도가 표시되어 있다. 『大東地志』에는 무동도는 섬 남쪽의 작은 바위가 마치 어린아이 모습 같다 하여 붙여진 명칭이라고 하였다.[52] 즉 어린아이처럼 생긴 바위가 마치 춤추는 모습 같은 데서 유래된 것이라고 전한다. 저자도는 섬에 닥나무가 많아 붙여진 이름이라고 하는데, 풍치가 좋았고 낚시가 성행하여 태종과 세종이 고기 낚는 것을 구경할 정도였다.[53] 이곳은 탄천이 한강에 유입되는 곳이므로 물고기가 많았다. 전에는 이곳에서 주낙으로 잉어를 잡는 사람들을 흔히 볼 수가 있었다.[54] 이러한 저자도는 1970년대에 들어 압구정동 일대에 고층 아파트를 짓는데 이 섬의 흙을 전부 파다 쓰는 바람에 섬은 살아지고 말았다. 하여튼 저자도는 삼성동토성에서 동남쪽으로 접하여 있었다. 이러한 삼성동토성과 저자도의 관계는 이 시를 이해하는데 참고가 된다.

이 시처럼 옛 사람들이 삼성동토성을 백제시대 성으로 본 것은 주목할 필요가 있다.

Ⅲ. 사성의 비정문제

『삼국사기』에 나오는 蛇城을 삼성동토성으로 비정하려는 연구자들이 많기 때문에 사성 문제도 검토하여 볼 필요가 있다.

B—① 王이 丁夫를 장발하여 慰禮城을 修葺하였다. 고구려가 帶方을 치니 대방이 우리에게 구원을 청하였다. 이에 앞서 왕이 대방의 王女 寶菓를 취하여 부인을 삼았으므로, 이로 인하여 이르기를 대방은 우리의 舅甥의 나라이니 그 청에 응하지 않을 수 없다고 하

52) 『大東地志』 廣州府 山川條.

53) 『太宗實錄』권27, 太宗 14년 3월 辛丑. 『世宗實錄』권27, 世宗 7년 3월 丁酉.

54) 전에는 장마만 지면 탄천 상류의 하나인 판교 雲中川까지 한강에서 물길을 타고 잉어들이 올라왔다.

고, 드디어 군사를 내어 구원하니, 고구려가 원망하였다. 왕이 고구려의 侵寇를 두려워하여 阿旦城과 蛇城을 수리하여 이에 대비하였다(『三國史記』 권 24 百濟本紀2 責稽王 원년).

② 國人을 징발하여 蒸土築城[55]하고, 안에는 宮室 · 樓閣 · 臺榭 등을 지었는데, 모두가 壯麗하였다. 또 郁里河에서 큰 돌을 캐다가 槨을 만들어 父王의 뼈를 葬하고, 강 연변을 따라 둑을 쌓되 蛇城 동쪽에서 시작하여, 崇山의 북에까지 이르렀다(『三國史記』 권 25 百濟本紀3 蓋鹵王 21년).

①은 책계왕 1년(286)에 고구려의 侵寇를 두려워하여 阿旦城과 蛇城을 수리하여 이에 대비하였다는 것이다. 여기서 사성의 위치도 문제가 되지만, 아단성의 위치도 현재 학계에서 논란이 되고 있다. 최근까지 아단성은 서울시 광진구 광장동에 위치한 峨嵯山城(사적 234호)으로 비정하여 왔다. 이 성에 대하여는 1996년에 광진구에서

55) 蒸土築城을 지금까지는 판축공법으로 견고하게 성벽을 쌓았다든가, 火氣로 墻體의 표면을 불다짐하여 성벽을 쌓았다든가 정도로 해석하여 왔다. 최근에는 석회를 사용하여 성벽을 쌓은 것이라는 견해가 제기되었다. 즉 생석회를 안전하게 사용하기 위해서는 消和가 필요한데, 이 과정에서 많은 양의 수증기와 열이 발생하므로 이것을 보고 흙을 쪄서 성을 쌓았다고 표현한 말이라는 견해이다(沈光注, 「漢城百濟의 '蒸土築城' 에 대한 研究」, 『鄕土서울』 76, 2010, 71~81쪽). 그러나 풍납동토성의 성벽 발굴에서 석회를 사용한 흔적이 확인되지 않는 것이 문제이다. 蒸土築城이 단순히 견고하게 잘 쌓았다는 미사적인 표현인지, 아니면 앞서 언급한 것처럼 축조공법과 관련된 표현인지도 확실하지 않다. 우리나라도 중국처럼 성의 축조과정에서 불다짐을 하고 불다짐에 쓰인 숯들이 성벽 속에서 습기를 조절하는 역할을 하게하는 경우도 있고, 흙을 구워서 축성재료로 썼던 경우도 있기 때문에 蒸土築城에 대한 해석은 難解하다고 하겠다. 고려시대의 토성 형식에는 소토토성벽형식이 알려져 있다. 이는 밑바닥에 구운 진흙을 3~5cm 두께로 다져서 쌓은 다음 그 위에 일정한 두께로 석비레 흙을 다져 쌓아 올리는 공법으로 개성 나성의 경우는 3~5cm 두께의 구운 진흙층과 15~20cm 두께의 석비레층을 교대로 쌓아 올렸다고 한다(김명철, 「고려토성의 축조 형식과 방법」, 34쪽).

아차산성 종합복원계획을 수립하여 보수공사를 시행하기 위해 기초작업을 하던 중 석축성벽이 발견되어 국립문화재연구소와 명지대학교 부설 한국건축문화연구소에 의해 서북쪽 성벽 노출 지역에 대한 수습발굴조사와 기초학술조사가 실시되고,[56] 1999년에는 서울대학교 박물관에 의해 성벽과 성내부에 대한 시굴조사가 실시되었다.[57] 1999년의 발굴조사 자료를 바탕으로 임효재과 윤상덕은 성벽 다짐층 출토 토기를 통해 성벽의 축조년대를 6C 후엽으로 추정하고, 성벽 다짐층의 최하층(Ⅵ층)에서 채취한 시료와 생활면인 Ⅳ층 바닥에서 채취한 시료를 대상으로 하여 성벽 축조년대의 범위를 6C 후엽에서 7C 전엽으로 보면서, 아차산성 석축 성벽의 축조년대를 6C 후엽으로 추정하였다. 또 축조의 주체를 신라인 것으로 판단하고, 『삼국사기』의 北漢山城으로 비정하였다.[58] 이후 고려대학교의 성안에 대한 발굴조사에서도 아직 백제유구는 확인되지 않고 있다. 앞으로의 전면적인 정밀 발굴조사를 기대하여 본다.

②는 홍수 때 백성들의 가옥들이 河流로 인해 무너지므로, 개로왕 21년(475)에 蛇城 동쪽에서 시작하여 崇山의 북에까지 한강 연변을 따라 제방을 쌓았다는 것이다.

여기서 숭산은 높은 산, 숭배하는 산의 의미로 광주 고읍의 鎭山

---

56) 명지대학교 한국건축문화연구소, 『아차산성 96보수구간내 실측 및 수습발굴조사 보고서』(광진구), 1998. 명지대학교 한국건축문화연구소, 『아차산성 기초학술조사 보고서』(광진구), 1998.

57) 서울대학교 박물관 · 구리시, 『아차산성 시굴조사 보고서』, 2000. 이번 성벽 발굴에서는 체성 상면을 판석으로 깔은 흔적이 확인되었는데, 여주 婆娑山城에서는 판석을 깔은 형태로만 복원하여 놓았다. 그러나 본래는 고구려 五女山城처럼 판석 위에 찰흙을 두텁게 깔았던 것이다. 주민들의 증언으로는 신라의 三年山城도 판석 위에 찰흙을 두텁게 깔고 잔디가 입혀있었던 것을 주민들이 판석을 구들장으로 사용하기 위해 마구 헐어버린 것이라고 한다. 이러한 공법은 체성 내로 빗물이 스며들어 체성이 붕괴되는 것을 막기 위한 것이다.

58) 任孝宰 · 尹相悳, 「峨嵯山城의 築造年代에 대하여」, 『淸溪史學』16 · 17, 2002, 207~215쪽.

이었던 하남시 동쪽에 있는 黔丹山(해발 675m)으로 비정하는 것이 일반적이다.[59] 검단산에서는 북한산, 용문산, 관악산이 한 눈에 보이고, 동기슭 아래는 한강에 경안천이 합류하여 斗尾(渡迷)江을 이룬다. 숭산 북쪽은 검단산의 後麓인 지금의 倉隅里(창모루)로 창우리는 고대의 제방에서 유래된 것으로 추정되는 막은담으로도 불린다고 한다.[60] 검단산의 정상으로부터 남쪽으로 4번째 봉우리(해발 550m)에 있는 바닥에 잔돌을 이용하여 폭 281cm, 길이 704cm의 장방형 유구를 한성백제기의 제사유적이라고 보는 견해도 있다.[61]

하여튼 이 사료를 통해 문제의 사성은 한강 남안에 위치하였다고 볼 수가 있다. 이번에는 사성에 대한 諸說를 검토하여 보도록 하겠다.

1) 風納洞土城說

이병도는 풍납동토성은 백제의 도성으로는 볼 수 없으며, 아단성과 같이 廣津을 방수하던 重鎭으로 보면서, 風納은 바람드리의 漢譯名으로 바람드리가 배암드리의 와전이 아닌가 보았다. 드리는 納의 뜻으로 평야의 의인 들과 공통되는 말이며, 사성은 배암드리의 譯名이라고 보면서 사성을 풍납동토성으로 비정하였다.[62]

이에 대해 방동인은 바람드리는 성내동의 일부였는데, 1912년 행정구역 개편에 따라 風納里로 漢譯되고 독립 취락으로 성립되었던 것으로 보이며, 蛇는 배미, 뱅, 뱀, 구렁이, 구렝이, 구레이로 변천되고 바람이 되지 않는다고 하였다. 즉 앞서의 이병도처럼 배암(蛇)에

59) 여호규는 제방의 동쪽 종점이 남한산에서 뻗어 내린 산줄기가 한강 남안까지 연이어지는 고덕동 일대로 비정하였는데(余昊奎, 「漢城時期 百濟의 都城制와 防禦體系」, 『百濟硏究』 36, 2002, 10쪽), 이렇게 보면 숭산이 어느 산을 지칭하는지가 궁금하다.

60) 韓宗燮, 『위례성 백제사』 1(집문당), 1994, 251쪽. 창우리 앞에는 都彌說話로 유명한 두미나루가 있다(『三國史記』 권48 列傳8).

61) 吳舜濟, 『漢城百濟의 都城體制 硏究』, 99~100쪽.

62) 李丙燾, 「風納里土城과 百濟時代의 蛇城」, 『韓國古代史硏究』(博英社), 1976, 503~506쪽.

서 바람(風)으로의 轉訛過程은 성립되지 않는 다는 것이다. 또 風納(바람드리)은 바람(바람벽 같은 둑)과 들(들판)이 복합으로 이루어진 명칭으로 지형지물의 특징을 복합적으로 나타낸 것으로 보면서, 다른 한편으로는 바람이 많은 들판으로도 연결시킬 수 있다고 보았다. 즉 풍납동토성이 사성의 訛稱에서 유래되지 않는다는 점, 아단성과 隔江하여 상대한다고 해서 사성에 직결될 아무런 근거도 없다는 점을 들어 풍납동토성은 사성이 아니며, 백제의 다른 성으로 파악되어야 한다고 하였다.63)

한편 양주동은 위례성의 原義를 볼의 轉인 올잣, 우리재라고 보았다. 즉 백제의 원의는 볽잣—볼재(光明城, 國原城, 夫餘城)인데, 볼잣—ㅂ。ㄹ잣—올잣의 音轉에 의해 우리잣인 위례성이 된 것이라고 하였다.64) 또 유창균은 尉의 聲母를 b—였을 것으로 추정하면서 尉禮는 bələ를 轉寫한 것이고,65) 蛇는 中期語에 ㅂ얌인데, ㅂ얌은 bələ

63) 方東仁, 「風納里土城의 歷史地理的 檢討」, 81~87쪽.

64) 梁柱東, 『增訂 古歌硏究』(一潮閣), 1977, 570~571쪽.

65) 정약용은 邦言에 匡郭의 四圍(周圍)를 圍哩(우리)라고 하는데, 圍哩와 慰禮가 음이 상근하므로 樹柵築土하여 광곽을 만들었기 때문에 위례라고 한 것이라고 보았다(『與猶堂全書』第六集 第三卷 我邦疆域考 慰禮考), 김정호도 匡廓의 四圍를 圍哩라고 하는데, 위리는 위례와 음이 상근하며, 책을 세우고 흙을 쌓아서 匡廓을 만들었으므로 위례라고 한 것이라고 하였다(『大東地志』 廣州府 沿革). 이병도 역시 정약용과 같이 匡郭木柵의 四圍의 방언인 우리에서 유래한 것인지 모른다고 하였고(李丙燾, 「慰禮考」, 『韓國古代史硏究』, 博英社, 1976, 495쪽). 김용국도 나무로 엮어 세운 울타리, 또는 흙을 모아 쌓은 소박한 토담을 뜻하는 우리말의 우리라고 보았다(金龍國, 「河南慰禮城考」, 『鄕土서울』 41, 1983, 15쪽). 성주탁도 위례의 어원은 울타리, 울안 등 城柵을 뜻 하는 말을 한자화한 것으로 보았다(成周鐸, 「漢江流域 百濟初期 城址硏究—夢村土城 · 二聖山城 調査와 文獻과의 比較檢討—」, 133쪽). 이처럼 위례의 어원은 울타리를 뜻하는 우리와 관계가 있을 것으로 보는 견해가 많았다. 이와는 달리 郁里, 阿利, 慰禮 등이 모두 한강을 뜻하는 말이라는 견해도 있는데(신채호 지음, 박인호 옮김, 『조선사연구초』, 도서출판 동재, 2003, 15쪽), 李弘稙, 崔夢龍, 權五榮도 이와 같은 견해를 취하였다. 또 辛兌鉉은 위례성을 외재(孤城)로 풀이하였다(辛兌鉉, 『三國史記地理志의 硏究』, 宇鍾社, 1958, 46~47쪽).

—에 名詞形 —am이 接尾한 派生語로 보았다. 즉 尉禮와 蛇 사이에는 상호 관련성이 있으며, 위례는 사의 訓에 해당된다고 보았다. 또 그는 위례가 夫里 · 扶餘와 같은 의미라고 하였다.[66] 여기서 夫里(卑離, 伐)는 忽의 개념과는 다르며, 평원과 평야에 자리 잡은 촌락을 지칭하기도 하고,[67] 城邑을 의미하는 말로도 쓰였다.[68] 도수희는 伐은 有聲音간의 p의 有聲音同化 脫落法에 의해 울이 된 경우도 있고, 夫里도 불, 블로 일단 축약되어 다음 단계에서 伐과 同一步調의 변천을 한 것으로 볼 수도 있으며, 부리 그대로에서 우리로 변천했을 가능성도 있다고 보았다.[69] 이병선은 이와는 다르게 위례는 王, 大의 뜻을 가지며, 위례성은 王城, 大城을 뜻한다고 보았다.[70]

이와 같은 선학들의 연구를 바탕으로 본다면, 위례는 풍납동토성이 쌓여지기 전 기원전 1C경에 풍납동토성 안에서 풍납동식 무문토기(중도식 무문토기)를 사용하며, 말각방형의 수혈주거지로 형성된 취락지인 夫里(伐)[71]에서 유래하여, 이곳이 마한 伯濟國이라는 소국(邑落國家)의 중심지가 되면서 城邑이라는 의미로 확대되었으며, 마침내 백제가 국가의 체제를 가추고 기원전 1C경에서 기원후 2C경에 축조된 것으로 추정되는 3重 環濠[72]를 대신하여 방대한 풍납동토성

---

66) 兪昌均, 『韓國 古代漢字音의 硏究 II』(啓明大學校出版部), 1983, 228~229쪽.

67) 都守熙, 『百濟語硏究』(亞細亞文化社), 1977, 115쪽.

68) 이병도는 고구려는 수릿골, 솔골의 역이며, 중심부락을 나타내는 수릿골은 首邑, 上邑의 義에서 도시명 내지 국명으로 화한 것이라고 하였다. 또 신라의 徐羅伐, 徐伐, 蘇伐, 백제의 所夫里도 고구려의 수릿골과 같이 Capital을 의미하는 말로 단지 골과 벌, 부리의 차가 있을 뿐이라고 하였다(李丙燾, 「高句麗國號考」, 『韓國古代史硏究』, 博英社, 1976, 362~369쪽).

69) 都守熙, 『百濟語硏究』, 115쪽.

70) 李炳銑, 『韓國古代國名地名硏究』(螢雪出版社), 1982, 194~199쪽.

71) 조선시대에는 지형을 기준으로 풍납동토성을 坪古城이라고 부르기도 하였던 것을 보면(『增補文獻備考』 권26 輿地考 關防 城郭), 풍납동토성 안에 처음으로 생긴 취락의 이름도 坪村 정도의 의미를 가졌을 가능성도 배제할 수 없다.

72) 국립문화재연구소, 『風納土城 I —현대연합주택 및 1지구 재건축 부지—』,

을 축조하면서 위례성은 大城, 王城[73]이라는 의미로 계승 발전하였을 가능성도 생각하여 볼 수가 있겠다.[74]

하여튼 여기서 검토하려는 것은 위례성과 사성의 관계인데, 유창

81~94쪽.

73) 현재 학계에서는 在城, 王城, 都城, 王都 등을 혼용하여 사용하고 있는데, 만일 왕성이 왕을 비롯한 일단의 지배층이 거주하는 소규모의 성이고, 도성은 왕성을 중심으로 하여 주위에 형성된 도시를 둘러싼 郭城 내를 지칭한다고 한다면(金起燮, 「百濟前期 都城에 관한 一考察」, 『淸溪史學』 7, 1990, 67쪽), 조선시대 한양도성의 예도 참고가 될 수 있다. 즉 당시에 法宮인 경복궁을 두른 담장을 宮城이라고 불렀는데, 이는 임금이 계신 성이라는 개념의 在城, 王城에 해당된다고 볼 수가 있고, 현재의 성곽이 도성에 해당된다고 하겠다. 우리나라 고대의 도성에서도 이처럼 궁궐에는 성벽처럼 높은 담장을 두른 경우가 많았을 것이고, 경주 월성이나 평양의 安鶴宮城처럼 토성을 쌓은 경우도 있었다. 여기서 왕성이라는 개념도 단순히 궁성이라는 의미로만 볼 수는 없을 것이다. 예를 들면 한양도성의 경우 넓게는 한양도성에 임금이 거주하기 때문에 도성 자체를 왕성이라고 부를 수도 있다는 점이다. 즉 왕성은 궁성, 혹은 도성이라는 포괄적인 의미가 내포하고 있다고 볼 수가 있다. 『三國史記』에는 仇首王 7년 10월에 왕성의 서문에 불이 났다는 기록만이 전하는데(三國史記』 권24, 百濟本紀2 仇首王 7년 10월), 『日本書紀』 雄略天王 20년조에 고구려가 大城을 7일7야를 공격하므로 왕성이 함락되었다는 것을 보면 당시 사람들은 풍납동토성을 왕성으로도 불렀을 가능이 있다. 현재 풍납동토성 내에서의 궁성 여부는 알 수가 없는데, 풍납동토성은 넓게 도성이라는 의미로 이해를 하면 어떨까 싶다. 중국에서도 전국시대부터는 郭을 중심으로 한 도시가 발달하였다. 앞으로 이러한 용어들이 좀 더 학술적으로 정립되어야 하겠다.

74) 이렇게 볼 경우 하북위례성, 하남위례성이라는 개념은 그 의미를 잃게 된다고 볼 수가 있다. 역사학자들도 1980년대까지만 해도 대체로 백제가 한강 북쪽에서 건국한 다음 하남위례성으로 도읍을 옮겼다고 이해하였지만, 1990년대부터는 하남위례성이 백제의 출발지라고 보는 연구자가 다수이다(서울특별시사편찬위원회, 『漢城百濟史』 3, 36쪽). 하남위례성이 백제의 출발지라고 보는 연구는 다음과 같다(姜仁求, 「百濟 初期 都城 問題 新考」, 『韓國史硏究』 81, 1993, 5~8쪽. 金起燮, 「百濟 前期의 漢城에 대한 再檢討」, 『鄕土서울』 55, 1995, 41쪽. 余昊奎, 「漢城時期 百濟의 都城制와 防禦體系」, 18쪽. 특히 박순발은 기원전 1C 무렵 북쪽으로부터 내려와 한강유역에 정착했던 온조로 대표되는 백제건국 주체세력이 석촌동 토광목관묘로 대표되는 묘제를 사용하였다고 추정하였다(朴淳發, 『漢城百濟의 誕生』, 서경문화사, 2001, 206~209쪽).

균의 견해대로라면 사성은 위례성의 별칭인 셈이다.[75]

한편 ①의 정부를 징발하여 위례성을 수즙하였다는 위례성은 몽촌토성이 아닌지 모르겠다.[76] 연대 상으로 보면 몽촌토성이라면 수축이 아니고 초축일 것이다. 도성인 위례성에 몽촌토성이 포함되면서 당시 사람들은 혼란을 피하기 위해 풍납동토성과 몽촌토성을 방위에 따라 북성, 남성으로 구분하여 불렀던 모양이다. 하여튼 위례성을 일방적으로 풍납동토성이니 몽촌토성이니 단정하는 것은 바람직하지 않다고 생각된다. 만약 이와 같은 추정이 옳다고 한다면, 몽촌토성은 북방의 침입을 방비하기 위하여 축조되었을 가능성이 있다.

2) 三成洞土城說

이도학은 사성을 音韻論的인 비정에 근거하고 있는 기존설의 한

---

75) 稷山縣의 명칭도 慰禮城과 蛇山으로(『新增東國輿地勝覽』 稷山縣 郡名), 慰禮와 蛇가 대응된다.

76) 金龍國, 「夢村土城에 대하여」, 『鄕土서울』 39, 1981, 64쪽. 한편 太宗 14년 8월에 광주 尉由城에 묵고 있는 토지를 경작케 하고(『太宗實錄』 권28, 太宗 14년 8월 戊辰), 태종 16년 10월에는 태종이 上王을 받들어 광주 慰要城에서 사냥을 한 후 壽陵(獻陵)을 돌아보았다(『太宗實錄』 권32, 太宗 16년 10월 乙丑). 또 태종 17년 9월에도 태종이 상왕을 받들고 廣津을 건너 慰要城에서 매사냥하는 것을 구경하고 저녁에 石島(토평나루)에서 자고, 다음날 禿音浦(미음나루)에 이르러 매사냥하는 것을 보고 中良浦에서 晝停을 하였다고 한다(『太宗實錄』 권34, 太宗 17년 9월 乙卯 · 丙子). 여기서 尉由城과 慰要城은 慰禮城의 變音으로 몽촌토성을 지칭하는 것 같다. 이처럼 몽촌토성에는 조선 초까지 위례성이라는 명칭이 잔재하였음을 알 수가 있다. 한편 여호규는 이때의 위례성 수즙을 풍납동토성을 축조[증축]한 것으로 보면서, 3C 후반 책계왕대는 백제 도성제와 방어체계를 본격적으로 정비하던 초기 단계로 파악하였다(余昊奎, 「漢城時期 百濟의 都城制와 防禦體系」, 19~20쪽). 김기섭은 이때 수즙된 위례성을 당시의 왕성으로 보았다. 그러나 그는 沸流系인 고이왕의 아들인 책계왕(金起燮, 「백제의 국가성장과 沸流系의 역할」, 『淸溪史學』 16 · 17, 2002, 505~509쪽)은 伯濟國(溫祚—肖古系)과는 다른 계보를 가진 사람으로 보면서 고이계가 온조—초고계에 흡수되는 시기를 비류왕대로 보고, 임진강 유역의 하북위례성은 고이계의 왕성으로, 하남위례성은 온조—초고계인 백제국의 建國地이자 왕도로 파악하였다(金起燮, 「百濟前期의 漢城에 대한 再檢討」, 16쪽).

계를 극복하기 위해 사성의 역사 · 지리적 위치에 대한 검토를 통해 북성인 풍납동토성과 남성인 몽촌토성을 합친 것이 왕성이며, 남성은 왕이 상주하는 궁성이고, 북성은 離宮城에 해당되기 때문에 풍납동토성은 고구려의 침공에 대비할 수 있는 鎭城으로서의 사성이 될 수 없다고 보았다. 즉 崇山의 위치는 기존의 견해대로 지금의 하남시 창우리 부근에 소재한 검단산으로 인정되지만, 사성은 풍납동토성으로 보기가 어렵다는 주장이다. 또 1937년에 京城電氣株式會社가 작성한 『風納里土城』에서는 송파에서 풍납동토성 사이의 한강 연안에 길이 400m정도에 높이 9~12m의 土壁(土城址)이 확인되기 때문에 이 토벽이 개로왕대에 축조된 제방의 일부가 거의 분명하다고 하였다. 나아가 제방의 기점이 사성의 동쪽이기 때문에 이 토벽이 西行하여 만나는 성곽은 삼성동토성 외에는 달리 비정할 만한 곳이 없으므로 삼성동토성이 사성이 될 수밖에 없다고 보고, 문제의 제방은 삼성동토성을 기점으로 축조되기 시작하여 검단산까지 이어졌다고 보았다. 또 그는 삼성동토성이 한강 하구에서 올라오는 선박과 한강 이북에서 渡河하는 적군에 신속히 대응하여 왕성의 외곽을 효과적으로 방비할 수 있는 전략적 비중도 사성의 성격과 부합된다고 보았다.77)

공석구도 제방 축조는 한강의 홍수를 방지하기 위한 목적도 있었겠지만 당시 고구려와의 관계를 생각해 볼 때 수도의 북변을 방비하기 위한 성곽으로서의 역할도 염두에 두지 않을 수 없다고 하면서, 제방은 삼성동토성으로부터 한강변을 따라 풍납동토성을 거쳐 龜山土城을 지나 검단산(崇山)에 이른다고 하였다.78) 신희권 역시 한강의 범람 방지 및 왕성의 방어를 위해 제방적 성격으로 축조한 삼성동에

---

77) 李道學, 「百濟 蛇城의 位置에 대한 再檢討」, 『韓國學論集』17(한양대학교 한국학연구소), 1990, 5~12쪽.

78) 孔錫龜, 「百濟城郭의 類型과 築造技法」, 『大田의 城廓』(大田直轄市), 1993, 116쪽.

서 암사동에 이르는 토성의 흔적을 풍납동토성이 한성백제 도성으로의 조건을 뒷받침하는 증거로 보면서, 지금은 자취를 감추고 말았지만 당시 한강변을 따라 제방의 성격으로 축조된 것으로 알려진 三成洞土城, 岩寺洞土城,[79] 龜山城 등도 한강의 범람으로 인한 홍수의 피해를 방지하는 한편, 한강을 타고 침략해 오는 적군으로부터 왕성을 방어하기 위해 축조하였을 것으로 추정하였다.[80] 여호규도 사성은 풍남동토성 보다 서쪽에 위치하였으며, 풍납동토성 서쪽에 위치한 성지 가운데 사성의 가장 유력한 후보로는 삼성동토성을 들 수 있다고 하였다.[81]

이처럼 이때 쌓은 제방이 삼성동토성까지 이어졌다면 도성뿐만 아니라 石村洞古墳群, 可樂洞古墳群, 芳荑洞古墳群까지 포함되기 때문에 매우 이상적이었을 것이다.

그런데 조선시대 중종 · 명종년간에는 犬項役을 대대적으로 추진한 바 있었다. 犬項(개목)은 삼전도 상류에서 내려오는 강물이 사복시의 살곶이목장이 있던 살곶이벌(箭串)을 가로 지르고 좁게 흐르는 곳이다.[82] 이곳에는 犬項津과 犬項壇이 있었고, 왕이 이곳에서 水戰을 관전하기도 하던 곳이다. 이처럼 잠실도와 살곶이벌을 나누는 강물줄기가 형성되어 재난이 자주 발생하자 승려 등을 동원하여 제방공사를 한 것이다. 중종 때에는 安行梁(충남 태안반도 서쪽)운하공사

79) 方東仁, 「風納里土城의 歷史地理的 檢討」, p.74. 鷹峰 일대에 위치한다고 알려진 岩寺洞土城도 존재하지 않는다. 암사동토성이 있다는 鷹峰山(高德山)은 해발 88.3m인데, 한강 쪽으로도 거의 같은 높이의 봉우리가 능선 상에 근접해 있고, 동남쪽으로도 봉우리가 능선 상에 가까이 있으나 이들 봉우리에도 역시 성이 없다. 만약 성이 있었다면 한강 옆의 봉우리(헬기장이 있는 곳)에 있어야 하나, 한강 쪽으로 낮은 능선이 뻗어 있기 때문에 성을 쌓기에 부적당한 곳이다(閔德植, 「百濟 前期都城 周邊의 漢江邊 城郭遺蹟 硏究」, 『竹堂李炫熙敎授華甲紀念 韓國史學論叢』, 東方圖書, 1997. 63~64쪽).

80) 申熙權, 「風納城 발굴조사를 통한 河南慰禮城 고찰」, 97~111쪽.

81) 余昊奎, 「漢城時期 百濟의 都城制와 防禦體系」, 9쪽.

82) 『中宗實錄』 권62, 中宗 23년 7월 丁丑.

(蟻項役, 중종 32년 2월에서 7월)의 試行工役으로 실시된 견항역은 중종 31년 7월에 준공되었는데, 많을 때는 동원된 승려 수가 3,000명이나 되었다고 한다. 役夫로 동원된 승려에게는 僧人號牌法에 따라 號牌가 지급되었다.[83] 이러한 역사는 홍수를 막고, 한양도성을 보호하자는 것이었다.[84] 이에 앞서 중종 24년 2월에는 견항을 수축하는 일은 양주와 광주가 나누어 맡아서 각각 맡은 땅이 무너지는 대로 바로 쌓도록 하였다.[85] 이는 잠실도의 양쪽 강안이 양주와 광주 땅이므로 이러한 조치가 이루어진 것인데, 견항력에서도 잠실도 부근 강안의 제방 역사도 함께 이루어졌을 가능성이 높다. 조선시대에는 평시에도 홍수로 인해 제방이 무너지면 한강 이북은 양주, 한강 이남은 광주의 주민들이 부역을 하여 제방을 수축하는 것이 상례였기 때문에 이곳 주민들에게는 큰 골칫거리였다. 앞서 이도학이 제기한 송파에서 풍납동토성 사이의 한강 연안의 제방도 조선시대에 쌓여졌을 가능성이 높고, 또 이 제방이 학술적 조사를 거치지 않았기 때문에 한성백제기의 제방으로 단정하기는 어렵다.

3) 龜山土城說

오순제는 구산은 전체적인 모습이 거북이 모양 같다고 하여 붙여진 것으로 이곳의 구산성이 백제시대에는 사성으로 불렀다고 하였다.[86] 그런데 필자는 1994년 2월부터 1996년 5월까지 이 지역을 지표조사한 일이 있었다. 해발 48m의 구산은 한강변에 우뚝 솟은 야산인데 구산여울 가에 있기 때문에 전략상 중요한 지점에 있다고 볼 수가 있다. 산 정상은 편평한 편이나 성은 아니며, 한강 쪽이 급경사를 이루지 못하고 낮게 능선이 뻗어 있기 때문에 성을 쌓기에 적합

83) 도첩제가 폐지되었기 때문이었다.
84) 『中宗實錄』 권82, 中宗 31년 6월 甲辰.
85) 『中宗實錄』 권65, 中宗 24년 2월 乙酉.
86) 吳舜濟, 『漢城百濟의 都城體制 硏究』, 141쪽.

하지 못하다. 주민들은 이 산이 강의 위쪽에서 떠내려 온 산이라고 전해온다고 하였다.87)

이밖에 『南漢秘史』에는 廣州郡 東部面 渼沙村 부근에는 속칭 뱅개라는 곳이 있는데, 구릉 자국이 판연하여 옛날에 토성을 쌓았던 것이 분명하다. 뱅개는 뱀개의 와전으로 보이며, 뱀개는 한자로 蛇浦라하며 사포에 성을 쌓았기 때문에 사성이라고 한 것 같다. 백제의 國都를 오늘날 이성산성인 위례성으로부터 漢山(南漢山) 아래인 광주 고골로 확대하고 한강 연안에 사성을 쌓아 국도를 방어하였던 것을 개로왕 때에 고구려와 국경이 근접한 것을 염려하여 사성의 동편으로부터 崇山(黔丹山)의 북편에 이르기까지 강안을 따라 다시 제방을 더 쌓은 것으로 보인다고 하였다.88)

또 방동인은 廣州郡 東部面 船里(속칭 屯池)에 토성의 흔적이 강안을 따라 길게 뻗어 있다는 『남한비사』의 기록89)을 참고할 때 지리적, 역사적, 고고학적 고증에서 이 일대가 사성으로 추정된다고 하면서 사성은 강안을 따라 연결된 성으로 파악하였다. 특히 이곳이 隔江相對하여 水石里土城(속칭 새워니성)이 있고,90) 조선시대 · 고려시대의 영남대로의 관문격인 平丘驛이 위치하고 있는 곳과 강을 마주하고 있으며, 이곳에서 검단산 아래까지는 미사리벌판과 검단산 西坪이 펼쳐지고 남서쪽으로 下一洞 일대의 평야가 펼쳐져 있다는 점 등 강안을 따라 봇둑을 쌓을 만한 지형임이 틀림없다고 하였

87) 閔德植, 「百濟 前期都城 周邊의 漢江邊 城郭遺蹟 硏究」, 63~64쪽.

88) 廣州文化事業協會設立準備委員會, 『南漢秘史』, 1956, 25~26쪽.

89) 廣州文化事業協會設立準備委員會, 위의 책, 39쪽.

90) 남양주시 수석동 미음나루에서 배를 타면 강 건너 하남시 船洞(옛 선리)에 닿는다. 풍납동토성 上流 약 3.5km에 위치한 선리 강변에서는 1925년 대홍수 때 나말려초로 추정되는 銘文瓦片들이 출토되었다. 『京城府史』에서는 이 와편이 1925년에 廣州郡 九川面 岩寺里에서 출토되었다고 하였고(『京城府史』 1, 景仁文化社, 1990, 5쪽), 오순제는 이들 명문와편들이 蟹川(게내, 현 高德川)이 한강에 유입되는 곳이라고 하였다(吳舜濟, 『漢城百濟의 都城體制 硏究』, 163쪽).

다.[91)]

앞에서 사성 후보지로 언급한 구산토성, 사포, 선리는 미사리섬 부근에 있는 지역들이다. 창우리에서 사포까지는 약 5km, 창우리에서 구산까지는 약 5.8km, 창우리에서 선리까지는 약 8km가 된다. 앞에서 언급한 것처럼 구산에는 성이 없으며, 사포의 구릉 자국도 성인지 불분명하고, 선리에 강안을 따라 길게 뻗어 있었다는 토성 흔적도 강안을 따라 연결되었다는 것으로 보아 성이라기보다는 제방일 가능성이 높다.

하여튼 『남한비사』의 저자인 兪興穆을 비롯하여 방동인은 위례성을 이성산성으로, 오순제는 위례성을 교산동토성으로 보는 등 한성백제기의 도성이 광주 고읍인 고골 일대로 보았기 때문에 이 지역의 북쪽을 방어한다는 점에 초점을 두고 사성의 위치를 비정하였다고 볼 수가 있다. 그러나 한성백제기의 도성이 풍납동토성 일대라고 밝혀지고 있는 현재로서는 이러한 관점은 성립되기가 힘들다고 볼 수가 있다.

앞에서 사성에 대한 비정설들에 대하여 살펴보았는데, 이때의 제방 축조에 대해서는 우선 주민들이 많이 살고 있던 도성 지역을 먼저 고려했으리라는 점을 염두에 두어야 한다. 도성 지역인 풍납동토성 일대는 오늘날에도 홍수만 지면 물난리를 겪는 곳이다. 육지측량부의 1926년 발행 5만분의 1지형도에도 店村에서 풍납동토성 서벽 밖으로 길게 沙地가 표시되어 있는데, 이는 을축년(1925) 대홍수로 인해 한강 물줄기가 이곳으로 흘렀다는 증거이다. 이 때문에 사성의 비정에는 우선 풍납동토성이 포함되어야 한다. 이처럼 풍납동토성과 창우리 사이에서 사성을 찾는 것은 곤란하다고 생각된다. 이는 이 지역에 대한 지표조사에서도 확인 할 수가 있다.

이렇게 되면 앞서의 사성 비정설 중에서 풍납동토성과 삼성동토

---

91) 方東仁, 「風納里土城의 歷史地理的 檢討」, 91~92쪽.

성설만 남게 된다. ①기사의 286년이라는 연대가 정확한 것이라고 한다면, 앞으로 언급할 것처럼 이때 풍납동토성은 존재하였을 가능성은 있다. 그러나 삼성동토성의 존재 여부가 문제이다. 『삼국지』의 마한 관계기사에는 官家에서 성곽을 축조 할 때 年少하고 勇健한 사람들을 동원한다고 하였고, 한편으로는 성곽이 없다고 하였다.92) 여기서의 성곽은 중국인들의 관점에서 표현한 말로 보인다. 즉 오늘날 북한지역에 남아 있는 낙랑군과 대방군의 군현성인 읍치를 두른 토성으로, 읍성과 같은 의미가 아니가 추정된다. 『삼국지』의 마한 관련기사는 대방군이나 낙랑군의 사신이나 통역이 마한 지역을 내왕하면서 그것을 기회로 마한의 사정과 사건을 기록하든가, 마한 지역을 왕래 하던 상인이나, 마한 소국의 首長이나 下戶들이 官爵, 印綬, 衣幘을 받기 위해 군현에 왕래할 때 어느 정도 정보를 얻을 수 있었을 것이다. 특히 위는 238년에 요동의 公孫氏를 토벌하고는 적극적인 동방진출을 꾀하고 景初中(237~239)에는 대방태수와 낙랑태수를 새로 보내 공손씨가 장악했던 낙랑군과 대방군을 평정하면서 주변세력에 정치적 조정을 위해 주변세력들의 정보 파악에도 힘을 썼을 것이다. 특히 마한의 북부 지역은 대방군이나 낙랑군 지역과 비교적 멀지 않기 때문에 육로나 해로로 많은 접촉이 있었을 것으로 보이기 때문에 보다 정보가 정확하였을 것이다. 이처럼 정보를 얻을 수 있었다면 마한에 성곽이 없었다는 표현은 당시 마한 지역에는 읍성과 같은 토성은 거의 존재하지 않았다는 것이 된다. 특히 성곽은 중국 문명의 특색으로 중국인들은 성곽의 유무로서 외국의 문명 정도를 측정했다고 한다.93) 이처럼 중국인들은 역사 기술을 함에 있어서 성곽 혹은 城柵의 유무를 중요시 하였다. 마한 지역의 「邑落雜居」라

---

92) 『三國志』卷三十 魏書 三十 烏丸鮮卑東夷傳 第三十 韓. 이 때문에 후자가 잘못된 것이라고 보기도 한다(千寬宇, 「三國志 韓傳의 再檢討」, 『震檀學報』41, 1976, 45쪽).

93) 宮崎市定, 「中國城郭の起源異說」, 『アジア史硏究』1(同朋舍), 1957, 50쪽.

는 표현도 이와 관련이 있는 듯하다. 당시 마한의 소국인 伯濟國에는 풍납동토성이나 몽촌토성은 존재하지 않았고, 풍납동토성의 발굴조사에서 확인된 것처럼 3중 환호가 방어역할을 하였다고 추정이 된다.[94]

한편 전해종은 『三國志』에서 인용한 魚豢의 『魏略』이 찬수된 시기를 西晋(265~316)初로 보고, 『위략』을 인용한 陳壽(233~297)의 『삼국지』의 찬수도 『위략』과 대체로 비슷한 시기이거나,[95] 늦다고 하더라도 10여년을 넘을 수 없다고 보았다. 진수의 『삼국지』 찬수는 대략 서진 武帝의 太康年間(280~289)정도로 추정한 것이다. 또 『삼국지』 東夷傳 序의 末尾에 「遂周觀諸國 采其法俗 小大區別 各有名號 可得詳記」라고 하였으나, 진수 자신이 諸國을 周觀한 것이 아니고 동이전의 대부분 기사가 『위략』의 기사를 轉寫한 것이며, 王沈의 『魏書』 정도가 부분적으로 채택되었을 뿐이라고 하였다. 또 『삼국지』의 바탕이 된 『위략』도 동이지역을 직접 내왕하거나 동이인으로부터 직접 得聞한 것이 아니고, 前史 혹은 他書에 의한 찬집이라고 보았다.[96] 『삼국지』 韓傳의 상황은 대략 3C 중엽의 것으로 추정되고 있다.[97] 특히 3C 중엽은 영남지역 수장의 분묘가 대형화 되고, 다량의 무기류가 부장되기 시작하는 등 삼한의 소국들이 국가 형성을 향해 약육강식의 격동기로 접어드는 시기로 우리의 고대사에서 중요한 시기였다.[98] 이후 3C 후반에서 4C 사이

---

94) 우리나라에서도 주로 청동기시대부터는 취락의 주위에 環濠, 木柵, 土壘, 鹿角, 木杙 등의 방어시설들이 활용되어왔다. 이 중에서 환호는 신석기시대부터 사용되었음이 확인되었다.

95) 『魏略』 記事에는 嘉平 6년(254), 景元 원년(260)의 사료가 있다.

96) 全海宗, 『東夷傳의 文獻的 硏究—魏略 · 三國志 · 後漢書 東夷關係 記事의 檢討—』(一潮閣), 1980, 39~64쪽.

97) 千寬宇, 「三國志 韓傳의 再檢討」, 9~13쪽.

98) 이 시기 마한 지역 수장층의 발달 정도는 진 · 변한 지역에 비해 현저하지 못한데, 이는 군현세력과 마한 및 진 · 변한 사회 사이의 공간적 격리의 정도와 관련이 있을 것으로 추정하고 있다(朴淳發, 「漢城百濟의 對外關係—國

에는 백제와 신라에서는 고개국가 성립의 표징 중에 하나인 풍납동토성, 몽촌토성, 月城이 차례로 축조되어 갔다. 이러한 자료들은 당시 마한에 성곽이 없었다는 기사를 이해하는데 참고가 된다.

하여튼 당시의 상황으로 보아 286년경에는 풍납동토성은 존재했을 가능성은 있지만, 삼성동토성이 존재했을 가능성은 높지 않기 때문에, 사성은 유창균의 견해대로 위례성의 별칭으로 오늘날의 풍납동토성으로 비정하는 것이 좋을 것 같다. 즉 풍납동토성은 문헌상에 나오는 蛇城, 大城, 北城, 王城을 지칭하는 것으로 추정되며,[99] 이들은 풍납동토성의 이칭들이라고 볼 수가 있다.

하여튼 앞에서 언급한 조선시대 견항력 때에는 제방에 돌을 넣으면서 쌓았는데도 홍수만 지면 불어난 강물에 제방이 무너져 떠내려 갔기 때문에 다시 쌓는 등 어려움이 많았다. 이는 개로왕 때의 제방 축조문제를 검토하는데도 참고할 필요가 있다. 풍납동토성의 동쪽에서 창우리까지는 거리가 약 16.5km가 된다. 풍납동토성의 축조에 연인원 약 100만 여명 정도가 참여했다고 본다면,[100] 40리가 되는 개로왕 때의 제방 축조도 이에 버금가는 대역사였을 것으로 추정된다. 한성백제기의 실질적 직접지배 영역이 남으로는 대략 금강을 경계로 그 이북 지역, 간접지배 영역은 익산 등 금강 하구 이남에서 노령산맥 이북까지의 지역으로 본다면,[101] 오늘날의 호남지역도 다 백제의 직접 지배하에 편제하지 못하였던 백제로서는 거국적인 대역사였다고 보지 않을 수 없다. 이러한 상황에서 삼성동토성에서 풍납동토성

家 成立期 對外交涉의 實狀과 意義」, 43쪽). 하여튼 3C 후반부터는 한군현이 흔들리며 주변 지역에 대한 통제력을 상실하던 시기였다. 265년 조위가 망하기 직전인 261년 7월에 낙랑 外夷인 韓이 來貢하였다는 것도 이 무렵이다(『三國志』권4 魏書 三 少帝紀 4 陳留王 景元 2년).

99) 金起燮, 「百濟前期 都城에 관한 一考察」, 65쪽; 「百濟 前期의 漢城에 대한 再檢討」, 37~40쪽.

100) 朴淳發, 『漢城百濟의 誕生』, 182쪽.

101) 朴淳發, 위의 책, 247쪽.

사이의 약 7.5km의 제방만 쌓지 않더라도 큰 짐을 덜 수가 있었을 것이다.

Ⅳ. 주변성곽과의 비교

1. 風納洞土城과 夢村土城

삼성동토성의 주변성곽 중에서 가장 중요한 성곽은 말할 것도 없이 풍납동토성과 몽촌토성일 것이다. 우선 백제의 국가(聯盟王國, 領域國家) 성립은 3C 중엽 · 후반에 걸치는 시점 이후라는 것이 최근까지의 주류적 견해이다.[102] 또 풍납동토성과 몽촌토성의 축조시기에 대하여는 여러 견해들이 있는데, 신희권은 풍납동토성의 초축년대를 기원전 1C에서 2C 사이, 몽촌토성은 3C 중 · 후반 경으로 추정한 바 있었다.[103] 田中俊明은 환호가 3C 전반~중엽에 폐기된 후에 성벽이 축조된 것으로 보면서, 규모와 정치한 판축상태로 보아 위례성으로 비정되는 풍납동토성이 3C경에 축조된 것으로 보았다.[104] 박순발도 풍납동토성의 축조상한을 3C 중 · 후엽, 몽촌토성은 3C 4/4 분기로 보면서, 풍납동토성과 몽촌토성이 어느 것이 먼저 축조되었는지는 정확히 알 수는 없으나, 백제가 국가로 성립하던 3C 중 · 후엽 경에는 적어도 둘 중 하나의 성이 먼저 축조되었을 것이며, 이 중에서 풍납동토성이 먼저 축조되었을 가능성이 있는데, 늦어도 4C초 무렵에는 풍납동토성과 몽촌토성이 공존하였을 가능성이 크다고 보았다.[105] 또 권오영도 풍납동토성은 3C 후반 경, 몽촌토성

---

102) 서울특별시사편찬위원회, 『漢城百濟史』 3, 248쪽.

103) 申熙權, 「風納土城 발굴조사를 통한 河南慰禮城 고찰」, 111쪽.

104) 田中俊明,「百濟漢城時代における王都の變遷」, 『朝鮮古代研究』 1(朝鮮古代研究刊行會), 1999. 20쪽.

105) 서울특별시사편찬위원회, 『漢城百濟史』 3, 317~329쪽.

은 3C 후반에서 4C 전반 경으로 추정하였다.[106] 하여튼 풍납동토성과 몽촌토성의 초축시기는 앞에서 언급한 백제의 고대국가성립시기와 대체로 일치하는 것으로 보는 것이 현재 학계의 추세이다.

한편 문제의 위례성은 1990년대까지는 몽촌토성으로 비정하는 것이 일반적이었으나, 1997년 이래 풍납동토성이 발굴조사가 되면서 현재로는 풍납동토성이 유력하게 언급되고 있다.[107] 그러나 전술한 것처럼 몽촌토성이 새로이 축조되어 도성체제에 포함되면서 몽촌토성도 위례성이라고 불렸던 것으로 추정되며, 이 때문에 풍납동토성과 몽촌토성을 구별하기 위해 북성과 남성이라는 명칭이 붙여진 것이 아닌가 싶다. 한편 몽촌토성의 축조는 중국 도성제의 영향이라고 보기 보다는 몽촌토성이 해발 고도는 비록 낮지만, 삼국시대의 도성제에서 평지성과 산성이 세트를 이루는 체제에서 초기 형태로 보면 어떨지 모르겠다.[108] 즉 장수왕의 고구려군이 도성을 공격할 때 백제 방어군의 본부는 몽촌토성에 있었고, 개로왕도 이곳에서 방어를 지휘했던 것을 보면, 몽촌토성의 군사적 성격을 어느 정도 이해할

---

106) 권오영, 「서울 강남지역 백제유적의 가치와 활용방안」, 234~235쪽.

107) 申熙權, 「風納土城 발굴조사를 통한 河南慰禮城 考察」, 94~100쪽.

108) 고구려는 475년에 백제도성을 점령하자 풍납동토성을 전소시키고, 몽촌토성에 군대를 주둔시켜 이 지역의 거점성으로 삼으면서, 남하를 위한 중간 거점 역할을 하도록 하였으며, 몽촌토성 서남지구 고지대에 밀집 분포하는 적심건물지, 판축대지, 온돌건물지는 이때 고구려군의 최고위 중심인물이 거주했을 가능성이 있다고 한다(최종택, 「夢村土城 內 高句麗遺蹟 再考」, 『韓國史學報』 12, 高麗史學會, 2002, 22~37쪽). 이는 몽촌토성의 군사적 성격을 이해하는데 많은 도움을 주며, 나아가 몽촌토성의 축성 목적을 파악하는데도 도움을 준다. 또 개로왕이 이곳에서 고구려군과 최후의 결전을 한 점도 마찬가지이다. 그러나 전략적으로 보면 발달된 무기로 무장된 대규모 전투에서는 방어에 한계성이 있으며, 풍납동토성이 보존된 상황에서 방어력을 발휘할 수 있다는 약점도 않고 있다. 이러한 점은 고구려군과의 전투에서 여실히 드러났다. 백제는 하늘이 준 南漢山에 축성하여 이곳을 거점으로 고구려군과 守城戰을 벌리지 못한 것이 아쉽다. 한편 몽촌토성 북문과 통하는 도로가 밑으로부터 백제, 고구려, 신라기의 도로 순으로 확인이 되었는데, 고구려기의 도로가 주목된다.

수가 있다.

또 위례성이라는 명칭은 국가의 체제가 정비되면서 漢式化하여 漢城으로 불리게 된 것으로 추정이 되는데,[109] 한성도 위례성처럼 풍납동토성(북성)과 몽촌토성(남성)으로 구성되어, 서로 보완적인 관계를 이루고 있었다고 짐작된다.[110] 풍납동토성으로 추정되는 위례성이 단일 궁성체제에서 몽촌토성이라는 하나의 궁성이 추가되어 고이왕—비류왕대[111]에 한성체제로 변화되고,[112] 이때 풍납동토성은 평소 왕이 거주하던 居城으로서 正宮이었다면, 몽촌토성은 비상시에 대비한 군사적인 성격의 방어성이자 왕족의 별도 거처였던 別宮[113]

---

109) 일찍이 金龍國도 한성은 위례성의 異名雅稱으로 보았는데(金龍國, 「河南慰禮城考」, 18쪽), 그 후 위례성과 한성은 동일 성곽에 대한 이칭, 또는 도성 전체에 대한 이칭이라고 보는 학자들이 많았다. 필자도 이에 찬성하고 있다. 이에 반해 여호규는 371년 漢山 移都를 기점으로 漢城(漢山城)이라는 명칭이 빈번하게 사용된 반면, 위례성의 사용 빈도는 감소한 사실을 고려하여 양자는 단순한 이칭 관계로 간주할 수 없다고 하였다. 즉 그는 한성은 본래 군사방어성의 성격이 강한 南城(몽촌토성)을 지칭하던 명칭인데, 고구려가 한강 유역을 점령한 이후 백제 古都 전체를 지칭하는 명칭으로 확장되었다고 보았다(余昊奎, 「漢城時期 百濟의 都城制와 防禦體系」, 12~13쪽).

110) 閔德植, 「城郭遺蹟으로 본 百濟 前期都城 硏究」, 『서울학연구』 9(서울시립대학교 부설 서울학연구소), 1998, 46쪽.

111) 比流王代부터 동진과 공식적 책봉관계를 맺으면서 백제 국명이 대외적으로 사용되기 시작했다고 본나면(朴淳發, 「漢城百濟의 對外關係—國家 成立期 對外交涉의 實狀과 意義—」, 42쪽), 한성체제로의 전환도 대략 비류왕대(304~344)무렵이 아닌지 모르겠다. 한성이라는 명칭이 비류왕 이후에야 본격적으로 사용된 점도 참고가 된다(金起燮, 「百濟 前期의 漢城에 대한 再檢討」, 18쪽).

112) 申熙權, 「百濟 漢城時代 都城制度에 관한 一考察—兩宮城制度를 중심으로—」, 『鄕土서울』 76, 2010, 19~20쪽.

113) 阿莘王이 태어났다는 漢城別宮이 이곳에 있었던 것이 아닌가 싶다(『三國史記』 권25, 百濟本紀3 阿莘王 원년). 또 漢城租를 보관하는 대규모 창고도 있었을 것으로 추정된다. 몽촌토성에서는 남문지 안쪽과 서남지구 고지대에서 한성백제기의 연못터가 확인되었는데, 필자는 북문지 안쪽에도 큰 연못이 있었다고 전한다는 이야기를 몽촌토성에 사시는 노인분들에게서 들은 적이 있다. 이처럼 문지가 있는 성벽 안쪽에 연못을 만든 것은 보은 삼년산성, 진천 대모산성 등 많은 예가 있다. 이들 연못은 평상시에는 牛馬의 식수로

이었다는 견해가 있는데,114) 여기서 풍납동토성과 몽촌토성을 단순히 궁성의 개념으로만 볼 수가 있을까 하는 점도 문제인데, 도성이라는 의미로 파악하면 어떨까 싶다. 나아가 한성은 수도라는 의미인 王都의 개념으로, 북성과 남성을 중심으로 한 한강 남안의 일정 지역을 포함하는 명칭으로도 확대 사용되었을 것으로 추정된다.115)

하여튼 한성백제기의 도성인 풍납동토성과 몽촌토성의 초축시기는 삼성동토성의 초축시기를 이해하는데 참고가 된다. 도성의 補助城格인 삼성동토성의 초축시기가 풍납동토성이나 몽촌토성의 초축시기 보다 앞서지 못할 것임은 분명할 것이다.

한편 이 지역에 분포한 고구려 堡壘遺蹟들이 석축으로 쌓여진 것에 비해 이곳 한성백제기의 풍납동토성, 몽촌토성, 삼성동토성이 모두 토축으로 축조된 것은 시사하는 바가 크다고 하겠다.

2. 大母山城

대모산성이 있는 대모산(할미산)116)은 동쪽과 서쪽에 각각 탄천

사용하기도 하나 유사시에는 취약점이 많은 성문이 있는 성벽을 방어하는 기능도 하고, 성안 사람들의 식수로도 사용할 수가 있는 등 유용하게 활용할 수가 있었다. 몽촌토성 북문지 안쪽으로는 비교적 평편하여 옛 夢村(큰말)이 형성되어 있었고, 농경지가 넓게 펼쳐져 있었다. 우왕 6년에 趙云仡이 古垣江村에 別墅를 짓고 살았다는 별서도 이곳이었다(『高麗史』권112 列傳 25 趙云仡傳). 조선 초 서거정의 『四佳集』에 나오는 夢村은 「여지대전도」 광주부도(성신여대박물관 소장, 1725년)를 비롯하여 조선 후기 광주부도마다 표기된 것을 보면 그만큼 유래가 깊었다고 볼 수가 있다. 이곳은 풍납동토성 동문에서 곧바로 몽촌토성 북문을 통해 연결되는 곳으로 몽촌토성 내에서 가장 중요한 지역이다. 만약 한성별궁이 몽촌토성에 있었다면, 이 지역이 후보지 중에서 가장 유력한 곳이라고 볼 수가 있다.

114) 申熙權, 「百濟 漢城時代 都城制度에 관한 一考察―兩宮城制度를 중심으로―」, 33쪽.

115) 金起燮, 「百濟 前期의 漢城에 대한 再檢討」, 24쪽. 또 百濟記에 말하기를 고구려가 475년에 백제의 왕성을 함락하므로, 마침내 위례(혹은 위례국)를 잃었다고 한 것을 보면(『日本書紀』권14, 雄略天王 20년), 왕도의 의미를 가진 넓은 의미의 한성도 위례라고도 불리어졌던 모양이다.

과 양재천을 끼고 인접한 九龍山(해발 283.2m)과 함께 동서로 길게 뻗어 있다. 대모산성은 한강 남쪽 약 5km, 삼성동토성에서 동남쪽 약 4.5km 거리인 서울 강남구 일원동과 서초구 내곡동의 경계에 있는 해발 293.0m의 대모산 정상에 위치한 산성이다. 성안에는 동편에 삼각점표석(해발 291.58m)과 서편에 헬기장이 솟아 있어 정약용이 『民堡議』에서 분류한 馬鞍峰形을 이루는데, 이러한 형태는 嶺隘之城에 많다.

성은 동서로 길쭉하게 뻗어 긴 타원형을 이룬다. 성의 규모는 남벽 258m, 북벽 299m, 동벽 5m, 서벽 5m로 전체 둘레는 대략 567m라고 알려져 있다.[117] 片築으로 석축된 성벽은 대부분 붕괴된 채 적심석만이 곳곳에 노출되어 있고, 성 밖으로 무너진 성돌들이 쌓여진 곳들이 있어 성벽의 범위를 파악하는 데는 큰 문제는 없다. 그러나 獻仁陵과 모 기관의 철책이 있어 남벽의 조사는 할 수가 없다. 남벽 안쪽으로는 성벽을 쌓을 때 삭평했던 평지가 좁게나마 형성되어 있다.

북벽 밖은 비교적 경사가 급하면서 曲城(최근에 만든 원탑이 있는 곳)을 구축하고, 북벽과 서벽이 만나는 지점의 성벽이 밖으로 돌출된 점 등으로 보아 대모산성은 북쪽인 한강을 의식하고 축조되었음을 알 수가 있다.

성돌은 주위에 바위들이 많기 때문에 쉽게 구할 수가 있었다. 전에는 동벽의 등산로 부분에 높이 62cm(4단)정도의 할석으로 쌓은 석축이 남아 있었는데, 면석의 앞면은 62×18cm, 45×16cm정도였다. 지금도 이곳에는 3단(높이 40cm)정도가 남아 있는 곳이 있다.

---

116) 대모산 남쪽 기슭에 위치한 獻陵은 대모산을 현무로 삼은 것이다. 헌릉에 올라가 보면 현무인 대모산의 꼭대기가 보이는데, 북 현무, 좌 청룡, 우 백호, 남 주작이 훌륭하게 갖추어져 있는 것을 볼 수가 있다. 이로 보면 대모산은 이 일대에서 명산이라고 하겠다.

117) 漢陽大學校博物館 외, 『大母山 文化遺蹟 試掘調查 報告書』, 1999, 22쪽.

성안에 무선통신망 기지국 장비를 설치하기 위해 한양대학교 박물관이 1999년 6월 24일부터 7월 1일까지 8일간 약 12평 정도를 시굴조사 하였다. 이번 시굴에서는 초기철기시대의 말각방형 내지 장방형으로 추정되는 파괴된 수혈주거지 1기와 透窓이 있는 短却高杯類, 臺付盌, 연질 · 경질의 各種壺, 蓋杯類를 비롯하여 고려시대의 것으로 분류되는 토기편까지 여러 종류의 유물이 수습되었다.[118] 보고자는 유물조합이 인근 통일신라시대의 二聖山城, 虎岩山城과 비교된다고 하였다.[119]

대모산성에서는 동북으로 가락동 일대의 구릉지대가 한눈에 내려다보이며 서북으로 삼성동토성과 옥수동토성이 가까이 보이고, 동북으로 풍납동토성, 몽촌토성, 아차산성이 조망되고, 동쪽으로는 멀리 남한산성이 바라다 보인다. 해발은 그다지 높지 않으나 평지에 있기 때문에 우뚝 솟아 보이며, 주변 일대가 한 눈에 조망된다.

3. 孔巖城

공암성(사적 372호)[120]은 서울 江西區 加陽洞 산 8~4 일대에 위치한다. 평지 상에 독립하여 솟아 있는 해발 75.8m의 宮山[121] 정상에 축조된 산정식 산성으로, 성벽의 전체 둘레는 388m이다. 정상부는 일제강점기에는 일본군이 주둔하고, 한국전쟁 때에는 미군이 주

118) 漢陽大學校博物館 외, 위의 책, 22~42쪽.

119) 漢陽大學校博物館 외, 위의 책, 24쪽. 이밖에 대모산성의 축조시기에 대해 『서울특별시문화유적지표조사종합보고서』에서는 신라의 한강 진출이후로(서울역사박물관, 『서울특별시문화유적지표조사종합보고서』Ⅲ, 2005, 151쪽), 『서울의 성곽』에서는 통일신라시대로 보았다(서울특별시사편찬위원회, 『서울의 성곽』, 143쪽).

120) 이 성의 사적지 명칭은 陽川古城址이다. 地誌에는 主山石城, 城山古城, 古城이라고 하였다. 898년에 궁예가 孔巖城을 격파 하였다는 성이기 때문에 여기서는 공암성으로 호칭하였다(『三國史記』권50 列傳10 弓裔).

121) 궁산은 양천향교가 있어서 이곳에 모셔진 공자를 숭배하는 표시로 宮으로 불리어진 데서 유래된 것이라고 한다.

둔하면서 헬기장이나 야포를 설치하기 위해 이곳을 깎아 넓은 평지를 만들어 놓았기 때문에 원형을 잃었는데, 평지의 규모는 동서 60m, 남북 57m정도이다. 남벽 동단 문지 안에는 都堂할머니을 모시는 關山城隍祠가 있는데, 매년 음력 10월 초하루에 산신제를 올리고 굿을 한다.

한강과 면한 동벽과 북벽 밖은 급경사를 이루며, 아래로는 올림픽대로가 지나간다. 서벽 밖은 비교적 완만한 경사를 이루므로, 서벽 밖으로는 폭 3~8m정도의 이중 성벽을 만들어 방어력을 높이고 있는데, 이중 성벽의 길이는 118m이다. 남벽 외사면에는 약간 다듬은 성돌로 쌓은 석축 부분이 일부 남아 있는데, 석축 성벽들이 토사에 묻혀 있는 것으로 보인다. 이는 地誌에서 이 성이 석성이라고 한 것과 관계가 있다. 전에는 남벽 동단에 폭 3.7m정도의 문지가 있었는데, 문지의 서벽 면은 높이 4m정도로 높게 되어 있었고, 30×19cm정도의 막돌들이 박혀 있었다. 이곳에서는 성문과 관련된 47×70cm 크기의 확돌도 확인되었다.[122] 그러나 콘크리트 진입로를 만들면서 없어지고 말았다. 밖으로는 1994년에 신축된 小岳樓가 있는데, 이 성문은 양천현 관아 방향으로 통하기 때문에 유사시에 이곳으로 입보하기에 편리하게 되어 있다.

한강 건너편 북쪽에는 해발 124m의 덕양산 정상에 나당전쟁기에 축조된 것으로 알려진 幸州山城이 우뚝 솟아 있고, 孔巖 동쪽 약 20m정도 거리에는 공암진(공암나루)이 있었는데, 고양의 幸州津과 잇는 나루였다. 하여튼 공암현(양천현)의 鎭山에 축조된 공암성은 이곳의 거점성으로, 평지 관아와 유사시 입보하는 산성이 조합을 이루며, 한강과 공암나루를 방어하는 천연의 요새로 나당전쟁 중 673년의 王逢河戰鬪에, 후삼국기에는 이 지역의 호족인 許宣文의 거점성으로, 고려 말에는 왜구의 대비에도 유용하게 활용되었을 것으로 추

122) 서울역사박물관, 『서울특별시문화유적지표조사종합보고서』 Ⅲ, 2005, 464쪽.

정된다.

공암성의 축조시기를 신라가 한강유역을 점유하던 때로 보는 견해도 있는데,[123] 이러한 축조시기를 비롯하여 이 성에 얽힌 여러 의문점들을 풀기 위해서는 우선 발굴조사가 이루어져야 한다. 그러나 현재 성안이 너무 많이 파괴된 것이 문제이다.

맺 음 말

삼성동토성은 서울 강남구 삼성동 닥점마을 뒤 해발 83.2m의 야산 정상에 위치했던 토성이나, 도시 확장과정에서 1982년에 완전히 없어지고 말았다. 성벽의 전체 둘레는 약 500m정도였고, 성의 형태는 규모는 비록 작지만 산복식에 가까웠다. 삼성동토성은 한강 쪽인 북벽은 정상부 바로 아래에 있었고, 성 밖은 급경사를 이루고 있었으며, 남벽은 산중턱까지 내려와 있었는데, 이는 삼성동토성이 북쪽인 한강의 방어를 염두에 두고 축조되었음을 보여주는 것이다. 이처럼 삼성동토성이 자리 잡은 입지조건 자체도 한강 쪽인 북벽이 급경사를 이루고, 한강과 동쪽의 炭川이 자연해자를 이루는 등 방어에도 유리한 조건을 갖추고 있었다. 이러한 천연의 요지에 요새를 구축한 것을 보면 당시 백제인들의 군사적인 안목을 짐작하게 한다.

삼성동토성은 한성백제기의 토성으로 추정되며, 도성의 보조성 역할을 하였다고 볼 수가 있다. 삼성동토성은 한강을 통해 도성인 풍납동토성과 몽촌토성을 향하여 올라오는 적들을 막는 마지막 방어시설이었다. 풍납동토성에서 한강 하류로 약 7.5km정도 밖에 되지 않기 때문에 전략적으로 매우 중요한 요새라고 볼 수가 있다. 또 한강을 통해 도성으로 들어오는 지방이나 외국의 선박들은 삼성동토성의 통제를 받았을 것으로 추정된다.

---

123) 서울특별시사편찬위원회, 『서울의 성곽』, 156쪽.

성벽은 외부에서 고운 붉은 점토를 날라다 盛土法으로 쌓았다. 잡석은 전혀 들어 있지 않았다. 풍납동토성이나 몽촌토성이 수평 성토다짐공법을 활용하고 전형적인 판축공법을 응용하지 못한 것은 한성백제기의 축조공법 수준을 가늠하여 볼 수가 있다. 이처럼 풍납동토성이나 몽촌토성에서는 수평 성토다짐공법이 응용되었으나, 삼성동토성에서는 단순 성토법이 응용된 것은 삼성동토성의 축조시기가 앞선 다기 보다는 도성인 풍납동토성이나 몽촌토성은 이들이 가지는 중요성 때문에 당시의 모든 토목기술들을 동원하여 공을 들여 견고하게 쌓았기 때문일 것이다.

삼성동토성에서 채집한 2점의 연화문와당은 고구려 계통의 와당일 가능성이 있는데, 만약 고구려 와당이라고 한다면 삼성동토성은 고구려 점유기에도 앞 시기의 토성을 석축으로 개축하지 않고 그대로 사용하였다는 것이 된다. 이렇게 되면 고구려는 峨嵯山堡壘에서 九宜洞堡壘(胎封堡壘)을 거쳐 삼성동토성으로 이어지는 방어선이 형성되게 된다. 이 일대에 새로 구축한 고구려 보루들은 모두 석축으로 쌓여진 것이 특징인데, 본 삼성동토성은 기존의 토성을 그대로 방어시설로 활용하였다고 볼 수가 있다.

한편 삼성동토성 주변의 대모산성이나 공암성은 정밀 발굴조사가 실시되지 않은 현재로서는 신라계 석성으로 추정되고 있기 때문에 삼성동토성과는 비교가 되지 않는다.

끝으로 한성백제박물관에서는 삼성동토성이 본고에서 언급한 봉은중학교가 위치한 삼성동토성 일대와 여기서 남서쪽으로 낮아지며 이어진 경기고등학교가 위치한 봉은사 북쪽 구릉 일원에 까지 연결되었다고 보기 때문에, 경기고등학교 일원에 대한 앞으로의 조사가 기대된다.

제4장 특수한 형태의 성곽

머 리 말

본고는 필자가 평소 문헌자료를 보면서 잘 이해되지 않는 특수한 형태의 성곽이 있음을 주목하고, 이를 좀 더 구체적으로 살펴보기 위해서 뽑아 놓은 자료들을 하나로 묶어 본 것이다. 이러한 작업은 우리나라 성곽의 類型分類 작업에 조그만 도움이 되리라는 기대가 포함 된 것이다.

본고에서는 우선 우리나라 성곽의 분류문제를 살펴보고, 본고에서 다루려고 하는 특수한 유형의 성곽들을 하나하나 분석하여 보고자 한다. 지금까지 우리들에게 비교적 생소한 용어들이기 때문에 앞으로 학술용어로 활용하는 계기도 마련될 것으로 기대해 본다. 분석방법은 사서나 지리지 등에 전하는 문헌자료들을 세밀히 분석하고, 문헌자료의 이해를 높이기 위하여 지금까지 보고된 관련 유적들의 중요한 것들을 함께 서술하도록 하겠다.

Ⅰ. 성곽의 유형 분류

1. 李丙燾

성곽의 개념을 군사상 방어를 목적으로 일정한 거리에 연속하여 인공적으로 축조한 것이라 하였다. 그러므로 자연적인 구릉, 산맥,

산림지대는 그것이 일시적으로 군사상 방비에 이용되었다 하더라도 성곽이라고 볼 수는 없다고 하였다. 또 인공적으로 隆起 혹은 축조한 군사상 설비라 할지라도 그것이 어떠한 구획의 거리나 주위를 연결한 선이 아니면 역시 성곽으로 볼 수 없기 때문에, 적에 대항하기 위해서 군데군데 쌓아놓은 土山, 돌무더기나 참호 등은 엄밀한 의미의 성곽이 아니라고 하였다. 즉 성곽이란 방어하는 편에서는 에너지를 절약할 수 있음에 반해 공격하는 편에서는 에너지를 많이 소모한다는 것이다.

이러한 개념 하에 성곽을 다음과 같이 분류하였다.

1) 구조재료에 의한 분류

(1) 土城 (2) 石城 (3) 土石雜築의 城 (4) 柵城

우리나라의 고대에는 토성과 토석잡축의 성이 가장 많이 유행하였고, 석축 또는 목책의 성은 드문 편이었는데, 후세로 내려올수록 축성술이 발달되면서 석성이 유행하였다고 보았다.

2) 구조의 형태와 규모에 의한 분류

(1) 月城 (2) 長城 (3) 甕城 (4) 曲城 (5) 羅城(外城)

이중 월성은 月形의 성이란 뜻으로 보면서 半月城, 新月城, 滿月城으로 구분하고, 보통 월성이라면 반월성을 지칭한다고 하였다. 또 羅城은 子城(內小城)의 대칭으로, 子城外周의 땅을 널리 圍繞한 큰 외성으로, 왕궁과 관아 등을 포함한 성을 子城(內城)이라고 한다면, 그밖에 시가지를 위요한 外大城을 나성(羅郭)이라고 하였다.

3) 위치 및 지형에 의한 분류

(1) 內城(子城) (2) 中城 (3) 外城(羅城) (4) 山城 (5) 坪城(平地城, 野城) (6) 江城(江邊城)

이 중에서 중성은 내성과 외성 중간에 介在한 까닭으로 붙여진 명칭으로 내성의 범위를 축소하여 新內城을 개조할 경우에 舊內城의 일부가 중성의 명칭을 얻게 되는 것이라 하였다.

4) 거주주체에 의한 분류

(1) 在城 (2) 王城(皇城) (3) 宮城 (4) 都城(京城) (5) 行在城 (6) 邑城 (7) 倉城

여기서 재성, 왕성(황성), 궁성, 도성(경성), 행재성, 읍성은 모두 국왕의 정궁 혹은 이궁 소재의 성으로 보았고, 재성, 왕성(황성), 궁성은 同實異名에 지나지 못하고, 왕궁(황성), 도성(경성)은 혼칭하게 되었다고 하면서, 재성은 不常居城인 산성이나 다른 성에 대하여 국왕이 常在한 성을 지칭하는 말이라고 하였다.[1]

그의 주장을 좀 더 요약하여 보면 지리적 위치로 보면 산성, 평지성(坪城), 國境城이 있고, 재료로 보면 토성, 석성, 토석잡축성, 목책 등이 있으며, 형태로 보면 만월성, 반월성, 옹성이 있다는 주장이다.[2]

2. 李元根

1) 소재지 및 지형에 의한 분류

(1) 山城 (2) 平山城 (3) 平地城(平城, 坪城) (4) 國境城(주로 行城) (5) 海岸城(臨海城)

2) 축성재료에 의한 분류

(1) 土城(土石混築 포함) (2) 土石城 (3) 石城 (4) 甓城(塼城) (5) 木柵(柵城)

---

1) 李丙燾, 「朝鮮古代의 城郭에 就하여」, 『朝光』第七卷 十一號, 1941, 109~117쪽.

2) 李丙燾, 『韓國史』古代篇 (震檀學會), 1959, 605~606쪽.

3) 구조의 평면형태와 규모에 의한 분류

(1) 方城 (2) 羅城 (3) 二重城 (4) 滿月城 (5) 半月城 (6) 甕城 (7) 長城(行城)

4) 발생원인과 기술상 및 거주주체에 의한 분류

(1) 在城 (2) 羅城 (3) 主城 (4) 副城 (5) 倉庫城 (6) 連絡城 (7) 戰略城 (8) 聚落城 (9) 山寨 (10) 堡

로 구분하였다.[3)]

3. 孫永植

1) 거주주체에 의한 분류

(1) 都城(京城) (2) 宮城, 王城, 皇城 (3) 行在城 (4) 邑城

2) 목적에 의한 분류

(1) 行政的인 城 (2) 軍事的인 城

3) 지형에 의한 분류

(1) 山城 (2) 平地城 (3) 平山城

4) 지리적 위치에 의한 분류

(1) 國境城 (2) 海岸城 (3) 江岸城 (4) 內陸城(內地城)

5) 축성재료에 의한 분류

(1) 木柵城 (2) 土城 (3) 石城 (4) 土石混築城 (5) 塼築城

---

3) 李元根,「三國時代 城郭研究」(檀國大學校大學院 博士學位論文), 1980, 15~27쪽.

6) 평면형태에 의한 분류

(1) 開合與否에 의한 구분

① 開合城

가. 方形城 나. 圓形城 다. 不定形城

② 開放城

가. 遮斷城(防墻) 나. 長城(行城)

(2) 線形狀에 의한 분류

① 曲線形 ② 直線形 ③ 混合形

7) 重複度에 의한 구분

① 單郭城 ② 複郭城

으로 구분하였다.[4]

이번에는 앞의 성곽 분류에 대한 주장들을 바탕으로 필자의 견해를 간략하게 서술하여 보도록 하겠다. 우선 성곽은 넓은 의미로는 군사적 목적으로 구축한 방어시설을 의미한다.[5] 전술한 이병도의 견해처럼 이러한 방어시설은 인공적으로 만든 것에 한정하며, 일시적으로 군사상 방어에 이용된 자연적인 구릉이나 산악, 삼림 등은 성곽이라는 개념에 포함되지 않는다. 또 성곽의 보조시설로 만든 垓子, 環壕, 坑坎, 陷馬坑 등도 성곽으로 독립하여 분류하기는 어렵다고 하겠다.

하여튼 우리나라 성곽을 몇 가지 종류로 분류하여 본다면 다음과

4) 孫永植, 『韓國城郭의 硏究』(文化財管理局), 1987, 49~114쪽. 이밖에 공석구는 백제 성곽의 유형을 山城, 丘陵城, 平地城, 長城으로 구분하였다(孔錫龜, 「百濟 테뫼식 山城의 型式分類」, 『百濟硏究』 24(충남대학교 백제연구소), 1994, 6~13쪽). 이밖에 공석구는 고구려의 성곽을 크게 山城, 平地城, 丘陵城, 平山城, 遮斷城으로 구분하기도 하였다(孔錫龜, 「高句麗城郭의 類型에 대한 硏究」, 『韓國上古史學報』 29, 1998, 148~176쪽).

5) 鳥羽正雄, 『城の歷史』(雄山閣), 1977, 7쪽.

같다.

1. 축성재료별 분류

1) 土城(토석혼축성 포함) 2) 土石城 3) 石城 4) 木柵城 5) 鹿角城 6) 甓城 7) 壁城 8) 棘城 9) 板城

2. 지형별 분류

1) 山城 2) 平地城 3) 平山城 4) 丘陵城

3. 구조별 분류

1) 內城(子城) 2) 中城 3) 外城(羅城, 羅郭)

4. 거주주체별 분류

1) 都城 2) 宮城 2) 行在城 4) 邑城 5) 聚落城

5. 지리적 분류

1) 邊境城(國境城) 2) 內地城(內陸城) 3) 海岸城 4) 江岸城

6. 군사적 분류

1) 營城 2) 鎭城 3) 堡(堡壘) 4) 戍(초소)[6]

7. 기능별 분류

1) 據點城(主城) 2) 補助城(副城)

8. 평면형태별 분류

1) 方形城 2) 圓形城 3) 不定形城 4) 防墻(翼城, 遮斷城) 5) 長

6) 성곽을 조사하여 보면 성곽은 군사적 목적으로만 쓰인 것이 아니고, 倉城, 農城이라고 불리는 창고성도 있다.

城(行城)

9. 중복도별 구분

1) 單郭城 2) 複郭城

그러나 우리나라는 전체 면적의 약 70% 가량이 山地로 되어 있기 때문에 자연 산성이 발달하여, 우리나라 성곽의 특징이라고 한다면 산성의 성행이라고 하여도 지나친 말은 아닐 것이다. 이처럼 우리는 산성의 분류가 그만큼 중요하기 때문에 여기에 덧붙여 지금까지 여러 학자들에 의해 언급되어져 온 견해들을 간략하게 정리하여 놓을 필요가 있다.

1. 丁若鏞

정약용은 「民堡議」[7]에서 堡를 설치하는데 적합한 山堡之地를 4가지로 구분하였다. 즉 栲栳峰은 사방이 높고 중앙이 낮은 넓은 분지형으로 그 전형은 남한산성이며, 山堡之地의 으뜸이라고 하였다. 蒜峰은 산정이 평탄하고 넓으며, 사방이 절벽처럼 두절되어 있는 지형으로 마늘모양으로 생긴 형태이다. 紗帽峰은 배후에 將臺用의 봉우리가 있고 산이 마치 관리들이 쓰던 사모처럼 생겼다고 하여 붙여진 명칭이다. 馬鞍峰은 2座의 산봉을 연결하여 兩端이 높고 중앙이 약간 낮게 들어가서 말안장처럼 생긴 지형이며, 嶺隘之城은 부득이 마안봉형을 취하게 된다고 하였다. 정약용의 이와 같은 분류방법은 훈련대장이었던 申觀浩(申櫶)의 『民堡輯說』[8]을 거쳐 일본인 弊原坦[9]에 까지 그대로 이어졌다.

이 중에서 고로봉형의 지형이 산성을 쌓는데 가장 좋다고 지적되

---

7) 『與猶堂全書』 補遺 三 「民堡議」 (茶山學會).

8) 『民堡輯說』 堡制 第二. 고종 4년에 저술한 『민보집설』에는 栲栳峰이 가장 좋고, 蒜峰이 다음, 紗帽峰이 그 다음이고, 馬鞍峰을 마지막에 언급하였다.

9) 弊原 坦, 「朝鮮の城郭」, 『歷史地理』 15—3, 316쪽.

고 있다. 그 이유로서는 산릉선 또는 절벽을 따라 성벽을 쌓기 때문에 적이 쳐들어오기에는 불리하고 적을 방어하기에는 유리하다는 점, 성벽을 산 능선을 따라 가면서 쌓기 때문에 평지성에서와 같이 안팎에 겹 성벽을 쌓을 필요가 없고, 평지성에서와 같이 해자를 팔 필요가 없다는 점, 성안은 우묵한 골 안을 이루기 때문에 성에서는 쳐들어오는 적의 움직임을 잘 볼 수 있으나 성 밖에 있는 적들은 성 안을 볼 수 없어 전투에서 전술상 유리하다는 점, 성안에는 둘 또는 그 이상의 골짜기를 가지고 있기 때문에 많은 사람들을 수용할 수 있으며 전투에 필요한 물자들을 잘 보관해 둘 수 있다는 점, 성안에는 많은 수원이 있기 때문에 성안의 군사와 주민들의 식수를 원만히 보장 할 수 있다는 점이 장점으로 지적되고 있다.[10] 한편 마안봉형은 兩峰을 둘러쌓기 때문에 평면이 누에고치(蠶繭) 모양을 이루는 경우가 많다.

2. 關野 貞

우리나라의 산성을 鉢圈式山城과 包谷式山城으로 분류하였다. 그는 또 평지인 시가지를 두른 성벽이 그 背面인 산정에 까지 미치는 형식을 平山城이라고 하고, 이는 우리나라의 특유한 형식으로, 중국에서는 발견되지 않는다고 하였다. 포곡형 역시 우리의 고유 형식이라고 하였다.[11] 여기서 鉢圈은 수건을 머리에 두른다는 의미이다. 즉 발권식산성은 머리띠식산성으로 후술할 테뫼식산성과 같다. 포곡식산성은 정약용의 고로봉형산성이다. 그가 한국에 와서 실제로 산성을 조사한 경험을 바탕으로 한 분류이기 때문에 비교적 정확하다고 하겠다.

3. 大類 伸

---

10) 사회과학원 고고학연구소, 『고구려문화』(사회과학출판사), 1975, 21쪽.
11) 關野 貞, 「朝鮮美術史」, 『朝鮮の建築と藝術』(岩波書店), 1943, 159쪽.

우리나라 산성의 표준적인 것은 성벽이 산정을 둘러 싼 형식이고, 성벽은 산정 배후의 조금 내려와서 만들었으며, 성벽이 산의 전면 좌우에서 산복을 내려 와서 산록에 가까운 곳에서 합치는 것도 있다고 하였다. 이럴 경우 성벽은 반드시 谷을 포함하고, 곡의 출구 가깝게 성문을 내는 것이 일반적이라고 하였다. 또 그는 산복에 성벽을 쌓은 형식도 있다고 하였다.12)

4. 尹武炳 · 成周鐸

산성이 위치한 입지적 조건과 성벽의 통과선이 구체적으로 택하는 지형에 대한 이용방법을 기준으로 하여, 백제 산성을 山頂式(鉢卷式)과 包谷式의 두 가지 계통으로 크게 구분하였다. 산정식은 과거에 일본학자들이 발권식이라고 명명했던 것으로, 일부 학자들 사이에 테뫼식이라고 불려지기도 한다고 하며, 입지상으로 볼 때 山中腹 보다 높은 위쪽에 자리 잡았으며, 산봉우리를 둘러싸서 마치 머리에 수건을 동여맨 것처럼 원형으로 성벽을 구축한 것이 많다고 하였다. 그러나 평탄하게 생긴 산정부를 둘러서 구축한 경우도 있으며, 산정에서 시작하여 한쪽 산복에 걸쳐 완만하게 경사 된 지형을 이용하여 비교적 넓은 면적을 표용해서 구축된 것도 존재한다고 하였다.

포곡식은 성내에 한 개 또는 그 이상의 계곡을 두고 그 주위를 둘러싼 산줄기의 능선을 따라 성벽을 구축하였다고 하고, 성벽의 통과 선은 능선으로부터 평지에 이르고, 다시 평지에서 능선 상에 오르게 되며, 그 起伏에 있어서 보다 변화가 심하다고 하였다. 계곡을 흐르는 水流는 한곳으로 모아져서 평지에 가까운 위치에 설비된 수구를 통하여 성외로 유출된다고 하며, 내부에는 넓은 계곡이나 수원을 포괄할 만큼 산정식보다 훨씬 광대한 규모를 가졌다고 하였다.

복합식은 산정식과 포곡식이 결합해서 성립된 산성들로 협소한

---

12) 大類 伸, 『城郭之硏究』(日本學術普及會), 1938, 19~20쪽.

산정식의 산성에 크게 확장하기 위한 수단으로 바로 인접한 지형에 포곡식산성을 접속하여 加築함으로써 발생한 새로운 형식의 산성들이라고 하였다. 그 예로 직산 蛇山城, 서천 乾芝山城, 남양 唐城, 부여 石城山城을 들었다. 선후관계는 포곡식이 7C 전반을 중심으로 후에 축조된 것으로 보고, 양자가 결합된 방식으로는 산정식이 포곡식의 내부에 흡수되는 경우와 서로 인접되면서 연결된 것, 이들의 절충식이 있다고 하였다.[13]

5. 全榮來

산성을 입지, 규모, 구조면에서 테머리산성(鉢卷式山城), 包谷式山城, 平山城으로 구분하였다. 즉 테머리산성은 山峰을 테머리처럼 감거나 능선상 鞍部를 감은 것이고, 포곡식산성은 四高中寬의 山陵 外斜面을 둘러 前面의 水口內 谷間을 감싼 것이고, 평산성은 삼태기(箕)형으로 후면은 높고 좌우는 능선을 따라 내려오다가 평지를 감싸는 형태라고 하였다.[14] 또 그는 테머리식산성이 蒜形과 馬鞍形에 해당되고, 포곡식신성은 栲栳形에, 평산성은 紗帽形에 해당되나, 평지 도성을 겸한 점에서는 다르다고 하였다.[15]

6. 徐程錫

충남지역의 산성을 중심으로 4가지 유형으로 분류하였다.

제Ⅰ형은 산성이 축조된 고도 면에서 比高 50m 이하의 낮은

---

13) 尹武炳 · 成周鐸, 「百濟山城의 新類型」, 『百濟硏究』 8 (충남대 백제연구소), 1977, 9~22쪽. 한편 북한학자인 한인호도 산봉우리식, 고로봉식, 복합식 산성으로 구분하였는데(한인호, 「백제의 성곽에 대하여」, 『조선고고연구』 4, 1990, 25쪽), 여기서 산봉우리식은 산정식을 지칭하는 것이다.

14) 全榮來, 「古代山城の發生と變遷」, 『東アジアと日本』 考古 · 美術編(田村圓澄先生古稀記念會編), 1987, 480~481쪽.

15) 全榮來, 「古代山城의 發生과 變遷」, 『馬韓 · 百濟文化』 11(원광대학교 마한백제문화연구소), 1988, 32~33쪽.

구릉에 축조된 것들이다. 토성이면서 대체로 규모가 작고, 앞에 하천이나 강을 끼고 있어 자연스럽게 해자를 두른 형태를 취하고, 앞에는 넓은 들이 펼쳐져 있다. 이러한 유형은 住居防備를 목적으로 축성된 것으로 보았다. 이러한 유형의 성들로는 대전의 九城洞土城, 아산의 岐山洞土城 등이 있다고 하였다.

제Ⅱ · Ⅲ형은 比高 100m 이상의 산성들로 규모는 제Ⅰ형의 산성들보다 약간 크거나 비슷하며, 표고 150~200m의 산정상부에 축조되어 있는 것이 일반적이라고 하고, 기능면에서는 군사적 방어시설로 보았다. 공주의 栗亭里土城, 松亭里土城, 中壯里土城, 부여의 梨峙山城, 甑山城, 石城山城, 연기의 李城山城, 高麗山城, 稷山의 蛇山城 등을 예로 들었다. 이러한 유형은 다시 토성을 제Ⅱ형, 석성을 제Ⅲ형으로 세분하였다. 그리고 군사적 방어기능이 主機能이었을 것으로 보았다. 이러한 유형은 성내가 협소하여 활동 면적이 넓지 못하며, 건물지였을 것으로 보이는 넓은 臺地도 찾기가 힘들고 우물도 없는 경우가 대부분이라고 하였다.

제Ⅳ형은 삼태기형 산성이다. 성벽의 한쪽은 거의 산의 정상부에 해당하는 지점을 통과하는 반면에 그 반대쪽은 中腹에 해당하는 지점까지 내려와서 평면형태가 삼태기(箕形)와 같은 모양을 이룬다고 한다. 이러한 형태의 산성에서는 건물지로 추정되는 대지도 쉽게 발견되고, 또 계곡을 포함한다던가. 성내에 큰 저수지를 갖추고 있던가 하여 일반적으로 수원을 확보하고 있다고 하였다. 또 토기편이나 와편 등이 성내에서 많이 발견되고, 사방에 각각의 문지를 두고 있는 것이 보통이라고 한다. 이러한 유형의 산성들은 행정중심적인 治所로서의 성격을 띠고 있는 것으로 보았다. 유적으로는 대전의 儒城山城, 논산의 魯城山城, 보령의 鎭唐山城, 부여의 石城山城 등을 들고 있다.[16]

16) 徐程錫, 「忠南地域의 百濟山城에 關한 一硏究」, 『百濟文化』 22, 1992, 134~139쪽.

<table>
<tr><th>比 高</th><th>立 地</th><th>築 城 方 法</th><th>材 料</th><th>機 能</th><th>類型</th></tr>
<tr><td>50m 이하</td><td>河川을 낀 丘陵</td><td>지형에 따라 구릉 위에 부정형으로 축조</td><td>土 城</td><td>住居地防備</td><td>Ⅰ型</td></tr>
<tr><td rowspan="3">100m 안팎</td><td rowspan="3">山頂上部</td><td rowspan="2">지형에 따라 산의 정상부 혹은 8부 능선상에 같은 레벨로 테뫼식으로 축조</td><td>土 城</td><td>軍事的防備</td><td>Ⅱ型</td></tr>
<tr><td>石城</td><td>軍事的防備</td><td>Ⅲ型</td></tr>
<tr><td>산의 정상부에서 中腹에 걸쳐 비스듬히 包谷式으로 축조</td><td>石 城</td><td>行政中心地</td><td>Ⅳ型</td></tr>
</table>

7. 孔錫龜

산성이 위치한 입지적 조건과 성벽의 통과 선이 구체적으로 택하고 지형에 대한 이용방식을 기준으로 백제시대 산성을 테뫼식, 포곡식, 복합식으로 구분하는 방식이 현재로서 가장 타당한 견해라고 하였다. 여기서 테뫼식산성은 立地上으로 볼 때 산의 中腹보다 높은 위치에 자리 잡고 있으며, 산정부의 일정한 공간을 둘러싼 형태로 보면서, 이러한 형태가 백제시대 산성 중 대다수를 차지하며, 대전광역시와 충청남도 관내에 분포하는 숫자만도 약 232개소에 달한다고 하였다.

또 그는 테뫼식산성을 山頂式山城, 테머리식산성, 山腹式山城 등 3가지 형식으로 세분하였다. 산정식산성은 산의 정상부에 성벽이 축조된 형태인데, 산봉우리의 정상부가 평탄한 대지를 이루고 있는 지형을 이용하여, 그 외곽 부에 성벽을 구축하는 방법이다. 산의 정상부에 위치하기 때문에 적의 공격이 어렵다는 점, 성 내부의 동정이 외부의 적에게 노출될 염려가 적다는 점이 장점이고, 성 내부의 공간 확보, 수원 확보 등의 난점이 단점이라고 지적하였다. 또 산정식산성을 대형, 소형으로 구분하여 소형의 산정식산성은 대체로 연락,

감시용의 역할을 담당한 것으로, 대형의 산정식산성은 일부의 병력이 상주할 수가 있다는 점에서 입보용, 일부는 지방의 거점성으로서의 역할도 가능했을 것으로 추측하였다.

테머리식산성은 머리에 띠를 두른 것처럼 산봉우리에 테를 둘러 성벽을 축조한 형태로 산 정상부에서 약간 낮은 지점을 선택하여 대체로 비슷한 Level로 성벽을 축조하여 마치 머리에 수건을 동여맨 듯한 형태라고 하였다. 테머리식산성은 포용하고 있는 봉우리의 숫자에 따라서 單峰 테머리식과 複峰 테머리식으로 구분하였다. 소형의 단봉 테머리식산성은 외부의 적에게 노출될 염려가 있다는 점, 성 내부에 사람들이 거주할 수 있는 평탄지를 확보하기가 어렵다는 점, 수원의 확보 등에 난점이 있어 많은 병력이 장기간 농성하기는 문제가 있다는 점을 지적하고, 이러한 산성은 대체로 연락용 · 감시용으로서의 역할을 담당한 것으로 보았다. 그러나 대형의 單峰 테머리식산성은 사람들이 입보할 수 있는 조건을 갖춘 경우가 많아 연락이나 감시의 역할뿐만 아니라 군대의 상주가 가능한 입보용으로써, 나아가 일부는 지방의 거점성으로써의 역할도 담당하였다고 보았다. 複峰 테머리식산성은 성안에 두개 또는 그 이상의 산봉우리를 포용하고 있는 형태이며, 이 때문에 단봉 테머리식산성보다는 규모가 크다고 하였다. 단봉 테머리식산성이 일반적으로 내포하고 있는 단점인 내부 평탄지 확보의 어려움, 수원 확보의 어려움을 어느 정도 해소할 수 있고, 병력이 장기간 주둔할 수 있는 유리한 조건을 구비할 수 있다고 하였다. 이러한 산성은 연락이나 감시용뿐만 아니라 군대가 상주할 수 있는 입보용으로 또는 나아가 지방의 거점성으로써의 역할을 담당하였다고 보았다. 산복식산성은 성벽이 산의 정상부에서부터 시작하여 능선을 따라 산허리 부근까지 내려와 축조된 형태라고 한다. 성벽이 산 중턱 부에까지 내려오지 않았다 하더라도, 포용하고 있는 성벽의 능선 사이에 조그만 계곡이 포함되어 있고, 또한 그 성벽 내부에 넓은 평탄지가 형성되어 있으면 산복식산성에 포함시킬 수 있다고 하였다. 이 형식은 단봉 테머리식산성과 산정식산성에서 변화 발전된 형태로 이들 산성들이 갖고 있는 단점인 성 내부의 공간 확보 및 수원 확보의 문제점들을 보완하기 위하여 생겨난 새로운 산성 축조형식이라고 하였다. 산복식산성은 포용하고 있는 능선의 규모에 따라 그 내부에 비교적 큰 계곡을 포용하고 있는 경우가 있어 종종 포곡식산성과 혼동을 일으키기도 한다고 하였다. 규모가 비교적 대규모로 내부에는 군사들의 장기적인 농성과 관련된 것으로 보이는 건물지의 흔적들이 다수 발견된다고 하여 이러한 형태의 산성들은 지방통치와 연관되는 지방의 거점성의 역할을 하는 경우가 많다고 하였다.[17] 하여튼 그의 구분은 산성을 테뫼식, 포곡식, 복합식으로 크게 구분하고, 이 중에서 테뫼식을 다시 분류함으로써 산복식을 테뫼식의 발전 형태로 간주한데에 특징이 있다고 하겠다.

사실 성곽유적은 전국적으로 숫자가 너무 많아 개개의 유적에 대한 체계적이고 정확한 조사를 하기가 힘든 점과 대부분의 산성이 자연 지형을 최대로 이용하여 축성되기 때문에 일정한 원칙에 따라 획일화하기가 힘들며, 모든 산성에 적용할 수 있는 산성의 분류방법을 찾아낸다는 것은 매우 어려운 작업임에 틀림이 없다.[18] 또 형식의 구분은 누구나 쉽게 납득할 수 있는 보편적인 기준을 설정하여야 하며, 또 그것 자체가 어느 정도 역사적 변천과정과 그에 따른 특성을 반영하는 성격의 것이어야 한다는 점이 지적되고 있다.[19]

특히 앞서의 공석구의 견해에 대해 차용걸은 ① 산의 정상부를 기준하여 테머리와 테뫼는 어떻게 구분하며, ② 산정식과 테머리와 테뫼와는 한글 표현과 한자 표현의 차이 이외에 기능과 구조에서 확실한 구분이 가능하지 않고, ③ 산복식은 今西龍이 지적한 半面式과

---

17) 孔錫龜, 「百濟 테뫼식 山城의 型式分類」, 14~44쪽.
18) 徐程錫, 앞의 논문, 133쪽.
19) 車勇杰 · 洪成杓, 「百濟 城郭의 比較 硏究 試論」, 『百濟論叢』 5(百濟文化開發硏究院), 1996, 284~285쪽.

함께 가장 많은 분포를 가지는 것으로 논의의 여지가 있으며, ④ 포곡식의 개념이 모호하여 산의 중복보다 그 아래까지 성벽이 연결된다는 것은 보다 큰 분류의 평산성과 구분이 모호하고, 테뫼식=테머리식=山頂式=鉢圈式=蒜峰形+馬鞍形이라고 하는 테뫼식을 상위 개념으로 설정하여 혼동을 일으켰다는 점 등을 지적하였다.[20]

하여튼 이러한 지적에도 불구하고 공석구의 주장은 매우 주목되는 학설이라고 하겠다. 백제시대 산성을 자료로 분석한 그의 유형분류는 대체로 우리나라 성곽의 일반적인 특성이라고 확대하여 보아도 큰 문제는 없지 않을까 생각된다.[21]

이번에는 이러한 견해들을 바탕으로 필자의 견해를 간단히 언급하여 놓고자 한다. 사실 우리나라 산성은 지형에 따라 축조되기 때문에 형태가 동일한 것은 하나도 없다. 그러므로 비슷한 유형끼리 서로 묶어 볼 수밖에 없는 실정이다. 첫째로 입지적 분류(A型)로서 우리나라 산성을 입지에 따라 山頂式(Ⅰ式), 山肩式(Ⅱ식), 山腹式(Ⅲ式), 包谷式(Ⅳ式)으로 크게 구분하고자 한다. 각 형식의 특징은 앞서 언급한 공석구의 견해와 같다. 단, 산견식은 그의 테머리식이 이에 해당된다. 테머리식은 이미 전영래가 사용한 용어로 산봉을 테머리처럼 두르고, 두 개의 산봉과 鞍部를 감는 형식을 말하며, 산봉형과 마안형이 이에 해당한다고 하여, 테뫼식을 그 나름대로 테머리식으로 부른 것이다. 여기서는 산견식으로 바꾸어 붙여 본 것이다. 산견식은 산정식과 보다 구분 짓기 위해 성벽이 산의 대략 7~8능선을 거의 비슷한 레벨로 두른 것으로 제한하여 본다. 또 산복식과 포곡식도 구분이 애매한 경우도 많기 때문에 포곡식은 성벽이 산복 이하

20) 車勇杰 · 洪成杓, 위의 논문, 282~284쪽.

21) 공석구는 고구려산성도 테뫼式山城, 包谷式山城, 複合式山城으로 분류하고, 테뫼식산성을 다시 테머리式山城, 山頂式山城, 山腹式山城으로 세분하였다. 또 포곡식산성을 單峰包谷式山城, 複峰包谷式山城으로 세분하였다(孔錫龜, 「高句麗城郭의 類型에 대한 硏究」, 148~166쪽).

로 내려와 성안에 넓은 분지를 이루거나, 1개 혹은 2개 이상의 계곡을 포용한 대규모의 산성이다. 전술한 대로 차용걸은 포곡식은 평산성과 구분이 모호하다고 지적하였다. 평산성이란 배후에 있는 산에서 시작된 성벽이 산을 타고 내려와 평지에 이르러 그 안에 형성된 촌락이나 도시를 넓게 포용하고서, 다시 산으로 올라가 맞닿는 형식으로 산성과 평지성이 합쳐져서 이루어진 유형이다. 공석구는 이를 산성이나 평지성의 어느 쪽에도 포함시킬 수 없다고 하였다.[22] 사실 평양성, 사비도성, 개경도성, 한양도성, 화성과 같은 전형적인 평산성은 산성의 기능도 중요하지만, 이에 못지않게 평지성의 역할이 중요하기 때문에, 공석구의 견해대로 평산성을 산성의 분류 속에 넣는 것은 바람직하지 않다고 생각된다. 만일 포곡식산성 성벽의 일부가 평지를 포함하는 경우에 전체적으로 보아 산성의 기능이 높다고 한다면, 평산성으로 분류하기 보다는 포곡식산성에 포함시키는 것이 좋을 것 같다.

하여튼 이들 유형의 예를 든다면 산정식은 서울의 大母山城, 孔岩城, 峨嵯山堡壘, 산견식은 二聖山城(하남), 胎峰山城(화성), 頭陀山城(진천), 水精山城(음성), 薔薇山城(충주), 산복식은 禿山城(오산), 峨嵯山城(서울), 都唐山城(진천), 壤城山城(문의), 포곡식은 丸都山城(집안), 烏骨城(봉성), 三年山城(보은), 南漢山城(광주)을 들 수 있겠다. 필자의 답사 경험으로는 정약용의 산봉형은 산정식에 해당되고, 마안봉형도 주로 산정식이 많으며, 사모봉형은 산복식, 고로봉형은 포곡식에 해당되는 등 필자의 산성에 대한 이러한 유형분류도 일찍이 정약용이 해 논 분류에서 크게 벗어나지 못하고 있다는 점을 지적하지 않을 수 없다. 둘째 구조적 분류(B型)로는 單郭式(Ⅰ式), 複郭式(Ⅱ式)으로 구분하고자 한다. 이에 대한 세부적인 분류들도 앞으로 성곽연구가 보다 진척되면 보다 세분화될 것이다.

---

22) 孔錫龜, 위의 논문, 152쪽.

참고적으로 테뫼(시루뫼)란 명칭은 성의 형태가 테를 멘[23] 모양 같고, 시루(甑)번을 바른 모양 같아서 붙여진 명칭이다.[24] 테를 멘 모양이나 시루번을 바른 모양은 산정식과 산견식에는 해당될지 모르나, 산복식과 같이 성벽이 통과하는 지형의 표고 차가 큰 경우에는 잘 어울리지 않는다고 볼 수가 있겠다.

Ⅱ. 특수한 유형의 성곽

1. 棘城

A-① 古棘城은 주의 남쪽에 있는데, 황주와 봉산 兩邑의 경계에 있다. 요해처이다. (世宗實錄地理志 黃海道 黃州牧)

② 棘城鎭[25]은 주의 남쪽 25리에 있다. 속전에 고려관군이 홍건적을 이곳에서 방어하였으나, 적에게 모두 죽음을 당했다고 한다.[26] 行城의 터가 있는데 政方山 정상으로부터 朴排浦까지 이어지며, 길이는 43,659척이다. 防守軍이 주둔한다. 본조 문종 2년에 석성으로 개축하였는데 길이는 5,030척이고, 높이는 7척이다. (新增東國輿地勝覽 黃海道 黃州牧 古蹟)

③ 棘城鎭은 고려 때 토축으로 된 행성인데 關門을 설치하였다. 정방산 정상에서 박배포에 이르며 방수군을 두었다. 평지에는 가시나무(棘)을 심었다. 본조 문종 2년에 석성으로 개축하였으나, 단종이 즉위하면서 성역을 정지하였다. 지금도 치첩이 가끔 유존한다. 관문에서 곧바로 鐥島에 이

---

23) 테메우다(테메다)라는 말은 질그릇, 나무그릇 등의 벌어진 데에다 짜갠 대오리, 편철을 돌아 감다라는 의미이다(이희승, 『국어대사전』, 1991, 3854쪽).

24) 洪思俊, 「百濟城址硏究」, 『百濟硏究』2 (충남대 백제연구소), 1971, 124쪽.

25) 단종 1년 6월에는 棘城이 넓고 멀어서 다 축성하지 못하고, 목책을 만들고 棘城鎭을 설치하여서 황주목사로 하여금 이를 겸임하게 하였다고 하였다(『端宗實錄』권6, 端宗 원년 6월 丙午).

26) 이 때문에 구름이 끼고 비가 내리는 날에는 귀신의 곡성이 낭자하고, 妖氣가 사람에게 촉감하면 갑자기 惡病을 얻어 전전하면서, 서로 전염되어 죽음이 계속되어 이웃 경계에까지 뻗쳐, 한 도의 編戶가 날로 耗減되어 가고 있다고 하였다(『成宗實錄』권44, 成宗 5년 6월 戊申).

르기까지는 땅이 평탄하고 막힘이 없다. 그중 갈대밭과 습지를 개간하여 경작하고 있다. 비록 가시나무를 심어서 성을 만들었으나, 面濶하여 지키기 어렵고 높은 담을 깊고 첩첩이 쌓아서 重險하게 하여야 한다. (大東地志 黃海道 鳳山 鎭堡)

④ 海美邑城은 둘레가 2,630척이고, 옹성이 2개, 우물이 6개가 있으며, 성 밖에는 枳林(탱자나무 숲)으로 둘렀다.(大東地志 忠淸道 海美 城池)

A①②③에서 극성은 요해처로 고려 때 토성으로 쌓은 행성이었는데, 통로에는 관문을 설치하였으며, 이 행성은 정방산 정상에서 박배포까지 뻗어 있었다고 하였다. 또 길이는 43,659척이고, 문종 2년에 5,030척을 석성으로 개축하였으며, 관문에서 鐥島까지는 땅이 평탄한데 이곳에는 가시나무를 심어서 성을 만들었다고 하였다.

A④에는 둘레가 2,630척인 석축으로 된 해미읍성에는 성 밖에 탱자나무를 심었다고 하였다. 즉 1418년에 축조한 이 성은 기록과 같이 부분적으로 성벽과 해자 사이에 탱자나무를 심었기 때문에 탱자성이라고도 불렀다.

이번에는 실록에 전하는 棘城關係資料를 살펴보도록 하겠다.

세종 10년 11월에 평안도 도체찰사 黃喜가 啓하기를 熙川邑城으로부터 강계로 향하는 길에 있는 狄餘, 合排의 防墻 옛터와 理山으로 향하는 길에 있는 극성의 방장 옛터가 극히 험하게 막혀 가히 하나가 백을 당할 것이니 수축하게 하자고 하였다.[27]

또 동왕 25년 4월에 도체찰사 皇甫仁이 평안도에서 돌아와 아뢰기를 定寧縣을 方山縣으로 장차 옮길 것이니, 잠정적으로 방산현 옛 목책에다 근처 백성을 입보시키되, 만약 목책이 비좁으면 극성을 더 설치하여 수어하다가, 내년 봄을 기다려서 터를 잡아 壁城을 쌓을 것이라 하였다.[28]

---

27) 『世宗實錄』 권42, 世宗 10년 11월 丁卯.
28) 『世宗實錄』 권100, 世宗 25년 4월 己亥.

동왕 27년 8월에 세종은 평안도함길도 도체찰사에게 유시하기를 작년 가을에 행성을 함길도에 쌓고, 蒲靑浦에 군사를 주둔시키고, 가시나무를 심어 성을 만들어서 지키게 하였으니, 이것은 성보의 단단함도 아니고, 또 오래 부지하는 것도 아니며, 날짜를 기한하여 수호하는 일이다. 장졸들이 방비를 잊고 뜻을 방심하게 하여 많지 않은 적으로 하여금 극성에 난입하게 하여 거의 패할뻔하였으니, 이것이 한 경험이라고 하였다.29)

또 동왕 29년 4월에 평안함길도 도체찰사 황보인이 돌아와서 복명하여 아뢰기를 理山郡의 別何里, 章巾里, 博實里, 白都洞에 사는 백성들이 매년 10월에 극성에 들어와 살다가 이듬해 3월에 이르러서야 내보내니, 이 때문에 지나다니는 사람들이 길옆의 집들을 헐어 버리거나 움 속에 묻어 둔 곡식 종자를 훔쳐가므로, 해마다 때에 맞추어 농사를 짓지 못하여 생계가 쇠잔해 진다고 하였다.30)

동왕 32년 1월에 평안도도체찰사 金宗瑞가 상언하기를 阿耳口子는 비록 험하나 몇 군데에 잠시 돌로써 쌓았고, 나머지는 모두 쌓지 아니하고 돌이나 가시나무로 막았다. 또 이미 행성을 쌓은 것을 보면 저습한 곳과 크고 작은 내가 흐르는 곳은 모두 쌓기가 어려워서 가시나무(荊棘)나 抹木으로 막았는데, 만약에 얼음이 얼게 되면 태워 버리거나 철거하여 賊路를 트기 쉬우니, 이를 견고하다고 믿을 수 없다고 하였다.31)

문종 1년 6월에 문종이 평안도우도도절제사에게 유시하기를 좌의정 황보인이 말하기를 이산 땅의 山羊會 등지는 바로 婆猪江의 적이 오는 직로이므로 방수가 가장 긴요하니, 산양회 洞口 좌우에 성을 쌓아야 마땅하다고 한다. 그러나 근래 연변의 백성은 입보하기에 고달파서 생업에 안락할 수 없는데, 여러 사람을 움직여서 성을 쌓게

---

29) 『世宗實錄』 권109, 世宗 27년 8월 丁未.
30) 『世宗實錄』 권116, 世宗 29년 4월 辛未.
31) 『世宗實錄』 권127, 世宗 32년 정월 甲午.

하는 것은 내가 차마 못할 바이다. 만약 부득이한 일이라면, 우선 동구 좌우에 극성을 설치하고, 또 껍질 벗긴 뗏목을 냇물 가운데에 세워서 적이 오는 길을 막았다가, 점차로 돌을 주워 다가 쌓으라고 명하였다.[32)]

단종 1년 2월에 함길평안도도체찰사가 아뢰기를 앞서 평안도와 함길도 양도에서 장성을 축조할 때 물이 나서 성을 쌓을 수 없는 곳에는 녹각성을 만들었으나, 수년이 안 되어 모두 썩어 버렸으니, 『周禮』에 따라 소재한 각 고을로 하여금 올 봄부터 荊棘을 심게 하고, 도절제사로 하여금 순행하여 살피게 하자고 하자, 단종은 그대로 따랐다.[33)]

성종 17년 6월에 평안도관찰사 成俊이 서계하기를 장성의 수구를 가시나무로 막았으므로, 한 번 장마를 만나면 곧 물을 따라 떠내려가 흩어지고, 떠내려가 흩어지지 않더라도 적이 불을 놓아 태우면 한꺼번에 재가 되어 없어질 것이니, 수구에는 다 목책을 설치하자고 하였다. 이에 대해 韓明澮 등이 의논하기를 장성의 수구에 목책을 설치하는 일은 이미 성보가 있고, 해자 밖에 나무를 심었으므로 튼튼하지 않다고 할 수 없으니, 예전대로 두는 것이 편하겠다고 하자, 성종은 그대로 따랐다.[34)]

또 동왕 17년 7월에 병조에서 永安道招撫敬差官 金悌臣의 啓本에 의거하여 아뢰기를 여진의 金昌巨 등이 성안에 흙집을 짓고 살고자 하나, 만약에 그 바라는 대로 들어오는 것을 허락한다면, 장차 무리를 끌고 들어와 살 것인데, 세월이 오래 되면 몰아내려 하더라도 원한을 일으킬 것이므로, 김제신으로 하여금 예전대로 장성에 의거하여 극성을 만드는 것이 옳다고 타이르게 하자고 하자, 성종은 그대로 따랐다.[35)]

---

32) 『文宗實錄』 권8, 文宗 원년 6월 丙申.
33) 『端宗實錄』 권5, 端宗 원년 2월 庚寅.
34) 『成宗實錄』 권192, 成宗 17년 6월 癸卯.

동왕 19년 11월에 지사 李克增이 아뢰기를 惠山鎭의 장성 밖에 극성을 설치하고 구덩이를 파서 彼人의 왕래를 막는 것은 적당하지 못하다고 여기며, 저 땅은 광활하여 적의 길이 하나만이 아닌데 비록 요해를 설치한다 하더라도 일에 보탬이 없을 것이다. 더욱이 저들을 덕과 은혜로서 어루만져야 할 것이며, 먼저 기계를 설치하여 의혹을 보일 수는 없다고 하였다. 이에 대해 성종은 요해를 설치하는 것은 나라를 지키기 위한 것인데, 지금 어찌 邊警이 없다고 하여 방비하지 않을 수 있겠는가 라고 하였다.36)

또 동왕 20년 6월에 許琮 등은 의론하기를 甲山 등지에 극성을 설치한 것은 저쪽과 이쪽의 경계를 막은 것인데, 마음대로 여진인들이 가운데로 들어왔으니, 법으로는 마땅히 잡아 죽일 것이지만, 너희들은 귀순한 사람이라 애초에 우리나라의 設險한 것을 알지 못하였기 때문에 지금 죄를 주지 아니하는 것이니, 너희들은 속히 돌아가서 후회가 없도록 할 것이며, 이 뒤에도 다시 내왕하지 말라고 權辭로 깨우쳐 말해야 된다고 하였다.37) 또 선조 27년 2월에 선조는 宜寧의 諸將 등은 단지 가시나무(荊棘)로 빙 둘러치기만 하였다고 하고, 또 전에 順安의 진중을 보니 군인이 소지한 것 이외에는 다른 軍器가 없었는데, 왜적이 와서 보지 않은 것만도 다행이라고 꾸짖었다.38)

이상의 자료에는 棘城鎭, 海美(邑城), 熙川, 方山, 蒲靑浦 , 理山, 阿耳口子, 山羊會, 惠山鎭, 宜寧 등지에 있는 방어시설 중에는 전부 혹은 일부에 극성을 설치하였다고 하였다. 극성이 설치된 장소는 저습한 곳이나 작은 내가 흐르는 곳, 동구 좌우, 장성의 수구, 해자 밖, 성곽 둘레, 행성의 일부, 석성과 토성의 일부, 防墻 · 목책에 덧붙인

---

35) 『成宗實錄』 권193, 成宗 17년 7월 丁巳.
36) 『成宗實錄』 권222, 成宗 19년 11월 己卯.
37) 『成宗實錄』 권229, 成宗 20년 6월 己亥.
38) 『宣祖實錄』 권48, 宣祖 27년 2월 丙子.

곳, 변방의 장성 밖, 변방 여진과의 경계선 등이었다. 또 극성의 특징은 석성이나 토성을 쌓기 전에 임시로 쌓은 경우가 많다는 점, 화공에 약하다는 점, 만드는데 인력과 비용이 적게 든다는 점, 木柵城이나 鹿角城처럼 보조적인 기능이 높다는 점을 들 수가 있다.

한편 이러한 극성은 가시나무를 심은 것과 마른 가시나무를 벌려 놓은 것으로 구분 할 수가 있다. 후자는 더욱 화공에 약하기 마련이다. 한편 이러한 가시나무는 돌가시나무, 북가시나무, 종가시나무, 참가시나무 따위를 통틀어 이르는 말인데, 너도밤나무과에 딸린 늘푸른 큰키나무로 높이가 9m쯤이며, 잎은 긴 타원형에 톱니가 있다. 울타리, 防風樹, 防火樹로 많이 심었다. 탱자나무는 운향과에 딸린 갈잎 넓은 잎 작은 큰키나무로 줄기는 높이가 2m이고, 녹색이며 모가지고 5㎝ 가량 되는 푸른 가시가 돋았다. 울타리 대용으로 흔히 심었다. 찔레나무는 장미과에 딸린 갈잎 떨기나무로 키는 2m쯤이며 줄기에 갈고리 모양의 가시가 있는데, 울타리용으로도 심었다. 이처럼 가시나무, 탱자나무, 찔레나무는 울타리용으로 많이 쓰였던 나무들이다. 사실 이러한 가시가 많은 나무들을 넓게 밀집하여 심거나 벌려 놓으면 적들이 접근하기가 어려우므로 원시적인 방어시설로 일찍부터 응용되었을 것으로 짐작된다.

2. 板城

B-① 梨德小堡는 현의 북쪽 62리에 있다. 板城으로 둘레는 553척이고, 높이는 7척이다. (新增東國輿地勝覽 咸鏡道 吉城 關防)

② 梨德堡는 현의 서북 62리에 있다. 板城으로 둘레는 553척이다. (大東地志 咸境道 吉州 鎭堡)

즉 梨德小堡는 둘레가 553척으로 높이는 7척이었다는 것이다. B②에서는 梨德堡라고 하였는데, 내용은 B①과 같으나 높이를 생략하였다.

이 판성의 성격을 이해하기 위해서는 중국 측 자료를 살펴 볼 필요가 있겠다. 즉 고구려의 영양왕 23년에 수의 양제가 고구려를 침략하였다. 양제는 6월 11일에 遼東城(요양) 남에 행행하여 요동성 서쪽 수리쯤에 머물러 六合城[39]에 거하였다고 한다.[40]

그런데 『隋書』 禮志에는

> 六合城은 方이 120보이고, 높이는 4丈 2尺이다. 六合은 목재로서 만들었고, 목재의 규모는 方이 6척이며, 외면의 한쪽에만 板이 있는데, 離合하여 만들었다. 靑色으로 塗色을 하였으며, 六板을 포개서 성을 만들었다. 체성의 높이는 3장 6척이다. 체성의 위에는 女牆板을 댔으며, 그 높이는 6척이다. 남문과 북문을 내고, 성벽 네 모퉁이에는 敵樓(角樓) 2개를 설치하고, 門觀과 門樓의 난간에는 모두 단청을 하여 아름답게 그렸다.[41]

라고 하였다. 즉 六合城(六合板城)은 사방 六척의 板木을 여러 개 이어서 임시로 만든 行宮板城인 셈이다. 즉 행궁의 둘레는 480보였고 체성의 높이는 목재 6개를 포갠 3장 6척이며, 체성 위에 女牆板 1개를 사용하여 성벽의 전체 높이를 4장 2척이 되게 하였다. 우리 梨德小堡의 판성도 중국의 육합판성처럼 판목으로 보를 만들었던 것이 아닌가 싶으나, 예가 단 하나라서 성격을 파악하기가 쉽지 않다.

3. 壁城

---

39) 六合은 天下, 世界, 宇宙를 의미하므로, 帝王의 행궁이기 때문에 六合과 결부시킨 모양이다.

40) 『隋書』 卷三 帝紀四 煬帝 八年 六月. 『周書』 禮志와 『資治通鑑』에는 大業 4년에 양제가 五原을 행차하고 出塞하여 장성을 순행한 후에 행궁으로 六合城(六合板城)을 만든 것으로 되어 있다(『隋書』 卷十三 志七 禮儀七. 『資治通鑑』 卷一百八十一 隋紀五 煬皇帝上之下 大業四年 三月.

41) 『隋書』 卷十二 志七 禮儀七.

C-① 邑城은 石城과 壁城이 相半이다. 둘레는 2,714척이다. (世宗實錄地理志 平安道 茂昌郡)

② 邑城은 석성과 벽성이 相半이다. 둘레는 5,786척이고, 안에 군창과 義倉이 있으며, 水泉은 없다. (世宗實錄地理志 平安道 虞芮郡)

③ 邑壁城은 둘레가 8,603척이다. 안에 20개의 泉이 있고, 군창이 있다. (世宗實錄地理志 咸吉道 鍾城都護府)

④ 邑壁城은 둘레가 10,000척이다. 안에 15개의 천이 있고, 군창이 있다. (世宗實錄地理志 咸吉道 穩城都護府)

⑤ 邑壁城은 둘레가 7,000척이다. 안에 8개의 천이 있고, 군창이 있다. (世宗實錄地理志 咸吉道 富寧都護府)

지리지에는 벽성은 모두 읍성에만 언급되어 있다. 茂昌郡邑城, 虞芮郡邑城과 같이 벽성이 석성과 반반씩 쌓은 것과 鍾城都護府邑城, 穩城都護府邑城, 富寧都護府邑城과 같이 순수하게 벽성으로만 쌓은 것이 있는데 특히 이를 읍벽성이라고 구분하였다. 茂昌郡邑城을 제외하고는 모두 군창을 가지고 있다. 규모도 읍성답게 茂昌郡邑城 2,714척, 虞芮郡邑城 5,786척, 鍾城都護府邑城 8,603척, 穩城都護府邑城 10,000척, 富寧都護府邑城 7,000척으로 규모가 크다.

이번에는 실록에 나오는 벽성과 壁堡에 관한 자료를 함께 살펴보도록 하겠다. 벽싱과 벽보는 城子와 堡라는 차이만 있을 뿐 축조공법은 같다고 보여 지기 때문이다.

세종 16년 2월에 함길도관찰사 金宗瑞가 도체찰사 河敬復, 부사 沈道源 등과 慶源과 寧北鎭 두 곳의 城基를 審察해 정하고, 그 布置의 조건을 開錄하여 보고하기를 斡木河는 경작 농지가 적을 뿐만 아니라 척박한 田地가 거의 반이나 되며, 간혹 기름진 땅이 있기는 하여도, 다 여진 사람들의 소유라서 입주할 백성들이 경작할 전지가 적어 郡邑을 둘 수는 없다. 그러나 서쪽으로 東良北과의 거리가 멀지 않고, 북쪽으로 적로와 통하는 요충지이며, 斡朶里들이 모여 사는 곳이므로, 벽성을 포백척으로 둘레 3,000척이 되게 축조하였다. 伯顔

愁所는 서쪽으로 알목하와 30리 거리이고, 동쪽으로 所多老와 60리가 떨어져 있어, 동서의 구원이 매우 용이하고 토지도 넓고 비옥하여, 백성 300여 호가 살 수 있으며, 寧北鎭을 백안수소로 옮겨 배설하고, 둘레 6,000척의 벽성을 축조한다. 알목하의 벽성에는 절제사가 영솔하고 상시 방어 수비하여 여진 사람들의 마음을 눌러 복종하게 하고, 백안수소에는 판관을 보내고 군사를 적당히 주어서 방어 수비하게 하고는 절제사가 왕래하면서 심찰해 다스리되, 군사의 다소는 賊變의 緊緩 여하에 따라 적당히 나누어서 영솔하게 하고자 한다. 또 所多老는 토지가 넓고 비옥하며, 동서와 북방이 모두 적도의 출입로로 통하는 요해지이므로, 기지를 審定하여 경원부를 이곳에 옮겨 설치하고, 둘레 6,000척의 벽성을 축조한다고 하였다.[42]

또 동왕 16년 4월에는 세종이 함길도감사에게 전지하기를 판중추부사 河敬復이 獻議하기를 斡木河[43]의 벽성과 寧北鎭은 서로 거리가 멀리 떨어졌기 때문에 절제사가 寧北府에 와 있어, 성이 비었을 때 혹 사변이 있게 되면 제때에 가서 구원할 수 없을 듯하니, 斡木河의 벽성에 다가 3,4백 호를 더 들어가게 하고 따로 主將을 두는 것이 만세의 장책이라고 하였다. 비록 3,4백 호가 더 들어가더라도 경작할 땅의 여유가 있는지의 여부와 만일 여유가 있지 않다면, 本府의 서쪽에 들어와 사는 백성으로써 분할하여 붙임이 어떠할지의 여부 및 만일 그렇다면 분할하기를 어느 곳에서 시작하여 어느 곳에서 그칠 것인지를 磨勘하여 아뢰라고 명하였다.[44]

동왕 17년 9월에 함길도감사가 會寧府의 呈狀에 의거하여 馳報하기를 회령부 안의 永安, 永寧, 永平, 永康 등 네 목책에는 사람이 적어서 스스로 지키기가 어려우니, 만약 적의 변고가 있으면 모두 읍성에 들어와서 지켜야만 되는데 성안이 협착하고 샘물이 부족하며,

---

42) 『世宗實錄』 권63, 世宗 16년 2월 壬戌.
43) 俗稱 五音會이고 胡言으로는 알목하이다. 會寧으로 이 벽성은 會寧邑城이다.
44) 『世宗實錄』 권64, 世宗 16년 4월 乙卯.

네 목책의 사람이 왕래하는데 멀리 떨어져 있으니 八乙下 옛 성터에 벽성을 축성하고, 네 목책의 사람을 옮겨 그 가운데 모여 살도록 하자고 하였다. 이에 대해 병조에서 의논하기를 벽성을 설치하면 백성을 괴롭힐 뿐 아니라 영령과 영평의 백성이 농사철에 왕래하는데 모두 10리가 넘게 되면 백성이 고통스럽게 여길 것이고, 군사를 나누면 세력이 약해질 폐단이 있으니 잠정적으로 그대로 두자고 하자, 세종은 이에 따랐다.45)

또 동왕 18년 10월에 세종은 함길도도절제사에게 전지하기를 金卿이 상언하기를 會寧에 새로 쌓은 석성을 李澄玉으로 하여금 지키게 하고, 그 군사 200명을 나누어 金允壽에게 주어서 그대로 예전 벽성을 지키게 하여 서로 원조하게 한다면, 적이 감히 경솔하게 한 성을 포위하지 못할 것이며, 만약 두 성을 포위한다면 군사가 나누어져서 힘이 약하게 될 것이니, 어찌 노략질을 하겠는가 하였다. 이에 내가 대신들과 의논하니 회령부에 비록 석성을 쌓았지마는 창고는 오히려 예전 성벽에 있으며, 또 예전 성은 지금도 오히려 견고한 까닭으로 김윤수에게 군사를 주어 지키게 하니, 이는 영원한 계책이 아니라고 한다. 경은 그리 알라 하였다.46)

동왕 18년 11월에 절제사 김종서가 상언하기를 지난해 상언하여 경성의 본영을 龍城으로 옮겨서 도절제사의 본영으로 삼기를 청하였으나 윤허를 받지 못하였다. 용성은 이미 북방의 요충지이며, 토지가 넓어서 군사와 말이 드나들기에 편리한 점이 있으며, 또 새로 설치한 4읍에 가까워서 마땅히 주장의 본영이 되어 북방을 지킬 수 있다. 내년 봄에 경성과 길주의 군사 3,000명을 선발하여 20일만 노역을 시킨다면 벽성을 쌓을 수 있을 것이다. 만약 농사가 조금 풍년이 든다면 마땅히 석성을 경성에 먼저 쌓고, 다음은 종성에, 다음은

---

45) 『世宗實錄』 권69, 世宗 17년 9월 癸未.
46) 『世宗實錄』 권75, 世宗 18년 10월 己丑.

용성에 쌓게 할 것이라 하였다. 의정부에서 이에 의거하여 아뢰기를 마땅히 아뢴 바에 의거하여 내년에 조금 풍년이 들거든 점차로 성을 쌓게 할 것이고, 용성은 장차 석성을 쌓게 될 것이니 잠정적으로 벽성을 쌓을 필요가 없다고 하자, 세종은 그대로 따랐다.47)

또 동왕 22년 4월에 함길도도절제사가 병조에 馳報하기를 지난 3월 6일에 회령부 圓山木柵의 場內에 불이 나서 민가 57호와 벽성, 甕城의 72칸이 아울러 연소되어 어린이 3명이 불타 죽었다고 하였다.48)

동왕 25년 4월에 도체찰사 황보인이 평안도에서 돌아와 아뢰기를 豆叱乞里, 暗林平, 寶鎭場 등 3곳의 萬戶는 혁파하여, 두질걸리에 있는 사람들은 昌州에 입보시키고, 古靜州에다 목책을 설치하여 암림의 사람을 입보시키고, 定寧縣은 方山縣에 장차 옮길 것이니, 잠정적으로 방산현의 옛 목책에다 근처 백성을 입보시키되, 만약 목책이 비좁으면 극성을 더 설치하여 수어하다가, 내년 봄을 기다려서 터를 잡아 벽성을 쌓을 것이다. 또 昌州口子와 田子洞 峰頭 및 의주 靑水口子 峰頭에는 농한기를 이용하여 먼저 벽성과 煙臺를 쌓고, 茂昌에서 의주까지의 연변 각 고을에 연대를 쌓지 않은 곳에도 뒤따라서 모두 쌓도록 할 것이라 하였다.49)

또 동왕 25년 10월에 斡朶里 첨지중추원사 童所老加茂가 서울에 와서, 살고 있는 곳에 벽성을 쌓아서 관하 사람과 모여 살게 해달라고 청하였는데, 벽성은 쌓게 하되 대소와 광협은 회령절제사로 하여금 상의하여 쌓게 하였다.50)

동왕 30년 1월에 知兵曹事 鄭而漢을 평안도에 보내어 의주의 읍성 터를 더 넓히게 하였는데, 돌로 쌓은 것이 3,100척이고, 벽성이

47) 『世宗實錄』 권75, 世宗 18년 11월 戊午.
48) 『世宗實錄』 권89, 世宗 22년 4월 丙子.
49) 『世宗實錄』 권100, 世宗 25년 4월 己亥.
50) 『世宗實錄』 권102, 世宗 25년 10월 甲辰.

1,520척이며, 본도의 백성 3,200명을 부역하였고, 2월 15일에 공사를 시작하여 3월 15일에 끝마쳤다.51)

또 동왕 30년 3월에 장성과 읍성을 쌓는 순서에 대해 의논 할 때 좌의정 河演, 우찬성 김종서 등은 만일 쥐나 개와 같은 작은 좀도둑이 쳐들어오면 비록 벽성이라도 오히려 지킬 수 있는데, 만일 大賊을 만나면 小堡의 백성들이 모두 읍성에 모이게 되니, 마땅히 돌로 넓게 쌓아서 백성들로 하여금 의지 할 데가 있게 해야 할 것이니, 먼저 읍성을 쌓는 것이 좋다고 하였다. 그러나 우참찬 鄭甲孫은 장성의 공사가 거의 완성되어 가니 중도에 폐할 수는 없으며, 경원, 회령, 경흥의 읍성은 모두 이미 돌로 쌓았으며, 다만 종성과 온성은 비록 벽성이라고는 하나 심히 견고하게 쌓았고, 함정과 坑坎도 있으니 마땅히 장성 쌓기를 끝마쳐야 한다고 주장하였다. 모두들 아뢰기를 종성과 온성의 읍성은 마땅히 돌로 쌓아야 되니, 양 읍의 백성은 장성을 쌓는 부역에 나가지 말게 하고, 각각 읍성을 목책의 밖에다 쌓게 하면 일거에 兩全할 것이라 하였다.52)

동왕 32년 정월에 평안도도절제사 김종서가 상언하기를 의주읍성은 낮고 약하며, 또 벽성으로 보수한 것도 견고하지 못하여 전일에 이를 수리 할 것을 계청하였고, 소문에 들으니 의주의 벽성을 돌로써 고쳐 쌓은 뒤에 잇따라 행성을 쌓아서 관방을 설치한다고 하는데, 규모가 넓고 크므로 사세가 빨리 이루기가 어렵고, 의주 근처에는 강변에 돌이 없어서 반드시 강을 건너가서 돌을 채취하게 되므로, 힘과 역사가 다른 데에 비하여 배가 들게 된다고 하였다. 또 山羊會堡, 理山邑城, 高山里堡는 모두 벽성이라고 하였다.53)

문종 1년 1월에 평안도도체찰사 김종서가 상언하기를 평안도 理山은 평지의 벽성이므로, 하루도 버티어 지킬 수가 없다고 하였다.54)

---

51) 『世宗實錄』 권119, 世宗 30년 정월 乙卯.
52) 『世宗實錄』 권119, 世宗 30년 3월 壬辰.
53) 『世宗實錄』 권127, 世宗 32년 정월 甲午.

또 동왕 1년 2월에 동지중추원사 趙克寬이 상언하기를 온성과 종성은 백성이 많이 살고 있으나, 모두 띳집(茅舍)이므로 만일 화재가 있으면 사람이 불을 피할 곳이 없으니, 성터를 넓게 하여야 마땅하며, 두 고을의 벽성은 오래 되어 허물어진 곳이 매우 많으니, 마땅히 때에 맞추어 수리할 것이나 자주 고쳐 쌓으면 그 功이 돌로 쌓는 것보다 적지 아니 할 것이다. 한 번 돌로 성을 쌓으면 오래도록 허물어지지 아니하니 사는 백성의 많고 적음을 헤아려서 성터를 더 넓히고, 본 읍 백성으로 하여금 2, 3년을 기한하여 행성의 부역을 정지하고 석성을 쌓게 하자고 하였다.55)

동왕 1년 5월에 평안함길도 도체찰사 황보인이 아뢰기를 회령 서쪽 1息쯤의 甫乙下口子에는 만호를 두고, 보을하 서쪽 20리쯤의 築代는 비록 보를 두어야 마땅하나, 보을하와는 멀지 않으며, 회령의 군마로 高嶺, 甫乙下 두 곳에 나누어 방수하므로 그 수가 많지 않은데, 또 축대에 보를 둔다면 군사를 내기가 어려우니, 가을이 되거든 보을하에 벽성만 설치하게 하자고 하자, 문종은 그대로 따랐다.56)

또 동왕 1년 5월에 의정부에서 병조의 呈文에 의하여 아뢰기를 황해도도체찰사 鄭苯의 啓本 안에는 황해도의 棘城門으로부터 동변의 높은 봉우리까지는 옛터 3,074척이 석성이고, 평안도로 통행하는 대로인데 벽성을 설치하였으며, 그 문에서 해변까지는 옛터 12,940척이 토성이다. 위의 새 터와 옛터는 모두 58,296척인데, 주척으로는 128,251척 2촌이라고 하였다고 하였다.57)

동왕 1년 7월에 평안함길도도체찰사 황보인이 아뢰기를 함길도 관찰사가 呈報하기를 일찍이 전지하여 會寧鎭 甫乙下口子의 벽성을 만들도록 시켰으나, 재목을 나르는 일은 매우 힘들고, 5, 6년이 못

54) 『文宗實錄』 권5, 文宗 원년 정월 戊申.
55) 『文宗實錄』 권6, 文宗 원년 2월 壬午.
56) 『文宗實錄』 권7, 文宗 원년 5월 己亥.
57) 『文宗實錄』 권7, 文宗 원년 5월 壬寅.

가서 이미 썩게 되며, 또 적이 틈을 타서 화공한다면 더욱 염려스러우니, 청컨대 토성을 쌓게 하소서. 신의 생각으로는 보을하구자는 돌이 있는 곳에서 멀지 않으니, 점차 돌로 쌓으면 되거니와 하필 토성을 쌓아야 하겠는가? 만약에 벽성을 만들어서 연속하여 보수한다면 10여 년을 지탱할 수 있을 것이다. 청컨대 전에 정한 군사 150명에 50명을 더 정하여 벽성으로 만들도록 하자고 하자, 문종은 그대로 따랐다.58)

또 동왕 1년 10월에 함길도도관찰사가 아뢰기를 保和의 벽성 4,410척과 적대 42개소는 이미 역사를 끝마쳤고, 갑산군의 虛川行城 2,360척과 삼수군의 羅暖石堡 825척도 모두 이미 다 쌓았다고 하였다.59)

단종 즉위년 6월에 평안함길도 도체찰사 황보인이 아뢰기를 온성부 벽성은 본래 주위가 9,000척인데, 지금 서남면 각각 500척을 넓히고 돌로 고쳐 쌓았다고 하였다.60)

세조 4년 6월에 병조에서 평안도도절제사 具致寬의 啓本에 의거하여 아뢰기를 茂昌, 閭延, 虞芮를 혁파하여 없앤 뒤에 자성군의 上奉浦, 下奉浦 양 口子는 벽보를 만들고, 南道軍士와 본읍의 군사 140명을 나누어 수자리를 살게 하였다. 청컨대 上奉浦에 소속된 남도군사를 옮겨서 虛空橋를 지키게 하고, 下奉浦에 소속된 남도군사는 옮겨서 池寧貴에 수자리를 살게 하며, 두 浦의 口子에 방어하는 군사는 그 마을 사람의 정군 각각 5, 6명으로 하여금 속하게 하여 벽보와 烟臺를 지키게 하자고 하였다.61)

동왕 5년 4월에 병조에서 함길도도체찰사의 계본에 의거하여 아뢰기를 경원부의 訓戎堡는 적이 침입하는 길의 요충지로서 벽보는

58) 『文宗實錄』 권8, 文宗 원년 7월 癸卯.
59) 『文宗實錄』 권10, 文宗 원년 10월 乙酉.
60) 『端宗實錄』 권1, 端宗 즉위년 6월 戊寅.
61) 『世祖實錄』 권13, 世祖 4년 6월 己未.

둘레가 4,170척이며, 그 안에 현재 거주하는 인가가 175호이니 비록 조밀하지는 않지마는, 전지가 비옥하고 평탄하므로 와서 거주하는 사람이 점차로 많아져서 장차는 협착하게 될 것이다. 땅이 낮고 축축한 南面은 그전대로 두고, 동면, 서면, 북면의 3면은 구덩이밖에 각각 154척씩 물려서 축조한다면 넓음과 좁음이 알맞게 되어 성을 지키기가 편이할 것이니, 본부에 거주하는 백성으로 하여금 訓戎堡에 석성을 축조하여 관문의 방비를 튼튼하게 하여 달라고 하였다. 또 諸鎭과 諸堡를 처음 설치할 때는 산에 재목이 많았으므로 壁堡를 아울러 설치했는데, 지금은 민가가 날로 많아져서 山田을 개간하기에까지 이르러 재목을 다 베었으니 해마다 보수하게 된다면 그 폐해가 끝이 없을 것이고, 견고하지도 않을 것이니 청컨대 상, 중, 하의 긴급한 차례에 의거하여 본 읍에 거주하는 백성들로 하여금 점차로 석성을 축조하자고 하자, 세조는 그대로 따랐다.62)

또 동왕 7년 2월에 함길도도체찰사 구치관이 치계하기를 회령의 五音會, 高嶺 등지에 사는 斡朶里 등이 사변을 당할 때마다 성안으로 입보하므로, 백성과 오랑캐가 섞여 살고 있으니 혹시 폐단이 생기지 않을까 두려우며, 또 재산을 장성에 두고 있어 마음이 편할 때가 없으니 실로 불쌍하다. 근일 도망하여 가는 자가 있는 것도 필시 안정을 얻지 못해 그러할 것이다. 斡朶里 등이 보를 만들 것을 강력히 청하기에 신이 이미 회령부사에 이첩하여 벽보를 설치하게 하였다고 하였다. 이에 대해 회령부사에게 보낸 사목에 알타리를 위하여 보를 축조하는 일은 앞서 유시하여 가을을 기다리도록 하였는데, 이제 이미 쌓게 하였으니 바로 중단하게 한다면, 더욱 의심을 생기게 할 것이므로 급속히 축조하게 하는 것만 못하다고 하였다.63)

중종 8년 6월에 어사 尹殷輔가 경상도에서 돌아와 보고하기를 경상 우도의 각 포구는 倭變이 제일 급한 곳이기 때문에 본래부터 城

62) 『世祖實錄』 권16, 世祖 5년 4월 戊寅.
63) 『世祖實錄』 권23, 世祖 7년 2월 乙未.

子가 있지만, 좌도는 왜변이 심하지 않기 때문에 본래부터 성자가 없었다. 중종 5년의 삼포왜란이 있은 뒤에는 모두 성보를 쌓아 성으로 썼다. 벽보 위에는 이엉을 씌우고 안팎을 진흙으로 발랐다. 이 지대는 땅이 모두 모래와 돌이므로 먼데서 진흙을 메여다가 바르는데, 한번 바람과 비를 맞으면 거의 다 허물어지므로 허물어지는 족족 보수를 하는 통에 分戍하는 군사들은 날마다 그 것을 업으로 삼고 있다고 하였다.64)

이상의 실록자료에는 斡木河(회령), 寧北鎭(본래의 종성), 所多老(본래의 경원), 方山, 昌州口子, 田子洞峰頭, 靑水口子峰頭, 鍾城(읍성), 穩城(읍성), 義州(읍성), 山羊會(보), 理山(읍성), 高山里(보), 甫乙下口子, 棘城, 保和, 圓山, 上奉浦口子, 下奉浦口子, 訓戎(보)에 전부 혹은 일부가 벽성으로 되어 있다고 하였다.

이들 벽성의 특징은 재목을 나르는 일이 매우 힘들고, 5, 6년이 못 가서 썩게 되며 화공에 약하다는 점, 화재로 인하여 소실된 염려가 크다는 점, 大賊을 방어하기는 어렵다는 점, 자주 고쳐 쌓기 때문에 공력이 돌로 쌓는 것보다 적지 않다는 점, 산에 재목이 많아야 설치 할 수 있다는 점, 한번 바람과 비를 맞으면 바른 진흙이 거의 다 떨어지므로 보수에 어려움이 컸다는 점 등이 지적되고 있다. 이에 따라 형편이 닿으면 벽성을 석성으로 고쳐 쌓는 추세로 나아갔다.

하여튼 벽성은 柧木을 세우고 안팎에다 진흙을 벽처럼 발랐기 때문에 붙여진 명칭이다. 65) 즉 圓木이나 角木(柧木)으로 목책을 만든 다음, 화공에 견디기 위해서 목책 안팎으로 진흙을 벽처럼 바르고 위에는 이엉을 씌운 구조물이라 하겠다. 만약 이러한 구조물이라면 『세종실록지리지』에 전라도 남해안 지역에 분포했다는 海際木柵塗泥城, 荳原木柵塗泥城, 麗水木柵塗泥城, 陽江驛木柵塗泥城 등과 같은

64) 『中宗實錄』 권18, 中宗 8년 6월 癸卯.
65) 『中宗實錄』 권18, 中宗 8년 6월 癸卯.

구조물이라고 짐작된다. 즉 木柵塗泥城은 壁城(壁堡)을 의미한다고 하겠다.

이러한 벽성은 적의 화공에 대응하기 위해서 목책에서 발전한 형태이기 때문에 그 연원은 상당히 올라가는 것이 아닌가 싶다. 이러한 구조물이 고려 말이나 조선 초에 왜구를 막기 위해서 전라도 남해안 지역에서 발생했다고 보는 기왕의 견해에는 좀 더 검토가 있어야 하지 않을까 싶다. 즉 이 지역에서는 이러한 구조물을 木柵塗泥城이라고 호칭한데 불과한 것이다.

4. 甓城

D-① 읍성은 석축으로 둘레가 1,710척이고 높이가 6척이다. 동, 서, 북 3면에는 성벽이 무너진 곳이 있는데, 甓과 石土로 잡축하였다. 안에는 읍민들이 거주한다(新增東國輿地勝覽 黃海道 豊川都護府 城郭)

② 古行城은 부의 西海邊에 있는데 甓土로 交築하였으며, 둘레는 11,081척이고, 안에 泉井 24개가 있으며, 또 연지가 있다.(新增東國輿地勝覽 黃海道 豊川都護府 古蹟)

③ 加吾亇堡는 벽성으로 둘레가 1,292척이다. 세조 7년에 혁파하여 鎭東으로 이치하였다.(新增東國輿地勝覽 咸鏡道 甲山都護府 古蹟)

④ 榛遲達堡는 벽성이다. 세조 초년에 혁파하여 혜산으로 合屬하고, 鎭古基는 胡地에 있다.(新增東國輿地勝覽 咸鏡道 甲山都護府 古蹟)

⑤ 小農堡는 郡東 25리에 있는데 벽성이다. 지금은 폐하였다.(新增東國輿地勝覽 咸鏡道 三水郡 古蹟)

⑥ 加乙波知堡는 郡西 14리에 있는데 벽성이다. 둘레는 726척이고, 높이는 7척이다.(新增東國輿地勝覽 咸鏡道 三水郡 古蹟)

⑦ 小斜亇洞堡는 縣北 30리에 있는데 벽성이다. 둘레는 404척이고, 지금은 폐하였다.(新增東國輿地勝覽 咸鏡道 明川縣 古蹟)

⑧ 松山堡는 州東 12리에 있는데 甎城으로 쌓았다. 둘레는 855척이고, 높이는 8척이다. 嘉靖丙戌에 堡內에 失火하여 민가와 城子가 盡燒되었다. 절제사 鄭允謙이 목책으로 개설하였다. 權管이 지킨다.(新增東國輿地勝覽 平安道 義州牧 關防)

⑨ 小農舊堡는 서북쪽 35리에 있는데, 甓城遺址가 남아 있다.(大東地志 咸鏡道 三水 鎭堡)

⑩ 小斜ケ洞堡는 북쪽 30리로 鬼門關의 남에 있는데 隔水하며 벽성이다. 둘레는 404척으로 지금의 在德鎭이다.(大東地志 咸鏡道 明川 鎭堡)

우리나라에서 甓城(磚城, 甎城)이 시도된 것은 조선 초기부터였다. 지리지에는 『新增東國輿地勝覽』에 豊川邑城과 古行城, 加吾ケ堡(가오맛보), 榛遲達堡, 小農堡, 加乙波知堡, 小斜ケ洞堡, 松山堡 등 8개소가 전하고, 『大東地志』에는 小農舊堡와 小斜ケ洞堡 등 2개소가 수록되어 있다. 小斜ケ洞堡는 순조 때 이곳으로 在德鎭을 옮겼다고 한다. D①②의 豊川邑城과 豊川古行城에는 벽돌과 石土로 잡축하거나, 甓土로 交築하였다고 하였다.

이 중에서 『新增東國輿地勝覽』 편찬 당시까지 사용된 벽성은 하나도 없다. 그러나 小斜ケ洞堡는 『大東地志』 편찬 당시에는 在德鎭으로 다시 사용되었다는 것이다. 이들 벽성의 분포를 보면 함경도가 5개소, 황해도 2개소, 평안도가 1개소로 함경도에 집중되어 있으며, 특히 변경지대에 집중되어 있는 것이 특징이다.

규모는 加吾ケ堡가 1,292척, 加乙波知堡 726척, 小斜ケ洞堡 404척, 松山堡 855척이다. 즉 404척~1,292척 사이로 규모가 작은 편이다. 벽돌의 제작에는 비용이 많이 들기 때문에 대규모의 성곽에는 활용하지를 못했을 것이다.

加吾ケ堡가 세조 7년에 혁파되고 榛遲達堡도 세조 초년에 혁파되었으며, 松山堡는 중종 21년의 失火로 인하여 목책으로 개설하였다는 것으로 보아 이러한 벽성의 축조와 사용시기는 대체로 조선 초기에 한정되었음을 알 수가 있다.

실록의 벽성관계 자료를 살펴본다면 우선 세종 17년 7월에 평안도감사가 아뢰기를 江界, 碧潼, 鄭夫人坐 세 곳의 성을 한꺼번에 쌓게 한다면, 평안도 백성의 힘으로는 감내하지 못할 뿐 아니라, 강계의 읍성은 아직 튼튼하고 벽동의 목책은 근년에 벽성으로 고쳐 만들었으니, 잠정적으로 이를 정지하자고 하였다. 이에 강계와 벽동은 방어하기가 가장 긴급하므로 마땅히 시기에 맞추어 성을 쌓아야 될 것이니, 잠정적으로 鄭夫人舊地의 것은 정지하기로 하였다.[66]

성종 17년 6월에 양안도관찰사 成俊이 서계하기를 신이 보건대 본도의 여러 鎭 · 堡 는 다 적들이 들어오는 길의 요해지이나 柔遠, 茂山이 더욱 긴요하니, 성을 높이 쌓고 못을 깊이 파서 방수를 엄하게 하여야 하겠다. 高嶺, 潼關, 美錢, 訓戎, 惠山, 撫夷, 斜下北 이외에는 다 벽성인데, 수졸을 시켜 돌을 주워오게 하고, 또 본 고을의 군민으로 하여금 농사의 틈이 날 때에 점차로 쌓게 하면 몇 해 사이에 다 석성이 될 것이라고 하였다. 이에 대해 한명회 등이 의논하기를 石堡의 일은 거행할 만하다고 하자, 성종은 그대로 따랐다.[67]

동왕 21년 4월에 성절사로 연경을 다녀온 특진관 尹孝孫이 아뢰기를

신은 중원 사람들이 燒草 燔磚하여 축성에 이용하고, 석회로 그 틈 사이를 바른 것을 보았습니다. 소위 장성은 모두 벽돌을 이용하여 쌓았습니다. 신의 생각에는 의주에서 요동까지는 매우 먼 거리는 아니니 土性 역시 어찌 크게 다르겠습니까? 만약 중원 사람들 같으면 燔磚하여 성을 쌓아서 공력을 절약하고 일을 쉽게 이루었을 것입니다. 하물며 석회는 우리나라에서도 생산되니 일을 이루기가 쉬울 것입니다.[68]

라고 하자, 성종은 이러한 뜻으로 築城使에게 물어서 啓聞하라고 명하였다.

---

66) 『世宗實錄』 권69, 世宗 17년 7월 丁丑.
67) 『成宗實錄』 권192, 成宗 17년 6월 癸卯.
68) 『成宗實錄』 권239, 成宗 21년 4월 乙未.

또 성종 25년 6월에 성종이 병조에 전지하기를 경성의 甫伊, 德榛坡 등의 보는 단지 甓城만을 쌓고, 군졸도 또한 적으니 마땅히 이 두 보를 혁파하되, 그 군사는 森森坡에 合屬시켜 斜下北萬戶로써 移差하고, 斜下北은 權管으로 하여금 수호하게 하라고 명하였다.69)

영조 18년 10월에는 강화성을 甓城으로 개축하였다. 본래 강화유수 金始爀이 강화의 토성이 비를 맞으면 허물어지고 있으니, 북경에서 벽돌을 구워 성을 쌓은 구례에 의해 개축하자고 건의하였다. 이에 영조는 대신과 여러 將臣에게 물으니 모두 편리하다고 하였으므로 허락하였다. 처음에는 삼군문으로 하여금 힘을 나누어 같이 쌓게 하라고 명하였는데, 공사가 지연되기 쉽고 또 소요가 일어날 것을 두려워하여 다시 강화유수가 年度를 한정하여 句管하여 완전하게 다 쌓도록 명하였다.70) 현재 강화군 불은면에 남아 있는 이 벽성은 강화외성(인천광역시 기념물 제20호)의 일부인데, 하부 기초 부분은 갯벌층 위에 진흙으로 약 1m 높이로 다진 후에 돌로 2~3단을 쌓고 위 부분은 剛灰를 사용하여 벽돌로 축조하였으며, 장방형의 벽돌을 켜 쌓기 방법으로 축조하여 붕괴를 방지하였다. 줄 눈은 벽돌 한 단의 높이 정도로 하여 줄 눈이 튀어나오거나 들어가지 않게 평줄 눈으로 축조하였다.71)

한편 조선 후기의 실학자들은 벽성의 축조를 주장하였다. 특히 정조 7년 7월에 대사헌 洪良浩가 올린 상소에는

---

69) 『成宗實錄』 권291, 成宗 25년 6월 辛酉.

70) 『英祖實錄』 권56, 英祖 18년 10월 乙未.

71) 鮮文大學校 考古硏究所 · 江華郡, 『江華塼城地表調査報告書』, 2002, 60~63쪽). 어떤 사람들은 이 벽성이 자주 무너져서 쓸모가 없다고 하면서, 벽성을 쌓기로 처음 발의한 사람까지 탓하였다고 한다. 그러나 박제가는 이것은 벽돌의 잘못이 아니고, 회를 제대로 법에 맞추어 쌓지 않으면 벽돌이 없는 것과 마찬가지이고, 벽돌로 쌓으면서 성 두께대로 다 쌓지 않는다면 이것도 성이 없는 것과 마찬가지라고 하였다. 또 지금 벽돌 한 겹을 토성 곁에 붙여 놓고, 높게만 쌓으려 하니 떨어지지 않기가 어려운 일이라고 하였다(『北學議』 內編 城條).

둘째는 벽돌 만드는 법을 말하겠습니다. 대저 벽돌이 생겨난 것은 經傳에 나오지 않습니다만, 陶器는 虞帝 때에 시작되었고 瓦屋은 夏后 때에 비롯되었는데, 흙을 구어서 만드는 방법은 기와나 벽돌이나 똑같습니다. 벽돌로 성을 쌓았음은 또한 어느 시대에 비롯된 것인지 알 수 없지만, 성이란 문자는 土로 되고 成으로 되어 있으니, 대개 흙을 쌓아 이루게 됨을 말한 것이고, 甓이란 문자는 壁으로 되고 瓦로 되어 있으니, 대개 기와로 벽을 이루게 되었음을 말한 것입니다. 성이란 것은 墻壁을 크게 쌓은 것입니다. 『易經』에 城復于隍이라 하는데, 이는 성이 무너져 흙으로 되돌아갔음을 말한 것이고, 『詩經』에 土國城漕라 했으니, 또한 성은 흙으로 쌓고 돌로 쌓은 것이 아님을 볼 수 있는 일입니다. 이른바 흙으로 쌓았다는 말은 마땅히 풀리어 흩어지는 흙으로 높다란 담장을 이루게 된 것은 아닐 것입니다. 도성이 百雉였다는 말이 『春秋』에 있는데, 雉堞의 형태는 흙을 구운 것이 아니고서는 안 되니, 이로 본다면 벽돌로 성을 쌓았음은 그 유래가 오랜 것입니다. 사책에 하나라 임금 勃勃이 흙을 쪄서 성을 쌓았는데 견고하여 함락시킬 수 없었다고 했으니, 흙을 쪘다는 것은 벽돌 구운 것을 말 한 것입니다. 秦나라 만리장성도 일찍이 듣건대 벽돌을 사용했다고 했었지만 여태껏 자세하게 알지 못하다가, 신이 이번 사행 길에 目睹하건대 산 정상에 주밀하게 이어져 있는 것이 모두 곧 벽돌이었습니다. 대저 巫山과 閭山의 돌은 쓸 수 있는 것인데도, 반드시 벽돌을 사용하였음은 진실로 벽돌이 돌보다도 낫기 때문입니다. 대개 돌은 견고하지 않은 것이 아니지만, 오직 너무나 견고하기 때문에 깎을 수는 있어도 갈 수는 없기에, 많고 많은 돌들의 장단을 모두 가지런하게 할 수가 없고, 여러 길을 쌓을 적에 縫線을 모두 딱 맞출 수 없어서 입니다. 비와 바람이 쳐 씻기게 되고, 銃과 砲에 부딪치어 돌이 혹시 하나라도 빠져나가게 되면 치첩 전체가 모두 움직이게 될 것이니, 흙을 구어 만든 벽돌은 하나의 틀로 찍어내는 것이라 장단과 廣厚가 균일하고 방정하여, 천 층 만 층을 쌓더라도 착착 들어맞게 되는 것과 어찌 같게 되겠습니까? (중략) 쌓는 방법은 하나는 종으로 하고 하나는 횡으로 하여 장단이 서로 어긋나게 되면서 좌인 듯하기도 하고 우인 듯하기도 하여 厚薄의 등급이 가지런하며,

犬牙가 서로 물리듯 하고 魚鱗이 서로 연결된 듯한데, 두 벽돌의 사이는 회를 이기어 메우므로 견고하게 혼합되어 널찍하게 成石하여 자귀로 깎은 듯이 직선이 되고 숫돌로 간 듯이 매끄럽게 되는지라, 비록 날랜 원숭이라 하더라도 발붙이지 못하게 되는데, 견고하고도 완전하고 정미하고도 치밀함이 돌로 쌓은 것과는 비교가 안 됩니다. 대저 풍요한 중국으로도 성 쌓는 방법이 대저 이와 같았고 보면, 옛사람이 규획한 뜻이 어찌 그저 그렇게 한 것이겠습니까?[72]

라고 하여 벽성의 견고하고도 완전하며 정미하고도 치밀한 점을 지적하고 있다. 결국 그는 군문으로 하여금 연경의 사행에 사람을 딸려 보내 제작하는 방법을 배워다가 그 법대로 제조하여, 먼저 궁성에서 시작하여 허물어지는 대로 개축하게 하고, 제작하는 방법을 諸道에 반포하여 모든 관방과 주군의 성 중에서 마땅히 보수해야 할 데와 성이 없어서 새로 쌓아야 할 데는 모두 벽돌을 쓰도록 하되, 쌓아 가는 방법은 한결같이 중국의 제도대로 하자고 주장하였다. 이는 그가 직접 연경에 사행하여 눈으로 본 것을 바탕으로 서술한 것이다.

그는 벽돌은 비용이 지극히 미미하여, 禁斷 할 수가 없는 흙에서 재료를 취하게 되고, 한없는 섶나무(薪)에서 이루어지게 되는 것이니 이는 참으로 만백성들의 무진장이고, 천하가 公共으로 하게 되는 바라고 하였으나, 실제로 벽돌의 번조에는 비용이 많이 들었다. 이는 우리나라에서 벽성이 성행하지 못한 큰 원인의 하나가 되었다. 한 예로 柳馨遠은 『磻溪隨錄』에서 근세에 중원에는 懸眼의 제도가 있는데 그 법이 垜의 안으로부터 구멍을 뚫고서 성 밖으로 나가서 성 밑의 적을 환하게 보면서, 적을 格殺하는 방법을 베풀게 하는 것이다. 이 제도가 매우 좋으나 다만 반드시 벽돌을 많이 만들어야 이룰 수 있으니, 지금에는 갑자기 辦備하기가 어렵다고 하였다.[73]

---

72) 『正祖實錄』 권16, 正祖 7년 7월 丁未.

연경을 다녀온 朴齊家 역시 앞서의 洪良浩와 같이 청나라에 내왕하면서 청조문화의 우수함을 보고 돌아와서 그 발달한 문화를 수입하고자 주장했던 북학파의 한 사람인데 벽성의 축조를 주장하였다. 즉 그는 『北學議』에서

> 우리나라 안에는 성이라고 할 것이 하나도 없다 하겠다. 왜냐하면 벽돌을 사용하지 않았기 때문이다. 어떤 사람은 말하기를 벽돌 견고한 것이 돌에 미치지 못한다고 한다. 그러나 나는 돌 한 개의 견고함은 한 개의 벽돌보다 나을지 모르지만 여러 개를 쌓은 돌의 견고한 것은 여러 개를 쌓은 벽돌에 미치지 못한다고 대답한다. 돌의 성질은 서로 붙일 수 없지만, 벽돌은 만 개라도 회[74]로 붙이면 합쳐져서 한 덩어리로 된다. 또 돌은 사람이 다듬어야 하니 여기에 소비되는 노력이 얼마나 많은가? 벽돌은 마음대로 만들 수 있어서 모나고 바르지 않은 것이 없다. 또 돌은 큰 것, 작은 것이 고르지 않기 때문에 날짜를 정해서 성 쌓는 역사를 감독하여도 사람의 힘을 고르게 이용하기가 어렵지만, 벽돌은 치수가 모두 같기 때문에 부지런함과 게으름피운 것이 곧 발견된다. 지금 우리나라에 있는 성은 돌을 다만 한 겹으로만 쌓았기 때문에 비록 높고 험해도 안쪽에는 쌓는 돌끼리 이가 맞지 않아서 돌이 하나만 빠져도 넘어질 것 같으며, 또 이를 막을 수도 없다. 조금 높으면 더구나 무너지기 쉽고, 무너지려고 할 때는 배가 점점 불러서 곡식 부대와 같아진다. 또 여장이 자주 허물어지는 것이 병폐이다. 이것은 회로 때운 것이 모두 돌과 어울리지 않았기 때문이다.[75]

---

73) 『磻溪隨錄』卷二十二 兵制後錄 城池.

74) 바르는 물건의 3가지에는 石灰, 모래, 기왓가루가 있다. 이 세 가지를 합한 것을 三和灰라고 하며, 모래나 기왓가루 중에서 하나를 뺀 것을 二和灰라고 한다. 구워서 회로 만드는 돌은 푸른 것과 흰 것이 있는데 무늬가 촘촘하고 빛깔이 윤택한 것이 좋다고 한다. 모래는 바닷 것이 제일 상품이고, 땅에서 나온 것이 그 다음이며, 호수에서 나온 모래가 제일 나쁘다고 한다. 기왓가루는 가마에서 나온 깨진 기와와 벽돌을 쇠나 돌로 된 확에 넣고 절구로 빻아서 고운 체로 친다. 헌 기와를 쓰려면 물에 씻고 햇볕에 바래서 바싹 말린 다음 찧어서 고운 체로 친다. 기왓가루는 견고성을 높이기 위한 것이라고 한다(『北學議』內編 甓條).

라고 하였다. 하여튼 그는 벽돌이 당장은 힘들고 비용도 많이 들지 모르지만, 이는 영구하게 편한 것이 될 것이니 그 이익이 막대하다고 보고, 수레가 없으면 벽돌의 이로움도 많지 않다고 하면서 수레를 먼저 사용하고, 성 쌓는 것은 뒤로하는 것이 옳다고 주장하였다.[76]

벽성일 경우 성벽 전체를 벽돌로 쌓는 경우와 일부분만을 벽돌로 쌓는 경우가 있었다. 남한산성의 경우는 체성은 석축으로 하고 여장만을 벽돌로 쌓았다. 또 3호 암문과 4호 암문에도 일부 벽돌을 사용하였다.[77] 수원 화성의 경우도 甕城, 暗門, 弩臺, 砲樓, 鋪樓, 鋪舍, 水門, 女墻, 烽墩 등에는 벽돌을 전부 혹은 일부를 사용하였다. 옹성에는 長安門, 八達門, 蒼龍門, 華西門의 옹성에 사용되고, 암문은 東暗門, 南暗門, 北暗門, 西暗門, 西南暗門에 사용되었다. 노대는 西將臺弩臺, 東北弩臺에, 공심돈은 西北空心墩, 南空心墩, 東北空心墩에, 포루는 東北鋪樓, 鋪舍는 中鋪舍, 수문은 南水門에 사용되었다.[78]

벽성의 장점을 열거하여 본다면 첫째, 축성재료인 벽돌을 소요에 따라 규격화 시킬 수 있고, 일부는 특수 규격을 별도로 제작하여 특

75) 『北學議』 內編 城.

76) 또 그는 중국의 甓城을 소개하면서 벽돌은 灰를 붙였고, 회 쓴 것이 너무 엷어서 간신히 붙을 정도였다. 쌓은 방법은 먼저 돌로써 터를 닦았고 혹은 큰 벽돌을 쌓아 터를 닦기도 했다. 그런 다음에 벽돌을 쌓았는데 혹은 가로로 혹은 세로로 쌓았으며, 혹은 눕히고 혹은 세우기도 하여 겉과 안이 서로 어긋나게 하면서 성 두께대로 다 쌓아 올렸다. 겉과 안 사이에 간혹 흙으로 채우기도 했으나 그 넓이는 3분의 1도 못된다. 그러므로 엿 뭉치와 같이 합쳐져서 대포를 맞아도 다 부서지지 않게 된다. 성 위에는 안팎으로 작은 女墻을 쌓았는데, 안쪽 작은 여장에는 돌 홈을 내어서 빗물이 통하도록 해 놓았다. 바깥쪽 작은 여장에는 총과 활을 쏘는 구멍을 내었다. 어떤 구멍은 바로 성 밑을 향해서 적군이 감히 가까이 오지 못하게 하였다고 하였다(『北學議』 內編 城).

77) 漢陽大學校 · 京畿道, 『南漢山城地表調査報告書』, 1986, 32~33쪽.

78) 『華城城役儀軌』 卷首 圖說.

수 구조물을 축조하기에 편리하다는 점[79], 둘째, 벽돌과 벽돌을 접착할 때 강회를 사용하므로, 성벽 전체가 한 덩어리가 되어 어느 축성재료 보다도 붕괴나 파손율이 적다는 점, 셋째, 재료의 규격화로 아름다운 형태를 만들어 낼 수 있다는 점이 지적되고 있다.[80] 이러한 장점에도 불구하고 벽돌을 제작하는데 따른 비용이 많이 든다는 점, 우리나라는 옛날부터 토성이나 석성의 축조에 익숙해져 왔기 때문에 벽돌의 번조나 벽돌로 쌓는 축조공법에 생소한 편이었다는 점[81] 등이 자연 우리나라에서 벽성의 성행을 저해하는 요인이 되었다고 지적 할 수 있겠다. 한편 우리나라에서는 벽돌을 번조하는 기술이 부족하였거나, 벽돌을 쌓는 축조술의 미숙으로 성벽이 견고하지 못한 때문이었는지, 전술한 것처럼 기존의 벽성을 석성으로 고쳐 쌓는 예들을 볼 수가 있었다.

5. 重城

E-① 목종 9년에 龜城에 성을 쌓으니 길이가 1,507칸, 성문이 9개, 수구가 1개, 城頭가 41개, 遮城이 5개, 重城의 길이가 168칸이다. (高麗史 卷八十二 志三十六 兵二 城堡)

② 현종 21년에 麟州에 성을 쌓으니 길이가 1,349칸, 성문이 9개, 수구가 2개, 성두가 23개, 차성이 6개, 중성의 길이가 55칸이다. (高麗史 卷八十二 志三十六 兵二 城堡)

③ 덕종 2년에 靜州鎭에 성을 쌓으니 길이가 1,553칸, 성문이 10개, 수

79) 수원 화성을 쌓을 때 만든 벽돌 중에 大方甎은 모길이가 1척 3촌 8푼, 두께 2촌 4푼 반, 方甎은 길이 1척 2촌, 넓이 7촌, 小方甎은 모길이 1척, 두께 1촌 8푼이었다. 虹蜺甓은 길이 1척 1촌, 높이 7촌, 위의 넓이 8촌, 아래 넓이 6촌이고, 耳甓은 비낀 길이 1척 4촌, 넓이 1척 3촌, 두께 1촌 8푼이고, 宗甓은 등높이 3촌 5푼 모길이 1척 3촌이고, 蓋甓은 모길이 1척 3촌 두께 2촌이었다(『華城城役儀軌』 卷首 圖說).

80) 孫永植, 앞의 책, 190쪽.

81) 정조는 우리나라 사람은 벽돌을 굽는데 익숙하지 못하고, 또 벽돌을 굽는 땔나무를 구하기도 어려우니, 수원 화성을 벽돌로 쌓자는 의논은 아예 계획에서 논의할 것도 없다고 하였다(『華城城役儀軌』 御製城華籌略).

구가 1개, 성두가 45개, 차성이 9개, 중성의 길이가 260칸이다. (高麗史 卷八十二 志三十六 兵二 城堡)

목종 9년에 쌓은 구주성은 본성의 둘레가 1,507칸인데 중성은 168칸으로 본성이 중성의 9배이고, 현종 21년에 쌓은 인주성은 본성의 둘레가 1,349칸인데 중성은 55칸으로 본성이 중성의 25배이다. 또 덕종 2년에 쌓은 정주진성은 본성의 길이가 1,553칸인데, 중성은 260칸으로 본성이 중성의 6배이다. 이처럼 본성과 중성 길이의 비율은 일정하지 않다. 한편 여기서 성두는 치, 차성은 옹성 및 적대를 의미한다고 하는데,[82] 이는 중국성곽 용어의 영향을 받기 이전 우리 본래의 성곽 용어를 알 수 있는 귀한 자료라고 하겠다. 특히 차성은 성문으로의 침입을 막는 성벽이라는 의미로 옹성의 우리 표현이었던 것으로 보여 진다.[83]

그런데 여기서 말하는 중성이 어떠한 구조물이었는지를 규명하기 위해서 두 가지 경우를 검토하여 보도록 하겠다.

첫째로 고구려의 평양 大城山城은 남문 밖 약 110m에다 다시 성벽을 쌓았는데, 이곳이 평지이고 성문이 있기 때문에 이러한 특별한 시설을 하였다.[84] 안성 竹州山城의 성안에도 길게 쌓은 석벽이 남아 있다. 우리나라 산성에는 공주 公山城처럼 방어에 취약한 지점에 본성에 덧 붙여 작은 성을 쌓는 경우가 많았는데, 이러한 구조물을 흔히 외성이라고 부른다. 또 우리나라 산성에서는 청주 부모산성,[85] 진천 도당산성, 증평 이성산성(추성산성),[86] 괴산 서부리토성(錦山城

82) 김명철, 「고려시기 성의 위치와 년대에 대한 고증」, 『조선고고연구』 1, 1992, 39쪽.

83) 遮城의 수가 성문의 숫자보다 많은 경우도 있다. 옹성은 성문의 밖에도 있고 경우에는 안쪽에도 만드는 경우가 있기 때문에 차성의 숫자가 성문의 숫자보다 많을 수도 있다. 경우에 따라서는 성문을 보호하는 적대를 차성의 속에 포함하여 기록했던 경우도 생각해 볼 수 있다.

84) 김일성종합대학출판사, 『대성산의 고구려 유적』, 1973, 25쪽.

85) 忠北大學校博物館, 『清州 父母山城』 Ⅱ, 2016, 133~170쪽.

')[87]처럼 본성의 주변에 본성을 방어할 목적으로 독립된 성을 쌓은 경우가 많았다. 이러한 구조물은 보루의 일종인데, 우리가 산성을 조사할 때 본성만 조사를 하고, 주변의 봉우리나 주변을 세밀하게 조사를 하지 않아 이러한 유적들을 놓치는 경우가 많다.

둘째로 대성산성 소문봉의 성벽 뚜께는 8m인데, 성벽을 두 겹으로 쌓았다. 바깥벽과 중간벽 사이는 380cm이며, 중간벽과 안벽 사이의 두께는 420cm이다.[88] 신라의 보은 含林山城의 북벽에도 6~7.5m의 두께로 성벽을 덧 붙여 쌓은 부분이 남아 있다.[89] 또 고려의 석성에서도 面石의 뿌리가 길지 않고 거의 같은 성돌로 쌓을 경우에는 2중 성벽축조방법을 응용하였다고 한다. 즉 2중 성벽축조방법이란 체성의 겉면을 기본 성돌로 정연하게 쌓되, 그 뒤의 속 벽은 막돌과 흙을 섞어 쌓거나 같은 돌로 성벽을 한 번 더 쌓는 것을 말한다. 여기서 뒤의 성벽은 기본 성벽이 허물어지면 기본 성벽과 거의 같은 역할을 하는 보조 성벽이다. 한 예로 양암성은 뒤 성벽을 먼저 막돌과 진흙을 섞어 수직으로 다져 쌓아 이것을 2차 성벽으로 하고, 그 앞에 비교적 잘 다듬은 네모돌로 기본 성벽을 거의 수직으로 쌓았다고 한다.[90] 겹이란 보통 면과 면, 선과 선이 포개진 것을 의미하기 때문에 이러한 체성벽은 겹성벽이란 표현이 적절할 것 같다.[91]

하여튼 『고려사』에 보이는 두 번, 또 다시라는 표현을 갖은 重城이란 의미는 앞으로 이러한 고려시대 성곽에 대한 연구가 보다 진척되어 좀 더 성격이 밝혀지기를 기대하여 본다.

---

86) 충청전문대학박물관 · 충청북도 증평출장소, 『曾坪 二城山城』, 1997, 50~58쪽.
87) 清州大學校 博物館, 『槐山郡 文化遺蹟』, 1994, 18~19쪽.
88) 김일성종합대학출판사, 앞의 책, 18~22쪽.
89) 清州大學校 博物館, 『報恩郡 文化遺蹟』, 1996, 32~33쪽.
90) 김명철, 「고려성의 돌성벽축조형식」, 『조선고고연구』 2, 1989, 32쪽.
91) 이러한 형태를 二重城이라고 표현하기도 한다(徐吉洙, 「고구려 축성법 연구(1) —석성의 체성(體城) 축조법을 중심으로—」, 『高句麗硏究』 8, 1999, 327쪽).

6. 防牆과 長城

F-① 고구려의 泉井郡은 문무왕 21년에 취하였고, 경덕왕이 改名하여 井泉郡이라 하고, 炭項關門을 쌓았다. (三國史記 卷三十五 地理二 朔川 井泉郡)

② 신라에는 산줄기가 수 십리에 뻗어 있고, 골짜기가 있는데 이곳에 鐵闔으로 견고하게 關門을 들었다. 신라는 항상 弩士 수천 명을 주둔시켜 이 관문을 지킨다고 하였다. (新唐書 卷二百二十 列傳 一百四十五 東夷 新羅傳)

③ 『高麗記』에 이르기를 焉骨山은 나라의 서북쪽에 있는데 혹은 屋山이라고도 한다. 평양의 서북쪽 700리에 있으며, 동서 두 개의 嶺에 천 길의 절벽을 이루고 있다. 산 밑에서 산정까지 모두 푸른 바위(蒼石)뿐이며, 멀리서 높은 절벽을 바라보면 그 모양이 마치 중국의 荊門三峽과 흡사하다. 그 위에는 별다른 草木이 없고 새도 살지를 못한다. 靑松이 가지를 느리고 구름까지 닿았다. 고구려가 남북 峽口 끊어진 곳에 성을 만들었는데(築斷爲城), 이곳이 적을 방어하는 중요한 곳이다. (翰苑 高麗)

④ 周音洞防墻은 현의 북쪽 110리에 있는데, 북으로는 안변 永豊縣으로 통하고서는 大川에 접하였으며, 동쪽은 大山을 누르고 있다. 一夫가 關을 지키면 萬兵을 막을 수 있다. 옛날 사람들이 胡人을 막기 위해 墻을 쌓았는데 그 유적이 시금도 상존한나. (新增東國輿地勝覽 江原道 伊川縣 古蹟)

F①에서는 井泉郡에 炭項關門을 쌓았다고 하였다. F②는 『新唐書』의 자료인데, 수 십리에 뻗어 있는 산줄기 사이의 골짜기에 견고한 鐵闔으로 관문을 만들고 弩士 수천 명으로 이곳 관문을 지킨다고 하였다. 『大東地志』에는 이 자료를 경주의 關門城에 해당하는 것으로 언급하였다.[92] F③은 『翰苑』에서 인용한 『高麗記』의 내용인데, 평양의 서북쪽 700리에 있는 焉骨山(屋山)의 동 · 서 두 개의 嶺 사이가 중국의 荊門三峽처럼 절벽을 이루고 있다. 이곳 남북

92) 『大東地志』 慶尙道 慶州 城池.

峽口에 성을 만들어 적을 막는 요새로 삼았다는 것이다.[93] F④의 伊川 周音洞防墻은 胡人을 막기 위한 墻으로 一夫가 關을 지키면, 萬兵을 막을 수 있다고 하였다.

하여튼 관문을 설치하는 위치는 반드시 秦나라의 函谷이나 鄭나라의 虎牢와 같이 험하고 좁아야 하며, 평탄하고 광활한 곳에는 관문을 설치하기가 어렵다고 하였다.[94]

이번에는 실록에 전하는 자료들을 살펴보도록 하겠다.

세종 10년 11월에 평안도도체찰사 黃喜가 도절제사와 더불어 각 고을에 있는 성보의 허실을 심찰하고 계하기를 희천읍성으로부터 강계로 향하는 길에는 狄餘와 合排의 방장 옛터와 理山으로 향하는 길에는 棘城의 방장 옛터가 극히 험하게 막혀 가히 하나가 백을 당할 것이니, 아울러 수축하게 하고, 또 그 안에 보를 잇달아 설치하여 염탐하는 자의 의지할 곳으로 삼겠다고 하였다.[95]

동왕 27년 12월에 함길도도절제사 朴從愚가 아뢰기를 철령으로부터 5鎭까지는 큰 嶺과 큰 바다가 천험을 이루고 오직 큰 길 하나뿐인데, 그 사이에 요해처가 셋이 있으니, 鐵嶺, 摩雲嶺, 磨天嶺이 그것이다. 청컨대 관문을 만들어서 낮에는 열고, 밤에는 닫되, 渡丞의 예에 의하여 관원을 差定하여 파수하게 하고, 세 고개의 동서에 모두 지름길이 있으니 또한 작은 관문을 설치하여 土官 각 한 사람으로 지키게 하자고 하자, 영의정 황희 등이 의논하기를 비록 관문을 설치한다 하더라도 만일 추운 때를 당하면 풍설이 휘몰아치는 峻嶺에서 관문을 지키는 괴로움뿐만 아니라, 얼움과 눈이 사방으로 막히면

93) 焉骨城은 鳳城의 烏骨城(현 鳳凰山城)으로 『三國史記』 新羅本紀 文武王 10년 3월조에 기술된 압록강 이북의 屋骨도 烏骨과 같은 실체로 보는 견해도 있다(崔玉寬, 「鳳凰山山城調查簡報」, 『遼海文物學刊』 2, 1994, 1~7쪽. 盧泰敦, 「5~7세기 고구려의 지방제도」, 『韓國古代史論叢』 8(韓國古代社會研究所), 1996, 208쪽).

94) 『世宗實錄』 권127, 世宗 32년 정월 甲午.

95) 『世宗實錄』 권42, 世宗 10년 11월 丁卯.

조석의 물도 얻기 어려울 것이니, 장차 어떻게 여기에서 거처하며 지키겠는가, 또 평상시에 행인들이 막히고 지체하게 될 것이니 폐단이 적지 않을 것이라 하였다.[96]

동왕 31년 1월에 도체찰사 皇甫仁을 평안도에 보내 행성을 쌓았다. 理山郡 央土里에서 渭原郡까지 7,478척은 돌로 쌓고, 11,660척은 흙을 깎아 벽을 만들고, 400척은 杙木을 박았다. 관문을 앙토리에 두고 연대를 쌓았는데, 둘레가 88척이었다. 본도의 군사 13,987명을 사역하고, 2월 10일에 시작하여 3월 6일 마쳤다. 이수로 계산하면 10리 270보 4척이었다.[97]

동왕 32년 1월에 집현전 부교리 梁誠之가 備邊에 대해 언급한 중에 敵人이 지경을 침범할 때에 처음으로 압록강의 험한 것을 지키다가 중간에는 안주나 평양의 요충에서 막아내고, 마지막에서 岊嶺에 책을 세워 막는데, 절령으로 관문을 삼게 되면 어찌할 수 없게 된다고 하였다.[98]

동왕 32년 1월에 공조참의 南祐良을 보내어 북경에 가서 말 500필을 바치고 아뢰기를 험저한 관문 사이를 타고 다니며 짐을 싣고 다니다가 넘어져 죽고 耗損된 것이 10에 6, 7이나 되어 소로 실어 나르게 되었는데, 소도 또한 손실이 많아서 사람이 몸소 지고 다니고 있다고 하였다.[99]

문종 즉위년 8월에 의정부에서 병조의 呈狀에 의하여 양계의 방수하는 계책을 진술하는 중에 황주 이동의 자비령은 험저하기가 비할 데가 없으니, 棘城과 자비령으로부터 수안과 곡산에 이르기까지도 또한 관문을 설치하여 뜻밖의 변고에 대비할 것이라 하였다.[100]

세조 12년 1월에 세조는 도체찰사 한명회에게 유시하기를 평안도

---

96) 『世宗實錄』 권110, 世宗 27년 12월 庚戌.
97) 『世宗實錄』 권123, 世宗 31년 정월 甲申.
98) 『世宗實錄』 권127, 世宗 32년 정월 辛卯.
99) 『世宗實錄』 권127, 世宗 32년 정월 丁酉.
100) 『文宗實錄』 권3, 文宗 즉위년 8월 乙亥.

方山 이하는 지세가 평탄하여 얼음이 얼면 막힌 곳이 없는데, 강 연변에 토성의 옛 터가 있으니 경이 속히 살펴보고 수축해서 관문을 설치하여 변방 사람의 출입을 제한하라고 명하였다.[101]

동왕 13년 7월에 진북장군 康純이 李浚에게 글을 보내기를 磨雲嶺과 磨天嶺의 險阻地는 한 사람이 관문을 막으면 만 명이 대적할 수가 없다. 듣건대, 적들이 두 영에다 보를 쌓고 관문을 만들어 방어가 견고하다고 하니, 이것이 매우 염려스럽다고 하였다.[102]

성종 6년 7월에 한명회가 말하기를 평안도의 여러 진은 서로의 거리가 머니 적이 만약 많이 와서 침범한다면 반드시 구원 할 수가 없을 것이다. 狄踰嶺과 牛場 등지에 관문을 설치하여 지키도록 하는 것이 어떻겠느냐고 하였다.[103]

또 동왕 19년 4월에 대사헌 成俊이 아뢰기를 富寧 虛水羅의 지역에 寧北의 巨鎭을 설치하고, 경성과 더불어 聲勢를 서로 의지하게 한다면, 저들이 비록 入寇하더라도 가볍게 행동하기가 어려울 것이다. 허수라는 실로 천험의 지역으로서 한 사람이 관문을 지키면 만 사람이 대적 할 수 없는 곳이며, 그 토지가 비옥하고 곡식이 잘 되어서 백성이 즐겁게 살아갈 수 있을 것이라 하였다.[104]

이처럼 방장이나 장성에는 관문을 설치하였는데, 지형조건을 갖춘 영으로는 鐵嶺, 摩(磨)雲嶺, 磨天嶺, 岊嶺(慈悲嶺), 狄踰嶺을 거론하고 있으며, 이밖에 狄餘, 合排, 央土里, 方山, 牛場, 虛水羅 등지를 들고 있다. 또 관문은 낮에는 열고, 밤에는 닫아 통행을 막자고 하였고, 한 사람이 관문을 지키면 만 명도 막을 수 있는 지형이라고 하였다. 또 관문이 있는 험저한 협곡을 말이나 소로 짐을 싣고 다니다가 넘어져 죽는 경우가 많았으며, 이에 따라 사람들이 직접 지고 다

101) 『世祖實錄』 권38, 世祖 12년 정월 甲子.
102) 『世祖實錄』 권43, 世祖 13년 7월 甲戌.
103) 『成宗實錄』 권57, 成宗 6년 7월 己巳.
104) 『成宗實錄』 권125, 成宗 19년 4월 乙卯.

니고 있는 실정이라고 하였다. 한편 풍설이 휘몰아치는 겨울에 峻嶺에서 관문을 지키기는 매우 힘들 것이며, 눈이 사방으로 막혀 식수도 얻기가 어려울 것이라 하였다. 하여튼 관문은 험저한 협곡이라 사람이나 우마의 통행이 힘들고, 수비에 어려움이 많았다고 하더라도, 군사상으로는 매우 중요한 요충지의 역할을 하였다.

관문은 산 능선 사이의 협곡 사이에 만든 것과 산 능선에 장성을 쌓고 사이에 관문을 두는 경우가 있었다. 후자는 세종 31년 이산군 앙토리에서 위원군에까지 행성을 쌓고, 앙토리에 관문을 설치한 경우를 들 수 있다.

이번에는 방장과 장성의 유적에 대해 살펴보도록 하겠다.

1) 방장

(1) 고구려

① 關馬墻防墻

관마장방장은 국내성의 서북 53㎞의 심산협곡에 있다. 현재 집안에서 통화로 가는 도로가 防墻(關隘)을 통과한다. 이 도로는 집안평야의 동북부로부터 산지로 들어 와서 노령산맥을 넘고 渾江으로 흘러드는 葦沙河의 상류인 淸河로 나아가서 청하를 따라 북진하면서 통화에 닿는다. 서와 동남, 동북의 3곳에 高山을 끼고 3개의 墻壁을 쌓았다. 북, 남, 동의 3방향으로부터 Y字 모양의 谷間을 통해 침입하는 적을 막도록 쌓은 방어시설이다.105) 이 방장이 있는 협곡은 남

105) 淸河鄕의 동북쪽 2㎞의 大川村의 북 20m의 벼랑 위에 大川哨所가 있다. 벼랑은 동남 방향으로 돌출하여 淸河 일대로 뻗어 있어 주변 일대를 한눈에 조망할 수 있다. 關馬墻防墻과 약 7.5㎞의 거리에 있다. 본래 통화에서 집안으로 오는 도로는 哨所가 있는 벼랑 밑을 통하고, 동남으로 방향을 꺾어 關馬墻防墻을 관통하였다. 초소가 있는 지점은 葦沙河下流의 평탄한 河谷으로 老嶺의 深山峽谷을 통하는 요충이다. 초소는 석재를 사용해서 쌓았는데 평면은 거의 원형을 이루고, 둘레는 153m이며, 하폭은 4m, 잔고는 약 1m이다. 이 초소는 관마장방장의 전방 초소로, 신속하게 관마장방장에 연락을 할 수가 있도록 되어 있다(吉林省文物志編委會, 『集安縣文物志』, 1984, 81~82

북 960m, 동서 120~340m에 달한다. 墻壁은 모두 약간 다듬은 돌과 괴석으로 쌓았다. 北墻은 頭道關馬墻이라고 부르는데, 장벽의 길이는 본래 150m 정도였던 것으로 보이나, 현재는 77.6m가 남아 있다. 東端은 淸河로서 끝나지만 河를 隔해서 험한 斷崖를 이루고 있다. 서쪽 부분은 곧장 山腹까지 축조하여 험준한 단애와 연결된다. 붕괴된 부분의 장벽 기초는 폭 10.5m, 높이 2.3m이다. 장벽은 편평한 면을 외측으로 하여 밑에서 위로 서서히 층을 이루면서 쌓는 물림쌓기공법을 응용하였다. 장벽의 북측에는 1~4.6m 거리에 폭 3.5m, 깊이 0.8m, 현장 53m의 壕(참호)가 남아 있다.

西端은 장벽과 근접하고, 중간에 있는 현재의 도로 가까운 곳에서는 장벽과 거리가 떨어져 있다. 성문이 본래 장벽과 돌출해 있었기 때문에 호도 門前과 우회할 필요가 있었기 때문이라고 한다. 호의 북측에는 다시 하나의 토루(참호벽)가 있다. 잔존한 토루는 길이 40m, 하폭 4.8m, 높이 1.45m이다. 대소의 할석과 괴석으로 기초를 만들고, 상부는 호를 팔 때 나온 자갈과 황토로 쌓았다. 장벽의 중앙은 도로 때문에 절단되어, 墻, 壕, 土壘가 파괴되었다. 도로 서측 장벽의 호가 절단되어 있는 부근에서는 장벽의 기초가 內와 外로 24m가 연장되어 있는데, 본래 北門 門道 西壁의 흔적으로 추정된다고 한다.

속칭 二道關馬墻이라고 불리는 南墻은 북장에서 960m 거리에 있는데, 파괴가 가장 심하다. 본래의 길이는 120m이지만 현재 남아 있는 殘長은 69.7m로서 하폭은 7m, 殘高는 2.1m이다. 형세는 북벽과 대략 비슷하며, 중간 부분이 도로로 절단되었다. 문지는 파괴되어 있고, 장벽밖에는 호와 토루가 발견되지 않는다.

쪽. 賈士金, 「集安の歷史文物と高句麗遺蹟」, 『好太王碑と高句麗遺蹟』(讀賣新聞社), 1988, 201쪽. 李殿福 著, 車勇杰 · 金仁經 譯, 『中國內의 高句麗遺蹟』(學研文化社), 1994, 49쪽. 余昊奎,『 高句麗城』 I 鴨綠江 中上流篇 (國防軍史研究所), 1998, 114~115쪽).

동장은 三道關馬墻이라고 불리며 형태와 구조는 남장과 비슷하다. 위사하로부터 동쪽으로 150m에 있다. 본래의 길이는 125m이지만, 현재는 70m이다. 하폭은 6.5~6.9m, 잔고는 0.5~0.7m이다. 북단으로부터 23m 지점에 4m 폭의 문지가 하나 있다. 문의 양측에는 장벽의 기초가 밖으로 뻗어 있는데 길이 9.6m, 폭 3m의 장방형 平臺가 대칭으로 만들어졌다. 북장과 남장은 남북에서 2중으로 차단토록 되어 있다. 또 동장은 두 장의 중간의 동측에 木銑頭子溝라고 부르는 溪流가 서남으로 흘러 위사하로 흘러드는 谷口를 차단하는 방어시설이다.106)

② 望波嶺防墻

망파령방장은 王八脖子嶺防墻이라고도 불린다. 국내성에서 서북쪽으로 약 50㎞ 거리의 三家子댐 부근에 위치한다. 北流하는 혼강에 흘러드는 新開河의 연안에 있다. 신개하의 협곡이 양측에 절벽을 이루며 좁아진 곳이다. 臺上鄕으로부터 雙岔鄕에 이르는 중간으로 가장 험한 지형이다. 집안시가로부터 麻線溝를 지나 小板岔嶺을 넘어 雙岔을 지나 신개하를 따라 북진하면 전술한 위사하 연안의 간선도로와 닿는다. 방장은 협곡을 횡단하여 돌로 쌓은 장벽으로부터 망파령산의 산기슭까지 연결되었다. 전장은 750m이며, 하폭은 10m이고 잔고는 1.5~2.5m이다. 성벽은 대형의 잘 다듬은 돌로 기초를 다지고, 그 위에 작은 돌을 조금씩 들여쌓았다. 성벽의 북쪽 끝은 신개하에 바짝 붙어 있다. 성벽 아래쪽 강변에는 본래 길이 약 13m 높이 0.5~0.8m의 石壘로 된 제방처럼 된 것이 있었으나, 1976년 三家子댐으로 수몰되었다고 한다. 방장의 남측에는 폭 9m의 트인 곳이 있는

---

106) 吉林省博物館輯安考古隊 · 輯安縣文物管理所, 「吉林輯安高句麗南道和北道上的關隘和城堡」, 『考古』 2, 1964, 76~77쪽. 吉林省文物志編委會, 위의 책, 71~75쪽. 賈士金, 위의 글 , 198~200쪽. 李殿福著, 車勇杰 · 金仁經 譯, 위의 책, 40~44쪽. 東潮 · 田中俊明 , 『高句麗の歴史と遺蹟』(中央公論社), 1995, 102~105쪽. 余昊奎, 위의 책, 109~113쪽.

데, 관문지로 추정된다. 문의 양 벽은 다듬은 큰 돌로 축조되었고, 잔고는 5m정도, 폭은 10m이다. 이 관문터의 왼쪽 뒤쪽에는 장벽보다 약 2m 높은 언덕이 있으며, 위가 평탄하고 넓이는 길이 20m, 폭 8m이다. 현지인에 따르면 전에는 돌로 된 건물터가 있었다고 한다.[107] 이 방장은 혼강에서 신개하를 거슬러 집안으로 통하는 교통로상의 요충지에 위치한 방어시설이다.

③ 七個頂子防墻

旗竿頂子防墻이라고도 하는데, 국내성의 서남 65㎞의 凉水鄕 外岔溝村의 서쪽 속칭 七個頂子山의 狹隘한 계곡의 남단에 위치한다. 東南流하여 압록강에 흘러드는 협곡의 남단 가까이 있다. 압록강의 7㎞ 내려가면 혼강의 합류지점인 渾江口이고, 대안은 楚山에 가깝다. 방장이 있는 곳은 협곡이 좁아지고, 산비탈로 경사가 심하여 천연의 자연 방벽을 이루고 있다. 남쪽에서 300m 지점에 谷口가 있는데 장벽은 자연의 山石을 많이 사용하여 조잡하게 쌓았다. 현재는 심하게 허물어져 외관상 둥그스름한 돌무더기처럼 보인다. 중간에 계류가 흐르기 때문에 방장은 동서 2개의 부분으로 나누어진다.

동측은 서단이 도로까지이고, 동쪽은 山腹의 險崖에 이른다. 계곡의 평탄부에 쌓여져 있는 것이 약 10m이고, 나머지는 경사지를 따라서 쌓았다. 전체 길이는 약 60m(현재 길이 40~43m), 하폭은 9~11m, 높이는 가장 높은 곳이 2.4m이다. 동장의 남쪽 8m 지점에는 호의 기능을 가진 것으로 보이는 길이 20m, 폭 3.5m, 잔고 1~1.2m의 副壁이 잔존한다. 서측의 전체 길이는 70~75m이다. 동쪽으로는 하안으로부터 시작하여 서쪽으로 산복까지 축조하였다. 계곡의 평탄부에 쌓은 곳이 50m이고, 하폭 8.5~10m, 잔고는 0.6~2.2m이다. 서

---

107) 吉林省博物館輯安考古隊 · 輯安縣文物管理所, 위의 글, 76~78쪽. 吉林省文物志編委會, 위의 책, 76~78쪽. 賈士金, 위의 글, 201쪽. 李殿福 著, 車勇杰 · 金仁經 譯, 위의 책, 44~46쪽. 東潮 · 田中俊明, 위의 책, 105~106쪽. 余昊奎, 위의 책, 105~108쪽.

측 장벽 동단 내측에는 甕門蹟으로 보이는 길이 15m, 폭 4.5m의 낮은 석벽이 있다. 이 방장은 국내성의 서남을 방어하는 시설이었다.[108] 이곳에서 배를 타고 압록강 하류로 내려가면 서해나 발해만으로 나갈 수 있는 수로 교통의 요지로 압록강의 수로 교통로를 방어하던 방어시설로 추정된다.

④ 老邊墻防墻

국내성의 서남 55㎞의 集安市 凉水鄕 海關村 북쪽 通天嶺 東麓의 灣溝에 있다. 만구의 河水는 방장에서 1㎞ 정도 내려가서 凉水泉子河로 흘러들고, 다시 4㎞ 정도 남류하다 압록강에 합류한다. 만구는 남북으로 연장된 곡으로 길이는 약 3㎞이며, 양안은 가파른 절벽이다. 七個頂子防墻에서 동쪽으로 13㎞정도 거리에 있다. 방장은 이 곡의 남쪽 입구로부터 200m 지점에 있다. 동서로 쌓은 방장에 의해서 남북 방향의 도로를 차단한 것이다. 이곳으로부터 남으로 약 4㎞에서 압록강의 북안에 이른다. 간단하게 가공한 석재로 쌓았는데, 현재는 심하게 파괴되어 야트막한 돌담을 연상시킨다. 계곡의 동측은 하수의 동안으로부터 수평으로 곡을 약 40m를 쌓고, 나머지는 경사면을 따라서 서측 산복의 험한 岩場까지 130m를 쌓았다. 본래의 길이는 200m 전후로 보여 진다. 서측은 파괴되었지만 본래는 20m정도였던 것으로 보고 있다. 현존하는 상벽의 높이는 1~2m이고, 상폭 1~1.8m, 하폭은 8m이다. 석재는 조잡하게 가공한 할석으로 외면을 사용하고, 크기는 길이 30cm, 두께 10~20㎝ 사이이다. 내측은 괴석과 소석이 혼합된 진흙으로 속채움하였다. 예로부터 압록강을 거슬러 올라가는 배들은 대부분 外岔溝나 凉水泉子河 일대에 정박한 다음, 육로를 이용하여 국내성으로 들어갔다고 한다. 七個頂子防墻과 老邊墻防墻은 바로 이러한 上陸路를 봉쇄하기 적합한 전략적 요충지로

108) 吉林省文物志編委會, 위의 책, 78~80쪽. 賈士金, 위의 글, 203쪽. 李殿福 著, 車勇杰 · 金仁經譯, 46~48쪽. 東潮 · 田中俊明, 위의 책, 108쪽. 余昊奎, 위의 책, 116~118쪽.

서, 압록강을 거슬러 국내성으로 나아가는 수상교통로를 방어 할 수 있었다.[109]

⑤ 石湖防墻

집안으로부터 직선으로 37㎞, 通化縣 石湖鄕 소재지에서 남쪽으로 4㎞정도 떨어진 高麗城村 동쪽 300m 지점의 골짜기에 위치한다. 小八道溝가 大羅圈溝河와 합류하는 지점으로, 대나권구하 양옆에는 해발 900m의 높은 산이 솟아 있다. 장벽은 토석혼축으로 전체 길이는 291m이다. 하폭은 12m, 상폭 1.5~3m이다. 외면고 5m, 내면고 3m이다. 외면에는 간격이 不等하지만 토축으로 된 반원형 곡성을 6개 쌓았다. 반경은 5~6m이고, 장벽보다도 0.5m가 높다. 외측으로는 6m 떨어져서 폭 8m, 깊이 2m의 호가 있다. 참호는 북단이 비교적 명확하게 남아 있는데 깊이 2m, 상폭 6m, 하폭 8m이다. 통화—집안 철도가 동쪽 모서리를 뚫고 지나가며, 장벽 중앙으로는 公益村에서 老嶺에 이르는 지방도로가 개설되어 있다. 1958년 水路를 보수 할 때 지방도로가 지나가는 방장 중앙의 지표 하 1.2m 지점에서 초석이 하나 출토된 적이 있다고 하는데, 이곳이 문지가 아닐까 추측하고 있다. 문 폭은 약 9m정도이다. 축조 목적은 대나권구하를 거슬러 통구분지로 향하는 교통로를 차단하는데 있었던 것으로 보인다.[110]

⑥ 二道溝門防墻

석호방장으로부터 북쪽으로 20㎞ 지점에서 대라권구하가 혼강에 합류하는 바로 앞 동쪽 通化市 鴨園鎭 鴨園村 二道溝門에 위치한다. 이도구문은 대나권구하 우안의 깊은 협곡에 있다. 통화시 중심가에서 30㎞ 거리이다. 이도구하는 방장으로부터 300m 내려가서 대나권

---

109) 吉林省文物志編委會, 위의 책, 80~81쪽. 賈士金, 위의 글, 204쪽. 李殿福 著, 車勇杰 · 金仁經 譯, 위의 책, 48~49쪽. 東潮 · 田中俊明, 위의 책, 108~109쪽. 余昊奎, 위의 책, 119~121쪽.

110) 吉林省文物志編委會, 『通化縣文物志』, 1986, 65쪽. 李殿福 著, 車勇杰 · 金仁經 譯, 위의 책, 51~52쪽. 東潮 · 田中俊明, 위의 책, 109~110쪽. 余昊奎, 위의 책, 227~229쪽.

구하와 합친다. 이 방장을 현지인들은 高麗城子라고 부른다. 현재 방장의 내부는 채석장에서 깨진 돌로 덮여 있어 흔적만 겨우 볼 수 있다. 장벽은 토석혼축이고, 내부는 모두 碎石으로 속채움하였다. 자연지세를 이용하여 골짜기 입구에 방장을 설치하였다. 석호방장과 이 도구문방장은 혼강으로부터 대나권구하의 협곡을 통해서 침입하는 적을 막는 방어시설로 국내성의 동북을 지키는 기능을 가졌다. 즉 대라권구하를 거슬러 통구분지로 향하는 교통로를 차단하는데 목적이 있었다.111)

이처럼 전술한 방장들은 혼강유역으로부터 동쪽으로 대나권구하, 위사하, 신개하의 협곡으로 침입하는 적을 막고, 또 압록강을 거슬러 올라오는 루트를 막는 방장도 있었음을 알 수 있다. 하여튼 3C초~4C초에 축조된 것으로 추정하고 있는,112) 이러한 방장시설은 당시 고구려의 방어체계를 연구하는데도 중요한 가치가 있겠지만,113) 당시의 교통로를 밝히는 데도 귀중한 자료가 된다고 하겠다.114)

(2) 신라

온달산성의 북쪽 산하에는 북류하는 南川이 남한강에 합류되는데, 이 남천은 소백산맥의 북쪽 계곡에서 발원한 계곡물이 합쳐져 북류하여 남한강으로 유입된다. 남천의 하류에 모이는 두 개의 계곡은 동쪽의 것이 남천계곡, 서쪽의 계곡이 성골계곡이라고 부른다. 성골계곡의 南川里에는 계곡을 횡단하여 석축된 성골방장 2개소가 있

111) 吉林省文物志編委會, 『通化縣文物志』, 29쪽. 李殿福 著, 車勇杰 · 金仁經 譯, 위의 책, 51쪽. 東潮 · 田中俊明, 위의 책, 110쪽. 余昊奎, 위의 책, 225~226쪽. 이 밖에도 桓仁縣의 北溝防墻, 長白縣의 十二道灣防墻과 十四道溝防墻이 알려져 있다.

112) 林起煥, 「高句麗前期 山城 硏究—高句麗 山城의 기초적 검토(1)—」, 『國史館論叢』 82(國史編纂委員會), 1998, 70~71쪽. 그러나 石湖防墻과 二道溝門防墻은 시기적으로 조금 뒤늦을 가능성이 있다고 한다(林起煥, 위의 논문, 71쪽).

113) 余昊奎, 「國內城期 高句麗의 軍事防禦體系」, 『韓國軍事史硏究』 1(國防軍事硏究所), 1998, 11~15쪽.

114) 余昊奎, 「3세기 후반~4세기 전반 고구려의 교통로와 지방통치조직」, 『韓國史硏究』 91(韓國史硏究會), 1995, 3~18쪽.

다. 이 성골계곡은 온달산성에서 동남향하여 순흥으로 넘어가는 직로로 소백산맥을 넘는 고대의 교통로였다. 이중 하류쪽인 북쪽에 위치한 제1방장은 높은 산봉에서 가파르게 내려온 암벽과 그 아래의 낙석 더미를 이용하여 쌓았으며, 외면고 약 2m, 내면고 약 1m이며 커다란 암반이 있는 곳은 암반 사이를 할석으로 쌓았다. 폭은 1m에서 3~4m까지 이른다. 북방에서 남하하는 적을 막기 위한 것으로 온달산성에서 이곳의 방장을 통과해야 남하할 수 있는 요새이며, 고구려의 남하로를 차단하기 위해서 신라가 축조한 것으로 보인다고 한다.115)

제2방장은 제1방장으로부터 계곡을 따라 남쪽으로 약 1㎞ 지점에 있다. 폭 약 70m, 길이 약 120m의 대지의 동쪽 溪谷水邊에서 서쪽 산비탈 쪽으로 가다가 南折하여 암반에 이어져 있으며, 길이는 약 120m이다. 외면고 4m, 내면고 1.2m, 상폭 3m이고, 북으로 1.8m 폭의 단을 이룬다. 북쪽의 좁은 대지에는 병사들이 주둔할 수가 있다. 이 방장을 통과해야 계곡의 위쪽에서 아래쪽으로 갈 수가 있다. 고구려 쪽에서 신라가 소백산맥을 넘어 성골계곡으로 북진하는 것을 막기 위해서 만든 것으로 보인다고 한다.116)

이 밖에도 이러한 방장과 유사한 소규모의 구조물로는 다음과 같은 유적도 있다. 즉 고구려의 遼寧省 通化縣 大川鄉 建設村에 있는 建設山城에는 산성으로 향하는 서남쪽 골짜기 입구에 길이 42m의 성벽이 있으며, 이 성벽은 서쪽에서 산성으로 통하는 유일한 협곡을 차단하는 것이다.117) 같은 고구려의 산성으로 알려진 황해남도 신원군 長壽山城의 내성 남쪽 골짜기에도 성으로 들어가는 길목에 성벽으로 막아 쌓은 것이 두 곳이나 있다고 한다.118) 또 신라의 축성으

---

115) 忠淸北道丹陽郡 · 忠北大學校湖西文化硏究所, 『溫達山城地表調査報告書』, 1989, 43~44쪽.

116) 忠淸北道丹陽郡 · 忠北大學校湖西文化硏究所, 위의 책, 44~45쪽.

117) 吉林省文物志編委會, 『通化縣文物志』, 1986, 63~65쪽. 성벽은 두 겹으로 자연석으로 쌓았으며, 두 성벽의 거리는 6m라고 한다.

로 보이는 진천군 진천읍 연곡리에 있는 萬弩山城[119]에도 산성으로 올라가는 계곡에 계곡을 석축으로 막아 쌓은 구조물이 1개소가 있다. 특히 이러한 구조물을 설치한 곳은 주변의 경사가 매우 심하여 이곳의 골짜기가 아니면 本城으로 접근하기가 어려운 곳에 설치하였다. 유사시에는 이곳에도 병사들을 주둔시켜 방어토록 하였을 것으로 보여 진다.

2) 장성

우리나라에는 삼국시대부터 조선시대까지 고구려의 천리장성, 백제의 청목령장성, 통일신라의 관문성을 비롯하여 크고 작은 많은 장성들이 남아 있다.

(1) 천리장성

G—① 8월에 평장사 柳韶에게 명하여 北境의 關城을 創置하였다. (高麗史 권5 世家5 德宗 二年)

② 덕종 2년에 평장사 柳韶에게 명하여 북경에 關防을 창치하였는데, 서해가 옛 국내성 경계에 압록강이 바다로 흘러 들어가는 곳으로부터 시작하여 동쪽으로 威遠, 興化, 靜州, 寧海, 寧德, 寧朔, 雲州, 安水, 淸塞, 平虜, 寧遠, 定戎, 孟州, 朔州 등 13성을 거치고, 耀德, 靜邊, 和州 등 3성에 이르러 동쪽으로 바다에 닿게 하니, 뻗친 길이가 천여 리였다. 돌로 쌓되 높이와 두께가 각각 25척이었다. (高麗史 권82 志36 兵2 城堡)

③ 정종 원년에 장성을 서북로 松嶺의 동쪽에 쌓아서 변방 외적의 요충지를 제압할 수 있도록 하였으며, 또 梓田에 성을 쌓고 백성을 옮겨 채웠다. (高麗史 권82 志36 兵2 城堡)

④ 정종 7년에는 崔冲이 寧遠 · 平虜 두 鎭에 성을 쌓았다. 영원성은 길이가 759칸, 堡子가 8개였다. 구내 金剛戍 구간의 길이는 42칸, 宣威戍의 구간은 61칸, 宣德戍의 구간은 50칸, 長平戍의 구간은 53칸, 鼎岑戍의

118) 채희국 · 전제헌, 「신원군 장수산성을 찾아서」, 『고고민속』 1, 1966, 45쪽.
119) 淸州大學校 博物館, 『鎭川郡 文化遺蹟』, 1995, 32~34쪽. 忠北大學校博物館 · 鎭川文化院, 『鎭川郡의 文化遺蹟』, 1998, 123~126쪽.

구간은 38칸, 鎭河戍의 구간은 42칸, 鐵墉戍의 구간은 61칸, 定安戍의 구간은 32칸이고, 關城은 11,700칸이었다. 평로성은 길이가 582칸, 堡子가 6개였다. 구내의 擣戎戍의 구간은 36칸, 鎭戎戍의 구간은 30칸, 直岑戍는 41칸, 降魔戍는 50칸, 折衝戍는 30칸, 靜戎戍 구간은 30칸이었고, 關城은 14,495칸이었다. (高麗史 권82 志36 兵2 城堡)

⑤ 정종 10년에 金令器와 王寵之에게 명하여 長州, 定州, 元興鎭에 성을 쌓으니, 장주성은 길이가 575칸, 戍는 6곳에 설치하였는데, 그 명칭은 靜北, 高嶺, 掃兇, 掃蕃, 壓川, 定遠이었다. 정주성은 길이가 809칸이고, 戍가 5곳인데, 명칭은 防戍, 押胡, 弘化, 大化, 安陸이다. 원흥진성은 길이가 683칸이고, 戍가 4곳인데, 명칭은 來降, 壓虜, 海門, 道安이었다. (高麗史 권82 志36 兵2 城堡)

⑥ 예종 14년에는 천리장성 3척을 증축하자, 금나라 변방 관리들이 군사를 출동하여 이를 중지시키려고 하였으나, 이에 응하지 않고 그들에게 옛 성을 修補하는 것이라고 통보하였다. (高麗史 권82 志36 兵2 城堡)

G①②에서는 덕종 2년 8월에 평장사 柳韶에게 명하여 북경의 관성을 쌓았다고 하였다. 이에 앞서 덕종 1년 10월에는 요의 새 황제(興宗)의 즉위식에 참석한 낭중 金行恭은 압록강에 가설한 다리를 철폐할 것과 거란의 2차 침입 직전에 억류한 우리 측 사신들을 송환하여 줄 것을 요청하였으나, 요는 우리의 요구를 거절하였다. 이에 고려는 11월부터 하정사의 파견을 정지하였다.[120] 이러한 상황에서 거란의 침입을 대비하기 위해, 다음 해 8월에는 평장사 유소로 하여금 북경 장성을 쌓았는데, 威遠, 興化, 靜州, 寧海, 寧德, 寧朔, 雲州, 安水(誤記인 듯), 淸塞, 平虜, 寧遠, 定戎, 孟州, 朔州 등 13성을 거쳐 和州에 연결되는 高 · 厚 각 25척의 석성이었다. 이 역사는 천리장성의 축조과정에서 제1단계 축성공사로 시작점은 신의주시 토성리 압록강 하구 삼교천(고진강)이 압록강에 흘러드는 어구로부터 시작하여 동쪽으로 신의주시 백토리, 송한리, 선상리, 의주군 연하리, 대산리, 연무리를 거쳐 의주군 금광리 금광산(송산)까지 약 35km의 거리

120) 『高麗史』 권5 世家5 德宗 元年.

이다.[121] 공사의 시작은 덕종 2년 8월에 秋節工事로서 시작되었다. 그런데 그 다음해 3월에는 왕이 여러 신하들을 위해 文德殿에서 연회를 베풀었는데, 이 자리에서 유소 등이 關과 城을 개척한 공로를 위로하고, 推忠拓境功臣號를 주었다고 하였다.[122] 이 문덕전 연회는 장성의 제1단계 축성공사를 마무리한데 따라 이를 축하하기 위해 마련된 것 같다. 마무리 공사는 春節工事로서 2월에 공사를 시작하여 3월에 마무리를 한 모양이다.

G③에서는 정종 1년에 西北路 松嶺의 동쪽에 장성을 쌓아서 변방 외적의 요충지를 제압토록 하였다고 하였다. 『高麗史』 권6 世家6 靖宗 원년 9월조에도 이 달에 서북 지방 松嶺 이동에 장성을 구축하여 변방 적들의 침입을 방어하는 요충으로 삼았다고 하였다. 이 역사는 천리장성의 제2단계 축성공사인데, 9월의 추절공사로 이루어졌음을 알 수 있다. 여기서 송령은 『新增東國輿地勝覽』 義州牧 山川條의 州東 30리에 있다는 松山에 비정되며, 오늘날의 의주군 금광리 금광산(송산)이다. 이 지점은 제1단계 축성공사 구간의 종점에 해당된다. 제2단계 축성공사가 끝난 시기는 제3단계 축성공사가 시작되는 정종 7년이다. 공사구간은 금광산으로부터 동쪽으로 삭주군, 창성군, 동창군을 지나 운산군 우현령 남쪽인 자강도 희천시와 평안북도 운산군 경계인 칙고개 부근까지 약 235km이다.

G④에는 정종 7년에 崔冲이 寧遠鎭城과 平虜鎭城을 쌓았다고 하였다. 천리장성의 남쪽에 있는 영원진성은 영원군 도삼리에 있는 평산성으로 둘레는 약 1.2km의 방형 석성이다. 대동강 수계를 방비하는 8개의 戍는 영원군과 대흥군에 있다. 평로진성은 자강도 동신군 서양리 유원진성이다. 서양리에서 청천강의 본 줄기와 온천강이 합수되는 삼각점에 쌓은 석성으로 둘레는 약 2km이고, 그중 북벽의

---

121) 최희림, 「천리장성의 축성 경위와 그 위치에 대하여」, 『력사과학』 4, 1983, 34~36쪽.

122) 『高麗史』 권5 世家5 德宗 三年 三月. 『高麗史』 권94 列傳7 柳韶傳.

약 500m 구간은 천리장성의 성벽을 겸한다. 6개의 戍 중 3개는 희천시에 3개는 동신군에 있다. 장성벽을 따라 일정한 간격을 두고 배치한 것이 아니고, 청천강 상류의 물줄기를 따라 통하는 중요한 길이 장성벽을 넘어서는 성목 마다 배치되었다. 靜戎戍가 가장 서쪽인 희천시 극성리 칙동의 칙고개 동쪽 정수골에 있는데 둘레는 105.5m이다. 즉 평로진성 관할 6개의 戍의 이름은 동쪽에서 서쪽으로 가면서 적은 것이다. 이는 제3단계 축성공사로 시작은 제2단계의 종점인 운산군 영웅리 칙고개로부터 동쪽으로 요덕군 백산까지 190km이고, 공사기간은 정종 7년에서 정종 9년까지이다.[123]

G⑤에서는 정종 10년에 金令器와 王寵之에게 명하여 長州, 定州, 元興鎭城을 쌓았다는 것이다. 이때 여진의 상황을 보면 完顔部 酋長 烏古迺 때에는 세력이 확장되어 統門水(今 도문강)에 이르고,[124] 그 후 烏雅束은 曷瀨甸 사람들을 귀부시키고자 石適歡을 보내 星顯(今 布尒哈通河), 統門(도문강)의 군사들을 거느리고 乙離骨嶺에 이르러 군사를 더 모집한 다음 活涅水로 나아가 曷瀨甸을 巡行하여 배반한 7성을 수습하도록 하였다. 이처럼 烏雅束 때에 이르러서는 曷瀨甸(今 함경남도 함흥평원)에 까지 세력을 뻗쳐 고려와 충돌하게 되었다.[125] 이러한 상황에서 쌓여진 東北邊長城(曷瀨甸長城) 중에서 長州鎭城은 정평군 구창리 풍양부락에 있으며, 장성 벽에 붙어 있고 평산성으로 둘레는 2.9km이며, 일부는 석성이고 일부는 토성이다. 靜北, 高嶺 등 6개의 戍는 정평군 도성산 서쪽 장주진성을 중심으로 6개가 배치되어 있다. 3개는 산 영마루에, 3개는 江岸에 배치되어 있다. 定州鎭城은 정평군 구읍리에 있고, 약 2.5km의 석성으로 내성과 외성으로 구분되고, 동북벽은 장성벽이다. 防戍, 押胡 등 5개의 戍는 정평군 도

123) 최희림, 「천리장성의 축성경위와 그 위치에 대하여」, 36~37쪽. 최희림, 「천리장성의 축성상 특징과 그 군사적 거점인 진성에 대하여(2)」, 『력사과학』 4, 1986, 21~23쪽.

124) 『金史』 권1 本紀1 世紀 景祖.

125) 『金史』 권135 列傳74 外國下 高麗傳.

성산에서부터 동쪽으로 광포까지 사이에 있다. 元興鎭城은 정평군 복흥리에 있는데 해안에 생긴 언덕 대지를 이용하여 쌓은 토성으로 둘레는 약 1.8km이다. 來降, 壓虜 등 4개의 戍는 정평군 호중리, 동호리, 삼도리, 복흥리에 하나씩이 있다.[126]

천리장성은 백산에서부터 정평군을 통과하고, 다른 한 줄기는 같은 백산에서 금야군을 통과하여 각각 동해 바닷가에 이르렀는데, 이 제4단계 축성공사 구간은 북쪽의 정평군을 통과하는 장성이었다. 시작은 제3단계 축성공사의 종점인 평안남도 영원군과 함경남도 요덕군에 솟아 있는 백산이었다. 총 길이는 170km이고, 역사는 정종 10년에 시작하여 대체로 정종 12년에 끝났다. 즉 김영기와 왕총지의 지휘 하에 쌓은 長州 등 3鎭城은 그해 11월경에 끝나고,[127] 나머지 지역은 1044년 초에 시작하여, 1046년까지 진행되었다고 추측되고 있다. 이처럼 천리장성은 총 길이 약 630km로 13년에 걸쳐 완성되었다. 한편 전술한 ②에서 천리장성이 동쪽으로 13성을 거치고 耀德鎭城, 靜邊鎭城, 和州鎭城을 지나 동해에 이른다는 3성은 금야군을 통과하는 장성의 줄기를 말한다. 이 장성도 거의 같은 시기에 쌓여진 것으로 보고 있다.[128] 이들 鎭城들에도 그 관할 하에 주암산 초소(戍)를 비롯하여 많은 戍들이 설치되었음이 지표조사에서 확인되었다고 한다. 하여튼 이 장성의 축성공사는 거란과 여진을 방어하기 위해 쌓은 보기 드문 대역사였다.

G⑥은 예종 14년에 장성 3척을 증축하였다는 것이다. 이때 금의

126) 최희림, 「천리장성의 축성상 특징과 그 군사적 거점인 진성에 대하여(2)」, 23~24쪽.

127) 정종 10년 11월 병마사가 아뢰기를 지금 쌓고 있는 長州, 定州, 元興鎭 성들은 며칠 안 가서 공사가 완공되는데, 공로를 세운 자가 매우 많으니 포상을 해야 한다고 하였다(『高麗史』 권6 世家6 靖宗 10년 11월).

128) 최희림, 「천리장성의 축성경위와 그 위치에 대하여」, 37쪽. 최희림, 「천리장성의 축성상 특징과 그 군사적 거점인 진성에 대하여(1)」, 『력사과학』 3, 1986, 43쪽.

태도를 보면 11월에 習泥烈 등이 이를 알리자, 曷瀨甸 孛董(여진족 추장의 칭호) 胡剌古· 習顯에게 詔書를 내려 이르기를 오로지 營壘만 튼튼하게 지키라고 하였다.[129] 사실 이 때에 여진의 完顔部 阿骨打가 1115년에 金을 세우고 요를 정벌하면서 크게 세력을 떨치게 되자, 고려는 금을 대비하기 위해 이처럼 동북변장성을 증축한 것이다. 이번 증축공사는 추절공사로 시작하여 혹한기 이전까지 공사가 계속되었던 모양 같다.

(2) 慈悲嶺長城

고려시대의 岊嶺長城으로 수도 개경을 지키는데 큰 역할을 한 자비령장성은 부분적인 지명에 따라 棘城, 岊嶺城, 舍人岩城, 舍人岩西城, 舍人岩東城, 洞仙館行城, 慈悲山城, 深源골城이라고도 전한다. 이 장성은 황해북도 황주군 철도리(재령강이 대동강에 흘러드는 입구)로부터 시작하여 봉산군, 연탄군, 수안군, 연산군을 거쳐 신평군에 이르는 수백 리 구간을 동서로 뻗었다. 황해도 지방에서 가장 중요한 요새지였던 正方山城의 북벽도 장성의 일부였다. 자비령장성은 성벽을 연속하여 쌓은 것이 아니고 험준한 자연지형들을 그대로 이용하면서, 중요한 구간에만 부분부분 성벽을 쌓았다.[130] 자비령장성에는 여러 개의 관문들이 있는데 사리원시 교외 북쪽 광성리와 성산리 경계에 있는 洞仙關門은 가장 중요한 관문이었다. 洞仙嶺을 거치는 통로가 관서지방에서 황해도로 통하는 6개의 통로 가운데 제일 직로이고, 가장 많이 이용하는 교통의 요지였으며 군사적 요새였다.

이 장성은 헌덕왕 18년 7월에 쌓았다는 浿江長城에 비정 되고, 동선관문도 이때에 처음 쌓아진 것으로 보기도 한다.[131] 동선관행성과 동선관문은 영조 21년에서 영조 23년 사이에 마지막으로 수축되었다.

---

129) 『金史』 권2 本紀2 太祖 天輔 三年 十一月.
130) 장상렬, 「동선관문의 건축 년대와 형식」, 『력사과학』 2, 1985, 45쪽.
131) 장상렬, 「위의 논문」, 46쪽.

동선관문은 북쪽 방향에 정면을 두고 세워졌는데, 동쪽은 舍人岩이라고 부르는 절벽을 이루는 커다란 바위산에서 급하게 내려 뻗은 성벽과 이어지고, 서벽은 정방산 쪽으로 가파르게 솟은 성벽과 이어졌다.

동선관문의 높은 축대는 성벽을 쌓은 돌과 같은 대충 다듬은 돌로 면을 맞추어 쌓고, 축대 복판에는 북쪽이 홍예이고, 남쪽은 평평한 이마돌을 이은 문길을 냈다. 1982년에 옛 모습대로 복원한 동선관문의 문루는 정면 3칸, 측면 3칸으로 겹처마로 된 합각지붕이다.[132]

맺음말

첫째, 원시적인 방어시설로 이른 시기부터 활용되었던 것으로 보이는 棘城은 저습한 곳이나 작은 내가 흐르는 곳, 동구 좌우, 장성의 수구, 해자 밖, 성곽 둘레, 행성의 일부, 방장, 석성과 토성의 일부, 목책에 덧붙인 곳, 변방의 장성 밖, 변방 여진과의 경계선에 설치하였다고 하였다. 또 이 극성은 가시나무를 심거나, 마른 가시나무를 벌려 놓는 경우로 구분 할 수가 있다. 극성은 석성이나 토성을 쌓기 전에 임시로 쌓은 경우가 많다는 점, 화공에 약하다는 점, 만드는데 인력과 비용이 적게 든다는 점, 목책성이나 녹각성처럼 보조적인 기능이 높다는 점 등을 특징으로 지적 할 수 있다.

둘째, 板城은 중국의 六合板城의 예로 보아 板木으로 만든 성이 아닌가 추정된다.

셋째, 壁城은 원목이나 각목(柧木)으로 목책을 만든 다음 안팎으로 진흙을 벽처럼 바르고, 위에는 이엉을 씌운 구조물이며, 목책도니성과 같은 구조물이라고 짐작된다. 벽성은 재목을 나르는 일이 매우

132) 장상렬, 「위의 논문」, 46~48쪽.

힘들다는 점, 오랜 기간이 못 가서 썩는 등 내구성이 약하다는 점, 火災에 약하다는 점, 자주 고쳐 쌓는 불편이 있다는 점, 大賊을 방어하기는 어렵다는 점 등이 지적되고 있다.

넷째, 우리나라에서 甓城(磚城, 甎城)이 시도된 것은 조선 초기부터였다. 지리지에는 豊川邑城, 豊川古行城, 加吾亇堡, 榛遲達堡, 小農堡, 加乙波知堡, 小斜亇洞堡, 松山堡 등 8개소가 전하고 있다. 분포를 보면 함경도 5개소, 황해도 2개소, 평안도 1개소였다. 즉 함경도에 집중되어 있으며, 특히 변경지대에 집중되는 특징을 보인다. 실록에는 세종대에 碧潼甓城, 성종대에 甫伊堡甓城, 德榛坡堡甓城의 이름이 보이는데, 모두 평안도와 함경도의 변경지대에 위치하는 것들이다. 조선후기에 들어서는 영조대에 강화외성을 벽성으로 개축하고, 정조대에는 수원 화성에도 甕城, 弩臺, 烽墩 등을 비롯하여 일부 사용되었다. 이밖에 남한산성에도 여장을 비롯하여 암문 일부에 벽돌을 사용하였다.

지리지에 전하는 벽성의 규모는 404~1,292척 사이이고, 높이는 7~8척으로 비교적 작은 편이다. 이는 벽돌의 제작에 많은 비용이 소요되므로, 대규모의 성곽에는 활용하기가 사실상 어려웠기 때문으로 짐작된다. 벽성의 장점은 벽돌을 소요에 따라 규격화 시킬 수 있다는 점, 성벽 전체가 한 덩어리가 되어 붕괴나 파손율이 적다는 점, 재료의 규격화로 아름다운 형태를 만들어 낼 수 있다는 점이 지적되고 있으나, 벽돌을 제작하는데 많은 비용이 든다는 점이 단점으로 지적되고 있다.

다섯째, 重城은 체성의 바깥쪽에도 쌓고 안쪽에도 쌓았으며, 이러한 구조물은 본성의 방어 기능을 높이기 위한 보조시설로 추정된다.

여섯째, 防墻은 고구려 전기도성이었던 국내성의 주변에는 關馬墻防墻, 望波嶺防墻, 七個頂子防墻 등을 비롯한 여러 개가 있었음이 밝혀지고 있다. 이는 당시 고구려의 방어체제를 연구하는데도 중요한 가치가 있으며, 당시의 교통로를 규명하는데도 귀중한 자료가 되고 있다. 이처럼 방장은 이른 시기부터 출현하여 조선시대의 조령관문에 까지 오랜 기간 응용되었다. 방장에는 관문이 있어 통행인을 감시하였으며, 초기의 전형적인 방장은 후에 점차 장성의 형태로 발전하였다. 특히 방장과 장성은 대체로 직선에 가깝게 성벽이 이어진다는 특징을 보인다.

제2부 고려시대의 관방유적

제1장 몽골군의 침입과 양근성

머 리 말

고려시대의 楊根城은 오늘날 경기도 양평군 옥천면 용천리 산 27번지에 위치한 咸王城(경기도 기념물 123호)에 비정된다. 전략적으로 중요한 龍門山을 중앙부에 끼고 있는 양평지역은 예로부터 전략적으로 중요시 되어오던 지역이다. 양평지역은 북에서 내려오는 육로를 막는 것과 함께 양평의 남쪽으로 남동쪽에서 서북방향으로 흐르는 남한강도 공제하여야 하였다. 함왕성은 용문산 줄기에 자리 잡으면서, 고려시대에는 양평지역의 거점성의 역할을 하였다.

본고는 고려시대 몽골군의 외침시 양근성의 역할을 살펴보기 위하여 마련한 것이다. 우선 함왕성의 현황을 간략하게 살펴보고, 이어서 문헌자료를 중심으로 양근성의 역할을 살펴보도록 하겠다.

Ⅰ. 함왕성

咸王城은 龍門峰(해발 1,157m)에서 白雲峰(해발 940m)으로 뻗은 능선 중 여우봉(해발 865m)과 노루봉(해발 855m) 사이의 능선을 동벽으로 삼고, 서쪽으로 형성된 계곡부를 둘러싸고 축조된 포곡식산성이다.

성벽의 전체 둘레는 2,042m이고, 면적은 130,015㎡이다.1) 이처럼 함왕성은 험준한 산지와 깊은 계곡이 있는 곳에 위치한다는 특징이 있다. 함왕성의 전체적인 형태는 평면상으로 남북 길이가 350m, 동서 길이가 750m로 동서를 장축으로 하는 사다리꼴에 가까운 형태로 서벽의 북쪽 부분이 돌출되어 있다. 단면상으로는 東高西底, 南高北底의 형상을 띠고 있다. 남벽, 서벽, 동벽은 능선을 감싸고 있으며, 북벽은 계곡을 막아 축조하였다. 이 때문에 이곳에 우물터가 있고, 성안의 하수와 유수도 이곳의 북벽으로 처리되게 되어 있다.

남벽은 길이가 480m로 해발 865m에서 700m에 걸쳐 동쪽에서 서쪽으로 점차 낮아지는 형상을 보인다, 특히 남벽 19~20구간의 성벽은 상폭 230cm정도로 협축으로 쌓은 내 · 외벽이 잘 남아 있어 전반적인 축조공법을 이해하는데 좋은 자료가 되고 있다. 잘 남아 있는 곳은 하부의 자연 암반을 포함하여 높이가 4~5m인 곳도 있다. 특히 성벽의 내외부가 모두 급경사를 이루는 20구간의 내벽은 2단으로 되어 있는 곳이 있는데, 길이 210cm, 높이 110cm(하단 50cm, 상단 60cm)이다. 성벽으로 오르기 쉽게 응용한 것이 아닌가 싶다. 석재의 규모는 45×15cm, 30×30cm, 24×25cm정도이다. 동벽은 함왕성의 정상부인 여우봉 865m고지에서 북동쪽으로 뻗은 능선을 따라 축조하였다. 이 지역은 성벽 중에서 고도가 가장 높은 지역으로 산성의 안팎이 급경사를 이룬다. 북벽은 길이가 960여 m로 해발 855m의 고지에서 서남쪽으로 해발 630m의 서치성으로 뻗어 내려온 능선을 이용하여 축조하였다. 동벽의 한 지점은 잔존 외벽 높이가 200cm인데, 하면에 130×30cm, 80×30cm 크기의 석재를 사용하여 기저부를 형성

---

1) 양평군 · 수원대학교박물관, 『양평 함왕성지 지표 및 시굴조사 보고서』, 1999, 42쪽.

하고, 위에는 60×30cm~20×20cm의 할석과 막돌을 고른 면을 바깥쪽으로 면마춤을 하고, 틈새는 쐐기돌을 끼워 넣어 고정시키면서 수평을 유지하였고, 내벽은 높이 95cm(2~3단)가 남아 있다. 북벽의 잔존 성벽 높이는 120~150cm이고, 사용된 석재의 규모는 38×10cm~17×13cm, 60×30cm~25×15cm이다. 특히 북벽은 북쪽으로 해발 860m에 절벽이 약 30m정도 형성되어 자연 지형을 그대로 이용하였다. 서벽은 길이가 300m이며 서치성과 동남쪽으로 뻗은 능선을 따라 남벽부로 회절되는 구간까지이다. 해발 655m에서 700m에 걸쳐 있으며, 함왕성에서 가장 완만한 경사면에 축조되었다. 사용된 석재의 규모는 140×80×60cm, 113×90×100cm, 57×40×10cm정도이고, 높이는 3~3.5m정도로 추정된다.

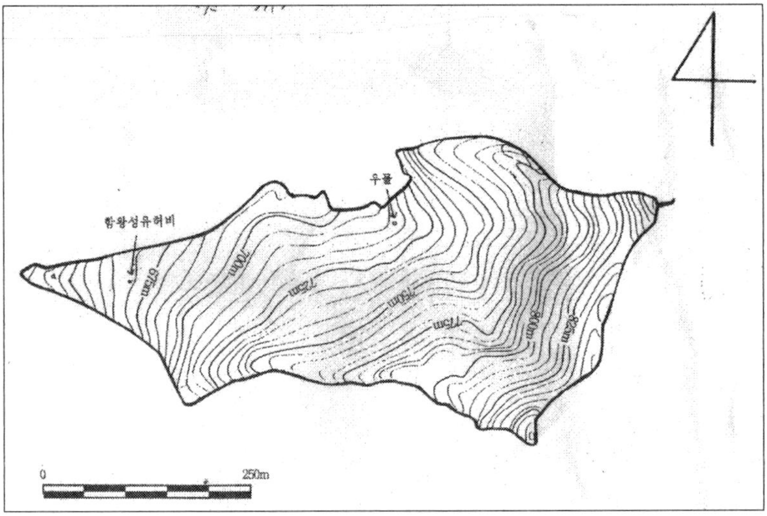

<그림 1> 함왕성 평면도

석재는 주로 암벽이나 암반에서 떼어낸 할석을 사용하여 주로 허튼층쌓기로 거칠게 쌓았다. 성벽은 대체로 편축으로 쌓았으나, 동벽 31구간, 철성, 북벽 42구간, 48구간, 서치성처럼 협축으로 쌓은 부분

도 있다.[2] 특히 서벽은 낮은 능선 지역에 축조된 관계로 주로 협축으로 쌓았다. 또 서벽 8~9구간, 남벽 19~20구간, 25~27구간처럼 자연 암벽을 그대로 성벽으로 이용한 경우도 있는데, 이는 자연 암벽만으로도 성벽의 기능을 할 수 있었기 때문이며, 우리나라에서는 삼국시대부터 널리 활용되어 왔다. 자연 암벽만으로는 성벽의 기능을 할 수 없는 지점에서는 남벽 12구간, 13구간, 18구간, 19~20구간, 25구간, 동벽 38~39구간, 북벽 40구간, 42~43구간, 55구간처럼 암벽이나 암반 노두위에 성벽을 쌓아 보강한 경우도 있고, 남벽 15구간, 20구간, 북벽 39구간, 41구간처럼 암벽과 암벽 사이에 성벽을 쌓아 보강한 경우도 있다. 이처럼 능선을 따라 형성되어 있는 자연 암벽을 최대한 활용하였다.

석성의 축조에서는 축성재료인 성 돌의 마련이 가장 중요한 과제였다. 浮石의 작업은 築城役을 착수하기 위한 전제조건이 되는 것으로써, 특히 산성의 축성에서는 부근에 적합한 浮石處가 있는지의 여부가 산성의 중요한 입지조건이 되었다.[3] 부석의 작업은 이같이 城役所 부근에서 실시되어야 할 필요가 있었는데, 그것은 운반을 수월하게 하려는 때문이었다. 運石의 작업은 일반적으로 부석보다는 더 많은 노동력이 소요되는 고된 작업이었다.[4] 함왕성의 축조에서는 이처럼 다행히도 주변에 화강암 암석이 풍부하기 때문에 이들을 그대로 활용하여 功力을 크게 줄일 수가 있었다. 한편 남벽 11구간, 동벽 30~31구간, 서치성에서는 성벽의 아래 부분에는 규모가 큰 성 돌을 사용하고 위로는 보다 작은 성 돌을 사용하였는데, 이는 성벽의 견고도를 높이고, 축성을 편리하도록 하기 위함이었다.

부대시설로는 문지, 雉城址, 凸城址, 수구지, 우물지, 장대지, 건물

---

2) 내외협축공법을 응용한 29~31구간의 상폭 180cm, 19~20구간의 상폭 230cm, 56~60구간의 상폭 140cm, 45~48구간의 상폭 200~300cm처럼 성벽이 왜소한 느낌을 준다.

3) 『肅宗實錄』 권49, 肅宗 36년 12월 戊子.

4) 『備邊司謄錄』 책60, 肅宗 36년 7월 2일.

지지가 확인되었다. 문지로는 동문지 1개소가 있는데, 동문지는 동벽의 북쪽에 치우쳐 있으며 동벽 중에서도 고도가 가장 낮은 지역에 위치하고, 용문면 연수리 방면으로 통한다. 성벽이 모두 무너져 내려 원상을 알기가 어려우나 함몰부의 폭은 상면이 4m, 함몰 깊이는 0.5m, 길이 3m이다. 한편 북벽의 주계곡부도 수해로 인하여 완전히 붕괴되었으나, 주변의 지형으로 보아 수구와 더불어 문지를 개설하였을 가능성이 있다. 만약 이곳이 북문지라면 舍那寺 방면에서 함왕성으로 통하는 정문이었을 것이다. 즉 고려시대의 邑治[5]에서 사나사를 거쳐 함왕성으로 통하는 이 길이 함왕성으로 통하는 중심 통로였다고 볼 수가 있다. 현재 사나사 방면에서 서치성 동편을 통해서 성안으로 진입하는 등산로는 문지가 아니다.

철성은 동철성 1개소가 있으며, 동철성은 동벽 북쪽 끝단의 회절부에 설치되었다. 북동쪽의 능선을 따라 설치되었는데, 규모는 길이 15m, 외벽 높이 3m, 내벽 높이 1.6m, 상폭 1.2m로 정상부에 있는 암벽 사이에 축조하였다. 용문산 주봉에서 백운봉에 이르는 줄기가 함왕성과 연결되어 있어 이처럼 방어력을 강화한 것이다. 치성도 1개소가 확인되었는데, 서치성은 사나사 방면에서 함왕성을 거쳐 백운봉과 용문산에 이르는 등산로의 서편에 설치되었다. 이곳은 북벽과 서벽이 회절하여 만나는 구간인데, 해발 630m 지점으로 경사가 가장 완만한 지역이다. 규모는 남북 17m, 동서 15m이다. 외벽은 전면 중앙에서 길이 4m, 잔존 높이 2.2m의 성벽이 남아 있다. 내벽은 하단 70cm, 상단 45cm 높이의 2단으로 축조되어 있는데, 이는 여장을 설치하였던 흔적으로 보인다. 내외협축의 폭은 650cm, 여장까지의 폭은 490cm이다. 서치성은 경사가 완만한 지형이고, 사나사 방면으로 능선이 뻗어 있어 방어에 취약하기 때문에 이처럼 이곳에 치성을 설

5) 양근현의 읍치는 영조 23년에 乾芝山 밑에서 葛山의 강변으로 옮겼다(『京畿邑誌』 楊根 建置沿革). 이처럼 영조 23년에 옥천면 일대에서 현재의 양평읍으로 이전한 것이다.

치하여 방어력을 높인 것이다.

수구지는 북벽에서 2개소가 확인되었다. 그러나 수해로 인하여 완전히 붕괴되어 집수시설이나 배수시설의 형태는 알 수가 없다. 이 중 수구지 1은 해발 720~725m 지점의 성내부의 주계곡으로 성안에 모인 물이 성 밖으로 빠져 나가는 곳에 위치하며, 현재도 이곳에는 우물지에서 형성된 수로가 암반 사이로 스며들어 성벽 외부로 배출된다. 수구지 2는 폭이 약 2m정도로 추정되나, 성벽이 완전히 허물어져 집수시설이나 배수시설의 형태는 확인되지 않는다. 우물지는 1개소로 성안에서 가장 큰 계곡의 하부에 위치한다. 수구지 1에서 서남쪽 약 40m 지점에 있다. 경사면의 바위틈 사이에서 흘러내린 지하수가 용출되는 지점에 할석으로 만들었다. 규모는 150×130cm로 가로가 긴 타원형이나 원형에 가깝다. 우물지에서 약 3m정도의 수로가 형성되어 있고, 그 북쪽으로는 암반 사이로 스며들어 성 밖으로 배출되고 있다.

장대지는 2개소가 확인되었는데, 동장대지는 해발 865m고지의 여우봉에 위치하며, 이곳은 성안에서 지세가 가장 높은 곳이다. 동서 6m, 남북 5m의 원형에 가까운 평탄면이 조성되어 있으며, 사방을 잘 조망할 수 있다. 서장대지는 서치성 동편의 돌출형 대지에 위치하며, 동서 11.5cm, 남북 6m의 장방형 평탄대지가 조성되어 있다. 건물지는 모두 3개소가 확인되었는데 기와편과 자기편 등이 수습된다. 성안에서 가장 넓은 평지에 있는 함왕성유허비가 있는 완사면의 건물지가 성안의 중심시설이었던 것으로 보인다. 이밖에 남벽의 21구간 북쪽의 평탄대지와 22구간 북쪽의 평탄대지 등에서도 확인되었다. 성벽의 안쪽으로는 5~8m정도의 內環道가 조성되어 있는 부분이 있다.

한편 함왕성에서 동쪽으로는 용문면, 청운면, 지제면, 양동면 일대와 멀리 여주와 횡성 일대가 조망되고, 서쪽으로는 옥천면, 양서면 일대와 남한강이 잘 조망된다. 전체적으로 보아 함왕성은 동쪽에서 침입하는 적을 막는데 적합하며, 남쪽으로는 남한강 수로를 제압할 수 있는 이점도 있다. 또 『大東輿地圖』에서 楊根의 관아에서 가평의 관아로 가는 咸公城 서쪽의 고개 길을 咸公峴이라고 표기한 것을 보면, 함왕성은 북쪽의 가평방면에서 침입하는 적을 의식하였다는 점도 어느 정도 알 수가 있다. 즉 함왕성은 피난위주 뿐만 아니라 전략적 입지도 고려되었음을 알 수가 있다. 또 성안은 북쪽 계곡의 우물지 남서쪽 능선에서 함왕성유허비 주변과 남벽 주변에 형성된 평탄대지를 제외하고는 매우 험준하다. 이처럼 성안에 평탄지가 부족하기 때문에 성안에서 많은 인원이 주거하기에 불편함이 있다. 그러나 성안이 급경사를 이루는 지역이 많기 때문에 성안에서도 전투를 전개할 수 있는 이점이 있어 방어에는 유리한 점도 있다.

Ⅱ. 몽골군의 침입과 양근성

1. 3차 침입

몽골은 고종 20년 5월에 금의 수도 변경을 함락시키고, 9월에는 東眞國의 남경성을 함락하여 포선만노를 사로잡음으로써 이를 멸망시키고, 고종 21년 2월에는 금을 멸망시켰다. 이에 따라 몽골은 향후의 정벌 계획을 새로 수립하게 되고, 고려가 남송과의 연합을 막기 위해 정벌계획에 따라 고려에 3차 침입이 시작되었다.

고종 22년 윤 7월에 몽골은 남송을 공격하는 길에 따로 살리타이(사르탁, 撒禮塔)을 따라 고종 18년 1차 침입에 참여했던 탕꾸(唐古, 唐兀臺)가 이끄는 몽골의 3차 침략군이 安邊都護府를 침략하였다.[6] 이에 전 · 후 · 좌 · 우군 陣主를 지병마사로 임명하여 강 연안을 방비하게 하고, 광주와 남경 사람들을 모두 강화로 들어가게 하

6) 『高麗史』 권23 世家23 高宗 22년 윤7월 丙子.

였다.[7] 8월에 적이 龍岡, 咸從, 三登 등의 성을 함락시키고, 그 고을 수령들을 잡아갔다.[8]

9월에 안동 사람이 적을 끌어들여 東京(경주)으로 향하자 상장군 金利生을 동남도지휘사로 임명하고, 충청주도안찰사 庾碩을 부사로 임명하였다.[9] 또 적이 동진군을 데리고 와서 龍津鎭(덕원 동 30리)을 함락시키고,[10] 이어 鎭溟城(덕원 남 24리)을 함락시켰다. 야별초 都領 李裕貞이 海平(선산 동 33리)에서 적을 치다가 패하여 모든 병사가 몰살당하였다.[11]

10월에 적이 대병력을 이끌고 동북면, 서북면 경내로 침입하고,[12] 적이 洞州城(서흥 大峴山城)을 함락하였다.[13] 또 야별초군이 砥平縣 사람들과 함께 적을 야간에 습격하여 죽이고 사로잡은 것이 매우 많았으며, 말과 나귀를 노획하여 나라에 바쳤다.[14]

고종 23년 1월에 대장군 李令長을 동북면지병마사, 판소부감사 孫襲卿을 서북면지병마사로 임명하였다.[15] 5월에 적의 기병 50여 명이 關東에 침입하였다.[16]

6월에 적이 義州江을 건너와 烏勿只川과 寧朔鎭에 진을 치고, 또 적의 유격병이 嘉州(가산), 安北府(안주) 雲岩驛에 진을 쳤다. 宣州

---

7) 『高麗史』 권23 世家23 高宗 22년 윤7월 壬午.
8) 『高麗史』 권23 世家23 高宗 22년 8월 癸丑.
9) 『高麗史』 권23 世家23 高宗 22년 9월. 이때 김이생과 유석은 왕명에 의해 통도사에 들러 戒壇 속 부처의 진신사리를 꺼내어 瞻敬하였다고 한다(『三國遺事』 권3 塔像4 前後所藏舍利).
10) 『高麗史』 권23 世家23 高宗 22년 9월 丙子.
11) 『高麗史』 권23 世家23 高宗 22년 9월 戊寅. 李裕貞은 최우의 도방 야별초 도령으로 적을 치겠다고 자청하여 군사 160명을 거느리고 참전하였다(『高麗史』 권23 世家23 高宗 22년 8월 辛亥).
12) 『高麗史』 권23 世家23 高宗 22년 10월 庚寅.
13) 『高麗史』 권23 世家23 高宗 22년 10월 辛丑.
14) 『高麗史』 권23 世家23 高宗 22년 10월 辛亥.
15) 『高麗史』 권23 世家23 高宗 23년 정월 丁亥.
16) 『高麗史』 권23 世家23 高宗 23년 5월 丙子.

(선천) 兄弟山 들판에 도합 17개소에 진을 치고, 慈州(자산), 朔州, 龜州(구성), 郭州(곽산) 등지에도 진을 쳤다.[17] 이에 강화정부에서는 각 도의 산성에 防護別監을 파견하였다.[18] 적의 선봉이 황주에 들어오고, 이어 信州(신천), 安州(재령)에도 들어왔다.[19]

7월에 적이 价州(개천)에 들어오자, 경별초 교위 希景과 价州 중랑장 明俊 등이 군사를 숨겨두었다가 양쪽에서 쳐서 많은 적을 살상하고, 말안장, 활, 화살, 의복 등 물품을 노획하였다. 또 長州(정평 서남 55리) 낭장 光大 등이 定州(정평)에 이르러 적 2명을 사로잡았다.[20] 적의 기병 20여 명이 慈山 동쪽 들판에 침입하여 벼를 베던 농민 20여 명을 살해하였다.[21]

8월에 동진의 원병인 기병 100명이 耀德鎭(영흥 북서 120리)과 靜邊鎭(영흥 동 60리)에서 永興倉으로 갔다.[22] 또 적이 慈州을 함락시켜 副使 崔景侯, 판관 金之佇, 殷州副使 金景禧가 살해되었다.[23] 席島 방호별감이 적 3명을 사로잡아 서울로 압송하였다.[24] 적 100여 명이 溫水郡(온양)으로부터 남쪽으로 내려오다가 車峴으로 향하였다.[25] 적이 남경, 평택, 牙州(아산), 河陽倉 등지에 진을 쳤다.[26]

9월에 적이 溫水城(아산 排方山城)[27]을 포위하자 그 고을 군리

17) 『高麗史』 권23 世家23 高宗 23년 6월 庚寅 · 癸巳 · 乙未 · 丙申. 이것이 탕꾸에 의한 2차 침략의 시작이다.
18) 『高麗史』 권23 世家23 高宗 23년 6월 丁酉.
19) 『高麗史』 권23 世家23 高宗 23년 6월 戊戌.
20) 『高麗史』 권23 世家23 高宗 23년 7월 辛酉.
21) 『高麗史』 권23 世家23 高宗 23년 7월 癸酉.
22) 『高麗史』 권23 世家23 高宗 23년 8월 戊子.
23) 『高麗史』 권23 世家23 高宗 23년 8월 丁酉.
24) 『高麗史』 권23 世家23 高宗 23년 8월 丙午.
25) 『高麗史』 권23 世家23 高宗 23년 8월 丁未.
26) 『高麗史』 권23 世家23 高宗 23년 8월 戊申.
27) 윤용혁은 영인산성으로 비정하였다(尹龍爀, 「한국의 麗蒙관계 史蹟―13세기 여몽 전쟁기를 중심으로―」, 『金顯吉教授停年紀念鄉土史學論叢』, 修書院, 1997, 62~63쪽).

玄呂 등이 성문을 열고 나가 싸워서 적을 크게 무찌르고 적 2명의 목을 베었으며 200여 명을 사살하고, 많은 병기를 노획하였다. 고종은 그 고을 성황신이 음으로 도와준 공이 있다고 하여 성황당에 神號를 더 붙여 주고, 현려를 그 고을의 호장으로 삼았다.[28)]

또 적이 竹州山城(죽산)에 와서 항복을 권유하자 성안의 사졸이 출격하여 쫓아버렸다. 이에 적이 다시 와서 포로서 성의 4면을 공격하자 성문이 무너지니 성안에서도 포로써 반격하여 격퇴시켰다. 이렇게 되자 적이 감히 가까이 오지 못하였다. 적이 또 사람의 기름을 준비하여 짚에 뿌리고 불을 놓아 공격하자, 성중의 사졸이 일시에 성문을 열고 돌격하자 적의 사상자가 이루 헤아릴 수가 없었다. 적이 여러 방법으로 공격하기를 무릇 15일이나 하였으나 함락시키지 못하였다. 이에 적은 攻城 장비를 불태우고 물러났다. 전투를 지휘한 宋文胄(宋彦庠)는 龜州에 있을 때부터 적이 성을 공격하는 전술을 잘 알고 있었으므로, 적의 계획을 예측 못하는 것이 없었다. 매번 군사들에게 말하기를 오늘은 적병이 반드시 어떠한 기계를 사용할 것이니, 우리는 마땅히 이러한 기계를 준비하였다가 대응해야 한다라고 하였다. 적이 이른 뒤에 보면 과연 그의 말과 같았으므로 성중 사람들은 모두 그를 신통하다고 일렀다. 그는 이번 전공으로 좌우위장군으로 임명되었다.[29)] 한마디로 죽주성전투는 구주성전투의 축소판이라고 볼 수가 있다.[30)]

10월에 적이 전주, 고부 경내로 들어왔다.[31)] 또 扶寧(부안) 별초

---

28) 『高麗史』 권23 世家23 高宗 23년 9월 丁巳.
29) 『高麗史』 권103 列傳16 朴犀 附 宋文胄傳. 『高麗史節要』 권16 高宗 23년 9월.
30) 宋文胄는 고종 18년 9월의 구주성전투에 참가하여 전공으로 낭장으로 승진하고, 고종 23년에 竹州防護別監이 되었던 인물이다. 해발 372m의 비봉산에 위치한 죽주산성은 내성(조선시대), 중성(신라시대), 외성(고려시대)으로 구성된 複郭式山城이다. 필자가 1978년에 살펴본 바로는 지세는 그리 높지는 않으나 견고하게 쌓여진 훌륭한 요새였다. 하여튼 이 성이 고려이전에 축조되었지만 이때에도 입보산성으로 활용된 것은, 이곳이 영남으로 내려가는 대로로 전략상 매우 중요한 지점이라는 점과 이 성이 지니는 장점 때문이라고 짐작된다.

全公烈은 高闌寺 산길에 군사를 숨겼다가 적의 기병 20명을 보고 쳐서 2명을 죽였으며, 병기와 말 20여 필을 빼앗았다.[32]

12월에 야별초 朴仁傑 등이 공주 孝加洞에서 적과 싸워 16명이 전사하였다.[33] 또 적이 여러 날에 걸쳐 大興城(예산 任存城)을 침공하므로, 성문을 열고 나가 싸워서 적을 크게 격파하고 많은 병기를 빼앗았다.[34]

고종 25년 윤4월에 적이 동경에 침입하여 황룡사탑에 불을 질렀다.[35] 8월 하순경에 적은 개경에 진입하고, 9월 초에 강화의 맞은편에 출현하여 강도를 위협하는 무력시위를 하고, 이어 경상도 방면으로 남하하여 11월경에는 경주까지 내려가 철저한 파괴를 행하였다고 한다.[36] 이에 따라 12월에는 장군 金寶鼎 등을 몽고에 파견하여 몽고군의 철수를 요청하는 표문을 보내자,[37] 고종 26년 4월에 국왕이 내조하라는 몽고의 답서가 오고,[38] 이어 몽고군은 철군하였다.[39]

하여튼 몽골의 3차 침입은 고종 22년 윤7월부터 동왕 26년에 이르기까지 5년간이나 지속이 되었다.

---

31) 『高麗史』 권23 世家23 高宗 23년 10월 甲午.
32) 『高麗史』 권23 世家23 高宗 23년 10월 癸丑.
33) 『高麗史』 권23 世家23 高宗 23년 12월 戊子. 孝加洞은 공주에서 논산을 거쳐 호남으로 연결되는 간선도로상에 있는 현재의 공주시 계룡면 신기리의 孝浦라고 한다(尹龍爀, 「13세기 몽고의 침략에 대한 호서지방민의 항전—고려 대몽항전의 지역별 검토(1)—」, 『湖西文化硏究』 4(忠南大學校 湖西文化硏究所), 1984, 38쪽).
34) 『高麗史』 권23 世家23 高宗 23년 12월 癸卯. 이 해부터 불력으로 몽골병을 물리치기 위한 팔만대장경 각판사업이 시작되었다.
35) 『高麗史』 권23 世家23 高宗 25년 윤4월. 『三國遺事』에는 고종 18년(25년의 誤) 겨울에 몽고병의 兵火로 塔寺, 丈六, 殿宇가 모두 소실되었다고 하였는데(『三國遺事』 권3 塔像4 皇龍寺九層塔), 황룡사의 소실은 윤4월이 아니고, 겨울(10~12월)일 것으로 추정되고 있다.
36) 『東國李相國集』 詩.
37) 『高麗史』 권23 世家23 高宗 25년 12월.
38) 『高麗史』 권23 世家23 高宗 26년 4월.
39) 『高麗史』 권23 世家23 高宗 26년 4월.

2. 5차 침입

고종 38년 7월에 개최된 쿠릴타이에서 징기스칸의 막내아들 톨루이의 아들인 몽케(夢哥, 憲宗)가 황제로 선임되자, 헌종은 즉시 고려에 사신을 파견하여 고종의 친조와 개경에의 환도를 촉구하였다.[40] 또 이듬해 7월에는 헌종이 고려에 多可, 阿土 등의 사신을 보내면서 왕이 출륙하여 사신을 영접하지 아니하면, 고려를 정벌하겠다는 뜻을 사신들에게 전하였다.[41] 그러나 이때 고려에서는 고종 36년에 강화천도의 장본인인 최우가 사망하고, 뒤를 이은 집정자 崔沆은 지금까지의 고려의 대몽책을 그대로 계승하고 있었다.

드디어 고종 40년 7월에는 28년간의 여몽전쟁 중에서 몽골 최고 지휘관의 신분이 가장 높았던 예구(也窟, 헌종의 숙부)가 4차 침략을 주도하였던 아무가(阿母侃)와 洪福源 등을 거느리고 압록강을 건너쳐들어왔다. 이때 몽골군의 병력은 확실하게는 알 수 없으나 대략 1~2만명 정도로 보고 있다.[42] 이에 고려에서는 5도안찰사와 3도순문사에게 공문을 보내 빨리 주민들을 거느리고 산성과 海島로 들어가 지키게 하였다.[43] 이때 솔지우트(松柱, 헌종의 아우)가 이끄는 몽골의 별동부대는 동진의 병력과 함께,[44] 대동강의 下馬灘을 건너서 동북면의 古和州(영흥)로 향하였다.[45] 압록강을 건너 의주에서 개경으로 내려오는 길은 서로와 동로가 있었다. 서로는 의주에서 홍화진성

---

40) 『高麗史』 권24 世家24 高宗 38년 11월 戊申.

41) 『高麗史』 권24 世家24 高宗 39년 7월 壬辰.

42) 몽골군의 1차 침입시 병력이 가장 많았는데, 최대로 약 3만명정도로 추산하고 있다.

43) 『高麗史』 권24 世家24 高宗 40년 7월 甲申.

44) 몽골은 고종 20년에 두만강유역 포선만노의 동진국을 멸망시키고, 그 병력을 고려의 침략에 앞세웠다. 몽골은 고종 40년 4월에 솔지우트로 하여금 1만의 병력을 이끌고 동진을 거쳐 고려의 東界로 침략하게 하였다(『高麗史』 권24 世家24 高宗 40년 4월 甲午).

45) 『高麗史』 권24 世家24 高宗 40년 7월 辛卯.

(결망산성), 동림, 선천, 곽산, 정주, 안주, 숙천, 평양, 개경으로 내로 오는 평지 길이었다. 동로는 의주, 홍화진성, 천마, 구성, 태천, 박천, 안주, 숙천, 평양, 개경으로 내려오는 산길이 포함된 길이었다. 몽골군은 고려를 침입할 때 이 통로를 침입로로 이용하였다. 또 몽골군은 동진지역인 간도지역에서 영흥, 안변, 철령, 회양으로 내려오는 동해안 통로를 이용하였다. 전술한 몽고가 침입한 루트도 이들 두 통로였다.

8월에는 교위 金大就가 牛峰의 별초 30여 명을 거느리고 금교역과 홍의역 사이에서 적의 선발 척후병과 싸워 적 여러 명을 목 베이고 말, 활, 갑옷들을 노획하였다.[46] 또 예구가 이끄는 적의 주력부대는 서해도의 椋山城을 침략하였다. 양산성은 4면이 가팔라서 오직 한 길로 겨우 사람이 출입할 수 있는 천연의 요새였다. 그러나 방호별감 權世侯는 지세의 험함만을 믿고 술에 취하면서 방비를 가추지 않았다. 적이 성문을 포격하여 부수고 화살을 비 오듯이 쏘아대고 성벽에 사다리를 놓고 올라와 불화살을 쏘아 성안의 집들을 연소시키면서 적병이 성내로 들어오자 성이 함락되었다. 이에 방호별감 권세후는 자살하고, 4천 7백여 명이 사망하고 남자 10세 이상은 도륙당하였으며 부녀자와 소아는 사졸들에게 나누어 주었다.[47] 또 적 3천명이 高州(고원), 和州(영흥) 경계에 와서 진을 치고, 척후 기병 300여 명이 廣州에 침입하여 가옥을 불태웠다.[48]

또 적의 주력부대는 東州山城(철원 孤石城)을 함락시켰다. 이에 앞서 방호별감 白敦明은 州民들을 입보시키고 출입을 금지시켰다. 이때 州吏가 벼를 아직 수확하지 않았는데 적병이 아직 이르지 않았으니 윤번으로 나아가 수확을 시키자고 하였으나,[49] 백돈명은 이 말

---

46) 『高麗史』 권24 世家24 高宗 40년 8월 癸丑.

47) 『高麗史』 권101 列傳14 文漢卿 附 權世侯 · 白敦明傳. 『高麗史節要』 권17 高宗 40년 8월. 이처럼 정부 파견 지휘관의 태만이 방어력 결집에 실패하여 대량 살벌이라는 비극을 초래하였다.

48) 『高麗史』 권24 世家24 高宗 40년 8월 庚申.

을 듣지 않고 그 吏人을 참하였다. 이에 주민들이 분을 품고 모두 백돈명을 죽이려고 하였다. 적병이 성 밑에 이르자 백돈명은 정예 600명을 내어 싸우도록 하였으나, 사졸들이 싸우지 않고 도망하였다. 金華監務는 성이 장차 함락될 것을 알고 縣吏를 이끌고 도망하였다. 적은 성문을 부수고 성내로 돌입하여 백돈명, 東州副使, 判官, 金城縣令을 죽이고, 부녀자와 童男들은 포로로 하여 데리고 갔다.[50] 또 적의 척후 기병 300여 명이 全州城 남쪽 班石驛(전주 남 3리)에 침입하였으나, 別抄指諭 李柱가 적을 쳐서 반수 이상을 죽이고 말 20필을 노획하였다.[51]

9월에 충주 倉正[52] 崔守가 金堂 계곡[53]에 복병을 하여 놓고 적의 척후병이 오기를 기다렸다가 급히 쳐서 15명을 죽이고, 적의 병기와 납치되어 갔던 남녀 200여 명을 빼앗았다. 이 공로로 최수를 隊正으로 삼았다.[54] 적의 기병 10여 명이 甲串江(강화) 건너편을 노략질하였다.[55]

또 적의 주력부대가 春州城(춘천 鳳儀山城)을 여러 겹으로 포위하고 목책을 이중으로 세우고 폭 1장여의 참호를 파서 여러 날 동안 공격을 감행하였다. 이에 성안에 우물이 모두 말라 버리자, 牛馬를 잡아 피를 마실 정도로 사졸이 곤궁에 처하게 되었다.[56] 이에 文學

---

49) 몽골군은 고려인들이 수확을 못하게 수확철인 가을에 침략하여, 다음해 봄에 철군하는 것이 그들의 전술이었다.

50) 『高麗史』 권101 列傳14 文漢卿 附 權世侯 · 白敦明傳. 『高麗史節要』 권17 고종 40년 8월. 중앙에서 파견된 방호별감이 농민들의 사정을 고려하지 않고 일방적인 조치를 강행하여 이러한 비극을 초래하였다. 성민들의 화합이 방어력 강화에 얼마나 중요한 가를 보여 주는 사료라고 하겠다.

51) 『高麗史』 권24 世家24 高宗 40년 8월.

52) 倉正은 고려의 향리직이다.

53) 金堂峽은 상모면의 彌勒大院寺址 부근으로 비정된다(中原郡, 『中原彌勒里石窟實測調査報告書』, 1979, 167쪽).

54) 『高麗史』 권24 世家24 高宗 40년 9월 乙酉.

55) 『高麗史』 권24 世家24 高宗 40년 9월 癸巳.

56) 필자가 1983년에 살펴본 춘주성은 해발 301.5m의 봉의산에 위치한 둘레

曹孝立은 성을 지킬 수 없음을 알고 처와 함께 불로 뛰어 들어 죽고, 안찰사 朴天器는 방어에 한계를 느껴 성중의 錢穀을 불태우고 결사대를 조직하여 목책을 파괴하고, 적의 포위망을 돌파하려는 최후의 시도를 감행하였으나 적이 사전에 파 놓은 참호에 막혀 좌절되고, 마침내 성이 함락되어 춘주민의 대부분이 적에게 도륙을 당하였다.[57] 한편 춘주의 아전으로 고종 때 과거에 급제한 朴恒은 춘주성 전투 때 개경에 있었기 때문에 부모가 어디서 죽었는지 알지를 못하였다. 박항이 현장에 가보니 성 밑에 시체가 산더미처럼 쌓였으며 시체 가운데 얼굴이 부모와 비슷하게 생긴 시체를 모두 파묻어 주었는데 그 수효가 300여 명에 달하였다. 그 후 어머니가 포로가 되어 燕京에 있다는 말을 듣고 두 번이나 가서 찾았으나 찾지를 못하였다고 한다.[58] 하여튼 이번 춘주성전투는 성안의 관민이 결사항전으로 모두 죽음을 선택한 비극적인 전투였다. 이는 적이 처음부터 인근지역에서의 고려민의 저항을 약화시키기 위한 전술로 보이며, 춘주민과 안찰사 박천기의 대몽항전 결의에 자극된 일종의 보복전이었고, 이후의 공략에 그 위력을 선전하려는 의도가 있었다고 보고 있다.[59]

10월에 솔지우트가 이끄는 적의 별동부대가 동계의 거점인 登州(안변)을 포위하여 金壤城(안변 鶴城山城)을 함락시켰다.[60] 이때 적은 등주를 포위하였다가 포위를 풀고 금양성으로 향하여 이를 함락시킨 것이라고 한다.[61]

1,284m의 석성인데, 지형이 낮아 험준하지 못하고, 성안이 협소하고, 수원이 풍부하지 못하여 많은 사람들이 입보하여 장기간 큰 적과 싸우기는 어려워 보였다. 사실 이 성이 가지고 있는 이러한 지형적 조건도 이 성이 쉽게 함락되는 요인 중에 하나라고 볼 수가 있다.

57) 『高麗史』 권24 世家24 高宗 40년 9월 丙申. 『高麗史』 권121 列傳34 曹孝立傳. 『高麗史節要』 권17 高宗 40년 9월.

58) 『高麗史』 권106 列傳19 朴恒傳.

59) 尹龍爀, 「몽고의 침략에 대한 항전」, 『한국사』 20(국사편찬위원회), 1994, 226~227쪽.

60) 『高麗史節要』 권17 高宗 40년 10월.

또 적의 주력부대가 양근성을 포위하자 양근성의 방호별감 尹椿은 吏民을 이끌고 성에서 나와 항복하였다. 이에 적은 성중에서 정예 600명을 뽑아 윤춘으로 하여금 거느리게 하고, 적병 300명을 남겨서 양근성을 진수하게 하였다. 또 적은 알곡을 거두어 식량을 마련하였다.[62] 이어 윤춘은 원주방호별감 鄭至麟에게 글을 보내 투항을 권고하였으나, 정지린은 이를 거절하고 原州城(원주 鴒原山城)[63]을 더욱 굳게 지키자 적은 포위를 풀고 물러갔다.[64]

또 솔지우트가 이끄는 적의 별동부대는 襄州城(양양 雪岳山城)을 함락시켰다.[65]

李峴과 적의 주력부대는 원주성에 이어 충주의 天龍山城(충주 鳳凰山城)을 공격하자 黃驪縣令 鄭臣旦과 방호별감 趙邦彦이 나와서 항복하였다.[66] 한편 추밀부사로 몽골에 사신으로 갔다가 2년간 억류당하였던 이현은 예구의 길 아내가 되어 몽골병을 따라 와서 여러 성에 투항을 권유하였다. 양근성과 천룡성에 와서 위협하기를 양산, 동주, 춘주성이 항복하지 않겠다고 버티다가 도륙을 당했으니 너희

---

61) 『高麗史』 권24 世家24 高宗 40년 10월 丙午.

62) 『高麗史』 권24 世家24 高宗 40년 10월 己酉. 『高麗史』 권130 列傳43 韓洪甫傳. 『高麗史節要』 권17 高宗 40년 10월.

63) 영원산성은 임진왜란 때도 피난성으로 사용되었다. 즉 선조 25년 8월에 왜군이 영원산성을 함락시키자 목사 金悌甲이 전사하였다(『宣祖修正實錄』 권26, 宣祖 25년 8월 戊子). 선조 29년에도 조정에서는 영원산성을 활용하려고 하였으나, 당시 영원산성이 형용할 수 없을 정도로 蕩敗되어 있었다고 한다(『宣祖實錄』 권82, 宣祖 29년 11월 戊午).

64) 『高麗史』 권24 世家24 高宗 40년 10월 己酉. 『高麗史』 권130 列傳43 韓洪甫傳. 『高麗史節要』 권17 高宗 40년 10월.

65) 『高麗史節要』 권17 高宗 40년 10월.

66) 『高麗史』 권24 世家24 高宗 40년 10월 甲寅. 『高麗史節要』 권17 高宗 40년 10월. 고종 41년 2월에 黃驪縣令 鄭臣旦과 天龍山城防護別監 趙邦彦을 바다섬으로 귀양보냈다(『高麗史』 권24 世家24 高宗 41년 2월 甲辰). 고종 41년 7월에는 몽고 사신 多可가 항복한 고을의 관리들을 왜 죽였느냐고 추궁하자, 고종이 조방언과 정신단 등을 역마로 서울로 불러 들여서 多可에게 면대시킴으로써 죽이지 않았다는 것을 보여 주었다(『高麗史』 권24 世家24 高宗 41년 7월 戊午).

들은 속히 나와서 항복하라. 만약에 성을 수비하는 장수가 허락하지 않거든 죽이고 나오라고 하였다. 두 성이 항복하자 스스로 다루가치(達魯花赤)가 되어서 두 성의 항복한 주민들을 인솔하고 충주성을 70여 일이나 공격하였으나 함락시키지 못하였다.67) 그는 몽골군이 철군할 때 따라 가지 못하고 돌아왔다가 재추회의에 의해 반역죄로 저자에서 棄市刑으로 처형되고, 그의 집은 몰수되었으며, 아들들은 바다에 던져 죽이고, 처와 누이, 사위들은 섬으로 귀양 보냈다.68) 그가 몽골군을 따라가지 않은 이유를 알 수는 없으나, 몽골의 위협 때문에 고려정부에서 자기를 죽이지는 못할 것이라고 믿었던 것은 아닌지도 모르겠다. 그의 처형은 몽골황제에게 알려져 문제가 되었다.

천룡산성에 이어 적의 주력부대는 忠州城69)을 공격하였다. 포위

---

67) 『高麗史』 권130 列傳43 李峴傳.

68) 『高麗史』 권24 世家24 高宗 41년 정월 庚子. 『高麗史』 권130 列傳43 李峴傳. 이현은 추밀원부사로 고종 39년 1월에 몽골에 사신으로 갔다가(『高麗史』 권24 世家24 高宗 39년 정월 丙午), 2년간 몽골에 억류되었던 자이다.

69) 고종 41년 12월에 神廟에서 산천 신령들에게 合祀할 때의 祈告文에 「전년(고종 40년)에 적이 대거 침입하여 동쪽 藩屛의 數城이 며칠 사이에 모두 屠殘되자, 적은 승승장구 예봉을 풀어 곧 군사를 中原(충주)으로 옮겨 빗발 같은 矢石과 우뢰와 같은 戰鼓로 여러 달 공격하니 남은 외로운 성이 거의 위태하였나이다. 이때를 당하여 만약 이 성이 함락되었던들 그 밖의 여러 城堡는 가볍게 석권될 수밖에 없었는데, 다행히도 月嶽大王께서 큰 위력을 나타내어 가만히 도와주시므로 이에 능히 守禦하여 만세의 공을 이루었나이다」(『高麗史』 권24 世家24 高宗 41년 12월 甲申). 이를 근거로 충주산성을 해발 1,093m의 월악산에 있는 月岳山城(德周山城)으로 비정하는 견해가 있다. 그러나 월악대왕의 도움이라는 사실 하나를 가지고는 덕주산성을 충주산성으로 비정할 수 있는 명확한 단서는 되지 못하며, 일반적으로 충주산성이라고 호칭할 경우 鎭山인 大林山城이 충주산성이 되는 것이 당연하고, 대림산성의 전략적 위치나 규모 등으로 볼 때 대림산성이 충주의 산성들을 대표할 만 하다고 보는 견해도 있다(祥明大學校博物館 · 忠州市, 『忠州 大林山城 精密地表調査 報告書』, 1997, 179~183쪽). 또 충주시내에서 동남쪽으로 약 4km 떨어져 있는 해발 636m인 남산의 정상에 구축된 둘레 1,120m인 南山城을 이 성의 보고서에 충주산성이라고 표기하여(忠州工專博物館, 『忠州山城 綜合地表調査報告書』, 1984), 이 성에 대한 이후의 보고서들도 충주산성으로 표기하고 있다. 남산성은 초축년대가 6세기 후반경으로 추정되는 매우 중요한 산

한지 70여 일이 되자 성안에는 식량이 거의 다하였다. 방호별감 낭장 金允侯[70]는 병사들을 격려하기를 누구든지 힘을 다하여 싸우는 사람이라면 귀천의 차별이 없이 모두 벼슬과 작위를 주겠으니 너희들은 내말을 의심하지 말라고 하고, 官奴簿籍을 불에 태워버리고 노획한 소와 말을 병사들에게 나누어 주었다. 그리하여 사람들이 모두 힘을 다하여 적을 방어하였으므로, 적은 기세가 꺾여 남쪽으로 향하지를 못하였다.[71] 이러한 전공으로 김윤후는 監門衛 攝上將軍으로 승진되고 기타 군공이 있는 사람, 관노, 백정에 이르기까지 모두 공에 따라서 차등 있게 관작을 주었다.[72] 적은 결국 12월에 충주성의 포위를 풀었다.[73] 이번 충주성전투의 승리는 적의 영남으로의 남하

성으로, 1979년에 필자가 살펴본 바로는 지세는 험고하나 성안이 협소하고 수원이 충분하지 못하여 많은 사람들이 입보하여 장기적으로 싸우는 것은 어려울 것으로 보았다. 이웃의 丹陽民들이 읍치에서 떨어진 궁벽한 加隱巖山城으로 입보하여 암벽의 사이마다 다양한 방어시설을 만들어 놓고 적에 대항했던 눈물겨운 모습을 보면, 충주민들도 읍치에서 멀리 떨어진 궁벽하고 험준한 월악산성으로 입보하였을 가능이 높아 보인다. 이들은 여몽전쟁기에 고려인들의 산성으로의 입보상황을 알 수 있는 자료들이다. 즉 전쟁의 장기화와 함께 전투지는 더욱 산속 깊은 곳으로 옮겨진 것이다. 『新增東國輿地勝覽』 丹陽郡 古蹟條에는 고려 말에 왜구를 피해 단양, 제천, 청풍 사람들이 가은암산성으로 피난을 했다고 하였는데, 이보다 앞서 여몽전쟁기에도 이 산성은 입보산성으로 활용되었을 것으로 추정되고, 『高麗史』 地理志에 기록된 것처럼 카단의 침입 때도 縣人들이 죽령을 통해 남하하려는 적을 이곳에서 막았던 것으로 보인다.

70) 김윤후는 일찍이 승려로서 白峴院에 있었는데, 고종 19년 12월에 몽고병이 쳐들어오자 용인의 處仁城으로 피난 가서 處仁部曲民들을 지휘하여 몽골사령관 사르탁을 사살하여 몽골의 2차 침입을 종식시켰던 인물이었다. 김윤후는 이 전공으로 攝郎將의 벼슬을 받고 환속하여, 무반으로 守司空 右僕射(정2품)에까지 올랐고(『高麗史』 권103 列傳16 金允侯傳), 부곡민들의 항전에 대한 포상으로 처인부곡은 處仁縣으로 승격되었다.

71) 『高麗史』 권103 列傳16 金允侯傳. 『高麗史節要』 권17 高宗 40년 12월. 김윤후의 탁월한 지휘력과 지역민들의 항쟁의지가 결합된 이번 충주성전투의 승리는 충주를 國原京으로 승격시키는 영광도 안겨주었다(『高麗史節要』 권17 高宗 41년 4월).

72) 『高麗史節要』 권17 高宗 41년 2월.

73) 『高麗史』 권24 世家24 高宗 40년 12월 壬戌.

를 막고, 결국 몽골의 5차 침입을 종식시키는 결과를 가져왔다. 예구가 충주성을 포위하자 전 소경 鄭壽라는 자는 자기의 두 아들을 데리고 京山府(성주)로부터 와서 적에게 항복하였다.[74]

11월에 예구가 충주에서 병에 걸려 부장 아무가와 반역자 홍복원, 이현 등을 남겨두어 충주를 지키게 한 다음 정예 기병 1천을 거느리고 북쪽으로 돌아갔다.[75] 이때 예구는 몽골군 지휘부의 내부 갈등 때문에 본국으로 소환됨으로써 전선에서 먼저 물러가고, 부장 아무가와 홍복원 등이 충주성 공격을 계속하였다. 또 喬桐 별초가 平州城(평산 太白山城)[76] 밖에 군사를 잠복시키고 있다가 밤에 적의 병영으로 들어가 많은 적을 죽였으며, 교위 張子邦은 짧은 병기를 잡고 직접 屯長 20여 명을 죽였다.[77]

고종 40년 11월에 고종의 昇天府 출륙과[78] 12월에 고종의 둘째 아들 安慶公 淐의 입조 등 고려가 긍정적인 반응을 보이자,[79] 고종 41년 1월에 아무가는 공격을 정지하고 군사를 철수하였으며,[80] 수도에서도 계엄령을 해제함으로써,[81] 몽골의 5차 침입은 종식되었다.

하여튼 몽골의 1차 침입에서 4차 침입까지는 간헐적이고 약탈전쟁의 성격을 띠었으나, 5차 침입과 자랄타이(車羅大, 札剌兒帶)가 이끄는 6차 침입은 이와는 성격이 전혀 달랐다. 이 때문에 고려의 피해는 상상을 초월하는 것이었다. 몽골군이 지나가는 주군은 초토화되었으며, 특히 6차 침입 때에는 멀리 경상도와 전라도에까지 큰 피해를 입었고, 고려인 포로만도 20여만이나 되었다고 하며, 이들 포로들은 대도(연경), 동경(요양) 등지에서 노비로 팔려나갔다. 학계에서

74) 『高麗史』 권24 世家24 高宗 40년 10월.
75) 『高麗史』 권24 世家24 高宗 40년 11월 庚寅.
76) 채희국, 「태백산성(太白山城) 답사기」, 『고고민속』 1965—2, 52~88쪽.
77) 『高麗史』 권24 世家24 高宗 40년 11월 辛卯.
78) 『高麗史』 권24 世家24 高宗 40년 11월 辛卯.
79) 『高麗史』 권24 世家24 高宗 40년 12월 壬申.
80) 『高麗史』 권24 世家24 高宗 41년 정월 丁丑.
81) 『高麗史』 권24 世家24 高宗 41년 정월 甲申.

추정하는 것처럼 당시 고려의 인구를 대략 400만 명 정도였다고 본다면, 이 포로 숫자는 엄청난 것이다. 이렇게 되자 고려로서는 더 이상 버티기가 어려운 지경에 이르렀다. 몽골군에의 항복은 무신정권의 종말을 의미하기 때문에, 최씨정권이 유지되는 한 고려로서는 외교전으로 밖에 버틸 수가 없었다. 이러한 피해는 고스란히 백성들에게 돌아갔다. 한편 긍정적인 측면에서는 무신정권이 중심이 되어 28년간 끈질기게 대몽항쟁을 벌렸기 때문에, 몽골제국 내에서 고려라는 국호를 보전할 수가 있었다.

3. 양근성의 역할

몽골의 3차 침입에서는 고종 22년 10월에 적이 대병력을 이끌고 서북면 경내로 침입하여, 洞州城[82]을 함락시켰다. 이어 야별초군이 지평현 사람들과 함께 적을 야간에 공격하여 죽이고 사로잡은 것이 매우 많았으며, 말과 나귀를 노획하여 나라에 바쳤다고 하였다. 이번에 지평현으로 내려온 적들은 동주성을 함락시킨 부대의 일부라고 짐작된다. 즉 평양, 상원, 서흥, 이천, 철원, 춘천을 거쳐 원주, 충주 방면[83]으로 남하하다, 지평현에서 격파당한 것으로 추정된다. 이들 적들이 동주성을 함락시킨 부대의 일부라면, 그 병력도 적지는 않았을 것으로 짐작된다. 이번 전투에서는 軍民이 합동하여 유격전으로 승리를 거둔 것이다. 역시 이때에도 이 지역의 吏民들은 양근성으로 입보하여 적을 피하였을 가능성이 있고, 또 양근성의 군사도 이번 작전에 참여하였을 가능성도 있다. 고종 19년 12월에 고종이 동진국에 보낸 답서에 몽골군이 고려를 집어 삼킬 목적으로 모든 주군을

82) 채희국 · 전제헌, 「대현산성 답사기」, 『고고민속』 1966—2, 41~43쪽.
83) 충주는 영남으로 향하려면 한강 수계의 서편이나 동편으로 남하할 때 반드시 거치는 교통의 요지이며 군사적 요충지였다. 충주의 이러한 지리적 조건이 몽골병의 침략이 있을 때마다 공략의 대상이 되었고, 가장 치열한 전투가 벌어진 지역이 되었다(尹龍爀, 「충주민의 대몽항전과 몇 가지 관련문제」, 『蘂城文化』 16 · 17, 蘂城文化硏究會, 1996, 29~46쪽).

빼앗으려 하니, 각 주군에서는 성을 굳게 쌓고 지키지 아니한 곳이 없다고 하였다.[84] 이에 앞서 고종 12년 몽골 사신 著古與의 피살 후 6년간은 몽골에 있어서는 고려 침략을 위한 준비기였고, 동시에 고려로서는 예상되는 사태에 대비하지 않을 수 없는 중요한 시기였다. 즉 고종 18년 8월 몽골의 제1차 고려 침략은 이미 예견되는 것이었고, 이전에 고려로서도 앞으로 전개될 여몽전쟁에 대한 전략을 어느 정도 수립하였을 것으로 보인다. 군사면에서 몽골군보다 열세에 있던 고려로서는 몽골 기병과의 정면전을 피하는 일종의 해도입보책과 아울러 산성입보책이 중요한 대몽전략으로 채택되었을 가능성이 높다.[85] 이런 전략들은 실제로 여몽전쟁에서 그대로 활용되었다. 특히 산성입보전략은 우리와 같이 산지가 많은 지형에서는 매우 유리하며, 일찍이 고구려가 수와 당의 대군을 물리친 전략으로, 우리나라는 외침 때마다 언제나 이를 활용하였다. 이러한 과정에서 전략적 중요성이 큰 양근현 지역에도 입보용산성이 마련되었을 가능성이 높다. 하여튼 양근성은 전형적인 고려산성의 특징을 보이며, 성벽이 거칠고 급하게 축조되었다는 느낌을 준다.

전술한 것처럼 이 전투에서 고려군의 추축을 이룬 것은 중앙에서 파견된 야별초였다. 당시 고려는 군사조직이 크게 와해되고, 중앙정부조차 강화로 옮겨진 상황에서 전면적인 방어전선이 형성되지 못하고, 본토에서의 몽골군에 대한 항전은 지방민들의 자발적인 참전이 큰 비중을 차지하고 있었다.[86] 지금까지 강도의 방어를 위해 정규중앙군인 府衛軍과 야별초는 本土 파견이 어려웠는데, 본 야별초의 대몽전 투입은 지평전투의 중요성을 의미한다. 즉 강도정부에서 직접 본토의 전투지역에 부대를 파견하는 것은 흔치않은 일인데, 몽골

84) 『高麗史』 권23 世家23 高宗 19년 12월.

85) 고려가 평지에서 몽골군의 기병에 맞서 정면전을 벌리려면, 신라와 같은 장창부대, 쇠뇌부대가 효과적이었을 것이고, 劍車도 필요하였을 것이다.

86) 閔賢九, 「高麗의 對蒙抗爭과 大藏經」, 『韓國學論叢』 1(國民大), 1978, 41쪽

군이 이곳을 향하여 남하하고, 또 이곳이 용문산을 끼고 있는 전략상 주요지역이기 때문에 파견된 것으로 추정된다. 고종 23년 8월에 야별초의 지유 李林壽와 朴仁傑이 각기 100여 명을 거느리고 몽골병의 屯所로 향하였다고 한 것으로 보아,[87] 지평현전투에 참여했던 야별초의 병력수도 100여 명 정도였던 것으로 추정된다. 주지하다시피 야별초는 최우가 무인들의 일당인 惡少의 무리들의 행패를 막기 위하여 설치한 것이었다. 그 후 소속 군인의 수가 증가함으로서 야별초를 나누어 좌별초 · 우별초로 하고, 몽골과의 전쟁 때에 포로가 되었다가 도망해온 사람들로 神義軍을 조직함에 따라 삼별초가 되었다. 삼별초는 都房과 함께 최씨정권의 군사적 배경을 이루었고, 경찰 · 전투 등의 공적인 임무를 띠고 있었다. 이처럼 삼별초가 국가의 재정에 의하여 유지되고 공적인 임무를 맡았으나, 실제로는 최씨의 사병과 같았다. 즉 삼별초는 무신정권의 전위부대로서 항몽세력의 중심 부대였으며, 특히 항몽전의 선두에서 유격전술로 몽골군을 괴롭혔다. 하여튼 여몽전쟁 중 각 지방에서의 주로 소규모의 유격전은 몽골군을 끊임없이 괴롭혔다. 한 밤중 혹은 지리적 조건을 이용하여 적의 소부대들을 기습하였다. 이러한 게릴라식 유격전은 정부에서 파견된 장교들에 의해 지방의 별초군들이 투입되어 행하여지기도 하고, 향리 등 영향력이 있는 인물이 농민을 동원하여 적으로부터 인명과 재산을 보호하고자 했던 자위적인 차원에서 이루어지기도 하였다.[88]

한편 고종 40년 몽골의 5차 침입은 그동안 몽골의 침입에 대하여 유격전을 실시하였던 내륙 산간지역의 산성을 무력화시키려는 의도가 있었고, 그 결과 그 동안 비교적 몽골군의 침입로[89]에서 벗어난

87) 『高麗史』 권23 世家23 高宗 23년 8월 己酉.

88) 尹龍爀, 「몽고의 침략에 대한 항전」, 『한국사』 20(국사편찬위원회), 1994, 224쪽.

89) 몽골 주력부대의 주 침입 루트는 서경, 개경, 남경, 용인, 죽주, 충주 등을 거쳐 영남지역으로 남하하는 길과 서경, 개경, 남경, 수주(수원), 공주, 전주를

지역까지도 전투 반경에 들었던 것으로 보여 진다. 몽골은 고려와의 전쟁을 끝내기에 조급하여 무자비한 초토화 전술을 통하여 이를 성취하려고 했던 것으로 보고 있다.[90] 또 몽골군의 길잡이 노릇을 하던 이현이 몽고군 원수 예구에게 고려의 수도는 섬에 있고, 貢賦가 주군에서 나오므로 만약 추수 전에 주군들을 엄습하면 강도의 사람들이 반드시 궁색해질 것이라고 침략을 권유한 것으로 보면, 고려의 경제를 파탄시키기 위해 침략 시기를 가을로 정하였음도 알 수가 있다.[91]

이해 10월에는 적의 주력부대가 양근성을 포위하자 양근성의 방호별감 윤춘은 吏民을 이끌고 성에서 나와 항복하였다.[92] 이에 적은 성 중에서 정예 600명을 뽑아 윤춘으로 하여금 거느리게 하고, 적병 300명을 남겨서 양근성을 진수하게 하였다고 하였다. 몽골군이 성을 공략할 때 성내를 향하여 감언으로 유혹하거나 협박하고, 점령지에서 징발한 군대를 앞세워 가장 위험한 전투에 종사시키는 것이 그들의 중요한 전략 중에 하나였다. 이처럼 양근성이 전투를 해보지도 못하고 항복한 것은 반역자 이현의 위협적인 항복 권유와 춘주성전

거쳐 전라도 지역으로 남하하는 길이었다.

90) 양평군 · 수원대학교박물관, 『양평 함왕성지 지표 및 시굴조사 보고서』, 30~31쪽. 이처럼 몽골군은 현지에서 군량을 조달하면서 무자비한 살상, 약탈, 파괴를 통해 고려를 무력으로 굴복시키겠다는 것이 몽골의 일관된 전략이었다. 이로 인한 고려민들의 피해는 상상을 초월하는 것이었다. 그들은 고려 국왕의 친조와 강도에서의 출륙를 통한 고려의 완전 복속을 요구하였다. 국왕의 친조문제는 결국 고종의 노환으로 태자의 來朝 선에서 적당히 매듭되었다. 이에 고려에서는 군사적으로는 개전초인 고종 18년 10월에 3군이 참패한 후 정면 대결을 피하고, 산성이나 해도의 입보에 의한 방어전으로 대응하고(尹龍爀, 「고려의 海島入保策과 몽고의 戰略變化—麗蒙戰爭 전개의 一樣相—」, 『歷史敎育』32, 歷史敎育硏究會, 1982, 56~65쪽 한편으로는 사신파견, 공물상납 등을 통한 외교 교섭으로 평화를 찾으려는 양면전략을 28년간이나 끈질기게 지속하였다.

91) 『高麗史』권130 列傳43 李峴傳.

92) 양근감무가 언급되지 않은 것은 감무가 실제적인 首領이 아니었기 때문이 아닌지 모르겠다.

투에서 이후의 공략에 그 위력을 선전하려는 적의 무자비한 전략에 말려든 것이라는 어느 정도 긍정적인 평가를 할 수도 있겠으나, 원주성과 충주성의 성민들이 일치단결하여 용감히 싸워 적을 무찔렀던 것과 비교하여 보면 이러한 평가도 수긍하기 어렵다. 적에게의 투항에는 무엇보다도 양근성의 군사지휘권을 쥐고 있던 방호별감 윤춘의 역할이 컸을 것으로 짐작되는데, 이후 윤춘의 반역적 행위나 양근성의 병사들이 몽골군에 합세하여 원주성, 천룡산성, 충주성전투에 참여하였다는 점을 고려하면, 양근성의 항복은 역사적으로 불행한 사건이라고 볼 수밖에 없다. 어떠하든 지휘관의 자질문제가 이러한 불명예를 초래한 셈이 되었다.[93]

여몽전쟁의 과정에서 고려는 기동성을 장점으로 하는 몽골의 군사력에 맞서기 위해 海島 혹은 山城에의 입보를 중요한 방어 전략으로 채택하고 있었다.[94] 즉 淸野戰術을 바탕으로 한 해도나 산성에의 입보책은 고려의 대몽전략이었다. 입보민에 대한 지휘 감독은 대체로 일반 수령에게 맡겼다. 즉 산성의 입보는 대개 지방의 수령들에 의해 이루어졌고, 또 별도로 중앙정부에서는 방호별감을 파견하였다. 무반 낭장급으로 임명된 방호별감은 휘하에 얼마간의 군사력을 가지고 있었고,[95] 내륙의 중요한 거점을 중심으로 파견되었으며, 몽골의 5차 침입이후 방호별감이 자주 파견되었다. 방호별감은 해당지역 군현민들의 입보를 총괄하였는데, 수령의 경우도 그 지휘에 들어갔고 여러 군현이 묶어져서 통제를 받는 경우도 많았다.[96] 하여튼 고종

93) 양근성이 항복한 원인에 대해 몽골군의 침범으로 추수가 불가능하였고, 이러한 상태에서 춘주성의 참살 소식이 전해지자 입보한 백성들이 동요하여 항전의 의지가 꺾였기 때문이라고 하여, 입보한 吏民들에게 원인이 있는 것으로 보기도 하나(양평군 · 수원대학교박물관, 『앞의 책』, 32~33쪽), 군사지휘권은 중앙에서 파견한 방호별감에 있었으므로, 방호별감의 역할이 컸을 것으로 판단되며, 방호별감 윤춘의 후의 행적도 참고할 필요가 있다고 하겠다.

94) 『高麗史節要』 권16 高宗 19년 6월.

95) 방호별감 휘하의 병력규모는 朗將級(정6품)의 보직임을 고려하여, 대략 200명 미만일 것으로 추정되고 있다.

39년 7월에 방호별감을 여러 산성에 나누어 파견할 때에,[97] 문제의 윤춘도 이곳 양근성의 방호별감으로 파견된 것으로 추정되고, 양근 지역의 전략적 중요성 때문에 중앙에서 양근성의 방어적 가치를 인식하고, 이곳에 방호별감을 파견하였을 것이다.

양근성 방호별감 윤춘은 몽골에 투항 후 양근성의 정예병 600명을 거느리고 몽골군과 함께 원주성 공격에도 참여 했고, 원주성 방호별감 정지린에게 글을 보내 투항을 권고했으며, 천룡산성의 공격에도 참여하여 그들을 항복시키는 데도 중요한 역할을 했던 것으로 보이는 반역자였다. 그는 아무가군이 철군 할 때 몽골군을 따라 갔는데, 만약 몽골군을 따라 가지 않았다면 체포되어 처형되든가 해도로 귀양을 갔을 것이다. 그는 몽골의 6차 침입 때에도 몽골군을 따라와 그들의 앞잡이 노릇을 하였다. 특히 고종 43년에 자랄타이는 수군 70척에 깃발을 늘어세우고 몽골군을 직접 지휘하여 押海島(신안군)[98]를 치면서, 윤춘과 한 官人을 시켜 배를 타고 독전하게 한 일이 있었다.[99] 그 후 6월에 윤춘은 전라도에 있던 자랄타이의 군영으로부터 도망하여 고려에 투항하였다. 전라도 해안에서 배를 타고 강도에 도착한 것으로 보인다. 그가 투항한 동기는 확실하지는 않으나 비슷한 시기인 고종 43년 10월에 자랄타이의 부하로 東京總管으로 있다가 자랄타이에게 죄를 짓고 처와 수행원 5명을 데리고 귀순한 몽골인 松山의 경우와 유사했던 것이 아닌가 싶다.[100] 즉 자랄타

---

96) 尹龍爀, 「몽고의 침략에 대한 항전」, 242쪽. 전술한 동주산성에서는 東州副使와 判官 이외에도 인근의 金城縣令과 金華監務가 함께 입보하여 방호별감 白敦明의 지휘를 받았다.

97) 『高麗史』 권24 世家 24 高宗 39년 7월 丁未.

98) 압해도는 후삼국기에도 能昌이 이 섬을 거점으로 주변 해적들과 결탁하여 궁예에게 반란을 일으켰다가 왕건에게 토벌된 곳으로(『高麗史』 권1 世家1 太祖), 지리적 특징으로 보아 여몽전쟁기에도 인근 육지민들이 이 섬으로 많이 입보했을 것으로 보인다.

99) 『高麗史節要』 高宗 43년 6월. 『高麗史』 권130 列傳 43 韓洪甫傳.

100) 『高麗史』 권24 世家 24 高宗 43년 10월 甲申.

이에게 몽골군의 최대 규모의 해도 침공작전인 압해도 침공을 제의하여 주도한 후 실패의 책임을 추궁당한 것이 아닌지 모르겠다. 사실 이번 압해도 침공은 강도침공으로 轉化될 소지가 있었고, 나아가 강도와 연결되는 해상 운수가 차단된 다는 점에서 강도정부의 운명과 직결되는 작전이었다. 윤춘은 투항 후 당시 고려의 권신이었던 최항에게 고려는 섬 안에 둔전을 두고, 한편으로 밭갈이를 하고 한편으로는 수비하면서, 육지에서는 청야작전으로 적을 대비하는 것이 제일의 상책이라고 주장하였다. 이에 최항은 이를 가상히 여겨 윤춘에게 집 한 채, 쌀 200斛, 콩 100곡을 주고 낭장에서 親從將軍으로 특별히 승급시켰다고 한다.[101] 최항에게 말한 이 말에는 앞서 행한 그의 반역행위를 호도하려는 이중적인 저의도 숨어 있다고 보아야 할 것이다. 이를 계기로 몽골군에 대한 해박한 지식을 바탕으로 대몽전략 분야에서 최항의 참모 역할을 하면서 권세를 누렸다고 보여진다. 고종 46년 2월에 몽골측에서 윤춘과 송산이 출륙하여 항복하는 것을 극력 반대하므로, 고려에서는 윤춘과 송산의 말만 믿고 나와서 항복하지 않는 것이라고 한 것을 보면,[102] 윤춘은 투항 후 대몽강경논자로 변신하여 대몽강화 반대를 주도하여 나갔음을 알 수가 있다. 몽골과 강화가 성립된다면 몽골로 압송되어 처벌될 것을 두려워하여 너욱 반대론을 내세웠을 것이다. 실제로 그 후 몽골의 예쉬데르(也速達)는 阿介 등을 고려에 파견하여 반역자인 韓洪甫, 尹椿, 閔偁, 張升才, 郭汝益, 松山 등을 돌려보내라고 요구하였다. 이때 윤춘은 먼 섬에서 귀양살이를 하는 중이었으므로 몽골로 압송되는 것을 면하였다고 한다.[103] 이로써 보면 혼란기에 변신을 잘 했던 윤춘도 결국은 최씨무신정권의 몰락과 몽골과의 사이에 화의가 성립되면서 먼 섬으로 귀향을 가는 신세가 되었던 것이다. 어떻든 윤춘은 양

---

101) 『高麗史節要』 高宗 43년 6월. 『高麗史』 권130 列傳 43 韓洪甫傳.
102) 『高麗史』 권24 世家 24 高宗 46년 2월 庚子.
103) 『高麗史』 권130 列傳 43 韓洪甫傳.

근성에 불명예라는 상처를 안겨준 인물로 역사 속에 기억될 것이다.

한편 강도정부에서는 고종 41년 1월에 소경 朴汝翼과 낭장 鄭子璵를 파견하여 적에게 투항하였던 양근, 천룡 두 고을을 안무하게 하였다고 하는데,[104] 이는 두 고을이 적에게 항복한 지역이기 때문에 특별히 이 지역의 吏民들을 안무한 것으로 볼 수가 있겠다. 즉 몽골군이 철수한 후에 이 지역에는 상당한 동요가 있었음을 알 수가 있다.

또 고종 42년 2월에 都祭庫判官 高鼎梅를 황려, 이천, 천령, 양근, 죽주, 음죽 등지의 蘇復別監으로 임명하였더니, 고정매가 영락된 백성들을 구제하는 것에는 뜻을 두지 않고, 주색에 정신이 팔려 백성의 고혈을 긁고 사복을 채웠다는 것으로 보아,[105] 고종 41년의 6차 침입 때에 양근현 지방도 많은 피해를 입었음을 알 수가 있다. 자랄타이가 이해 7월에 침입하여 9월에 충주산성을 직접 침공한 것으로 보면, 양근지방으로 몽골군이 거쳐 간 시기는 고종 41년 8월경일 것으로 보여 진다. 6차 침입 때가 자장 많은 피해를 보았기 때문에, 이 때 입은 양근민들의 피해는 상당하였을 것으로 추정이 된다.

Ⅲ. 카단의 침입과 양근성

1. 카단의 침입

충렬왕 16년 10월에는 이해에 쿠빌라이의 중국화정책에 반발하던 몽골 보수세력이 漠北에서 일으킨 나이얀(乃顔)의 반란 잔당인 카단(哈丹)이 南京, 海陽에 침입하였다.[106] 이에 고려에서는 부인과 노약

---

104) 『高麗史』 권24 世家 24 高宗 41년 정월 甲申.
105) 『高麗史』 권24 世家 24 高宗 42년 2월 癸未.
106) 『高麗史』 권30 世家 30 忠烈王 16년 10월 戊申. 칭기스칸의 막내동생 테무게 오치긴의 현손인 나이얀은 홍안령의 동서쪽과 요동지역을 봉지로 세습하

자를 강화로 옮기고, 여러 고을에 명하여 산성과 해도로 들어가도록 하였다.[107] 11월에는 적이 雙城(영흥)에 들어왔다.[108]

12월에 카단이 이끄는 수만의 적이 和州(영흥), 登州(안변)를 함락시키고 사람을 죽여 양식을 삼고, 부녀자들을 윤간하고 죽여 脯를 떴다고 하며, 이에 만호 印侯를 보내 적을 막게 하였다.[109] 고려의 군사 요청에 따라 원나라 평장사 세토칸(薛闍干) · 토리테므르(闍梨帖木兒) 등이 보병 및 기병 1만 3천명을 인솔하고 고려를 돕기 위해 왔다.[110] 충렬왕은 강화로 피난하여 禪源寺에 처소를 잡았다.[111]

충렬왕 17년 1월에 카단이 이끄는 적의 주력부대가 장차 철령에 이르려 할 때, 철령의 방수만호 鄭守琪는 도망하여 돌아왔다. 철령은 길이 좁아서 겨우 한 사람이 다닐 수 있을 뿐이었으므로, 적들은 말에서 내려 물고기를 꿰미에 꿴 것처럼 하나씩 줄을 지어 올라왔다. 이 때 적들은 심히 굶주리고 있었는데, 정수기가 버리고 간 식량을 얻게 되자, 며칠 동안 마음껏 먹고 기운을 내어 북을 울리면서 철령을 넘어 交州道(회양)로 침입하였다. 豢猳縣(고성 북 27리)의 경계에 주둔하고 있던 金忻도 이를 지키지 못하고 도망하였다. 이에 적은 여세를 몰아 양근성을 공격하여 함락시켰다.[112]

이어 카단이 이끄는 주력부대는 원주에 주둔하고, 적병 50기가 雉岳城(원주 領原山城) 밑에 이르러 우마를 노략질하였다. 이에 원주

여 살고 있었는데, 13C 후반 남송을 통일하여 제국의 기본골격을 갖춘 쿠빌라이는 漢地派를 중심으로 중앙집권화정책을 관철시키는 과정에서 고비사막 이북의 몽골 本地派를 위주로 하는 비한지파 分封王들과 충돌하였다. 1287년에 있었던 나이얀의 반란도 이러한 과정에서 일어났으며, 나이얀의 한 부장인 카단의 고려침입도 그 연장선상에서 일어난 사건이었다.

107) 『高麗史』 권30 世家 30 忠烈王 16년 10월 戊戌.
108) 『高麗史』 권30 世家 30 忠烈王 16년 11월 辛亥.
109) 『高麗史』 권30 世家 30 忠烈王 16년 12월.
110) 『高麗史』 권30 世家 30 忠烈王 16년 12월 癸酉.
111) 『高麗史』 권30 世家 30 忠烈王 16년 12월 丁亥.
112) 『高麗史節要』 권21 忠烈王 17년 정월. 『高麗史』 권104 列傳17 金方慶 附 金忻傳.

별초 鄕貢進士(향시 급제자) 元冲甲이 보졸 6명을 거느리고 추격하여 적의 말 8필을 빼앗아 돌아왔다. 또 적 都剌闍 등이 400명을 이끌고 다시 성 밑에 와서 원주의 祿轉米를 가져가려고 하자, 원충갑이 결사대 仲山 등 7명과 함께 성에서 나아가 적을 엿보다가 중산이 먼저 적중으로 들어가 1명을 참하고, 荊門 밖까지 추격하자 적은 鞍馬를 버리고 도망하였고, 이에 말 25필을 얻었다. 방호별감 卜奎는 크게 기뻐하여 노획한 안마를 이들에게 주었다. 적이 다시 와서 기치를 많이 펴들고 성을 몇 겹이나 둘러싼 후 사람 한 명을 보내어 글을 가지고 와서 항복하라고 권하였다. 이에 원충갑은 돌진해 나가서 이를 죽이고 그 글을 머리에다 매여 던지니, 적들이 퇴각하여 공성기구을 많이 만들므로 성안에서는 공포에 떨게 되었다. 또 적들이 포로가 된 양근성의 부녀자 2명을 내세워 항복을 권유하므로 원충갑이 이들을 참하였다. 적이 鼓譟하며 온갖 방법으로 공격하자 화살이 비 오듯이 떨어지고, 성이 거의 함락될 지경에 이르렀다. 이때 興元倉[113]判官 曹愼이 성 밖으로 나아가 적과 싸우고, 원충갑도 동봉으로 뛰어 올라가 적 1명을 참하였다. 이리하여 적들이 약간 문란해지자 별장 康伯松 등 30여 명이 원충갑을 도우러 나섰으며, 州吏 元玄 등 100여 명이 서봉으로 내려가서 협공하였다. 조신이 북을 칠 때 화살이 그의 바른 팔꿈치를 꿰뚫었으나 북소리는 낮아지지 않았다. 적의 선봉이 약간 뒤로 물러서자 뒤에 선 자들은 저희끼리 짓밟으면서 퇴각하였다. 州兵이 힘을 합쳐 공격하니, 그 소리가 산악을 진동하고 전후 10회의 전투에서 적들을 크게 격파하였다. 이 전투에서 도라도 등 68명을 참하고, 적의 사살된 자가 거의 반이나 되었다. 이

113) 고려시대 홍원창은 원주 등 강원지역의 세곡을 거두어들이는 漕倉이었다. 15C초에도 홍원창은 남한강의 8개 조창 중에 하나였고, 세조대에 이르러 수조처를 2개소로 감축함에 따라 가홍창과 홍원창만 남게 되었다. 가홍창은 경상도 7개읍과 충청도 16개읍의 수조처였고, 홍원창은 강원도 9개읍의 수조처였다.

로부터 적은 기세가 꺾이어 감히 다시 공략하지 못하고, 諸城들도 굳게 방어하게 되어 비로소 적들을 경시하는 마음이 생겼으며, 이것은 모두 원충갑에게서 얻은 힘이라고 한다.[114]

원의 세조가 나이만다이(那蠻歹)대왕에게 군사 1만을 거느리고 고려로 가서 적을 토벌토록 명하였다.[115] 3월에는 개경 궁궐을 수비하러 강화에서 개경으로 가던 대장군 宋華가 적의 척후 기병 10여명을 만나, 그중 3명을 죽이고 1명을 사로잡았다.[116]

4월에 원주산성 방호별감 卜奎가 포로 58명을 바치고,[117] 谷州別將 康平起 등도 적에게서 노획한 말과 안장 등의 물품을 바쳤으며, 충주산성 방호별감도 적을 격파하고 적의 머리 40급을 바쳤다.[118] 또 충렬왕이 藍島 북쪽 교외에 나가서 원나라 군대를 영접하고, 河西國王 등에게 연회를 베풀고, 狻猊驛(개경 서 20리)에서 나이만다이 대왕을 맞아 연회를 베풀었다.[119] 이어 中翼軍萬戶 印侯, 좌익군만호 韓希愈, 우익군만호 金忻의 군사를 전선에 출동시켰다.[120]

5월에 적들이 燕岐縣에 마물러 있고, 원나라 세토칸의 대군과 고려의 3군은 木州(목천)에 주둔하고 있었다. 적이 연기현에 주둔하고 있다는 정찰병의 보고에 따라, 밤중에 여원연합군은 목주를 떠나 동이 틀 무렵에 연기에 도착하였다. 적들은 正左山 아래에 진을 치고 있었는데, 연합군이 갑자기 포위하자 적들은 크게 놀라 험준한 곳에 의지하여 싸울 심산으로 산으로 올라갔다. 관군이 양쪽에서 협격하

---

114) 『高麗史』 권104 列傳17 元冲甲傳. 『高麗史節要』 권21 忠烈王 17년 정월 甲寅 · 戊午 · 庚申. 원주는 이번 승리로 益興都護府로 승격되었다(『高麗史』 권56 志10 地理1 原州).

115) 『高麗史』 권30 世家 30 忠烈王 17년 정월 癸亥.

116) 『高麗史』 권30 世家 30 忠烈王 17년 3월 戊午.

117) 『高麗史』 권30 世家 30 忠烈王 17년 4월 癸酉.

118) 『高麗史』 권30 世家 30 忠烈王 17년 4월 丙子. 丹山縣(단양)도 현인들이 적을 방어한 공으로 감무를 두었다(『高麗史』 권56 志10 地理1 丹山縣).

119) 『高麗史』 권30 世家 30 忠烈王 17년 4월 辛巳 · 戊子.

120) 『高麗史』 권30 世家 30 忠烈王 17년 4월 甲申.

니, 적들은 정면과 후면에서 제압당하여 말을 버리고 숲속 나무 사이에 숨었다. 이때 선봉에 있던 관군 병사 2명이 화살을 맞게 되자 군사들이 의심하고 두려워서 감히 전진하지 못하였다. 이때 김흔이 꾸짖고 후퇴하려는 자가 있으면 참하겠다고 하자, 이에 보졸 500명이 앞을 다투어 올라가서 죽음을 무릅쓰고 싸우게 되었다. 李碩, 田得賢 등이 돌진해 나가서 적의 선봉에 있던 장대한 병사 2명을 베고 승리 한 기세를 몰아 크게 부르짖으면서 대군이 힘을 합하여 공격하자, 적들은 형세가 궁하게 되어 무너져 달아나게 되었다. 연합군은 도망가는 적들을 추격하여 公州江에 이르렀는데, 적의 시체가 30여리 사이에 깔렸고 물에 빠져 죽은 자도 매우 많았다고 한다. 적들 중 정예부대 기병 1천여 명이 강을 건너 도망치자 그들이 데리고 다니던 부녀자들과 의복, 鞍馬, 寶器를 헤아릴 수 없이 많이 노획하였다. 날이 저물자 연합군은 연기의 북쪽 50여 리 지점에 주둔하고, 사람을 시켜 왕에게 이 날의 승전을 보고하였다.[121)]

또 뒤떨어져 온 적의 기병 3천명이 철령을 넘어 交州(회양)에 주둔하였다.[122)] 적의 정예 기병부대가 연기전투에서 패한 후 군사를 정돈하여 다시 와서 상대하여 진을 쳤다. 나이만다이는 늦게 도착하여 연기전투에 참가하지 못한 것을 한탄하여 그들과 싸우려고 하였다. 적들 가운데 용사 하나가 활을 당겨 쏘기만 하면 관군 한 사람씩이 넘어졌는데, 이에 한희유는 1장 8척이나 되는 긴 창을 휘두르며 말을 달려 적진에 돌입하자 적들이 놀라 한쪽으로 밀리므로, 활을 쏜 용사를 움켜잡고 나와서 목을 베어 죽이고, 그의 머리를 긴 창에다 걸어 적에게 보이자 적들은 기가 꺾였다. 이때에 나이만다이와 세토칸이 이끄는 원군과 고려의 3군이 함께 급히 나가서 적을 크게 격파하였다. 적들 가운데 카단 · 老的 부자 등 2천여 명의 기병이

121) 『高麗史』 권104 列傳17 金方慶 附 金忻傳. 『高麗史節要』 권21 忠烈王 17년 5월 丁酉.

122) 『高麗史』 권30 世家 30 忠烈王 17년 5월 己亥.

포위를 뚫고 달아났으므로, 연합군은 회군하여 石破驛(춘천)에 이르렀다. 3군의 대장인 인후, 한희유, 김흔은 사람을 보내 왕에게 승전을 보고하고, 노획한 부녀자 8명을 바쳤다.[123] 또 적 1천명이 古東州(철원)까지 왔다가, 관군이 연기에서 적을 격파하였다는 소문을 듣고 도로 철령을 넘어 갔다.[124] 평양 사람들이 200명의 적을 공격하여 4명을 사로잡았다.[125]

6월에 김흔을 竹田, 한희유를 충청도, 羅裕를 교주도에 보내 카단의 나머지 적을 추포토록 하였다. 이때 적 580명이 한희유에게 항복하고, 카단의 아들 노적은 나머지 군사를 이끌고 죽전령을 넘어 평양으로 갔다. 나유가 이끄는 관군이 이들 적을 추격하여 수많은 적을 참획하였다.[126] 패전한 나머지 적의 무리는 여진 땅으로 달아났다.[127]

2. 양근성의 역할

충렬왕 17년 1월에 카단군은 철령을 넘어 회양을 거쳐 양근성을 함락시켰다. 관군이 철령을 막지 못한 것이 이러한 비극을 초래한 셈이다. 당시 고려 관군은 대몽항쟁의 후유증과 재 항전을 염려한 원의 감시로 전투력을 회복하지 못한 상태였다. 1월에 전투가 전개된 것을 보면 추위 속에서 적에게 포위되어 관군의 지원도 없이 외롭게 싸웠던 양근성 안의 吏民들의 고통을 짐작하고도 남음이 있다. 당시의 전투 상황으로 보아 오래 버티지는 못하였을 것으로 추정된다. 특히 양근성전투에 이어 벌어진 치악성전투에서 적은 양근성에서 포로가 된 두 명의 부녀자들을 내세워 항복을 권유하는데 이용했

---

123) 『高麗史』 권104 列傳17 韓希愈傳. 『高麗史節要』 권21 忠烈王 17년 5월 甲辰.
124) 『高麗史』 권30 世家 30 忠烈王 17년 5월 庚戌.
125) 『高麗史』 권30 世家 30 忠烈王 17년 5월 癸丑.
126) 『高麗史節要』 권21 忠烈王 17년 6월 丁卯 · 辛未. 『高麗史』 권104 列傳17 羅裕傳.
127) 『高麗史』 권104 列傳17 羅裕傳.

던 점을 보면, 양근성의 함락으로 양근성 안의 이민들은 적에게 죽임을 당하거나, 포로가 되었을 것으로 추정된다. 다행히 포로가 된 사람들은 연기전투에서 적이 패할 때 구출될 수 있었을 것이다.

맺 음 말

양근성은 守城 위주의 전형적인 고려기의 산성으로, 고려성곽의 연구에 좋은 자료가 된다.

고려의 외침 때 양평을 통과하던 루트는 주로 철원, 춘천, 양평, 원주, 충주를 거치는 것이었음을 알 수가 있었다. 이 루트는 嶺西를 통해, 한강 수계의 동편을 남하하는 통로로 충주를 거쳐 鷄立峴(하늘재)을 넘어 영남지방으로 통하는 매우 중요한 길이었다. 삼국시대에도 고구려나 말갈도 이 길을 남쪽으로 남하하는 길로 활용하려고 하였다. 즉 말갈은 영흥, 안변, 철령, 회양, 춘천, 양평, 원주, 충주로 통하는 길을 전략상 중요하게 활용하고자 한 것이다. 고구려도 철원, 춘천, 양평, 원주, 충주 루트를 통해 소백산맥과 한강 상류지역을 장악하면, 신라가 점유하고 있던 한강 하류지역이 고립되기 때문이었다. 하여튼 한강 수계의 동편 루트에서 양평지방을 거친 것은 용문산의 전략적 중요성과도 밀접한 관련이 있었다는 점을 간과해서는 안 될 것이다. 양평이 가지는 전략적 위치가 충주처럼 외적을 계속적으로 끌어들이는 요인이 되었다고 볼 수가 있다.

몽골의 5차 침입시인 고종 40년 10월에는 예구가 이끄는 적의 주력부대가 양근성을 포위하자, 양근성의 방호별감 윤춘은 吏民들을 이끌고 성에서 나와 항복하였다. 이처럼 양근성이 전투도 해보지도 못하고 항복한 것은 반역자 이현의 위협적인 항복 권유와 춘주성전투에서 이후의 공략에 그 위력을 선전하려는 적의 무자비한 전략에 말려든 것으로 보여 진다. 좋은 지형적 조건을 가지고 있는 양근성이 한번 싸워보지도 못하고 적에게 항복하고, 항복한 양근성의 정예병들이 도리어 몽골군과 함께 몽골의 정복전쟁에 참여했다는 것은 역사적으로 불명예스러운 일이라고 하겠다. 또 충렬왕 17년 1월에도 카단의 주력부대에 의해 양근성은 힘없이 함락되고 말았다. 이처럼 양근성은 몽골군의 포위공격에 싸워보지도 못하고 적에게 투항하였으며, 카단군의 포위 공격에도 함락되는 등 비운의 성곽이었다.

제3부 조선시대의 관방유적

제1장 한양도성의 축성

—태조대와 세종대—

머 리 말

일반적으로 都城은 성곽이 갖추어져 있는 都邑이라는 의미로 쓰고 있다. 또 도성은 一國의 수도인 都를 둘러싸고 있는 성곽을 지칭하기도 한다. 여기서는 후자의 의미로 사용하는 것이다.

조선초기 도성의 연구는 조선시대 성곽의 연구에 매우 중요한 위치를 차지한다고 볼 수가 있는데, 조선초기 도성의 축조에 관한 자료는 실록자료에 의존할 수밖에 없다. 이들 자료들이 築城謄錄의 자료가 아니고, 실록자료이기 때문에 자연 내용이 소략할 수밖에 없다. 이러한 자료상의 제약으로 본고에서의 검토도 축성내용의 윤곽 정도를 파악하는데 그칠 뿐이다. 우리가 알고 싶어 하는 축조공법 등 세부적인 문제들은 규명하기가 어렵다. 되도록이면 부족한 부분에 대해서는 다른 자료들과의 비교로서 보충하여 보도록 하겠다.

新都의 건설에서 궁궐의 조성과 도성의 축조은 불가분의 관계가 있다고 하겠다. 특히 태조대 신도의 役事는 宮闕造成, 都城造築, 宮城造築順으로 순차적으로 진행되는 등 신도 건설과정이 비교적 잘 나타나고 있어 중요하다. 이러한 자료들은 다른 나라의 신도 건설을 이해하는데도 참고가 된다. 이 때문에 본고에서는 조선초기 도성의 축조과정을 좀 더 이해하기 위해서 궁궐조성과 궁성축조의 내용도 간략하게 언급하여 두는 것으로 하겠다.

Ⅰ. 궁궐과 궁성축조

1. 궁궐조성

태조 3년 8월 24일에 都評議使司는 한양에 도읍을 정할 것을 상신하였고,[1] 9월 1일에는 新都宮闕造成都監을 설치하고 靑城伯 沈德符, 左僕射 金湊, 前 政堂文學 李恬, 中樞院學士 李稷을 判事로 삼았다.[2] 9일에는 判門下府事 權仲和, 判三司事 鄭道傳, 靑城伯 沈德符, 參贊門下府事 金湊, 左僕射 南誾, 中樞院學士 李稷 등을 한양으로 보내서 종묘, 사직, 궁궐, 시장, 도로의 터를 정하도록 하였다. 이때 궁궐터는 고려 숙종대에 營造한 宮闕舊址가 狹隘하다고 하여 그 남쪽에 亥方의 산을 주맥으로 하여, 壬坐丙向으로 터를 잡고, 종묘터는 궁궐 동쪽 2리쯤 되는 坎方의 산을 주맥으로 하여 壬坐丙向으로 잡았다.[3] 10월 25일에는 한양으로 천도를 단행하여,[4] 구 漢陽府 客舍를 이궁으로 삼았다.[5] 또 11월 2일에 태조는 도평의사사 및 서운관의 서리들을 거느리고 종묘와 사직의 터를 살펴보았다.[6] 12월 3일에는 판삼사사 정도전이 皇天과 后土의 신에게 興役에 대한 고유제를 지내고,[7] 4일에는 중추원부사 崔遠을 종묘의 터에, 첨서중추원사 權近을 宮室의 터에 보내 五方地祇의 신에게 致祭한후 闕基를 開基하

---

1) 『太祖實錄』 권6, 太祖 3년 8월 辛卯.
2) 『太祖實錄』 권6, 太祖 3년 9월 戊戌.
3) 『太祖實錄』 권6, 太祖 3년 9월 丙午.
4) 『太祖實錄』 권6, 太祖 3년 10월 辛卯.
5) 『太祖實錄』 권6, 太祖 3년 10월 甲午.
6) 『太祖實錄』 권6, 太祖 3년 11월 戊戌.
7) 『太祖實錄』 권6, 太祖 3년 12월 戊辰.

고, 태조는 친히 종묘의 개기에 행차하였다.[8] 또 같은 4일에 역사는 勞民을 고려하여 승도들을 모집하고, 관청에서 옷과 먹을 것을 지급하여 역사에 투입토록 결정하였다.[9]

한편 태조 4년 1월 14일에는 家基가 量給되었는데, 정 1품 35負로부터 이하 한 품에 5負씩 내려 6품에 이르러 10負, 서인은 2負씩 지급되었다.[10] 29일에는 사직단이 조영되기 시작하였다. 2월 19일에는 궁궐조성에 투입된 諸道의 丁夫를 放還하고 승도들로 대신토록 하였다.[11] 2월 27일에는 태조가 西峰(인왕산) 밑에 거둥하여 사직단의 축조를 살펴보았다.[12] 6월 6일에는 한양부를 한성부로 바꾸고, 그 吏民을 見州로 옮기고 견주를 양주군으로 개칭하였다.[13] 태조는 7월 27일에는 5월 27일에 이어 종묘의 경영을 순시하였다.[14] 8월 12일에는 경기좌도 정부 4,500인, 경기우도 5,000인, 충청도 5,500인을 징발하여 궁궐역에 투입하였다.[15] 9월 9일에는 顯妃(신덕왕후)가 직접 新闕 後廳에 나가 役僧 · 木工 · 石工들에게 시여하였다.[16] 9월 15일에는 신궐의 赴役 역부를 방환하였으나, 승도들만은 머무르게 하여 가을이 끝나도록 거듭하게 하였다.[17]

9월 29일에는 드디어 총 390여 칸의 종묘와 신궁이 완공되었다.[18] 10월 7일에는 판삼사사 정도전에게 명하여 신궁 諸殿의 명칭

---

8) 『太祖實錄』 권6, 太祖 3년 12월 己巳.
9) 僧軍은 조선초기이래 國役을 담당하는 주 대상으로 파악되어 軍役과 徭役에 투입되었는데, 농민과는 달리 농사철과 관계없이 수시로 징발할 수 있고, 노동력이 질적으로 우수하다는 이점이 있었다.
10) 『太祖實錄』 권7, 太祖 4년 정월 己酉.
11) 『太祖實錄』 권7, 太祖 4년 2월 癸未.
12) 『太祖實錄』 권7, 太祖 4년 2월 辛卯.
13) 『太祖實錄』 권7, 太祖 4년 6월 戊辰.
14) 『太祖實錄』 권8, 太祖 4년 7월 戊午.
15) 『太祖實錄』 권8, 太祖 4년 8월 癸酉.
16) 『太祖實錄』 권8, 太祖 4년 9월 庚子.
17) 『太祖實錄』 권8, 太祖 4년 9월 丙午.
18) 『太祖實錄』 권8, 太祖 4년 9월 庚申. 한편 윤9월에는 宗廟 董役提調官들에게

을 정하도록 하였는데, 신궁을 景福宮이라고 하였다.[19] 12월 28일에는 새 궁궐로 이어하였다.[20]

한편 태종대에는 경복궁 이외에 昌德宮과 德壽宮도 조영되었다. 즉 태조 7년 8월의 1차 왕자의 난을 겪은 후 정종은 동왕 1년 2월 15일에 松京 壽昌宮에 이르러 移都의 뜻을 품게 되고,[21] 26일에는 종친과 좌정승 趙浚 등 諸宰들과의 협의를 거쳐 송경으로의 환도를 결정하였다.[22] 실상 이는 永遷이 아니고 避方의 의미가 있었다.[23] 드디어 3월 13일에는 송경으로 환도를 단행하였다.[24]

그러나 그 후 태조와 태종은 漢京(한양)으로의 환도의 뜻을 품고 있던 차에,[25] 태종 즉위년 12월 22일에 수창궁의 화재를 계기로 한경으로의 환도 논의가 일기 시작하였으며,[26] 그 후에도 논의는 계속되었는데,[27] 태종 4년 9월 1일에는 성산군 李稷 ,鷲山君 辛克禮로서 漢京離宮造成都監의 제조로 삼고,[28] 9일에는 劉旱雨, 尹莘達, 李陽達을 보내서 離宮地(창덕궁)를 相地하게 하고,[29] 13일에는 新都離宮造成都監을 宮闕修補都監으로 바꾸었다.[30] 한편 이때 진산부원군 河崙은 毋嶽으로의 이도를 청하고,[31] 태종 자신도 이곳을 직접 살펴보기

잔치를 베풀고 廐馬 1필씩을 하사하였다(『太祖實錄』 권8, 太祖 4년 윤9월 壬戌).

19) 『太祖實錄』 권8, 太祖 4년 10월 丁酉.
20) 『太祖實錄』 권8, 太祖 4년 12월 丁巳.
21) 『定宗實錄』 권1, 定宗 원년 2월 丙辰.
22) 『定宗實錄』 권1, 定宗 원년 2월 丁卯.
23) 『太宗實錄』 권8, 太宗 4년 7월 己酉.
24) 『定宗實錄』 권1, 定宗 원년 3월 甲申.
25) 『定宗實錄』 권6, 定宗 즉위년 11월 癸酉. 『太宗實錄』 권2, 太宗 원년 7월 庚戌.
26) 『定宗實錄』 권6, 定宗 즉위년 12월 壬子.
27) 『太宗實錄』 권4, 太宗 2년 7월 壬辰. 『太宗實錄』 권8, 太宗 4년 7월 己酉. 『太宗實錄』 권10, 太宗 5년 8월 丙寅 · 壬申.
28) 『太宗實錄』 권8, 太宗 4년 9월 己亥.
29) 『太宗實錄』 권8, 太宗 4년 9월 丁未.
30) 『太宗實錄』 권8, 太宗 4년 9월 辛亥.
31) 『太宗實錄』 권8, 太宗 4년 9월 丁巳.

도 하였다.[32] 그러나 태종은 10월 6일에 한경으로의 定都를 천명하고, 향교동에 이궁을 지을 것을 명하였다.[33]

태종 5년 8월 11일에 태종은 태상왕에게 한경으로의 이도를 아뢰고,[34] 9월 13일에는 상왕이 먼저 한경으로 옮겼으며,[35] 태종은 9월 28일에 齊陵, 10월 2일에 仁昭殿에 한경으로의 천도를 직접 고하였다. 8일에는 송경을 출발하여 11일에 한경에 도착하였다.[36] 19일에는 이궁인 창덕궁이 준공되어, 다음날 蓮花坊 趙浚의 사저에서 이곳으로 이어하였다. 태상왕은 11월 5일에 송경을 출발하여, 8일에 太上宮인 무안군 芳蕃 第에 도착하였으나,[37] 태상왕은 入御하지 않고 별도의 궁실을 바래자, 태종 6년 1월에 충청도와 강원도의 정부를 동원하여 太上殿인 덕수궁을 조영하기 시작하여,[38] 4월 28일에 준공하였다.[39]

2. 궁성축조

都城造築役事가 완공되자 이어서 宮城造築役事가 시작되었다. 즉 태조 6년 10월 29일에는 도당에 명하여 각도의 군사 20,000인을 징발하여 기일을 엄수하여 서울에 올라와 궁성을 쌓되, 경상 · 전라도는 1월 20일, 충청 · 풍해도는 1월 15일까지 赴京하여 궁성을 축조토록 하였다.[40]

7년 1월 13일에는 명하여 궁성을 쌓는 役卒들에게 양식을 주었다.[41] 또 20일에 태조는 남문을 나서 궁성의 基地를 순시하였다.[42] 2

32) 『太宗實錄』 권8, 太宗 4년 9월 甲子 · 10월 庚午.
33) 『太宗實錄』 권8, 太宗 4년 10월 甲戌.
34) 『太宗實錄』 권10, 太宗 5년 8월 甲戌.
35) 『太宗實錄』 권10, 太宗 5년 9월 乙巳.
36) 『太宗實錄』 권10, 太宗 5년 10월 庚午 · 癸酉.
37) 『太宗實錄』 권10, 太宗 5년 11월 丁酉 · 庚子.
38) 『太宗實錄』 권11, 太宗 6년 정월 丁未.
39) 『太宗實錄』 권11, 太宗 6년 4월 戊子.
40) 『太祖實錄』 권12, 太祖 6년 10월 丁未.

월 8일에는 남문(崇禮門)이 완공되자, 태조는 이를 살펴보았다.43) 11일에는 문무 各品에게 궁성을 축조하는데 쓰일 城石을 바치도록 하고, 각도 수령에게 축성 감역자를 방환토록 하였다.44) 23일에는 內廂節制使 順寧君 枝와 중추원부사 李天祐 등으로 하여금 甲士를 거느리고 궁성역을 分督하도록 하였다.45) 그리고 태조 자신도 여러 차례 궁성역을 순시하였다. 3월 3일에는 궁성역에 동원된 역도들을 방환하였다.46)

윤5월 12일에는 좌정승 조준이 궁궐과 성문의 間과 閣이 이루어진 것은 10일 동안만 한정하여 일을 마치고 工役을 그만두게 하자고 아뢰자, 태조는 이를 허락하지 않았다.47) 그러나 16일에는 도당에 전지하여 가뭄이 너무 심하여 지난번에 농부를 가려 모두 놓아 보내고 다만 승도와 諸色 장인만 남겨 두었는데, 지금 역사를 그만 두기를 굳이 청하므로 나도 마지못하여 따르는 것이다. 이미 역사를 그만 두라는 명령이 내렸으니, 즉시 놓아 보내라고 하였다.48)

明使가 옴에 따라 6월 11일에는 중추원사 李至로 하여금 약간의 역도를 거느리고 기일을 정하여 궁성 남문(光化門)을 완공하도록 하였다.49) 또 7월 27일에는 경기좌도와 충청도의 군사 3,700인을 동원하여 궁성을 수축하였다.50) 그러나 8월 26일 제1차 왕자의 난이 발생하자 경복궁 궁성 역사는 중단되었다. 이때 궁성에 지붕을 이는 蓋茨 역사는 이루어지지 못한 상태였다.51) 즉 태조가 그토록 심혈을

---

41) 『太祖實錄』 권13, 太祖 7년 정월 辛酉.
42) 『太祖實錄』 권13, 太祖 7년 정월 戊辰.
43) 『太祖實錄』 권13, 太祖 7년 2월 乙酉.
44) 『太祖實錄』 권13, 太祖 7년 2월 戊子.
45) 『太祖實錄』 권13, 太祖 7년 2월 庚子.
46) 『太祖實錄』 권13, 太祖 7년 3월 庚戌.
47) 『太祖實錄』 권14, 太祖 7년 윤5월 丁亥.
48) 『太祖實錄』 권14, 太祖 7년 윤5월 辛卯.
49) 『太祖實錄』 권14, 太祖 7년 6월 乙卯.
50) 『太祖實錄』 권14, 太祖 7년 7월 庚子.
51) 『定宗實錄』 권1, 定宗 원년 정월 戊寅.

기울인 한양도성의 건설은 성곽에 이어 경복궁의 궁성 축조가 이루어졌으나, 제1차 왕자의 난이 발생하자 궁성 역사는 중단되고, 궁성에 지붕을 이는 蓋茨 역사는 이루어지지 못한 채 한양도성의 축조는 마무리 되고 만 것이다.[52]

Ⅱ. 도성축조

1. 태조대의 축조

1) 도성조축도감

태조는 4년 윤9월 10일에 도성의 터를 살펴보고,[53] 이어 13일에는 都城造築都監을 설치하여 判事, 副判事, 使, 副使, 判官, 錄事를 두었다.[54]

2) 인력동원

태조 4년 9월 26일에 태조는 좌복야 南在와 敬興府司尹 曹恂을 통하여 명년 1월에 諸道의 백성을 징발하여 도성을 축조할 것을 좌·우정승에게 하교하도록 하였다.[55]

태조 5년 1월 9일에 경상, 전라, 강원도 및 서북면 안주 이남, 동북면 함주 이남의 民丁 118,070여 인을 동원하여 도성을 시축하였다.[56] 2월 15일에 태조는 도당에 赴役民들을 2월 그믐까지 방환하여

52) 정종에 의해 단행된 개경 천도 때 태상왕인 태조는 길이 정릉을 지나자, 두루 살펴보고 머뭇거리면서 처음에 한양으로 옮긴 것은 단지 나만의 뜻이 아니고, 나라 사람들과 의논한 것이라고 하면서 눈물을 흘렸다고 한다(『定宗實錄』 권1, 定宗 1년 3월 戊寅). 한양에 천도하여 왕비와 아들을 잃고 왕위를 내어준 채 개경으로 환도하는 태조의 심정은 처절 했던 것이다(『定宗實錄』 권1, 定宗 1년 3월 甲申).

53) 『太祖實錄』 권8, 太祖 4년 윤9월 辛未.

54) 『太祖實錄』 권8, 太祖 4년 윤9월 甲戌.

55) 『太祖實錄』 권8, 太祖 4년 9월 丁巳.

56) 『太祖實錄』 권9, 太祖 5년 정월 戊辰.

귀농토록 명하였으므로,57) 이에 따라 28일에는 築城役夫들을 방환하였다.58)

단, 동대문은 그 지세가 낮으므로 排樴疊石59)을 한 후에 성벽을 쌓았기 때문에 그 工力이 다른 곳에 비하여 배나 되었다. 이 때문에 이곳의 축성을 맡았던 安東 · 星山府 사람들은 공사를 마치지 못하였다. 이에 경상도도관찰사 沈孝生은 동대문 役人들을 공사가 마무리 될 때까지 10여 일 더 머무르게 하여 다시 올라오지 않게 해 달라고 청하였다. 이에 대해 판한성부사 鄭熙啓는 근래에 耕種을 당하여 축성인들을 모두 방환하여 귀농토록 하라는 명을 들은 자들이 기뻐하지 않은 사람이 없는데, 백성들을 속일 수는 없다. 이제 와서 안동 · 성산 사람들만 남겨 둔다면 그 사람들의 마음이 어떠하겠는가? 하물며 役事를 다 마치지 못한 것은 지세 때문으로, 역부들이 태만에서 온 것이 아니니 그들을 나무랄 수는 없다고 아뢰자, 태조는 이들을 함께 방환하라고 명하였다.60)

---

57) 『 太祖實錄』 권9, 太祖 5년 2월 癸卯.
58) 『太祖實錄』 권9, 太祖 5년 2월 丙辰.
59) 排樴疊石을 이해하기 위해서는 5칸수구문의 축조과정이 참고가 된다. 5칸수구문은 직경 10cm내외, 길이 100~150cm정도의 말목을 양측 교대와 그 내부 공간에 박았는데, 1㎡에 약 25개정도였나. 말목을 박은 후 암갈색 사질점토와 혼합된 잡석을 말목 상단의 높이에 맞추어 15cm정도를 깔아 잡석다짐을 하였다. 잡석다짐층 위에는 두께 50cm 내외의 하박석을 깔았다(서울特別市 · 中央文化財硏究院, 『淸溪川遺蹟』, 2004, 87~88쪽). 이를 참고하면 배궐첩석은 성벽 쌓을 지점의 땅을 바닥이 단단해 질 때까지 파낸 후 바닥에 말목을 촘촘히 박고 잡석다짐을 하였다. 잡석다짐층 위에는 큰 돌을 지면과 수평이 될 때까지 첩첩히 쌓아 기초를 마련한 후에 성벽을 쌓는 공법을 의미하는 것으로 추정된다. 이는 동대문 일대가 웅덩이로서 저습지이기 때문에 이러한 공법이 응용된 것으로 볼 수가 있다. 실제로 동대문운동장 성벽 발굴에서도 성벽하부에서 말목(지정목)을 박아 지반을 단단히 한 흔적이 확인되었다(중원문화재연구원, 『동대문 운동장 유적』, 2011, 117쪽). 이러한 저지대의 기초를 강화하기 위한 말목기초 공법은 백제시대의 풍납동토성과 사비도성의 나성에서도 확인되었다.
60) 『太祖實錄』 권9, 太祖 5년 2월 丙辰.

또 태조 5년 7월 6일에는 門下府郎舍가 가을에는 축성공사를 정지하여 民力을 쉬도록 하고, 秋耕을 폐하지 않도록 하며 군사 훈련에 전력하여 뜻밖의 환난에 대비하여야 한다고 상언하였다.[61] 11일에도 간관이 축성역을 정지하자고 청하자, 태조는 도읍에는 성곽이 없을 수 없다고 꾸짖고 집에서 대명토록 하였다.[62]

21일에 태조는 도평의사사에 명하여 각도의 군인을 징발하여 도성을 畢築하는데 따른 가부를 묻도록 하였는데, 찬성사이하 모두가 불가하다고 하였다. 이에 태조는 이들을 불러 내가 移都하여 성곽이 거의 이루어졌는데, 필축의 역을 모두 불가하다고 하니 어쩐 일인가? 이와 같다면 내가 어찌 이곳으로 이도를 하였겠는가라고 하였다. 삼사좌복야 禹仁烈은 신 등이 불가하다고 한 것은 영구히 축성을 하지 말자는 뜻이 아니고 잠시 풍년을 기다리자는 것이라고 하고, 정당문학 韓尙質은 신 등이 불가하다고 한 것은 금년에 早旱과 晩水가 있었고, 蝗虫의 재해가 있어 禾穀이 익지 않았기 때문에 내년을 기다려 필축을 하는 것이 편리할 것이라고 하였다. 이에 태조는 내가 이미 각도의 관찰사들에게 築城赴役의 식량을 지급하라고 명하였다고 하였다. 參贊門下府事 安翊이 신 등은 이미 給糧하라는 명이 있는 줄을 모르고 불가하다고 하였으니, 신등 모두에게 죄가 있다고 답하였다. 태조는 안익의 말을 듣고 노여움을 풀고 술을 내렸다.[63]

8월 6일에는 경상, 전라, 강원도에서 築城夫 79,400인을 징발하였다.[64] 9월 24일에는 築城役이 끝나 정부들을 방환하였다.[65]

태조 6년 1월 22일에는 역도 중에서 상을 당한 자, 병이든 자, 노

---

61) 『太祖實錄』 권10, 太祖 5년 7월 辛酉.

62) 『太祖實錄』 권10, 太祖 5년 7월 丙寅.

63) 『太祖實錄』 권10, 太祖 5년 7월 丙子.

64) 『太祖實錄』 권10, 太祖 5년 8월 辛卯. 8월 13일에 神德王后가 승하하자 자연 태조의 役事에 대한 관심은 적어 졌다.

65) 『太祖實錄』 권10, 太祖 5년 9월 乙卯.

약자를 방환하였다.[66] 4월 25일에 간관이 工役으로 인하여 백성들이 농사일을 잃었는데, 지금 도성이 이미 축조되고 宮室도 이미 조영되었으니, 토목공사는 완급을 헤아리지 말고 모두 停罷하여 풍년을 기다려 修葺해도 늦지 않을 것이라고 상서하자, 태조는 이를 시행토록 하라고 명하였다.[67]

3) 식량

태조 5년 7월 21일에 태조는 내가 이미 각도의 관찰사들에게 築城赴役의 식량을 지급하라고 명하였다고 하였다.[68]

태조 6년 1월 15일에 풍해도도관찰사는 도내 인민이 風水, 虫蝗의 재해를 입어 失農飢困하여 금번 도성역에 부역함에 각자의 식량을 가지고 가는 일은 매우 어려우니, 도내의 田米와 陳太를 내어주자고 상언하자, 태조는 이를 허락하였다.[69]

4) 감역관

태조 5년 1월 9일에 매 2字마다 監役判事, 監役副判事 각 1員과 使, 副使, 判官 중 12員을 두었다.[70]

5) 성벽축조

① 개기

태조 4년 윤9월 10일에는 태조가 직접 都城基를 巡觀한 후,[71] 13일에는 판삼사사 정도전으로 하여금 城基를 정하도록 하였는데,[72]

---

66) 『太祖實錄』 권11, 太祖 6년 정월 乙亥.
67) 『太祖實錄』 권11, 太祖 6년 4월 丁未.
68) 『太祖實錄』 권10, 太祖 5년 7월 丙子.
69) 『太祖實錄』 권11, 太祖 6년 정월 戊辰.
70) 『太祖實錄』 권9, 太祖 5년 정월 戊辰.
71) 『太祖實錄』 권8, 太祖 4년 윤9월 辛未.
72) 『太祖實錄』 권8, 太祖 4년 윤9월 甲戌.

白岳山, 駱山, 木覓山, 仁王山 등 4산을 연결하는 총 연장 59,500척의 성기를 잡았다. 이로부터 12일 후인 25일에는 태조 자신이 또 西山(인왕산)에 행차하여 성기를 살펴보았다.[73)]

태조는 5년 1월 4일과 14일에도 성기를 직접 살펴보았다.[74)] 9일에는 백악 및 五方之神에게 치제한 후 성기를 개기하였다.[75)]

② 분정

성기의 규모를 헤아려 字號를 分定하였는데, 백악의 동쪽에서 天字로 시작하여, 백악의 서쪽에서 弔字로 마쳤다. 총 둘레 59,500척에 600척마다 1字號를 부여하여 모두 97자로 나누고, 다시 1자마다 6號로 나누었다. 각도 州郡 民戶의 다소를 헤아려 天字에서 日字까지는 동북면, 月字에서 寒字까지는 강원도, 來字에서 珍字까지는 경상도, 李字에서 龍字까지는 전라도, 師字에서 弔字까지는 서북면이 담당토록 하였다.[76)]

③ 체성

공사가 밤낮을 가리지 않고 진행되자, 태조 5년 1월 9일에 태조는 날씨가 혹한이므로 夜役을 금하도록 하였다.[77)] 또 20일에도 태조는 심한 추위 때문에 동사자가 발생할 것을 염려하여 內臣을 築城所에 보내 風雪日에는 역사를 시키지 말도록 유시하였다.[78)] 또 태조는 2월 22일에 도성역을 연 3일 동안 살펴보고,[79)] 10월 2일에도 城役을 순시하였다.[80)] 한편 이때 축조된 체성의 규모는 高險處는 석축을 하였는데, 높이 15척, 길이 19,200척이었고, 平山處는 토축을 하였는데,

---

73) 『太祖實錄』 권8, 太祖 4년 윤9월 丙戌. 정도전이 정한 도성 터의 세부적인 사항을 직접 점검하기 위한 거둥으로 보인다.
74) 『太祖實錄』 권9, 太祖 5년 정월 癸亥 · 癸酉.
75) 『太祖實錄』 권9, 太祖 5년 정월 戊辰.
76) 『太祖實錄』 권9, 太祖 5년 정월 戊辰.
77) 『太祖實錄』 권9, 太祖 5년 정월 戊辰.
78) 『太祖實錄』 권9, 太祖 5년 정월 己卯.
79) 『太祖實錄』 권9, 太祖 5년 2월 庚戌.
80) 『太祖實錄』 권10, 太祖 5년 10월 丙戌.

下廣 24척, 上廣 18척, 높이 25척, 길이 40,300척이었다. 수구에는 구름다리(雲梯, 홍예가 시설된 다리)를 쌓고 양쪽에다 석성을 쌓았는데, 높이가 16척, 길이가 1,050척이었다.[81]

한편 秋節役事에서는 春節役事 때 쌓은 것 중에서 물이 솟아 무너진 곳은 석축으로 다시 쌓고, 간간이 토축을 쌓았다. 구름다리가 雨水에 부딪쳐 무너진 곳도 다시 쌓았다. 또 구름다리 한 곳을 쌓아 水勢를 분리하였다. 석성이 낮은 곳은 加築하여 높여 쌓았다. 또 각 성문에 月團(홍예)과 樓閣(門樓)를 지었으며, 정북은 肅淸門, 동북은 弘化門(東小門), 정동은 興仁門(東大門), 동남은 光熈門(水口門), 정남은 崇禮門(南大門), 小北은 昭德門(西小門), 정서는 敦義門, 서북은 彰義門이라고 하였다.[82]

태조 6년 1월 27일에 태조는 홍인문에 행차하여 옹성의 기초를 살펴보았으며,[83] 또 4월 28일에도 홍인문에 행차하여 옹성을 살펴보고, 동소문까지 巡城하고 환궁하였다.[84]

④ 수축

태조 6년 8월 14일에는 경기 안의 백성을 징발하여 도성을 수축하게 하였다.[85] 10월 19일에는 축성 역부를 방환하였다.[86] 또 7년 3월 24일에도 4도 州郡을 留後司城과 新都城에 分屬시켜 때에 따라 修補토록 하였는데, 경기우도, 풍해도는 留後司에, 경기좌도, 충청도는 新都에 소속시켰다.[87] 5월 13일에는 경기좌도, 충청도의 주군으로 하여금 시기에 맞추어 도성 9,767여보[88](58,602척)를 수축도록 하였

---

81) 『太祖實錄』 권9, 太祖 5년 2월 丙辰. 興仁門 측면에 있었던 五間水口門의 사진(朝鮮總督府, 『朝鮮古蹟圖譜』 11, 1931, 1480쪽)이 참고가 된다. 여기서 3칸은 태조 5년에 축조되고, 2칸은 세종 4년에 增作한 것이다.
82) 『太祖實錄』 권10, 太祖 5년 9월 乙卯.
83) 『太祖實錄』 권11, 太祖 6년 정월 庚辰.
84) 『太祖實錄』 권11, 太祖 6년 4월 庚戌.
85) 『太祖實錄』 권12, 太祖 6년 8월 癸巳.
86) 『太祖實錄』 권12, 太祖 6년 10월 丁酉.
87) 『太祖實錄』 권13, 太祖 7년 3월 辛未.

다.[89] 이것으로 사실상 태조대의 도성 축조는 마무리가 되었다.[90]

6) 운반

태조 5년 8월 17일에 도성감역관 전사재감 朴理가 군인들로 하여금 大石을 운반하던 중 길이 좁아 전밀직 李士渭의 집 울타리를 헐었다. 이에 이사위는 박리를 때리며 욕을 하였는데, 城門提調 崔有慶 등이 보고하자, 태조는 이사위의 家奴 20명을 내어 南門役에 부역토록 하라고 명하였다.[91] 이사위도 순군옥에 갇혀다가 풀려났다.[92]

7) 崩毁

태조 5년 5월 8일에 판중추원사 李彬이 축성제조로서 자주 私第에 들려 督役을 소홀히 한 이유로 간관이 탄핵을 하자, 태조는 그의 직첩을 거두고 田民을 沒入하고 寧海府로 유배토록 하였다.[93] 6월 2일에도 축성제조 李誠中을 축성이 견고하지 못하다는 이유로 순군옥에 가두었다.[94] 7월 3일과 5일에는 심한 風雨로 도성의 水口甕城 1칸씩이 무너졌다.[95]

8) 物故

태조 5년 2월 27일에 태조는 성문 밖 3곳에서 수륙제를 베풀어 역부 사망자를 천도하도록 하고, 사망자의 집에 3년 동안 戶役(徭役)

---

88) 여기서는 營造尺 6척을 1보로 본 것인데, 華城의 축조에서는 영조척 3척 8촌을 1보로 삼았다.

89) 『太祖實錄』 권14, 太祖 7년 5월 己未.

90) 이어서 8월에는 제1차 왕자의 난이 일어나고, 9월에는 정종이 즉위하는 정치적 소용돌이에 휩싸이게 된다.

91) 『太祖實錄』 권10, 太祖 5년 8월 己未.

92) 『太祖實錄』 권10, 太祖 5년 9월 丁丑.

93) 『太祖實錄』 권9, 太祖 5년 5월 甲子.

94) 『太祖實錄』 권9, 太祖 5년 6월 戊子. 그는 6월 13일에서야 풀려났다(『太祖實錄』 권9, 太祖 5년 6월 乙亥).

95) 『太祖實錄』 권10, 太祖 5년 7월 戊午 · 庚申.

을 면제하여 주었다.[96] 3월 16일에는 전라도 부역자 중에서 병사자가 더욱 많다는 보고를 받고, 태조는 이들에게 米豆를 하사하였다.[97]

9) 구료

慈恩都僧統 宗林과 前判事 尹安鼎이 板橋院을 만들어 축성인이 오갈 때 질병자가 있으면 의원들을 청하여 진맥하고 약을 지어 주어 구료하며 음식을 공급 하고, 병이 나은 자는 양식을 주어서 보내었다. 태조 5년 3월에 우정승 金士衡이 이 소식을 듣고 태조에게 아뢰자, 태조는 이들에게 米豆鹽醬를 내려 주도록 하였다.[98]

이때 珍原郡(현 長城郡 珍原面)의 民女 都里莊은 아버지가 성역에 나갔다가 병을 얻었다는 소식을 듣고 통곡하며 나는 형제가 없으니 내가 가서 아버지를 보살펴 生還토록 해야 한다고 하고, 남복을 갈아입고 즉일로 發行하여 도로 옆에 병들어 누워 있는 사람이 있으면 살피면서 판교원에까지 이르렀다. 이곳에서 아버지가 위독함을 보고 진심으로 구료하고 부축하여 鄕里로 돌아왔는데, 그 녀의 효성스러운 사실이 알려지자 도리장에게 면포를 하사하였다.[99]

10) 호궤

태조 5년 3월 4일에는 도평의사사에 명하여 축성감독 京外官에게 향연을 베풀었다.[100]

9월 9일에도 태조는 도성역을 순시하고 감독관들에게 宣醞을 내렸다.[101]

---

96) 『太祖實錄』 권9, 太祖 5년 2월 乙卯.
97) 『太祖實錄』 권9, 太祖 5년 3월 癸酉.
98) 『太祖實錄』 권9, 太祖 5년 3월 辛酉.
99) 『太祖實錄』 권9, 太祖 5년 3월 辛酉.
100) 『太祖實錄』 권9, 太祖 5년 3월 辛酉.
101) 『太祖實錄』 권10, 太祖 5년 9월 甲子.

11) 상전

태조 5년 10월 1일에 도성제조 權仲和, 朴子安, 辛有賢에게 內廏馬 1필씩을 하사하였다.[102]

2. 세종대의 수축

1) 도성수축도감

세종 3년 10월 13일에 도성수축도감을 설치하고 柳廷顯, 李原, 金承霔를 도제조, 朴子靑, 田興, 李明德, 李蔵, 趙啓生을 제조로 삼고, 使, 副使, 判官을 두었다. 12월 10일에는 우의정 鄭擢을 도성수축도감 도제조로 삼고, 제조 33인과 사, 부사, 판관, 녹사 등을 합하여 190인을 더 두었다.[103]

2) 인력동원

① 동원

태종 13년 8월 1일에는 河崙의 건의에 따라 京城修補都監을 설치하여 성산부원군 李稷, 의령부원군 南在를 도제조로 삼고, 金漢老, 朴子靑, 呂稱, 閔汝翼, 沈温, 禹希烈, 安魯生, 李貴山을 제조로 삼아 경기도 12,000인, 충청도 22,000인, 경상도 27,000인, 전라도 24,000인, 강원도 5,000인, 豊海道 10,000인 등 10만인의 修築軍을 징발하여 도성을 수축하고자 계획한 일이 있었다.[104] 또 11월 15일에도 경성수

---

102) 『太祖實錄』 권10, 太祖 5년 10월 乙酉.

103) 『世宗實錄』 권14, 世宗 3년 12월 己亥.

104) 『太宗實錄』 권26, 太宗 13년 8월 丁未. 이에 앞서 태종 12년 1월 15일에는 경상도, 전라도, 충청도 군인 52,800인을 동원하여 藏義洞에서 水口門까지 開川(청계천)의 준설을 시작하여(『太宗實錄』 권23, 太宗 12년 정월 庚子), 2월 15일에 역사를 마쳤다(『太宗實錄』 권23, 太宗 12년 2월 庚午). 2월 10일에는 開川都監을 그대로 行廊造成都監으로 삼아 游手와 승도 2,035(승군 500인 포함)을 동원하여 역사를 시작하고(『太宗實錄』 권23, 太宗 12년 2월 庚午), 경복궁 남쪽 惠政橋에서 창덕궁 洞口까지 市廛의 좌우 행랑 881칸을 지었다(『太宗實錄』 권23, 太宗 12년 5월 乙巳. 『太宗實錄』 권25, 太宗 13년 2월 乙

보도감을 두고 성산부원군 이직을 도제조로 삼고, 박자청, 김한노 등 12인을 제조로 삼았으며,[105] 24일에는 의정부에 명하여 도성을 순방基地를 증축토록 하였다.[106] 14년 8월 1일에도 영의정부사 하륜이 京城 東西片月城[107]을 쌓자고 건의 하였으나, 태종은 후년을 기다리라고 하며 불허하였다.[108]

한편 태종 16년 10월 13일에도 도성수축도감을 설치한 일이 있었다.[109] 그러나 19일에 태종은 강원도에서 강무를 하며 平康縣 積山에 이르러 전지하기를 전에 대신이 도성의 개축을 청하여 제조, 사, 부사, 판관 등 관원을 이미 구전으로 하였는데, 지금 강무와 巡省을 하며 둘러보니 금년은 풍년이 아니므로 명년 봄의 역사를 중지할 것이며, 왕도의 수축은 서서히 하고 沿邊 읍성의 축조에 힘을 기울여야 한다고 하였다.[110] 즉 외적이 침입하면 변방 장수가 제어하여 도성까지 이르지 못하게 하기 위해 성곽도 먼 변방부터 쌓기 시작하여 차차 가까운 곳에 도달해야 한다면서, 도성보다는 연변의 축성을 먼저 해야 한다고 생각했던 태종은 여전히 도성 수축에 부정적인 입장

卯). 이에 이어서 도성수축 논의가 진행된 것이다.

105) 『太宗實錄』 권26, 太宗 13년 11월 辛卯.

106) 『太宗實錄』 권26, 太宗 13년 11월 庚子.

107) 편월성은 본성에 조각달 모양으로 덧붙인 외성이다. 태종은 동쪽은 安巖洞에서 伐乙兒峴까지, 서쪽은 沙縣에서 典廐署(도성 밖 숭례문과 남산 사이)가 있는 南山까지 뒤로 물려서 쌓자는 것이었다(『世宗實錄』 권54, 世宗 13년 10월 庚子). 이러한 도성 증축 또는 外城 신축이라는 논의는 세종 초반 당시에는 이미 國論이 되고, 세종 중반까지도 유지되었다. 여기에는 늘어나는 한성부의 인구를 수용할 목적도 있었다고 한다(김웅호, 「조선 초 都城의 축조와 수도 境界 기능」, 『서울학연구』 47, 서울시립대학교부설 서울학연구소, 2012, 12~16쪽).

108) 『太宗實錄』 권28, 太宗 14년 8월 辛丑.

109) 『太宗實錄』 권32, 太宗 16년 10월 辛未.

110) 『太宗實錄』 권32, 太宗 16년 10월 丁丑. 고려말에는 왜구에 대한 방비를 목적으로 沿海 지역에 많은 읍성이나 鎭堡城이 구축되고, 태종대에는 전국적으로 入保山城을 마련하였으며, 세종대 이후에는 山城入保防禦體制가 퇴조하면서 산성은 점차 폐지되고, 읍성 위주의 방비책이 중시되었다(柳在春, 『韓國中世築城史 硏究』, 景仁文化社, 2003, 467~475쪽).

을 보였고,[111] 이로써 태종대의 도성 수축 계획은 실현되지 못하였다.

세종 3년 8월 24일에 공조판서 崔閏德은 성곽은 나라의 겉옷과 같은 것으로써 외환도 막고 내부도 호위하는 것인데, 도성이 여러 해 동안 장마 비로 허물어져서 수축하지 않은 까닭에 꼴 베러 다니는 사람들이 흔히 성벽을 넘나들어 심하게 허술하니, 固國安民의 도리가 어찌 이와 같을 수가 있는가라고 하면서, 근일에 성문도감이 허물어진 데를 쌓으려고 하고 있으나, 감히 마음대로 擅斷할 수가 없으니 내년 봄에 수축하자고 아뢰자, 세종은 아직은 허물어진 곳만 막아놓고 풍년을 기다리라고 하였다.[112]

10월 13일에 태상왕과 세종은 牛峰 등지로 사냥을 하면서 臨江縣 軍藏里에 이르러 술을 마시던 중에 태상왕은 말이 도성의 頹圮에 미치자 눈물을 흘리며 도성은 반드시 수축되어야 한다고 말하자, 태상왕의 측근인 李原은 도성은 집의 울타리와 같은 것이니 금년에 禾穀이 조금 풍년이 들었으니 불가불 수축을 해야 한다고 답하였다. 이에 따라 도성수축도감이 설치되었다.[113]

10월 29일에는 도성수축도감에서 아뢰기를 제도의 軍丁에서 甲士 別牌, 侍衛牌, 水軍, 鎭軍, 守城軍, 翼軍, 正軍을 제외하고, 奉足 및 雜色軍을 징발하여 수축하겠다고 하였다.[114] 또 같은 날 도성수축도감

111) 윤훈표,「조선전기 한양방어체제의 논의와 군사제도 운영의 실상」, 『鄕土서울』 83, 2013, 54쪽.

112) 『世宗實錄』 권13, 世宗 3년 8월 甲寅. 이에 앞서 세종 3년 7월에도 판한성부사 鄭津 등이 상소하여 두 곳의 수문은 좌우의 옹성이 좁아서 도성 안 여러 곳의 물이 합쳐 흘러서 막히게 되니, 별도로 수문 하나를 더 만들자고 건의하였다(『世宗實錄』 권12, 世宗 3년 7월 癸亥).

113) 『世宗實錄』 권13, 世宗 3년 10월 壬寅.

114) 『世宗實錄』 권13, 世宗 3년 10월 戊午. 世宗 5년 2월 1일에 호조에서 아뢰기를 지난 세종 4년에 도성을 수축할 적에 役事에 나온 鹽干 등에게 역사에 나왔다가 돌아간 날 수를 계산하여 그 해의 貢 바치는 소금을 면제하여 주기를 청하자, 세종은 이를 윤허하였다(『世宗實錄』 권19, 世宗 5년 2월 壬子).

에서 아뢰기를 토성의 傾頹處 25,535척을 1척마다 15인으로 쌓게 되니 38,3025인이 필요하고, 석성의 傾頹處 3,946척을 매 1척에 5명[115]이 쌓게 되니 19,730인이 필요하고, 西箭門의 옹성에 1,000인이 필요하므로 전체적으로 40,3755인이 필요하다고 하여, 태상왕의 윤허를 받았다.[116] 또 같은 날 도성수축도감에서 아뢰기를 제도의 관찰사들이 도내의 水陸防禦의 緊慢과 戶口의 多寡를 참작하여 築城軍을 뽑아 보내고, 40일내에 필역하면 바로 放遣하겠다고 하자, 태상왕은 이를 윤허하였다.[117]

12월 10에는 처음에 병조참판 李明德이 이 일을 주관하면서 제도의 丁夫 43만을 징발하려고 하였으나, 代言 등이 세종에게 아뢰기를 태조가 도성을 축조할 때 정부 20여 만을 동원하였는데, 지금은 수축할 뿐인데 어찌 이와 같이 많을 수가 있겠는가라고 하였다. 세종은 태상왕에게 아뢰니 감축하라고 명하였다. 이명덕이 前議를 고집하였으나, 태상왕이 3의정에 명하여 의논토록 하였는데 모두 감하기를 청하므로 10여 만을 감하였다. 이에 따라 경기도 20,188인, 충청도 56,112인, 강원도 21,200인, 황해도 39,888인, 전라도 49,104인, 경상도 87,368인, 평안도 43,392인, 함길도 5,208인으로, 총 築城軍은 322,460인, 工匠은 2,211인이었다. 한편 각 1差使員이 3邑軍을 거느리고,[118] 제도의 經歷[119]이 해당 道軍을 거느리고 赴京토록 하였다. 군

---

115) 선조 39년 善山 金烏山城의 수축에서는 축성에 어려운 곳은 最緊이라 하여 3人 竝築 1把(약 136cm)로 하고, 그 다음은 緊으로 5인 병축 2파, 次緊 2인 병축 1파, 例築 3인 병축 2파, 歇 1인 各築 1파, 只築女墻 1인 各築 3파로 하여 6등급으로 나누었다(張弼基, 「壬辰倭亂 직후 築城役 動員體系의 한 형태—金烏山城 守城將 鄭邦俊의 축성일기를 중심으로—」, 『古文書硏究』 25, 韓國古文書學會, 2004, 92쪽).

116) 『世宗實錄』 권13, 世宗 3년 10월 戊午.

117) 『世宗實錄』 권13, 世宗 3년 10월 戊午.

118) 差使員은 중요한 임무를 지워 파견하는 임시직인데, 3고을 중 한 고을의 守令이 이에 임명되었던 것 같다. 이는 『世宗實錄地理志』의 335개소의 행정구역(沈正輔, 『韓國 邑城의 硏究—忠南地方을 중심으로—』, 學硏文化社, 1995, 341쪽) 중에서 군사를 거느린 經歷과 守令이 115인이었다는 기록에서

사를 거느린 經歷과 守令은 모두 115인이었다.[120] 단, 함길도에서는 경원, 경성, 길주, 갑산은 제외하고, 안변, 和州, 단천은 그 해의 採金을 중지토록 하였다.[121]

22일에 세종은 호조참판 成揜에게 성을 쌓는 역사는 농사철이 오면 그쳐야 할 것이고, 내년 봄에 서울에서 상납할 조세는 모두 그 고을에 바쳐서 백성들의 힘을 펴도록 해야 할 것이다라고 명하였다.[122] 또 12월 26일에도 호조에서 내년 봄에 주군이 상납할 조세는 모두 本邑에 납부토록 하였는데, 충청도의 近京 주군은 전대로 납부하게 하도록 해달라고 아뢰자, 세종은 功役이 곧 행해지려고 하여 백성들의 힘을 펴도록 하려고 하며, 충청도의 近京 주군에서도 모두 부역을 해야 하는데 어찌 서울로 바로 상납하게 할 필요가 있는가라고 하면서 이를 불허하였다.[123]

세종 4년 1월 5일에 태상왕은 병조에 묻기를 추위가 이와 같은데 도성을 수축하는 제도의 군인들이 오는 도중에 동사자가 없느냐고 묻자, 병조에서는 여러 도에서 각기 수령을 보내어 전적으로 맡겨 거느리고 오게 했으므로, 반드시 동사하는 데 까지 이르게 하지는 않을 것이라고 답하였다. 태상왕은 다시 이르기를 비록 축성을 하지 못하는 일이 있더라도 어찌 백성들을 동사하게 해서야 되겠느냐 라고 하였다. 이에 명하여 知印을 제도에 나누어 보내어 군인을 거느리고 오는 수령들에게 유시하기를 도착할 기일만 생각하지 말고 風寒이 있으면 머물러 유숙하고 땔나무를 준비하며, 일기가 따뜻하거든 길을 떠날 것이며 한 사람이라도 동사자가 없게 하며, 만약 동사

차사원을 수령으로 파악한 것에서도 알 수가 있다.

119) 經歷은 공양왕 때 관찰사의 보좌관으로 1인씩 두고, 조선초기에도 관찰사의 屬官으로 두었으나, 세조 11년에 폐지되었다. 종4품의 관직이다.

120) 『世宗實錄』 권14, 世宗 3년 12월 己亥.

121) 『世宗實錄』 권13, 世宗 3년 10월 戊午.

122) 『世宗實錄』 권14, 世宗 3년 12월 辛亥.

123) 『世宗實錄』 권14, 世宗 3년 12월 乙卯.

자가 있으면 상세히 기록하여 아뢰도록 하라고 지시하였다.[124)]

② 遲送

세종 3년 12월 22일에 도성수축도감에서 아뢰기를 서울과 지방에서 行文移牒하는 일이 밀리어 늦어지는 일이 발생하면, 2품 이상은 啓聞하여 논죄하고, 通政 이하는 도감에서 直斷하겠다고 하자, 세종은 이를 윤허하고 아울러 도제조와 제조들이 협의하여 科罪하도록 명하였다.[125)]

세종 4년 1월 22일에는 축성군의 발송을 지연시킨 일로 의금부진무 韓有紋을 경상도로 보내서 관찰사 崔士康을 국문하게 하고, 판진주목사 尹普老, 성주목사 李之柔, 판고성현사 姜自明을 잡아오도록 하였다.[126)] 2월 1일에는 한유문이 윤보노 · 이지유 · 강자명을 잡아오니 의금부에 가두도록 명하였다. 또 2월 5일에는 築城軍을 뽑아 보냄에 기일 내에 도착하지 못하였기 때문에 창령현감 金師磾와 영산현감 金臺賢을 의금부에 가두었다.[127)] 5일에는 윤보노에게 곤장 80대를 치고 그 직첩을 회수하고, 7일에는 李之柔, 姜自明, 金臺賢, 金師磾 등에게 곤장 80대를 치고 그 직첩을 거두었다.[128)] 그 후 10월 27에 윤보노의 직첩을 돌려주고, 11월 3일에는 이지유, 강자명, 김사제, 김대현 등의 직첩을 도로 주었다. 2월 9일에도 경상도 星州軍人 332인, 창령 100인, 현풍 88인, 영산 6인이 지금까지도 도착하지 않자, 宣旨를 내려 의금부로 하여금 관원을 보내 경상감사를 국문한 후 보고토록 하였다.[129)]

3) 양식

---

124) 『世宗實錄』 권15, 世宗 4년 정월 癸亥.
125) 『世宗實錄』 권14, 世宗 3년 12월 辛亥.
126) 『世宗實錄』 권15, 世宗 4년 정월 庚辰.
127) 『世宗實錄』 권15, 世宗 4년 2월 壬辰.
128) 『世宗實錄』 권15, 世宗 4년 2월 甲午.
129) 『世宗實錄』 권15, 世宗 4년 2월 丙申.

세종 3년 10월 29일에 도성수축도감에서는 축성군 1인당 40일간의 식량을 가지고 오도록 하겠다고 아뢰어 태상왕의 윤허를 받았다.[130] 또 세종 4년 2월 9일에는 도성을 수축하던 전라도 高興軍人 35인이 失火하자, 이들에게 粮米를 量給하도록 하였다.[131]

4) 재용

수축의 역사에 쓰인 鐵은 모두 10,6199斤, 石灰 9,610石이었으며, 그 사용하고 남은 쇠를 거두어 각도의 歲貢에 충당하였다.[132]

5) 감역관

세종 3년 10월 29일에 도성수축도감에서 아뢰기를 견고하게 쌓지 아니한 자는 監督提調, 守令, 摠牌, 頭目은 모두 중죄를 더할 것이며, 만일 개축 후에도 무너지면 초축을 맡았던 관원을 시켜 다시 쌓게 하겠다고 하여, 태상왕의 윤허를 받았다.[133] 한편 각 1差使員이 3邑軍을 거느리고, 제도의 經歷이 해당 道軍을 거느리고 赴京토록 하였는데, 군사를 거느린 경력과 수령은 모두 115인이었다.[134]

세종 4년 1월 14일에는 도성수축도감 도제조인 좌의정 李原, 우의정 鄭擢과 제조 장천군 李從茂, 판부사 朴子靑, 공조참판 李蔵 등이 모여서 經營하는 일을 의논하였는데, 이때 박자청은 스스로 工役에 익숙하다고 여겨 사람들과 논의하지 않고 자기 마음대로 처리하였으므로 계획한 일이 적당하지 못한 것이 많았다. 두 議政이 제조는 판부사 혼자만이 아닌데 어찌 여러 사람에게 의논하지 않고 일을 자기 마음대로 처리하느냐고 하면서 얼굴빛을 변하며 말을 하지 않고 나가서 都監副使 裵桓으로 하여금 태상왕에게 상세히 아뢰도록

130) 『世宗實錄』 권13, 世宗 3년 10월 戊午.
131) 『世宗實錄』 권15, 世宗 4년 2월 丙申.
132) 『世宗實錄』 권15, 世宗 4년 2월 庚戌.
133) 『世宗實錄』 권13, 世宗 3년 10월 戊午.
134) 『世宗實錄』 권14, 世宗 3년 12월 己亥.

하였는데, 태상왕이 이를 임금에게 보고토록 하였다. 세종은 말하기를 의정은 내가 존경하는 사람인데 子靑이 감히 이와 같이 무례한 짓을 할 수 있느냐 비록 자청이 없다고 하더라도 어찌 도성을 능히 수축하지 못할 것이냐고 하면서 자청을 私第로 돌아가게 하였다.135)

또 21일에는 사헌부에서 아뢰기를 지금 도성을 수축하는데, 감역하는 각도의 首領官과 수영 등이 규정에 의거하여 공급하는 외에 酒肉을 많이 준비하여 연달아 운반하여 오며 各面의 提調郎廳과 京中의 친구들에게도 마음대로 음식을 주며, 또 각 고을의 摠牌, 頭目, 色吏 등도 管下의 築城軍人들에게 강제로 물품을 거두어 폐를 끼치며, 각도의 수령관, 차사원 등도 다투어 서로 功力을 자랑하며 수효 외의 정부를 더 뽑아서 오고, 명령을 어겨 시간이 지나도록 일을 시켜 병들게 한 자가 간혹 있으니 本府에서 조사하여 죄를 다스리기를 청하자, 세종은 이를 윤허하였다.136)

6) 성벽축조

① 재료

세종 3년 10월 25일에 세종은 이원에게 도성의 성터가 얼마나 되느냐고 묻자, 이원은 아직 다 요량하지 못하였으므로 얼마가 되는 줄을 알지 못한다고 답하였다. 또 세종은 수축 방법을 묻자, 이원은 태조대 토성으로 쌓은 것을 모두 돌로 개축한다면 萬世長久의 계책이라고 답하였다. 이에 대해 이조판서 孟思誠은 토성이 쉽게 허물어지는 것은 단단하게 쌓지 않은 까닭이니, 지금까지 무너지지 않은 곳은 마치 金石과 같으니, 만약 모두 돌로 개축을 한다면 力役이 매우 크게 되므로 명년으로 한정하여도 畢功을 할 수가 없다고 하였다. 이원은 만약 맹사성의 말과 같이 한다면 후에 반드시 崩毁되어 萬世長久의 계책이 아니라고 하였다. 평양부원군 金承霔는 모두 석

135) 『世宗實錄』 권15, 世宗 4년 정월 壬申.
136) 『世宗實錄』 권15, 世宗 4년 정월 己卯.

축으로 하는 것이 가하고, 그렇지 못하다면 沙峴으로부터 南山까지 사신이 볼 수 있는 곳은 마땅히 석축으로 쌓아야 한다고 하였다. 이에 대해 세종은 태상왕은 수축만 하려할 뿐이니, 내가 다시 아뢰겠다고 하였다.137)

② 분정

세종 3년 10월 29일에 도성수축도감에서 아뢰기를 경기도는 白岳山 동쪽의 天字에서 辰字까지 石城傾頹處 397척, 土城傾頹處 1,545척, 함길도는 宿字로부터 列字까지 石城傾頹處 144척, 土城傾頹處 386척,138) 강원도는 列字終面으로부터 來字까지 石城傾頹處 110척, 土城傾頹處 1,730척, 충청도는 來字終面으로부터 歲字까지 石城傾頹處 867척, 土城傾頹處 4,389척, 전라도는 歲字終面으로부터 麗字까지 石城傾頹處 570척, 土城傾頹處 3,902척, 경상도는 麗字終面으로부터 海字까지 石城傾頹處 260척, 土城傾頹處 7,094척, 평안도는 海字終面으로부터 翔字까지 石城傾頹處 626척, 土城傾頹處 3,391척과 西箭門의 甕城,139) 황해도는 翔字終面으로부터 弔字까지 石城傾頹處 978척, 土城傾頹處 2,098척으로 하겠다고 아뢰어, 태상왕의 윤허를 받았다.140)

③ 체성

세종 4년 1월 14일에는 도성을 수축하는 일로서 목멱산과 백악산

---

137) 『世宗實錄』 권13, 世宗 3년 10월 甲寅.

138) 함길도가 맡은 구역은 1,200척으로 짧은 구역인데도, 석성과 토성이 혼합되어 있었다. 석성과 토성이 혼합되어 있는 현상은 다른 구간도 마찬가지였다.

139) 敦義門은 西箭門이라고도 하는데, 서전문은 고개 마루턱에 위치하기 때문에 邦言의 소살문(高柱大門)이라는 속칭을 얻게 된 것이라 한다(李丙燾, 「漢陽城郭考」, 『鄕土서울』 29, 1966, 11쪽). 위치는 慶德宮(慶熙宮) 자리인 옛 서울중고등학교 서편인데, 세종대의 수축 때 이 문을 폐쇄하고 조금 남쪽인 지금의 서대문 자리로 옮겨 新門(새문), 서대문이라고 俗稱되었다. 없어진 서전문 일대는 성문을 막았기 때문에 塞門里라고 불렀는데, 이곳에 왕기가 있다하여 定遠君(인조 생부)의 집을 빼앗아 경덕궁을 지었다(『光海君日記』 권97, 光海君 7년 11월 己丑).

140) 『世宗實錄』 권13, 世宗 3년 10월 戊午.

의 山神[141]에게 告由祭를 지내고,[142] 15일부터 수축의 역사를 시작하였으며,[143] 肅淸門과 彰義門을 열어 군인들이 출입하게 하였다.[144]

16일에는 태상왕이 築城軍人에게 夜役을 시키면 그 고통을 이기지 못할 것이라고 하고, 매일 人定을 알릴 때에 鐘樓에서 바로 올라가는 불을 놓게 하고는 감역관들은 이것을 보고 役事를 파하게 하고, 罷漏[145] 후에 다시 역사에 나오게 하라고 명하였다. 또 의금부로 하여금 순찰하여 야역을 금하게 하면 축성인들이 괴롭지는 않을 것이라고 하였다. 이때 군사를 거느린 수령들이 速成에 힘써 축성군들을 쉬지 않고 부렸기 때문에 이러한 명령이 있었던 것이다.[146] 또 같은 16일에는 도성수축도감에서 아뢰기를 도성의 수문 수가 적어 전년의 폭우에 물이 불어 川邊의 인가가 물에 잠긴 일이 있었으니, 북변 수문 3칸에 1칸을 늘이고, 남변 수문 2칸에 1칸을 늘여서 만들겠다고 하자, 세종은 이를 윤허하고 인력의 여유가 있으면 川의 좌우를 모두 돌로 쌓아 빗물을 통하게 하도록 명하였다.[147]

2월 23일에는 수축의 역사를 마치었다. 성벽은 모두 석축으로 하였으며, 험지는 높이가 16척, 그 다음으로 높은 곳이 20척, 평지는 23척으로 기준하고, 수문 2칸을 增置하여 막힌 것을 통하게 하고, 서전문을 막고 돈의문을 설치하였다.[148]

---

141) 太祖 4년 12월에 白岳을 鎭國伯, 南山을 木覓大王으로 삼아 卿大夫와 士庶人은 제사를 올릴 수 없게 하였다(『太祖實錄』 권8, 太祖 4년 12월 戊午). 도성의 鎭山으로 中祀였던 백악의 산정에는 祠宇가 있어 三角之神을 제사하였고, 남산에는 木覓祠가 있었으며 小祀였다고 한다(『世宗實錄地理志』 京都 漢城府).

142) 『世宗實錄』 권15, 世宗 4년 정월 壬申.

143) 『世宗實錄』 권15, 世宗 4년 정월 癸酉.

144) 『世宗實錄』 권15, 世宗 4년 정월 癸酉.

145) 人定鐘은 1更 3點末에 치고, 罷漏 북은 5更 3點末에 쳤으나, 북을 치는 것을 5更 3點初에 치도록 고쳤다(『世宗實錄』 권19, 世宗 5년 정월 庚子).

146) 『世宗實錄』 권15, 世宗 4년 정월 甲戌.

147) 『世宗實錄』 권15, 世宗 4년 정월 甲戌.

148) 『世宗實錄』 권15, 世宗 4년 2월 庚戌.

7) 붕훼

세종 4년 1월 17일에는 宣旨하여 도성을 수축한 후 만일 一石이라도 무너져 떨어지는 일이 있으면, 그 방면의 감역관으로 하여금 修補하게 하고, 모두 논죄할 것이라고 하였다.[149] 세종 6년 8월 5일에 성문도감에서 아뢰기를 함길도 북청부에서 맡아 쌓은 부분의 성벽이 무너졌으니, 당초의 북청의 감역관과 두목, 총패에게 명하여 기한 안에 서울에 와서 수축하게 해달라고 하자, 세종은 이를 윤허하였다.[150] 감역관의 책임 기간은 대략 5년이었다.[151]

8) 사망

세종 4년 2월 9일에 도성수축도감 제조 檢漢城 朴春貴가 죽자 세종은 棺槨과 米豆 10석을 내려주었다. 23일에는 도성수축도감에서 아뢰기를 각도의 축성군의 사망자가 872인이라고 하자, 세종은 그들이 사는 고을에 명하여 戶役을 면제하고 賻物을 주게 하였다.[152] 26일에 세종은 축성군인 중에서 사망자가 그렇게 많은 것은 그 이유가 무엇인가라고 묻자, 공조참판 李蕆은 수십 명의 제조 중에서 오히려 박춘귀 같이 병들어 죽는 사람도 있는데, 하물며 30여 만의 군인 중에서 500~600인이 사망한 것이 어찌 괴이한 일이냐고 하였다. 이천이 나간 후에 세종은 근신에게 이천의 말은 전혀 옳지 못하며, 군인이 사망한 것이 어찌 박춘귀가 병들어 죽은 것과 같을 수가 있겠는가라고 하였다.[153] 같은 날 세종이 軍丁이 많이 사망한 일을 태상왕

149) 『世宗實錄』 권15, 世宗 4년 정월 乙亥.
150) 『世宗實錄』 권25, 世宗 6년 8월 丁未.
151) 城子의 축성에 부실하여 5년 내에 퇴락하면 그 관리는 律에 의해 장 80을 치고, 監役으로 還職시켜 고쳐 쌓게 하고, 재차 퇴락하는 자는 장 100에 降職하고 邊處守禦 하게하고, 비록 벼슬이 이미 갈린 자라도 논죄하고 개축 토록 하였다(『世宗實錄』 권53, 世宗 13년 9월 丙戌).
152) 『世宗實錄』 권15, 世宗 4년 2월 庚戌.
153) 『世宗實錄』 권15, 世宗 4년 2월 癸丑.

에게 아뢰니, 태상왕이 노하여 조말생과 이명덕에게 이르기를 도성을 수축한 군사 중에 죽은 자가 매우 많은데, 경들은 어째서 아뢰지 않았는가? 지금 다행히 주상의 말로 인하여 이제야 이를 알게 되었는데, 그렇지 않았다면 이를 알 수가 없었을 것이니, 이것이 어찌 사슴을 가리켜 말이라고 한 것과 다름이 있으랴고 하자, 조말생 등이 부끄러워하고 두려워하였다. 태상왕이 즉시 병조에 명하여 의원을 거느리고 성 밑으로 돌아다니며 병들고 굶주린 사람과 죽어서 매장되지 않은 사람을 두루 찾게 하고, 또 한성부로 하여금 성 밖 10리 안에서 찾도록 하였다.[154]

3월 5일에 세종은 宣旨하기를 도성을 수축하는 군인들이 혹은 병을 앓게 되니, 매우 불쌍히 여겨야 되겠으므로 4곳에 救療所를 설치하여 약물과 죽 · 밥을 준비하여 적당한 데 따라 구료하게 하였는데, 군사를 거느린 수령들은 비록 군인이 병든 것을 알고 있으면서도 구료소에 보내지 아니하여 군인들을 죽게 하였으니, 수령이 법을 받들어 행하는 뜻에 어긋난 것이다. 그 군인의 죽은 사람이 16인 이상이 된 자에게는 직첩을 회수하고 곤장 60대를 치고, 6인 이상이 된 자에게는 笞 50을 치고 본래의 직책으로 다시 임명한다고 하였다. 이에 수령을 追罪하여 모두 몸소 笞刑과 杖刑을 받게 하고 贖錢 거두는 것을 허락하지 않았다.[155] 또 20일에는 선지하기를 도성을 수축할 때에 각도의 군인들 중에서 길에서 죽은 사람도 다른 예에 의거하여 戶役을 면제하고, 賻物을 주라고 하였다.[156]

6월 11일에는 전라도도관찰사 河演이 아뢰기를 도내의 도성의 修築軍人을 돌려보낸 뒤에 도중에서 병들어 죽은 자가 141명이니, 赴役하다가 사망한 군인의 예에 의해서 米豆를 賻助하여 달라고 하자, 세종은 이를 윤허하였다.[157]

---

154) 『世宗實錄』 권15, 世宗 4년 2월 癸丑.
155) 『世宗實錄』 권15, 世宗 4년 3월 壬辰.
156) 『世宗實錄』 권15, 世宗 4년 3월 丁丑.

9) 도망

세종 3년 12월 24일에는 도성수축도감의 아룀에 따라 축성군 도망자는 초범이면 장 100, 재범이면 참하도록 하였다.[158]

세종 4년 2월 25일에는 축성의 역사에서 각도의 정부 중에 逃還者가 많으므로, 도감의 판관을 각도에 分遣하여 끝까지 찾아내어 이들에게 곤장을 쳐서 장래의 사람들에게 본보기가 되도록 하였다.[159] 30일에는 세종이 지신사 金益精에게 이르기를 도성을 수축하는 역사에 총패와 두목이 管下의 군사를 거느리고 도망해 돌아간 자가 있는데, 태상왕이 병조와 승정원에 이르기를 도망한 군사는 곤장 100대를 친다는 것은 이미 명령이 내려졌다. 그러나 두목과 총패가 그 군인들을 거느리고 도망한 자는 보통 군사의 예로서 논죄할 수는 없다. 가령 敵陣에 다다라 應變할 적에 두목과 총패가 오늘과 같이 군사를 거느리고 도망한다면 국가의 편안함과 위태함이 이에 매였으니, 이 무리들은 마땅히 군법에 처하여 장래의 사람에게 징계해야 될 것이라고 하였다. 이에 의금부진무를 황해도와 평안도에 보내서 그 도의 감사와 함께 도망한 자를 잡아서 아뢰게 하고, 그 맨 먼저 주창하여 군사를 거느리고 도망한 자는 형틀로 손을 묶어 모두 서울로 보내게 하였다. 대개 두 도에서 도망한 군사가 가장 많은 까닭으로 특별히 의금부의 관원을 보내었고, 다른 도에서는 감사로 하여금 도망한 자를 잡게 하여, 마땅히 죽을 사람이 많았는데 마침내 宥旨가 있어 모두 죄를 면하게 되었다.[160]

10) 구료

157) 『世宗實錄』 권16, 世宗 4년 6월 丙申.
158) 『世宗實錄』 권14, 世宗 3년 12월 癸酉.
159) 『世宗實錄』 권15, 世宗 4년 2월 壬子.
160) 『世宗實錄』 권15, 世宗 4년 2월 丁巳.

세종 3년 12월 18일에는 도성수축도감에서 아뢰기를 惠民局과 濟生院으로 하여금 축성군 疾疫者들을 치료하게 하였으나 축성군의 수는 많은 데도, 二司의 醫員數는 적어 구료하기가 쉽지 않다. 청컨대 한 명의 차사원이 맡은 3邑의 축성군에게 각기 醫學生徒 2~3인을 거느리고 약재까지 준비해 오게 해서 京醫의 지시를 받아 치료하도록 하자고 하여 윤허를 받았다.161) 또 21일에는 西活人院의 제조 韓尙德이 아뢰기를 내년 봄에 축성군이 많이 모이면 반드시 疫癘가 있을 것이다. 태조대에 도성을 쌓을 때도 역려가 크게 일어났는데 華嚴宗 僧 坦宣이 역질을 두려워하지 않고 진심으로 구휼하였는데, 탄선이 지금 경상도 新寧에 있으니 역마로써 불러들여 그로 하여금 구호토록 하여 달라고 하자, 세종은 이를 윤허하였다.162)

세종 4년 1월 15일에는 도성의 동쪽과 서쪽에 구료소 4곳을 설치하여, 혜민국제조 한상덕에게는 의원 60인을 거느리고, 대사 탄선에게는 승도 300인을 거느리고 축성군의 병들고 다친 사람을 구료토록 하였다. 또 前留後 呂稱과 검교참찬 許衜에게 이를 감독하게 하였다.163)

2월 10일에는 태상왕이 병조의 낭청을 分遣하여 병든 군인들에 대한 구료 상황을 검찰토록 하고, 아울러 병든 군인을 軍幕에 留置하여 두고 구료소에 보내지 않은 상황도 검찰토록 하였다.164) 26일에는 선지하기를 도성의 역사에 나왔던 군인이 집으로 돌아가는 길에서 병을 얻었으나 구료하는 사람이 없어서, 혹은 목숨을 잃게 되었으니 진실로 민망한 일이다. 각기 그 경내의 수령과 역승이 친히 나와서 보고 약물과 죽 · 밥으로써 성실하게 구료하라고 하였다. 또 知印을 각도에 나누어 보내어 이를 살피게 하였다.165) 27일에도 세

161) 『世宗實錄』 권14, 世宗 3년 12월 丁未.
162) 『世宗實錄』 권14, 世宗 3년 12월 庚戌.
163) 『世宗實錄』 권15, 世宗 4년 정월 癸酉.
164) 『世宗實錄』 권15, 世宗 4년 2월 丁酉.
165) 『世宗實錄』 권15, 世宗 4년 2월 癸丑.

종은 여러 도의 감사로 하여금 창고의 곡식을 내어 길에서 굶주려 병든 군인을 구제하고, 병이 나았으면 路程을 계산하여 양식을 주도록 하였으며, 만약 친족이 있어 구료한 자에게도 아울러 양식을 주도록 명하였다. 이 역사에 태상왕과 세종이 애써 군인들을 구료하였지마는 군인의 수가 너무 많고 쌀이 귀한데다가,[166] 먼 지방의 사람들이 모두 牛馬와 布貨로써 쌀을 바꾸어갔으므로 군인들이 굶어서 병이 났으며, 또 봄 기후가 차서 역질이 크게 발생하였으므로 역사를 할 때에 죽은 사람이 많았으며, 길에서 또는 집에 돌아가서 전염하여 죽은 사람이 또한 매우 많았다. 울산의 한 군인은 아버지와 아들이 모두 역사에 나온 사람이 있었는데, 아버지가 죽자 아들이 그 시체를 업고 돌아오면서 길에서 조석으로 자기 먹는 밥으로써 제사지내고 돌아와서 그 고향에 장사를 지냈다고 한다.[167]

11) 호궤

세종 3년 12월 22일에 태상왕은 도성수축도감에 宣醞을 내렸다.[168] 세종 4년 1월 10일에도 동부대언 郭存中에게 명하여 선온을 받들고 도성수축도감에 가서 제조들을 위로하도록 하였다.[169] 15일에 태상왕은 도총제 權希達, 세종은 총제 元閔生을 보내 太平館에서 제조들에게 선온을 내리고 위로하였다.[170] 또 29일에도 동부대언 곽존중으로 하여금 선온을 가지고 가서 도성수축도감의 제조들을 위로하게 하였다.[171]

세종 4년 2월 2일에도 도성의 수축군을 거느린 각도 首領官, 差

166) 도성을 수축하는 일로 인하여 중앙이나 지방에서 식량난이 심하였다(『世宗實錄』권16, 世宗 4년 7월 庚申).
167) 『世宗實錄』권15, 世宗 4년 2월 甲寅.
168) 『世宗實錄』권14, 世宗 3년 12월 辛亥.
169) 『世宗實錄』권15, 世宗 4년 정월 戊辰.
170) 『世宗實錄』권15, 世宗 4년 정월 癸酉.
171) 『世宗實錄』권15, 世宗 4년 정월 丁亥.

使員들에게 선온을 내렸다.172) 15일에는 역사를 마치게 되기 때문에 우부대언 韓惠에게 명하여 선온을 가지고 가서 예조에서 도성을 수축하는 각도의 수령관과 수령들에게 잔치를 베풀도록 하였다.173) 또 24일에는 도총제 權希達과 동지총제 李隨에게 兩殿의 선온을 興德寺로 가지고 가서 축성하는 東面의 諸提調들을 위로하게 하고, 총제 李順蒙과 邊頤를 支天寺로 보내 西面의 諸提調를 위로하게 하였다.174)

12) 순심

성벽의 안팎으로는 폭 15척의 길을 내어 순심에 편리하도록 하였다.175) 세종 4년 2월 24일에는 城門都監을 설치하였다. 우의정, 병조참판, 공조참판, 중군으로 頭摠制를 삼고, 판한성부사와 한성부윤으로 實案提調를 삼고, 사, 부사, 판관 4인, 녹사 8인을 두었다. 이들로 하여금 10일마다 한 차례씩 도성의 안팎을 순심하여, 규정에 의거하여 아뢰도록 하였다.176)

---

172) 『世宗實錄』 권15, 世宗 4년 2월 己酉.
173) 『世宗實錄』 권15, 世宗 4년 2월 壬寅.
174) 『世宗實錄』 권15, 世宗 4년 정월 壬午.
175) 『世宗實錄』 권15, 世宗 4년 2월 庚戌. 이러한 성곽의 環涂(環道)는 태조대의 축성에서 만들었으나, 도성 근처의 거주민들이 길을 침범하여 길을 막아 통행할 수가 없었다. 한편 세종 21년에는 도성 안쪽(內環道)은 2軌 2尺(18척), 바깥쪽(外環道)은 2궤4척(20척)으로 다시 정하였다(『世宗實錄』 권87, 世宗 21년 10월 辛巳). 서울 타워호텔 부지 발굴에서는 성벽 외측으로 단단하게 다진 폭 4m 내외의 외환도가 확인되었다.
176) 『世宗實錄』 권15, 世宗 4년 2월 辛亥.

Ⅲ. 검토

1. 도감의 조직

우리나라에서는 고려이전부터 나라에 큰 역사가 있으면 도감이라는 임시기구를 설치하는 것이 상례였다. 나라의 중요한 일이 있을 때는 거의 반드시 도감을 두어 일을 주관하도록 하였는데, 조선초기의 도성 축조에서도 마찬가지였다. 또 보통 도감이 설치되면 고위관료가 최고 책임자인 도제조 또는 제조에 임명되었으며, 격이 낮은 역사인 경우에는 6조의 판서가 임명되었지만 아주 중요한 역사라면 영의정이 임명되었다.[177]

무장 출신인 태조가 주관하던 태조대의 도성 축조시에는 都城造築都監이 설치되었다. 도감을 총괄하는 도제조로는 좌정승 趙浚,[178] 우정승 金士衡, 영삼사사 沈德符[179]가 담당했을 것으로 추정되고 있다. 도성조축도감에는 판사, 부판사, 사, 부사, 판관, 녹사를 두었는데, 2字마다 판사, 부판사 각1인과 사, 부사, 판관 중 12인을 두었다. 판사 위에는 제조가 있었는데, 제조로는 판한성부사 鄭熙啓, 판중추원사 李彬과 李誠中, 權仲和, 朴子安, 辛有賢 등이 기록에 보인다. 당시 권중화는 판문하부사, 신유현은 중추원부사였고, 박자안은 태조 6년 1월에 전라도도절제사가 되었다. 태조는 권중화 · 박자안 · 신유현에게 內廏馬 1필씩을 하사하였다는 것으로 보면, 도성의 축성에서 이들의 역할이 컸음을 알 수가 있다. 이 밖에 정안대군(태종)의 장인인 보문각 대제학 閔霽도 참여하였다고 하며,[180] 城門提調 崔有慶도 있었다.[181]

177) 김동욱, 『18세기 건축사상과 실천—수원성—』(도서출판 발언), 1996, 241쪽.
178) 『增補文獻備考』 권25 輿地考13 關防1 城郭1. 『大東地志』 京都 都城.
179) 『漢京識略』 권1 城郭.
180) 『春亭集』 권12 閔霽墓誌銘.

병권을 쥐고 있던,[182] 태상왕인 태종이 직접 지휘했던,[183] 세종대의 도성 수축시에도 도성수축도감을 설치하였다. 우선 柳廷顯, 李原, 金承霔를 도제조, 朴子靑, 田興, 李明德, 李蕆, 趙啓生을 제조로 삼았으며, 제조 밑에 사, 부사, 판관을 두고, 후에 우의정 鄭擢을 도제조로 삼고, 제조 33인과 사, 부사, 판관, 녹사 등을 합하여 190인을 더 두어 도성수축도감을 보강하였다. 즉 도제조는 3의정인 柳廷顯, 李原, 정탁이 맡았는데, 실제의 축성 업무는 좌의정 이원과 우의정 정탁이 관장하였다. 제조로는 판부사 朴子靑, 총제 田興, 병조참판 李明德, 공조참판 李蕆, 전동지총제 趙啓生, 장천군 李從茂, 검한성 朴春貴 등이 있었는데, 이 중에서 축성을 계획하는데 핵심적 역할을 한 사람은 병조참판 이명덕이었다. 이처럼 도성 수축의 기본계획은 병조에서 관장하였음을 알 수가 있다. 제조의 수는 38인 이상이었고, 이 중에서 당시 궁궐의 造營 등 나라의 큰 역사들을 도맡아 하였던 박자청[184]은 축성에 관한 일을 擅斷하였다는 이유로 해직되었다. 또 사, 부사, 판관, 록사의 총 수는 최소한 190인 이상이었으며, 유독 부사였던 裵桓의 기록만이 보일뿐이다.

한편 제조, 판사, 부판사, 사, 부사, 판관, 록사는 도감과 각 방면의 축성소에 배치되어 축성에 관한 업무를 관장하였다.

2. 역부

1) 대상

181) 『太祖實錄』 권10, 太祖 5년 8월 壬寅.
182) 『太宗實錄』 권36, 太宗 18년 8월 丁亥.
183) 한양도성의 수축은 세종의 적장자(문종)를 세자로 책봉하는 조치와 병행하여 이루어졌고, 세자책봉은 세종—문종으로 이어질 왕업의 새로운 전개를 상징하는 것으로써, 한양도성의 수축은 이를 공간적으로 표상하려는 조치였다고 한다(윤정, 「세종 3년 上王 太宗의 漢陽都城 改築의 정치사적 의미」, 『鄕土서울』 83, 2013, 28~34쪽).
184) 申榮勳, 「太宗朝 監役官 朴子靑攷」, 『鄕土서울』 48, 1989.

태조대의 도성 축조에서는 民丁을 동원하였으며, 세종대의 도성 수축에서는 諸道의 軍丁 중에서 甲士別牌, 侍衛牌, 水軍, 鎭軍, 守城軍, 翼軍, 正軍을 제외하고, 奉足 및 雜色軍만을 징발하였다. 조선전기의 兵種은 크게 정군, 봉족(保人), 잡색군으로 나눌 수 있는데, 정군은 番上하는 현역병이고, 봉족은 정군을 경제적으로 도와주는 보충역이며, 잡색군은 정군이나 봉족이 되지 않는 사람들 가운데 현직 관리와 前銜 3품 이상을 제외한 鄕吏, 官奴, 公私賤口, 牧子, 鄕校의 生徒 등 軍役 이외의 國役을 지거나 국역을 지지 않는 사람들로 구성되었으며, 10인 단위에는 小牌, 50인 단위에는 摠牌를 두었다. 세조 13년에는 25인을 1隊로 편성하고 正을 두고, 5대를 旅로 삼고 帥를 두고, 3려에 里將 1인을 두었다.[185] 징발과 지휘의 권한은 수령에게 있었다.

2) 규모

태조대의 도성축조에서 春節役事에서는 경상, 전라, 강원도 및 서북면 안주 이남, 동북면 함주 이남의 민정 118,070여 인을 징발하고, 秋節役事에서는 경상, 전라, 강원도에서 築城夫 79,400인을 징발하였다. 총 197,470인이 징발된 셈이다.[186] 여기에는 경기, 충청, 풍해도가 제외된 것이 눈에 띄는데, 경기와 충청은 이미 궁궐역에 투입된바 있었다. 또 이들을 대신 留後司城과 新都城에 부속 시켜 이들 성의 수축을 맡게 하려고 하였기 때문으로 짐작된다.

세종대의 도성수축에는 경기도 20,188인, 충청도 56,112인, 강원도 21,200인, 황해도 39,888인, 전라도 49,104인, 경상도 87,368인, 평안도 43,392인, 함길도 5,208인으로, 총 축성군은 322,460인이었다. 태조대

185) 윤훈표, 「조선전기 한양방어체제의 논의와 군사제도 운영의 실상」, 『鄕土서울』 83, 2013, 70쪽.

186) 『世宗實錄地理志』 京都 漢城府條에는 춘절공사에 118,076인, 추절공사에 79,431인이 징발되었다고 보다 구체적으로 기록하고 있다.

의 도성 축조시보다 124,990인이 더 징발된 셈이다.

이처럼 나라의 수도에 쌓는 도성인 만큼 축조나 수축역사에 동원된 역부는 엄청난 규모였으며, 조선시대 최대의 대역사였다.

도 명	동원인원	자호(수)	수지거리(척)
경기도	20,188	13	1,942
충청도	56,112	10	5,256
강원도	21,200	3	1,840
황해도	39,888	25	3,076
전라도	49,104	15	4,472
경상도	87,368	22	7,354
평안도	43,392	7	4,017
함길도	5,208	2	530
계	322,460	97	28,487

〈표1〉 세종대 도별 역부 동원 현황

3) 식량

태조대의 도성 축조시에는 태조가 직접 각도의 관찰사들로 하여금 築城赴役人들에게 식량을 지급하도록 하였다. 또 태조의 춘절역사에서도 인민이 水 · 虫蝗의 재해를 입어 失農飢困하게 되어 부역함에 각자의 식량을 가지고 가는 일은 매우 어려우므로, 도내의 田米와 陳太를 주었다.

세종대의 도성수축시에는 축성군 1인당 40일간의 식량을 가지고 오도록 하였다. 또 도성을 수축하던 전라도 高興軍人 35인이 失火하자, 이들에게 粮米를 量給하였다. 이처럼 세종대의 도성수축에서는 역부들은 식량을 본인이 부담하는 自備糧을 원칙으로 하였다. 나아가 태조 6년의 춘절역사에서도 풍해도에서는 재해 때문에 특별히 田米와 陳太를 주었다는 것을 보면 식량은 본인이 부담하는 것이 원칙이었던 것 같다. 이로써 보면 태조 5년의 추절역사에서는 관청에서 식량을 지급했다는 앞서의 기록은 신빙성이 의심스럽다. 즉 도성의 축조 역사에서는 역부들이 자기의 식량을 마련하는 것이 일반적이었던 것이 아닌가 싶다.[187] 사실 역부들은 자기가 먹을 양식을 성역소에 까지 운반하는 것도 어려웠지만, 양식을 마련하는 것도 보통일이 아니었다. 심지어 축성하는 사람이 집에 있는 양식을 다 싸가지고 갔음으로, 집에 있는 노인과 어린이가 양식이 떨어져 굶어 죽는 일까지도 있었다.[188]

특히 세종대의 수축에서는 먼 지방 역부들이 운반의 어려움 때문에 모두 牛馬와 布貨를 가지고 와서 쌀로 바꾸었기 때문에 서울에서 쌀의 품귀 현상이 일어나기도 하였다.[189] 태종 12년 1월에 開川 준설역사를 하는데 동원된 경상도, 전라도, 충청도의 군인 5,2800인에게 태종은 먼 길에 쌀을 지고 온 것이 넉넉하지 못할 것이니, 軍資監이 쌀 10,400석을 내어 군인들에게 3斗씩을 주어서 반달의 양식을 준비하게 한 일도 참고가 된다.[190]

3. 역사기간

태조대의 도성축조에서 태조 5년의 춘절역사에서는 1월 9일부터 시작하여 2월 28일에 役事를 마쳤다. 또 추절역사는 8월 6일부터 시작하여 9월 24일에 역사를 마쳤다. 태조 6년의 춘절역사의 始築과

---

187) 세종대의 兩界行城의 축조에서도 양식을 가지고 왕래하는데 소와 말이 지쳤다고 한다(『世宗實錄』권127, 세종 32년 윤정월 甲寅).

188) 『世宗實錄』 권101, 世宗 25년 9월 癸酉.

189) 세종 10년의 한성부 인구는 103,328인이었는데, 여기에 주민의 3배가 되는 역부들이 함께 모였기 때문에 매우 혼잡하였을 것이다.

190) 『太宗實錄』권23, 太宗 12년 정월 庚子.

畢築의 일자는 정확하게 알 수는 없으나, 태조 5년의 춘절역사와 비슷하였을 것이고, 시축일자는 1월 15일 이후였다.

축조 후 27년만인 세종 4년의 도성수축에서는 始築日字가 1월 15일이고, 畢築日字는 2월 23일이었다.

이처럼 태조대의 役事期間은 49일과 50일이었으며, 세종대의 역사기간은 39일이었다.191) 또 이들 역사에는 농번기를 피하고 농한기를 이용하여 역사를 행하는 예부터의 전통을 따랐다.

4. 감역관

태조대 도성축조에는 2자마다 監役判事, 監役副判事 1인씩을 배치하였고, 또 2자마다 사, 부사, 판관 중에서 12인을 두었다. 이는 대공구 1,200척 마다 감역판사와 감역부판사 1인씩을 두고, 사, 부사, 판관 중에서 1인을 1號인 100척마다 두었다는 의미이다. 즉 감역판사와 감역부판사가 대공구인 1,200척을 맡고, 소공구인 100척에는 사, 부사, 판관 중에서 한 사람씩 맡았던 것으로 볼 수가 있는데, 이는 刻字城石에서도 확인이 된다.

세종대 도성수축의 監督提調(築城提調)도 태조대의 감역판사와 역할이 비슷했던 것으로 추정이 되는데, 사, 부사, 판관들의 역할도 태조대와 비슷하였을 것으로 짐작된다.192) 또 각도가 맡은 工區에는 각도의 首領官(經歷)이 총괄하여 감독하고, 각 고을이 맡은 공구에서는 수령이 해당 고을의 摠牌와 頭目을 거느리고 축성을 감독하였다.193) 실제로 성벽의 견고도는 수령들의 감독에 달려 있었으며, 이

191) 세종대의 양계행성의 役事期間은 30일을 기준으로 하였다(閔德植, 「韓國의 長城—朝鮮時代의 例를 중심으로—」, 『白山學報』58(白山學會), 2001, 196쪽). 금오산성의 수축에서는 군인들의 役事日數를 15일간으로 계획하였으나, 실제로는 12~14일 간이었다(張弼基, 앞의 논문, 93쪽).

192) 使, 副使, 判官은 도감의 본부에 소속되어 錄事와 함께 축성을 위한 행정업무를 담당하는 사람도 있었다.

193) 금오산성의 수축에서 築城軍은 束伍軍을 징발하여 속오군의 체제로 편성한

때문에 사실상 축성에 따른 모든 책임은 해당 고을의 수령이 져야만 하였다. 한편 한 고을의 수령이 差使員이 되어 세 고을의 축성군을 거느리고 축성에 임했던 것을 보면, 차사원이 세 고을이 담당한 공구의 감역을 맡았던 것 같다.

5. 축성의 내용

1) 규모

태조대 도성의 축조는 北岳(白岳, 현무), 駱山(청룡), 南山(주작), 仁王山(백호) 등 주위의 지리적 조건을 최대한으로 이용하여 축조하였다.[194] 규모는 59,500尺으로 여기서 사용한 척은 중앙에서 공식적으로 사용하던 營造尺이 아니었나 짐작된다. 세종 12년에 제정된 영조척을 30.37cm이라고 보고,[195] 이를 영조척으로 환산하면 18.071km로서 약 40여 리에 해당된다. 이처럼 도성답게 규모가 방대하였다.

세종대 수축에서는 天字에서 辰字까지 石城傾頹處 397척, 土城傾頹處 1,545척, 宿字로부터 列字까지 石城傾頹處 144척, 土城傾頹處 386척, 列字終面으로부터 來字까지 石城傾頹處 110척, 土城傾頹處 1,730척, 來字終面으로부터 歲字까지 石城傾頹處 867척, 土城傾頹處 4,389척, 歲字終面으로부터 麗字까지 石城傾頹處 570척, 土城傾頹處 3,902척, 麗字終面으로부터 海字까지 石城傾頹處 260척, 土城傾頹處 7,094척, 海字終面으로부터 翔字까지 石城傾頹處 626척, 土城傾頹處 3,391척과 西箭門의 甕城,[196] 翔字終面으로부터 弔字까지 石城傾頹處

것을 보면, 도성의 축성에서도 잡색군의 50인 단위의 將인 摠牌라는 이름이 보여 주목을 끈다.

194) 雪城이라고도 전해지는 한양도성에는 이천 雪城山城처럼 降雪說話가 전해지는데(『東國輿地備攷』卷一 京都 城郭), 降雪說話는 男妹說話, 老姑說話와 함께 우리나라 축성설화 중에 하나이다.

195) 朴興秀, 「李朝尺度에 關한 研究」, 『大東文化研究』4(成均館大學校 大東文化研究院), 1967, 205쪽.

196) 서대문인 西箭門은 태조 13년에 구 서대문 대신 만든 것인데, 위치는 서울역사박물관 서쪽으로 추정되고 있다. 그러나 세종 4년에는 좀 더 남쪽으로 옮

978척, 土城傾頹處 2,098척으로 石城傾頹處는 3,952척으로 1.20km이고, 土城傾頹處는 24,535척으로 7.45km로써, 총 28,487척인 8.65km가 된다. 토성경퇴처가 전체의 86%를 차지하였다.

한편 선산 金烏山城의 수축에서는 前城의 城基보다 뒤로 물려 城基를 잡아 논란이 된 일이 있었는데, 도성의 수축에서도 이러한 논의가 있었을 것이다. 片築인 경우 수축에서 성기를 성 안쪽으로 좁혀 잡으면 성벽의 높이가 낮아지는 단점이 있고, 성 밖으로 넓혀 잡으면 성벽의 높이가 높아지는 장점은 있으나, 공력이 많이 드는 단점이 있어 역부들의 불만을 사게 된다. 성벽은 지형에 준하여 축조되는 만큼 세종대의 성벽 규모는 태조대와 크게 차이가 없었을 것으로 보인다.

2) 분정

태조대 도성의 축조에서는 성기의 규모를 헤아려 字號를 분정하였는데, 백악의 동쪽에서 天字로 시작하여, 백악의 서쪽에서 弔字로 마쳤다. 총 둘레 59,500척에 600척마다 1字號를 부여하여 모두 97자로 나누고,[197] 다시 1자마다 6號로 나누었다. 또 각도의 민호 다소를 헤아려 天字에서 日字까지 9자는 동북면, 月字에서 寒字까지 8자는 강원도, 來字에서 珍字까지 41자는 경상도, 李字에서 龍字까지 15자는 전라도, 師字에서 弔字까지 24자는 서북면이 담당하였다. 소전성오는 동북면은 백악의 東北背後, 강원도는 숙청문부근에서 동소문부근, 경상도는 동소문부근에서 南山頂을 지나 남산식물원자리까지, 전라도는 남산식물원자리에서 서울역사박물관 배후, 서북면은 서울역사박물관 배후 부근에서 白岳西北까지로 보았다.[198] 이는 각자성

겨 지금의 新門路에서 서대문 네거리로 넘어가는 큰 길 마루에 敦義門을 설치함으로써 甕城은 축조되지 않았다.

197) 600척에 97個區는 58,200척으로 城基 보다 1,300척이 짧다. 여기에는 성문과 수구 등이 고려 될 수 있다.

198) 小田省吾, 「京城奠都の由來と其の城壁に就て」, 『朝鮮』 10, 1931, 50쪽. 동

석을 통해 보다 구체적으로 밝혀지고 있다.[199)]

세종대의 도성의 수축에서는 경기도는 백악산 동쪽의 天字에서 辰字까지 13자의 石城傾頹處 397척, 土城傾頹處 1,545척, 함길도는 宿字로부터 列字까지 2자의 石城傾頹處 144척, 土城傾頹處 386척, 강원도는 列字終面(張字)으로부터 來字까지 3자의 石城傾頹處 110척, 土城傾頹處 1,730척, 충청도는 來字終面(署字)으로부터 歲字까지 10자의 石城傾頹處 867척, 土城傾頹處 4,389척, 전라도는 歲字終面(律字)으로부터 麗字까지 15자의 石城傾頹處 570척, 土城傾頹處 3,902척, 경상도는 麗字終面(水字)으로부터 海字까지 22자의 石城傾頹處 260척, 土城傾頹處 7,094척, 평안도는 海字終面(鹹字)으로부터 翔字까지 7자의 石城傾頹處 626척, 土城傾頹處 3,391척과 西箭門의 甕城, 황해도는 翔字終面(龍字)으로부터 弔字까지 25자의 石城傾頹處 978척, 土城傾頹處 2,098척을 받았다. 소전성오는 경기도는 白岳背後의 동쪽으로부터 鷹峰 배후부근까지, 함길도는 응봉 배후부근에서 北廟 배후부근까지, 강원도는 북묘 배후부근에서 동소문 북측까지, 충청도는 동소문부근에서 駝駱山 남쪽까지, 전라도는 타락산 남쪽에서 광희문부근까지, 경상도는 장충단공원 동측으로부터 남산식물원 배후부근까지, 평안도는 남산식물원 서측으로부터 서대문까지, 황해도는 서대문 북측으로부터 백악서북까지로 보았다.[200)] 역시 각자성석을 통해 보다 구체적으로 밝혀지고 있다.[201)]

북면은 北岳山頂에서 肅淸門부근까지, 강원도는 숙청문부근에서 東小門부근까지, 경상도는 동소문부근에서 남대문부근까지, 전라도는 남대문부근에서 서대문부근까지, 서북면은 서대문부근에서 白岳頂上까지로 보는 견해도 있다(서울特別市, 『서울城廓』, 1976, 38쪽).

199) 민덕식, 『韓國 築城關聯 金石文 硏究』(백산자료원), 2022, 226~245쪽.

200) 小田省吾, 위의 논문, 63~67쪽.

201) 민덕식, 『韓國 築城關聯 金石文 硏究』, 226~245쪽.

도 명	자 호	자호수	석성경퇴(척)	토성경퇴(척)	계
경기도	天字～辰字	13	397	1,545	1,942
함길도	宿字～列字	2	144	386	530
강원도	張字～來字	3	110	1,730	1,840
충청도	署字～歲字	10	867	4,389	5,256
전라도	律字～麗字	15	570	3,902	4,472
경상도	水字～海字	22	260	7,094	7,354
평안도	醎字～翔字	7	626	3,391	4,017
황해도	龍字～吊字	25	978	2,098	3,076
계		97	3,952	24,535	28,487

〈표2〉 세종대 도별 수축 현황

3) 재료

태조대의 도성축조에서는 高險處 19,200척을 높이 15척으로 석축을 하고, 平山處 40,300척은 下廣 24척, 上廣 18척, 높이 25척 규모로 토축을 하였다. 水口는 구름다리(홍예)를 쌓고 양쪽에다 높이 16척, 길이 1,050척의 석축을 하였다.

세종대의 도성수축에서는 좌의정 李原의 건의에 따라 태조대에 토성으로 쌓은 부분을 모두 석축으로 개축하였다.

조선초기 도성의 축조에서는 성역소의 부근에서 성돌을 浮石하였을 것이나, 도성의 수축이 점차 진행되면서 성역소의 부근에서는 성돌을 구하기가 어렵게 되자, 숙종 30년 도성의 수축에서는 동대문 밖 蘆原, 舟巖, 牛耳洞 貞陵 근처, 狗蹲峰 밖 淸水洞에서 성 돌을 부석하였다.[202] 즉 이때에는 처음에는 성 돌을 주로 蘆原이나 舟巖과 같이 30리나 되는 먼 거리에서 부석하였으므로 운반에 큰 어려움이 있었으나, 날등이 궁성에서 보이지 않는 곳이거나 풍수지리에 꺼리지 않는 등 크게 구애되지 않는 곳이면, 편의대로 부석을 하게 하여 노력과 비용을 줄였다.[203]

4) 석회

태조대에 기와와 석회를 굽기 위하여 燔瓦軍 및 石灰軍 1,759인을 동원하였다고 하며,[204] 세종대의 도성수축의 역사에서는 鐵 10,6199斤, 石灰 9,610石이 쓰였다는 것만 남아 있다. 한편 태조대에는 궁궐의 조영에 쓰일 石灰를 충청도와 풍해좌·우도의 丁夫 1,200인을 징발하여 강화도에 보내서 굽게 한 일이 있다는 자료가 있어 참고가 된다.[205]

5) 장인

세종대의 도성수축에는 工匠 2,211인이 징발되었다. 공장들의 직종이나 소속에 대한 구체적인 내용을 알 수가 없는 것이 아쉬운데, 우선 수원 화성을 참고할 필요가 있겠다.

수원 화성의 축조에서는 전국에서 성역에 동원된 工匠(장인)은 石手 642인, 木手 335인, 泥匠 295인, 瓦甓匠 150인, 冶匠 83인, 蓋匠 34인, 車匠 10인, 畵工 46인, 假漆匠 48인, 大引鉅匠 30인, 小引鉅匠 20인, 歧鉅匠 27인, 乬鉅匠 12인, 雕刻匠 36인, 磨造匠 2인, 船匠 8인, 木鞋匠 34인, 鞍子匠 4인, 屛風匠 1인, 朴排匠 1인, 浮椺匠 2인, 灰匠

---

202) 『肅宗實錄』 권39, 肅宗 30년 3월 甲子. 『備邊司謄錄』 책54 肅宗 30년 3월 28일·5월 19일.

203) 閔德植, 「朝鮮 肅宗代의 都城修築工事에 관한 考察」, 『白山學報』 44(白山學會), 1994, 96~97쪽.

204) 『世宗實錄地理志』 京都 漢城府.

205) 『太祖實錄』 권8, 太祖 4년 9월 戊申.

1인 등 22개 직종에 모두 1,821인으로,[206] 도성의 수축이 화성의 축조 때보다 390인이 많았다. 화성의 축조에서는 석수가 전체의 35%을 차지하였던 것을 보면, 도성의 축조에서도 석수들의 비율이 단연 높았을 것이다.

이처럼 축성작업에서는 勞役을 제공하는 축성군뿐만아니라, 각종 기술을 제공하는 이들 工匠들의 역할이 매우 중요하였다. 이번 도성의 축성에서도 한양과 지방에 거주하는 당대 최고급의 공장들이 총동원되었을 것으로 추정된다.

인조 2~4년의 남한산성 수축에서는 역군은 승군이 맡았으나, 역사에 참여한 工匠들에게는 料布를 지급하였다.[207] 이러한 예로 보면 조선초기 도성축조에 참여한 공장들에도 요포나 料米가 지급된 것이 아닌가 싶다.

6) 역사시간

태조대의 도성축조에서는 夜役을 금하였는데, 세종대의 도성수축에서도 매일 罷漏 후에 역사에 나와서, 人定을 알리면 역사를 파하였다. 또 의금부로 하여금 순찰을 하여 야역을 일체 금하였다. 태종 12년에 開川의 준설시에는 태종이 개천도감에 「役軍事宜」를 내려 역사는 파루 뒤에 시작하고, 인정 전에 중지하여 만일 명령을 어기고 과중하게 역사를 시키는 감역관을 중하게 논죄토록 하였다.[208] 이에 役徒들이 전번에 성을 쌓을 때는 밤에 편히 자지 못하여 사람이 많이 병들어 죽었는데, 금년의 역사에는 낮에는 역사를 하고 밤에는 자기 때문에 병들어 죽은 사람이 많지 않았다고 하였다 한다.[209] 이로써 보면 태조대의 축성에서는 야역이 심하였음을 알 수

---

206) 『華城城役儀軌』 卷四 工匠.
207) 『仁祖實錄』 권11, 仁祖 4년 2월 癸巳.
208) 『太宗實錄』 권23, 太宗 12년 정월 乙未.
209) 『太宗實錄』 권23, 太宗 12년 2월 庚午.

가 있다.[210] 또 세종대의 도성수축에서는 개천 준설시의 「역사사의」를 따른 것이다.

7) 用尺

태조대 도성의 규모는 59,500척인데, 여기서 사용한 척은 중앙에서 공식적으로 사용하던 營造尺(木工尺)으로 추정되고 있다. 도성의 전체 둘레 18.127km를[211] 59,500척으로 나누면, 1척은 30.47cm가 된다. 여기서 도성 둘레의 실측치는 없어진 성벽은 복원을 한 것이기 때문에 오차가 있을 수가 있다. 또 소전성오가 조사한 崗字에서 劍字사이의 거리는 612척(曲尺)이었다고 한다.[212] 여기서 1척은 30.91cm의 척이 사용되었음을 알 수가 있다. 성벽의 계측에는 체성 외벽 기저부, 여장, 체성 상부 중앙 등 계측하는 부위에 따라 조금씩 차이가 나기 때문에 30.91cm는 당시 영조척에 근접한 수치라고만 보면 된다. 한울문화재연구원에서 조사한 李字에서 奈字사이의 안목거리는 186.27m로 1척은 31.05cm가 된다. 안목거리도 약간의 오차가 있을 수 있다. 또 生字에서 水字사이는 2자호 간격인데 안목거리는 344m이다. 이는 이자호인 364.4m와는 20.4m의 차이가 있는데, 「水字六百尺 玉字始面」이 1970년대 보수된 성벽에 놓여 있는 것을 보면,[213] 이 각자성석은 보수 과정에서 약간 옮겨졌다고 볼 수가 있다.

한편 세종 12년에 제정된 영조척은 30.37cm였는데,[214] 이를 도성의 둘레인 59,500척에 대입하면 18.071km가 된다. 실측치와 56m 밖에 차이가 나지 않는다.

---

210) 세종은 태조대에 도성을 쌓음에 백성들이 부역하기를 즐겨하지 아니하므로, 두 세 사람의 머리를 베고, 밤낮으로 부역을 독려하였으므로 疫疾이 일어났다고 하였다(『世宗實錄』권94, 世宗 23년 11월 甲寅).

211) 서울특별시, 『서울소재 성곽조사 보고서』, 287쪽.

212) 小田省吾, 「京城奠都の由來と其の城壁に就て(上)」, 50쪽.

213) 이곳 奬忠地區는 1977~1978년에 걸쳐 1,053m가 정비되었다.

214) 朴興秀, 「李朝尺度에 關한 硏究」, 『大東文化硏究』4, 1967, 205쪽.

그런데 태조대에 석성 19,200척, 토성 40,300척, 水口兩傍石城 1,050척이었다고 하기 때문에 이를 합하면 60,550척이 된다. 한편 세종 30년의 성벽의 둘레는 60,892尺 8寸이었다고 한다.[215] 세종 28년에는 영조척을 새로 만들어 斛, 斗, 升, 合의 체제를 다시 정립하고, 새로 만든 영조척 40개를 서울과 지방에 나누어 주었다고 함으로,[216] 세종 30년의 계측자료는 이때 새로 만든 영조척을 사용한 것으로 보인다. 60,892尺 8寸은 태조 5년의 60,550척보다 342척 8촌의 차이밖에 나지 않는다. 이는 1척의 30.37cm로는 약 104m의 길이이다. 이러한 차이는 척의 길이 차이, 계측방법, 성벽의 시설물들이 영향을 준 것으로 추정할 수가 있다. 그러나 태조대의 60,550척은 30.37cm로는 약 18.389km에 해당되므로, 도성의 실측치인 18.127km와는 262m나 차이가 난다. 이러한 차이가 나는 것을 보면, 수구양방석성 1,050척은 59,500척 내에 포함된 것이 아닌가 추정된다. 즉 59,500척은 성기를 정할 때 잰 수치로 추정되기 때문에 비교적 정확하다고 볼 수가 있겠다.[217]

한편 1척 30.37cm를 대공구인 1,200척에 대입하면 364.4m, 중공구인 600척에 대입하면 182.2m, 소공구인 100척에 대입하면 30.4m가 된다.

8) 확장론

---

215) 『世宗實錄』 권122, 世宗 30년 12월 庚午.

216) 『世宗實錄』 권114, 世宗 28년 11월 戊辰.

217) 이밖에도 태조대와 세종대의 성벽 실측자료는 9,767步(『太祖實錄』 권14, 太祖 7년 5월 己未), 9,975보(『世宗實錄地理志』 漢城府)가 있다. 9,767보는 축성이 마무리된 후에 실측된 귀중한 자료인데, 영조척 1보를 6척으로 보면 58,602척으로 성벽을 축조하기 전의 城基로 실측한 59,500척보다 898척이 짧다. 성벽의 실측은 어느 부위로 계측을 하는가에 따라 어느 정도 차이가 날 수가 있다. 『世宗實錄地理志』의 9,975보도 『世宗實錄地理志』가 실물이 전해지지 않고 있는 세종 14년에 撰進된 『新撰八道地理志』가 底本이 되었음으로, 세종 14년 이전에 실측된 귀한 자료라고 추정된다.

도성의 동벽과 서벽은 지세가 낮아 방어에 문제가 있어 영의정부사 河崙은 동벽과 서벽 밖으로 片月城을 쌓아 증축하자는 주장을 하였는데,[218] 태종도 확장론에 동조하였다.[219] 결국 이러한 확장론은 실현되지는 못하였지만, 영조대에 와서 동벽에는 치성을 쌓아 보강하였다. 그런데 전라도인들이 맡은 동벽의 경우 석성경퇴처 570척, 토성경퇴처 3,902척이었다. 이로써 보면 지세가 낮은 지점은 주로 토축을 한 것이 아닌가 추정되는데, 삼국시대 문의 壤城山城이 지세가 낮은 계곡 부분에는 석축을 하고, 나머지는 토축을 하여 방어력을 높인 것처럼 한양도성의 동벽과 서벽의 저지대도 더욱 석축을 하여 방어력을 높이는 것이 좋지 않았을까 생각된다.

맺 음 말

조선초기 도성의 축조는 도성이라는 성격에 걸맞게 조선시대 최대 규모의 대역사였다. 병조참판의 주관아래 병조에서 마련된 축성계획안은 도제조의 지휘아래 도감을 통하여 체계 있게 추진되었다.

조선초기 도성의 축조는 약 20~30여 만의 역부를 전국에서 일시에 징발하여 축조한 만큼 역부들에 대한 철저한 통제와 병이든 역부들에 대한 적절한 구료사업이 긴요한 과제였다. 특히 전국에서 엄청난 역부들을 동원한 역사인 만큼 전염병도 급속히 전파되어 많은 사

218) 『太宗實錄』 권28, 太宗 14년 8월 辛丑.

219) 태종은 동쪽은 安巖洞에서 伐乙兒峴(伐兒峴, 광희문 밖 버티고개)까지 서쪽은 沙峴(길마재, 서대문구 현저동에서 홍제동으로 넘어 가는 고개)에서 典廐署(도성 밖 숭례문과 남산 사이)가 있는 南山까지 뒤로 물려서 쌓자는 것이었다(『世宗實錄』 권54, 世宗 13년 10월 庚子). 이러한 도성 증축 또는 외성 신축이라는 논의는 세종 초반 당시에는 이미 國論이 되고, 세종 중반까지도 유지되었다. 여기에는 늘어나는 한성부의 인구를 수용할 목적도 있었다고 한다(김웅호, 「조선 초 都城의 축조와 수도 境界 기능」, 12~16쪽).

망자를 내게 되었을 것이다. 이 때문에 이에 대한 왕들의 관심도 매우 높았으며, 원활한 역사의 추진을 위해 처벌규정도 강화될 수밖에 없었다.

대규모의 通力合築으로 이루어지는 축성의 역사에서는 무엇보다도 작업 구역의 효과적인 분정과 감역도 중요한 일인데, 문헌자료와 각자성석들을 종합하여 보면 대규모에도 불구하고 역사는 체계 있게 진행되었던 것으로 보여 진다. 각 고을이 담당한 受地距離는 수령이 해당 고을의 총패, 두목, 역부들을 거느리고 책임지고 축조를 하게 하였으며, 도감에서도 이들의 축성 상황을 감독하기 위해 전체를 대공구, 중공구, 소공구로 세분하여, 각 공구마다 감역관을 상주시켜 조직적인 감역을 하였다.

본래 나라에 대역사가 있으면 공장들은 물론이고 일반 백성들도 동원되어 일을 돕지 않으면 아니 되었는데, 조선시대 民에게 부과되는 요역은 군역 이상의 부담이었으며, 그 중에서도 축성역이 가장 큰 비중을 차지하고 있었다. 본 초선초기 도성의 축조에서는 봉족과 잡색군을 징발하는 등 종래의 강제적인 勞役化에서 벗어나지 못하였다.

중요한 역사에서 왕이 위로를 목적으로 베푸는 호궤는 흔히 있던 일인데, 이번 역사에서는 감역관들이 대상이 되고, 공장이나 역부들은 여기에서 배제되었다. 이는 대규모의 역사에서는 형편상 필연적인 것이었다. 상전 역시 특별한 몇 사람의 제조들에게만 내려졌으며 역사의 규모에 비하여 빈약한 편이었다.

제2장 남한산성의 축성

—인조초의 축성을 중심으로—

머 리 말

남한산성(사적 57호, 세계문화유산)은 경기도 하남시, 광주시, 성남시에 걸쳐 있으며, 성의 대부분은 광주시 남한산성면 산성리에 속한다. 성벽은 淸凉山(해발 479.9m)을 중심으로 하여 북쪽으로 連珠峰(해발 466m), 동쪽으로 蜂岩(해발 515.2m)·汗峰(해발 414m), 남쪽으로 몇 개의 봉우리를 연결하여 쌓은 包谷式山城이다.

우선 남한산성에 대한 옛 문헌을 보면,『삼국사기』에는「문무왕 12년 8월에 한산주에 晝長城을 쌓았는데, 둘레가 4,360보였다.」라고 하였다.[1] 여기서 주장성은 남한산성의 모체로써 672년 8월 나당전쟁시에 당군을 막기 위하여 축조된 산성으로 추정된다.[2]『고려사』에도「광주목에는 日長城이 있는데, 신라 문무왕 때 쌓은 주장성이다.」라고 하였다.[3]

『세종실록지리지』에는「日長山城은 周回가 3,993보이고, 안에

---

1) 『三國史記』권7 新羅本紀 7 文武王 12년 8월. 『高麗史』에는 온조 14년에 이곳으로 천도하여 남한산성이라고 하였다고 하였다(『高麗史』권56 志10 地理1 廣州牧). 그러나 성안에서의 백제유구는 주거지 2기와 저장구덩이 8기 등이 확인되었을 뿐이다.

2) 행궁터의 발굴조사에서는 주장성 당시 무기고로 추정되는 길이 53.5m, 폭 18m의 사방으로 회랑칸을 둔 600~900년경의 대형 건물터가 확인되었다. 여기서「麻山停子瓦草」라는 글자가 새겨진 기와가 출토되어 주목이 되었는데, 停은 군영 또는 군영소재지라 할 수 있다. 즉 마산정에 쓰일 기와라는 의미이다. 이로 보면 남한산을 주장산 이외에 麻山이라고도 불렀는지도 모르겠다.

3) 『高麗史』권10 地理1 廣州牧. 『東國李相國後集』卷12 李世華墓誌銘과 『高麗史』권39 世家39 恭愍王 10년 11월 戊辰條는 몽골군과 홍건적의 침입시 남한산성의 상황을 알려준다.

軍資庫와 井 7개가 있는데, 가뭄에도 마르지 않으며 旱田과 水田이 모두 124結이 있다.『삼국사기』에는 신라 문무왕 때 漢山 주장성을 始築 하였다.」라고 하였다.[4]『신증동국여지승람』에는「일장산성은 신라 때의 주장성으로 문무왕의 所築인데, 둘레는 86,800척이고 높이는 24척으로 석축이다. 안에는 井 6개와 溪가 있다.」라고 하였다.[5]

남한산성을 수축하던 17C의 사람들은 만일 사변이 있게 되면 육지로서는 남한산성이 제일이고, 섬으로는 강화가 제일 이라고 인식하고 있었다.[6] 당시는 후금의 남침 위협을 느끼던 차에 李适의 난을 계기로 수도권 방어체제의 완비가 절실하게 필요하던 시기였고,[7] 조정에서는 유사시 국왕은 강도로 들어가고, 강도에서는 전국을 호령하기가 외진 곳이어서 남한산성에 元子를 두어 절제하는 것이 좋겠다는 생각을 갖고 있었다. 특히 鐵騎兵으로 쳐들어올 후금에게는 野戰은 불가하고 성벽을 고수하여 적을 방어해야 하기 때문에 남한산성의 수축 필요성은 그 만큼 절실하였다.

그 동안 남한산성에 관해서는 몇 편의 논문[8]과 조사보고서[9]들이

---

4)『世宗實錄地理志』廣州牧. 조선초기에는 太宗 10년 1월에 성산군 李稷을 보내 日長城을 수축할 可否를 살펴보게 하고(『太宗實錄』권19, 太宗 10년 정월 辛巳), 세종 즉위년에는 京畿 軍器點考察訪이 喬桐山城과 日長城의 수축을 청하사, 세종은 풍년을 기다려 수축하도록 명하였다(『世宗實錄』권1, 世宗 즉위년 10월 癸卯).

5)『新增東國輿地勝覽』 廣州牧.

6)『仁祖實錄』권14, 仁祖 4년 10월 壬寅.

7) 평안 · 황해 兩道에는 都元帥와 副元帥를 파견하여 兩西의 군사를 통합 지휘토록 하였는데, 양서의 방어가 무너질 경우 강도와 남한산성을 정비하여 지구전을 전개할 필요성이 절실하였다.

8) 李炫熙,「朝鮮 南漢築城 蠡測」,『史叢』7(高大文理科大學史學學生會), 1962 趙炳魯,「조선후기 南漢山城의 修築과 防禦施設(1)」,『城南文化硏究』3(성남문화원), 1995, 趙炳魯,「17,8세기 南漢山城의 再修築에 관한 一考察—최근에 발견한 金石文을 중심으로—」,『京畿史論』創刊號(京畿大學校 史學會), 1997, 정찬훈,「南漢山城 義僧軍制의 成立과 運營」(韓國敎員大學校 碩士學位論文), 1998, 李炫熙,「南漢山城의 築城」,『東國史學』33(東國史學會), 1999, 柳承宙,

출간되었다. 한편 남한산성의 수축에 대해서는 築城謄錄이 전하지 않기 때문에 대체적인 윤곽 정도를 파악하는데 그칠 뿐이다. 본고에서는 인조초의 수축에 대한 문헌자료들을 정리하여 보려고 한다.

Ⅰ. 인조초의 수축

1. 수축이전의 남한산성

1) 선조대의 남한산성

선조 26년 10월 22일에 편전에서 대신들과 함께 왜적에 대한 대책을 논의하는 중에 柳成龍은 광주의 남한산성과 수원의 禿城, 衿川의 衿之山은 모두가 특이한 요새로 되어 있어서 여기를 지키면 호남을 방어할 수 있다고 하고, 京畿防禦使를 차출하여 광주, 이천 등지의 군사를 취합하여 서울을 방어하게 해야 하며, 邊應星이 무사 중에서는 좀 우수하니 방어사에 차임하자고 하였다.[10)]

「南漢山城의 行宮 · 客館 · 寺刹建立考」, 『韓國史研究』 120(韓國史研究會), 2003, 심광주, 「남한산성 출토 銘文瓦에 대한 일고찰」, 『木簡과 文字』 1(한국목간학회), 2008. 노현균, 「남한산성 통일신라 건물지 평면복원 일고찰」, 『건축역사연구』 60(한국건축역사학회), 2008. 심광주, 「주장성(晝長城) 축성기술과 남한산성」, 『한국성곽학보』 21(한국성곽학회), 2012.

9) 漢陽大學校博物館 · 京畿道, 『南漢山城』, 1986. 한국토지공사 토지박물관 · 광주군, 『南漢山城 文化遺蹟』, 2000. 한국토지공사 토지박물관 · 경기도, 『南漢山城 發掘調査報告書』, 2002. 한국토지공사 토지박물관 · 광주군, 『南漢山城 行宮址 試掘(發掘)調査報告書』, 1999. 한국토지공사 토지박물관 · 광주군, 『南漢行宮址 第2次發掘調査報告書』, 2000. 한국토지공사 토지박물관 · 광주군, 『南漢行宮址 第3次發掘調査報告書』, 2001. 한국토지공사 토지박물관 · 광주시, 『南漢行宮址 第4 · 5次發掘調査報告書』, 2003. 한국토지공사 토지 박물관 · 경기문화재단, 『南漢行宮址 第6次發掘調査報告書』, 2004. 한국토지공사 토지박물관 · 경기문화재단, 『南漢行宮址 第7 · 8次發掘調査報告書』, 2010.

10) 『宣祖實錄』 권43, 宣祖 26년 10월 壬寅.

동왕 29년 3월 6일에 비변사에서 아뢰기를 병조판서 李德馨이 中興山城을 看審한 書啓를 보니, 중흥산성 형세는 참으로 천연의 요새로서 의당 시급히 성을 쌓아야 하겠으나, 中外의 물력이 탕갈되어 龍津, 婆娑, 南漢 등지의 공사도 아직 끝을 보지 못하고 있는 터이라, 형편상 또 다시 이 역사를 일으키기는 어렵다고 하였다.[11]

4월 17일에 4도도체찰사 유성룡이 아뢰기를 龍仁과 陽智 사이의 요충지에 석성이라는 古城이 있는데, 그 지형의 험난함이 독성보다 나으며, 또 直路의 요충지에 있으니 만약 이 곳을 수축하여 군량을 저장하고 군사를 훈련시켜 우측으로 독성을 안고, 좌측으로 남한산성을 연하여 鼎峙의 형세를 이루면 경도의 門戶가 견고할 것이라고 하자, 선조는 윤허하였다.[12]

9월 12일에 비면사가 아뢰기를 승장 惟政이 지난번에 경상도에서 올라 왔는데, 그가 거느리고 있는 군사가 60여 명이고, 이들은 시종 싸움터에 드나들었고 모두가 정예하고 용맹스러워 싸움에 익숙하나, 본래 일정하게 정착할 곳이 없는 사람들이어서 만일 이번에 해산하여 보낸다면 후일 조발하기가 어려울 것이니, 유정으로 하여금 그대로 거느리고 남한산성에 들어가 있게 하여 위급할 때 쓸 수 있도록 대비하는 것이 좋겠다고 하자, 선조는 이를 윤허하였다.[13] 또 12월 8일에는 비변사에서 아뢰기를 유정을 영남으로 내려 보내는 것도 무방하나 그 중은 나이가 이미 많고 거느리고 있는 승군 중에 영남에 있던 자가 많지 않으니, 비록 내려 보낸다 하더라도 큰 도움이 되지는 못할 것이고 이미 남한산성에 머무르고 있도록 했는데, 이곳도 긴요한 곳이므로 명년 봄에 성을 수축할 일도 생각하지 않을 수 없으니, 반드시 남쪽으로 내려 보내야 할 까닭이 없다고 하였다.[14]

---

11) 『宣祖實錄』 권73, 宣祖 29년 3월 癸酉.
12) 『宣祖實錄』 권74, 宣祖 29년 4월 癸丑.
13) 『宣祖實錄』 권80, 宣祖 29년 9월 乙巳.
14) 『宣祖實錄』 권80, 宣祖 29년 9월 乙巳.

동왕 30년 1월 23일에 대신 및 비변사 유사당상을 명초하여 인견하는 자리에서 유성룡은 수원의 독성은 사람들이 모두 들어가고자 하고, 남한산성 역시 좋다고 하면서 신이 가서 본 후에 정하겠다고 하고, 尹斗壽도 남한산성이 가장 좋다고 하면서 근방에 사는 백성들은 마땅히 들어가 지켜야 하지만, 수삼일 程 되는 곳에 사는 백성도 역시 들어가 지켜야 한다고 하기 때문에 민심이 매우 동요된다고 하였다.15)

29일에는 경기의 고을을 순찰하는 일로 떠나는 京畿等四道都體察使 유성룡이 拜辭할 때 유성룡이 아뢰기를 남한산성에 畿民들이 들어가고자 하므로 방비하면서 농사도 짓고 성도 지키게 하려고 한다고 하자, 선조는 남한산성을 누가 지킬 만한가라고 묻자, 유성룡은 승장 유정이라고 답하였다. 유성룡과 부사 盧稷이 떠나겠다고 하자, 선조는 남한산성에 가서 본 것을 나를 위해 한 폭의 그림으로 그려 보내라고 명하였다.16)

2월 25일에 별전에서 『주역』을 강할 때 선조가 동지사 노직에게 경기 산성의 제반 사정을 묻자, 노직은 광주의 남한산성은 주위가 布帛尺으로 17,400여 척인데, 외부는 험난하고 안은 깊숙하며 능선이 매우 길어 갑자기 포위할 수가 없으며, 남쪽은 약간 평지이고 다른 곳은 모두 암석이어서 기어오르기가 불가능하다고 하고, 이곳이 바로 온조의 옛 도읍지로서 다른 성에 비하여 더욱 크고 일찍부터 거주민도 있다고 답하였다. 또 선조는 성터는 있으며 성안에 우물이 있느냐고 묻자, 노직은 성벽은 돌을 다듬어 만들었으나 퇴락한 것이 3분의 2는 되며, 남쪽은 험하지 않은데 또 곡성을 쌓았고, 가운데는 큰 개울이 있으며 우물은 모두 6개소이고, 水畓이 거의 십여 석지기나 되고 좋은 밭은 얼마나 되는지 알 수 없다고 답하였다. 다시 선조는 성문의 자리도 있는지, 성의 역사는 이미 시작했는지를 묻자,

15) 『宣祖實錄』 권84, 宣祖 30년 정월 甲寅.
16) 『宣祖實錄』 권84, 宣祖 30년 정월 庚申.

노직은 동문, 남문, 수구문의 3문이 있는데 모두 이미 수리했으나, 성의 공사가 매우 거창하며, 체찰사가 당초 광주에서 군사 훈련을 하고 그 군사들을 모아 돌을 운반하여 터를 닦으려고 하였으나, 보리 파종기가 되어 농사를 폐할 염려가 많기 때문에 실시하지 못하였다고 답하였다.[17]

9월 12일에 명의 경리 楊鎬가 선조와 함께 동작진에 이르렀을 때 양호가 영의정 유성룡 등을 불러 남쪽으로 내려갈 때 경유하는 도로의 원근을 묻고 저기는 어느 곳이냐고 묻자, 유성룡이 남한산성이라고 하자, 양호는 그 지역에 군량과 器械가 있어 파수할만한가와 형세를 묻고서, 휘하의 將官으로 하여금 贊劃使 韓浚謙을 대동하고 軍兵, 粮草, 器械 및 산성의 형세가 유리한지의 여부를 조사하여 돌아와 보고하도록 지시하였다.[18]

동왕 32년 6월 3일에는 사헌부에서 아뢰기를 듣건대 훈련도감과 비변사에서 明軍에서 도망쳤던 군사 약간 명을 끌어들여 남한산성에 두기도 하고, 함경도에 보내기도 하여 신분을 숨기고 일을 하게 하였다고 하니, 일일이 刷出하여 중국 장수의 衙門에 呈文하고 넘겨줌으로써, 뒷날 후회가 없도록 하자고 하였다.[19]

동왕 36년 2월 18일의 비망기에 일찍이 남한산성은 형세가 우리나라에 으뜸이라고 들었는데, 광주는 畿甸의 巨鎭으로 남도를 왕래함에 있어 요충이 되는 곳이다. 만약 이곳에 산성을 수축한 다음 독성에서처럼 군사를 조련하고 수령을 택하여 지키게 한다면, 안으로는 경도의 保障이 되고, 밖으로는 諸陣을 控制할 수 있을 것이다. 다만 그곳의 형세를 상세히 모르겠는데, 수축할 만하다면 마침 목사자리가 비어 있으니 본사에서 회의하여 그 일을 처리할 만한 재능이 있는 자를 엄밀히 가려 차출한 다음, 방략을 지시해 주고 헤아려 조

---

17) 『宣祖實錄』 권85, 宣祖 30년 2월 丙戌.
18) 『宣祖實錄』 권92, 宣祖 30년 9월 己亥.
19) 『宣祖實錄』 권114, 宣祖 32년 6월 庚辰.

처하게 함으로써 諸道의 본보기가 되게 하라. 먼저 計慮가 있는 사람을 보내어 잘 살펴 본 다음 도형을 그려오게 하라고 명하였다. 이에 대해 비변사에서 아뢰기를 남한산성은 둘러싸인 가운데에 완연히 한 도읍이 이루어졌는데, 서북쪽에는 높은 봉우리가 있고, 동서쪽은 확 트여 시냇물과 논이 있으며, 꼬불꼬불한 산굽이가 몹시 깊어 바깥에서 굽어보거나 엿 볼 수가 없다. 만약 이곳에다 성을 쌓은 다음 독성에서처럼 군사를 조련하여 안으로는 경도의 보장이 되고, 바깥으로는 諸鎭을 控制하게 한다면 장구한 계책이 될 것이라고 하였다. 또 本州의 목사를 엄밀히 선택하여 차송한다 하더라도 무슨 힘에 의지하여 쉽게 성을 완성할 수가 있으며, 다만 조정에 정해진 계책이 있어 사람을 가려 뽑아 그에게 위임할 경우에는 먼저 승도를 모집하거나, 창고를 지어 곡식을 저장해 두거나, 人戶를 모집해 들여 부역을 면제해 安集시켜 점차 터전을 이루게 해야 하고, 그런 다음에 시기를 헤아리고 힘을 요량하여 某處의 군사를 주어 성지를 수선하고 樓櫓를 지어야한다. 본사의 당상 李箕賓으로 하여금 畵手를 대동하고 가서 간심하고 나서 도형을 그려오게 한 다음 다시 의논해 처리하자고 하였다.[20)]

2월 27일에 행부호군 이기빈이 남한산성을 살펴보고 보고하기를 남한산성은 陣勢가 곧아 천험의 요새이며, 북문에서 동쪽으로 수구에 이르기까지와 서쪽으로 남문에 이르기까지의 지세가 성 가운데에서 가장 험한데, 그 사이에는 포루를 설치할 만한 곳도 있고, 수구에서 남문까지는 산세가 낮고 약해서 반드시 적을 받는 곳이 될 것이므로 성을 높이 쌓고, 해자를 깊이 파고 많은 火器를 설치하는 것이 좋을 듯하다고 하였다. 또 형세로 논하면 都門의 보장으로는 제일이라고 할 수 있으나, 그 공역으로 말한다면 주위가 몹시 넓고 산길이 가팔라서 얼마나 많은 인력으로 몇 년이나 수축을 해야 될지 모르겠

20) 『宣祖實錄』 권159, 宣祖 36년 2월 乙巳.

으며, 반드시 많은 사람의 공력을 들인 후에야 완전히 수축할 수 있을 듯하다고 하였다. 이에 대해 선조는 전교하기를 비변사에 이 圖形 1건을 내려 산세를 분명하게 그려 들이도록 하라고 명하였다.[21)]

4월 11일에 비변사가 아뢰기를 남한산성은 둘레가 28리이니 많은 인력을 들여야 수축할 수 있고, 수축을 한다 하더라도 수만 명이 아니고서는 지키기가 어려우며, 광활한 성을 수축하기 위해 인력을 낭비하는 것 보다는 행주산성과 같이 편리하고 조그마한 곳에다 백성을 모아 경작하게 하고, 방법을 강구해서 성을 수축하여 앞날에 알맞게 쓸 수 있는 설비를 만드는 것이 좋을 것이라고 하였다. 또 전일에 本司의 당상관 이기빈이 남한산성을 살펴보고 왔으니, 이번에도 역시 이기빈으로 하여금 혼자서 말을 타고 달려가 다시 형세를 살펴보게 한 다음 의논하여 처리하는 것이 어떻겠느냐고 하자, 선조는 이를 윤허하였다.[22)]

2) 광해군대의 남한산성

광해군 10년 6월 16일에 변방의 일 때문에 각처의 산성을 방비하는 일로 전교하기를 兩南의 군병은 강도에 들어가 지키게 하고, 公洪道의 군병은 남한산성에 들어가 지키게 하며, 경기, 강원의 군병은 三角山城과 坡州山城에 들어가 지키도록 하라고 명하였다.[23)]

19일에는 비변사에서 아뢰기를 비망기로 각도의 병사를 나누어 들여보내 지키게 하라고 분부를 하였는데, 강도는 보장으로 삼을 지역이고, 남한산성과 파주산성도 꼭 지켜야 할 곳이니, 군사를 나누어 들여보내 지키도록 한 분부는 지당하다고 할 수 있으나, 삼각산성은 그 형세가 어떠한지 공역은 얼마나 들지 모르는 상황인 만큼 반드시 일을 아는 사람을 파견하여 성터를 살펴보고 그 지형을 그려오게 해

21) 『宣祖實錄』 권159, 宣祖 36년 2월 甲寅.
22) 『宣祖實錄』 권161, 宣祖 36년 4월 丁酉.
23) 『光海君日記』 권129, 光海君 10년 6월 癸酉.

서 과연 지킬 만한 곳인지를 알아보고, 수원의 독성과 파주의 임진도 꼭 지켜야 할 곳에 포함시켜야할 것이라고 하고, 남한산성은 광주목사를 우선 가려 보내도록 하자고 하자, 광해군은 이를 윤허하였다.[24)]

동왕 13년 9월 14일에 비국에서 回啓하기를 남한산성을 수축하는 일은 반드시 적합한 사람을 얻어야 일이 이루어질 수 있을 것인데, 元鐸이 적합할 듯하다고 하자, 광해군은 원탁을 광주목사로 차송하라고 명하였다.[25)] 『重訂南漢志』에는 이해에 남한을 비로소 保障地로 삼고 산성을 쌓았다고 하였다.[26)]

2. 인조초의 수축

1) 수축논의

인조 1년 윤 10월 16일에 文政殿에서 『대학』을 강할 때에 李貴가 남한산성은 서울에서 멀지 않고 형세가 험고하니, 미리 수축하여 둠으로써 급박할 때 保守할 수 있는 기지로 삼아야 하는데, 광주목사 林檜가 재주와 기국이 뛰어나서 이 일을 처리할 수 있을 것이니, 광주 한 고을의 힘을 임회에게 모두 밀어준다면, 명년 봄부터라도 성을 수축하고 군량을 비축하는 일을 넉넉히 해 낼 수 있을 것이라고 하였다. 이에 대해 인조는 임회의 인품이 이 일을 부탁할 만한 사람인가를 묻고, 산성의 형세가 어떠한지는 모르겠으나 도성을 꼭 버리지 않더라도 이 성을 함께 수축하는 것이 무방할 것이라고 하였다.[27)]

20일에는 비변사에서 아뢰기를 도성의 수어는 가장 큰 대응책이므로 구관하고 규획할 사람이 없어서는 아니 되니, 호위대장 가운데

---

24) 『光海君日記』 권129, 光海君 10년 6월 丙子.
25) 『光海君日記』 권169, 光海君 13년 9월 壬子.
26) 『重訂南漢志』 卷1 上篇 城池.
27) 『仁祖實錄』 권3, 仁祖 원년 윤10월 壬寅.

李曙와 申景禛 두 사람에게 이 일을 위임하여 책임을 지고 공을 거두도록 한 다음 다시 사태의 완급을 보아가며 외방의 출신과 군병을 모집하여 임시로 예속시키는 것이 좋을 것이라고 하였다. 또 남한산성을 수축하는 일은 뒷날을 기다려 직접 가서 살펴본 다음에 의논하여 조처하겠다고 하였다.[28)]

이괄의 난을 평정하고 대궐로 돌아온 후인 인조 2년 3월 5일에 인조가 資政殿에서 三公과 비국의 諸臣을 인견할 때에 남한산성의 수축을 논의하는 과정에서 영의정 겸 도체찰사인 李元翼은 사변이 있을 경우 元子가 남한산성에 들어가면 중앙에 있으면서 절제할 수 있을 것이나, 남한산성은 쉽게 축조하기 어려울 듯하니, 이서를 장수로 정하여 성을 쌓는 일을 전담시키면 겨울이 오기 전에 일을 끝낼 수 있을 것이라고 하였다. 우의정 申欽은 남한산성을 쌓는 것은 나라의 큰 계책이며, 옛날 백제의 임금도 이 성에 있었으니 수선하지 않을 수 없겠으나, 백성을 괴롭히고 대중을 동원시킬 수는 없다고 하였다. 병조판사 金瑬는 대중을 동원시키는 일을 할 수 없으니, 먼저 그 功程을 헤아린 뒤에야 미리 처리할 수 있을 것이라고 하였다.

또 우찬성 張晩은 영상의 생각은 도망했던 포수들에게 속죄하는 것으로 성을 쌓게 하려 하나 이는 좋은 계책이 아니고, 대개 포수들은 본시 놀고먹는 사람인데 성을 쌓는 일을 전담시키면 반드시 원망을 일으킬 것이고, 또 큰일을 홀로 감당하기 어려우므로 형편상 백성의 힘을 써야 할 것이라고 하였다. 호조판서 沈悅은 성을 쌓는 일은 매우 크므로 백성을 번거롭게 하지 않을 수 없으니, 성을 쌓게 한다는 명령을 들으면, 민심이 반드시 먼저 놀랄 것이라고 하였다. 예조판서 李廷龜는 남한산성에 大駕가 멈추려면 營造하고 수선해야 할 일이 많을뿐더러 공역이 커서 쉽게 성취하지 못할 형세이므로, 산성의 일은 결코 할 수 없으니, 사람을 보내어 가보도록 할 필요가

28) 『仁祖實錄』 권3, 仁祖 원년 윤10월 丙午.

없다고 하였다. 이에 대해 인조는 이서가 나가서 살펴보려 하는데 필시 그 공역을 헤아릴 수 있을 것이니, 그가 돌아오기를 기다려서 의논하여 정하도록 하라고 명하였다.[29)]

9일에 자정전에서 완풍군 이서가 아뢰기를 남한산성의 사면의 둘레는 2,300칸이고, 성안의 논은 10여 석의 곡식을 파종할 만한데 지금 경작하고 있는 곳은 반이 넘는다고 하고, 남북은 가깝고 동서는 먼데 동서를 남북에 견주면 3, 4배가 되고, 사면이 모두 높은 산과 험한 봉우리인데 성 밖에는 들여다 볼만한 봉우리가 없다고 하였다. 또 3,000석의 쌀로 일꾼을 사고, 벌을 주어야 할 포수들을 아울러 쓰면 폐해가 백성에게 미치지 않고 일을 끝낼 수 있을 것이라고 하였다. 이에 대해 인조는 도원수 장만의 말은 포수는 본디 놀고먹는 사람이므로 벌주기 위해 赴防시키는 것은 괜찮으나, 부역시키는 것은 마땅하지 않을 듯하다고 한다 하였다.[30)]

16일에 자정전에서 삼공, 비국의 諸臣, 삼사의 장관을 인견하는 자리에서 인조가 남한산성을 쌓는 일을 어떻게 처치할 것인가를 묻자, 영의정 이원익은 벌 받는 군사들을 아주 풀어줄 수는 없으니, 성을 쌓는데 에 쓰는 것이 좋을 것이라고 하고, 남한산성을 쌓고 나면 강도와 掎角의 형세를 이루게 될 것이라고 하였다. 부제학 鄭經世는 경성을 수축하게 하고, 남한산에 있어서는 임시로 목책을 설치하여 지키더라도 괜찮을 것이라고 하였다. 호조판서 沈悅은 지금은 큰 변란을 평정하였으나 부상자가 아직 일어나지 못한 상태인데, 아무리 백성들에게 부역을 시키지 않는다 할지라도 이 성을 쌓게 되면 보고 듣는 사람들이 반드시 놀라게 될 것이라고 하였다.

또 좌의정 尹昉은 겨우 큰 변란을 겪었으므로 백성을 움직일 수 없으나, 형세로 말하면 강화나 남한에 조치하는 것이 매우 좋을 것이라고 하였다. 예조판서 李廷龜는 도성을 지키지 않아서는 안 되며

---

29) 『仁祖實錄』 권5, 仁祖 2년 3월 己未.
30) 『仁祖實錄』 권5, 仁祖 2년 3월 癸亥.

넓어서 지킬 수 없다고 하나, 수축하면 백성이 믿는 데가 있게 될 것이고, 더구나 조종께서 지형을 선택하여 도읍을 만드셨는데, 어떻게 이곳을 버리고 다른 데로 갈 수가 있겠는가라고 하였다. 서평부원군 韓浚謙은 큰 변란을 겪은 이때에 성을 쌓기는 어려운 형세이며, 都監의 군사가 어떻게 이러한 큰일을 감당할 수 있겠는가라고 하였다. 金尙容은 남한은 형세가 매우 좋아서 반드시 훗날 급할 때 쓰이게 될 것인데, 큰 변란을 이제 막 겪었으므로 인심과 물력이 성을 쌓기에 어려울 듯하다고 하고, 천천히 인심이 안정되고 농사가 풍년 들기를 기다려서 하는 것이 좋겠다고 하였다. 형조판서 李時發은 남한에 성을 쌓는 것이 매우 좋으나 쉽게 성취할 수 없을 듯하고, 힘이 나뉘어져 강화도 조치하지 못하면 참으로 염려가 된다고 하였다. 대사헌 鄭曄은 남한은 지금 쌓을 수 없더라도 감사에게 목사를 겸임시켜 광주에 留鎭하여서, 날마다 점점 쌓게 하면 조금이라도 추진되어 공을 이루기 쉬울 것이라고 하였다.

이에 대해 인조는 강도와 남한은 掎角의 형세가 되게 하지 않을 수 없으나 한꺼번에 시작하기는 어려우니, 남한산성은 내년에 쌓고 지금은 우선 강화에 전력하는 것이 좋겠다고 하였다.[31)]

22일에 자정전에서 『논어』를 강할 때 대사헌 정협은 남한산성을 금년에 쌓지를 못하더라도 수축하여 保障으로 삼지 않을 수 없으며, 沈器遠은 재주와 국량이 있으니 원수 겸 광주목사로 삼고, 그로 하여금 판관을 스스로 뽑게 하여 성을 쌓는 기계를 미리 마련하게 하는 것이 좋겠다고 하자, 인조는 금년에는 성을 쌓을 수 없을 듯하므로 우선 늦추었다고 하였다.[32)]

4월 24일에 비변사에서 아뢰기를 특진관 이귀가 아뢴 남한산성의 수축문제를 오늘 의계하려 하였으나, 중대한 일이므로 대신 가운데 나오지 못한 사람도 있어 후일 재회하여 議啓할 것이라고 하였다.[33)]

---

31) 『仁祖實錄』 권5, 仁祖 2년 3월 庚午.
32) 『仁祖實錄』 권5, 仁祖 2년 3월 丙子.

2) 수축

인조 2년 5월 28일에 자정전에서 삼공을 인견할 때 우의정 신흠은 강도는 李時發에게, 남한은 심기원에게, 경기는 이서에게 맡겼으니 성취를 책임지운 보람이 있을 것이라고 하였다.[34]

6월 27일에는 비변사에서 아뢰기를 남한산성을 방금 수축하려고 하니 요량할 서무를 하루라도 지체할 수 없으며, 광주의 목사는 반드시 역군과 축성에 익숙한 사람을 가려서 맡겨야 성취시킬 수 있을 것이라고 하였다. 또 남양부사 柳琳이 무리를 이끌고 역사를 독려하는데 익숙하니, 광주목사 睦敍欽과 서로 바꾸어 차출하는 것이 좋겠다고 하여 인조의 윤허를 받았다.[35]

7월 28일에 자정전에서 『논어』를 강할 때 특진관 이귀는 남한산성을 쌓는 일은 나라의 큰 계획인데 심기원이 아버지의 상을 당하였으니,[36] 대신 한 사람으로 하여금 책임지고 맡아 성취하게 하고, 부사를 더 차출하여 요리하게 하면 자연히 성취될 것이라고 하자, 인조는 비국으로 하여금 그 후임자를 빨리 차출하게 하라고 명하였다.[37]

10월 11일에 자정전에서 『맹자』를 강할 때 영사 尹昉이 아뢰기를 의주를 지킬 책임자를 가려서 보내지 않을 수 없는데, 모두들 유림이 적합하다고 하나, 유림이 현재 남한산성의 책임을 맡고 있으니 어떻게 해야 할지 알지 못하겠다고 하였다.[38]

16일에 자정전에서 『맹자』를 강할 때 지사 金瑬는 남한산성을

---

33) 『備邊司謄錄』 책3, 仁祖 2년 4월 24일.
34) 『仁祖實錄』 권6, 仁祖 2년 5월 辛巳.
35) 『備邊司謄錄』 책3, 仁祖 2년 6월 27일.
36) 이에 앞서 沈器遠은 三南都檢察使로서 남한산성의 역사를 겸하여 관장하였다(『仁祖實錄』 권14, 仁祖 4년 10월 乙卯).
37) 『仁祖實錄』 권6, 仁祖 2년 7월 庚辰.
38) 『仁祖實錄』 권7, 仁祖 2년 10월 壬辰.

쌓는 것은 현재 나라의 대역사인데, 승려를 관군과 함께 立役하게 하는 것은 폐단이 있을 듯하고, 요즈음 듣건대 승려에게 총섭이라는 이름을 붙여 주어 마치 국가가 각도에 분부하듯 독자적으로 각처에 호령을 행하게 하고 있다 하는데, 어찌 국가가 직접 외방에 호령하지 못하고, 일개 총섭의 손을 빌린다 말인가? 道臣으로 하여금 사찰의 대소와 승려의 다과에 따라 인원수를 정하게 한 뒤 差員에게 領送하게 하도록 한다면 편리할 것이라고 하자, 인조는 각 고을에 폐단이 있게 될까 염려되니, 묘당과 관장하는 사람이 다시 자세히 살펴 처리하도록 하라고 명하였다.[39]

11월 3일에 지중추부사 이시발이 병을 이유로 차자를 올려 남한산성을 관장하는 소임을 사직하였다.[40] 30일에는 비변사가 원수의 馳啓와 관련하여 覆奏하기를 관서의 승려가 해마다 의주 등 축성하는 곳에 부역하고 있는데, 변방에 위급한 사태가 발생하면 성을 지키는 군사가 되어야 할 것인데, 남한산성을 쌓는데 어찌 관서의 승려를 조발하여 畿內에서 역사를 할 수 있겠는가? 승려들 중에 군향을 바치고 도첩을 받기를 원하는 자가 있으면 받아드리라는 뜻으로 行移하는 것이 어떻겠느냐고 하자, 인조는 이를 윤허하면서, 승려를 축성하는 일에 활용하고 나서 이제 또 쌀을 받는 것은 타당하지 않으니, 쌀을 받는 한 가지 조항은 시행하지 말라고 하였다.[41]

한편 이해에 남한산성을 수축함에 覺性을 팔도도총섭으로 임명하였는데, 그가 승군을 이끌고 3년 만에 수축을 완성시키자, 나라에서는 각성에게 報恩闡敎圓照國一都大禪師라는 존호와 의발을 하사하여 그 공을 치하하였다.[42]

동왕 3년 1월 22일에 우의정 신흠이 차자를 올려 장만은 팔도를

39) 『仁祖實錄』 권7, 仁祖 2년 10월 丁酉.
40) 『仁祖實錄』 권7, 仁祖 2년 11월 癸丑.
41) 『仁祖實錄』 권7, 仁祖 2년 11월 庚辰.
42) 華嚴寺碧巖大禪師碑.

체찰하는 임무를 맡으면서 남한산성의 축성을 관장하는 등 대소의 軍務를 모두 위촉받고 있으니, 죄를 너그럽게 용서하여 파직을 취소하여 달라고 청하였다.43)

2월 2일에 자정전에서 대신, 급부당상, 兩司長官을 인견할 때 인조가 남한산성에 관한 일을 묻자, 신흠은 심기원의 才器가 優長하여 능히 이 일을 할 수 있으며 타인은 할 수 없을 것이라고 하였다. 김류는 전일에 창덕궁을 영건할 때 惟政이 승군 수천을 거느리고 삼청동에다 家舍를 짓고, 마치 結陣하는 것처럼 하여 事體가 매우 뛰어났다. 지금은 京中과 달라 총섭으로 하여금 담당하게 하는 것은 부당하다고 하였다. 또 인조는 始役日이 멀지 않은데 만약 총섭을 파하면 일을 이루기가 어려울 것 같으며, 外方에서 총섭의 폐단이 심하고 사찰에 횡행하며 승도들에 대한 작폐가 매우 많다고 하였다. 尹昉은 당초 총섭으로 승군을 조발하여 승군에게 수일 동안 부역하게 하고 도첩을 지급하려고 하였는데, 이것은 국체에도 부당하고 혹 폐해가 있을 까 두려우며, 각도로 하여금 몇 명을 定出하여 자기네끼리 役糧을 相助하고 부역을 相替하는 것이 옳다고 하였다. 또 신흠은 각 고을에서 승군을 조발하면 필히 本鄕僧으로 定出하게 되고, 매번 그 一族에게 侵責하여 찾아서 보내게 되는데, 승도는 대찰에만 있지 않고 小庵에 거처하는 경우가 많기 때문에 官令으로 조발하는 것이 총섭이 승도들을 多得하는 것만 같지 못하다. 사체로 말하면 김류의 말이 옳은데, 전에는 유정과 같은 사람이 있어 摠率하였기 때문에 잘 하였지만, 지금은 이와 같은 사람이 없으니 전일과는 같지 않다고 하였다. 김류는 승도들 중에 총섭이 되기 위해 크게 다투는데 여기에 많은 폐단이 있다고 하였다. 신흠은 장만이 이 일을 주관하기 때문에 사정을 잘 아니, 지금 出仕하면 잘 酌量하여 처리할 것이라고 하였다. 이에 인조는 주관자에게 물어서 참작하여 처리하

43) 『仁祖實錄』 권8, 仁祖 3년 정월 辛未.

도록 명하였다.44)

13일에 호조에서 아뢰기를 단천의 은광은 은을 생산하는 것이 매우 많은데, 역군들이 없는 것이 근심이다. 요즈음 남한산성의 赴役僧軍을 함경감사의 장계로써 감해주기를 청했으나, 비국에서는 다만 길주 이북의 승군만을 감해주고, 남도의 승군은 감해주지 않았다. 南·北僧軍을 모두 단천에 부역하게 하여 銀鉛을 채취하면, 금번 天使의 소용에는 미치지 못하나 還賞의 쓰임에 貸用할 수 있을 것이라고 하였다.45)

14일에는 도체찰사 장만은 부사가 결원되어 차출해야 하는데, 총융사 이서가 체찰부 총융사의 칭호가 내려졌으니, 잠시 남한산성 수축의 일을 兼管하여 자기와 더불어 상의하여 요리, 분부토록 하는 것이 편리할 것이라고 하자, 인조는 이를 윤허하였다.46) 또 비변사에서 아뢰기를 광주목사로 차임된 李沆이 충청전병사로서 지금 임소에 있어 신임 병사가 교대한 후에 올라올 것이다. 남한산성의 시역이 이달 20일이어서 먼 지방의 승군이 지금 취합하고 있는데, 별도로 주관할 사람이 없으면 일이 착실하게 이루어질 수가 없다. 이항을 改差하고 그 대신 在京人을 차출하여 서둘러 내려 보내 남한산성의 역사를 董役토록 하자고 하자, 인조는 이를 윤허하였다.47)

15일에 비변사에서 아뢰기를 남한산성의 僧軍赴役이 이달 19일로 정해 졌는데, 목사 이항이 이번에 체직을 청하여 그 후임을 차출하지 못하였는데, 전일에 啓下한 別將 行護軍 呂裀吉과 李一元 등을 明日로 우선 보내서 승군들을 點軍하고 부역이 끝날 때까지 監董하도록 하겠다고 하자, 인조는 이를 윤허하였다.48)

18일에 호조에서 아뢰기를 단천의 은광에서 은이 매우 많이 나오

---

44) 『承政院日記』 책1, 仁祖 3년 2월 辛巳.
45) 『承政院日記』 책1, 仁祖 3년 2월 壬辰.
46) 『仁祖實錄』 권8, 仁祖 3년 2월 癸巳. 『承政院日記』 책1, 仁祖 3년 2월 癸巳.
47) 『承政院日記』 책1, 仁祖 3년 2월 癸巳.
48) 『承政院日記』 책1, 仁祖 3년 2월 甲午.

는데 역군이 없으며, 지난번 남한산성에 부역하는 승군을 함경감사가 장계하여 감해주기를 청하였는데, 비국이 단지 길주 이북의 승군만을 감해 주고 남도의 것은 감해 주지 않았는데, 남도와 북도의 승군을 모두 단천에 부역시켜 은과 납을 채취하게 해 달라고 하였다. 이에 대해 비국에서 覆啓하기를 남한산성의 역사를 정지한다면 모르지만 정지할 수 없다면 오히려 역군이 많지 않아서 걱정이니, 함경도의 인원을 옮겨 쓰기는 어려울 것 같다고 하고, 다만 단천, 利城, 북청, 홍원은 남한산성과 거리가 멀리 떨어져 있으니, 부득이 하다면 이 네 고을의 승군에 한하여 성의 부역을 면제하여 주고, 은을 채취하도록 활용하는 것이 합당하다고 하였다. 이에 대해 인조는 이를 윤허하고, 이미 감면해 준 승군은 은을 채취하는 역사에 쓰지 말도록 명하였다.[49]

23일에는 도체찰사 張晩의 건의에 따라 먼저 총융사 이서를 남한산성에 보내 형편을 살펴 지휘하는 동시에 功役을 살펴보도록 하였다. 이때 이서는 남한산성에 나가 많은 시설을 하였기 때문에,[50] 광주일대가 더욱 이서를 원망하였다. 심지어는 승도들이 남한산성 근방에 퍼져 있으면서 갖가지 작폐를 하고, 사대부들의 선산에서 수목을 벌채하였으므로 사람들이 모두 이서를 미워하였다고 한다.[51]

3월 16일에는 자정전에서 『맹자』를 강할 때 인조는 특진관 이서에게 남한산성 역사의 상황을 묻자, 이서는 형세의 편리하고 좋음과 工役의 거창함을 갖추어 진달하였다.[52] 24일에 총융청에서 아뢰기를 南漢山城事目내에 本官에 있는 各寺奴婢를 남한산성에 이속하라고 하였는데, 元居者 5·6口가 功臣賜牌에서 나왔기 때문에 한 명도 이속하지 못하였다. 이번에 광주목사 文希聖의 馳報를 보니 역적 朴弘

49) 仁祖實錄』 권8, 仁祖 3년 2월 丁酉.

50) 枕戈亭은 이서가 성을 쌓을 때 덤불이 우거진 가운데에서 정자터를 찾아냈다는 이야기가 전한다(『正祖實錄』 권8, 正祖 3년 8월 庚申).

51) 『仁祖實錄』 권8, 仁祖 3년 2월 壬申.

52) 『仁祖實錄』 권8, 仁祖 3년 3월 甲子.

耉 등에게서 籍沒한 本城 근처에 거주하는 노약 노비 9구를 장예원에 이송하여 남한산성의 노비로 정해 주기를 청하였다고 하자, 인조는 이를 윤허하였다.[53]

26일에 자정전에서『대학연의』를 강할 때 이서가 아뢰기를 이제 비가 그친 후 남한산성으로 가려고 하였으나, 각도의 승군이 올라오지 않아 충청도에서는 76명만 도착하고, 鴻山, 靑山 등 읍에서는 無僧이라고 보고하며 전혀 보내지 않아 신이 간다고 하여도 감동할 것이 없다. 경상감사가 장차 내려간다고 하니, 승정원으로 하여금 승군의 일을 당부하여 착실하게 거행되도록 하는 것이 좋겠다고 하였다. 이에 인조는 각도에서 이처럼 태만한가라고 하자, 이서는 勤慢을 가려서 수령을 추고하고, 관리 역시 사목에 따라 치죄하겠다고 하였다. 또 남한산성의 販糧은 이시발이 檢察使로 있을 때 여러 사목을 만들었는데, 체직되었기 때문에 실행하지 못하였다. 大同廳의 木布 15여 동을 대출하여 靑魚를 사서 이것으로 다시 목포 30여 동을 사들였으며, 금년에는 兩麥의 작황이 좋아 1필로 2석을 사들일 수가 있다고 하였다. 또 호조가 받아드리는 三結收布를 먼저 이용하고, 가을에 곡물의 값이 싸질 때 쌀값으로 따져 받아서 갚으면 산성의 辦糧이 쉬울 것이라고 하자, 인조는 호조로 하여금 편리한 대로 상의해서 처리하라고 하고, 이것 가지고도 매우 부족하니 널리 辦得할 수 있는 길을 강구하라고 지시 하였다. 이서는 또 하삼도의 船稅는 호조에서 사용하고, 鹽盆, 漁箭은 검찰사가 사용하니, 이것으로 남한산성의 판량의 자금으로 삼자고 하였다.[54]

4월 10일에 도체찰사가 啓辭하여 남한산성의 공장 및 별장이하에게 지급할 料米가 乏絶되어 전라감사가 마련하여 보내기로 한 管餉米 500석 가운데서, 광주가 선혜청에 납부할 금년의 春等米와 상환해 달라고 하였으나, 선혜청에서는 500석 가운데 200석만 본청의 것

53) 『承政院日記』 책1, 仁祖 3년 3월 壬申.
54) 『承政院日記』 책1, 仁祖 3년 3월 甲戌.

과 바꾸어 주었다.[55] 19일에 도체찰사가 태안군 居兒島에 새로 모인 20여 호의 流民들이 생산한 수확물을 남한산성의 糧餉에 충당하기를 청하자, 인조는 수년 동안에 한해서 수확물을 받지 말라고 명하였다.[56]

21일에 金尙憲이 아뢰기를 이달 20일의 주강에서 검토관 李省身이 아뢴 이괄의 난 때 潰散한 군병의 罰木을 징수하는 일을 총융사 이서에게 물은 즉 당초 夜警時 도망한 군졸은 40일을 罰役하고, 守灘時 도망한 군졸은 20일을 벌역하는 것으로 병조가 啓下하여 도체찰사에 移文하여 이들을 남한산성에 부역토록 하였다. 그러나 지금 군병들의 呈狀에 따라 入役을 원하는 자는 이를 허가하고, 원하지 않는 자는 常木 3疋를 징수해서 남한산성의 募軍에게 分給하여 代立시키며, 40일 罰役者에게는 6필을 징수해야 되나, 마련하기가 어려울 것으로 우려되어 1필을 감하여 5필을 징수하겠다고 말 하였다고 하자, 인조는 이를 윤허하였다.[57]

5월 19일에 판윤 이서가 남한산성을 간심하기 위해 出去하였다.[58]

6월에는 이서의 건의에 따라 남한산성에 행궁을 지었다.[59] 또 13일에는 자정전에서 도체찰사 장만을 인견한 자리에서 장만은 최근에 들으니 체성은 거의 완료되었는데, 이는 이서 한 사람에게 주어 이루어진 것이고, 여장도 가을이 되면 필역될 것이다. 축성의 일은 오로지 승군에게만 맡겼는데, 각도의 감사가 진력하지 않았으나 오직 스스로 참여한 3,000명이 거의 完畢하였고, 이것은 심기원의 계책이라고 하였다.[60]

---

55) 『承政院日記』 책1, 仁祖 3년 4월 丁亥.
56) 『承政院日記』 책1, 仁祖 3년 4월 丙申.
57) 『承政院日記』 책1, 仁祖 3년 4월 戊戌.
58) 『承政院日記』 책1, 仁祖 3년 5월 丙寅.
59) 『仁祖實錄』 권9, 仁祖 3년 6월 己亥.
60) 『承政院日記』 책1, 仁祖 3년 6월 己丑.

19일에 강을 마치고 인조가 장만에게 지금 역사를 하고 있는 軍數가 諸道를 합해서 얼마나 되느냐고 묻자, 장만은 지금 승군 부역자는 1,500여 명인데, 처음에는 도첩을 즐겨하지 않았으나 지금은 自募者가 4,000여 명에 이르고, 관군 역시 2,000여 명이며, 얼음이 얼기 전에 完畢할 수가 있을 것이고, 성문과 여장은 장엄하게 축조하였다. 축성을 주관하는 사람들이 모두 숙련된 사람들이라 장마에도 훼손되지 않았다고 답하였다.61)

22일에는 남한산성의 별장이 李夢鶴의 역당으로 선조 때 北道에 유배되었던 죄인 李光春에게 監董의 임무를 맡긴 일이 발생하여 별장을 추고하고, 이광춘은 법에 따라 처벌되는 일이 발생하였다.62)

23일에 도체찰사는 남한산성 城役이외에 성중의 家舍를 지을 목재를 부근 마을에서 베어 놓았는데, 목재를 운반하여 드리는 것이 매우 어렵다. 인력만으로 운반한다면 많은 군인들을 써야하기 때문에 石役에 방해가 되어, 평지에서는 車運을 이용하고 인력은 山上에서 써야 한다. 듣건대 이번에 兩邊 儺禮所에서 車子 3량씩은 일이 끝나면 달리 쓸 곳이 없고, 비록 후일에 쓸 요량으로 보관하더라도 오랜 후에는 모두 사용하지 못하고 버리게 될 것이라고 하니, 兩邊의 車子 각각 3량을 옮겨서 사용하는 것이 좋겠다고 하여, 인조의 윤허를 받았다.63)

7월 4일에는 도체찰사 장만과 종사관 李敬輿가 남한산성에 가서 축성의 형세 및 功役을 살피고 서계하자, 인조는 詔使가 왔을 때 쓰고 남은 부채와 모자 등 물품을 공장들에게 상으로 주었다.64) 또 도체찰사가 아뢰기를 종사관 이경여가 요사이 폭우 뒤에 새로 쌓은 성벽이 혹 傾頹하는 일이 있을까 하여 남한산성으로 달려가 간심하고

61) 『承政院日記』 책1, 仁祖 3년 6월 乙未.

62) 『仁祖實錄』 권9, 仁祖 3년 6월 戊戌. 『承政院日記』 책1, 仁祖 3년 6월 戊戌 · 7월 甲子.

63) 『承政院日記』 책1, 仁祖 3년 6월 己亥.

64) 『仁祖實錄』 권9, 仁祖 3년 7월 庚戌.

왔는데, 10일에 총융사 이서와 함께 가서 간심하겠다고 하였다.[65] 10일에 도체찰사 장만이 아뢰기를 남한산성으로 가겠다는 것을 이미 入啓하였으나, 癨亂의 증세가 조금 차도가 있기를 기다려 12일간에 출발하겠다고 하였다.[66] 18일에 도체찰사가 아뢰기를 남한산성을 간심하고 나서 마침 병이 있어 入啓하지 못하였는데, 지금 광주의 잘못된 병통과 남한산성에서 반드시 행하여할 사목 등을 별단에 써서 올리니, 각 해당 아문으로 하여금 착실히 봉행하게 하여 大役을 완수해야 하겠다고 하자, 인조는 이를 윤허하였다.[67]

8월 3일에는 자정전에서 『맹자』를 강할 때, 특진관 이서의 아룀에 따라 三穴銃 1,000자루, 조총 1,000자루를 특별히 만들어 畿內의 군병에게 나누어 주고, 나머지는 남한산성에 저장해 두도록 하였다. 또 이날에는 지난해 광주에서 거둔 미곡 300석을 남한산성에 유치하고, 광주의 癸亥年(인조 1년)에 미수된 미곡을 추수가 끝나기를 기다려 남한산성에 거두어들이도록 하였다.[68]

5일에는 앞서 이서가 경연에서 장수를 정해 남한산성을 수호하고 양식을 저장할 대책을 강구할 것을 청한데 대해, 本州의 목사로 하여금 성내에 들어가 지키게 하고, 하삼도의 생선과 소금을 덜어내어 該道의 감사로 하여금 곡식을 사들여서 군량을 돕게 하며, 통제사도 생선과 소금을 마련하여 올려 보내서 곡식을 사들이는 용도로 삼게 하였다.[69]

16일에는 자정전에서 『맹자』를 강할 때 이서가 남한산성의 형세를 진달하고, 포도대장의 직을 사면하고 남한산성에 가서 檢飭하기를 청하였다.[70]

---

65) 『承政院日記』 책1, 仁祖 3년 7월 庚戌.
66) 『承政院日記』 책1, 仁祖 3년 7월 丙辰.
67) 『承政院日記』 책1, 仁祖 3년 7월 甲子.
68) 『仁祖實錄』 권9, 仁祖 3년 8월 己卯.
69) 『仁祖實錄』 권9, 仁祖 3년 8월 辛巳.
70) 『仁祖實錄』 권9, 仁祖 3년 8월 壬辰.

9월 4일에 호조에서 아뢰기를 전에 특진관 이서의 아룀으로 비변사의 回啓內에 하삼도의 該曹에 연례적으로 바치는 魚鹽을 덜어내어 本道의 감사로 하여금 편의대로 곡식을 사드려 납부하도록 하며, 호조에 연례적으로 바치는 어염이 國用으로 바치는 이외에 여분이 있어 가히 덜어낼 수 있는지를 해조로 하여금 참작하여 처리할 것을 允下하였다. 소위 덜어낸다는 것은 元數 중 그 용도를 헤아려 나머지를 덜어내어 補用한다는 의미이다. 어염은 우리나라의 賦産이나, 이익은 私門으로 돌아가고 公家에는 들어오지 않으며, 호조에서 取用할 수량이 없는데 어찌 덜어낼 것이 있겠는가? 司宰監의 御供魚物과 日用의 鹽도 전부터 각도의 漁船鹽盆稅에서 취하였으나, 근래에는 끊어져 상납하지 않기 때문에 御供이 여러 번 결핍되었다. 할 수 없이 요사이는 해조의 관리를 파견하여 각도에서 받아드리고 있다. 과연 받아들일 수 있는지는 예측하기 어렵고, 설령 약간을 받아드린다 하여도 日用 御供 이외에 여분이 있어 補餉할 수 있을 지 알 수가 없다. 잠시 監官員幹事가 돌아오는 것을 기다려 받아 드린 수량을 보고 상의하여 처리하여야 하며, 그전에 덜어내어 곡식을 사들이는 일은 시행하기가 어렵다. 태안 어염의 利는 나라에서 첫째인데, 태안이 강도의 保障에 專屬되어 호조에서는 조금도 관여할 수가 없다. 태안에서 바치는 3년분의 양을 비변사에서 덜어내서 남한산성의 償役으로 題給하자고 하자, 인조는 이를 윤허하였다.71)

또 도체찰사가 아뢰기를 남한산성의 역군이 끊겨 燔灰, 燔甓, 女墻 등의 역사가 정지된 지 오래다. 암문을 마무리 하지 못한 곳도 아직 많고, 이것들은 겨울이 오기 전에 끝내야 하는데, 각도의 승군 無牒者가 없어 동원할 수가 없다. 그러나 경기도만은 수원 禿城에만 해도 無牒僧이 3,000여 명이나 되고 공연히 버티며 와서 부역할 뜻이 없고, 기타의 조그만 사찰에도 없는 곳이 없다. 강화는 保障의 땅

---

71) 『承政院日記』 책1, 仁祖 3년 9월 己酉.

이라고 하여 승군이 하는 일이 없고, 보장이라고 칭하면서 처음부터 와서 부역하지 않았으며, 경기도의 避役하려는 승려들이 다수가 강화로 들어가니 심히 경악스럽다. 王城의 지척에서 국법이 행해지지 않음이 이처럼 심한데, 이로써 미루어 보면 외방은 가히 미루어 생각할 수 있어 진실로 통심한 일이다. 남한산성의 수축은 승군으로 시역하였는데, 지금 추수의 계절을 맞아 백성들을 부리는 것은 불가하다. 강화와 수원의 승군을 우선 調用하여 날짜를 헤아려 色吏를 세워서 사목에 따라 남한산성에 定配하고, 다른 각도에서는 병사로 하여금 무첩승을 적발하여 사목에 의해 논제한 후 명단을 狀啓하고, 監司處에도 병행하겠다고 하자, 인조는 독성의 승려를 調用하라고 명하였다.72)

10월 7일에 호조에서 아뢰기를 비변사의 移文속에 9월 28일에 대신과 비국당상들을 인견할 때 남한산성의 儲峙糧餉이 가장 급한 문제이므로, 水上田稅三別米와 可興倉의 米豆를 該曹로 하여금 헤아려 남한산성으로 輸入하여 겨울이 지난 후 取用하는 일을 定奪하여 移文한다고 하였다. 그러나 水上의 여주, 이천, 양근, 지평, 광주 등의 三稅는 元數가 부족하고, 可興倉에 있는 米豆는 결빙하려고 하여 여러 차례 運來하기가 어려워 山城糧餉을 잘 수송하기가 어려운 실정이어서 매우 심려된다. 지금 여주, 이천, 양근, 지평, 광주 및 水帖判官에게 통지하여 수륙으로 運入한 후 實數를 書啓하겠다고 하자, 인조는 이를 윤허하였다.73)

26일에 도체찰사가 아뢰기를 남한산성의 역사를 간심하는 별장, 군관이하 員役 및 많은 공장들의 料布를 마련할 곳이 없다. 전검찰사 이시발 때 兩南의 鹽船稅 약간을 官이 군관에게 委定하여 그들로 하여금 판매하여 납부토록 하여 그 수가 거의 40여 同이나 되었다. 이처럼 곡식 값이 쌀 때 믿을 수 있는 사람을 정하여 나누어 畿內에

72) 『承政院日記』 책1, 仁祖 3년 9월 己酉.
73) 『承政院日記』 책1, 仁祖 3년 10월 壬午.

보내어, 水邊 각 고을의 場市에 監官色吏를 별도로 정해서 함께 보고 저자의 값을 따라 소금으로 곡식을 사들여 남한산성으로 수송해 보내서 명년 봄의 역사하는 양식으로 삼겠다고 하자, 인조는 이를 윤허하였다.74)

11월 10일에 선혜청에서 아뢰기를 요사이 선혜청낭청 許啓가 광주 등 6읍의 收米를 남한산성으로 옮기는 일로 광주로 가서 여러 날 捧納을 독려하나, 아직 畢納을 하지 못하였다고 하였다.75)

동왕 4년 2월 20일에 비변사에서 아뢰기를 남한산성의 역사에 있어 성의 수축을 마쳤으나, 아직 완성되지 못한 곳이 많으며 장마철이 닥치기 전에 역사를 마치려고 하는데, 공장과 장사들의 料布가 당초에 준비한 것이 이미 바닥이 났다고 하고, 御史의 書啓로 인하여 물고기 한 마리 종이 한 장도 외방에 요청할 수 없게 되었다고 하고, 지금 서쪽 지방으로 운송할 糧餉을 每結마다 각각 1두 5승씩을 걷고 있는데, 광주의 쌀도 운송해야 되는 가운데 들어 있으니, 그 쌀을 남한산성으로 옮겨서 바치게 한다면, 양향에 보탬이 되고 한편으로는 민심을 위로할 수 있을 것이라고 하자, 인조는 이를 윤허하였다.76)

3월 3일에 총융사가 書狀하기를 摠戎 束伍軍에 뽑힌 후 도망간 수원 사는 砲保 權德一, 풍덕에 사는 개성부 稅鐵匠 金應男, 保人 李莫金, 고양 사는 砲保 宋立은 속여서 훈련도감에 소속하였으므로, 법에 따라 죄를 준 후에 남한산성에 충군시키자고 하자, 훈련도감에서는 李莫金은 본시 稅鐵匠奉足으로 本役으로 還定해야 하고, 宋立은 도감의 포수라고 하였다.77)

10일에 총융사 이서가 아뢰기를 남한산성 未畢處의 赴役僧軍이

---

74) 『承政院日記』 책1, 仁祖 3년 10월 辛丑.
75) 『承政院日記』 책1, 仁祖 3년 11월 乙卯.
76) 『仁祖實錄』 권11, 仁祖 4년 2월 癸巳.
77) 『承政院日記』 책1, 仁祖 4년 3월 丙午.

금방 來到하였는데, 신이 일찍 나아가 감독하려고 하였으나 號牌廳의 유사당상이기 때문에 나가보지 못하였다. 지금 도착한 成冊은 거의 분류되었으니, 추가로 성책이 도착하기 전에 남한산성에 가서 감동하겠다고 하였다.[78)]

11일에 禮葬都監에서 아뢰기를 듣건대 남한산성 승군 800여 명이 방금 來集하였다고 하는데, 이들 승군을 浮石所에 모두 調來하여 5·6일간 커다란 석물을 운반하게 하겠다고 하자, 인조는 이를 윤허하였다.[79)] 12일에는 총융사가 아뢰기를 예장도감이 啓辭하여 남한산성의 城役僧軍이 와서 모인 자가 800여 명인데, 이들 전체를 부석소로 調來하여 5·6일 동안 돌을 운반하는 일을 시키겠다고 하자 허락하는 전교를 내린바 있다. 소위 800여 명이라고 하는 것은 지금 머물러 역사를 하는 수자가 아니고, 지난달 15일부터 오늘까지 전후 도착하여 첩을 지급한 전체 숫자이다. 逐日 放送했기 때문에 산성에 있는 자는 그와 같은 숫자가 아니다. 금일 산성에 돌아온 수를 파악하여 계산해 들이고, 한편 예장도감과 의논하여 정한 날에 이송하겠다고 하자, 인조는 이를 윤허하였다.[80)]

윤 6월 12일에 자정전 月廊에서 대신, 비국당상, 三司長官을 인견하는 자리에서 인조는 남한산성의 역사와 糧餉의 비축 등의 일을 하문하였다.[81)] 또 승정원에서 아뢰기를 금번 윤 6월 12일에 대신, 비국당상을 인견할 때 우부승지 沈諮이 아뢰기를 남한산성은 비록 좋으나, 民和를 얻은 후에야 가히 지킬 수 있는데, 별장이 侵役하여 광주부의 백성들이 자못 怨言이 있다고 한다. 광주목사가 비어 있는데 진압할 수 있는 사람을 얻어야 일이 옳게 될 것이라고 하고, 이서도 광주목사는 極擇을 하여 일등 名望人을 선택하여 보내야 된다고 啓

---

78) 『承政院日記』 책1, 仁祖 4년 3월 癸丑.
79) 『承政院日記』 책1, 仁祖 4년 3월 甲寅.
80) 『承政院日記』 책1, 仁祖 4년 3월 乙卯.
81) 『仁祖實錄』 권13, 仁祖 4년 윤6월 壬子.

稟하자, 인조는 이를 윤허하였다. 또 인조는 남한산성의 필역 여부를 묻자, 이서는 5월 이후 陵役이 停廢되어 城役은 거의 끝났고, 家舍의 역사는 지금 하고 있는데, 役僧들에게서 자못 怨言들이 있다고 한다. 8월 중에는 필역될 것이라고 답하였다.82)

7월 22일에 인조는 하교하기를 남한산성이 내지에 위치하고 있으나 실로 천험의 요새지인데, 환란이 있기 전에 미리 대비하는 것은 우연한 뜻이 아니다. 다행히 일을 맡은 신하들이 힘껏 직무를 수행하고, 승려들이 열심히 일해준 덕분에 20리에 달하는 높은 성이 3년 만에 완공되었으니, 이렇게 빨리 이룬 공역은 천고에 예를 찾기 어렵다. 내가 매우 기쁘게 생각한다. 공사를 감독한 員役에게 該曹로 하여금 각별히 논상하게 하여 우대하는 은전을 보이고, 비국으로 하여금 양향을 비축할 방법을 강구하게 하여 후일 반드시 지킬 수 있도록 하라고 명하였다.83)

23일에 인조는 비망기를 내려 남한산성의 工役을 담당한 신하들이 힘을 다해 애써주고, 승군들이 고생스럽게 服役한 것에 힘입어 20리의 높은 성이 2년 만에 역사를 끝낼 수 있었으니 이는 천고에 없던 일이다. 내가 크게 기뻐하며, 董率員役들에게 해조로 하여금 가별히 논상하여 優異의 은전을 보이도록 하라고 명하였다.84)

8월 13일에 비변사에서 아뢰기를 남한산성은 지형이 험하기가 한 사람이 문을 지키면 만 명이라도 열 수가 없고, 이번에 쌓은 성이 매우 견고하고 치밀하나 수비할 식량의 준비가 안 되었다. 광주가 갖고 있는 田結 2,000여 결의 세입을 남한산성에다 소속시켜 전세 3년분과 三手粮, 毛兵粮, 宣惠廳作米를 모두 남한산성에서 받아 비축하게 하고, 이 밖의 별도의 조처는 총융사 이서와 다시 상의하여 啓稟 시행하겠다고 하자, 인조는 이를 윤허하였다85)

---

82) 『承政院日記』 책1, 仁祖 4년 윤6월 壬子.
83) 『仁祖實錄』 권13, 仁祖 4년 7월 壬辰.
84) 『承政院日記』 책1, 仁祖 4년 7월 癸巳.

19일 자정전 月廊에서『맹자』를 강할 때 장만이 남한산성의 역사에 부역하지 않은 승군에게 군량을 징수할 것을 청하자, 인조는 성의 역사가 끝나지 않았다면 역사를 시키는 것이 옳으나, 지금 역사가 완료된 뒤에 또 도첩을 팔아 부역에 빠진 것을 징수하듯 한다면, 어찌 국가의 본의라고 하겠는가라고 하면서 허락하지 않았다.86)

10월 16일에는 남한산성의 역사가 이미 완료되었고, 심기원도 마침 상을 마쳤으므로 심기원을 三南都檢察使로 삼아 도체찰부에 소속시켜 삼남을 관장하며 남한산성을 관장하고, 총융사 이서와 함께 협의하여 남한산성의 업무를 처리하도록 하였다. 또 남한산성에서 시행해야할 節目에 대해서는 심기원으로 하여금 體臣과 의논하고 啓稟하여 시행하도록 하였다.87)

28일에 남한산성의 직임을 맡은 삼남도검찰사 심기원이 아뢰기를 남한산성을 守禦하는 일에는 식량을 비축하는 것이 가장 급한데, 이에 대한 경영에는 漁鹽과 貿販, 屯田 설치 등이 있는데, 이 중에서 둔전 설치가 더욱 절실하며, 이는 적임자를 얻지 못하여 적절한 조처를 하지 못한다면 이익보다 해가 더 많을 것이니, 처음에 적임자를 가지지 않으면 안 된다. 前 同知 尹調元이 일을 주관할 만한 재주가 있으며 농사에 밝고 재물을 생산하는 방도에 밝으니, 병조로 하여금 우선 군직을 주어 올라오도록 재촉하게 해달라고 청하자, 인조는 이를 윤허하였다.88)

11월에는 광주의 읍치를 남한산성 안으로 옮기고, 광주의 田地 2,000여 결을 산성에 소속시켰다.89)

동왕 5년 9월 24일에 우찬성 이귀는 차자하여 남한산성은 벌써 수축이 끝났으니 비워 둘 수 없으며, 광주목사를 守禦將으로 삼고

85) 『仁祖實錄』 권14, 仁祖 4년 8월 壬子. 『承政院日記』 책1, 仁祖 4년 8월 壬子.
86) 『仁祖實錄』 권14, 仁祖 4년 8월 戊午.
87) 『仁祖實錄』 권14, 仁祖 4년 10월 乙卯.
88) 『仁祖實錄』 권14, 仁祖 4년 10월 丁卯.
89) 『谿谷先生集』 卷八 記 十九首 南漢城記. 『重訂南漢志』 卷9 下篇 城史.

광주의 민병들을 다루어 이 성을 보호하고 지키게 해야 한다고 하였다.[90]

동왕 6년 10월에는 이서가 경기감사 崔鳴吉과 함께 畿輔軍을 이끌고 군사를 성위에 늘여 세운 뒤 성가퀴를 계산하여 나누어 지키도록 하였다.[91] 11월에는 이서의 건의에 따라 광주목사가 남한산성 防禦使를 겸직하게 하고,[92] 또 이서의 건의로 광주목사 李時昉이 남한산성 방어사를 겸하게 하였다.[93]

동왕 11년 1월 29일에는 총융사 이서의 건의로 전 병사 文希聖을 남한산성별장으로 삼았다.[94] 또 11월 1일에 비국은 남한산성은 강도와 서로 의지하는 형세가 있는데, 이서의 빈틈없는 계책에 힘입어 성지와 군량이 팔도의 으뜸이니, 이귀가 體察의 본영으로 삼으려고 하는 것도 좋은 계책일 것이나, 지금은 체찰사가 四道만 관장하고 있는 만큼 他道의 산성을 병영으로 삼는 것은 곤란할 듯하니, 잠시 광주목사를 久任시켜 성을 지키는 중책을 맡기자고 하였다.[95]

하여튼 남한산성을 信地로 하여 守禦廳이 설치되고, 병자호란 후에 수어사 중심의 남한산성 守禦體制가 확립되었다.

Ⅱ. 검토

1. 성곽

1) 규모

『삼국사기』의 4,360보는 唐大尺인 29.4cm로 계산하면 7,691m가

90) 『仁祖實錄』 권17, 仁祖 5년 9월 丁亥.
91) 『仁祖實錄』 권19, 仁祖 6년 9월 甲申.
92) 『仁祖實錄』 권19, 仁祖 6년 11월 甲辰.
93) 『仁祖實錄』 권19, 仁祖 6년 11월 甲申.
94) 『仁祖實錄』 권28, 仁祖 11년 정월 辛酉.
95) 『仁祖實錄』 권27, 仁祖 10년 11월 乙未.

되고, 『세종실록지리지』의 3,993보는 布帛尺(준수척) 46.7cm로 대입하면 11,188m이고, 세종 12년에 제정된 영조척 30.37cm[96]로 계산하면 7,276m가 되어 영조척으로 계측된 것임을 알 수가 있다. 『신증동국여지승람』의 86,800척을 포백척으로 계산하면 40,536m가 되어 앞의 자료들과 맞지 않고, 주척인 20.81cm로 계산해도 18,063m로 많은 차이가 있다. 『선조실록』의 포백척 17,400여 척은 8,126여 m가 된다. 『승정원일기』 인조 4년과 『東國輿地志』의 20리도 앞의 수치와 비슷하다.[97] 한편 『重訂南漢志』에는 內周가 6,297보로 17里半, 外周가 7,295보[98]로 20리 95보며, 척으로는 23,660척이라고 하였다.[99] 내주 6,297보는 주척 20.81cm로 계산하면 7,862m이고, 외주 7,295보는 주척으로 계산하면 9,109m가 된다. 凸城을 제외한 여장 옥개 중심선의 元城의 현 수평거리는 7,545m이다.[100] 특히 이 중에서 주장성의 4,360보는 초축할 때 성벽을 開基하면서, 당시의 營造尺인 당대척으로 계측된 자료라고 추정이 되므로 주목이 되는 수치이다.

인조대의 수축은 남한산성 원성만의 수축으로, 삼국시대의 주장성과 규모가 같았다.[101] 여기서는 후에 축조된 외성인 蜂岩城,[102] 汗峰城[103]과 돈대인 新南城(南格臺)[104]는 제외된 것이다.

---

96) 朴興秀, 「李朝尺度에 關한 硏究」, 『大東文化硏究』 4(成均館大學校 大東文化硏究院), 1967, 205쪽.

97) 『仁祖實錄』에는 둘레가 2,300칸이라고 하였다. 한편 발굴조사에서 확인된 行宮에 사용된 영조척의 길이는 31.0cm정도였다.

98) 『輿地圖書』 廣州府 城池條에는 元城의 外周가 7,595步라고 하였는데, 이는 7,295보의 誤記인 것 같다.

99) 『重訂南漢志』卷1 上篇 城池. 한편 이 책에서는 女堞이 1,940垜, 甕城 4개소, 暗門 9개소, 軍鋪 125개소, 將臺 4개소가 있다고 하였다.

100) 한국토지공사 토지박물관 · 경기도, 『南漢山城 發掘調査報告書』, 53쪽.

101) 2005년에 북문과 동장대 사이의 제4암문과 수구터 주변 발굴조사에서 조선시대 성벽 안쪽에서 주장성의 성벽으로 추정되는 성벽이 확인되어, 조선시대 남한산성이 신라 주장성의 옛 城基를 따라 축조되었음을 알 수가 있게 되었다.

102) 이 城은 광주유수 尹趾善이 숙종 12년 윤4월 1일에 始役하여 5월 9일에 畢役하였다(『肅宗實錄』권17 補闕正誤, 肅宗 12년 3월 丁卯. 『備邊司謄錄』책40, 肅宗 12년 3월 15일. 「蜂岩新城丙寅銘磨崖石刻」).

2) 부대시설

1) 성문

성문은 남문, 동문, 서문, 북문 등 4대문이 수축되고,[105] 間門인 암문은 8개소가 설치되었다.[106]

---

103) 이 성은 숙종 12년에 汗峰까지 잇대어 쌓으려고 하다가 이루지 못하고, 동왕 15년에도 吳始復이 다시 역사를 계속했지만 잇대어 쌓지는 못하였으며, 동왕 20년 이후에는 중단했다가, 閔鎭厚가 이 성은 쓸데없는 것이라고 하여 쌓은 것을 헐어버렸다고 한다(『英祖實錄』 권23, 英祖 5년 8월 乙丑). 그 후 영조 15년에 개축하였으나(『增補文獻備考』 권26 輿地考14 關防2 城郭2. 『重訂南漢志』 卷1 上篇 城池), 계곡 쪽 500보는 쌓지 않았기 때문에 영조 27년에 광주유수 李箕鎭이 이곳에 성을 쌓고 墩臺를 쌓자고 하였으나(『英祖實錄』 권74, 英祖 27년 9월 乙丑. 권77, 英祖 28년 9월 庚辰), 실현되지 못하였다. 『重訂南漢志』에는 숙종 19년에 汗峰外城을 쌓았다고 하였다.

104) 광주시 남한산성면 산성리 黔丹山(해발 534.7m)의 정상에 위치하고, 동쪽과 서쪽에 두 개의 돈대가 있다. 숙종 36년 3월에 약방제조 민진후가 아뢰기를 남한산성의 南格臺는 南將臺와 마주 대해 있고, 성안을 굽어보고 있어 전부터 성을 쌓거나 墩臺를 쌓자는 논의가 있었으며, 尹就商과 李基夏가 가서 살펴 본 뒤에 논한 바도 대체로 서로 같았고, 신의 생각으로는 굳이 아울러 三峰에 쌓지 말고 다만 中峰의 요해처에 한 돈대를 설치하는 것이 좋을 것 같다. 병자년에 淸人이 남격대에서 火砲를 쏘아 남장대 아래 帥旗의 깃발을 부러뜨렸다고 하고, 또 지형이 성안을 굽어보고 있으므로, 窺峰으로서 가장 가까이 있으므로 성안으로 쌓아 넣을 수 없다면, 돈대를 설치하고 지키면 적이 오르는 것을 막을 수 있고, 또 나무를 심으면 三田渡에서 바라보기도 어렵다. 本廳으로 하여금 우선 나무를 심고, 중봉에 돈대를 쌓게 하여 살펴보면서 수비하는 곳으로 삼는 것이 어떻하겠느냐고 하였다(『備邊司謄錄』 책65, 肅宗 39년 5월 5일). 『增補文獻備考』와 『重訂南漢志』에서는 숙종 45년에 수어사 민진후가 축조하였다고 하였다(『增補文獻備考』 권26 輿地考 14 關防2 城郭2. 『重訂南漢志』 卷1 上篇 城池). 영조 27년경에 광주유수 이기진이 수축하였다는 기록이 있고(『正祖實錄』 권8, 正祖 3년 8월 庚申), 『重訂南漢志』에는 영조 29년에 서돈대와 동돈대를 쌓았다는 기록이 있다.

105) 『宣祖實錄』에는 서문이 보이지 않으나, 지형상으로 보아 본래 서문이 없었다고 단정하기는 어렵다. 또 정조 3년에 성문을 수축하고 문루를 세워 左翼門(동문), 右翼門(서문), 至和門(남문), 全勝門(북문)이라고 하였다(『重訂南漢志』 卷1 上篇 城池). 지금은 남문에만 편액이 남아 있다.

106) 영남대학교 박물관 소장 「南漢山城圖」와 서울대학교 규장각 소장 「南漢地圖」에는 10개소의 암문이 그려져 있는데, 현재는 11개소가 설치되어 있다.

2) 수구

현재 수구문 1개소(폭 188cm, 높이 205m)와 수구 17개소가 설치되어 있다.[107]

3) 성첩

인조 16년에 이시백은 守堞軍은 20,000명정도는 되어야 한다고 하였다.[108] 또 효종 2년 6월에 이시방이 아뢰기를 남한산성의 성첩(垜)은 2,600군데이고,[109] 성첩에 군졸 50,000여 명을 써야 하는데,[110] 현재 예속된 군병은 겨우 40,000명으로,[111] 모자라는 수효가 10,000명이기 때문에, 안동, 대구 등 鎭의 군병 2,000명, 春川鎭의 군병 2,500명, 광주 등 5고을의 군병 2,300명을 나누어서 산성에 예속시켰고, 병자년 뒤에 안동과 대구는 길이 멀다는 이유로 충주, 청주 등 진과 강원도의 군병을 남한산성에 예속시켰다고 하였다.[112] 이처럼 2,600

이중 9개소는 虹霓式이고, 2개소는 平据式이며, 홍예식도 대체로 안쪽은 평거식으로 구축하였다.

107) 한국토지공사 토지박물관 · 광주군, 『南漢山城 文化遺蹟 地表調査 報告書』, 144~154쪽. 수구는 모두 횡단면이 장방형인 平据式이고, 바닥 돌을 체성벽에서 20~60cm정도 돌출시켰다. 出水口의 위치는 성벽 중간 정도가 일반적이나, 기단석 가까이나 여장에 가까운 지점에 설치된 곳도 있다. 성벽 안쪽에는 사방 50cm정도로 할석을 깔아 놓아 雨水가 스며들도록 하거나, 入水施設을 만들었다.

108) 『仁祖實錄』 권36, 仁祖 16년 정월 庚辰.

109) 張維의 「南漢城記」에는 女墻이 1,700堞이라고 하고, 『輿地圖書』 廣州府 城池條에는 女堞이 1,897堞이고, 每堞에 三砲穴과 大砲穴이 26개소가 있다고 하였다. 영남대학교 박물관 소장 「南漢山城圖」에는 大 · 中 · 小 모두 2,343堞이라고 하고, 또 전술한 대로 1,940垜라는 기록도 있는 등 일정하지가 않다.

110) 둘레가 약 5.4km인 수원 화성의 城丁이 11,728명이었던 것은 보면(『正祖實錄』 권49, 正祖 22년 10월 己酉), 남한산성의 수첩군은 이에 비해 상당히 많은 편이다.

111) 인조 14년 7월 당시 南漢山城의 入防軍은 12,700명이었다.

112) 『孝宗實錄』 권6, 孝宗 2년 6월 戊申.

첩에 50,000명의 수첩군을 배치한다면 1첩에 약 19명이 배치되는 셈이 된다.[113]

한편 수원 화성에서는 913垜(5보당 1타)를 기준으로 八達衛, 蒼龍衛, 華西衛, 新豊衛 등 4衛의 信地를 각각 1,140보로 하여 228타를 담당하게 하고, 1垜當 垜夫는 8명씩을 배치하였다.[114] 또 1타마다 懸燈 1盞, 梆 1口, 鳥銃 1門이나 快槍 1枝(적으면 2垜에 1門), 短槍이나 斬馬刀 1把, 크고 작은 투석용 돌멩이 100塊, 5타마다 狼機 1位(적으면 10타마다 1位), 水缸 1口를 두고, 10타마다 무게 200斤이나 150근짜리 大石 3塊를 배치하도록 하였다.[115]

4) 치성

4개소에 치성를 설치하였는데, 南凸城 1 옆의 치는 기저부의 길이 2m, 폭 16m, 南將臺 옆의 치는 기저부의 길이 서쪽 29.1m, 동쪽 32.1m, 폭 17.7m, 南凸城 3 옆의 치는 기저부 길이 2m, 폭 16.9m, 西凸城 옆의 치는 기저부 길이 3m, 폭 12.2m이다.[116] 치는 폭에 비해 길이가 짧은 것이 특징인데, 이는 지형 여건상 치를 길게 쌓을 수 없었기 때문이었다. 남장대 옆의 치는 규모, 석재, 축조공법 등에서 차이가 있으나, 체성에서 덧붙인 것이 아니고 체성과 맞물려 쌓았다는 점에서는 동일하다. 『선조실록』에 남성벽에 曲城이 있다는 것은 치성이 아닌지 모르겠다. 수축된 성곽이기 때문에 수축이전과 이후의 성벽이 혼재하는 것이다.[117] 하여튼 이처럼 남성벽에 치가 집

---

113) 화성에서는 垜에는 垜長을 두어 垜夫를 통솔하게 하였다(『正祖實錄』 권49, 正祖 22년 10월 己酉).

114) 『正祖實錄』 권49, 正祖 22년 10월 己酉.

115) 『正祖實錄』 권49, 正祖 22년 10월 己酉.

116) 한국토지공사 토지박물관 · 광주군, 『南漢山城 文化遺蹟 地表調査 報告書』, 73쪽).

117) 인조초에 수축한 성벽 면석의 크기는 폭 30cm, 두께 20cm정도이고, 네모서리를 잘 다듬고 앞면은 가운데가 약간 볼록한 모양이 특징인데, 한양도성의 남산 정상부근의 수축된 성벽에도 이러한 면석이 사용되어 비교가 된다.

중적으로 설치된 것은 남성벽이 비교적 지형이 낮고, 굴곡이 적어 방어에 어려움이 있기 때문에 치성과 철성을 설치하여 보강한 것이다.

5) 철성

철성은 東凸城(長慶寺信地甕城), 西凸城(連珠峰甕城), 南凸城(南甕城)1 · 2 · 3등 5개소가 있다. 이 중에서 서철성(길이 315m)은 인조 초에 축조된 것이고,[118] 남철성 1(둘레 426m, 길이 160m정도), 2(둘레 318m , 길이 150m정도), 3(둘레 125m, 길이 56m정도)은 남철성 2 안에 있는 虹霓武砂石에 새겨진 「南凸城戊寅銘刻字城石」으로 보아, 인조 16년에 축조된 것으로 추정된다.[119] 동철성의 축조시기에 대하여는 보다 세밀한 검토가 필요하다. 동철성의 축조시기에 대하여는 두 가지 가능성이 제기 될 수 있다. 첫째로 동성의 포루와 함께 숙종 31년(1705)경에 축조되었을 가능성과 둘째로 영조 24년경에 축조되었을 가능성이다. 후자는 현존하는 남한산성 지도 중에서 가장 오래된 17세기 말경에 제작된 것으로 추정되는 영남대학교 박물관 소장 『古地圖帖』중 「南漢山城圖」에는 동철성이 표기 되지 않았다. 또 1735년부터 1739년 사이에 제작된 것으로 보이는 서울대학교 규장각 소장 『海東地圖』중 「廣州府圖」[120]에는 동철성이 축조되기 이전에 體城에 포루만 구축된 것처럼 표기되어 있다. 그러나 1744년부터 1748년 사이에 제작된 것으로 보이는 서울대학교 규장각 소장 『海東地圖』중 「南漢山城圖」[121]에는 동철성이 표기되었다.

---

118) 張維의 「南漢城記」에는 서북방에 小峰(連珠峰)이 있어 성안을 俯瞰할 수 있기 때문에 1臺를 만들고 甬道를 쌓아 元城에 붙였다고 하였다(『谿谷先生集』卷八 記 十九首 南漢城記).

119) 인조 16년의 수축은 광주부윤 洪瑑이 담당하여, 望月臺부터 역사를 시작하여(『仁祖實錄』권36, 仁祖 16년 정월 庚寅), 7월에 완공하였다.

120) 서울大學校奎章閣, 『海東地圖』上, 1995, 47쪽.

121) 서울大學校奎章閣, 위의 책, 44~46쪽.

이러한 점을 보면 동철성은 산성내의 여러 구조물에 대한 대대적인 증수 작업이 실시된 영조 24년(1744)경에 축조되었을 가능성이 있다는 점이다. 즉 축조시기는 숙종 31년에서 영조 24년 사이로 볼 수가 있다. 한편 동철성으로 통하는 암문은 동철성의 축조와 함께 만든 것으로 보이는데, 1748년에서 1753년 사이에 제작된 것으로 보이는 현존하는 남한산성 지도 중 가장 완성도가 높은 서울대학교 규장각 소장 「南漢地圖」[122]에는 동철성으로 통하는 암문이 표기되지 않았는데, 이는 지도 제작자의 실수로 인해 누락된 것으로 볼 수가 있다.

이들 철성의 끝 부분에는 포루시설이 있는 것이 특징이다.[123] 남한산성의 철성은 문헌에는 甕城으로 표현되었다. 철성은 고구려 籠吾里山城에서도 볼 수 있듯이 삼국시대부터 많이 활용되어 왔으며, 수원 화성의 甬道도 같은 구조물로 치성를 길게 확대시킨 것처럼 되어 있다. 또 東凸城과 西凸城에는 체성에서 철성으로 직접 통하도록 화성의 철성(甬道)처럼 암문을 설치하였다.

6) 牛馬墻

인조 9년 7월에 이서는 인조에게 우마장과 성위의 좁은 곳에 흙을 메우는 일은 李守一에게 그 역사를 감독하여 완성시키도록 하였다고 보고 하였다.[124] 우리나라에서 牛馬墻(羊馬墻)[125]은 정유재란 때 명군이 남원읍성에 축조한 일이 있었다. 남한산성에서의 우마장이 어떠한 형태였는지는 알 수가 없다.

7) 포루

인조 9년 7월에 인조는 남한산성에는 한 곳도 포루가 없으니 이

---

122) 李燦, 『韓國의 古地圖』(汎友社), 1991, 270쪽.
123) 한국토지공사 토지박물관 · 광주군, 『南漢山城 文化遺蹟 地表調査 報告書』, 94~100쪽.
124) 『仁祖實錄』권25, 仁祖 9년 7월 丙子.
125) 『武備志』卷110 軍資乘 守 城制.

것이 결점이라고 말하자, 완풍부원군 이서는 포루는 성을 지키는 일에 가장 방해가 되며, 포를 쏘게 되면 연기와 불꽃으로 사방이 어두워지기 때문에, 처음부터 설치하지 않았다고 하였다.[126] 그러나 張維의 「南漢城記」에는 동남모퉁이의 산기슭이 경사지고 평탄하지 않기 때문에 포루 3개소를 설치하였다고 하였다.[127] 동왕 16년 1월에는 우의정 申景禛이 수어사 이시백과 함께 남한산성의 望月臺와 東格臺를 간심하고 포루를 설치할 형세를 그림으로 그려 받쳤고,[128] 이어서 남철성이 축조되고 남철성의 끝 부분마다 주로 黔丹山을 향하여 포루가 설치된 것으로 보이며, 이때 서철성도 수축되고,[129] 이곳의 끝 부분에도 포루가 함께 설치된 것 같다. 한편 숙종 30년에 우의정 李濡는 蜂岩과 長慶寺 두 곳에 포루를 다수 설치하여 汗峰 꼭대기에 적이 발을 붙이지 못하게 하자고 주장하였는데, 이에 따라 숙종 31년에 수어사 閔鎭厚가 蜂岩城에 양 포루를 증축했다고 한 것을 보면,[130] 동성의 포루(동철성이 축조되기 이전에 체성에 있었던 것으로 보이는 포루도 포함)도 숙종 31년에 汗峰을 향하여 축조된 것으로 추정된다.[131] 이는 병자호란 때 청의 虎蹲砲와 紅夷砲(사정거리 2km 이상)의 위협을 실감하고 취한 조치였다. 한편 남한산성의 포루는 누각이 있는 포루가 아니고 포대였다. 이때 銅鐵의 부족으로 대포를 제조하는데도 어려움이 많았다. 한편 인조 17년 12월에 淸使가 三田渡碑를 가서 보고는 사냥한다는 핑계로 남한산성의 성첩을 두루 살펴보고, 일찍이 절대로 수축하지 말라는 뜻으로 간곡히 말했는데, 산

126) 『仁祖實錄』 권25, 仁祖 9년 7월 丙子.
127) 『谿谷先生集』 卷八 記 十九首 南漢城記.
128) 『仁祖實錄』 권36, 仁祖 16년 정월 丁丑.
129) 한국토지공사 토지박물관 · 경기도, 『南漢山城 發掘調査報告書』, 99쪽.
130) 『重訂南漢志』 卷1 上篇 城池.
131) 숙종 33년 5월에 판윤 趙泰采가 아뢰기를 남한산성의 汗峰도 아울러 쌓기를 요청한 것을 일찍이 대신 및 수어사의 榻前 결정으로 汗峰에 쌓는 것을 정지하고, 포루를 더 설치하였으므로 지금 논할 것이 없다고 하였다(『備邊司謄錄』 책65, 肅宗 39년 5월 5일).

성을 두루 살펴보니 산성 안에 4곳이나 곡식을 쌓아 두었고, 芻草도 저장하였으며, 城基를 물려 쌓고 포루도 개설하였으니, 남한산성을 허물라고 협박한 일이 있었다.[132] 이로 보면 동왕 16년 남철성의 축조와 포대설치 사실을 조선 안의 첩자가 청나라에 알려 준 것이 아닌지 모르겠다.

8) 장대

장대로는 南將臺, 北將臺, 東將臺, 西將臺(守禦將臺)가 있었으나, 지금은 서장대만 남아 있다. 서장대는 하층은 정면 5칸, 측면 3칸, 상층은 정면 3칸, 측면 2칸의 팔작지붕양식의 重層樓閣이다. 이들 4개소의 장대는 인조초의 수축시는 單層樓閣으로 세워졌으나, 서장대는 영조 27년,[133] 남장대는 정조 12년에 無忘樓,[134] 唾雲樓라는 重層樓閣으로 건립되었다.[135] 남한산성을 수어하는 守禦廳에는 前·左·中·右·後 5營이 소속되어 있었는데, 前營將(광주판관)은 남장대, 中營將(양주목사)은 북장대, 左部別將(여주목사)은 동장대, 右部別將(이천부사)은 서장대의 방어를 담당하여 평상시에는 조련과 산성 보수 등을 맡았다.[136] 또 前營 前·左·中·右·後司 각 4哨는 남문에서 동문, 左營 前·左·右·後司 각 4哨는 남문에서 서문, 中營 前·左·中·右·後司 각 5哨는 서문에서 북문을 기쳐 長慶暗門, 右營 前·左·右·後司 각 4哨는 長慶 암문에서 동문까지 벌려 서서 방어도록 하였다.[137]

---

132) 『仁祖實錄』 권39, 仁祖 17년 12월 戊子.

133) 『英祖實錄』에는 영조 48년에 서장대를 새로 지었다고 하였다(『英祖實錄』 권118, 英祖 48년 4월 丙子).

134) 영조가 지은 것이라고 전하며 편액이 현존한다.

135) 『重訂南漢志』 卷2 上篇 樓亭.

136) 남한산성에서는 3營과 左·右部는 각각 信地로서 봄·가을에 나누어 조련한 뒤에 합쳐서 大操를 행하고(『重訂南漢志』 卷4 中篇 操鍊), 大操를 행할 때는 5영의 군병으로 하여금 낮에는 場操를 하고, 밤에는 城操를 익히도록 하였다(『正祖實錄』 권49, 正祖 22년 10월 己酉).

9) 행궁

행궁은 이서의 건의에 따라 인조 2년 9월에 시작하여,[138] 인조 3년 6월에 완공되었다.[139] 유사시 왕이 거처할 행궁의 건립은 이 성의 수축 목적을 대변하여 주는 자료이며, 上闕(內行殿)이 72칸 반, 下闕(外行殿)이 154칸으로 모두 226칸 반의 규모였다.[140] 외곽 담장지를 기준으로 한 행궁 면적은 남북 70m, 동서 130m로 약 9,300㎡(2,813평)이다. 한편 이때 客館인 人和館 68칸이 세워졌다고 하며, 행궁과 객관은 柳琳이 감동을 하였다고 한다.[141]

10) 사찰

望月寺와 玉井寺는 예전부터 있었으며, 國淸寺와 漢興寺[142]는 인조 2년에 축성과 함께 세워지고, 開元寺와 天柱寺는 인조 14년 병자호란 이전에 세워졌으며, 長慶寺는 인조 16년 남한산성의 수축과 함께 세워져 성안의 7寺가 갖추어졌다는 견해가 있는데,[143] 인조초의 수축 내용을 담은 장유의 「남한성기」에는 이때에 伽藍 7區를 창건하였다고 하였다. 이 중에서 개원사, 장경사, 망월사, 국청사만이 근

137) 『萬機要覽』 軍政編1 京營陣式 守禦廳.

138) 『重訂南漢志』卷9 下篇 城史.

139) 기와에 「乙丑四月日造」라고 새겨져 있었다고 한다(『重訂南漢志』卷2 上篇 宮室). 乙丑은 인조 3년이다. 실제로 내행전지에서는 「乙丑年」이라는 암막새가 출토되었다.

140) 『增補文獻備考』卷39 輿地考27 宮室3 外方宮室. 또 이 책에서는 숙종 37년에 左殿 26칸, 右殿 4칸을 增建하였다고 하였다. 종묘인 좌전과 사직인 우전을 갖춘 것이 남한산성 행궁의 특징이다.

141) 『重訂南漢志』卷2 上篇 宮室.

142) 覺性은 먼저 國淸寺와 漢興寺를 건립하였는데, 당시 사람들은 국청과 한흥의 뜻을 모르다가 병자호란 이후에 비로소 漢과 汗이 같은 음이고, 金나라가 이 해에 淸이라고 고친 것을 알았는데, 인조가 이를 기이하게 여겨 각성에게 매우 후하게 물건을 내렸다는 이야기가 전한다(重訂南漢志』卷3 上篇 佛宇. 『正祖實錄』권8, 正祖 3년 8월 庚申).

143) 정찬훈, 앞의 논문, 28쪽.

년에 중창되어 명맥을 잇고 있다.[144] 이들 7개 사찰은 주로 4將臺의 좌우에 배치되었으며, 개원사에 僧徒廳을 두어 승군을 총괄하였다. 이들 사찰은 산성 축조에 동원된 8도 승군의 주석처이자, 승군이 군기와 화약을 비축하고, 산성을 수비하던 곳이다.[145] 이 때문에 覺性은 우선 이들 사찰을 건립한 것이다.

2. 역사

1) 역사기간

남한산성의 수축은 인조 2년 7월부터 시작되었으며, 인조 3년에는 성벽의 수축을 어느 정도 마치고, 인조 4년 윤 6월경에는 성내의 家舍를 짓고, 나머지 역사도 7월까지 마무리 되었다.[146] 인조 3년에 始役日字가 2월 20일인 것과[147] 인조 4년에 시역일자가 2월 15일인 것을 보면, 남한산성의 역사는 혹한기와 혹서기를 피하여 春節役事와 秋節役事로 진행된 것이 아닌가 싶다.

2) 동원

(1) 역군

① 승군

인조 2년 7월에 남한산성의 수축을 시작할 때 심기원은 승도들의 差帖을 내수사에서 句管하지 말 것을 청하였으나 윤허되지 않았고, 총섭과 주지들의 직임은 모두 예조에서 차출하도록 명하였다.[148] 심기원은 남한산성의 수축역사에 승군을 調發하기 위해서는 差帖의 발

---

144) 『輿地圖書』 廣州府 寺刹條에는 남한산성 안에 天柱寺, 國淸寺, 玉井寺, 望月寺, 長慶寺, 東林寺, 漢興寺, 南壇寺, 開元寺, 靈源寺가 있다고 하였다. 이 중에서 동림사는 蜂岩城, 영원사는 汗峰城에 있었다.

145) 『重訂南漢志』 卷3 上篇 佛宇.

146) 『谿谷先生集』 卷八 記 十九首 南漢城記.

147) 『承政院日記』 책1, 仁祖 3년 2월 14일.

148) 『仁祖實錄』 권6, 仁祖 2년 7월 乙亥.

행권을 내수사에 맡겨서는 원활하게 승군을 동원할 수 없었기 때문으로 추정된다. 승군의 동원은 인조 2년 추절역사에서는 도총섭이 각도의 총섭에게 명령하여 승군을 동원하였으나, 金瑬의 반대로 인조 3년 춘절역사부터는 官令으로 전환된 것으로 보이며, 여기에는 도총섭의 통솔력 문제와 총섭들의 횡포 등에서 연유된 것으로 생각된다. 이로써 各邑에서 승군을 조발하여 해당 읍의 色吏가 이들 승군을 이끌고 城役所에 인계하였다. 이처럼 승군의 동원은 보통 각 군현에서 해당 색리가 배당된 수를 차출하여 인솔하는 것이 일반적이었다.[149] 한편 승군을 뽑아 보내는 勤慢을 가려서 수령을 추고하고, 관리도 사목에 따라 치죄하였다. 승군들은 지정된 기간 동안 부역을 하면 度帖을 지급 받았고, 無帖僧은 적발되면 사목에 따라 논죄된 후 부역되었다. 남한산성내의 승군은 팔도도총섭인 覺性에 의해 주관되었다.

한편 팔도의 승군 중에서 관서의 승려는 해마다 의주 등 축성에 부역하거나 변방에 위급한 사태가 발생하면, 성을 지키는 군사가 되어야 하기 때문에 제외되었으며, 함경도에서도 길주 이북의 승도들은 제외되었다. 단, 길주 이남에서도 단천, 利城, 북청, 홍원의 승도들은 면제되었는데, 대신 吉州 이북의 승도들과 같이 단천의 은광에서 부역토록 하였다. 또 강화는 保障의 땅이라고 하여 부역하지 않았으므로, 경기도의 避役하려는 승려들이 다수 강화로 들어가기도 하였다.

인조 3년 6월 13일에 도체찰사 장만은 참여한 승군이 3,000명이라 하고, 22일에는 지금 승군 부역자는 1,500여 명이며, 도첩을 처음에는 즐겨하지 않았으나, 지금은 승군의 ,自募者가 4,000여 명에 이른다고 보고하였다. 그러나 인조 4년 2월 15일부터 3월 11일까지 전후 도착하여 첩을 받은 숫자는 800명이었다. 인조 2년에 평양성을

149) 張弼基, 『壬辰倭亂 직후 築城役 動員體系의 한 형태—金烏山城 守成將 鄭邦俊의 축성일기를 중심으로—』, 『古文書硏究』 25(韓國古文書學會), 2004, 96쪽.

수축할 때에는 충청, 강원, 황해도의 승군 200명씩을 징발하여 스스로 양식을 장만하여 두 달 동안 성을 쌓게 한일이 있었다.[150] 전술한대로 인조 4년 2월 15일부터 3월 11일까지 전후 도착하여 帖을 받은 수자가 800명이었다는 것을 보면, 승군의 부역일수는 30일을 넘지 못했던 것으로 보인다. 또 평양성 수축 때처럼 승군이 각자의 양식을 스스로 마련했는지는 알 수가 없다.

승군은 조선초기 이래 억불책과 더불어 國役을 담당하는 주 대상으로 파악되어져 군역이나 요역에 투입되고, 임진왜란을 계기로 義僧 조직이 강화되면서 전투 뿐 만 아니라 각종 토목공사와 축성, 산릉역 등 각종 부역에 동원되어 노동군의 성격을 띠게 되었고, 17C 이후 僧役의 강화와 함께 승군은 농민을 대신할 수 있는 부역 대상자였다. 이들은 농민과는 달리 농사철과 관계없이 수시로 징발할 수 있는 점과 노동력이 우수하다는 평가로 인해 부역 승군의 징발이 거의 상례화 되어 있었다.[151]

② 관군

속오군에 뽑힌 후 도망한 자를 남한산성에 충군하기도 하였다. 또 이괄의 난 때 潰散한 군병 중 夜警時 도망한 군졸은 40일을 罰役하고, 守灘時 도망한 군졸은 20일을 부역하도록 하였다.[152] 인조 3년 6월 22일에 장만은 관군의 自募者는 2,000여 명이라고 보고 하였다.[153]

③ 募軍

심기원은 처음에 遊手를 남한산성의 역사에 투입하자고 청한 일이 있었다.[154] 인조 2년에는 4월말부터 가뭄이 시작되어 한창 파종

---

150) 『仁祖實錄』 권6, 仁祖 2년 6월 己酉.
151) 張弼基, 앞의 논문, 95~96쪽.
152) 인조 16년 수축시에는 湖南潰軍 975명, 충청 · 강원도의 僧軍 · 匠人 96명이 동원되었다. 이때 호남궤군의 부역기간은 두 달간이었다(『備邊司謄錄』 책5, 仁祖 16년 2월 10일).
153) 『승정원일기』 책1, 仁祖 3년 6월 22일.

을 해야 할 시기에 大旱災를 초래하였고, 극심한 가뭄은 5월 26일에 가서야 비가 오면서 해갈되었다.[155] 여기에서 많은 유수가 발생하였을 것으로 짐작되고, 이들을 모군으로 활용하여 빈민들을 구료하였던 것으로 보인다. 또 이괄의 난 때 潰散한 군병 중 남한산성에 入役을 원하지 않는 군졸 중 20일 부역자는 常木 3필, 40일 부역자는 5필을 징수하여 모군에게 분급하여 代立시켰다.

임진왜란 직후 농민 인구의 격감으로 노역 징발의 어려움이 뒤따르자, 이제까지의 각종 역역과 잡역에 동원되었던 농민들을 더 이상 강제 勞役化를 할 수 없게 되었다. 이러한 한계에서 역군의 募軍化가 성립하게 되었고, 17C이후 국가의 각종 營建, 土木, 築城工事에서 모군의 雇立化가 더욱 촉진되었다.[156] 남한산성의 力役 賦課方式은 과도기적 과정을 보여준다고 볼 수가 있다.

하여튼 남한산성의 역군은 승군이 주축이 되고, 각 軍門이나 營門에 소속된 관군과 모군이 참여하였다.

(2) 工匠

남한산성의 수축역사에서도 숙련된 여러 직종의 공장들이 전국에서 대거 동원되었을 것으로 추정된다. 축성을 주관하는 사람들이 모두 숙련된 사람들이라 장마에도 성벽이 훼손되지 않았다고 한 것이 이를 말해준다. 한편 인조 16년 수축시 새긴 「南凸城戊寅銘刻字城石」에 木手 74, 石手 13, 冶匠 2, 泥匠 7명이 참여하였다는 자료도 참고가 된다.[157]

(3) 노비

남한산성의 사목에 따라 광주목에 거주하는 各寺奴婢를 남한산성의 노비로 이속시켰다.

---

154) 『谿谷先生集』卷八 記 十九首 南漢城記.
155) 『仁祖實錄』권6, 仁祖 2년 5월 己卯.
156) 張弼基, 앞의 논문, 96~97쪽.
157) 趙炳魯, 「17,8세기 南漢山城의 再修築에 관한 一考察—최근에 발견한 金石文을 중심으로—」, 46~51쪽.

3) 監董

남한산성의 수축은 대체로 도체찰사 장만[158]이 총리하고, 체찰부의 총융사 이서가 句管하였다. 성역의 구관은 처음 인조 2년 5월에 심기원을 삼남도검찰사에 차임하여 남한산성의 역사를 겸하여 관장하도록 하였는데, 마침 7월에 상을 당하여 이시발에게 그 직임을 대신하도록 하였으나,[159] 오래지 않아서 11월에 이시발도 병으로 체직되었기 때문에, 인조 3년 2월에 도체찰사 장만의 추천으로 체찰부 총융사 이서에게로 돌아가, 인조 4년 7월에 功役을 마무리 할 때까지 이서가 구관하였다.[160] 실제로 현장에서 성역을 전담한 사람은 팔도도총섭 각성[161]과 都廳格[162]인 광부목사 柳琳[163], 文希聖[164]이었

---

158) 張晩은 인조 2년 11월에 四道都體察使에서 八道都體察使로 임명되면서, 이시발의 뒤를 이어 남한산성을 句管하였다고 보는 견해가 있는데(柳承宙, 앞의 논문, 256~257쪽), 句管堂上은 體察府 副使가 맡는 관례로 보면 이해하기 어려우며, 이때가 동절기라 역사가 중단되었던 시기이기 때문에 구관당상을 잠시 비워두고 도체찰사가 겸행한 것이 아닌지 모르겠다.

159) 이시발이 인조 2년 8월 1일에 三南都檢察使가 되면서, 남한산성의 修築役事도 구관하게 되었다는 견해가 있다(柳承宙, 위의 논문, 255쪽).

160) 『仁祖實錄』 권14, 仁祖 4년 10월 乙卯.

161) 한편 「南漢城記」에서는 覺性과 應聖(應祥의 誤) 등이 각기 그 승도들을 거느리고 지역을 나누어 功役을 맡았다고 하였다(『谿谷先生集』卷八 記 十九首 南漢城記). 應祥(1572~1645)은 호가 松月이고 九月山 性衍의 제자이며, 뒤에 사명당 밑에서 공부를 하여 그의 법맥을 이었다. 남한산성을 쌓을 때 특별히 명하여 그에게 역사를 감독하게 하고, 전후로 두 번이나 팔도도총섭을 제수하였으나 사양하고 받지 않자, 조정에서는 妙湛國一都大禪師라는 존호을 내렸다.

162) 인조 16년의 수축시에는 광부부윤을 都廳으로 삼고, 도청 밑에 別將(1명), 領將(1명), 監役官(3명)을 두었다.

163) 柳琳은 광해군 때 黃州城을 축조한 경력이 있어, 인조 2년 6월에 광주목사로 부임하여 인조 3년 2월 중순까지 7개월간 城役을 전담하였다. 유림과 金化戰鬪에 대하여는 다음 논문이 있다. 柳在春, 「丙子胡亂時 金化戰鬪와 戰骨塚考」, 『史學硏究』63(韓國史學會), 2001, 71~92쪽. 柳承宙, 「丙子胡亂의 戰況과 金化戰鬪 一考」, 『史叢』55(歷史學硏究會), 2002, 389~435쪽.

164) 文希聖은 인조 3년 2월에 심기원의 추천으로 광주목사가 되었다. 인조 3년 9월에는 朴應晟이 逆謀에 가담한 것으로 고변하자 체포되어 推鞫廳에서 추국되었다(『仁祖實錄』 권8, 仁祖 3년 2월 丁酉, 9월 癸丑). 『重訂南漢志』에는

다.

또 각 성역소[165]에 파견되어 역사를 감역했던 감동으로는 문희성(別將),[166] 呂裀吉(別將), 李一元(別將), 李光春(裨將)[167] 등이 있었다.

(1) 李曙

이서(1580~1637)는 자는 仁叔, 호가 月峰이며, 시호는 忠定으로 효령대군 7대손이다. 그는 무과로 진출하였는데, 글 읽기를 좋아하고 지조가 있었으며,[168] 총명하고 다재다능하여 국가의 일에 발 벗고 나섰지만, 일을 너무 번쇄하게 처리하고, 너무 까다롭게 살폈기 때문에 軍情을 크게 잃었다고 한다.[169] 광해군 13년에는 장단부사가 되어 경기방어사를 겸하였고,[170] 德津에 산성을 쌓을 것을 청하고 이것을 인연하여 그 곳에 군졸을 모아 훈련시키다가,[171] 인조반정 때에 부하 병사를 거느리고 거사에 참여하였다.[172] 이로 인해 호조판서로 승진하고,[173] 靖國功臣 1등에 책록되고 完豊君에 봉하여 지고, 인조가 즉위한 초년에는 군사에 관한 정사는 이서에게 일체 위임하

10월에 파직되었다고 하였다. 문희성의 후임 목사는 柳斐로 인조 4년 윤6월까지 맡고, 다음은 洪得一이 맡았다.

165) 숙종 12년의 蜂岩城 축조시에는 築城區域을 1所, 2所로 나누고, 所에는 將을 두었다.

166) 『重訂南漢志』卷9 下篇 城史. 그는 유림이 광주목사로 있을 때 별장으로 있다가 유림의 뒤를 이어 광주목사가 되었다.

167) 李光春은 선조 때 역적 李夢鶴에 脅從한 죄로 함경도에 유배된 사람으로 유배시에 함흥의 利城과 북청의 城子를 監築하는 등 축성에 조예가 깊었던 사람인데, 심기원이 공문을 보내 불러들여 감축토록 하였기 때문에 약 1년간 남한산성의 수축에 중요한 역할을 했던 인물이었다(『承政院日記』책1, 仁祖 3년 6월 己丑. 7월 己未).

168) 『仁祖實錄』권34, 仁祖 15년 정월 壬寅.

169) 『仁祖實錄』권19, 仁祖 6년 7월 戊子. 12월 庚寅.

170) 『光海君日記』권169, 光海君 13년 9월 癸亥.

171) 『仁祖實錄』권1, 仁祖 원년 3월 癸卯.

172) 『光海君日記』권187, 光海君 15년 3월 壬寅.

173) 인조 즉위초에 李元翼이 三道에 大同法을 실시하자는 의견을 맨 먼저 꺼냈는데, 이서가 호조판서로 있으면서 극력 찬성하여 성사시켰다고 한다(『仁祖實錄』권47, 仁祖 24년 7월 癸亥).

였다.[174] 그 후 경기감사로 전임하였다[175]. 이괄의 난이 일어나자 인조 2년 1월 24일에 전교에 따라 이서가 경기, 황해, 강원, 충청 등 四道副元帥로 差定되어 팔도도체찰사 이원익의 절제를 받게 되었으나,[176] 다음날에는 경기감사로서 경기, 충청, 강원, 전라, 경상 五道副元帥를 겸직하게 되었다.[177] 이때 이서는 경기 각읍의 군병 3,000명을 거느리고 있었다.[178] 즉 그는 감사로서 부원수를 겸하여 적을 추적 송도에 이르렀으나, 요해처에 웅거한 채 출전하지 못하여 탄핵을 받고 파직되었다. 처음에 이서는 적을 막으라는 명을 받고 서방으로 나갔는데 青石洞과 狻猊[179]에 이르러 적의 游騎를 만나 스스로 놀라 무너져 막지 못하고, 산골짜기에 들어가 철원과 삭령 사이에서 방황하였다.[180] 이때 이서의 누이의 아들 李穆이 정탐하다가 적을 만나서 잡혔는데, 이괄이 이서가 있는 곳과 군사의 형세를 물었으나, 이목이 끝내 말하지 않고 죽었다고 한다.[181] 5월에는 비국의 건의에 따라 경기의 군사를 조련 하였다.[182] 인조 4년 3월에는 형조판사가 되었다.[183]

---

174) 『仁祖實錄』 권8, 仁祖 3년 정월 壬子.
175) 『仁祖實錄』 권4, 仁祖 2년 정월 戊午. 인조는 수도권 군사체제를 정비할 목적으로 신뢰할 수 있는 반정1등공신인 이서를 경기감사로 임명하였는데, 경기감사로서 경기도 군사에 대한 軍令權을 행사하기가 적합하지 아니하자 뒤에 총융사로 임명하였다.
176) 『備邊司謄錄』 책3, 仁祖 2년 정월 24일.
177) 『備邊司謄錄』 책3, 仁祖 2년 정월 25일.
178) 『備邊司謄錄』 책3, 仁祖 2년 2월 1일.
179) 青石洞은 좌우에 봉우리가 연이어 있고 도로가 협소하여, 산꼭대기를 점거하면 적이 감히 이 길로 통하지 못할 곳이나, 산위에 많은 군사를 주둔할 곳이 없는 것이 단점이었고, 狻猊는 도로가 평탄하고 넓으며 험한 곳이 없으나, 대군을 주둔시킬 곳이 없는 것이 흠이었다고 한다(『仁祖實錄』 권19, 仁祖 6년 10월 己亥).
180) 『仁祖實錄』 권5, 仁祖 2년 3월 癸亥.
181) 『仁祖實錄』 권5, 仁祖 2년 3월 癸亥.
182) 『仁祖實錄』 권6, 仁祖 2년 5월 己卯.
183) 『仁祖實錄』 권12, 仁祖 4년 3월 戊辰.

인조 5년 1월 17일에 후금이 침입하자 대책을 논의하면서 장만의 건의에 따라 이서를 畿甸의 扞禦大將으로 임명하고, 남한산성을 이서로 하여금 관할하도록 하고, 선혜청의 舂等米를 산성에 들여 군량미로 삼도록 하였다.[184] 이에 따라 이서는 경기의 병졸을 이끌고 남한산성에 주둔하였다.[185] 18일에는 이서가 이미 남한산성에 들어가 임진강을 지킬 군대가 없으니, 이서가 물러나 남한산성으로 들어가는 것보다는 나아가서 임진강을 수비하는 편이 낫다는 의견과 大駕가 강도로 들어가면 남한산성의 형세는 禿峴만 못한데 어찌 편리하고 가까운 독현을 버리고, 남한산성을 중요시할 필요가 있겠느냐는 의견이 있었으나, 인조는 지금의 사세는 강도와 남한산성에 전력을 해야 한다고 하였다.[186] 또 같은 날 비국의 건의에 따라 이서로 하여금 임진강을 수비하도록 하는 것보다 남한산성에 전력하여 강도를 응원하도록 하였다.[187] 19일에 이서는 李植이나 尹履之 가운데 한 사람을 副使나 贊劃使로 삼아 함께 일을 하겠다고 하자, 인조는 윤이지가 가하다고 하였다.[188] 2월 6일에는 행호군 鄭光績이 상소하여 남한산성을 지킬 수 없음을 강력하게 말하자, 비국의 回啓에 따라 남한산성의 군사와 군량을 철수하여 강도에 들어와 지키면서 江灘을 방어하도록 하였다.[189] 27일에는 金自點을 臨津守禦使로 삼으면서 임진강을 방어하는 군사가 5,000여 명 뿐이니, 이서의 수천 명 병사를 철수하여 임진강을 수비하도록 하였다.[190] 3월 28일에 이서는 상소하여 정묘호란의 위급한 난을 당하여 摠戎의 직명을 띠었으면서도 화살 하나를 쏘거나 한 명의 적을 베어 신하로서 죽는 절의를 바치

184) 『仁祖實錄』 권15, 仁祖 5년 정월 乙酉.
185) 『仁祖實錄』 권15, 仁祖 5년 정월 壬辰 · 乙未. 2월 庚子 · 辛丑 · 乙巳.
186) 『仁祖實錄』 권15, 仁祖 5년 정월 丙戌.
187) 『仁祖實錄』 권15, 仁祖 5년 정월 丙戌.
188) 『仁祖實錄』 권15, 仁祖 5년 정월 丁亥.
189) 『仁祖實錄』 권15, 仁祖 5년 2월 癸卯.
190) 『仁祖實錄』 권15, 仁祖 5년 2월 甲子.

지도 못하였으니, 畿輔摠戎, 備局堂上, 扈衛大將의 직을 파직하여 달라고 청하자, 인조는 경이 지키던 곳은 적진과 멀리 떨어져 있어 적을 토벌할 수 없었으니 사직하지 말라고 하였다.[191)]

후일 인조 9년 9월에 연평부원군 이귀는 「신은 남한산성에 가 보고서야 이서의 사람됨을 비로소 알았습니다. 견고한 성첩과 웅장한 관사와 양식의 저축 등을 어떻게 다 꾸려나갔는지 모르는 사이에 탄복하였습니다.」라고 하였다.[192)] 또 인조 15년 3월에 인조는 「이서의 공로를 어찌 잊겠는가? 나라가 이렇게 보존될 수 있었던 것은 오로지 남한산성 때문이었는데,[193)] 이서만은 미처 보지 못하고 죽었으니 나는 그것을 매우 슬퍼한다. 남한산성에서 내려올 때 한번 찾아가 통곡을 하려고 하였는데, 경황이 없어서 실행하지 못하였으니 심히 한스럽다.」라고 하였다.[194)]

(2) 覺性

각성(1575~1660)은 충청도 보은 사람으로 김해 김씨이고, 자는 澄圓, 호는 碧巖이다. 9세 때에 아버지가 죽자 출가를 결심하고 10세에 출가하여 雪默의 제자가 되고, 14세에 寶晶에게 구족계를 받은 후 불경을 공부하였다. 그 뒤 浮休의 제자가 되어 스승을 따라 속리산, 덕유산, 가야산, 금강산 등의 명산에서 정진했다. 임진왜란 때에는 부휴를 따라 해전에 참여하였으며, 그 뒤 스승과 함께 지리산으로 옮겨 太能, 應祥 등과 함께 수행하고, 선조 33년에 지리산 七佛庵에서 스승의 뜻에 따라 講席을 열어 후학들을 지도하였다.

---

191) 『仁祖實錄』 권15, 仁祖 5년 3월 乙未.

192) 『仁祖實錄』 권25, 仁祖 9년 9월 己丑.

193) 숙종도 인조 丙寅年(4년, 1626)에 남한산성을 쌓고 병자년 난리에는 처음으로 강도로 들어가려고 하였다가 마침내 남한산성으로 들어갔는데, 그 때에 만약 남한산성이 없었다면 나라의 일이 어느 지경에 이르렀을지 알지 못하겠으며, 생각이 이에 이르니 마음이 떨림을 깨닫지 못하겠다고 하였다(『肅宗實錄』 권38, 肅宗 29년 3월 庚申).

194) 『仁祖實錄』 권34, 仁祖 15년 3월 辛丑.

광해군은 봉은사에 머물게 하고 判禪敎都摠攝이라는 직함을 내렸는데, 각성은 그곳에서 사대부와 교유를 갖고, 특히 동양위 申翊聖과 가까이 지냈다. 광해군 7년에는 다시 지리산 칠불암으로 옮기고, 다음해에는 新興寺로 옮겼다. 또 광해군 9년에는 광해군이 淸溪寺에서 큰 재를 열었을 때 설법을 하였다.

인조 10년에는 화엄사를 중수하고, 14년에 병자호란이 일어나 왕이 남한산성으로 몽진하자, 지리산에서 각 사찰에 격문을 보내고 승군 수천 명을 모아 降魔軍이라 하고, 호남의 관군과 함께 남한산성으로 향하였으나, 도중에 전쟁이 끝나 승군을 해산하고 지리산으로 들어갔다.

인조 17년에는 순검사 朴潢의 건의에 따라 무주현의 赤裳山城을 수리한 다음 각성에게 도총섭의 칭호를 주어 항상 성내에 거주하면서 일이 없을 때는 수호하고 유사시에는 協守하게 하였다.[195] 또 동왕 18년에도 전라감사 元斗杓의 건의에 따라 적상산성은 산세가 높고 가팔라서 사람들이 살기에 불편하여 승도들을 모집하여 들여보내지 않으면 지킬 수 없으므로, 각성을 도총섭이라고 칭하여 印信을 지급하여 주고, 그로 하여금 문도들을 거느리고 성안에서 살게 하였다.[196]

인조 19년에 해인사에서 머물 때 조정에서 각성을 일본에 파견하고자 하였으나, 서울로 향하던 중에 老病이 심하자 山寺로 돌아갈 것을 청하여 백운산 上仙庵에 머물고, 다음해에는 보개산에 들어가 법석을 베풀었다. 이 때 왕자였던 효종이 手札과 餉物을 내리고, 그에게서 華嚴宗旨를 배웠으며 즉위 후에는 총섭의 인신을 내렸다. 그 뒤 속리산 법주사에 은거하고, 다시 화엄사로 가서 그곳에서 86세로 입적하였다.[197] 저서로는 『禪源集圖中決疑』, 『看話決疑』, 『釋門喪儀

---

195) 『仁祖實錄』 권39, 仁祖 17년 10월 辛卯.

196) 『仁祖實錄』 권40, 仁祖 18년 5월 辛丑.

197) 華嚴寺碧巖大禪師碑. 李能和, 『朝鮮佛敎通史』 下 董功南漢性師效勞(永信아

抄』가 있다.

3. 재용

1) 措備[198]

(1) 곡물

광주의 田結에서 징수한 田稅, 三手糧, 毛兵糧 및 선혜청에 납부할 대동미를 糧餉으로 삼았다. 또 廣州에서 선혜청에 납부할 春等米, 광주에서 서쪽 지방으로 운송할 每結 1두 5승씩 걷고 있는 米穀, 여주, 이천, 양근, 지평, 광주 등의 水上田稅三別米를 활용하였다.

한편 이서는 하삼도의 船稅, 鹽盆, 漁箭으로 남한산성의 수축에 필요한 辦糧의 자금으로 삼고자 하였다. 하삼도의 생선과 소금을 덜어내어 감사로 하여금 곡식을 사들이고, 통제사도 생선과 소금을 마련하여 곡식을 사들이는 용도로 삼았으나 어려움이 많았다. 또 태안의 魚鹽으로 남한산성 償役에 활용하였다. 일찍부터 소금은 축성에 있어 기본이 되는 재원이었고, 소금을 곡식으로 바꾸어 군량미를 보충하였다.[199] 본 남한산성의 역사에서도 하삼도와 통제영의 소금을 생선과 함께 활용하였다. 이밖에 大同廳의 木布을 대출하여 青魚를 사고 다시 이것으로 목포를 사들였다가 작황이 좋을 때 이것으로 곡물을 사들이는 등의 貿販도 하였다. 재용은 유명한 호조판서 金藎國이 주관을 하였을 것으로 추정이 된다.

(2) 布木

인조 4년 2월에는 공장과 장사들에게 줄 당초에 준비한 料布가 바닥이 났다고 한다.

카데미 韓國學硏究所), 1977, 819~822쪽.

198) 『華城城役儀軌』 財用 措備條에서는 穀物, 石子, 材木, 鐵物, 炭, 瓦子, 甓甎, 石灰, 丹雘, 紙地, 雜物 등으로 분류하였다.

199) 『宣祖實錄』 권88, 宣祖 30년 5월 戊戌.

(3) 재목

行宮, 客館, 寺刹, 公廨, 樓閣, 倉厫, 樓亭, 軍鋪(城廓) 등에 소요되는 많은 재목들을 어떻게 충당했는지는 알 수가 없다. 심지어 남한산성 부근 사대부들의 선산에서도 수목을 벌채할 정도였다는 것으로 보면, 목재의 구입에 많은 어려움이 있었던 것으로 보인다. 성내의 家舍를 지을 목재도 부근 마을에서 베었다고 한다.

(4) 瓦子 · 甓塼 · 石灰

기와, 벽돌, 석회의 수요량은 상당히 많았을 것으로 보이는데, 승군이 끊겨 오래도록 燔灰, 燔甓이 정지된 일도 있었다고 한다.

2) 朔下

별장, 군관이하 員役 및 공장들에게는 料米와 料布가 지급되었다.

4. 호궤와 상전

1) 호궤

인조 3년 6월에는 승군 1,500명과 관군 2,000여 명에게 술을 빚져 호궤하였다.[200]

2) 상전

남한산성을 수축한 공로로 이서에게 상전이 베풀어졌는데, 인조 3년 11월 10일에 인조는 이서를 興政堂에서 인견하고 술과 貂皮 한 장을 하사하였고,[201] 동왕 9년 7월에는 이서가 앞서 양식과 기계도 전혀 없는 상태에서 승려들을 사역시켜 남한산성을 수축하면서 백성을 모아 屯田[202]을 실시하여 수만 석이나 곡식을 수확하였고, 기계

200) 『承政院日記』 책1, 仁祖 3년 6월 乙未.
201) 『仁祖實錄』 권10, 仁祖 3년 11월 乙卯.
202) 屯田에는 城東屯, 栗木屯, 聲串屯, 五浦屯, 松坡屯, 砥平屯 등 각 읍에 산재해 있는 것이 모두 27개소였다(『重訂南漢志』 卷5 中篇 屯田).

를 많이 마련한 공으로 노비 5구와 鞍具馬 1필을 내렸다.[203] 또 각성에게는 報恩闡敎圓照國一都大禪師라는 직함과 의발을 하사하여 그 공을 치하하고, 應祥에게는 妙湛國一都大禪師라는 존호를 내렸다.

인조 3년 7월에 인조는 詔使가 왔을 때 쓰고 남은 부채와 모자 등 물품을 공장들에게 상으로 주었다. 동왕 4년 7월 23일에 인조는 비망기를 내려 남한산성의 工役을 담당한 신하들이 힘을 다해 애써 주고, 승군들이 고생스럽게 服役한 것에 대한 노고를 치하하고, 董率員役들에게는 該曹로 하여금 각별히 논상하여 優異의 은전을 보이도록 하라고 명하였다.[204] 이에 따라 역사를 감독한 員役들에게 논상의 은전을 베풀었다. 9월 9일에는 간원이 남한산성의 역사가 이미 완료되었는데, 비록 공사 진행의 노고가 있었다고 하지만 이는 직분상 당연히 해야 할 일인데, 한 품계를 加資 하는 것은 너무 지나치다고 하고, 李一元은 超資까지 하였으므로 물정이 매우 해괴하게 여기고 있으니, 내리신 명을 거두어 달라고 하자, 인조는 이일원은 공로가 가장 많으니 초자하지 않을 수 없다고 하였다.[205] 즉 역사가 끝나자 역사에 참여한 관원들에게 가자하라는 조치가 내려졌던 것이다. 또 9월 13일에는 남한산성의 賞格으로 병조판서 장만과 청원군 심기원에게 熟馬 1필씩을 賜給하였다.[206]

맺 음 말

남한산성은 선조 30년 봄에 동문, 남문, 수구문을 수축하고, 성벽까지도 수축하려고 하였으나 실시하지 못하였다. 또 선조 36년 2월

---

203) 『仁祖實錄』 권25, 仁祖 9년 7월 甲戌.
204) 『承政院日記』 책1, 仁祖 4년 7월 23일.
205) 『仁祖實錄』 권14, 仁祖 4년 9월 戊寅.
206) 『承政院日記』 책1, 仁祖 4년 9월 壬午.

에는 비변사당상 李箕賓으로 하여금 화원을 대동하여 간심하게 하고 圖形을 그려오게까지 하였으나, 규모가 방대하여 실시하지 못하고 말았다. 광해군 13년에는 남한산성의 일부가 수축되었다.

인조대에 들어 인조 1년 윤10월에 이귀가 남한산성을 수축하여 급박할 때 保守할 수 있는 기지로 삼아야 한다는 주장이 있고부터 남한산성에 대한 수축 논의가 전개되었으며, 이괄의 난을 계기로 인조 2년 3월에 들어 남한산성에 대한 수축 논의가 본격화되었다. 그러나 백성을 괴롭혀가며 동원시킬 수는 없으니 먼저 功程을 헤아린 뒤에 수축을 하여야 한다거나, 이괄의 난을 막 겪었으므로 인심과 물력이 성을 쌓기에 어려우니, 천천히 인심이 안정되고 농사가 풍년이 들기를 기다려서 수축을 해야 한다거나, 지금 당장 쌓을 수는 없더라도 날마다 점차적으로 수축을 하게 하자거나, 남한산성을 수축하기 보다는 우선 도성을 수축해야 한다는 등 많은 주장들이 제기되었다. 이에 대해 남한산성을 직접 간심하고 돌아온 이서는 3,000석의 쌀로 일꾼을 사고, 벌을 주어야 할 포수들을 아울러 쓰면 백성에게 폐해를 주지 않고 수축을 끝낼 수 있을 것이라는 강한 의지를 보였다.

결국 남한산성에 대한 수축역사는 후금의 위협이 고조되고, 이괄의 난을 겪고 난 인조 2년 7월에 시작하여, 동왕 4년 7월까지 만 2년 만에 완공하였다. 역사는 체찰부의 도체찰사 장만이 총리하고, 체찰부 부사인 심기원, 이시발, 이서가 이어서 구관하였다. 이들 句管堂上은 심기원과 이서는 인조반정에 1등공신이고, 이시발은 2등공신으로 반란 등을 고려하여 공신으로 임명한 점이 주목된다. 현장에서 공역을 감동한 사람은 도총섭, 광주목사, 별장들인데, 수축의 공은 대부분 구관당상이었던 이서에게 돌아가 과장되게 표현되었다.

역군은 승군이 주축이 되고, 관군과 募軍이 일부 참여 하였다. 이처럼 일부 모군화가 실시된 것으로 보아 雇立化가 정착되어가는 과도기라고 볼 수가 있다. 수축공사는 1단계인 인조 2년의 추절역사에서는 행궁, 객사, 사찰 등의 건립 및 浮石과 같은 기초공사가 주축이 되고, 2단계인 인조 3년의 춘절역사와 추절역사에서는 체성, 성문(암문 포함), 여장 등 성벽에 대한 역사가 이루어졌으며, 3단계인 인조 4년의 춘절역사에서는 여장의 未畢處와 家舍의 건립 등 나머지 역사가 이루어진 것으로 보인다.

한편 당시 사람들은 남한산성은 바다에 떠 있는 섬과 같아서 고립무원한 것을 단점으로 지적하곤 하였다. 병자호란 때의 수성전을 경험했던 사람들에게는 이러한 점이 더욱 각인되었을 것이다. 그러나 남한산성은 고대의 산성이고, 고대의 전투는 수성 위주의 소극적인 전투가 아니고, 적의 허점이 들어나면 성 밖으로 나가서 역습을 가하는 적극적인 전술을 구사하는 것이 특징인데, 이는 고려시대의 궁벽한 피란 위주의 산성 형태와는 다른 점이다. 이러한 점이 남한산성의 입지조건에도 반영되었다고 볼 수가 있다.

제3장 북한산성의 축성

머리말

북한산성(사적 162호)은 경기도 고양시 덕양구 북한동 일대와 서울 은평구, 종로구, 성북구, 도봉구 등 경기도와 서울시 경계에 위치한 포곡식산성이다. 북한산성은 둘레가 9.7km인데, 성벽이 쌓여진 길이는 8.4km이다.[1] 이 성은 숙종 37년 4월 3일부터 공사가 시작되어, 그해 10월 19일에 완공된 성으로 공사는 훈련도감, 금위영, 어영청이 맡아 구간을 나누어 진행하였다. 그러나 이 성은 성이 축성된 후 한번도 적을 방어하는데 사용한 적이 없는 것으로 유명하다.

이에 앞서 숙종 30년 3월부터는 도성수축공사가 시작되어, 동왕 36년에는 여장공사가 계속되고 있는 중이었다. 이렇게 도성수축공사가 진행되고 있던 중 갑자기 그해 8월에 해적이 청의 金州衛를 침입하여 약탈을 자행하는 사건이 발생하자, 청에서는 이에 대한 소식을 우리에게 통보하게 되었는데, 이에 따라 도성의 수축이 중단되고, 북한산성이 새로 축성되는 상황을 살펴보고자 하는 것이다.

Ⅰ. 축성논의의 원인

숙종 36년 9월에는 청나라 예부에서 皇旨로서 移咨하여 盛京將軍

---

1) 서울大學校博物館, 『北漢山城 地表調査 報告書』, 1991, 235쪽.

宋柱가 장차 해적을 擒勦할 것을 奏聞하였는데, 이들 해적은 지방의 관병에게 살해되고 나머지 적들은 모두 배를 타고 패주하였다고 하고, 조선에서는 이를 알지 못하고 또한 정한 곳이 없어 혹시라도 저곳에 가서 약탈하면, 조선에서는 情由를 알지 못하고 청국의 사람으로 잘못 생각하여 손을 쓰지 아니 한 채 적에게 해를 입을까 두려우니, 가까운 연해의 지방에 효유하여 방어에 유의해 달라고 하였다. 이와 같은 자문을 받은 조선에서는 왕이 대신과 備局諸臣을 인견하여 협의를 갖게 되었고, 숙종은 적의 형세를 비록 알 수는 없으나 만약 대단하지 않다면 어찌 이자하여 委報하는데 이르렀겠는가. 우리나라는 武略에 굳세지 못하고 海防이 허술하니, 마땅히 別樣의 조치하는 방도가 있어야 할 것이라고 하였다. 이에 황해도, 평안도, 충청도에 먼저 巡撫使를 파견하여 관방을 巡審하게 하고, 軍器와 舟楫을 점검하도록 하였다.[2] 또 閔鎭厚와 李基夏를 海防句管堂上으로 삼아 체제를 강화하였다. 이때 묘당의 의논이 도성은 넓고 커서 지키기 어려워 국가에 사변이 있으면 의귀한 곳이 없다고 하였는데, 판부사 李頤命은 洪福山城의 축조를 건의하면서 다시 축성론이' 활기를 띠게 되고, 후보지로는 홍복산과 북한산이 거론되게 되었다.[3]

한편 이 소식으로 都體察使府를 설치하자는 주장이 대두되기도 하였는데, 동부승지 金一鏡은 상소하여 특별히 體府를 설치하여 본래 識慮와 재주가 있는 耆老大臣을 가려서 체찰의 직임을 위임하고, 文宰와 武將 가운데에서 都師와 副師를 삼고, 한사람은 西邊에 한사람은 南邊에 반드시 차례로 순무하도록 하자고 주장하였다.[4] 김일경

---

2) 『肅宗實錄』 권49, 肅宗 36년 9월 己未, 해상방위를 위한 순무사 파견은 논란이 있었으나 숙종의 단안으로 파견되었으며, 문관이나 무신 가운데 적합한 사람을 가려서 보내도록 하였다. 호서에도 순무사를 보내고 특히 통제사가 없는 해서의 관방을 염려하여 특별히 신칙하게 하고,. 喬桐도 해서와 가장 가까운 곳으로 경기 연해에도 다 같이 신칙토록 하였다(『備邊司謄錄』 책60, 肅宗 36년 10월 1일).

3) 『肅宗實錄』 권49, 肅宗 36년 9월 己未.

의 건의는 여러 신하들이 모두 불가하다고 하므로, 숙종은 설치하지 말도록 명하였다.[5] 또 좌참찬 尹世紀가 각도에 신칙해서 軍器를 다스리게 하기를 청하자, 숙종은 조총이 단지 6천여 자루이고, 화약이 1만여 斤으로 수효가 매우 적으니, 이후 甲冑 대신에 3, 4년을 한정해서 조총을 만들게 하여 1만 자루가 된 후에야 도로 갑주를 만들도록 하고, 각 군문에 분부하여 적병을 막기 위한 수레를 더 만들어 두도록 하였다.[6]

한편 요동 심양사이에서 剽掠하던 적의 소식은 민간에서도 그 사정이 어떠한지를 모르고 지나치게 놀라고 두려워하여 소요스러움이 날로 심하게 되고, 외방에 있어서는 전해지는 풍문이 부풀려져 소요스러움이 서울에 비하여 곱이나 더하여 마을에 안도하는 자가 거의 없고, 사변이 눈앞에 박두한 것처럼 생각하여, 생업을 돌볼 생각이 없이 비축하여 둔 것을 기울여 술 마시고 노는 것으로 일을 삼으니, 닭과 개가 남아 있는 것이 없었다고 하였다.[7] 이는 승평이 오래 지속되고 불의에 대비함이 해이하여 믿을 만한 조치가 없는데서 연유한 것이기도 하고, 성을 지키는 방책을 익히기도 전에 서울을 버리려는 논의가 있었던 데에도 연유하였다고 한다.[8] 한편 이후 軍國의 계책에 대한 상소가 관서에 잇따르게 되었고,[9] 숙종은 방략을 널리 하문하는 전교를 내리기도 하였다.[10] 또 숙종은 北報의 형체도 없는 寇賊 때문에 갑자기 도성을 버리고 새로운 성을 쌓자는 것이 아니고, 警急이 있으면 결단코 도성을 지키기 어렵다는 것을 알기 때문

---

4) 『肅宗實錄』 권49, 肅宗 36년 10월 乙丑.
5) 『肅宗實錄』 권49, 肅宗 36년 10월 辛未.
6) 『肅宗實錄』 권49, 肅宗 36년 10월 辛未.
7) 『備邊司謄錄』 책60, 肅宗 36년 10월 19일.
8) 『備邊司謄錄』 책60, 肅宗 36년 10월 19일.
9) 『肅宗實錄』 권49, 肅宗 36년 11월 丁巳. 이때 조정에서는 해구가 정박하지 못하도록 하는 것을 長策으로 삼고, 만약 해안에 오르면 마병과 보병을 써서 막도록 하였다(『肅宗實錄』 권49, 肅宗 36년 11월 癸丑).
10) 『備邊司謄錄』 책61, 肅宗 37년 2월 15일.

이라고 하였으나,[11] 北咨의 소식은 우리나라에 큰 충격을 주게 된 것이다.

한편으로 우리나라 조정에서는 해구의 정체를 파악하기 위해서 노력을 하였다. 즉 9월 28일에는 대신과 비국당상을 인견하는 자리에 청나라의 이자에 사은의 뜻으로 사은사의 파견에 앞서 무신과 역관을 齎咨官에 딸려 보내어 자문의 뜻을 알아 오도록 하였다. 또 같은 날 평안도관찰사 權湝의 장계에는 역관들에게 해적의 상황을 청인들에게 묻게 하였더니 해적의 소굴은 확실치 않으며, 6, 7백 명을 용납할만한 큰 배를 타고 가끔 금주위 해변을 搶掠한다고 하며, 그들은 바다 가운데 각 섬에 멈추어 정박할 것이니 아직 시급한 걱정은 없을 것이라고 하고, 의주에 있을 때 해적 張萬鍾이 三山 · 嚴磯 사이에서 출몰한다는 말을 들었는데, 금주위의 환난이 이들 여당인지의 여부는 알 수 없다고 하였다.[12] 또 10월 7일 평안감사 권성과 의주부윤 沈壽賢 등의 장계에는 훈도 金澤과 장교 金泰俊 등이 鳳城에 도착하여 여러 방면으로 정탐하여 사리를 잘 아는 博에게 은밀하게 간청하여 얻은 정보는 이 적은 4년 전에 복건지방에서 일어나, 연해의 여러 鎭에 출몰하여 살해하고 약탈을 일삼으며 자녀와 玉帛을 많이 약탈하였으며, 지난 8월 20일 경에 金州에서 瞭望하던 군인이 本州에 고하여 심양에 轉報하였더니, 瀋陽將軍이 發兵하여 金州守將과 함께 요해처에 伏兵시켜다가 1백여 명을 掩殺하고, 3명을 생포하여 심양으로 보냈는데, 2인은 병사하고 1인은 북경으로 압송되었다. 나머지 적들은 배를 타고 동쪽으로 달아났다. 배의 모양이 매우 크며 한 배의 사람이 7, 8백 명은 밑돌지 않는데, 사람들은 모두 머리를 깎고 혹 흑색 옷을 입었거나 아롱진 무명옷을 입었는데, 옷

11) 『肅宗實錄』 권49, 肅宗 36년 10월 丁丑.
12) 『備邊司謄錄』 책60, 肅宗 36년 9월 30일. 또 10월 5일에는 移咨에 대한 報謝로 역관 崔奎와 도총부도사 韓範錫을 자문을 가지고 청나라에 가게 하였다 (『肅宗實錄』 권49, 肅宗 36년 10월 丙寅).

소매가 청인들의 의복보다 자못 넓으며, 쓰고 있는 모자위에 대략 검은 실을 더하여 앞뒤로 늘어뜨리고 있었다한다. 이들 해적들이 배를 탈 때에는 矢石, 鳥銃 등의 기계를 많이 적재하였으므로 방어하기가 어렵다고 하였다.[13] 또 10월 21에는 해구의 형지를 자세히 보여 달라는 뜻의 자문을 청나라에 정식으로 요구하기도 하였다.[14] 11월 30일에는 사은사신 등이 책문에 이르러 장계한 내용에는 鳳凰城將에서 자문을 보내 온 후의 해적의 聲息을 물으니, 성장이 답하기를 해적이 금주위의 지경에 침범하여 약탈하므로 심양장군이 관병을 거느리고 적을 무찔러 잡았는데, 혹 죽거나 혹은 익사하거나 하였으며, 사로잡힌 3인 가운데 2인은 병사하고 1인은 북경에 압송하였다고 하였다. 심양에서 온 雇車軍의 말로는 9월 사이에 해적의 여당이 登州 지경에 출몰하여 지방 관병에게 잡힌 자가 5, 60명에 이르렀다고 하였다.[15] 또 동왕 37년 3월 5일에도 동지겸사은사 鄭載崙 등이 通州에서 장계하기를 청의 예부시랑 胡恩에게 해구의 情形을 물었더니 아직 염려할 만한 것이 없으니, 조선은 오직 해변만 방수하는 것이 마땅하며, 해구가 복건과 산동 사이에서 출몰하니, 조선의 서쪽 바닷가가 중요하며 동남쪽은 긴요하지 않을 것이라고 하였다.[16] 4월 4일에 사은사 정재륜의 해구 일의 箚錄에는 田維樞의 정보라 하여 이 해구가 홀연히 나타났다가 홀연히 없어지고 아침에 남쪽에서 저녁에는 북쪽에서 침몰하고 있는데, 조선에 이자와 같은 그들이 대국을 침범하였다가 이루지 못하므로, 소국을 침략하지 않을까 두려워함인데, 저들은 가마귀떼가 모인 하찮은 무리에 지나지 않으니, 어찌

---

13) 『肅宗實錄』 권49, 肅宗 36년 10월 戊辰.

14) 『肅宗實錄』 권49, 肅宗 36년 10월 壬午.

15) 『肅宗實錄』 권49, 肅宗 36년 11월 庚申.

16) 『肅宗實錄』 권50, 肅宗 37년 7월 甲午. 행장예원판결사 尹德駿은 해적은 복건성 지방의 逋亡者와 亂暴者들이 섬에 출몰하여 틈을 타서 노략질하는 자들로, 명나라 말엽부터 사건이 끊이지 않았다고 하였다(『備邊司謄錄』 책61, 肅宗 37년 2월 15일).

깊이 근심할 만 하겠느냐고 하였다 한다.[17]

하여튼 해구출현에 대한 자문은 도성수축만으로는 불안하다는 인식을 갖게 되었고, 아울러 유사시 국왕의 입보를 위한 축성론을 거론하는 동기가 되었던 모양이다.[18]

Ⅱ. 축성논의의 전개

숙종 36년 9월 28일에 대신과 비국 당상관들을 인견할 때 판부사 李頤命이 말하기를 국가에 만약 사변이 일어나면 의귀할 곳이 없는데, 근일의 묘당의 논의는 모두 도성은 넓고 커서 지키기 어렵다고 하고, 해구가 있으면 남한산성으로 들어가고, 陸賊(北憂)이면 강도로 들어가는 것으로 겨우 결정하였으나, 강도는 해구의 걱정이 있으면 갈 수 없고, 남한산성은 주위가 크고 竅峰이 있으며, 外山의 連脈이 없는 것이 흠이다. 洪福山은 둘레가 남한산성보다 좁으나 삼각의 여러 산이 뒤에 첩첩이 둘러있고, 4면이 모두 산이며 한 면은 조그마한 들이 있으니, 적병이 포위 하더라도 실로 그러할 수 없다. 축조할 곳도 적고 남문과 북문은 자연으로 이루어졌고, 시내가 가운데를 휘둘렀으며 중앙에 將臺를 둘만한다. 동쪽과 서쪽의 大道가 평편한데 北靑門의 길은 비록 험하나 인적이 통할 수 있으며, 밖에 하나의 큰 들판이 있어서 백성들이 드나들며 경작할 수도 있고, 건널만한 나루가 없어서 편하고 좋으니, 먼저 맡길만한 사람을 가려서 楊州 한 고을의 여러 해의 조세와 身布를 획급하고, 편리한대로 經理하게 하면 홍복성을 쌓는 일이 성취되는 것이 어렵지 않을 것이라 하고, 李濡가 일찍이 양주목사로 있을 때 조정에 아뢰어 이 성을 쌓으려 하였

17) 『肅宗實錄』 권50, 肅宗 37년 4월 壬戌.
18) 『肅宗實錄』 권49, 肅宗 36년 9월 己未.

으나 논의가 일치하지 못하여 중지하고, 故相臣 金錫胄와 여양부원군 閔維重도 모두 쌓아야 한다고 하였고, 지금의 대신들도 대부분 좋다고 한다 하였다. 이러한 이이명의 주장에 대해 여러 신하들이 이의가 없었고 이유와 김창집은 더욱 힘써 이를 도왔다. 즉 판부사 이유는 홍복산은 규봉이 없고 산세가 험준하여 적이 발을 붙일 곳이 없으며, 샘물도 많고 북문은 땅은 평평하나 골이 깊어 겨우 수레하나 통과할 수 있고, 밖에 큰 들이 있어 사람들이 출입하며 농사를 짓기에 매우 편하다고 하고, 우의정 김창집은 여러 산이 에워싸고 있어 적이 포위하기 어렵고 외부와의 연락은 山谷으로 통한 곳이 많고, 나루도 없으며 경성과의 거리도 40리로 가깝다고 하였다. 또 판부사 서종태는 산세는 멀리 뻗쳐있고 북한산과 한 가닥 통로가 있어 비록 적을 맞이한다 하더라도 수만 군병으로는 광범위하게 포위할 수 없으며, 강을 건너야할 일이 없어 편리하다고 하였다. 그러나 근처에 돌이 없는 것이 흠이니, 주필할 곳을 흙으로 쌓아 성을 만들면 견고하다고 믿기는 어렵다고 하였다. 또 병조판서 민진후는 保障을 많이 설치하면 국력을 유지하기 어려우니, 홍복산성을 쌓는다면 강도와 남한 가운데 한곳을 버려야 하며, 지금 굳이 쌓으려 한다면 도성의 역사를 중지하고, 이 성에 전념하여야 하고 군기와 군량을 모두 도성에 옮겨두어 남한산성과 강도로 하여금 힘이 나누어지지 않도록 하는 것이 좋겠다고 하였다. 숙종은 강도가 비록 험하나 해구를 피할 수 없고, 남한산성은 천연의 험저이나 포위되면 외따로 뚝 떨어졌고, 강나루가 있어 급할 때 건너기 어려우며, 도성은 넓고 커서 지키기 어려운데 해마다 무너진 곳에 따라 보수하고 있으니 역사를 마칠 기약이 없다. 그러므로 중지할 수밖에 없으니 이는 흔들려 고쳐서 그런 것이 아니다. 홍복은 나무가 없는데다가 형편이 좋다고 하니, 세 大將이 가서 살펴보고 의논해 처리하는 것이 좋겠다고 하였다.[19]

10월 2일에는 장령 柳逑이 상소하기를 북한산성과 홍복산성을 쌓

아 의귀할 곳으로 삼도록 청하였다.[20]

동월 3일에는 사직 李光迪이 상소하여 도성을 굳게 지키는 계책을 극론하였는데, 그는 摠營을 북한산 아래 조금 지세가 넓은 곳에 옮겨 설치하고, 摠戎大將으로 하여금 北城을 전임하여 견고하게 지키게 하고, 양주의 읍치를 홍복산으로 옮겨 설치하여 먼저 산성을 쌓고 峽路를 통해 接應 하게하면, 안팎으로 서로 의뢰하는 형세가 있을 것이다. 南城은 높고 험준함이 비록 북성의 험저함만 못하다고 하나, 따로 돈대를 설치하여 火攻 器具를 많이 설치하여 놓고, 또 남산이 남한과 더불어 강 사이에 두고 서로 대치하여 聲勢가 서로 의지하게 될 것이니, 마땅히 수어대장으로 하여금 남성을 전임하여 굳게 지키도록 하고, 부윤으로 하여금 강에 머물러 있으면서 서로 倚毗하게 하면, 이것이 남성을 수어하는 장책이 될 것이다. 동쪽과 서쪽 두 방향은 지세가 낮고 평편하여 가장 허술하니 높은 담을 견고하게 쌓고, 성위에 포루를 설치하되 포루 안에 화약을 많이 비축하여 두어야 한다. 이러한 역사에 드는 물력은 오로지 군문에만 책임지게 하기 어려우니, 만약 강도에서 축성할 재력을 옮겨 수축하는 비용을 삼는다면, 일을 쉽사리 추진하여 역사도 쉽게 완성할 수 있을 것이라 하였다.[21]

동월 4일에는 3대장이 홍복성을 살피러 나갈 때에 密符를 그대로 차고 왕래할 것을 탐전에서 결정하였다.[22] 또 3대장이 모두 도성을 떠나면 미안한 일이라 하여 윤번으로 홍복산을 살펴보게 하였고, 민진후는 홍복산에 성를 쌓는다면, 역시 북한산성도 보수하여 掎角之勢로 만들어야 한다고 하였다.[23]

19) 『肅宗實錄』 권49, 肅宗 36년 9월 己未. 『備邊司謄錄』 책60, 肅宗 36년 10월 1일.
20) 『肅宗實錄』 권49, 肅宗 36년 10월 癸亥.
21) 『肅宗實錄』 권49, 肅宗 36년 10월 甲子.
22) 『備邊司謄錄』 책60, 肅宗 36년 10월 4일.
23) 『備邊司謄錄』 책60, 肅宗 36년 10월 6일.

동월 11일에는 무인 辛錫百이 상소하여 도성을 增修해서 緩急할 때 굳게 지키는 계책을 삼고, 이어 북한산성을 쌓아 안팎으로 서로 응하는 형세를 삼도록 청하였다.[24]

동월 13일에는 훈련대장 李基夏가 명을 받들어 홍복산과 북한산의 성지를 가서 보고 돌아와 아뢰기를 홍복산의 지세는 안으로 絶險의 현세가 있고, 밖으로 둘러싸인 형세가 없으므로 성을 쌓는 데는 적합하나, 단지 4면의 5리 안이 모두 土山이어서 돌을 캘 곳이 아주 머니 돌을 10리 밖에서 가져다 쌓아야 하므로, 일의 功役이 매우 어려울 것이다. 또 4산에 나무가 없어서 땔나무를 할 길이 없으니 군병들의 취사도 또한 의지할 바가 없다. 북한산은 仁壽峰, 白雲臺, 萬景臺 등의 여러 봉우리가 깎아지른 듯이 우뚝 솟아있으니, 진실로 이른바 한 사람이 관문을 지키면 만 사람이 열지 못하는 지형이다. 그리고 이미 돌로 쌓은 舊址가 있고, 산 아래에는 석재가 많으며 산골짝이 곳곳에 물이 있는데다 수목 또한 크게 자란 곳이 많다. 도성과 멀지 않은 곳에 이러한 天險이 있는 곳을 지금까지 버려둔 것이 애석하다고 하였다.[25]

동월 14일에는 부제학 趙泰老가 상소하여 도성을 지키는 데에 이로움과 도성을 버리는 데에 해로움을 지적하였다. 그는 都下의 백성들은 萬口一談으로 모두 守城하기를 원하고 도성을 버리는 것을 원하지 않는다는 점, 도성을 지키면 종묘사직이 震驚하는 근심이 없으나 도성을 버리면 종묘사직이 몽진하는 욕됨이 있다는 점, 도성을 지키면 모든 백성의 아들이 와서 아비의 일을 따르듯이 하겠지만, 도성을 버리면 한번 문을 나가면 백성들이 어륙이 될 것이라는 점, 도성을 지키면 粮餉을 잇댈 수 있고 器械를 풍족하게 사용할 수 있겠지만, 도성을 버리면 우리가 의뢰할 바가 없고, 마침내 寇賊에게 빌려 주는 데로 돌아갈 것이라는 점, 도성을 지키면 上下 거의 10만

---

24) 『肅宗實錄』 권49, 肅宗 36년 10월 壬申.
25) 『肅宗實錄』 권49, 肅宗 36년 10월 甲戌.

명의 男丁이 나누어 성첩을 지키게 되어 각각 사수할 뜻을 품겠지만, 도성을 버리면 백관도 반드시 모두 따르지 아니하여, 環衛하는 세력이 소홀해지게 될 것이라는 점을 지적하고, 남한산성은 비록 험저하나 한낱 외딴섬이고, 홍복산성은 비록 좋다고 하더라도 새로 쌓는 것이 쉽지 않으니, 도성을 지키는 외에 다른 방책이 없다고 하였다.[26]

또 훈련대장 이기하가 홍복과 북한의 두 성터를 살펴보고 서계하였는데, 홍복은 서울과 거리가 50십리이며, 佛谷의 앞 봉우리는 凡乙於山에서 북으로 한 가닥이 뻗어 구부러져 서쪽으로 향하였고 또 남쪽으로 구부러져 한 가닥이 동쪽으로 나갔으며, 남쪽으로 구부러져 서쪽으로 향하는 가운데에 봉우리가 솟았는데, 사방은 험저하고 또 가까이에 규봉이 없으며, 현재의 물이 잦아든 때로 본다면 실로 걱정이 된다. 그러나 골짜기 안의 주민 말로는 비록 큰 가뭄일지라도 골짜기마다 水氣가 있으므로 식수의 부족은 걱정이 없을 듯하다. 성이 매우 험한 속에 있어 적병이 포위할 형편이 되지 못하고, 우리에게는 傳令할 통로가 있어 온갖 명령을 산을 따라 행할 수 있으니, 예부터 이곳은 성을 쌓기에 적합하다고 하였다. 그런데 사방 5리 안은 돌을 뜰 곳이 없으므로 반듯이 10리 밖에서 가져와야 하며, 성의 사방은 아주 높고 험하여 한 덩어리의 돌을 옮김에 있어 10배의 힘이 들어야하니 매우 어려운 형편이다. 또 안팎의 모든 산은 민둥산이어서 땔감을 구할 길이 없으니 군병의 취사를 어디에 의지 하겠는가. 북한산은 한 사람이 지키면 만 사람이 열수 없는 지형이다. 重興寺로 들어가는 서문에는 石門의 옛터가 있으며, 성은 비록 무너졌으나 아직도 돌을 쌓은 옛터가 있었고, 성안으로 들어가니 또 성문이 있었는데 이는 절에서 겨우 수백 걸음 쯤 이었다. 성터 안 골짜기에는 곳곳에 물이 있어 비록 많은 군병이 주둔한다고 하더라도 물이

26) 『肅宗實錄』 권49, 肅宗 36년 10월 乙亥.

부족할 염려는 없을 듯하다. 깊은 곳에는 그래도 오래된 소나무가 있어 남한산성의 나무에 비할 때에 좋은 듯하다. 도성에서 멀지 않은 곳에 이런 천험이 있는데 그대로 버려두었으니 실로 애석한 일이다. 무너진 성을 사람들은 비록 보수해야 옳다고 하나 고쳐 쌓지 않으면 불가하며, 옛 성의 남은 돌 및 첩첩한 산돌은 비록 功力은 덜 수 있으나, 높은 봉우리의 절정에는 다른 곳보다 힘이 배가 들어 쉽지는 않을 것 같다 하였다.[27]

동월 15일에는 좌의정 서종태가 차자를 올려 말하기를 근래에 대신과 재신이 입대하였을 때 성상께서 도성을 지키기 어렵다고 하교하셨고, 이광적의 疏批에서 도성의 일은 거듭 의논할 바가 아니라고 하교가 있었는데, 성상께서는 지금 비록 海寇가 있다 하더라도 국가에서는 애초에 가볍게 도성을 버릴 계책이 없다는 뜻을 밝게 효유하신다면, 中外의 민심이 조금이나마 愚惑을 풀 수가 있을 것이라 하니, 숙종은 도성의 넓이가 몹시 넓고도 큰데, 국초에 이를 쌓을 때 적을 방어하기 위한 것이 아니므로 견고하게 쌓지 아니하였으니, 수축하고자 한다면 반드시 이루지 못할 것이고, 지키고자 한다면 반드시 근심이 있을 것이다. 나의 의사가 본래 이와 같은 것이었고, 갑자기 오늘날에 정한 것이 아니라고 하였다.[28] 또 행병조판서 민진후가 홍복, 북한 두 곳 성터를 살펴보고 서계하였는데, 훈련대장 이기하의 서계에 나타난 내용과 별로 덧붙일 만한 것이 없다 하였다.[29]

동월 16일에는 약방에 입진하였던 도제조 이이명은 서종태의 箚批를 도로 거두시고 이로 인하여 도성을 버리려는 뜻이 아님을 添入해서 내리는 것이 마땅할 듯하다고 하니, 숙종은 내가 北報의 형체도 없는 寇賊 때문에 갑자기 도성을 버리고자 하는 것이 아니라, 만약 警急이 있으면 결단코 지키기 어렵다는 것을 알기 때문이다. 지

27) 『備邊司謄錄』 책60, 肅宗 36년 10월 14일.
28) 『肅宗實錄』 권49, 肅宗 36년 10월 丙子.
29) 『備邊司謄錄』 책60, 肅宗 36년 10월 15일.

금 도성을 버리지 않는다는 것으로써 批答을 내리면 도성을 지키고자 하는 듯하니 진실로 방해되는 바가 있다. 성을 지키는 기구는 반드시 曲城, 墩臺, 垓子가 있은 후에 적을 방어 할 수가 있는 것인데, 지금 국초에 처음 쌓았을 때와 비교해 보면 물력을 갑절 들여도 성공하기 어렵다. 만약 해마다 수축하자고하면 바로 소나무를 심어 그늘을 찾는 것과 같다. 또 개축한 후에야 지킬 수 있을 것이니, 지금은 지킬 수가 없다고 하였다. 이때 이이명, 민진후, 南致薰 등이 잇따라 진달하여 모두 도성은 견고해서 지킬 수 있고, 남한산성은 외따로 떨러져 지키기 어려우며, 강도는 해구를 방비하기 어렵다고 말하였으나, 숙종은 옳지 않게 여겼다. 특히 민진후는 홍복산이 온통 험저함이 부족하며 안팎이 모두 토산이고, 水脈이 많지 않으며 基址를 尺量 해 보았는데 넓게 쌓아도 25리에 지나지 않아 大駕가 용접하기 어렵고, 3면이 들이어서 적이 만약 들에 진을 치면 성안에서 밖으로 통할길이 없으며 비록 엿보는 봉우리는 없으나 壓臨하는 곳이 많다고 하고, 북한산 지세가 絶險하여 사방에 평편한 땅이 없어서 사람이 들어가 살기가 어렵다. 그러나 文殊峰 아래 골짜기의 길이가 10리이고 좌우가 깎아지른 듯하여 발붙일 곳이 없었는데, 두 石峰이 구불구불 아래로 내려오다가 두 끝이 합해져서 끝나는데, 이곳에 문을 설치하고 畿民으로 하여금 골짜기 안에 들어 살게 하면 아울러 용납할 수 있을 것이다. 북한산에 성을 쌓는 계책은 드는 비용이 많다 하더라도, 행궁과 창고를 반드시 아울러 설치한 후 分司의 예에 의거하여 눈앞의 수용 외에 각 官司의 쓰고 남은 물품을 나누어 積置하면 힘을 얻을 수 있을 것이라 하였다.30)

동월 17에는 이조판서 崔錫恒이 상소하여 지금 의논하는 자들이 혹은 도성을 지킬 수 있다고 말하고, 혹은 북한산을 保守할 수 있다고 말하며, 혹은 홍복산은 성을 쌓을 만하다고 말하나, 신의 얕은 생

30) 『肅宗實錄』 권49, 肅宗 36년 10월 丁丑.

각은 이와 다름이 있다. 지금의 이른바 해구는 邊鄙를 침범하여 財貨를 搶掠하는 데에 지나지 않을 따름이지, 어찌 孤軍으로서 바다를 건너 곧 바로 도성에 이를 염려가 있겠는가. 도성을 지키는 논의로 이미 경솔하게 낸 것인데, 여러 신하들이 章奏한 批答에 문득 도성은 넓고 커서 지키기 어렵다는 뜻을 보이자 북한산, 홍복산에 성을 쌓자는 의논이 이러한 때에 갑자기 일어나, 망령되이 서로 억측하여 도성을 버린다고 이르고, 스스로 놀라고 의심하여 진정할 수가 없다. 신하를 飭勵하여 오로지 海方에만 뜻을 두되 腹心을 굳건하게 하고, 변방에 더욱 중점을 둔다면 많은 사람들의 뜻이 믿는 바가 있게 되어 저절로 안정될 것이라 하였다.[31]

동월 20일에는 의금도사 李彦緯 등이 상소하여 북한상성을 쌓을 것을 청하고, 진사 許極이 상소하여 도성을 수축할 것을 청하였는데, 숙종은 이에 대해 도성은 넓고 큰 데다 견고하지 못한 병폐가 있어서 밤낮으로 생각하고 있는데, 묘당의 여러 신하와 더불어 특별히 다른 곳을 議定하여 백성과 함께 들어가 지킬 것이라 하였다.[32] 또 어영대장 金錫衍이 홍복과 북한 두 곳의 성터를 살펴보고 서계하여 앞으로 登對가 있을 때 소견을 아뢰겠다고 하였다.[33]

동월 21일에는 비망기에 이르기를 숙종은 도성을 지키기 어려우니 별달리 다른 곳을 논의해야 한다는 뜻으로 진사 許極의 상소에 대한 비답에 諭示하였다. 지금 가서 살펴 본 두 곳 가운데 大計를 결정해야 한다. 그러나 이것은 제2의 일이다. 관방의 중요한 곳 등을 마음 다해 조치하여 警急이 있을 경우 협력하여 적을 막되, 적에게 君父를 버리지 않는 것이 제1의 급무이니, 묘당으로 하여금 마음 써 봉행하게 하라고 하였다.[34] 26일에는 판부사 이유가 차자를 올려 말

---

31) 『肅宗實錄』 권49, 肅宗 36년 10월 戊寅.
32) 『肅宗實錄』 권49, 肅宗 36년 10월 辛巳.
33) 『備邊司謄錄』 책60, 肅宗 36년 10월 17일.
34) 『備邊司謄錄』 책60, 肅宗 36년 10월 21일.

하기를 옛날 효종이 도성이 완고하지 못하여 변란이 있으면 반드시 먼저 무너질 것을 깊이 염려하여, 일찍이 북산산성을 수축하여 험저에 의거하여 근본을 굳게 하고, 나라를 보전하여 백성을 보호하는 계책을 삼았다. 지금 만약 북한에 성을 쌓아 내성을 만들어 종사를 移安하고 造紙署의 洞口를 막아 江倉을 옮겨 설치하면, 公私의 蓄積을 모두 옮겨 들여올 수가 있다. 이미 北山의 험조에 의거하여 미리 옮겨 주필할 곳으로 삼은 후, 혹 군사를 나누거나 혹은 疑兵을 설치하여 도성을 지키면 형세가 저절로 壯盛해지고 근본이 더욱 견고해질 것이니, 반드시 먼저 허물어질 근심은 없을 것이라 하였다. 또 내성과 외성을 지킬 계책을 정하였으면, 강과 여울을 수비하는 방책도 강구하여 정해야하니, 龍津으로부터 臨津에 이르기까지 요해처를 따라 돈대를 나누어 설치하여 적병이 건너는 것을 방비하게 해야 한다고 하였다. 이에 숙종은 도성은 지키기 어렵기 때문에, 이미 다른 곳을 의논하여 백성과 함께 지키겠다는 하교가 있었으니, 나의 뜻을 알 수가 있다고 하였다. 이날에 또 약방에서 입진한 병조판서 민진후에게 숙종은 비국 낭청을 보내 홍복산과 북한산 두 곳 가운데 성을 쌓는 것이 마땅한지의 여부를 대신들에 문의하도록 명하였다.[35)]

11월 9일에는 지난달 26일 왕의 명으로 북한산과 홍복산 두 곳 가운데 성을 쌓는 것이 마땅한지의 여부를 비변사 낭청을 보내서 外方에 있는 대신에게 문의하였는데, 이에 대한 내용을 비변사에게 아뢰었다. 봉조하 南九萬은 도성의 일은 정해년(숙종 33년) 가을에 이미 지키기 어렵다는 실상을 모두 陳啓하였는데, 북한과 홍복은 朝臣 가운데에 이를 주관할 사람을 가려서 위임하여야 한다. 지금 요동, 심양 사이에 剽掠하던 적의 소식을 듣고 먼저 스스로 警擾하여 거의 土崩의 형세가 있으니, 이는 天下 후세에 들게 할 수는 없는 일이다. 축성과 守城의 계책은 우선 천천히 의논하여 정하고, 오로지 장수를

35) 『肅宗實錄』 권49, 肅宗 36년 10월 丁亥. 『備邊司謄錄』 책60, 肅宗 36년 10월 26일.

선발하고 조련하여, 연해의 防戍하는 곳에 적이 침입할 수 없게 하는 것이 오늘날 시급히 먼저 강구하고 조치할 일이라고 하였다. 즉 정예한 突騎를 선발하여 해구가 바다를 건너 물에 올라온 步賊을 막는 데에 힘을 써야하며, 북한과 홍복에 새 성을 쌓느냐 쌓지 않느냐 하는 문제는 위급에 대한 대책이 되지 못한다. 성을 쌓고 지키는 계획은 우선 천천히 논의 결정하고, 오로지 將領을 선출하여 사병을 조련하여 연해 여러 곳을 지켜 적으로 하여금 서울 가까운 곳을 침범하지 못하게 하는 것이 급선무라고 하였다. 영중추부사 尹趾完은 의논하는 자들은 북한에 성을 쌓는 것이 도성을 保守하는 바탕이 된다고 하나, 도성을 지키려면 북한에 성을 쌓아서는 안 되고, 만약 북한에 성을 쌓는다면 도성을 지킬 수가 없다. 즉 도성을 지키는 것이 上計이고, 남한산성으로 주필하는 것이 中計가 되고, 다른 곳을 따로 경영하는 것이 下計가 된다. 부득이 하다면 강도와 남한은 바다와 육지의 寇賊을 위한 것으로, 祖宗의 宿規이니 마땅히 지켜서 어길 수는 없을 것이다. 북한은 산이 높고 골짝이가 깊은데다가 평지가 아주 적어 도성의 백성이 들어가 있고자 해도 4, 5분의 1도 수용하지 못할 것이니, 사람들의 마음이 주필하는 곳은 살아남을 수 있는 땅이라고 여겨 앞을 다투어 들어가면 형세가 막을 수 없는 것인데, 이미 들어와서는 수용할 수가 없으면 장차 구별하여 몰아내겠으며, 도성을 이미 비워서 적이 불태우면 북한의 군사와 백성들이 이러한 상황을 직접 바라보고, 마음이 붕궤되어 진정시킬 수 없게 될 것이니, 끝내 保守하여 지탱할 수가 있겠는가라고 하였다. 또 행판중추부사 이여(『비변사등록』에는 이이명이라함)는 지금 도성을 지키기 어렵다하여 가까이 險固를 가려한 한 성을 특별히 설축하여 표리의 형세를 삼고자 한다면, 북한이 홍복보다 나을 듯하다고 하고, 모름지기 이곳도 도성을 경영할 계책이 있었야만 두 가지를 보전 할 수 있으며, 그렇지 아니하여 험고함만을 믿는 다면 4산의 험저를 적과 공유하게 되어, 외롭고도 위태한 형세는 아마도 남한보다 나은 바가 없을 것이라 하였다. 이에 숙종은 남구만의 건의를 받아들여, 정예의 突騎를 선발하여 바다를 건너 뭍에 오른 步賊을 막는 대책을 강구할 것을 명하였다.36)

동월 24일에는 한성군 李基夏가 상소하여 도성은 반드시 지켜야 한다고 극론하였다. 도성이란 나라의 근본이 되는 것으로, 종묘사직과 士民이 이곳에 있고, 器械와 양향이 이곳에 저축되어 있으니, 이곳을 지키면 종묘사직과 사민이 평안하고 기계와 양향도 넉넉할 것이요, 이곳을 버리면 종묘사직이 播越하는 괴로움이 있을 것이고, 사민은 창과 화살에 도륙당하는 참화가 있을 것이며, 기계는 적이 의뢰하는 바탕이 될 것이고, 양향은 적을 먹여주는 양식이 될 것이다. 성의 둘레가 넓고 큰 것을 근심하였는데, 도성에 사는 백성으로 步마다 8, 9인, 성첩마다 13, 14인이 되어, 옛날의 守城하던 법에 견주어 본다면 넉넉할 것이다. 모화현으로부터 靑坡를 포함해서 牛首臺까지 반드시 흙을 써서 증축해야 한다. 이전에는 이 의논이 매번 약조에 구애 받았으나, 지금은 저들이 이미 마음을 써서 防守하라고 말하였으니, 이로 인하여 設築하여 방수하는 방도로 삼는 것은 진실로 얻기 어려운 기회이다. 강도, 남한산성, 大興山城 등은 하늘이 만든 요해처니 制置와 設施에 주력하여야 하며, 홍복은 남한산성의 제도를 본 따서 친친히 城了를 쌓게 하고, 양주목을 이설하여 동북의 지역을 방수하여야 한다. 그러면 大駕는 도성에 머물면서 네 성의 장수로 하여금 각각 관하의 군사로써 각지 信地를 방수하게 하여야 한다. 또 海賊의 근심이 내년 봄에 있을 것인데, 지금 성지를 쌓을 것을 의논하니 어떻게 일이 미칠 수 있겠느냐 하나 해적에 이르러서는 걱정이 없을 것이라 하였다.37)

동월 27일에는 전 引儀 安鼎基가 상소하여 大負兒現과 小負兒現

36) 『肅宗實錄』 권49, 肅宗 36년 11월 庚子. 『備邊司謄錄』 책60, 肅宗 36년 11월 9일.

37) 『肅宗實錄』 권49, 肅宗 36년 11월 癸丑.

사이에 南小門이라는 한 開門이 있는데, 이곳으로부터 한강까지 거리가 1, 2리쯤인데 두 현으로부터 강변까지 小城을 쌓으면 勇道를 쌓은 형세를 이룰 수 있어서, 성안과 성 밖에 여러 창고를 수용할 수 있으니, 그 舊門을 열고 곡식을 실어 들여서 한편으로는 淸野하는 방도를 삼고, 한편으로 곡식이 넉넉한 형세를 삼는 것이 제1의 방책이다. 守禦使로 하여금 북한을 수축하여 留都를 삼아서 도성과 서로 순치가 되게 하고, 성상께서 도성을 나가 피하는 곳으로 依倣하는 것이 제2의 방책이 된다. 또 총융사로 하여금 북쪽에 성을 쌓아 북한의 右翼을 만드는 것이 방책이 된다. 해를 기다려 천천히 홍복을 쌓아 북한의 左翼으로 삼는 것이 제4의 방책이 된다. 동쪽, 서쪽, 남쪽 3면의 볼록한 곳에는 煙臺를 쌓아 외적이 가고 오는 것을 살피게 하고, 오목한 곳에는 大砲, 中包, 佛狼機 등을 설치하게 하며, 空虛한 곳에는 신이 만든 兵車를 군문에 배치하여 힘에 따라 수효를 정하여 만들게 해서 화차와 나란히 세워 다리가 있는 성을 만들면 적은 기어올라 넘어올 길이 없어지고, 우리는 구축할 수 있는 형세를 이루게 될 것이니 이것이 제5의 방책이라 하였다. 숙종은 이를 該曺에 내렸으나 채택하여 시행한 것이 없었다. 이때 北咨의 헛된 警報 때문에 軍國의 계책을 상소하는 것이 관서에 잇따르니, 이를 묘당과 해조에 내렸는데 그 가운데에 간혹 한두 가지 채용할만한 것이 없지 않았으나, 대체로 채용하는 사상이 없었으니 사람들은 모두 한탄 하였다고 한다.38)

동월 29일에는 호조판서 金宇杭이 상소하기를 도성의 형편은 족히 믿을 만하여 의리와 이해로 헤아려 보더라도 모두 지키지 않을 수 없는데, 반드시 급할 때에 피하여 달아날 계책을 삼는다면, 북한은 안이 험준하고 좁아서 강도와 남한으로써 의지할 곳을 삼는 것만 못하다고 하였다. 39)

38) 『肅宗實錄』 권49, 肅宗 36년 11월 丁巳.
39) 『肅宗實錄』 권49, 肅宗 36년 11월 己未.

12월 1일에는 대신과 비국의 당상을 인견하였을 때 한성군 이기하와 공조판서 김석연이 북한산과 홍복산 두 곳의 성지 그림을 펼쳐 놓고, 김석연이 말하기를 홍복은 4면의 산세가 높고 험준해서 바로 하늘이 만든 땅이다. 동북쪽에는 큰 들이 있고 서남쪽에는 다만 古靈, 道峰 두 산 만이 연결되고 주위가 21리쯤 된다. 단지 남한산성처럼 따로 떨어져 있는 병폐가 있는데 끝내 버릴 수는 없다. 천천히 營築해서 양주목으로 하여금 들어가는 것이 마땅하다고 하자, 이기하는 근처에 석재가 없어서 2~3년 안에 다 쌓기는 어려울 듯하고, 양주고을을 그곳으로 옮겨 王城을 포위하게 하는 것이 좋을 듯하다고 하였다. 우의정 金昌集은 둘레가 비록 넓지는 않으나 안을 개척하여 넓히면 북한에 견주어 조금 낫다고 하였다. 북한에 대하여는 이기하가 말하기를 북한은 4면의 봉우리가 깎아지른 듯하여 비록 나는 새라도 오를 수가 없으니 진실로 天險이 된다. 樹木과 水泉도 남한보다 나은데, 부족한 것은 狹隘한 것이므로 민진후는 문수동을 포함하여 쌓고자 한다 하였다. 서종태, 김창집은 문수동 형세가 포함해서 쌓기는 어렵다고 하였다.

김석연은 북한은 결단코 버릴 수 없다고 하고, 대체로 도성을 지키려 한다면 북한은 쌓지 않을 수 없고, 도성을 버리려고 한다면 오로지 북한만을 기대어서는 옳지 않다고 하였다. 또 이기하는 북한은 가운데가 좁아서 도성의 백성을 모두 수용하기가 어렵고, 도성은 진실로 근본이 되니, 만약 먼저 도성을 쌓아 굳게 지킬 계책을 하고, 조용히 북한을 의논해 쌓아서 도성과 안팎이 서로 응용하도록 하면 좋을 것이라 하고, 가벼이 도성을 버리고 북한을 주필하는 곳으로 삼음은 옳은 것인지 알 수 없다고 하였다. 서종태는 도성은 산성과 같지 않아서 만약 적의 세력이 더욱 커지고 時月이 더욱 오래 된다면, 온갖 방법으로 성을 침공할 때를 당하여 우리의 병력으로 변란에 대응할 수가 있으며, 市巷의 백성들이 싸워서 지키는데 익숙하지 못하니 처음부터 끝까지 힘을 얻기를 바라기는 어렵다. 만약 큰 적을 만나면 오로지 산성만 믿고 晏然히 지낼 수가 있는데, 북한은 도성의 지극히 가까운 곳에 있어 옛날의 내성과 같은데, 비록 안이 좁은 것이 병통이 된다 하더라도 밖의 험준함은 견줄 데 없으니, 지금 만약 舊址로 인하여 성을 쌓고 시기에 임하여 형세를 살펴보고 大駕를 옮겨 들어가 지키되, 남한과 서로 掎角을 삼고 勤王의 군사가 사방에서 결집하면, 적이 외로운 군사로써 오랫동안 머물지 못할 것이라 하였다. 때에 임하여 어가는 정세를 보아가며 북한으로 옮겨 들어가 지키면, 도성을 완전히 버리는 것도 아니요, 위험한 길에서 벗어 날수 있다. 경성을 확보하지 못하고 적에게 내주고 배후에서 조이면 위험하여 유지하기 어렵다. 굳이 짧은 기간 안에 서둘러서 쌓을 것은 없다고 하였다. 김창집은 과거 조가에서 보장의 땅을 강구하였으나 아직 한곳도 구하지 못하였는데, 도성을 지켜야 한다는 말의 대의는 옳으나, 지형을 논하면 진실로 허술하며 홍복은 규모는 좁으나 공사가 크고, 북한은 도성에 아주 가까울 뿐 아니라 쌓아야 할 곳도 홍복에 비하여 많은 경비를 줄일 수 있다고 하였다. 또 동지중추부사 金鎭圭는 근래에 소장을 올려 도성을 지킬 것을 청하는 자가 매우 많은데 대개 도성 백성들의 情願을 따른 것이다. 예로부터 나라의 책략을 세우는 방도에 民情을 어기고 일을 성취할 수는 없다. 북한은 경성과 가까워 이른바 옛날의 子城과 母城에 비유할 수 있으나, 그 안이 매우 좁아서 도성의 백성들이 모두 수용하기 어려우며, 만약 도성의 백성들이 적에게 함락되면, 어떻게 북한만 홀로 保守할 수 있겠는가. 앞으로 북한으로 의귀하려고 하는 곳으로 삼으려 한다면 도성 또한 버릴 수 없다. 강화유수 민진원은 어려서부터 들은 즉 국가에서 뭍도독이 있으면 강화로 들어가고, 물도독이 있으면 남한산성으로 들어간다고 하였다. 도성을 견고하게 지키자는 논의는 의리에 있어서는 정당하며, 도성은 반드시 지키기로 계획을 정하고, 북한은 급박한 사태에 임하여 물러나 보전하는 곳으로 삼는다면 좋겠으며, 반드시 먼저 성을 지키는 機具를 조치한 뒤에 천천히 성을 쌓을 것을 논의해야 한다고 하였다. 또 사간 柳述과 지평 呂光周는 북한에 축성하는 것이 온평하다고 하였다. 특히 여광주는 후백제의 도성과 南固山城과의 관계를 예를 들고 있다. 부응교 李世最는 만약 북한에 성을 쌓고 겸하여 도성을 지켜 掎角之勢로 삼으면 좋겠으나, 북한에 성을 쌓은 뒤에 마침내 도성을 지킬 수 없다면 또한 좋은 계책이 못된다고 하였다. 이밖에 이조판서 崔錫恒과 참판 尹德駿은 북한에 성을 쌓는 것이 아주 타당한 것인지는 알 수 없다고 하고, 형조판서 李彦綱은 쌓지 않을 수 없다고 하고, 봉조하 남구만은 우선 보류하고자 하고, 영부사 尹趾完은 쌓아서는 안 된다고 하였다. 한편 숙종은 지금 북한산성을 쌓자는 의논이 마침 北咨가 나온 후에 나왔으므로, 사람들이 혹 海賊으로 인한 계책을 삼는 것으로 생각하나, 나의 뜻은 天險에 의거하여 設築해서 장래의 久遠한 계책을 도모하려는 것이요, 비단 해구만을 위한 계획이 아니다. 만약 변경을 지키지 못한다면 장차 어떻게 대처할 것인가. 도성은 종사가 계신 곳이니 굳게 지키는 의논이 어찌 모두 옳지 않겠는 가만은 도성의 둘레가 넓고 크고 견고하지 못하니, 지키려는 논의는 만전의 방법이 아니다. 북한은 도성과 가까운 곳에 있어서 비록 양향과 기계를 따로 조치하지 않는다 하드라도, 도성의 儲蓄을 모두 옮길 수 있을 것이고, 이는 끝내 버릴 수 없는 땅이니 성취 시키는 것이 좋을 듯하다. 비록 좁다고 염려되나 外洞을 아울러 쌓는다면 족히 도성 백성을 수용할 수 있을 것이다. 대신과 大將 한 사람씩 내년 봄에 다시 가서 살펴보고, 어디에서 어디까지 마땅히 쌓아야할 곳과 쌓아서는 마땅하지 못한 곳을 商確하여 정하는 것이 옳다고 하였다[40]

동월 10일에는 제조 민진후가 말하기를 북한의 營築할 곳을 대신과 대장으로 하여금 가서 살펴보도록 하였는데, 대장은 모두 가서 살펴보았으므로 비국의 당상 가운데에 일찍이 가서 본적이 없는 이

40) 『肅宗實錄』 권49, 肅宗 36년 12월 辛酉. 『備邊司謄錄』 책60, 肅宗 36년 12월 7일.

들은 함께 가서 보게 하는 것이 좋을 듯하다고 하니, 숙종은 그대로 따랐다. 41)

동월 18일에는 도제조 이이명이 김창집, 김진규와 함께 북한에 가서 살펴보고 돌아와 보고하기를 밖의 형세가 진실로 天險이 되는데 안도 매우 험준하여 戌衛 하는데 배치하기가 어려우며, 만약 피란하여 窘急한 때를 당하게 되면 바위에 다리를 놓고 골짜기를 뚫는 것이 어찌 불가 하겠는가. 도성의 가까운 곳에 이와 같은 곳은 다시 없을 것이라고 하였다. 제조 민진후는 먼저 내성을 쌓고 넓고 좁은 것을 살펴 보와 만약 부족하다면 문수동까지 이어서 쌓는 것이 불가하지 않을 것이다. 혹자는 마땅히 도성과 이어서 쌓아야 한다고 말하나, 이는 형세가 매우 難便하다고 하였다. 김진규는 북한은 내면이 험준하고 좁아서 도성의 백성들이 10분의 1도 수용하기 어렵다. 의론하는 자가 지역이 도성과 가까워서 편하다고 하지만, 도성을 지키지 못한다면 어떻게 북한만 홀로 지킬 수 있겠는가. 게다가 북한을 더하여 병력이 나누게 될 것이니 어떻게 아울러 지킬 수 있겠는가. 도로가 절험하여 소와 말이 통행할 수 없으므로, 창고의 곡식을 빌려주고 거두어들일 때 백성들이 왕래하기 어려울 것이니, 이 또한 商量하지 않을수 없다고 하였다. 이에 숙종은 이 지역은 도성과는 거리가 멀지 않으니 진실로 얻기 어려운 것이다. 大計는 서둘러 단정해서는 안 되니, 여러 대신들이 모두 가서 살펴본 후에 다시 더 商確하는 것이 옳다고 하였다.42)

동월 28일에는 북한에 가서 살펴보고 돌아와 말하기를 판부사 이유는 의논하는 자가 좁은 것을 병통으로 여기지만 한때에 피란한 곳은 항상 거주하는 곳과는 다르니, 백성들은 장막을 치고 接居할 수 있을 것이며 군사는 마땅히 성첩을 지켜야 할 것이다. 효종께서 평소 북한성을 쌓고 조지서의 입구를 막아 양향을 실어들이고자 하신

41) 『肅宗實錄』 권49, 肅宗 36년 12월 庚午.
42) 『肅宗實錄』 권49, 肅宗 36년 12월 戊寅.

당시의 슬기로운 생각은 우연한 일이 아닌 듯하다. 큰일을 일으키면서 어찌 전혀 재력을 쓰지 않을 수 있겠는가. 불행하게도 다른 날 도성을 버리는 재액이 있게 되면, 公私의 수십 만석 곡식을 장차 적의 수중에 모두 넘겨주게 될 것이니, 차라리 10만석의 곡식을 들어 만세의 基業을 이루는 것이 낫지 않겠는가라고 하였다. 서종태는 조용히 수축하고 미리 곡식을 날라다 축적하여 난리에 임하여 입보할 땅으로 삼아야 하는데, 단지 재력이 이미 고갈되었고, 역사가 매우 크니 이것이 염려스럽다고 하였다. 김창집은 성안이 지극히 좁아서 公家와 私家를 배치할 수가 없다. 또 백성을 모집하여 입거시키면 살아가기가 매우 고생스러울 것이며, 장차 창고에 곡식을 많이 쌓아두면 옮겨 운반하기가 진실로 어려워 糶糴이 불편할 것이니, 조지서 洞口안에 또한 창고를 지어서 곡식을 쌓아두어야 마땅하다. 또 도성을 전부 버리기가 어려우니, 이러한 일들은 반드시 미리 商量한 후에야 大計를 정할 수 있다고 하였다. 서종태는 지금 飢荒이 이와 같으니 모름지기 미리 經紀하여 천천히 쌓기 시작하는 것이 마땅하겠다고 하였다. 숙종은 성을 쌓는 역사는 石材를 뜨는 것이 가장 어려운데, 북한은 석재가 모두 그 땅에 있으니 공력이 줄어 편할 것이다. 마땅히 이렇게 평온한 때에 속히 성취시켜야 하니 일을 지연시킬 수 없다고 하였다.[43] 또 총융사 김중기와 행사직 이우항이 북한의 성터를 가서 살피되 총융사의 경우 密符를 그대로 차고 왕래할 것을 탑전에서 결정하였다.[44]

동왕 37년 1월 20일 대신과 비국당상을 인견하였을 때에 총융사 김중기가 북한을 살펴보고 돌아왔으니 후일 차대시에 입시하여 진달할 것과 행사직 이우항도 북한을 살펴보고 다음 차대시에 입시하여 진달할 것을 결정하였다.[45]

---

43) 『肅宗實錄』 권49, 肅宗 36년 12월 戊子.
44) 『備邊司謄錄』 책60, 肅宗 36년 12월 28일.
45) 『備邊司謄錄』 책61, 肅宗 37년 1월 20일.

2월 5일에는 대신과 備局諸臣을 인견하였는데, 이때 총융사 김중기와 사직 이우항이 새로 북한산의 성터를 살펴보고 왔는데 숙종이 소견을 陳達토록하자, 김중기는 처음에 洞中에 들어가니 좌우로 깎은 듯한 절벽이 우뚝 서있어 容接할 수 없을 것 같았으나, 중반 이후는 점점 활짝 열리어 허다한 사람을 용접할 만하였고, 井泉도 매우 많아 마르지 않은 우물이 모두 30여 곳이고, 澗水 또한 15군데나 되었다. 둘레가 30리나 되어 도성에 비하여 10리만이 모자라고, 그 속에는 亂石이 무더기로 이룬 곳이 많이 있는데 족히 도성의 절반은 쌓겠으며, 도민을 다 들어가게 해도 부족한 것이 없을 듯하다. 설혹 불행한 일이 있더라도 주필할 곳이 이보다 나은 곳이 없다고 하였다. 다만 수구가 낮고 평편한 것이 흠이고 漢尾山이 5리쯤에 있으나 대포는 혹 도달한다 하더라도 위력은 필시 줄어들 것이라 하고, 공사에 있어서는 돌을 끌어다 쌓기만 하면 되고 높게 쌓지 않아도 방어할 수 있겠다고 하였다. 이우항은 우물은 김중기가 진달한 데로 부족할 걱정은 없으며, 한미산이 누르는 듯한 형세가 있다 하더라도 대포는 아마 넘어오지 못할 것이다. 다만 군향을 실어 들이는 일만은 평지와 비교할 바가 아니고, 성내는 돌길이 좁고 위험하며 한강까지는 20리나 된다고 하니 이 점이 어려울 것이다. 반절만 쌓아도 體城이 이루어 질 곳도 있고, 여장을 쌓아야할 곳도 있으나 공사는 대단하게 힘을 드릴 곳은 없겠다고 하고, 많은 돌이 중첩하여 골짜기를 메우고 있으니, 馬軍은 용납되지 못할 것이라 하였다. 이언강은 군량은 반드시 조적이 있어야만 영구히 비치할 수 있는데, 혹 한 절반은 성밖의 평지에 둘 수 있을 것이라 하였다. 서종태는 곡물의 조적이 불편하기는 하나, 군향곡을 구태여 다 성안으로 실어다 들일 것이 아니라 수구나 성 아래쪽에 창고를 설치하고 京江에 조운한 곡물을 항상 그곳에 저치하게 하고, 거기에서 내고들이고 하면서 써나간다면 20여리의 거리가 몹시 멀다 하겠는가 하였다. 형조판서 조태노는 북한의 험저는 의지하기에 넉넉하지만, 안으로 경사가 심하여 대응하고 성첩을 지키기가 쉽지 않을 형세이고, 돌이 많아 일을 덜 것 같기는 하나, 안쪽이 몹시 험준하여 아래에 있는 돌을 위로 운반하기가 어렵겠고 궁궐, 창고, 백관과 군졸이 들어가 머물 곳이 없으니 이 또한 어렵다. 북한에 성이 쌓아지면 도성도 지켜지게 된다고 하나, 도성이 기왕 넓어서 지킬 수 없다면, 더구나 북한에 들어가 지키게 된 뒤에 무슨 병력으로 두 곳을 아울러 지키겠는가. 지금 나라에는 3년의 비축이 없으니 군량을 조달하기가 쉽지 않다. 군향은 반드시 조적이 있어야만 오래도록 비치할 수 있는데, 이곳은 조적에 몹시 불편하니 폐단이 많고, 또 승군으로 살면서 지키게 할 수 밖에 없으니, 한갓 빈 성만 쌓는다 하더라도 앞으로 퇴락을 면치 못할 것이라 하였다. 부교리 洪致中은 金城湯池가 있더라도 먹을 것이 없으면 수비 할 수 없다. 북한은 동, 서, 남, 3면이 모두 넓은 들판이나 진치고 주둔할 만한 곳이 있으니, 적이 대군으로 3면에 分屯하고 간간이 유격대를 보내서 왕래하며 초략하면 양도도 끊기고 원병도 막힐 것이니, 적병이 성을 공략함을 기다릴 것도 없이 형세가 저절로 위태로워 질 것이다. 또 북한에 들어가면 도성까지 아울러 지킨다는 것은 절대로 어려울 것이다. 만일 불행하게도 도성을 失守하여 적병이 점거한다면, 북한 같은 외롭고 위태로운 지역이 어떻게 도민을 다 수용하겠으며, 어떻게 오래도록 외딴 성을 지키겠는가 하였다. 동부승지 韓配周는 축성하는 일은 이언강, 김준기 2인에게 위임하고 대신 한 사람으로 하여금 주관하게 하되, 한두 대장으로 하여금 도성을 兼守하게 한다면, 남한산과 더불어 족히 掎角의 형세를 이룰 것이라 하고, 4대신 3대장 및 諸宰가 모두 이미 차례로 가서 형세를 살펴보았으면 족히 결정을 지을 만도 한데, 이제 이미 4朔이 지나도록 완결 짓지 못하고, 끝내는 이우항으로 또 다시 살펴보게 하니, 비단 사체만 크게 손상시킨 것이 아니라, 오늘의 국사는 사실 답답하고 갑갑하니 다른 의논을 용납하지 말고 빨리 성을 쌓아야 한다. 또 都下의 民戶가 몇 만여 호인데 大戶는 각각 3명, 中戶는 각각 2명,

小戶는 각각 1명만 내게 하고, 식량을 싸가지고 와서 3일씩만 부역하게 한다면 역군은 걱정할게 없다고 하였다. 이에 대해 숙종은 謀事는 비록 여럿이 하더라도 결단은 내가 하고 싶다. 시임, 원임 대신과 비국의 제재 및 將臣은 이미 모두 가보았으니 다시 상찰 일이 없겠다. 도성은 둘레가 넓어서 결국 지킬 수 없기 때문에 전후로 유생과 무신의 청을 불허하였던 것이다. 이번에 북한에 성을 쌓고자 한 것은 이곳이 도성에서 아주 가까워서 도성과 다름이 없기 때문에 백성과 함께 지키자는 뜻인데, 전일에는 오직 우물을 걱정하였는데 이제 들으니 우물도 많다고 하고, 돌은 모두 가까운 곳에서 얻고 물력도 많이 들지 않는다하니 널리 물어서 결정하면 일이 이루어지기 어려우니, 결단코 성을 쌓는 것이 좋겠다고 하였다. 당시에 숙종이 이미 북한산성을 축성할 뜻을 굳힌지라 비록 이의가 있더라도 모두 살피지 않았다고 한다.

동월 10일 대신과 비국제신을 인견할 때 좌의정 서종태의 청에 의해 민진후를 북한산의 句管堂上으로 삼고, 무신 가운데 김중기로 하여금 일을 같이 하도록 하였다.46)

동월 15일에는 방략을 하문한 전교에 따라 일찍이 將任을 지낸 諸臣과 본사의 당상들의 소회를 정서하여 連福으로 숙종에게 보고하게 되었는데, 이때 행부호군 민진후는 지금 대소 민심이 너나없이 도성을 고수하고자 하여, 일심으로 힘을 다하고 있으니 이는 인화를 얻음이오. 도성의 형세는 남북으로 험지에 의지하고 있고 다만 동서의 불과 몇 里 사이만 지세가 낮고 평탄하니, 精兵으로 가려서 이곳만 주력하면 적을 막을 수 있으니 이는 지리를 얻음이다. 이러한 만전의 근본을 버린다면 장차 어디로 가겠는가. 더구나 북한산과 홍복의 험저는 사실 하늘이 우리 도성을 위하여 만들었다 하겠다. 전번에 명을 받들고 가서 그 형세를 살펴보니, 홍복은 4면의 모든 봉우

46) 『肅宗實錄』 권50, 肅宗 37년 2월 己巳. 『備邊司謄錄』 책61, 肅宗 37년 2월 13일.

리가 짐승의 뿔처럼 연해 있고, 골짜기엔 우물 또한 마르지 않으니 실로 도성의 오른 팔이라 할 수 있다. 그 험고는 족히 믿을 만 하였다. 돌이 없는 것이 흠이나 흙과 벽돌로 쌓아도 석축보다 못하지 않다. 북한산에 있어서는 깎아지른 障壁이 중복으로 에워싸고 있으니, 성을 쌓는데 많은 힘이 들지 않고 文殊洞口의 1백여 步만 힘을 들여 견고하게 쌓으면 된다. 속히 대계를 정하여 이번 봄 안으로 수축하고, 양주목을 홍복으로 옮겨 남한산성과 掎角之勢를 이루어 도성의 성세를 튼튼하게 하고, 총융사로 하여금 북한에 들어와 지키게 하여, 밖으로는 서북의 불의의 사태에 대비하고, 안으로는 도성의 후원이 되게 한다면, 도성의 형세는 저절로 만전하게 될 것이라 하였다. 또 공조판서 김석연은 도성은 팔방의 근본이 되는 곳인데, 근본이 먼저 흔들리면 팔방이 와해되니, 반드시 먼저 도성에 힘을 기울여 무너지는데 따라 수축을 하여, 남한산성과는 순치와 輔車의 형세를 이루게 해야 한다고 하였다. 행부사직 이우항은 도성을 지키는 일이나 북한산성을 미리 쌓는 일은 상하의 群情이 다 함께 원하는 바이고, 국가 장래의 대계이다. 지금은 국가에 조석으로 닥칠 外憂가 없는 데도 도성이 넓은 것을 걱정하고 미리 피할 곳을 논의하니 매우 잘못된 계책이라고 하였다. 행장례원판결사 尹德駿은 만일 성을 지키기로 한다면 도성을 굳게 지키자는 것이 오늘날 대다수의 의견인데, 다만 둘레가 넓고 산과 들판이 반반이어서 만전하게 방수한다는 것은 극난한 형세이다. 도성 안의 男丁이 10만은 된다 하나, 공사의 僕隷가 아니면 거의가 市井의 遊閑輩들인데 도성을 반드시 지킬 수 있으리라는 것을 보장할 수 없다. 북한은 성을 쌓는다 하더라도 재력의 요소가 그리 방대하지 않고 강을 건너는 폐단이 없으며, 성터의 험함도 남한산성보다 낫고 도성과는 등성이 하나 사이로 형세의 편리함도 남한보다 낫다. 다만 이 성을 쌓을 경우 위급을 당하면 도성의 士庶들이 다투어 들어가려고 할 것이니, 도성 사람이 다 들어가면 식량도 다른 성보다 몇 갑절 더 있어야만 한다. 그러나 많이 축적하기가 쉽지 않고 수송할 때 손실도 많을 것이나, 대계가 선다면 사소한 폐단쯤이야 논할 것이 있겠는가 하였다.[47]

동월 18일에는 지평 洪致中이 아뢰기를 북한산의 축성과 같은 국가의 큰 계획은 끝내 그 가능성은 시험하는 자리가 아닌데, 갑작스럽게 단정하는 것은 大同의 의논을 채택하고, 뭇사람의 의사를 집결하는 도리에 어그러진다. 청컨대 2품 이상과 三司長官으로 하여금 조정에 모여 의론하게 하고, 외방에 있는 대신에게 下詢하여 처리하자고 하였으나, 숙종은 따르지 않았다.[48]

3월 18일에 제조 민진후가 말하기를 이번의 성역은 3군문에 배정하여 감독하며 쌓게 하여야 한다고 하고, 3군문에서 쌓는다 하더라도 물력은 필시 판출하기가 어려울 터이므로 따로 조비하여 주어야 하겠다. 쌀은 진휼청의 저축분에서 지급해야 하겠으나, 무명은 진휼청에는 본래부터 가진 것이 없기 때문에, 전번에 호조에서 진휼청의 쌀 1만 석을 빌어간 대신으로 선혜청에서 호조에 보내 주어야 할 무명을 얼마쯤 취해 쓰려고 하였더니, 호조판서 김우항이 호조에서 갚지 않은 쌀을 탕척해 버렸다. 그가 호조를 맡았을 때 地木(中等의 무명) 수백 동과 下地木(하등의 무명) 1천 수백 동을 따로 조비하고 긴급할 때의 수요로 삼고자 한 것인데, 이번에 이 하지목 600동을 우선 취해 쓰고, 만일 남은 것이 있으면, 본조로 되돌려주고 부족하면 그때에 어느 것이라도 당겨쓰겠다고 하자, 숙종은 이를 윤허하였다.[49]

동월 20일에는 병조판서 최석항은 상소하여 북한산성을 쌓음이 불편함을 논하였는데, 산성이 바깥은 험하고 안은 평탄한 뒤에야 암벽을 타고 접근할 우려가 없고 왕래하고 응접하는데 편리함이 있는 법인데, 여기에는 내외가 모두 험준하니 그 불편한 것이 하나이다.

---

47) 『備邊司謄錄』 책61, 肅宗 37년 2월 15일.
48) 『肅宗實錄』 권50, 肅宗 37년 2월 丁丑.
49) 『備邊司謄錄』 책61, 肅宗 37년 3월 23일.

도성의 백성과 같이 들어가게 되면 실로 모두 포용할 만한 형세가 못되니, 만약 안으로 암벽이 험저함을 보전하고 밖으로 도성을 호위하려면, 단지 성만을 지키는 데도 오히려 넓고 크다고 이를 것인데, 두 성으로 나뉘어 지키기에는 사세가 미치기 어려우며, 경성을 혹시 한번이라도 소홀히 하다가 잃는다면, 외성이 이미 파괴된 채로 홀로 내성만을 보전한다는 것은 예전에도 일찍이 있었던 일이 아니니 그 불편한 것이 둘이다. 적이 도성을 점거하고 이에 公私의 餘蓄에서 양식을 조달한다면 안으로는 양향이 떨어지고, 밖으로 원병이 없을 것이니 그 불편한 것의 셋이다. 도성의 士庶人은 이익만을 노려 생계의 資産으로 삼는 무리가 많은지라 위급함을 당하면 흩어져 달아났다가 고립된 성으로 무더기로 모여들 것이니, 이미 스스로 먹고 살아갈 길이 없는 데다, 또 나누어 줄 물자도 없으므로 열흘을 넘기지 않아 반드시 변란이 생길 것이니 그 불편함이 넷이고, 궁궐, 창고 등을 창건하는 어려움과 조적을 운반하는데 따르는 폐단을 말하고, 도성을 지킬 수 있음을 극론하면서 널리 상의하여 확정하기를 청하였으나 허락되지 않았다.50)

동월 21일에는 제조 민진후가 아뢰기를 북한산의 일은 臺啓가 이제는 이미 정지되었으니 의당 즉시 使役하여야 한다. 별도로 도감을 설치할 필요는 없고, 三軍門에 분배하여 축조하는 일을 감독하여야 할 것인데, 도성의 백성은 농민과 달라서 정당하게 헤아려 사역해도 불가할 것이 없을 것이라 하니, 숙종은 윤허하였다. 또 김중기는 역사를 董督할 때에 겸임하고 있는 포청의 직임이 구애됨이 많을 것이니 변통함이 있어야 한다고 하였다. 이에 숙종은 김중기는 총융사의 密符를 차고 왕래하며 監董하게 하였다.51)

동월 25일 사간 徐命凝은 말하기를 지난날에 도성을 쌓는데도 시기와 力量을 헤아리지 않고 合啓가 나왔는지라 일을 담당한 대신이

50) 『肅宗實錄』 권50, 肅宗 37년 3월 己酉.
51) 『肅宗實錄』 권50, 肅宗 37년 3월 庚戌.

불안하여 끝내 성취하지 못하였으니, 이 일도 또한 충분히 조심하고 삼가해서 처리하여야 한다고 하였는데, 이에 숙종은 제기한 것은 과대함이 있는 듯하니 진실로 온당하지 못하다고 하였다.52)

같은 25일에는 대신과 비국의 당상을 인견할 때에 좌의정 서종태가 아뢰기를 군문에 번을 서려고 올라온 군병은 힘든 일에 사역시킬 수 없다 하더라도, 도성의 백성이 국가의 큰일에 노력을 제공하는 것은 어찌 안 될 일인가. 다만 도성 백성은 생업이 시원치 않아 곤궁하기가 극에 달하였는데, 그 중에 충실한 家口는 얼마 되지 않고, 대부분 빠듯이 먹고 사는 무리이며, 홀어미와 홀아비는 비록 면제되었다 하더라도 만일 가구를 계산하여 역부를 세우기로 한다면, 삯꾼을 사서 세울 즈음 힘이 감내치 못하여 필시 번요롭고 간계를 부리는 폐단이 있을 것이라 하자, 숙종은 이는 백성과 함께 지키는 뜻이니 道民을 사역시키는 일은 그만둘 수 없을 것 같다고 하고, 김창집도 백성에게 재물을 내라고 할 수는 없다고 하더라도, 부역에 있어서만은 부득이 할 것 같다고 하였다. 또 서종태는 경상이하 모두 出役하되 鄉宰의 집에서는 숫자는 비록 많지 않지만 여러 날을 부역해야 한다고 하자, 숙종은 기왕에 결정한 바가 있으니 도민을 사역시키라고 분부하는 것이 좋겠다고 하였다.53)

또 같은 25일에도 대신과 비국당상을 인견하였을 때 좌의정 서종태가 말하기를 판윤 민진후가 호조의 무명 600동을 축성할 때에 가져다 쓰기로 결정을 보았으나, 경비로 쓸 것을 갑자기 먼저 가져다 쓸 수도 없으니, 영남에 비국에서 주관하는 射軍木 300동이 있으니 우선 가져다 쓰데, 이번의 축성공사는 국가의 대계이니 외방의 감, 병영, 통, 수영에도 참작해서 분정하고, 병조에서 비축하고 있는 무명도 취해 쓸 것을 청하자, 숙종은 이를 윤허하였다.54)

52) 『肅宗實錄』 권50, 肅宗 37년 3월 甲寅.
53) 『備邊司謄錄』 책61, 肅宗 37년 3월 28일.
54) 『備邊司謄錄』 책61, 肅宗 37년 3월 26일.

동월 27일에 비변사에서 아뢰기를 북한의 축성을 4월내에 시작하라는 명을 내렸는데, 택일과 告祭 등을 전례대로 거행하라는 뜻으로 해조에 분부하는 것이 어떻겠느냐고 하자, 숙종은 이를 윤허하였다.55)

동월 28일에 비변사에서 아뢰기를 북한의 축성공사 때는 제도의 감, 병영, 통, 수영에 돈과 베를 배정하고, 병조의 무명도 가져다 쓰기로 결정하였다. 그러나 축성공사를 다음 달 초 3일에 시작하여야 하는데, 외방에 배정한 돈과 베가 올라올지는 알 수 없으니, 병조의 무명 3백동을 우선 가져다 쓰는 것이 어떻겠느냐고 하자, 숙종은 이를 윤허하였다.56)

또 같은 날 대신과 당상을 인견할 때에 우의정 김창집은 이번에 축성할 물력은 의당 군문에서 가져다 써야 하겠는데, 訓局은 피폐하였으나 금위영과 어영청은 물력이 다소 넉넉한 편이니 참작해서 가져다가 쓰는 것이 어떠냐고 하자, 숙종은 좋을 것 같다고 하였다. 서종태는 비록 3군문에 나누어 주어 감독하면서 쌓으라고 하더라도, 재력은 조정에서 별도로 조정하여 지출하는 것이 마땅하다고 하자, 숙종도 떼어 주는 것이 좋겠다고 하였다.

Ⅲ. 駐蹕山城의 후보지

당시 묘당에서는 만일 사변이 있으면 도성은 넓고 커서 지키기가 어렵다고 하고, 祖宗의 宿規에 따라 海寇가있으면 남한산성으로 들어가고, 陸賊이 있으면 강도로 들어가는 것으로 결정하였다. 그러나 강도는 비록 험하나 해구를 피할 수 없고, 남한산성은 천연의 험저

55) 『備邊司謄錄』 책61, 肅宗 37년 3월 27일.
56) 『備邊司謄錄』 책61, 肅宗 36년 3월 28일.

이나 주위가 크고 규봉이 있으며, 外山의 連脈이 없고 외따로 떨어져 포위되면 문제가 되고, 강나루가 있어 급할 때에 건너기가 어려운 단점을 앉고 있었다. 도성 역시 넓고 커서 지키기가 어렵고, 무너진 곳에 따라 보수하고 있으나 역사가 기약이 없어 중지 할 수밖에 없는 형편이었다.[57] 이러한 상황 속에서 숙종은 유사시 주필할 수 있는 새로운 성곽의 축조를 결심하게 되었다.

1. 홍복산

홍복산[58]의 축성 논의는 일찍부터 있어 왔으나,[59] 숙종 36년 9월 28일에 판부사 이이명에 의해 다시 제기됨으로써,[60] 다시 주목을 받게 되었다. 특히 홍복산은 도성에서 40~50리정도의 가까운 거리에 있다는 점, 규봉이 없다는 점, 三角의 여러 산이 뒤에 첩첩이 둘려있고 4면이 모두 산으로 되어 있어, 외부와의 연락이 山谷으로 이용할 수 있고 적병에 포위되기 어렵다는 점, 나루가 없어 통행에 편의 하다는 점, 밖에 큰 들이 있어 사람들이 출입하며 농사를 짓기 편하다는 점, 성내에 물도 어느 정도 갖추고 있다는 점들이 장점으로 지적되었다. 그러나 근처에 돌이 없는 것이 단점으로 지적되고 있었는데, 특히 훈련대장 이기하는 4면의 5리 안이 모두 土山이어서 돌을 캘 곳이 아주 멀어 10리 밖에서 가져다 쌓아야 하므로, 일의 功役이 매

---

57) 『肅宗實錄』 권49, 肅宗 36년 9월 己未.

58) 『輿地圖書』 楊洲牧 山川條에는 弘福山이라고 하였는데, 홍복산은 양주군 장흥면과 백석면, 의정부시 경계에 있는 높이 347m의 산으로 鐘樓峰, 筆峰이라고 부른다. 전설에는 홍씨의 복을 가르쳐준 산이라 하여 洪福山이라고도 한다고 한다(楊洲文化院, 『楊州郡誌』 上. 1992. 46쪽).

59) 숙종 29년 1월에는 이유와 김창집에 의해 홍복산의 축성이 거론되고, 행사직 李寅燁은 홍복의 세가 육로로 연락이 편하고, 남한산성과도 掎角之勢가 된다고 하고, 양주의 府治를 홍복성내로 옮기고 두고두고 성을 營築하자고 하였다.(『肅宗實錄』 권38, 肅宗 29년 1월 丙寅. 『肅宗實錄』 권38, 肅宗 29년 4월 癸卯).

60) 『肅宗實錄』 권49 肅宗 36년 9월 己未.

우 어려울 것이라 하였다.[61] 또 주필할 곳을 土城으로 쌓기도 어렵다는 견해가 나오고,[62] 한편으로 흙과 벽돌로 쌓아도 석축보다 못하지 않다는 견해도 있었으나,[63] 이 역시 간단한 문제는 아니었다. 이밖에 안팎의 모든 산이 민둥산이어서 군병의 취사를 위한 땔감을 구할 수 없는 것도 큰 단점 이었다.[64] 거리도 도성에서 북한산보다 멀다는 지리상의 조건 등도 고려되었을 것이다. 특히 민진후는 홍복산이 온통 험저함이 부족하며, 안팎이 모두 토산이고 수맥이 많지 않으며, 基址가 넓게 쌓아도 25리에 지나지 않아 대가가 용접하기 어렵고, 3면이 들이어서 적이 만약들에 진을 치면 성안에서 밖으로 통할 길이 없으며, 비록 엿보는 봉우리는 없으나 庄臨하는 곳이 많다고 지적하였다.[65]

처음부터 후보지의 하나로 거론되어 3대장들이 현지를 조사하고, 비변사 낭청을 보내 外方에 있는 대신들에게 홍복산과 북한산중 어느 곳에 성을 쌓아야 하는지의 문의까지 실시하는 등[66] 주의를 끌었으나, 동왕 36년 12월부터는 북한산 쪽으로 후보지가 쏠리면서 자연 홍복산은 후보지에서 제외되게 되었다. 그러나 홍복산에 성을 쌓아 양주의 읍치를 이곳으로 옮기고,[67] 도성을 수호하는 외곽성으로 삼아 남한산성과 掎角之勢를 이루게 하자는 견해도 나오게 되었다.[68]

---

61) 『肅宗實錄』 권49, 肅宗 36년 10월 甲戌. 『備邊司謄錄』 책60 肅宗 36년 10월 14일. 일찍이 숙종은 홍복산이 조금 멀고 군향을 수송하기에 어렵다는 점을 지적하였다(『備邊司謄錄』 책53 肅宗 29년 3월 21일).

62) 『肅宗實錄』 권49, 肅宗 36년 9월 己未.

63) 『備邊司謄錄』 책61, 肅宗 37년 2월 15일.

64) 『備邊司謄錄』 책60, 肅宗 36년 10월 14일. 『肅宗實錄』 권49, 肅宗 36년 10월 甲戌.

65) 『肅宗實錄』 권49, 肅宗 36년 10월 丁丑.

66) 『肅宗實錄』 권49, 肅宗 36년 11월 庚子.

67) 『肅宗實錄』 권49, 肅宗 36년 10월 甲子. 『備邊司謄錄』 책61, 肅宗 37년 2월 15일. 『肅宗實錄』 권49, 肅宗 36년 11월 癸丑. 『肅宗實錄』 권49, 肅宗 36년 12월 辛酉.

68) 『備邊司謄錄』 책61, 肅宗 37년 2월 15일.

또 홍복산에 성을 쌓아 북한의 左翼을 삼자는 견해도 이었다.[69] 홍복산의 축성을 주장한 이로는 판부사 이이명 · 이유, 우의정 김창집, 장령 유술, 사직 이광적 등을 꼽을 수 있다.

2. 북한산

북한산(三角山)에 축성논의는 전부터 있어 왔다. 즉 선조 29년 1월에 선조는 삼각산 밑에 中興洞이 있는데, 고려시대 현종이 피난했던 땅으로 그 형세의 曲折은 알지 못하나, 만일 형세가 좋다면 이곳이 도성과 가까우므로 만약 성안을 수축하여 성내에 곡식을 쌓아두고, 한명의 守城將을 두어 인민을 招集하여 保障之地를 만들었다가 유사시에는 遺民들의 피난지나 원병의 주둔지로 하는 것이 좋겠으니 상의하여 참작 시행하도록 하여 보라고 분부하였다.[70] 이에 비변사에서는 중흥동에는 옛날에 산성이 있었는데 지금도 석축이 완연하며 世傳에 고려시대 최영이 피란했던 곳이라고 하며, 지금도 上峰 암석에는 기를 꾲았던 구멍이 남아 있고, 洞口가 극히 험하여 왜인들도 단 한번 밖에 이곳에 오지 못했다고 한다. 이곳이 도성과 가까우니 근일에 신하들의 논의도 이곳에 따로 一營이나 사찰을 두어 승도들을 모집 하여, 1인으로 통솔하게 하여 화포 등 기술을 연습시켜 成軍시키면 도성과 더불어 子母輔車之勢가 될 것이라 하고, 事知官員으로 中興山城(重興山城)[71]을 간심하여 그 형편을 알아본 후 다시 의논해서 처리할 것을 진언하니, 선조는 중홍산성의 형세는 육안으로는 알기 어려우니, 우선 눈이 녹은 후 兵判을 보내서 살핀 후 처리하라고 명하였다.[72] 이에 병판 이덕형은 이곳을 답사한 후 산성의 형세를 보고하고, 도성근처에 이와 같은 형세가 있는데도 방치된 것

69) 『肅宗實錄』 권49, 肅宗 36년 11월 丁巳.

70) 『宣祖實錄』 권71, 宣祖 29년 1월 乙未.

71) 우왕 14년에 경성의 坊里軍을 동원하여 한양의 중홍산성을 수축하였다((『高麗史』 권137, 列傳 50 禑王 14년 2월).

72) 『宣祖實錄』 권71, 宣祖 29년 1월 乙未.

은 애석한 일이라고 보고하였다. 이때 이덕형의 보고 중에 내성과 외성의 성벽 및 성문의 잔존 상태와 城子의 무너진 곳이 10분지 7 · 8이라고 있는 것은 당시 중흥산성의 상황을 알려주는 중요한 자료가 되겠다.[73] 그러나 축성은 실현을 보지 못하였다. 그 후 효종 10년에도 효종은 송시열에게 일찍부터 북한성을 수축하려고 하였고, 또 造紙署洞口를 막아 臨亂移御의 장소로 생각하였는데, 이곳은 公私의 인물이 모두 입보하여도 무사할 곳이고, 敵人들이 반드시 來爭코자 하여도 적인이 죽어서 돌아가는 곳이 되는 것이다. 그러나 지금 백성들을 사역시키는 것은 어려움이 되기 때문에 감히 하려고 하는 마음을 가지지 못한다고 유시하였다 하나,[74] 역시 실현을 보지 못하였다.

숙종 즉위년 11월에는 지사 柳赫然이 만일 사변이 있으면 주필할 만한 곳이 없으니, 북한산성을 수축하고자 건의하므로 써 제1차 북한산성의 축성논의가 일게 되었다. 이때의 축성논의는 청나라 삼번의 난을 계기로 자강책의 하나로 거론되기 시작하여, 숙종과 허적의 지지를 받아 다음해 10월에는 허적, 김만기, 윤휴, 오시수, 윤여철 등이 북한산성 터를 현지답사까지 실시하였으나, 반대론에 부딪쳐 실현되지 못하였다.[75] 동왕 28년에는 북한산성의 제2차 축성논의가 일기 시작하였는데, 8월에 우의정 申琓이 올린 8조의 進箚중 修城城地條에 지금에 말하는 사람들은 사변이 생기면 남한산성이나 강화도로 피난할 것을 생각하나, 그곳들은 급할 때 믿들 만한 곳이 못되며, 신이 일찍이 본 창의문 밖의 탕춘대 옛터는 4면에 석벽이 솟아 있어 이곳에 山勢를 이용하여 성을 쌓고 치성을 만들고, 곡식과 무기를 저장하여 도성과 안팎이 되어 서로 힘을 다하여 굳게 지키면, 비상

---

73) 『宣祖實錄』 권73, 宣祖 29년 3월 庚午.
74) 『北漢誌』 事實條 (奎章閣 圖書番號 3299).
75) 閔德植, 「朝鮮 肅宗代의 都城 修築工事에 관한 考察」, 『白山學報』 44. 1994. 46~47쪽.

시에 당하여 임금이 피난 갈 필요도 없고 백성들도 굳은 결심을 가질 것으로, 도성과 지척의 땅에 천험한 곳을 버려두고 있는 것은 참으로 아까운 일이라고 하였다.[76] 그런데 신완이 말한 탕춘대성은 다만 탕춘대성에만 국한된 것이 아니고, 그가 원래 주장하여 오던 북한산성의 축성을 짝하는 주장이라고 한다.[77] 이를 계기로 북한산성 축성론이 다시 일어나게 되었다. 동년 10월에는 우이정 신완이 비국제신과 兩局大將과 함께 현지를 답사하고 彰義門外城基址圖를 왕에게 바쳤다.[78] 드디어 동왕 29년 3월에는 숙종이 북한산성의 형편은 실로 萬全之計가 되는데, 지금 비록 할 수는 없으나 나의 뜻은 이미 정하여 졌으니, 우선 諸軍門으로 하여금 일을 맡아 일을 처리하도록 하라고 명하므로 써 축성이 결정되었다.[79] 또 신완은 金構 및 諸大將과 함께 간심하고 날짜를 정하여 始役하려고 하였으나, 諸臣를 크게 놀라게 하고 疏諫者가 紛然하였다.[80] 예조판서 金鎭龜, 판부사 徐文重 · 尹趾善, 호조판서 김창집, 형조판서 민진후, 훈련대장 이기하, 행사직 이인엽 등 북한산성축성 반대론자들의 강한 반대에 부딪히게 되었다.[81] 이들은 성지를 수축하지 못한다는 청국의 약조사실과 북한산성의 東麓은 도성의 來龍之脈으로써 鑿破하면 불길을 가져올지 모른다는 풍수지리학적 의견 등을 들고 나오자, 결국은 실현을 보지 못하고 말았다.[82] 하여튼 5군영제와 3군문 체제로 중앙군제가 틀을 잡아가는 숙종 30년을 전후한 시기에는 강화성과 남한산성을 대신하여 보다 도성 수비에 유효하다고 판단되어지는 도성과 북한산성을 중심으로 한 도성방어가 모색되어 질수 밖에 없었고, 도성수축론과

---

76) 『肅宗實錄』 권37, 肅宗 28년 8월 庚寅.

77) 金龍國, 「肅宗朝 北漢築城考」 『鄕土서울』 8(서울 特別市史編纂委員會), 1960, 75쪽, 서울特別市, 『서울 城郭』, 1976 104쪽.

78) 『肅宗實錄』 권37, 肅宗 28년 10월 壬午.

79) 『肅宗實錄』 권38, 肅宗 29년 3월 庚申.

80) 『肅宗實錄』 권38, 肅宗 29년 3월 庚午.

81) 이들은 도성수축론(도성고수론)자들이었다.

82) 閔德植, 『앞의 글』, 47~56쪽.

북한산성 축성론이 등장하게 된 것은 이전의 강화도나 남한산성 중심의 도성수비론에 비해 도성 자체의 수비에 주력한 것이라는 의미에서 조선후기의 도성방위체제에 한걸음 더 다가선 형태라는 것이다.[83]

북한산은 도성과 산등성이 사이로 가깝다는 점, 지세가 절험하다는 점, 이미 돌로 쌓은 舊址가 있고 석재가 많으며 석재가 모두 그 땅에 있다는 점, 산골짜기에는 곳곳에 물이 있어 군병이 주둔한다 하더라도 물이 부족할 염려는 없다는 점, 병사들의 취사용으로 쓸 수 있는 수목이 어느 정도 자라고 있다는 점, 쌓아야 할 곳이 규모에 비해 적어 축성의 물력을 줄일 수 있다는 점, 도성이 母城 북한산성이 子城의 역할을 하여 도성이 위급하면 북산산성으로 쉽게 입보할 수 있다는 점, 강도나 남한산성처럼 물을 건너는 불편이 없다는 점 등이 장점으로 지적되고 이었다.

그러나 단점도 여러 가지가 지적되고 있었는데, 그중 몇 가지만 지적하여 본다면 첫째, 북한산은 영중추부사 윤지완이 지적한 것처럼 산이 높고 골짜기가 깊은데다가 평지가 아주 적어 도성의 백성이 들어가고자 해도 4. 5분의 1도 수용하기 어렵다는 점이다.[84] 또 성안에는 여러 건물들이 자리 잡을 공간도 필요하였다. 이 때문에 민진

---

83) 李泰鎭, 「肅宗代 北漢山城의 築造와 그 意義」, 『北漢山城 地表調査 報告書』(서울大學校 博物館, 1991, 21~24쪽. 또 그는 숙종 30년의 양역변통 결과 본영의 상주 병력수가 반으로 줄어들게 되어 중앙군영의 방어력이 약화되었는데, 이러한 군제상의 변화가 도성수축론과 북산산성 축성론이 제기되는 이유의 하나로 보았다(李泰鎭, 「앞의 글」. 23쪽). 한편 金良洙는 도성의 수축과 북한산성의 축조를 당시의 사회정세 속에서 원인을 찾으면서, 흉년이 겹쳐 도적이 곳곳에서 일어나 도성방어력에 불안감이 생기고, 18세기초의 도성은 상업적 분위기가 크게 조성되어, 都民을 중심으로 도성을 고수하자는 것이 中心論理가 되고, 도민들도 이를 바랬다고 보면서 계속되는 흉년 등으로 番上이 중지되어, 서울의 군영은 이전보다 군사력이 현저히 약화되는 반면, 상업적 분위기속에서 재력을 중시하는 경향이 점증하고 있었다고 보았다(김양수, 「朝鮮 肅宗時代의 國防問題」, 『白山學報』 25, 1979, 105쪽).

84) 『肅宗實錄』 권49, 肅宗 36년 11월 庚子.

후는 문수동을 포함하여 쌓기를 청하기도 하였다.[85] 실제로 후에 북한산성이 축성되면서 성안의 계곡에는 行宮을 비롯하여 군향관리를 위한 經理廳 산하의 上倉, 中倉, 下倉, 平倉(성외의 蕩春臺)을 비롯하여, 戶曹倉(御供米藏), 訓鍊都監留營倉, 禁衛營留營倉, 御營廳留營倉과 같은 창고들이 들어섰다.[86] 이중 평창은 산성 대부분의 軍餉을 보관하는 大倉이었다. 이밖에 산능선 높은 곳에는 東將臺, 南將臺, 北將臺와 같은 장대가 만들어지고 大寺 18, 庵子 3, 樓閣 3, 橋梁 7개소 등 여러 건물들이 자리 잡게 되었다.[87]

둘째, 도성과 가까워서 도성이 적에 점령되어 불태워질 경우에 북한의 군사와 백성들이 이러한 상황을 직접 바라보고, 마음이 붕괴되어 진정시킬 수 없게 되어 끝내 保守하여 지탱하기가 어렵다는 점이다.[88]

셋째, 도로가 절험하여 소와 말이 통행할 수 없으므로 군량의 운반, 보관, 조적이 쉽지 않다는 점이다.[89] 이 때문에 판부사 이유는 조지서의 洞口를 막아 江倉을 옮겨 설치할 것을 주장하였으며,[90] 숙종 39년 4월에는 탕춘대에 平倉을 설치할 것을 결정하여,[91] 평시에 막대한 군향의 운반과 改色의 문제가 해결되고, 위급시에는 탕춘대와 산성과의 거리가 10여리에 불과하므로 산성으로의 운입도 편하도록 하였다.[92]

---

85) 『肅宗實錄』 권49, 肅宗 36년 12월 辛酉 · 戊寅, 『備邊司謄錄』 책61, 肅宗 37년 2월 15일.

86) 『北漢誌』 倉廩條.

87) 『北漢誌』 宮殿 · 寺刹 · 樓觀 · 橋梁 · 城池條.

88) 『肅宗實錄』 권49, 肅宗 36년 11월 庚子,

89) 『肅宗實錄』 권49, 肅宗 36년 12월 戊寅, 『肅宗實錄』 권49, 肅宗 36년 12월 戊子, 『肅宗實錄』 권50, 肅宗 37년 2월 己巳, 『肅宗實錄』 권50, 肅宗 37년 3월 己酉, 한편 북한산성의 改色은 강도에서 5년에 한 번씩 개색하는 예에 따라 5년에 한번씩 개색토록 하였다(『肅宗實錄』 권50, 肅宗 37년 10월 戊寅),

90) 『肅宗實錄』 권49, 肅宗 36년 10월 丁亥, 이우항은 절반은 성밖의 평지에 둘 수 있을 것이라 하고, 서종태는 수구나 성 아래쪽에 창고를 설치하자고 하였다.

91) 『肅宗實錄』 권53, 肅宗 39년 4월 丁巳,

네째, 지형적으로 5리쯤에 漢尾山이 있어 위험이 된다는 점이다. 이에 대해 총융사 김중기는 대포는 혹 도달한다하더라도 위력은 필시 줄어들 것이라 하고, 사직 이우황도 한미산이 누르는 듯한 형세가 있다 하더라도 대포는 넘어오지 못할 것이라고 보고하였다.[93)]

다섯째, 도성을 호위하려면 단지 한 城만을 지키는데 오히려 넓고 커서 어려운데 두 성을 나누어 지키기에는 事勢가 미치지 못하는 점이다.[94)] 즉 북한에 들어가면 도성까지 아울러 지키는 것은 절대로 어려우며, 만일 불행하게도 적병이 도성을 점거하는 날이면, 북한 같은 외롭고 위태로운 지역으로 어떻게 오래도록 외딴 성을 지키겠는가 하는 점이다.[95)]

여섯째, 水泉의 확보 문제이다. 즉 인수봉(해발 810.5m)을 비롯한 산봉들은 하나의 거대한 岩塊로 된 dome 형상을 하고 있으며, 돔현상의 도상구릉(주변의 평지 혹은 낮은 산지에 비하여 상대적으로 고도가 높아 마치 바다위의 섬모양으로 솟아 있는 산지)은 두꺼운 풍화층이 침식 삭거되고, 그 하부에 있던 절리 간격이 넓은 화강암이 지표 혹은 지표 가까이로 노출되면서, 하중제거에 의한 판상절리(Sheeting Joint)가 탁월하게 발달된 결과 생겨난 것으로 볼 수 있으며, 판상절리는 대체로 지표면에서 평행하게 발달한다. 이 판상절리의 절리면을 따라 수분이 이동 집적되면서 물리·화학적 풍화가 진행되어 암괴가 양파 껍질 벗겨지듯이 붕괴된다고 한다.[96)] 이와 같은 山地의 특색 때문에 일찍이 행사직 이인엽은 북한의 지리는 탕춘대

---

92) 군량은 썩지 않게 자주 신곡으로 改色하여야 하는데, 이유는 조지서에 中城을 쌓고, 군향 50~60만석을 조적하고 매년 10만석을 輸回 改色할 대책을 말하였다(『肅宗實錄』 권51, 肅宗 38년 4월 壬戌),
93) 『肅宗實錄』 권50, 肅宗 37년 2월 己巳,
94) 『肅宗實錄』 권50, 肅宗 37년 2월 己巳, 『肅宗實錄』 권50, 肅宗 37년 3월 己酉,
95) 『肅宗實錄』 권50, 肅宗 37년 2월 己巳,
96) 李琦錫 · 金鍾旭 · 황병삼, 「北漢山城의 自然 및 地理環境」, 『北漢山城 地表調査 報告書』 (서울大學校 博物館), 55~56쪽.

앞의 一曲水가 夏旱冬涸하고 지질이 전부 沙石이라 築土儲水하려한다 하더라도 손쉽게 될 수 없다고 하였다.[97] 즉 북한산은 화강암지대이기 때문에 땅속으로 쉽게 물이 흡수되어 水泉이 크게 문제가 된 것이다. 수천문제는 북한산성 축성반대론자들의 반대 이유 중에 하나였고, 북한산성의 축성에 앞서 가장 큰 문제였다. 결국 총융사 김중기가 북한산을 답사하고 수천도 매우 많아 마르지 않은 우물이 모두 30여 곳이고, 澗水도 15군데나 된다는 점을 숙종에게 보고하자, 숙종은 전일에는 오직 우물을 걱정하였는데, 이제 들으니 우물도 많다고 하니 결단코 성을 쌓는 것이 좋겠다고 하여 북산산성 축성의 뜻을 굳히게 되었다.[98] 이와 같은 水源을 바탕으로 후일 북한산성이 축성되면서 池 26개소와 井 99개소를 성안에 만들 수 있었다. 池 26개소 중 훈련도감이 11개, 어영청이 12개, 금위영이 3개소를 사용하였다고 한다.[99]

축성 후보지의 하나였던 북한산은 시임 · 원임대신을 비롯하여 비국의 諸宰 및 將臣들이 모두 직접 상찰하는 과정을 거치는 등 축성을 시작하기까지에는 많은 사람의 의견을 종합하는 신중을 기하였다. 숙종은 謀事는 비룻 여럿이 하더라도 결단은 내가하고 싶다는 말로 보아,[100] 북한산성 축성논자인 숙종 자신이 결단을 내리고 있음을 볼 수가 있다. 북한산성 축성이 결정된 것은 숙종 37년 2월 초였다.[101] 북한산성 축성논자로는 숙종을 비롯하여 형조판서 이언강, 총융사 김중기, 행장례원판결사 윤덕준, 금부도사 이언위, 지평 여광주, 장령 유술 등을 들 수 있다.

97) 『肅宗實錄』 권38, 肅宗 29년 4월 庚辰,
98) 『肅宗實錄』 권50, 肅宗 37년 2월 己巳,
99) 『北漢誌』 城池條.
100) 『肅宗實錄』 권50, 肅宗 37년 2월 己巳,
101) 『肅宗實錄』 권50, 肅宗 37년 2월 己巳,

Ⅳ. 도성고수론과 절충론

1. 도성고수론

북한산성에 대한 축성논의가 진행되는 속에서도 북한산성의 축성을 반대하고, 도성을 고수하여야 한다고 주장하는 사람들도 상당수 있었다. 그 대표적인 인물로는 영중추부사 윤지완, 동지중추부사 김진규, 병조판서 최석항, 호조판서 김우항, 부제학 조태로, 부교리 홍치중, 사직 이광적 등을 꼽을 수 있다.

이 중에서도 이광적은 도성을 굳게 지키는 계책을 상소하였는데 그는 총융사로 하여금 북성을 전담하고, 수어사로 남성을 전임하게 하여야 한다고 하였다.[102] 영중추부사 윤지완은 도성을 지키면 북한에 성을 쌓아서는 안 되고, 만약 북한에 성을 쌓는다면 도성을 지킬 수가 없다. 즉 도성을 지키는 것이 上計라고 하였다.[103] 특히 김우항은 북산산성의 축조과정에서 민진후의 뒤를 이어 구관당상이 되어 김중기와 함께 축성을 총괄했던 인물이었다.

전 인의 안정기도 도성을 지키는 것이 제1의 방책이라고 하였고, 수어사로 하여금 북한을 수축하여 留都를 삼아서 도성과 서로 순치가 되게 하고, 왕이 도성을 나가 피하는 곳으로 依倣하는 것이 제2의 방책이 된다고 하였다.[104] 호조판서 김우항은 도성의 형편은 족히 믿을만하며 의리와 이해로 헤아려 보더라도 지키지 않을 수 없다고 상소하였다.[105]

그러나 정작 결정권을 쥐고 있던 숙종은 도성은 넓고 커서 지키기 어려우며 해마다 무너진 곳에 따라 보수하고 있으나, 역사를 마

---

102) 『肅宗實錄』 권49, 肅宗 36년 10월 甲子,
103) 『肅宗實錄』 권49, 肅宗 36년 11월 庚子,
104) 『肅宗實錄』 권49 肅宗 36년 11월 丁巳,
105) 『肅宗實錄』 권49, 肅宗 36년 11월 己未,

칠 기약이 없어 중지할 수밖에 없다.106) 또 國初에 도성을 쌓을 때 적을 방어하기 위한 것이 아니므로 견고하게 쌓지 않았으니, 수축하고자 한다면 반드시 이루지 못할 것이고, 지키고자 한다면 반드시 근심이 있을 것이라고 하였다.107) 또 도성을 지키는 기구는 반드시 曲城, 墩臺, 垓子가 있은 후에 적을 방어할 수 있는 법이데, 국초에 처음 쌓았을 때와 비교해 보면 물력을 갑절 들여도 성공하기 어려우며, 만약 해마다 수축하고자 하면 바로 소나무를 심어 그늘을 찾는 것과 같은 것이고, 또 개축한 후에야 지킬 수 있을 것이니 지금은 지킬 수가 없다고 하였다.108) 이처럼 숙종은 도성의 守城에 대해서 부정적인 입장을 취하고 있어, 이러한 도성고수론은 실효를 걷을 수가 없었다. 하여튼 도성의 약 절반 정도의 규모인 북한산성은 절험한 산성이라는 점에서나 당시 방어능력을 고려할 때 군사적으로는 수도방위면에서 도성 보다는 유리하다고 볼 수가 있다. 즉 도성고수론은 명분론적인 성격이 큰 반면, 북산산성 축성론은 현실적인 성격이 강하다고 지적할 수 있겠으며, 수도방위 면에서 진일보한 것이라고 평할 수 있겠다.

2. 절충론

절충논자로는 판부사 이유, 행판부사 이여, 한성군 이기하, 좌의정 서종태, 우의정 김창집, 공조판서 김석연, 행부호군 민진후, 동부승지 한배주 등을 들수 있다.

무인 辛錫百은 도성을 증수해서 완급할 때 굳게 지키는 계책을 삼고, 이어 북한산성을 쌓아 안팎으로 서로 응하는 형세를 삼도록 상소하였다.109)

---

106) 『肅宗實錄』 권49, 肅宗 36년 9월 己未,
107) 『肅宗實錄』 권49, 肅宗 36년 10월 丙子,
108) 『肅宗實錄』 권49, 肅宗 36년 10월 丁丑,

판부사 이유는 북한에 성을 쌓아 내성을 만들어 종사를 移安하고, 북한산의 험조에 의거하여 주필할 곳으로 삼은 후 군사를 나누거나 혹은 疑兵을 설치하여 외성인 도성을 지키면, 저절로 壯盛하여지고 근본이 더욱 견고해질 것이니, 반드시 먼저 허물어질 근심도 없을 것이라고 하였다.[110] 행판중추부사 이여도 도성을 지키기 어렵다하여 가까이 험고를 가려서 한 성을 특별히 설축하여 표리의 형세를 삼고자 한다면, 북한이 홍복보다 나을 듯하다고 하고 이곳도 도성을 경영할 계책이 있어야만 두 가지를 보전할 수 있다고 하였다.[111]

공조판서 김석연은 도성을 지키려면 북한산성을 쌓지 않을 수 없고, 도성을 버리려고 한다면 오로지 북한만을 기대어서는 옳지 않다 하였다.[112] 또 북한산성 축성을 반대하고 도성고수론을 주장해 오던[113] 한성군 이기하도 도성은 진실로 근본이 되니 만약 먼저 도성을 쌓아 굳게 지킬 계획을 하고, 조용히 북한을 의논해 쌓아서 도성과 안팎이 서로 응원하도록 하면 좋을 것이고, 가벼이 도성을 버리고 북한을 주필지로 삼음은 옳은 것인지 알 수 없다고 하였다.[114] 좌의정 서종태는 북한산성을 쌓되 어가는 정세를 보아가며 북한으로 옮겨 들어가 지키되, 도성을 버려서는 안 된고 도성을 확보하지 못하고 적에게 내어주면 위험하여 유지하기 어렵다고 하였다.[115] 강화유수 민진원은 도성을 반드시 지키기로 계획을 정하고, 북한은 급박한 사태에 임하여 물러나 보전하는 곳으로 삼으면 좋겠다고 하였다.[116] 부응교 李世最 역시 북한에 성을 쌓고 겸하여 도성을 지켜

109) 『肅宗實錄』 권49, 肅宗 36년 10월 壬申,
110) 『肅宗實錄』 권49, 肅宗 36년 10월 丁亥,
111) 『肅宗實錄』 권49, 肅宗 36년 11월 丁亥,
112) 『肅宗實錄』 권49, 肅宗 36년 12월 辛酉,
113) 『肅宗實錄』 권49, 肅宗 36년 11월 癸丑,
114) 『肅宗實錄』 권49, 肅宗 36년 12월 辛酉,
115) 『肅宗實錄』 권49, 肅宗 36년 12월 辛酉,
116) 『肅宗實錄』 권49, 肅宗 36년 12월 辛酉,

掎角之勢로 삼으면 좋겠다고 하였다.[117] 북한산성 축성 반대론자였던 김창집도 도성을 전부 버리기가 어려우니, 이러한 일들을 반드시 미리 商量한 후에야 大計를 정할 수 있다고 하였다.[118] 동부승지 한배주는 한두 대장으로 하여금 도성을 겸수하게 한다면, 남한산과 더불어 족히 掎角의 형세를 이룰 것이라 하였다.[119] 도성고수론자였던 행부호군 민진후도 북한산성을 쌓되 도성을 버려서는 안 된다고 하였다. 즉 총융사로 북한에 들어가 지키게 하여 밖으로는 서북의 불의의 사태에 대비하고, 안으로는 도성의 후원이 되게 한다면 도성의 형세는 저절로 안전하게 될 것이라고 하였다.[120]

하여튼 절충논자 중에서는 전부터 도성고수론을 주장하던 사람들이 많았는데, 숙종이 강력하게 북한산성 축성 쪽으로 추진해 나가자, 북한산성을 내성으로 도성을 외성으로 삼는 방위체제를 주장하면서, 숙종이 도성을 버리고 북한산성만을 활용하려는 주장을 견제하려고 하였던 듯하다.

Ⅴ. 북한산성의 축성

앞에서 축성에 대한 번잡할 정도로 다양한 주장들이 제기되었고, 이들 의견들이 정리되어 가는 과정에서 우리의 선인들이 비교적 합리적인 과정을 거쳤음을 알 수가 있었다. 다양한 의견들이 소중한 것이다. 이러한 점이 臺諫制와 함께 조선왕조가 오래도록 지탱하는데 원동력이 된 것이다. 특히 숙종은 빈덕이 많고,[121] 욱하고 화를

117) 『肅宗實錄』 권49, 肅宗 36년 12월 辛酉,
118) 『肅宗實錄』 권49, 肅宗 36년 12월 戊子,
119) 『肅宗實錄』 권50, 肅宗 37년 2월 己巳,
120) 『備邊司謄錄』 책61, 肅宗 37년 2월 15일,
121) 『肅宗實錄』 안의 상소문 중에는 각 정파에서 왕의 의중을 떠 보는 내용들이 많다.

잘 내기는 하였으나,[122] 나라의 일을 처리하느라 점심을 거르고 저녁 늦게 수라를 드시므로 신하들이 건강을 염려할 정도로 열성적이고, 강단이 있던 군주였다. 강화돈대, 남한산성 외성(봉암성), 청주 상당산성을 비롯하여 많은 성곽들을 축조하여 관방을 튼튼히 한 왕으로 평가되고 있다.[123]

북한산성의 축성역은 숙종 37년 4월 3일에 始役하여, 그해 10월 19일에 畢役을 보게 되었다.[124] 『北漢誌』에는 4월 초3일에 시역하여, 9월에 필역하였다고 하였다.[125] 그러나 훈련도감의 보고에서는 훈련도감이 分授한 수문 북쪽으로부터 용암까지 2,292보의 체성과 여장을 8월 25일에 필역하였으나, 성문과 수문은 아직 완역하지 못하였다고 하였다.[126] 『備邊司謄錄』에서도 4월 초3일에 시역하여 체성과 여장은 9월까지 순차적으로 필역하였으나, 성문의 공사는 10월 18일에 완공하였다고 하였다.[127] 숙종의 지시에 의해 작성된 「北漢築城時主管堂上郎廳員役及料販人員三軍門監董人員別單」에는 句管堂上 金宇杭이 10월 19일까지 察任한 것으로 되어 있고,[128] 실록에도 19일에 북한산성의 역사를 마친 것으로 되어 있다.[129] 이처럼 북한산성의 역사는 숙종 37년 4월 3일에 시역하여, 10월 19일에 필역한 것으로 볼 수가 있다.[130] 대동문 각자성석으로 보면, 금위영의 역사

---

122) 숙종은 자신도 제어하기가 어렵다고 하였다.

123) 숙종의 업적 중에서도 성리학의 정착에 힘쓰면서, 신하들의 주청을 받아들여 정종 묘호의 추증과 단종, 사육신, 강빈 등의 복권을 단행시킨 점이 돋보인다.

124) 성벽과 여장의 축조는 9월에 끝나고, 성문의 축조는 10월 19일에 이르러 서야 완전히 끝났다고 볼 수가 있다(李泰鎭, 「앞의 글」, 237~239쪽. 『肅宗實錄』 권50, 肅宗 37년 10월 甲戌).

125) 『北漢誌』 事實.

126) 『承政院日記』 책462, 肅宗 37년 8월 癸未.

127) 『備邊司謄錄』 책63, 肅宗 37년 10월 18일.

128) 『備邊司謄錄』 책63, 肅宗 37년 10월 18일.

129) 『肅宗實錄』 권50, 肅宗 37년 10월 甲戌.

130) 閔德植, 「北漢山城을 쌓게 된 경위에 관한 考察—성곽사적 측면을 중심으로

는 약간 일찍 완공되었던 것을 알 수가 있다. 동왕 38년 4월에 이곳을 행행한 숙종이 中城의 축조를 지시하자,[131] 5월부터는 총융청에서 노적봉과 중봉 사이의 협곡에 中城을 쌓기 시작하고,[132] 10월에는 어영청과 금위영에서 성랑, 창고, 문루, 못, 우물 등의 역사를 완료함에 따라 전체 축성의 역사가 마무리 되었다.

역사는 훈련도감, 금위영, 어영청 등 삼군문이 구간을 나누어 진행하였다. 북한산성은 둘레가 7,620보로 21리 60보였는데, 훈련도감은 수문에서 북쪽으로 龍巖에 이르는 2,292보, 금위영은 용암의 남쪽에서 普賢峰에 이르는 2,821보, 어영청은 수문 남쪽에서 보현봉에 이르는 2,507보를 쌓았다.[133]

북한산성의 축조에는 本部 城役所에는 句管堂上 2명, 都策應 1명, 料賑監官 2명, 書吏 4명, 庫直 1명, 使令 3명 등 13명으로 구성되어 있었다. 구관당상은 문신 1명과 무신 1명이 맡았는데, 문신은 처음에는 민진후가 맡았으나 곧 김우항으로 교체되고,[134] 무신은 김중기가 맡았다. 이들 구관당상이 축성을 총괄한 것이다. 본부 성역소의 도책응은 수원 화성의 예로 보아 본부의 錢穀의 支放을 주관했던 것이 아닌가 싶다. 여기서 부정이 일어나기가 싶다. 북한산성의 축성과 같은 대역사에는 막대한 물력이 소요되므로, 당시 군권을 쥐고 있던 노론측에서는 이를 계기로 비자금을 확보하려고 했다는 이야기도 있다.

한편 금위영의 役所에는 都廳 1명, 內策應 1명, 外策應 1명, 督役將 1명, 浮石牌將 3명, 築城牌將 16명, 運石牌將 5명, 貿販監官 4명, 內策應書吏 2명, 外策應書員 1명, 都廳書員 1명, 內策應庫直 1명, 外策應庫直 1명, 冶匠邊首 2명, 石手邊首 1명, 木手邊首 1명 등 42명으

一」, 『白山學報』 45, 1995, 124쪽.

131) 『肅宗實錄』 권51, 肅宗 38년 4월 壬戌.

132) 『肅宗實錄』 권51, 肅宗 38년 5월 乙酉.

133) 『備邊司謄錄』 책63, 肅宗 37년 10월 18일. 『北漢誌』 城池.

134) 『肅宗實錄』 권50, 肅宗 37년 4월 戊子.

로 구성되었다.[135] 이처럼 금위영에는 16명의 築城牌將이 있었던 것을 보면, 금위영은 전 공사구간을 15所로 나누고 각 所마다 1명씩의 패장이 분담하여 축조를 감역한 것으로 추정이 된다.[136] 都廳은 해당구역의 축성을 총괄하였는데, 화성에서도 역할의 중요성 때문에 정조는 도청인 李儒敬의 의견을 많이 수용하였다. 독역장은 부석, 운석, 축성을 총괄적으로 감동을 하였을 것이다. 부석패장은 석수들을 거느리고 부석소에서 성 돌을 부석을 하고, 운석패장은 역군들을 거느리고 부석된 성 돌을 축성현장으로 운반을 하였는데, 지형적으로 보아 면석에 쓰일 대석은 목도로, 적심에 쓰일 소석은 支架(지게)을 이용하였을 것으로 추정이 된다. 축성패장은 석수와 역군을 거느리고 체성을 축조하였다. 축성의 부실여부는 이들의 손에 달려 있다고 하여도 과언이 아니다. 석수들은 신라의 남산신성비처럼 면석과 적심석인 소석을 쌓는 석수로 구분을 하였을 것으로 추정이 된다. 根石(뿌리돌, 심석)의 배치 등 축성에 응용되는 특수한 공법들은 경험이 많은 노련한 석수변수가 지도를 하였을 것으로 추정이 된다. 체성의 상부에는 고구려 오녀산성, 신라 아차산성처럼 빗물이 성벽으로 흘러들지 않도록 판석을 깔고 흙으로 다졌을 것으로 보이는데, 성벽의 안쪽으로는 병사들이 순찰을 돌며 통행을 하는 내환도[137]가 확인이 되었는데, 체성의 뒷채음 상부에 넓은 판석을 깔고 그 위에 두께 30cm 가량의 흙을 다져 만든 것으로, 이것도 체성의 상부처리와 관련이 있을 것이다.

여기서 야장변수, 석수변수, 목수변수는 야장, 석수, 목수들의 우두머리들이다. 야장변수가 2명인 것은 석수들이 돌을 다룰 때 정을 많이 사용하므로, 정이 무뎌지면 벼리어야 하는 등 일이 많았기 때문일 것이고, 그만큼 工匠 중에서 야장을 우대한 것이다.

---

135) 交替時에는 1명으로 계산하였다.
136) 민덕식, 『韓國 築城關聯 金石文 硏究』(백산자료원), 2022, 298쪽.
137) 중국에서는 馬道라고 부른다.

역군으로는 관군, 승군, 募軍, 工匠이 참여하였는데, 승군의 八道都總攝은 聖能이 맡았으며, 그는 영조 21년에 『북한지』를 편찬하였다. 정조도 이 책을 보고 남한산성도 『북한지』처럼 『南漢誌』를 펴내도록 명을 내렸다. 여기서 모군은 품값을 받는 임금노동자인 잡역부였다. 이 밖에 도성민과 인근 경기도민들도 부역에 참여를 하였을 가능성도 있으나 구체적인 내용은 알 수가 없다.

財用面에서 금위영의 예를 보면 축성시 사용한 재물은 쌀 6,000석, 무명 286同 34疋, 돈 12,900냥, 正鐵 900근(비변사 지급), 薪鐵 78,233근(8,498근은 비변사에서 지급하고, 69,735근은 금위영에서 措備), 石灰 4,829석(비변사 지급), 숯 4,905석(1,168석은 비변사에서 지급하고, 3,737석은 금위영에서 조비), 生葛 633동(247동은 비변사에서 지급하고, 386동은 금위영에서 조비), 四升布 2동(비변사에서 募軍과 工匠 등의 施賞用으로 지급), 小帽子 300立(비변사에서 모군과 공장 등의 시상용으로 지급)이었다.[138] 이처럼 막대한 물력이 소요되었다.

『북한지』에는 성 안에 성문(암문 포함) 14,[139] 장대 3,[140] 행궁[141] · 성랑 143,[142] 창고 8, 사찰 21,[143] 누각 3, 교량 7, 못 26, 우물 99개소가 있었다고 하였다.[144]

---

138) 『備邊司謄錄』 책63, 肅宗 37년 10월 18일.

139) 성문은 북문, 대동문, 대서문, 대성문, 중성문 등 5개소이다.

140) 시단봉 위에 동장대, 나한봉 동북의 남장대, 중성문 서북의 북장대가 있었는데, 금위영 관할 구역인 동장대가 북한산성의 총지휘소였다. 행궁에서 소리를 지르면, 동장대에서 그 소리가 들렸다고 한다.

141) 행궁은 동장대 맞은편 상원봉 아래에 위치하였으며, 숙종 38년 6월에 완공되었다. 왕비가 거처하는 內殿은 정전 28칸 등 35칸, 왕이 정사를 보는 外殿은 정전 28칸 등 35칸이었다.

142) 城廊은 여장 안쪽에 만든 초소건물지로 45개소가 확인 되었다. 규모는 앞면 3칸, 측면 1칸이고, 성벽을 마주대하는 앞면을 제외한 3벽면은 초석에 세운 기둥 사이로 토석혼축의 벽체를 만들었다.

143) 북한산성에는 360명의 승군이 重興寺, 龍巖寺, 輔國寺, 普光寺, 太古寺 등 11개 사찰에 주둔하였다. 증흥사를 136칸으로 증축하여, 이곳에 僧營을 두어 이들 사찰을 관장하고, 僧大將이 팔도도총섭을 겸하였다.

144) 이밖에 三軍門留營도 있었다.

맺 음 말

북한산에는 아직 삼국시대의 산성유적은 확인이 되지 않고 있으나, 숙종대의 북한산성 성벽 기저부 아래에서 중흥산성의 성벽이 확인되어, 문헌에 나오는 고려시대의 重興山城(漢陽山城)의 존재가 확인되었다.

숙종 36년 9월의 北咨는 동왕 30년부터 시작된 도성의 수축을 중단하는 원인이 되었다. 이 사건은 이해 8월 20일경에 청의 金州衛에 침입하여 약탈을 자행하던 해적을 瀋陽將軍과 金州守將이 100여명을 掩殺하고 대장 3명을 생포하였는데 나머지 적들은 배를 타고 동쪽으로 달아났다는 내용이었다. 이와 같은 소식에 도성민들은 지나치게 놀라고 두려워하였으며, 소요스러움이 날로 심하게 되고, 외방에 있어서는 전해지는 풍문이 부풀러져 소요스러움이 서울에 비하여 곱이나 더하여 사변이 눈앞에 박두한 것처럼 생업을 돌볼 생각이 없었다고 한다.

이와 같은 상황 속에서 조정에서도 수도방위책을 마련하게 되었는데, 이에 새로운 산성의 축성론이 제기되어 홍복산과 북한산이 거론되게 되었다. 숙종을 중심으로 한 북한산성 축성론자들에 의해 북한산성 축성 쪽으로 점차 진행됨에 따라, 영중추부사 윤지완, 병조판서 최석항 등의 도성고수론자들은 북한산성 축조를 반대하고, 도성을 중심으로 한 수도방위체제를 주장하게 되었다. 한편으로는 북한산성을 축성하되, 도성도 버리지 말고 함께 방어해야 된다는 절충론도 제기되었다. 즉 북한산성을 내성, 도성을 외성으로 하는 방어체제를 주장한 것이다. 이러한 절충론자로는 판부사 이유, 한성군 이기하, 우의정 김창집, 행부호군 민진후 등을 꼽을 수 있다. 이 중에서 이기하, 민진후와 같은 이는 전부터 북한산성의 축조를 반대하던 도성수축론자들이었다. 그러나 이유와 같은 이는 숙종 29년에 북한산성의 축성을 주장하고,145) 동왕 38년 8월에는 主管堂上이 되었고, 9월에 經理廳이 설치되자,146) 도제조로 임명되어 북한산성을 주관하는 임무를 맡았던 인물이었다.147) 하여튼 인맥으로 보자면 실리론적인 북한산성 축성론자들의 성격은 잘 알 수 없으나, 명분론적인 도성고수론자들 중에는 노론측의 김진규 등도 있었으나 소론의 영수격인 윤지완이나 소론의 실력자였던 최석항을 필두로 소론이 많았고, 절충론자들 속에는 서종태와 같은 소론도 있었으나 김창집, 민진원과 같은 노론의 영수격을 비롯하여 노론측이 많았다.

한편 숙종은 반대 의견에도 불구하고 都城不可論을 주장하면서,148) 북한산성을 수축하여 북한산성을 위주로 한 수도방위체제를 수립하고자 계획하였다. 숙종이 도성불가론의 생각을 갖게 된 것은 동왕 30년부터 도성수축론자들의 주장에 따라 시작된 도성의 수축이

---

145) 『肅宗實錄』 권38, 肅宗 29년 1월 丙寅,

146) 경리청의 본청은 도성의 鄕校洞에 설치되고, 산성 내에는 분소격인 管城所가 설치되었다. 관원은 도제조 1인, 제조 1인, 낭청 1인, 管城將 1인 등이었다(『北漢誌』 官員條), 경리청은 유사시에 대비하여 산성 내에 비축한 3군문과 선혜청 일부의 5, 6 만석에 달하는 군량을 관리하였는데, 貿米取銀, 賑資還疑 등을 통한 취리행위로 막대한 이익을 올리게 되어 문제가 되자, 경종 2년에 산성으로의 3군문 保米의 수송이 중단되었다(李泰鎭, 『朝鮮後期의 政治와 軍營制 變遷』 (國學硏究院), 1985, 244~246쪽. 陸軍本部, 『韓國軍制史』, 근세조선후기편, 1977, 182~184쪽).

147) 이현수는 도성고수론자로 서종태, 윤지완, 이기하, 조태노, 허극, 북한산성 축성론자로 이유, 김창집, 김중기, 이우항 등을 지적하였다(李珥秀, 「北漢山城 築造와 經理廳의 置廢」, 『陸士論文集』 31, 1986, 236쪽).

148) 숙종은 북한산성이 새로 축성된 후에도 북한산성을 축성하고 아울러 도성까지도 지키는 것은 형세가 할 수 없으니, 나의 뜻도 이와 같다하여 북한산성을 위주로 하는 수도방위책을 표명하였다(『肅宗實錄』 권56, 肅宗 41년 10월 壬辰). 즉 숙종 때에는 북한산성은 도성에 우위하는 것이어서, 산성 내의 각 留營을 통해 도성의 주력부대로 도성에 본영을 둔 숙위군영인 금위영, 훈련도감, 어영청의 3군문과 긴밀한 연락을 갖고, 유사시에 국왕을 옹위하는 삼군문의 산성 입성을 계획하고 있을 정도였다고 한다(李泰鎭, 「앞의 글」, 41쪽).

한발과 계획차질 등으로 중단이 거듭되는 등 지지 부진한 결과를 가져온데 대한 불신감도 크게 작용한듯하다. 그의 「都城則濶大 決非可守之地」라 하고, 해마다 무너진 곳에 따라 보수하고 있으나, 역사를 마칠 기약이 없으며, 국초에 적을 방어하기 위해서 쌓은 것이 아니기 때문에 견고하지 못하므로, 부분적인 수축으로는 불가하며, 전면적인 改築工事가 이루어진 후에야 도성을 쓸 수 있다는 생각을 갖고 있었다. 즉 도성을 대대적으로 개축할 바엔 차라리 입지조건이 좋은 북한산에 새로 성을 쌓는 것이 좋겠다는 그의 생각을 일관되게 견지하였으며, 결정권을 쥐고 있던 그의 견해를 막을 수가 없었다. 이와 같은 이유 때문에 동왕 36년에 진행되던 도성의 여장 수축공사도 자연 중지되고 말았다. 이는 즉 영조의 즉위와 함께 도성을 중심으로 한 도성방위체제가 확립되기까지,[149] 도성수축론과 도성고수론의 후퇴를 의미하는 것이었다.

149) 元永煥, 「朝鮮後期 都城修築과 守備에 대한 考察」, 『鄉土서울』33, 1975, 159~181쪽.

제4장 탕춘대성의 축성

머 리 말

탕춘대성(西城)[1]은 서울 종로구 홍지동 산 4번지 일대에 위치한다. 이 성은 도성과 북한산성을 잇는 북쪽과 북한산 남쪽으로 뻗은 능선을 활용하여 남북 방향으로 축조하였다. 즉 인왕산 정상에서 동북쪽 200m 지점에서 북쪽으로 뻗은 능선을 따라 내려오다가 弘智川을 건너고, 다시 북쪽의 북한산 碑峰으로 향하는 능선을 따라 香爐峰 아래까지 이르는 성곽이다.

숙종대에는 탕춘대성의 축조에 앞서 도성의 수축을 대대적으로 실시하였다. 그러나 도성이 너무 넓어서 수비가 어렵다고 하여 북한산성을 쌓게 되는데, 이러한 계책은 대체로 숙종의 뜻에서 비롯되었다.[2] 북한산성은 훈련도감, 금위영, 여영청이 역사를 맡아 숙종 37년 4월에 시역하여 10월에 필역하였다.[3] 북한산성이 완공되자 숙종 38년에 이를 관장하는 經理廳이 설치되고,[4] 경리청의 도제조였던 영의

1) 연산군은 동왕 12년에 藏義門 밖 造紙署 터에 離宮을 지으려다, 먼저 봉우리 위에 蕩春臺를 세우고, 봉우리 밑에 좌우로 흐르는 물을 가로질러 石柱를 세워 黃閣을 짓고, 언덕을 따라 長廊을 연하여 짓고 모두 청기와로 이으니 고운 색채가 빛났다고 한다(『燕山君日記』 권61, 燕山君 12년 정월 丁未). 『大東地志』 漢城 宮室條에는 탕춘대는 藏義寺古址에 있다고 하였다. 현재 장의사지 당간지주는 세검정초등학교 운동장 내에 있으므로 김정호는 탕춘대가 세검정초등학교 일대에 있었다고 본 것이다. 현재 서울시에서 설치한 탕춘대 터 표석은 세검정 동쪽의 산봉우리 밑에 있다. 산봉우리는 밑으로 흐르는 沙川의 물줄기를 감상하기에 좋은 곳이다.

2) 『備邊司謄錄』 책68, 肅宗 41년 11월 6일.

3) 『備邊司謄錄』 책63, 肅宗 37년 10월 18일. 『北漢誌』 事實. 閔德植, 「서울城郭 주변의 築城關聯金石文」, 『博物館報』 20(淸州大學校 博物館), 2007, 43쪽.

정 李濡가 북한산성을 주관하게 되었다. 북한산성을 주관하던 이유는 북한산성의 보호를 목적으로 북한산성과 도성을 잇는 탕춘대성의 축조를 건의하면서 탕춘대성의 축조가 시작되었으나, 필역은 우여곡절 끝에 영조대에 가서야 이루어졌다.

탕춘대성은 그 동안 도성이나 북한산성에 비해 학계에서의 관심이 적었다고 볼 수가 있다.[5] 본고는 탕춘대성의 연구를 위한 기초조사이며, 탕춘대성의 축조과정만을 한정하여 문헌자료와 금석문자료를 통하여 살펴보려고 한다.

Ⅰ. 탕춘대성의 현황

1. 翼城

(1) 홍지문

탕춘대성의 성문인 弘智門(漢北門)[6]은 1921년의 홍수로 훼손된 것을 1976~1977년도에 복원하였다.[7] 원위치에서 약 4m정도 서쪽으

---

4) 『肅宗實錄』 권52, 肅宗 38년 9월 庚子.

5) 탕춘대성은 한양도성과 북한산성을 잇는 甬道의 역할을 동시에 하도록 만들어진 關門의 요소와 용도의 역할을 함께 가지는 것으로 알려져 있다(차용걸, 「서울 도성과 방어유적의 복원 · 보존 및 과제—서울성곽 · 북한산성 · 탕춘대성—」, 『鄕土서울』 75, 서울特別市史編纂委員會, 2010, 261쪽).

6) 영조 24년 3월에 景賢堂에서 종묘제조 등을 인견할 때 영조는 무장들이 현판의 規例를 잘 몰라서 漢北門의 御製懸板이 잘못 달렸으니, 바꾸어 달도록 교련관에게 분부하라고 명하였는데(『承政院日記』 책1027, 英祖 24년 3월 甲午), 여기서의 어제현판이 숙종이 쓴 「弘智門」이라는 현판이 아닌가 싶다. 『承政院日記』, 『實錄』, 『備邊司謄錄』, 『都城圖』, 『大東地志』, 『大東輿地圖』 등에는 漢北門이라고 표기하였다. 이처럼 홍지문 대신 일반적으로 한북문이라고 많이 불렀다. 한북문은 도성인 한성의 북쪽에 있는 문이라는 의미이다. 이 문은 弘濟院으로 통했다. 즉 홍지문을 통한 길은 서대문에서 한양도성과 안산 사이에 있는 무학재를 넘어 延曙驛으로 올라가는 서북대로와 만난다. 한편 홍지문에는 部將 1명을 두었는데, 春坊의 서리인 姜孝元의 자손이 전승하여 영구히 임명되었다고 한다(『萬機要覽』 軍政篇 3 摠戎廳 官制).

로 이전하여 복원하였다고 한다. 홍지문 陸築은 가로 18m, 세로 7.3m, 높이 5.2m이고, 북쪽은 五間水門에 연결하였으나, 남측은 부득이 육축의 登城階段도 없이 절단형식으로 복원하였다. 西向한 성문의 통로는 앞 뒤 홍예 틀을 마련하고, 그 사이는 장대석을 수직으로 쌓아 올린 구조이다. 외 벽면의 홍예 폭은 3.5m, 배면통로 폭은 4.5m이고, 홍예는 2단으로 된 홍예기석 위에 반원형 홍예를 틀었다. 육축 전후면 통로 좌우에 각각 1개씩의 石漏槽를 설치하였다. 문루는 단층으로, 정면 3칸(9.39m), 측면 2칸(4.02m)의 우진각지붕이다.

(2) 수문

五間水門은 弘智川(沙川, 모래내, 蕩春臺川, 文殊川)을 가로 걸친 수문으로, 홍지문에서 북쪽으로 연결되는 하천구간의 시설물이다. 홍지문처럼 1921년의 홍수로 훼손된 것을 1976~1977년도에 복원하였다. 홍지문의 북쪽 측벽에 잇대어 축조하였으며, 길이 27.28m, 폭 6.8m, 높이 5.23m, 수구 폭 3.76m, 수구 높이 2.78m이고, 5칸으로 된 연속 홍예 수문이다. 수문 위 외벽에는 8타의 여장을 설치하였는데, 한 타의 길이는 3.3m, 폭 0.9m, 높이 1.1m이다.

(3) 좌성

좌성은 수문에서 북쪽으로 뻗은 석축 성벽이다. 즉 좌성이 끝나면 북벽이 연결된다. 하천 북쪽지역으로 오칸수문과 직접 연결되어 북쪽지역으로 이어지는 경사 지역에 축조하였다. 오칸수문을 지나서 약 100m 구간은 서쪽 방향으로 휘어진다. 이 구간을 지나 약 170m 정도 가면 자연지형을 이용한 돌출부(해발 157.5m)가 나온다.[8] 이곳 북벽 돌출부도 남벽 돌출부처럼 성문으로 진입하는 통로를 막는데 중요한 위치에 있다고 볼 수가 있다.

1976~1977년도에 서울시에서 옥개석을 갖춘 여장까지 포함한 성

---

7) 현 弘智門이라는 현판은 박정희의 글씨이다.

8) 이 돌출부를 曲城이라고 부르기도 한다(서울특별시, 『서울소재 성곽조사 보고서』, 2003, 152쪽).

벽 180m정도를 복원하였다. 眉石은 만들지 않았다. 지반이 낮은 하천 인접지역은 4m정도 높게 복원하고, 이후 경사지는 2m내외로 쌓고 그 위에 여장을 마련하였다. 오칸수문을 지나서 이어지는 성벽은 민가가 들어서 있어 성벽을 따라 통행이 불가능하다.

본래의 좌성 길이는 알 수가 없으나, 지형적으로 보아 돌출부까지로 추정한다면 약 270m정도가 된다.

(4) 우성

우성은 홍지문에서 인왕산 방향으로 뻗은 석축 성벽이다. 즉 우성이 끝나면 남벽이 이어진다. 성벽은 능선 정상의 벽면을 따라 片築으로 축조하였다. 홍지문 남측으로는 4차선 도로가 뚫려 성벽이 없어졌다. 이때 홍지문 육축 일부와 남쪽의 성벽 약 30m정도가 잘렸다. 4차선 도로가 끝나면 1976~1977년도에 서울시에서 약 100m정도 구간을 복원한 성벽이 나타난다. 옥개석을 갖춘 여장은 급경사 지역이므로 계단처럼 층단으로 축조하였으며, 1타의 길이는 342cm, 銃眼은 폭 32cm, 높이 34cm정도이고, 중앙에는 近銃眼, 좌우에는 遠銃眼을 설치하였다. 돌과 돌 사이는 회 붙임을 하였고 眉石은 만들지 않았다. 이 복원 성벽이 끝나면 약 80m정도의 옛 성벽이 나타난다. 복원 성벽이 끝나는 지점의 옛 성벽의 여장 규모는 높이 98cm, 폭 106cm정도이고, 총안은 폭 26cm, 높이 32cm이다. 면석의 크기는 35×30cm, 32×20cm, 24×16cm, 22×14cm정도이다. 성 돌은 대부분 주변에서 주운 막돌이나 개중에는 네모나게 거칠게 다듬은 것도 있다. 옛 성벽의 면석 사이에도 복원 성벽처럼 회 붙임 한 줄눈이 보이는데, 후에 한 차례 보수한 흔적으로 보인다. 옛 성벽이 끝나는 지점부터는 밖이 높은 암벽으로 되어 있기 때문에 별도로 석축을 하지 않았다. 우성의 본래 길이는 약 200m정도였던 것으로 추정된다. 훼손되기 이전의 사진을 보면 남쪽에서 능선을 따라 내려온 성벽이 끝부분에서 홍지문 쪽으로 휘어져 연결된 모습을 볼 수 있다. 즉 잘려진 4차선 도로에 있던 성벽의 모습을 볼 수가 있는 것이다. 이처럼 홍지문이 우성 보다 약 25m정도 안으로 들어간 것은 방어를 목적한 것으로, 우리나라 성문의 일반적인 특징이다.

한편 좌성과 우성은 익성(翼城, 차단성)에 해당되며, 홍지문은 관성을 통행하는 關門이다. 이러한 익성은 우리나라에서는 삼국시대부터 협곡지형에 널리 활용되어 왔다.

2. 남벽

남벽[9]은 인왕산 정상(해발 525m)에서 성벽을 따라 동북쪽으로 약 200m정도를 내려와서 도성과의 접합점을 이룬다. 이 지점에는 현재 군부대의 초소가 설치되었으며, 탕춘대성으로 내려가는 철 계단이 설치되어 있다. 탕춘대성에서는 이 철 계단이 없으면 도성으로 올라갈 수가 없다. 이곳에서 북쪽으로 내리막길로 형성된 화강암 암반으로 된 능선이 약 30m정도 형성되어 있다. 이어서 능선 정상을 따라 솔 밭 사이로 폭 약 3m 내외의 흙으로 된 등산로가 이어진다. 이 등산로가 옛 토루의 흔적이라고 볼 수가 있다. 이러한 토루가 계속 북쪽으로 이어지다가 시작점에서 약 300m정도 되는 곳에서는 성 안팎으로 높은 암벽을 이루는 암반지대가 나타난다. 이 암벽지대는 융기된 자연 암반을 그대로 성벽으로 활용하였다. 이 암반지대에는 통행시 추락의 위험을 예방하기 위하여 암반통로 좌우에 인제책을 만들어 놓았다. 자연 암반의 형상이 능선을 따라 폭 약 3m 내외로 토루가 마치 암반으로 이어지는 모습이다. 이 암벽지대를 지나면 등산로로 이용되는 토루가 계속된다. 이러한 토루 구간에도 군데군데 암반지대가 일부 있기도 하다. 시작점에서 835m의 지점에는 해발 225m의 봉우리가 우뚝 솟아 있다. 능선이 밖으로 돌출된 곳이다. 이 곳은 남벽에서 가장 중요한 곳으로 망대, 장대로도 활용할 수 있고, 홍지문을 보호하는 적대의 역할도 한다. 이러한 군사적 중요성 때문

9) 남벽은 홍지문 남변까지이나 여기서는 익성의 右城을 고려하여 우성 남변까지를 편의상 남벽이라고 하였다.

에 현재도 이곳에는 군부대가 주둔하고 있다. 홍지천과도 직선거리가 약 300m정도 밖에 안 된다. 군부대가 주둔하고 있어 접근을 할 수가 없기 때문에 자세한 조사는 할 수가 없다.[10)]

이곳에서부터는 성벽이 성 안쪽인 동북방향으로 포물선 형상으로 움푹하게 곡선으로 휘어져 이어진다. 이 돌출된 봉우리를 지나면 토루가 약 290m정도 이어지다가 화강암 암반 능선을 만나고, 그리 크지 않은 암반 능선을 지나 토루는 북쪽의 급경사 지역으로 약 250m 정도 이어지다가 암벽지대가 약 50m정도 이어진다. 이 암반지대가 끝나는 하단부터 석축으로 된 익성의 석성이 이어진다.

이처럼 남벽은 화강암 암벽으로 형성된 험준한 인왕산 줄기를 잘 활용하여 암반으로 형성된 지점에는 성벽을 별도로 쌓지 않고 암반을 성벽으로 활용하였으며, 그렇지 못한 곳은 토루를 구축하였다. 인왕산에서 북쪽으로 뻗어 내려간 능선의 상부를 잘 활용하여 성벽을 구축한 점이 돋보인다. 성벽의 길이는 약 1,425m정도가 된다.[11)] 특히 남벽은 토축을 하였는데, 이는 이곳이 도성의 主脈에 해당되는 지역이므로, 주맥을 보호하기 위해서 토성으로 축조한 것이다.

3. 북벽

북벽[12)]은 익성의 좌성 끝에서부터 시작된다. 돌출부의 북측에는 네모진 치성 1기가 축조되어 있는데, 이것을 보면 당시 돌출부 일대

---

10) 이 돌출부를 曲城이라고 부르기도 한다(서울특별시, 위의 책, 148쪽).

11) 영조 30년 9월에 총융청에서 보고한 바에 따르면, 한북문 남변에서 인왕산 도성 밑까지 성벽의 길이가 1,400보라고 하였다(『備邊司謄錄』 책127, 英祖 30년 9월 1일). 여기서 영조 26년에 개정된 영조척 1척을 31.22cm(朴興秀, 「李朝尺度에 關한 硏究」, 『大東文化硏究』 4, 성균관대 대동문화연구원, 1967, 221쪽)로 대입하면 2,622m가 된다. 그러나 이는 실제보다 길기 때문에 영조 26년에 개정된 주척 1척을 20.83cm(朴興秀, 위의 논문, 221쪽)로 대입하면 1,750m가 되어 실제의 1,625m와 보다 근접하다.

12) 북벽은 홍지문 북변부터이나 익성의 左城을 고려하여 여기서는 좌성 북변부터를 편의상 북벽이라고 하였다.

의 방어를 매우 중요시하였음을 알 수가 있다. 또 돌출부에서 북쪽으로 1,278m의 거리에 平据式으로 된 암문 1개소가 위치한다.[13] 이 지점은 북벽의 중간지점에 해당된다. 그 동안 보수는 하지 않았다고 여겨지며 보존 상태는 비교적 양호하다. 장방형의 잘 가공된 무사석으로 축조하였으며, 통로의 외부 폭 1.95m, 내부 폭 2.64m, 높이 1.84m, 통로 길이 2.46m이다. 상부는 3m 내외의 장대석을 여러 장 덮어 천장을 구축하고 그 위에 여장을 축조한 것이나. 현재는 여장 기초 1단만 남아 있다. 문짝을 달았던 門確石이 남아 있고, 좌우측벽에는 將軍木을 끼웠던 방형의 구멍도 남아 있다. 현재 암문 북측으로는 종로구 구기동과 은평구 녹번동으로 통하는 구기터널이 뚫려 있다.

성벽은 암문에서 1,925m 거리에 있는 향로봉 남측 분기점까지 이어진다. 이 지점은 향로봉 정상(해발 510m)으로 통하는 암반 통행길과 우회하여 동쪽으로 돌아 비봉(해발 527.5m)으로 통하는 분기점이다. 이 북쪽으로는 축성의 필요성이 없어 자연 지세를 그대로 활용하였다. 즉 향로봉 남측 분기점에서 향로봉 정상을 통하여 비봉으로 이어지는 약 300m 구간은 가파른 지세로 축성이 불가능하다. 또 비봉과 북한산성 大南門 구간 역시 급경사를 이루고 있어 굳이 성벽을 축조하지 않아도 성벽의 역할을 할 수 있는 자연 지형을 이루고 있다.

성벽의 높이는 지형에 따라 차이를 두고 있으며, 향로봉 쪽으로는 지형이 높아지면서 자연 성벽의 높이도 낮아진다. 상명대학교 부근은 3m정도의 높이를 보이기도 하나, 끝 지점 부근은 외측 높이 161cm(5단), 여장 폭 100cm, 내측 높이 21cm(1단)정도가 남아 있다. 또 외측 높이 120cm(3단), 여장 폭 119cm, 내측 높이 116cm(5단)를 보이는 곳도 있다. 특히 체성과 여장 사이에는 미석을 사용하지 않

13) 『大東地志』 漢城府 城池條에서도 暗門이라고 하였다.

왔기 때문에 체성과 여장이 잘 구별되지 않는다.

돌출부 부근의 한 지점의 면석 크기는 66×54cm, 47×51cm, 35×44cm정도이고, 암문 북쪽의 한 지점은 외측 높이가 170cm(5단)였는데, 여기에 쓰인 면석의 크기는 70×44cm, 62×46cm, 60×38m, 60×30cm정도였고, 이 보다 북쪽에 있는 한 지점은 여장 폭이 110cm(1단)가 남아 있었는데, 여기에 사용된 체성의 면석 크기는 64×31cm, 56×30cm, 48×34cm, 40×30cm, 29×21cm정도였다. 특히 여기서는 55×48×95cm 크기의 根石(뿌리돌, 심석)이 확인되었다. 이처럼 면석은 폭이 약간 긴 장방형으로 약간 다듬었으며, 대체로 품자형으로 바른층쌓기를 하였고, 약 15°정도 경사를 두면서 수직에 가깝게 축조하였다. 면석 사이에는 면석들의 수평을 잡기 위해 쐐기돌을 사용하였다. 또 성벽의 바닥에는 기단석을 사용하지 않은 곳도 있지만, 기단석을 사용한 곳은 넓고 납작한 기단석을 놓고 기단석 바깥에서 10~15cm정도 들여서 체성을 쌓았다. 면석 뒤쪽으로는 일정한 두께를 돌로 뒤채움을 하였다. 또 암문 남쪽으로는 흙으로 보축을 하여 성벽 안쪽을 협축처럼 축조하였다.

여장에 사용된 석재는 체성의 석재보다 작으며 平女墻으로 축조하였다. 여장이 잘 남은 곳은 내측 높이 104cm(5단)정도가 남아 있는 곳도 있다. 여장이 보이지 않는 구간도 대부분은 여장의 기초를 확인할 수 있을 정도이고, 여장 폭은 100~135cm정도이다. 특히 상명대학교 서쪽 성벽의 여장에는 파괴는 되었으나 총안이 비교적 잘 남아 있다.

돌출부의 북쪽 지점에는 성 돌을 하나 뺄 정도 규모의 수구가 2개소 남아 있다. 이 구간은 성벽이 능선 정상에 있지 않고 정상에서 밑으로 내려와 있기 때문에 성 내부의 물을 성 바깥으로 내 보내기 위해서 마련한 것이다.

현재 탕춘대성에는 등산객들의 출입이 많아 성벽 상부가 그대로 등산로로 이용되고 있으며, 통행에 편리하도록 성 돌의 일부를 들어내 훼손한 곳도 여러 곳이 있다. 보존대책이 시급하다.

탕춘대성의 총 길이는 5,156m로 비교적 방대한 규모인데,[14] 북벽의 길이는 시점을 돌출부로 기준하다면 3,203m가 되어 전체의 62%에 해당된다.

Ⅱ. 탕춘대성의 축조

1. 익성의 축조

1) 금석문 자료

弘智門 刻字城石

摠戎營. 都廳前水使趙以健. 策應折衝趙以雄. 水門前僉使申瑄. 城門前衛將金華瑞. 浮石前都事鄭光羽. 浮石兼左城前萬戶李東芳. 運石出身柳昌瑞. 拾石兼右城前司果李萬杓. 歲在乙未六月日書. 石手邊首嘉善金逸文. 追錄. 右城哨官金尙剛.

무사석의 크기는 가로 130cm, 세로 47cm이고, 다른 무사석보다 면석을 잘 다듬어서 刻字하였다. 모두 13행으로, 字徑은 3~5cm정도이다. 홍예 안 통로의 6단 째 무사석에 새겨져 있으며, 홍예기단석에서 280cm 높이에 놓여 있기 때문에 일반인들의 눈에 잘 띄지를 않는다.

본 각자성석에는 숙종 41년(1715) 6월에 총융청에서 홍지문, 五間水門과 홍지문옆 좌 · 우 성벽을 완공하였다고 하였다. 본 역사에는 趙以健이 도청, 趙以雄이 策應을 맡아 작업을 진행하였으며, 申瑄이 수문, 金華瑞가 성문, 鄭光羽가 浮石,[15] 李東芳이 浮石 겸 左城, 柳昌瑞가 運石, 李萬杓가 拾石[16] 및 右城, 金逸文이 石手邊首를 맡았

---

14) 서울특별시, 『서울소재 성곽조사 보고서』, 162쪽.

15) 돌 쪼갬(쐐기, 야쪼갬)에는 돌의 결대로 쐐기 구멍을 파서 구멍에 쐐기를 박아 돌을 쪼개는 방법을 사용한다. 나무 쐐기에 물을 부어 놓으면 쐐기가 불어서 돌이 깨어지는 방식이 가장 오래된 방법이다.

고, 金尙剛이 右城哨官으로 참여하였다는 것이다. 특히 석수변수 김일문이 간지 뒤에 기록된 것을 보면, 각자성석의 銘文이 마련된 후에 김일문이 석수의 대표자로서 추가된 것으로 보여지며, 金尙剛이 추록된 것도 축성에 참여한 초관들을 대표하여 김상강이 추록된 것으로 추정된다. 본래 총융청에서 초관은 종9품 有品軍官이었는데,[17] 여기서는 축성에서 패장 역할을 하던 감역관이었을 것으로 여겨진다.

하여튼 본 축성역사는 給價雇立制을 바탕으로 한 匠人과 募軍이 역부로 동원되었을 것으로 추정된다.

1차 축조구간은 그 후 영조 29년 2월부터 30년 8월 사이의 축성역사에서 좌성이 수축되고, 우성도 체성 50보와 여장을 수축하였다고 한다.[18]

2) 문헌자료

(1) 탕춘창의 조성

A—① 숙종 37년 2월 5일에 총융사 金重器 등이 북한산성의 터를 둘러보고 와서 보고하는 자리에서 좌의정 徐宗泰는 판부사 李濡가 箚子에서 북한산성의 창고를 탕춘대에 짓자고 하였는데, 역시 편리하고 좋을 듯하다고 하였다(『備邊司謄錄』책 61, 肅宗 37년 2월 9일).

② 숙종 37년 10월 23일에 대신과 비국당상을 인견하는 자리에서 형조판서 李彦綱은 탕춘대 근처와 북한산성 수문 밖 평지에 북한산성의 창고를 짓는다면, 백성들이 점차로 모여들 것이므로 俸祿을 나누어 주고 料米를 푸는 데에도 편리할 것 같고, 비록 졸지에 완급

16) 성벽이 막돌로 쌓여진 경우 拾石으로 이루어진 것이다.

17) 인조 2년에 총융청이 창설될 때는 총융청에 哨官이 20명이었으나(『增補文獻備考』권226 職官考 13 武職 摠戎廳), 그 후 26명이 되었는데 鍊戎臺의 자리에 1명이 있었다(『萬機要覽』 軍政篇 3 摠戎廳 官制).

18) 『備邊司謄錄』책127, 英祖 30년 9월 1일.

이 생긴다고 하더라도 성문과 지척이니 미처 실어들이지 못하는 염려는 없을 것이고, 약간의 곡물을 성 안에 나누어 보관하는 것이 역시 좋겠다고 하였다. 그러나 영의정 서종태는 탕춘대는 북한산성에서 10여 리나 되고 길도 험난하니, 비록 그리 멀지 않더라도 몹시 급작스러운 경우에는 전량을 실어드리기는 어렵다고 하였다(『備邊司謄錄』책63, 肅宗 37년 10월 27일).

③ 숙종 38년 10월 20일에 이유가 탕춘대에다 창고를 세우고 군향을 저장하여 북한산성의 형세를 굳게 할 것을 청하자, 숙종은 이를 윤허하였다(『肅宗實錄』권52, 肅宗 38년 10월 庚午).

④ 숙종 38년 11월 12일 書講에서 지사 趙泰采는 탕춘대에 창고를 짓는 일은 이미 결정이 되었으니, 地部(호조), 惠廳 및 각 營門은 明春을 기다려 移設하고, 經理廳소관 창고는 병조와 호조에서 營建해야 하는데 쉽지가 않으며, 경리청은 재력이 부족하여 신설초 부터 물력이 나올 곳이 없다고 하였다(『承政院日記』책473, 肅宗 38년 11월 辛卯).

⑤ 숙종 38년 11월 20일 인견시에 영의정 이유는 탕춘대에 먼저 창고를 설치하는 일은 이미 定奪이 되었으니, 미리 호조, 惠廳 및 각 군문에 物力을 준비토록 하였다가 봄을 기다려 營建토록하고, 곡물을 運置하는 데는 운반비가 많이 들 것이다. 수레를 만들어 실어들이는 것이 좋을 듯하니, 이런 뜻으로 해당 衙門에 분부하는 것이 어떻겠느냐고 하자, 숙종은 이를 윤허하였다. 또 그는 창고를 洞口에 설치하는데, 車路를 修治해야 하므로, 삼군문, 총융청이 봄을 기다려 힘을 합쳐 거행하는 뜻으로 분부하는 것이 어떻겠느냐고 하고, 총융청이 昭格洞에 있어 탕춘대와 멀지 않으니, 총융청에 분부하여 창의문 밖으로 移設토록 하자고 하자, 숙종을 그렇게 분부하라고 하였다. 행병조판서 조태채는 탕춘대 수구는 전혀 防閑이 없으니, 창고로 실어들인 후 불가불 돌로 수구를 쌓아야 한다. 治道와 造橋의 역사를 諸軍門이 합력하여 한다면 힘을 줄이고 쉽게 성취될 것이라고 하자,

숙종은 제 군문이 합력하여 거행하도록 분부하라고 하였다(『承政院日記』 책474, 肅宗 38년 11월 己亥).

⑥ 숙종 38년 12월 25일 대신과 비국의 신하를 인견시에 호조판서 趙泰耉는 탕춘대에 창고를 마땅히 옮겨 설치해야 할 것인데, 호조의 경비가 고갈되었으니 營造한다는 것은 형편상 아울러 거행하기 어려우니, 호조에서 관장하고 있는 두 창고와 선혜청의 곡식은 형편을 보아 옮겨 들이는 것이 합당할 듯하다고 하자, 이유는 북한산성을 쌓았으니 군향도 넉넉하게 준비하지 않을 수 없으며, 비록 한 칸을 짓는다고 해도 역사를 시작해야 한다고 하였다. 또 조태채는 군문의 餘穀을 시급히 옮겨놓고, 삼군문으로 하여금 우선 경영하여 창고를 세우게 하는 것이 합당할 듯하다고 하자, 숙종은 이를 윤허하였다(『肅宗實錄』 권52, 肅宗 38년 12월 甲戌).

⑦ 숙종 39년 1월 25일에 어영청에서 言啓하기를 탕춘대 창고 조성의 일에 本廳은 鄕軍 1哨를 出番시켜 이달 26일부터 시작하려고 하는데, 獅子項과 三千洞 근처의 松木을 벌목하여 역군들의 炊飯木으로 쓰겠다고 하였다(『承政院日記』 책475, 肅宗 39년 1월 癸卯).

⑧ 숙종 39년 2월 20일에 대신과 비국당상의 인견시 영의정 이유는 탕춘대에 창고를 설치하는 일은 얼음이 풀린 뒤에 곧 거행하여야 하는데, 신이 엊그제 나가서 살펴보니 조지서를 먼저 문수봉 아래로 옮기고, 조지서 옛터에는 經理廳을 건조하게 하고, 그 가까운 평지에 창고와 公廨를 배치하는 것이 편리할 듯하다고 하자, 숙종은 이를 윤허하였다(『備邊司謄錄』 책65, 肅宗 39년 2월 20일).

⑨ 숙종 39년 2월 28일에 훈련도감에서 아뢰기를 탕춘대 水口門役과 治道를 위해 이달 18일부터 매일 軍兵 2哨씩을 將官이 인솔하여 어영청으로 돌아가며 보내려고 하는데, 사자항과 삼천동 근처의 송목을 역군들의 炊飯木으로 쓰겠다고 하였다(『承政院日記』 책476, 肅宗 39년 2월 丙寅. 『備邊司謄錄』 책65, 肅宗 39년 2월 18일).

⑩ 숙종 39년 3월 21일에 경리청에서 아뢰기를 탕춘대의 창고

는 本廳이 앞으로 지어야 하는데 물력이 딴 곳에서 나올 곳이 없고, 재목은 겨우 모았으나 蓋瓦는 마련하기가 쉽지 않다. 수어청의 남한산성의 燔瓦事처럼 여주 兩陵의 蟲損木을 취하여 燔瓦에 쓰면 일이 편리할 것 같고, 陵官과 지방관이 함께 摘奸하여 가장 枯損한 것들을 베도록 하고, 이때 역부는 읍민에게 피해를 주지 않도록 수어청의 예에 따라 雇軍을 사역하는 것이 어떻겠느냐고 하자, 숙종은 이를 윤허하였다(『承政院日記』 책476, 肅宗 39년 3월 戊戌).

⑪ 숙종 39년 4월 10일에 지돈령 金鎭圭가 탕춘대에 창고를 설치하고 翼城을 쌓기로 논의하였는데, 마땅히 그 가부를 살펴보아야 한다고 상주하자, 숙종이 시임 · 원임대신에게 가서 살펴보도록 하였다. 이에 좌의정 李頤命은 성을 비록 쌓는다고 하더라도 수비하기가 어려우니 살펴볼 필요가 없다고 하였다. 이에 숙종은 다시 창고만 설치하라고 명하고, 성을 쌓는 일을 중지시켰다(『肅宗實錄』 권53, 肅宗 39년 4월 丁巳).

⑫ 숙종 39년 4월 20일에 대신과 비국당상의 인견시 좌의정 이이명은 북한, 도성, 탕춘대 3성은 우리나라 병력으로는 지킬 수 없으며, 지킬 수 없다면 탕춘대에 성을 쌓아서는 옳지 않으며 성을 쌓지 않는다면 수문이나 성문도 매우 긴요하지 않으니, 비록 역사를 시역하였더라도 정지하는 것이 마땅하다. 성터는 여러 신하들이 모두 익히 본 곳이므로 다시 살피지 않더라도 된다고 하자, 숙종은 탕춘대의 형세는 여러 신하들이 모두 익히 보았으니 지금 다시 살필 것은 없으나, 여러 대신들의 논의가 이러하다면 수문과 성문을 그만 정지하고, 창고를 설치함과 길을 닦는 일은 정지 하지 않는 것이 좋겠다고 하였다. 또 공조판서 金鎭圭는 지금도 창고는 설치하지 않고 미리 길부터 닦으니 너무 미리 하는 것 같고, 지금 길을 닦는다고 해도 한번 장마를 치르면 앞서의 功力을 모두 버리게 될 것이라고 하자, 이이명은 길 닦는 역사는 거의 ⅔나 되었으니, 지금 만약 중지한다면 앞서의 공력을 버리게 되니, 뒤에 장마의 피해가 있으면 무너

지는 데에 따라 보수하는 것도 불가할 것이 없다고 하였다(『備邊司謄錄』책65, 肅宗 39년 4월 23일).

⑬ 숙종 39년 5월 18일에 훈련도감과 총융청에서 言啓하기를 탕춘대의 車路인 창의문 안에서부터 北郊洞까지를 分授받아 修治를 하였는데, 이번 5월 16일에 필역하였다고 하였다(『承政院日記』책478, 肅宗 39년 5월 甲午).

⑭ 숙종 39년 5월 20일 대신과 비국당상을 인견시 영의정 이유는 엊그제 북한산성에 가서 보고 돌아오는 길에 탕춘대의 창고를 설치할 곳을 보니, 현재 터를 닦고 있으나 역사는 아직도 멀었다. 당초에 호조와 선혜청 및 군문의 倉穀으로서 江上에 있는 것을 점차로 옮겨 들이게 하고, 경리청에서는 모두를 살피고 지휘만 할 것으로 생각했으나 지금은 그렇지가 못하다. 경리청은 명칭만 있을 뿐 재력이 없으니 쉽게 성취되기가 어려우니, 호조와 병조의 錢布를 우선 적당량 대출 받아 서둘러 역사를 마치도록 하는 것이 어떻겠느냐고 하자, 숙종은 참작 하여 대출하는 것이 좋겠다고 하였다(『備邊司謄錄』책65, 肅宗 39년 5월 21일).

⑮ 숙종 39년 윤5월 15일 대신과 비국당상을 인견시 좌의정 이이명은 경리청에서 현재 탕춘대 창고의 역사를 시작하였다고 하는데, 선혜청의 창고를 江上과 성안에 지금 당장 더 건조해야 한다면 탕춘대에 설치하는 것이 좋을 듯하다고 하였다. 또 병조판서 조태채는 江倉을 지금 철거하여 北郊로 옮기는데, 각 도의 세미가 전부 올라오면 저장하기가 어려울 듯하니 탕춘대 근처에다 10여 칸의 창고를 지어 저장하게 하고 警急을 당하면 군량으로 소속시키자고 하자, 숙종은 이를 윤허하였다(『備邊司謄錄』책65, 肅宗 39년 윤5월 16일. 『肅宗實錄』권54, 肅宗 39년 윤5월 辛酉).

⑯ 숙종 39년 9월 14일 주강에서 특진관 尹就商은 허다한 곡물을 外倉에 留置하고 성안으로 실어드리지 않으면 정당한 계획이 아니므로, 지금 탕춘대에 창고를 세워 곡물을 비축할 곳으로 삼으려고

한다. 廣興과 軍資 두 창고와 각 군문에 있는 곡물 4~5만 석을 점차로 탕춘대에 실러들이면, 비록 북한산성 안으로 실어드리는 것이 완비한 것과 같지 못하나, 멀리 한강, 용산강, 서강 등 3강에 두는 것보다 낫고, 앞날 힘이 되는 일이 적지 않을 것이라고 하였다(『備邊司謄錄』책66, 肅宗 39년 9월 15일).

⑰ 숙종 40년 9월 25일에 대신과 비국당상 인견시 행판중추부사 이유는 북한산성은 당초에 10만 석을 비축하도록 한도를 삼았으나, 5~6만 석만 항상 비축하고 해마다 1만 석씩 新舊를 바꾸는 것이 좋을 듯하며, 그 나머지는 탕춘대와 平倉에 실어다 두는 것이 편리할 듯하고, 산성에 창고를 건립한 이외에도 탕춘대에 이미 50여 칸을 조성하였고, 선혜청의 창고도 조성한 것이 있으니 이로부터 도성의 백성들 중 연달아 집을 짓고 이주하는 자들이 있으면, 창고와 民戶가 점차 모양을 갖출 것이다. 탕춘대는 3군문의 규례에 따라 총융청으로 하여금 책임 지역으로 맡게 하고, 산성의 소금과 간장은 변란에 대비하는 중요한 것이므로, 호조에서 관리하는 삼남의 稅鹽 중 수백 석을 수어청에 획송하여 탕춘대에 들여보내, 매년 새 것과 옛 것을 바꾸게 하여 항상 보존할 터전이 되게 하여야 한다고 하였다. 이에 좌의정 金昌集은 경기병사인 총융사가 평소에 북한산성에 들어가 주관하고, 경리청과 모든 일을 상의하여 처리토록 하자고 하자, 숙종은 총융사로 북한산성을 주관 하는 것이 좋겠다고 하였다(『備邊司謄錄』책67, 肅宗 40년 9월 27일).

⑱ 숙종 41년 2월 23일 약방 입진에서 제조 조태채가 북한산성의 사찰과 창고 및 탕춘대의 창고를 건립할 때 경리청에서 공명첩을 요청해서 얻어 주어 역사를 완성했고, 지금 北郊에도 또 50칸의 창고를 건립할 역사가 있다. 그러나 전후로 요청해 얻어진 帖文은 이미 남김없이 다 썼고 물력을 달리 갖다 쓸 곳이 없으니, 공명첩 1천장을 한도로 해조에서 만들어 주는 것이 어떻겠느냐고 하자, 숙종은 이를 윤허하였다(『備邊司謄錄』책68, 肅宗 41년 2월 24일).

숙종 37년 2월에 판부사 이유가 차자를 올려 북한산성의 창고를 탕춘대에 짖자고 건의하고, 이해 10월에도 형조판서 이언강도 탕춘대에 북한산성의 창고를 짖자고 건의하자, 숙종도 이에 찬성하게 되었다. 동왕 38년 11월에는 창고의 건립에 다른 治道와 造橋의 역사는 諸軍門이 합력하여 하도록 하였다.

동왕 39년 봄부터 총융청과 삼군문에서 鄕軍을 出番시켜 治道를 하기 시작하여, 5월에는 훈련도감과 총융청에서 창의문 안으로부터 北郊洞에 이르는 도로를 필역하였다.[19] 또 조지서를 문수봉 아래로 옮기고,[20] 조지서 옛 터에는 경리청을 건립하게 하고, 그 가까운 평지에 창고와 公廨를 배치토록 하였다. 4월에 숙종은 창고만 설치할 것을 명하고, 성문, 수문 등 성을 쌓는 일은 중지시켰다. 5월에는 창고를 지을 터를 닦는 일을 진행하고, 윤5월부터는 경리청의 주관 아래 창고의 역사를 시작하였다. 동왕 40년 9월에는 이미 50여 칸의

19) 이 길은 陸地測量部의 1918년 측도 5만분의 1 지형도의 彰義門에서 弘智里—洗劍亭—平倉里로 이어지는 聯路이다. 이 지형도에는 평창리에서 宣惠廳마을—文殊庵 옆—北漢山城 大成門으로 통하는 연로가 있는데, 이 길이 창의문에서 북한산성으로 올라가는 주요 통로였다. 北郊壇은 창의문 밖에 있었고(『世宗實錄地理志 京畿道 漢城府), 세종 22년에는 예조에서 厲祭儀注를 지어 바쳤는데 城隍壇에서 發告하여 북교단에서 제사를 행한다고 하였다(『世宗實錄』 권89, 世宗 22년 6월 己亥). 평창동 북악파크호텔 뒤쪽 암반 언덕 아래에는 조선시대 전염병 퇴치와 기우제 등을 지내던 厲壇과 北壇 터가 있다(서울특별시사편찬위원회, 『서울의 성곽』, 2004, 368쪽).

20) 세검정 가까이에는 서울시에서 세운 탕춘대한지마을터라는 표석이 있다. 이 일대가 본래의 造紙署址인 셈이다. 그러나 蕩春倉으로 인해 조지서는 이 보다 沙川 상류 쪽으로 옮겨졌다. 「都城圖」에는 백악산 뒤쪽 沙川 가에 표시되어 있다. 영조 30년 8월에 조지서 제조 韓翼暮가 조지서 廳宇는 십 수 칸으로 탕춘대 근처에 있는데 지은 지가 오래되어 頹圮가 심하다고 한 것을 보면(『承政院日記』 책1110, 英祖 30년 8월 丙子), 이때에는 조지서가 아직 탕춘대 옆에 있었음을 알 수가 있다. 영조 40년 8월에 영의정 洪鳳漢이 조지서의 잔폐가 많으니 提擧를 하나 더 만들어 총융사가 겸하게 하고, 그 營門의 힘을 빌려 公廨의 役을 돕도록 하였는데(『英祖實錄』 권104, 英祖 40년 8월 癸卯), 이 무렵에 옮겨진 것은 어닌지 모르겠다.

창고가 조성되고,[21] 선혜청의 창고도 조성되었다.[22] 또 탕춘대를 총융청의 책임지역으로 삼았다. 한편 경리청에서는 창고를 건립할 때 호조와 병조의 錢布를 대출받고, 공명첩을 얻어 역사를 완성시켰다.

(2) 성곽의 축조

B—① 숙종 28년 8월 11일에 우의정 申琓이 바친 8條의 冊子 중 일곱 번째의 성지를 수축하는 사항에서 창의문 밖 탕춘대 옛 터는 사면이 험준하고 벽이 깎아지른 듯 서있으니 산세를 따라 돌을 포개어 치성을 덧 붙여 쌓되, 창고의 곡식을 예치해 두고 먼저 무기를 쌓아 두어 경성과 안팎이 되어 서로 응원하게 하고, 힘을 합쳐서 굳게 지킨다면 나라에는 播越할 근심이 없고 백성은 견고한 뜻이 있게 될 것인데, 가까운 거리에 있는 천연의 험준한 곳을 오히려 지금까지 버려둔 것은 애석한 일 이라고 하였다(『肅宗實錄』 권37, 肅宗 28년 8월 庚寅)

② 숙종 29년 3월 15일에 행이조판서 金構는 탕춘대는 지세가 千枝萬葉하고 周曲重疊하여 도성과 서로 상응하면, 수비가 견고해질 것이라고 하였다(『承政院日記』 책410, 肅宗 29년 3월 庚寅).

③ 숙종 36년 10월 20일에 의금부도사 李彦緯 등의 상소에 북한산성을 쌓은 후에 여력이 있다면, 탕춘대의 山脊을 경계로 하여 別城을 쌓아 북한산성과 서로 연결하는 것이 좋을 것 같다고 하였다

---

21) 총융청의 이 때 지은 平倉은 군량을 저축하는 곳인데, 선혜청에서 책정하여 받아와서 출납하였다. 대청 9칸, 餉米庫 88칸, 文書廳 3칸, 고지기집 6칸, 월랑 2칸이 있었으며, 남북으로 문이 있었다고 한다(『萬機要覽』 軍政篇 3 摠戎廳 諸倉). 총융청은 영조 23년에 세운 新營庫도 이곳에 있었는데, 軍餉, 軍器, 公貨(공금)와 各色 軍物을 儲積하였다. 庫가 31門으로 3문에는 군향, 11문에는 군기, 2문에는 공화, 7문에는 각색 군물이 있었고, 8문에는 있는 것이 없었다(『萬機要覽』 財用篇 6 諸倉 摠戎廳 各 倉庫). 新營은 삼청동에서 옮겨온 총융청의 본영으로 오늘날 종로구 新營洞에 그 이름을 남기고 있다.

22) 선혜청의 平倉庫(蕩春倉)는 庫 14門으로 호남 9문, 영남 4문, 호서 1문이었다. 영조 24년에 총융청이 出鎭할 때 총융청에 移屬하고, 총융청의 平倉을 선혜청에 소속시켰다고 한다(『萬機要覽』 財用篇 6 諸倉 宣惠廳 各 倉庫).

(『承政院日記』책457, 肅宗 36년 10월 辛巳)

④ 숙종 38년 8월 23일의 인견시에 숙종은 북한산성을 거둥하기 하루 전에 판부사 이유가 차자를 올려 탕춘대의 축성 일을 논의했다고 하는데 아직 詢問하지 못하였다. 그 차자가 무엇이냐고 묻자, 영의정 서종태가 답하기를 판부사는 조지서에 축성하여 북한산성과 연결하자는 것인데 나름대로 의견은 있으나, 지금 북한산성 축성이라는 巨役이 겨우 완성되었는데, 設築問題를 갑자기 의논하는 것은 어려울 것 같다고 하였다. 이에 조태채는 탕춘대는 양변의 산세가 削立하여 만약 축성하려면 岡巒이 험저하여 높이 쌓지 않고 여장만 堅築하면 되고, 중간에 川流가 있어 곧 바로 홍제원으로 흘러내리며 이곳에 수구를 만들고, 지세에 따라 쌓으면 북한산성과 더불어 表裏가 되어 保障의 장소가 될 것이라고 하였다. 또 趙泰耈는 탕춘대의 형세는 동변의 산언덕은 도성의 來脈인데 산세가 높고 험하여 단지 여장만 설치해도 될 것이고, 서변은 동변의 험준함만 못하여 이곳에는 성벽을 쌓아야 하는데, 지금 북한산성을 완공한 후에 물력이 凋弊하여 다시 巨役을 시작하기는 어렵다. 그 지형이 양변 山谷은 험조의 땅 이니, 비록 축성을 하지 않더라도 창고를 설치하여 곡식을 저장하는 것은 불가할 것이 없다고 하였다(『承政院日記』책471, 肅宗 38년 8월 甲戌).

⑤ 숙종 38년 10월 20일 인견시에 영의정 이유는 이미 북한산성을 쌓았으니, 만약 탕춘대성을 쌓지 않으면 적이 이곳으로 들어와 웅거할 것인데, 그렇게 되면 도성의 출입로가 막혀 명령이 밖으로 통하지 못하여, 북한산성이 무용지물이 될 것이니 성지가 험하다고 하나 무슨 도움이 되겠는가. 창고 설치는 明春을 기다려 먼저 하고, 재력을 모아서 성첩을 쌓는 일은 창고가 설치되는 것을 보고 다시 논의하여 처리하는 것이 좋을 것 같다고 하자, 숙종은 창고를 먼저 지은 후에 성첩은 서서히 논의하여 營築하도록 하라고 하였다(『承政院日記』책473, 肅宗 38년 10월 庚午).

⑥ 숙종 39년 3월 15일의 입시에서 영의정 이유는 탕춘대에 창고를 설치하는 일은 이미 定奪되어 지금 재목을 모으고 시작하려고 하는데, 창고를 설치하고 여기에 곡식을 저장한 후에 防患의 방도가 없으면 虛疎하게 된다. 앞에는 도성이 있고, 뒤로는 북한산성의 新堞이 있는데, 다만 東西 양면은 성첩이 없어도 많은 바위들이 가로 막고 있어 염려는 없으나, 洞口는 불가불 문을 설치하여야 한다. 일찍이 稟定한 바에 따라 문을 설치하고, 문의 좌우에는 翼城이 필요하며 익성을 산기슭 아래로 연결시켜야만 간세한 무리들이 난입하여 도둑질하는 폐단이 없게 될 것이다. 익성을 쌓는 것은 불과 100여 보에 지나지 않으며, 다만 여장만을 쌓을 곳이 많아 크게 功力을 들이는 일은 없을 것 같다고 하자, 숙종은 익성을 쌓는 일은 사정이 사실 그러하니 아뢴 대로 하라고 하였다(『承政院日記』책476, 肅宗 39년 3월 壬辰. 『備邊司謄錄』책65, 肅宗 39년 3월 18일).

⑦ 숙종 39년 4월 10일 대신과 비국당상을 인견시 지돈령 金鎭圭는 지금 북한산성을 依歸할 곳으로 삼아, 이곳에 창고를 설치하고 군량을 들여다 두고, 水口에 문을 설치하고 좌우의 익성을 쌓아 지키려 한다. 도성이 넓고 커서 지키기 어렵다고 한다면 북한산성, 탕춘대, 도성 세 곳의 연결은 넓이가 도성의 여러 배 뿐만 아니라, 우리나라 병력으로는 지키기가 어렵다. 처음에 먼저 창고를 설치하고 성 쌓는 역사는 천천히 하기로 하였으나, 지금 창고는 설치하지 않고, 먼저 수구에 문을 설치하고 익성을 쌓는 것을 논의하고 있다. 길을 닦는 일은 창고를 설치하고 양곡을 실어들일 때 해야 하나, 지금 창고를 설치하기 전에 길을 닦고 있다. 지난달에 가서 살펴보니 지금 문을 만들고 익성을 쌓으려는 곳은 옛날의 터를 사용하지 않고, 서쪽 일대의 산록이 동북쪽에 비해 낮고, 사이에 甕巖洞으로 넘어가는 길이 있는데, 아직도 옛날 성을 쌓았던 형적이 있으니, 창고를 설치하고 성을 쌓는다면 마땅히 두루 형세를 살펴서 방수할 방법을 다해야 한다. 현재 성을 쌓으려는 것은 다만 수구뿐만 아니라 방수의

방법을 다 하려면 반드시 다른 데의 낮은 곳을 두루 쌓아야 하며, 재력을 헤아려서 役事를 거행한 뒤에 길을 닦는 일도 마땅히 천천히 해야 한다. 대신과 將臣으로 하여금 나아가 주위와 형세를 두루 살펴보게 한 뒤에 상의하여 품처하는 것이 좋겠다고 하였다. 또 영의정 이유는 북한산성은 난에 임하여 험난을 이용하여 지키는 곳으로 삼고, 창고를 탕춘대에 설치하여 군량을 비축하고, 도성 인민의 財穀도 편의에 따라 수습하면 만전의 대책이 될 것이고, 북한산성만 지키고 탕춘대를 전혀 포기하여 적이 들어가도록 맡겨두면, 북한산성이 외로워 믿을 수 없고 도성을 수습하는 계획에 조금도 이익도 없으니, 차라리 남한산성과 강도에 전념하는 것만 못하다. 지금 수구에 문을 세우는 역사는 창고를 설치하기 위한 것으로, 전혀 방수하는 바가 없어 간사한 무리들이 침입하여 도둑질하는 폐단을 하게 하여서는 안 된다. 문을 설치하였으면 좌우의 빈 곳을 막지 않을 수 없으나 이 역사는 대단하지 않으며, 동 · 서쪽 양면이 空虛하나 모두 바위가 가로 막아 비록 성을 쌓지 않더라도 평상시 나무를 심어 무성하게 길러서 가려 의지할 곳으로 삼고, 급박한 사태에 임하여 기회를 보아 매복하면 적병을 막고 軍資를 보호하는 방법이 될 것이라고 하였다. 좌의정 이이명은 碑峰으로부터 이하는 길이 평탄하여 人馬가 넘어가니 모두 막으려 한다면 그 공력은 적지 않으니, 지금 먼저 창고를 설치하고 문을 세우는 것이고, 본래 모두 성을 쌓으려는 것은 아니라고 하였다. 또 김진규는 창고를 옮기려면 반드시 서쪽의 낮은 산에 모두 성을 쌓아야 비로소 방수할 수 있으며, 만약 익성과 문만 세운 다면 결코 도움이 될 수 없다고 하였다. 또 이이명은 비봉 이하의 나지막한 산을 모두 막은 뒤에야 창고가 견실 해질 것인데, 현재 軍門은 북한의 성 쌓는 역에 피폐되어 있다고 하였다. 이에 이유는 탕춘대에 창고를 설치함은 남한산성의 栗木倉의 경우와 같은데, 군량으로서 북한산성에 모두 들어가지 못한 것은 이곳에 비축하여 급박할 때에 도움이 되도록 대비하면, 멀리 江上에 두는 것보다 낫다. 문을 세운다 하고, 익성을 쌓으므로 사람들은 이어 성을 쌓는 역을 거행하는 것으로 의심하는 것 같다고 하였다. 또 김진규는 송시열의 遺箚 가운데 조지서의 동구를 막자고 하였는데,[23] 지키려면 마땅히 성을 쌓아야 할 곳에 두루 쌓아야지 어찌 동구만을 막고 걱정이 없다고 하겠는가 라고 하였다. 이에 숙종은 대신과 장신이 몸소 가서 살펴본 뒤에 다시 보고하라고 하였다(『備邊司謄錄』 책65, 肅宗 39년 4월 14일).

⑧ 숙종 39년 4월 25일에 대신과 비국의 신하를 인견시 영의정 이유는 탕춘대에 창고를 설치하기를 누누이 아뢰기를 지금 성을 쌓는 공사는 비록 정지시켰으나, 창고를 설치하여 수비하는 일에 있어서는 결코 그만둘 수 없다고 하자, 숙종은 이를 옳게 여겼다(『肅宗實錄』 권53, 肅宗 39년 4월 壬申).

⑨ 숙종 41년 4월 22일 약방입진에서 제조 조태채는 탕춘대의 창고를 경리청과 선혜청에서 이미 건립하여 미곡을 실어다 두었고, 모집해 들인 민호도 백여 호가 넘는데, 수구가 서쪽 교외와 직통하여 허술한 염려가 있으니, 각 문의 설치 역사를 하지 않을 수 없다. 경리청 도제조가 아뢰어 총융청으로 하여금 담당해서 역사를 시작하도록 하였는데, 총융청은 본래 물력이 궁핍하여, 아무리 경리청에서 편의에 따라 돌보아 준다고 하더라도, 식량이나 베를 잇대어 줄 길이 없어 중도에 그만둘 형편이니, 平安兵營에 등록된 무명 7백여 동이 있다고 하는데, 50동을 갖다 쓴다면 역사를 완 수할 수 있으니 도제조가 신으로 하여금 아뢰고 싶어 하였으므로 감히 아뢴다고 하자, 숙종은 다 같은 국가의 일이니 적당하게 옮겨 쓰는 것이 좋겠다고 하였다(『備邊司謄錄』 책68, 肅宗 41년 4월 22일).

⑩ 숙종 44년 8월 23일 약방입진시에 행판중추부사 이유는 탕

23) 행부사직 具善行은 효종 10년에 근본을 튼튼히 하라는 聖敎는 북한산 옛 성을 수축하고, 조지서 洞口를 막아서 난리가 나면 移御할 장소로 삼으려고 한 것이라고 하였다(『英祖實錄』 권121, 英祖 49년 10월 壬子).

춘대 수문을 만드는데 총융청이 주관하였는데, 전에는 城役이 끝나면 監董人을 격려하는 賞典이 있었으나, 탕춘대 수문을 감동했던 사람들에게는 논상을 하지 못하였다. 該曹로 하여금 예를 살펴 품처하여 마음이 상하는 일이 없게 하는 것이 어떻겠느냐고 하자, 숙종은 이를 윤허하였다(『承政院日記』 책509, 肅宗 44년 8월 己亥).

일찍이 숙종 28년과 29년에 우의정 신완과 이조판서 김구는 탕춘대성의 축성을 주장한 바 있었고, 동왕 36년에 의금부도사 이언위도 북한산성을 쌓은 후에 탕춘대성을 쌓아 북한산성과 연결하자고 하였다.

북한산성의 성역이 끝나자 동왕 38년 8월에도 판부사 이유는 차자를 올려 탕춘대성의 축성을 제안하였다. 그는 창고 설치를 먼저하고, 창고가 설치되는 것을 보고 재력을 모아서 성첩을 쌓자고 하였는데, 숙종도 창고를 먼저 지은 후에 성첩은 서서히 논의하여 營築하도록 지시하였다. 동왕 39년 3월에 영의정 이유는 탕춘대의 동서 양면은 많은 바위들이 막고 있으니 동구에만 문을 설치하고, 문의 좌우에는 산기슭 아래로 익성을 쌓아야 하며, 익성을 쌓는 것은 불과 100보에 지나지 않고, 여장만을 쌓을 곳이 많아서 크게 공력을 들이는 일은 없다고 하자, 숙종은 익성만을 쌓도록 명하였다. 그러나 성벽을 쌓아야 할 곳은 두루 쌓아야 하며 동구만을 막는 데는 반대하는 의견도 적지 않았다. 동왕 41년에 들어 탕춘대의 창고들이 건립되고 이에 대한 방비가 허술하게 되자, 경리청 도제조 이유의 건의로 총융청으로 하여금 역사를 시작하도록 하였는데, 조태채의 건의에 따라 역사를 담당한 총융청의 물력이 부족하므로, 평양병영의 무명 50동을 총융청에 주어 역사에 보태도록 하였다. 역사는 봄부터 시작된 것으로 추정되는데, 6월에 완공되었다. 동왕 44년 8월에는 판중추부사 이유의 건의에 따라 성역을 맡은 총융청의 감동인들에게 상전이 주어졌다.

2. 북벽의 축조

1) 숙종대의 축조

C—① 숙종 41년 10월 30일 대신과 비국당상을 인견시에 행판중추부사 이유는 병중에 주야로 생각하고 헤아려 열거하여 책자로 올렸는데 채택하여 시행하기에 모두 합당할지는 모르겠다. 대체로 북한산에 성을 쌓자는 계책도 단연코 주상의 뜻에서 비롯되었는데, 탕춘대와 북한산성은 이와 입술의 형세가 되며, 도성민의 축적을 모두 들일 수 있으니 만전의 계책이나, 지형의 험준함만 믿고 방비할 일을 생각하지 않는다면 반드시 지킬 수 없을 것이다. 만약 탕춘대를 지키지 못한 다면 북한산성은 고립되고 위태해져 믿을 수 없을 것이며, 도리어 버려두는 것만 못할 것이다. 신이 책자 중에 토성을 쌓아야 한다고 하였는데, 흙으로 쌓으면 공력이 크게 떨어지게 된다고 하자, 숙종은 여러 신료들은 각자의 견해들을 말하라고 하였다. 이에 영의정 서종태는 북한산성과 탕춘대는 서로 위세로서 의지된다고 한다면 옳을 것이나, 그곳 지세의 높낮이가 아주 달라서 탕춘대가 침공을 받으면 북한산성내에서 아래로 구원하기는 어려울 듯하고, 도성이 失手되면 탕춘대에 아무리 빙 둘러 성을 쌓더라도 꼭 만전을 기할 곳이 못된다. 토성으로 쌓는 것이 공력이 덜 든다고 하였으나, 홍예문 좌우에 쌓을 것이 많고 탕춘대의 동편도 쌓아야 하는데, 그렇게 되면 북한산성이 고립될 것이니, 매우 염려스럽고 지킬만한 만전의 지세가 못된다. 또 中外의 재물과 곡물이 탕진된 이때에 갑자기 큰 역사를 일으키는 것은 곤란하며, 북한산성에서 도성에 이르는 중간에 또 토성이 생겨 주위가 60~70리나 될 것인데, 무슨 병력으로 이 세 성을 지키겠는가. 지금 토성을 쌓는 것이 알맞을지 모르겠으나, 앞으로 다시 사세를 헤아려서 처리하는 것이 좋겠다고 하였다. 이에 이유는 당초 주상께서는 도성이 넓어 지키기 어려우니, 북한산성을 쌓을 계책을 정한다고 하셨지 도성을 함께 지킨다는 하교는 없

었다. 북한산성의 험준하고 견고함을 의지하여 지키고, 인민의 축적된 재물을 탕춘대에 쌓아두는 것으로 이렇게 되면 아무리 도성을 비우고 같이 지키지 않더라도 창황하게 남한산성이나 강화로 피난하는 것에 비교하면, 어찌 그 이해득실이 현격하게 다르지 않겠는가. 聖祖의 전교 중에도 북한산성과 조지서를 거론하여 병란에 옮겨갈만한 곳이라고 하였으니 그 의도의 소재를 엿 볼 수가 있는데, 의논하는 자들은 꼭 세 성이라는 것으로 말꼬투리의 큰 단서로 삼는데, 이것을 신은 알지 못하겠으며, 도성을 지키고 탕춘대를 지키지 못한다면 적병이 탕춘대에 의거하여 산골 사이에 가득히 널리게 되어, 도성과 북한산성은 내외가 불통되어 반드시 위험한 형세가 될 것이니, 어찌 도성을 버리고 탕춘대를 취하며 북한산성과 서로 응접하여 완전하게 되는 것만 하겠는가라고 하였다. 이에 숙종은 도성은 넓어 지키기 어려우므로 북한산성을 쌓았으나, 북한산성을 쌓고서 도성도 함께 지키려고 한다면 군병의 숫자가 부족하여 할 수 없는 형편인데, 내 생각은 본래부터 이와 같았다고 하였다. 좌의정 김창집은 탕춘대에 성 쌓는 일은 진작부터 의논이 있었으나, 논의가 한결같지 못하여 중지됨을 면치 못하였다. 북한산성은 외부는 험준하나 내부는 평탄지가 부족하여 인가와 창고를 설치하기가 어려우나, 탕춘대는 그런대로 땅이 넓다고 하여 이미 창고를 세웠고, 잇따라 성을 쌓으려고 한다. 그러나 여러 의논들은 도성을 지킬 수 없다면, 도성을 버리고 탕춘대만 지킨다는 것도 알맞은 계책이 못 된다고들 한다. 그러나 군량과 기계를 탕춘대에 실어들이고, 잇따라 성을 쌓아 수비할 수 있도록 하는 것이 좋겠으나, 현재 백성은 곤궁하고 재력이 탕갈되었는데 갑자기 큰 역사를 일으킨다는 것도 불편한 일이라고 하였다. 이어 이조판서 趙泰采는 도성을 함께 지킬 수 없더라도 탕춘대에는 방어하여 지킬 도리를 경영하지 않을 수 없으나, 현재 조정에는 의논의 갈래가 많아 歸一되기는 실로 어려우니, 갑자기 결정할 수는 없으며 의논이 귀일되기 전에는 결코 시작할 수 없다고 하였다. 호조판서 李健命은 북한산성과 탕춘대 두 곳에는 경리청에서 조성한 창고가 많이 있는데 쌓아둔 곡물은 매우적다. 아직 모든 일이 완료되지 못했으니 성 쌓는 일은 서두를 필요가 없으며, 천천히 묘당의 의논이 귀일되기를 기다려 결정해도 늦지 않을 것이라고 하였다. 또 병조판서 李光佐는 북한산성에 앉아 탕춘대를 바라보면 하나의 산골짝과 같으니, 탕춘대에 토성을 쌓는 것이 어찌 북한산성을 성원하는 것이 될 것인가. 탕춘대를 방어하여 지킬 군졸을 어디서 얻어 오겠으며, 도성을 지킬 수 없어 적이 창의문 마루에 오른다면 탕춘대를 지킬 수 없으니, 남한산성을 완비하는 것만 못하다. 유사시 북한산성이 보전되더라도 탕춘대의 허다한 군량을 실어들이기는 어려우니, 도리어 적에게 양식을 싸주는 격이 될 것이니, 토성을 쌓더라도 쓸모없는 곳이 될 뿐이다. 탕춘대의 한 산골짜기가 어찌 聲援의 도움이 될 수 있으며, 적에게 빼앗기게 되면 북한산성의 인심도 반드시 놀라 동요될 것이니, 북한산성을 지키는 데도 도리어 해가 될 것이다. 백성은 곤궁하고 재력이 탕갈된 이런 때에 어찌 이런 무익한 일을 하여 토성을 쌓고 창고를 짓겠는가. 변경의 경보가 느긋하면 남한산성으로 들어가고, 급하게 되어 미처 한강을 건너지 못하면 북한산성으로 들어가야 한다고 하였다. 또 서종태는 도성을 끝내 지키지 못하더라도 어찌 당초부터 멍하게 버려둘 수 있으며, 병력을 모아 성첩을 지키는 것은 당연하며 그러면 지킬 곳이 세 성이 된다고 하였다. 이어 조태채는 조정의 의논이 귀일되지 못할 뿐 아니라 오늘 입시한 신료들도 엇갈리는 의논이 많으니, 창졸간에 결정하기는 어려우므로 물러가 묘당의 여러 신료들과 상의하여 다시 여쭙는 것이 좋을 것 같다고 하자, 숙종은 세 성을 함께 지킨다는 말은 내가 당초에 정했던 본의가 아니며, 직임을 맡은 대신의 이른바 북한산성이 고립되니 탕춘대에도 아울러 설치하자는 말은 생각이 깊은 것이다. 그러나 이것은 창졸간에 결정될 것이 아니니, 묘당과 함께 익히 강구해서 품달하고 결정하는 것이 좋겠다고 하였다(『備邊司謄錄』 책

68, 肅宗 41년 11월 6일).

② 숙종 44년 2월 13일 약방입진시에 제조 민진후는 지난번에 행판중추부사 이유의 말을 들으니 탕춘대에 성 쌓는 일을 비록 결정하였으나, 이 문제는 지극히 중대하여 다시 여러 장신과 터를 살펴보고 역사를 시작하려고 한다고 하였는데, 그 말은 매우 좋으나 반드시 조정의 명령이 있어야만 할 수 있으니, 여러 대신으로 하여금 일이 없는 날에 여러 장신 및 비변사의 여러 재신과 같이 자세히 살피고 뜻을 여쭌 뒤에 역사를 시작하는 것이 아마도 완비된 일인 듯하다고 하였다(『備邊司謄錄』 책71, 肅宗 44년 2월 14일).

③ 숙종 44년 8월 5일에 경리청에서 아뢰기를 탕춘대에 축성하는 문제를 이미 결정한바 있는데, 앞으로 역사의 시작은 비록 언제 있을지 모르겠으나, 쓰일 기계와 잡목을 미리 조치하지 않을 수 없다. 과거 서울과 지방의 성을 쌓을 때에는 반드시 모두 海西의 長山串에서 베어다 사용하였다. 지금도 이 예에 의하여 소용되는 수를 헤아려서 베어 올려 보내라고 비변사로 하여금 本道에 분부하게 하는 것이 어떻겠느냐고 하자, 숙종은 이를 윤허하였다(『備邊司謄錄』 책71, 肅宗 44년 8월 5일).

④ 숙종 44년 8월 23일 약방입진시에 행판중추부사 이유는 탕춘대에 토성을 축조하는 것을 지난봄에 소신이 글로 아뢰어 묘당에 내려졌으며 覆啓하여 승인을 받았으나, 마침 조정에 일이 많고 癘疫이 창궐하여 그럴 겨를이 없었다. 현재는 여역이 점점 수그러들고 농사는 약간 풍년이며 인심 역시 진정이 되었으니, 이런 때에 역사를 거행하지 않으면 다시 어느 때를 기다리겠는가. 사용할 모든 기구를 이미 조치하였고, 역사에 드는 양식도 1만여 석이나 모았으니 족히 지탱할 수 있다. 그러나 다시 여쭈어서 결정한 뒤라야 거행할 수 있으므로 감히 請對하였다. 지난번에 민진후의 아룀으로 인하여 성 쌓을 터를 대신과 장신 및 비변사의 여러 대신들이 가서 살피라는 명령이 계셨으니, 오늘 여쭈어 결정한 뒤에 대신과 장신 및 비변

사의 여러 재신으로 하여금 곧 가서 살피게 하는 것이 어떻겠느냐고 하자, 숙종은 경이 이 문제를 주관하여 마음대로 계획하고 조치한 바가 타당하니, 나라를 위한 생각이 매우 깊다. 아뢴 바에 의하여 하는 것이 좋겠다고 하였다. 또 이유는 성을 쌓을 때 역사에 들어갈 식량은 족히 사용할 수 있으나, 베는 지난봄에 어영청과 금위영 두 군문에 비축되어 있는 것에서 각각 150동을 대출하여 사용할 것을 청하여 윤허를 받았다. 지금 이를 가져다 사용한 뒤에 도로 갚으려 하나 혹 부족할 걱정이 없지 않다. 영남의 射軍木을 일찍이 비변사에 상의하니 그때 묵은 축적이 곧 떨어지게 된 까닭으로 50동만을 얻었다. 앞으로 새로이 收捧할 일이 멀지 않으니 또 50동을 추가하여 100동을 채워 대출하여서 사용할 것을 아뢴다고 하자, 숙종은 이를 윤허하였다(『備邊司謄錄』 책71, 肅宗 44년 8월 24일).

⑤ 숙종 44년 8월 29일에 경리청에서 아뢰기를 북한산성 축성 때에는 삼각산의 主峰에서 告由祭를 지냈는데, 탕춘대도 삼각산의 한 줄기이나 지금 축성할 지점은 피차 表裏의 구별이 있으므로, 該曹로 하여금 참작하여 제사를 지낼 곳을 정하고, 날을 가려 고유제를 지낼 일을 북한산성의 예에 따라 속히 거행하는 것이 어떻겠느냐고 하자, 숙종은 이를 윤허하였다(『承政院日記』 책509, 肅宗 44년 8월 乙巳).

⑥ 숙종 44년 윤8월 1일에 경리청에서 아뢰기를 탕춘대 축성문제를 결정한 뒤에 대신과 장신 및 비변사의 여러 재신들이 연이은 사고로 인하여, 아직 성 쌓을 터를 가서 살피지 못하였으나 수일 안에는 이루어질 것이며, 모든 물력은 이미 조치하였으니 감독할 사람을 미리 차출하여 터를 살핀 뒤에 곧 거행하게 하여 점점 지체되는 폐단이 없게 해야 한다. 都廳에는 금군별장 尹慤을 차출하고, 그 나머지 牌將들은 각 군문의 장교 및 본청 소속 군관 가운데 부지런하고 재간이 있는 사람으로 가려서 역을 시키겠다고 하였다(『承政院日記』 책510, 肅宗 44년 윤8월 丙午. 『備邊司謄錄』 책71, 肅宗 44

년 윤8월 1일).

⑦ 숙종 44년 윤8월 5일에 북한산성의 재정을 변통하는 문제로 정언 柳復明에게 비난을 받고 체직시켜 주기를 청하는 행판중추부사 이유의 상서에 북한산성이 비록 천험하다 하나 탕춘대가 없으면 孤危를 면하지 못하고, 탕춘대에 성을 쌓지 않으면 도성도 隔絶을 면치 못하여, 서로 관련을 갖지 않으면 곧 적의 소굴이 되어 그 이해득실은 분명하여 智者를 기다리지 않더라도 알 수가 있다고 하자, 세자가 비답을 내려 慰諭하였다. 이 일로 유복명도 引避하면서 탕춘대성을 잇달아 쌓을 수 없음을 누누히 천여 마디의 말로 언급하였다(『承政院日記』책510, 肅宗 44년 윤8월 庚戌. 『肅宗實錄』권62, 肅宗 44년 윤8월 庚戌).

⑧ 숙종 44년 윤8월 24일에 경리청 제조를 겸한 예조판서 閔鎭遠은 묘당의 여러 재신들이 탕춘대의 성터를 살필 때 모두 도제조 이유처럼 성터가 좋다고 한다는 뜻을 숙종에게 아뢰자, 숙종은 여러 신하의 소견도 도제조와 같으냐고 되묻자, 민진원은 다름이 없다고 답하였다. 이에 숙종은 그러면 역사를 시작하는 것이 좋겠다고 하였다. 또 민진원은 바깥 논의는 대부분이 이 성은 비록 쌓을 만하나 기근과 여역을 치른 나머지 토목의 역사를 함은 결코 그 시기가 아니니, 봄에 가서 일을 시작하는 것이 타당할 듯한다고 한다. 그러나 도제조의 의견은 늘 지연됨을 우려하여 현재 깊은 겨울이 멀지 않아서 갑자기 역사를 시작하기가 어려우니, 우선 역사를 시작하였다가 내년 봄에 가서 모두 쌓는 것이 옳다고 한다 하였다. 이에 숙종은 축성문제에 대계를 정한 것은 심원한 생각에서 나왔으므로, 지연됨이 걱정되므로 도제조의 말이 좋으니 곧 역사를 시작하는 것이 좋겠다고 하였다. 민진원은 일관에게 물으니 오는 26일이 길하다고 하니 이날 역사를 시작하겠다고 하자, 숙종은 이를 윤허하였다. 또 민진원은 지금 축성할 곳은 지난 금상 29년 고상신 신완과 김구가 여쭈어 大計를 정한 것이며, 역사를 시작하라는 명이 있었으나, 고판서 李寅

㷜이 도성의 내맥에 성을 쌓음은 미안한 일이라고 아뢰어 여러 地師에게 물어보라고 명하니 말하는 바가 일정하지 않았다. 혹은 땅을 뚫고 파는 일은 반드시 걱정이 있다고 하였고, 혹은 내맥의 기가 눌리어 매우 미안하다고 하여 중지될 수밖에 없었다. 이 문제는 지극히 중하여 매우 자세히 살펴야 한다. 그러나 도제조는 말하기를 성을 쌓을 때에 본래 山脊을 손상하거나 범하는 일이 없고, 다만 산척가에 붙여서 쌓으므로 별로 뚫고 파는 일이나, 기를 누르는 해가 없으며 또 도성은 주맥을 가로질러 끊어 쌓았으니, 지금 어찌 붙여 쌓지 않겠는가라고 하였다. 신이 그 성터를 보면 동쪽 2천여 보는 곧 도성의 주맥으로서 산세가 매우 높아 역시 의거하여 지킬 수 있다. 주맥이므로 미안하다고 한다면 장마 때 뚫어 헤친 곳을 흙으로 쌓고 다만 그 위에 여장만 쌓고 사이에 암문을 설치하는 것이 좋을 듯싶다. 그러나 지사들이 만약에 여장과 암문도 기를 누를 우려가 없지 않다면, 흙으로 메운 뒤에 나무를 많이 심어 목책처럼 특별히 보호하여 기르면 역시 앞날에 힘이 될 수 있을 것이다. 한번 지사에게 물어본 뒤에 역사를 시작하는 것이 자세히 살피는 도리에 맞을 것 같다. 현재는 우선 서쪽에서 역사를 시작하는 것이 좋을 듯하다고 하였다. 이에 숙종은 여러 지사에게 널리 물은 뒤에 처리하는 것이 좋겠다고 하였다. 또 민진원은 만약 이 성을 지킨다면 도성은 버려야 하고, 도성을 지킨다면 이 성은 굳이 쌓을 것이 없다고 하였다. 이에 숙종은 도성과 북한산성을 양쪽으로 지킨다는 것은 사실상 어려우며, 대체로 북한산성의 형세는 버릴 수 없을 것이라고 하였다(『備邊司謄錄』 책71, 肅宗 44년 윤8월 24일).

⑨ 숙종 44년 9월 1일에 헌납 尹錫來가 상서하기를 탕춘대에 성을 혹시 완성시키지 못한 상태에서 비용이 만약 떨어졌다고 보고 한다면 장차 어떻게 조치하겠는가. 이러한 경우를 염려하여 바로 주전을 하여 이익을 취하려는 계책을 삼았던 것인데, 돈의 폐해를 사람들이 모두 말하고 있으니, 이미 만든 돈을 비록 갑자기 없애기는

어려울 것이나, 그것을 더 만들어 농민에게 손해를 끼칠 수는 없다고 하자, 세자는 성을 쌓는 일은 국가의 큰일이므로 지연시킬 수 없으며, 돈을 만드는 일은 경연에서 奏達했던 본래의 뜻과 다르다고 하였다(『肅宗實錄』 권62, 肅宗 44년 9월 丙子).

⑩ 숙종 44년 10월 13일 약방입진시에 판중추부사 이유는 탕춘대에 성을 쌓는 역사는 국가의 큰 계책인데, 대간이 어지럽게 말한 것으로 인해 즉시 거행하지 않고 있다. 역사를 시작한 것이 이미 늦었는데다가 일조 시간 또한 짧아 쌓은 바가 겨우 절반이 넘었으니, 명년 봄에야 거의 완전히 쌓을 수 있을 것이다. 이밖에 동쪽 편에 빠뜨려진 곳인 창의문 안으로부터 인왕산 일대에 이르기까지 차례로 잇따라 쌓은 후에야 바야흐로 흠이 없을 것이다. 역사에 소용되는 양식은 대략 갖추었지만 雇布는 보충하여 쓸 수가 없으니, 금위영과 어영청 두 영의 布木 2백 동을 빌어서 옮겨 쓰도록 허락하소서. 총융청을 탕춘대에다 영을 설치하는 일은 일찍이 이미 定奪하였는데, 본영의 물력이 넉넉하지 못하여 역사를 거행하기는 어려우니, 서로 구제하게 하는 도리가 없을 수 없다. 듣건대 본영의 記付錢 1만 냥이 있다고 하니, 그것을 경리청으로 이송 하여 더러 저축해둔 쌀과 바꾸어 지급하고, 더러 별도로 처리하게 해서 남은 것을 가져다 보충해서 돕게 하는 것이 일에 편리하고 적합하게 될 것 같다고 하자, 숙종은 이를 윤허하였다(『肅宗實錄』 권62, 肅宗 44년 10월 丁巳).

⑪ 숙종 44년 11월 8일에 경리청에서 아뢰기를 탕춘대 서쪽의 축성은 윤8월 26일에 역사를 시작하여 10월 6일에 역사를 중지하였으니 전후 40여 일이 된다. 2,200여 보안에서 체성을 모두 쌓은 것은 거의 반이고, 완성하지 못한 것도 ⅔ 또는 반에 이른 것도 있으니, 명년 봄에 가서 불과 열흘 내지 보름이면 모두 마칠 수 있다. 이밖에 동쪽과 북쪽의 두 곳 및 창의문 안의 挾城도 차례로 역사를 거행하여야 하나, 많은 재력을 마련해 내기가 어려운 형편이다. 役糧은 본청에서 준비한 1만 석 안에서 이번에 사용한 것이 2천석 가까이

되는데 남은 수도 아직 많아 대단히 부족할 우려는 없으나, 오직 雇布는 어려움이 있어 어쩔 수 없이 금위영의 封不動 무명 200동을 대출받아 사용할 것을 청하여 재가를 받았다. 그러나 이를 本資를 세워두고 이식만을 취하면 얼마 되지 않으므로, 다시 더 요리하여 미리 주선하지 않으면 반드시 임박하여 낭패할 걱정이 있다. 본청에서 준비한 양곡 1만석 외에 또 6~7천석의 쌀을 조치하여 이 쌀을 호조에 보내고, 해서의 田稅米를 백성들의 원에 따라 作錢 收捧하여 곧바로 고포를 따져 지급하면, 해서에서는 금년에 재해가 심하여 돈으로 쌀을 대신할 것을 백성들이 원하여서 즐겨 따를 것이며, 該曹에서는 경비가 늘 미곡을 잇대기 어려워 걱정하므로 피차 서로 바꿈은 모두 편의할 일이다. 그러므로 해조 당상과 상의하여 결정한 바 있으나 惟正之供에 해당하고 지금 변통하여 서로 바꾸는 일은 일의 체통이 중대하여 이를 품달하게 되었다. 또 금번 廷試 무과의 출신은 서북의 흉년으로 방수에 나가기 어려운 형편이다. 계사년 예에 의하여 방수를 면제하고 除防米를 북한산성에 비치하게 하면, 군향에 보탬이 될 뿐만 아니라 역시 미루어 역량으로 사용할 수 있으니, 제방미 수봉문제를 묘당으로 하여금 여쭈어 처리하게 하는 것이 어떻겠느냐고 하자, 숙종은 이를 윤허하였다(『備邊司謄錄』 책71, 肅宗 44년 11월 8일).

⑫ 숙종 44년 12월 18일 약방입진시에 영중추부사 이유는 城役이 이미 거의 끝나가는 경지에 이르렀는데, 물력이 부족하여 전일 재가 받은 선을 각 청에서 대출할 바의 무명은 그 수가 많지 않고 그 가운데에는 중지되어 거행되지 않는 것도 있으므로, 이를 믿고 역사를 시작해서는 옳지 않다. 봄이 된 뒤에 불과 한두 달이면 마칠 수 있는 일을 물력이 부족하여 중지한다면 매우 애석한 일이다. 평안도 慈母山城에 유치되어 있는 은이 3만 냥이라고 하니, 1만 냥을 가져다 성역에 보태어 사용하는 것이 옳을 듯싶으며 굳이 전량을 사용할 것은 없고, 요리하여 그 이식을 취하고 본색은 그대로 북한산

성에 놓아두는 것이 편의하다고 하였다. 이에 민진원은 자모산성의 비변사 소관 은은 2만 냥에 지나지 않는데 감영에 마련해 둔 재화도 많으며, 이 역시 西路 관방의 중요한 곳이므로 비축해 둔 재화를 다른 데에 사용해서는 옳지 않으나, 북한산성을 앞날 귀의할 곳으로 삼으므로 이중 1만 냥을 가져다 유치하여 待變의 需用으로 삼되 성역 때에 알맞게 가져다 사용하고, 이어서 도로 갚으면 편의할 듯싶다고 하자, 숙종은 자모산성의 은 1만 냥을 가져와 성역에 보태어 쓰는 것이 좋겠다고 하였다. 또 이유는 연전에 李寅燁이 漢院[24]에 성을 쌓자는 논의를 주장하였는데, 그때 李聖漢이 충주목사가 되어 財穀을 모은 것이 꽤나 많았으나, 미처 역사를 시작하지 못하고 조정에서 중지시켰다. 그 모은 재력이 쓸 데 없는 물건이 되므로 炭葛 등 諸具는 이미 북한산성의 내성을 쌓는데 사용하였고, 役糧 1천여 석은 현재 본 고을에 있다고 하니, 얼음이 풀린 뒤 배로 실어다 탕춘대에 성을 쌓을 때에 보태어 사용하는 것이 좋겠다고 하였다. 이어 민진원은 당초에 비록 1천 석이라고 하나 지금 오래된 뒤에 그 숫자가 모두 있는지 알 수가 없으니, 우선 실수를 조사한 뒤에 가져다 보태어 쓰는 것이 옳을 듯싶다고 하자, 숙종은 아뢴 바에 의하여 가져다 사용하는 것이 좋겠다고 하였다(『備邊司謄錄』 책71, 숙종 44년 12월 20일).

⑬ 숙종 44년 12월 18일 약방입진시에 제조 민진원은 신이 경리청 제조로 명을 받았을 때 탕춘대에 성 쌓는 일을 보니, 이미 결정하고 산신에게 고유제까지 하였으나, 주관한 대신이 남의 비난을 받고 교외로 나가므로 오랫동안 역사를 시작하지 못하였으니 일에 염려스러운 점이 많다. 그러므로 날을 가려 역사를 다시 시작할 것을 아뢰며, 성상께서는 북한산성의 형세로 보아 끝내 버려서는 안 된다고 하교하셨으나, 도성을 지켜야 한다거나 버려야 한다는 하교

24) 漢院嶺은 삼국시대의 鷄立峴으로 大院嶺, 寒暄嶺이라고도 불렸으며, 오늘날의 하늘재이다. 여기에 성을 쌓으려 했던 성은 月岳山城(德周山城)이다.

없이 대신들로 하여금 熟議하여 여쭈어 처리하라 하셨다. 탕춘대 서쪽의 성 쌓는 일은 지금 이미 반을 넘었으나 아직도 여쭈어 처리하지 못하였으니, 이는 대체로 일이 중대하여 대신들이 심상히 回啓하기 어려움이 있어서 이다. 이와 같이 지연시키면 어느 때 결정이 되겠는가. 전하께서 靜攝하시는 가운데 비록 여러 대신들을 인접하기 어려우나, 시임대신이 밖에서 여러 대신들과 상의하고 약방에서 입진할 때에 같이 입시하여 결정하는 것이 좋을 듯싶고, 그렇지 않으면 비변사로 하여금 여러 대신에게 收議하여서 아뢰어 上裁에 대비하는 것이 좋을 듯하다고 하자, 숙종은 시임대신이 다른 대신과 상의한 뒤에 입진할 때에 결정하는 것이 좋겠다고 하였다. 또 영중추부사 이유는 전하께서 늘 도성이 넓고 커서 지키기 어려우니, 북한산성에 전념하느니만 못하다고 전교하셨으므로 처음에 도성을 보수하도록 하였으나 곧 철회하였다. 바깥사람들은 城役을 막을 줄만 알아서 북한산성을 지키는 것은 도성을 지키는 것만 못하다고 하고, 탕춘대의 역사를 하게 되어서는 또 세 곳의 성을 지키는 일을 헐뜯는 표적으로 삼고 있다. 지금 탕춘대성은 불과 羊馬城[25]일 뿐이다. 백성과 더불어 같이 지키기로 한다면 어쩔 수 없이 좀 넓은 곳을 택하여 아울러 수용할 수 있는 곳으로 삼아야 한다. 북한산성을 모두

---

25) 牛馬墻(羊馬墻)은 城外 濠岸內에 설치한 담장이다. 담장의 下低에는 大將軍銃眼을 설치하여 적들이 많을 때 大將軍砲를 쏘아 적들을 격퇴한다. 이 보다 위쪽에는 小銃眼을 만들어 狼機를 배치하며, 다시 소총안 위에는 銃眼을 설치하여 手銃을 배치한다. 담장의 꼭대기는 斧刃磚石으로 만들어 사람들이 설 수 없게 한다. 적이 담장을 오르면 長柄, 大斧, 大棍 등으로 쳐서 떨어뜨린다. 한편 昏夜에는 판별할 수가 없으므로 성문을 열 수가 없기 때문에, 피난 온 사람과 牛馬는 잠시 牛馬墻 안으로 피난을 할 수가 있었다. 여기서 牛馬墻이라는 이름이 생긴 것이다. 이들 우마장은 城을 믿고 險을 이루며, 城은 우마장으로서 衛를 삼아 서로 의존하게 된다(『紀効新書』 권13 守哨篇13). 우마장은 명나라에서 倭賊, 山賊을 막는데 효험을 보았으며, 우리나라에서도 정유재란 때 명군이 남원읍성에 설치한 일이 있었다. 하여튼 이유가 지금 탕춘대성은 불과 羊馬城일 뿐이라고 한 것은 탕춘대성이 중심성인 북한산성의 보조성일뿐이라는 말로 이해된다.

쌓은 뒤에는 비록 뜻밖의 환란이 있다하더라도 축적을 실어들이기에 어려움이 없어, 내성으로 들이거나 탕춘대에 두어서 다만 빈 성만을 적에게 주고, 도성의 軍民은 백악, 인왕의 두 산을 먼저 점령하면 적도 감히 가벼이 도성 안으로 들어오지 못할 것이고, 더구나 탕춘대와 북한산성 사이를 침범하겠는가. 이것이 바로 이른바 백성들과 더불어 같이 지키는 일이고, 전하께서 도성과 북한산성으로서 명백히 하교하여 처리하는 것이 어떻겠느냐고 하자, 숙종은 도성이 이와 같이 넓고 크니 어찌 지킬만한 성이겠는가. 당초에 돌을 모아 성을 만들었고 급하여 견고하게 쌓지 않았으니, 적을 막을 계획에서 나온 것이 아니다. 백성과 더불어 지킨다는 말은 북한산성을 가리킨 것이고, 도성이 어찌 백성들과 같이 지킬 곳인가. 도성은 실로 백성들과 같이 지킬 형편이 되지 못하여 수축하는 역사를 중지하였다. 북한산성은 탕춘대에 외성을 쌓으니 형세는 더욱 장엄해진다. 이의를 제기하는 사람들이 오히려 세 곳의 성을 지키는 것으로 말을 함은 말이 되지 않는다. 처음에 이는 큰일이므로 입진을 기다려서 다시 여쭈라고 하였으나 지금 다시 논의할 이유가 없다. 비록 도성을 지키려하나 이와 같이 허술한 형편으로는 전혀 믿을 만 한 방법이 없다. 북한산성은 끝내 버려서는 옳지 않으니 이에 전념하는 것이 타당하다. 지금 이미 이 하교가 있으니 다시 물을 만한 일이 없다고 하자, 민진원은 시임대신과 상의하여 여쭈어 처리하라는 하교는 환수하는 것이 좋겠다고 하자, 숙종은 지금 다시 논의할 일이 없으니, 이 하교는 환수하는 것이 좋겠다고 하였다(『備邊司謄錄』 책71, 숙종 44년 12월 20일).

⑭ 숙종 44년 12월 18일 약방입진을 마치고 영중추부사 이유는 탕춘대의 성역이 곧 完畢될 것인데 지금부터 불과 20일이면 완료될 것이다. 처음에 토축으로 정하였으나, 잡석이 많은 곳이라 석축으로 변경하여 이제 막 잡석으로 쌓으려 하는데, 민진원이 筵中에서 東邊은 도성 주맥의 설을 地師에게 물어 토축으로 하자고 청하였다고 하

였다. 이에 숙종은 이를 지사에게 물어보았느냐고 묻자, 제조 민진원은 지사들이 모두 脊邊에 附築하는 것은 주맥을 穿鑿할 염려가 있어 토축이 무방하다고 하자, 숙종은 토축으로 명하였다(『肅宗實錄』권 62, 肅宗 44년 12월 辛酉).

탕춘창이 지어지자 숙종 41년 10월에 판중추부사 이유는 탕춘대를 지키지 못한다면, 북한산성은 고립되고 위태롭게 된다고 하여, 토성으로 탕춘대성을 쌓아야 한다고 건의하였다. 여기에는 유사시 도성의 방어를 포기하고, 탕춘대성을 쌓아 북한산성과 應接하게 하자는 것이었다. 이에 대해 숙종도 도성이 넓어 지키기가 어려우므로, 북한산성을 쌓았으니 북한산성을 중심성으로 삼고, 도성의 방어는 포기해야한다는 생각을 갖고 있었다. 탕춘대성을 쌓아 중심성인 북한산성을 보조해야 한다는 것이었다. 이에 대한 반대 의견도 적지 않았다. 반대 이유로는 탕춘대가 침공을 받으면 북한산성에서 아래로 구원하기가 어렵다는 점, 도성이 함락되면 탕춘대에 성을 쌓더라도 효용이 없다는 점, 도성, 북한산성, 탕춘대성 등 3성을 무슨 병력으로 지키겠는가 하는 점, 도성을 버리고 탕춘대만 지키는 것도 알맞은 계책이 아니라는 점, 도성을 지킬 수 없어 적이 창의문 마루에 오른다면 탕춘대는 지킬 수 없다는 점 등이었다. 이처럼 당시 탕춘대성의 축성에 대한 의견은 歸一되지를 못하였다.

동왕 44년 봄에는 판중추부사 이유의 건의에 따라 탕춘대성을 축성하는 문제가 결정되고, 8월에는 축성에 쓰일 기계와 잡목을 해서의 장산곶에서 마련하였고, 역사에 쓰일 양식도 경리청에서 1만석이나 마련하였다. 역사에 쓰일 무명은 어영청과 금위영에 비축되어 있는 것 중 각각 150동을 대출 받고, 또 영남의 射軍木 100동을 대출받아 쓰기로 하였다. 또 鑄錢에서 이익을 취하여 역사에 보태려는 계책도 마련하였다. 윤8월에는 금군별장 尹慤를 도청으로 삼고, 감역을 맡을 패장들은 각 군문의 장교 및 경리청 소속 군관 중에서 선별토록 하였다. 이때 이곳에 성을 쌓음으로써 도성 내맥의 기가 손상된다고 하여, 지사들에게 자세하게 살펴보라는 숙종의 명령이 내려지자, 지사들은 脊邊에 附築하는 것은 주맥을 穿鑿할 염려가 있으나 토축으로 하면 무방하다고 하였다. 결국 묘당의 여러 재신들이 탕춘대의 성터를 보고 도제조 이유처럼 성터가 좋다고 한다는 경리청 제조 민진원의 보고를 받은 숙종은 역사를 시작하라는 명령을 내렸다.

역사는 고유제를 지내고 윤8월 26일에 시작하여 10월 6일까지 41일간 실시되었다. 날이 짧아지고 추위가 닥쳐오기 때문에 역사를 중단한 것이다. 나머지 역사는 명년 봄에 다시 시작하기로 하였다. 이번 역사에서는 북벽 남변의 200여 보를 設築하였다. 역사에 들어간 役糧은 경리청에서 마련한 1만석 중 2천석 가까이 되었다고 한다. 한편 역사가 정파되고, 동왕 45년 4월에 성지를 반쯤 쌓은 곳은 흙으로 덮어 빗물을 막아 무너지지 않게 하였다는 것을 보면, 잡석이 많은 북변 쪽은 석축으로 쌓은 곳도 있었던 모양 같다.

그러나 명년 봄에 역사를 재개할 준비를 마친 상황에서 숙종 44년 12월 19일에 느닷없이 예조판서 민진후는 탕춘대성을 쌓을 수 없음과 북한산성을 지킬 수 없음을 상서하였다.[26] 이 상서가 탕춘대성의 축성에 큰 화근이 되고 말았다. 이에 세자는 3품관인 문신과 시종을 지낸 무신 및 閫帥를 지낸 자 이상으로 하여금 묘당에 모여 의논하게 하였다. 이에 따라 동왕 45년 2월 2일에는 탕춘대성을 쌓는 일을 廷臣에게 헌의하도록 하자, 같은 날 3품의 신하들이 闕中에 나아가 논의하고, 3일에도 2품 이상의 관원이 회의를 갖고, 5일에도 三司의 관원들이 회의를 하였다. 이어서 회의에 참석하지 못한 3품 이상 관원들의 헌의가 이어졌다. 여기에서 나온 찬성 측의 의견은 북

26) 민진후는 숙종의 앞에서도 바른 말을 잘 하였으므로 욱하는 기질이 있던 숙종은 자기를 무시한다고 노여워하면서, 민진후를 파직시켰다가 얼마 있다가 다시 불러들이곤 하였다. 그러나 민진후는 외척이고, 성실했기 때문에 숙종의 신임을 받았다.

한산성은 천험으로 난리에 임하여 의귀할 장소가 될 만하고, 탕춘대성은 군향을 저장하여 불우에 대비하기 위한 것이라는 점, 탕춘대는 4면이 험저하고 가운데가 넓고 水根이 많아서 성을 견고하게 쌓고 양식을 많이 비축하면, 남한산성이나 강도도 이 보다 나을 것이 없다는 점을 들어 탕춘대성을 점차 쌓아야 한다는 것이었다. 이에 대해 반대 측 의견은 도성과 탕춘대는 함께 수비할 수가 없다는 점, 도성을 지킬 것인지를 먼저 결정해야 한다는 점, 탕춘대는 지세가 낮아서 쉽게 적의 공격을 받게 된다는 점, 유사시 도성, 북한산성, 탕춘대성을 모두 지키기가 어렵다는 점, 적이 도성에 웅거하면서 탕춘대성을 내려다보고 공격하면 막기가 어렵다는 점, 도성을 버리면 도성은 적의 본거지가 되어 탕춘대의 군향은 적의 포가 미치는 곳에 두게 된다는 점 등을 들어 탕춘대성을 쌓는 역사를 빨리 정파해야 한다는 것이었다.

드디어 4월 1일에는 여러 대신들이 조당에 모여 탕춘대성의 축성 여부에 대해 품처를 하였는데, 이 자리에서 영의정 김창집, 판부사 이이명, 우의정 이건명은 우선 탕춘대성의 역사를 정지하고 기근과 癘疫이 蘇息되기를 기다려 천천히 의논하여 도모하는 것이 합당할 듯하다고 하자, 숙종은 탕춘대성의 역사에 대해 여러 신료들이 불편하다고 하니 정지하라고 명하였다. 4월 3일에는 역사를 추진했던 영중추부사 이유가 성역을 정파한 일로 인해 상서하여 일을 그르친 죄과를 표명하기에 이르렀다. 하여튼 3품 이상 관원들의 헌의를 통해 당시 都城固守論이 상당히 팽배하여 있었음을 알 수가 있다. 또 이 무렵 숙종의 병세가 악화되어 동왕 43년 7월부터 왕세자가 대리청정을 하게 되었는데, 탕춘대성의 축성을 적극 지원하던 숙종의 병환도 탕춘대성의 역사를 정파하는데 큰 영향을 주었다고 볼 수가 있다.

2) 영조대의 축조

D—① 영조 4년 3월 24일에 동중추 柳星樞를 鎭御使로 삼아 李

汝迪을 대신하여 장단의 군사를 거느리고, 탕춘대에 진을 치게 하라고 명하였다(『英祖實錄』권16, 英祖 4년 3월 甲戌).

② 영조 5년 6월 22일 비변사의 啓辭에 영조 4년 4월 23일에 영조의 재가를 받은 한량 尹弼殷의 상소에 탕춘대를 증축하자는 내용이 있었다고 하였다(『備邊司謄錄』책85, 英祖 5년 6월 22일).

③ 영조 5년 10월 26일 희정당에서 약방입진시 영조는 탕춘대에 축성하는 일은 어떻게 처리하는 것이 좋겠느냐. 이미 청사가 있으니 축성을 해야 한다. 성이 없으면 庫舍는 당연히 북한산성 안으로 이치해야 한다고 하자, 醫官 尹淳은 이것은 파하는 것이 마땅하며 三重城을 어떻게 수호하겠느냐고 하고, 북한산성으로 移入하는 것이 좋을 것 같다고 하였다(『承政院日記』책695, 英祖 5년 10월 丁卯)

④ 영조 12년 5월 25일 興政堂에서 대신과 비국당상을 인견시 예조판서 鄭亨益은 탕춘대 수구문은 비록 좋으나 위를 능히 높게 쌓을 수가 없어 넘어 다니기가 쉽고, 峽路로 길이 험하며 골짜기가 狹隘하여 外寇와 충돌할 땅이 아니므로 그 곳에 약간의 곡물을 저장해도 무방할 것 같다고 하였다(『承政院日記』책826, 英祖 12년 5월 戊午).

⑤ 영조 19년 5월 19일에 영조는 금번 탕춘대를 보니 경리청과 선혜청의 창고는 매우 淺路하고, 또 매우 허술하여 이곳에 축성하여 移入하려는 것이라고 하고, 또 수문은 매우 웃음거리가 되며 비록 소아라도 가히 넘을 수 있다고 하였다(『承政院日記』책958, 英祖 19년 5월 辛丑).

⑥ 영조 19년 8월 16일에 희정당에서 대신과 비국당상을 인견시 영의정 金在魯는 도성의 서변이 심히 허하니, 만약 도성을 방어하려면 탕춘대에 불가불 축성을 해야 한다고 하였다(『承政院日記』책962, 英祖 19년 8월 丙寅).

⑦ 영조 19년 8월 23일에 영의정 김재노는 영조에게 동성 밖

해자를 파는 일과 탕춘대 성을 쌓는 일을 어떻게 하면 좋겠느냐고 하자, 영조는 退出 후에 다시 看審하고 헤아려서 확실하게 하고, 후일 議定하는 것이 좋겠다고 하였다(『承政院日記』 책962, 英祖 19년 8월 癸酉).

⑧ 영조 19년 11월 8일에 우의정 趙顯命은 상소하기를 구슬을 꿰듯이 이어서 성을 쌓는 것은 병법에서 꺼리는 바이니, 탕춘대에 성을 쌓는 것은 결단코 할 수가 없다고 하였다(『英祖實錄』 권58, 英祖 19년 11월 丁亥).

⑨ 영조 20년 3월 22일 崇政門 밖에서 頒賞入侍 때에 具聖任은 봄이 되면 탕춘대성을 始役하는 일을 친히 聖教를 받들고자 하니 장차 어떻게 할 가를 묻자, 영조는 잠시 자세히 살펴보고 쌓자고 하였다(『承政院日記』 책970, 英祖 20년 3월 庚子).

⑩ 영조 22년 12월 6일 환경전에서 비국당상과 儒臣이 입시시에 영조는 탕춘대에 성을 쌓는 일은 긴요하지 않다고 혹은 말하는데, 어영대장의 소견은 어떠냐고 묻자, 구성임은 탕춘대를 버리는 것은 불가하며, 도성을 방어하려면 이곳은 하늘이 만든 곳이라고 답하였다(『承政院日記』 책1011, 英祖 22년 12월 丁卯).

⑪ 영조 23년 5월 6일에 경리청을 혁파하고, 총융청을 탕춘대로 옮기되 종사관 1員을 출사하게 하고, 총융사는 훈련원과 어영청 두 영의 예에 의하여 겸하도록 하였다(『英祖實錄』 권65, 英祖 23년 5월 乙未).

⑫ 영조 23년 5월 7일 환경전에서 총융사 등이 입시시에 총융사 朴纘新은 탕춘대의 동변은 험준한데 수문이 매우 허술하니, 신의 생각으로는 불가불 증축을 해야 할 것 같다고 하자, 영조는 수문은 設關뿐인데 만약 증축을 하면 적이 감히 쉽게 들어올 수 있는가라고 하자, 영의정 金尙魯는 좌우 窺峰[27]은 불가불 성내로 들어와야 하며,

---

27) 窺峰은 양쪽 돌출부가 있는 봉우리를 말하는 것 같다.

수문은 헐 필요는 없고 佛巖으로 退築하면 가히 重關이 되어 좋을 것이라고 하였다(『承政院日記』책1016, 英祖 23년 5월 丙申).

⑬ 영조 23년 5월 25일에 총융청에서 아뢰기를 총융청을 탕춘대로 이건하는 일은 이미 절목이 啓下되었으니, 이달 25일에 탕춘대 북변에 開基[28]를 시작하겠다고 하였다. (『承政院日記』책1016, 英祖 23년 5월 甲寅).

⑭ 영조 23년 7월 13일에 총융청에서 아뢰기를 총융청 營舍를 탕춘대로 이건하는 일은 이미 절목이 啓下되었으니, 오늘부터 內營廳舍를 철훼하여 옮기겠다고 하였다(『承政院日記』책1018, 英祖 23년 7월 辛丑).

⑮ 영조 23년 9월 30일에 영조는 하교하기를 탕춘대는 곧 도성의 咽喉이므로 총융청을 옮겨 세우도록 명하였는데, 장교의 무리들이 편안함을 도모하여 지체하고 있으니, 총융사 박찬신을 파직하고 어영대장 구성임으로 총융사로 제수한다고 하였다(『英祖實錄』권66, 英祖 23년 9월 丁巳).

.⑯ 영조 23년 10월 1일에 영조는 탕춘대에 거둥하여 총융청의 장교와 군병들이 총 쏘는 것을 시험하고 각각 차등 있게 시상하였다. 부노를 불러 백성들의 질고를 묻고 각각 쌀을 한 말씩 지급하였다. 또 병조판서 鄭羽良에게 어세시를 베껴서 揭板토록 하였다(『英祖實錄』권66, 英祖 23년 10월 戊午).

⑰ 영조 23년 10월 24일 환경전에서 대신과 비국당상을 인견시 영조는 구성임에게 경이 탕춘대의 형편을 자세히 看見하여 금년에 1墩을 설치하고, 명년에 이와 같이하면 일이 성취될 것이라고 하자,

---

28) 조선 후기의 都城圖에는 새로 옮겨 온 총융청 營舍는 세검정보다 沙川 상류 쪽에 있으며, 세검정에서 옮겨진 조지서 중간에 위치한다. 또 창의문에서 총융청 영사 쪽으로는 큰 길이 나 있다.. 『大東地志』 漢城 城池條에는 梁鐵坪에서 암문으로 들어와 摠營에 이른다고 하였다. 오늘날의 鍾路區 新營洞 219—4번지 일대에 있었던 것으로 보고 있다.

구성임은 진력해서 하겠다고 답하였다(『承政院日記』 책1022, 英祖 23년 10월 辛巳).

⑱ 영조 24년 6월 14일 홍정당에서 대신과 비국당상을 인견시 총융사 구성임은 탕춘대의 營役을 지금 畢役하였다고 하였다(『承政院日記』 책1030, 英祖 24년 6월 丁卯).

⑲ 영조 28년 12월 3일에 克綏齋에서 대신과 비국당상을 인견시 영조는 총융사는 공연히 탕춘대에 있는가라고 하자, 총융사 구성임은 영조 23년 10월 動駕 때에 漢北門에서 하교가 있어 신이 총융사를 受任하면서부터 오히려 틈이 없었고, 성이 있은 연후에야 鎭守를 할 수가 있다. 대신이 거행할 것을 청하여 내년 봄이면 시역할 수 있으며, 비록 2~3년 안에 재력의 유무에 따라 완공할 수가 있다고 하였다(『承政院日記』 책1089, 英祖 28년 12월 己丑).

⑳ 영조 29년 2월 14일에 총융청에서 아뢰기를 탕춘대 서성의 未築處를 시역하는 일은 이미 定奪되었는데, 축성에 필요한 石子를 이달 15일부터 시작하여 西郊 甕巖洞 근처에서 浮出하려고 한다고 하였다(『承政院日記』 책1091, 英祖 29년 2월 庚子).

㉑ 영조 30년 윤4월 3일에 춘당대 大增廣殿試에 親臨時 영조는 총융사 구성임에게 탕춘대에 往留한다고 하는데 軍門事에 유익한가라고 묻자, 구성임은 成命이 있어 작년에 성역을 시작한 후부터 영문에는 자못 근심이 없다고 답하였다. 또 구성임은 본영의 畿邑 需米는 겨우 將校員役의 廩料로 지급하였고, 작년 수미는 朝令에 의해 作錢하고 약간이 남았으나, 이미 성역에 다 써 버렸다. 진휼청미 1천석을 다른 예에 따라 총융청에 팔 수 있도록 하여 탕춘대성을 쌓는 일에 보태게 하도록 비국에 의견을 제출하여 받아들여졌다. 이처럼 비국이 특별히 허락하였으나, 진휼청에서는 筵稟하지 않았다고 하여 끝내 팔 수 있도록 허락하지 않았다. 지금 당장 將士의 廩料와 성역의 役糧을 딴 곳에서 措備할 수가 없어 부득이 이렇게 仰達한다고 하자, 영조는 진휼청으로 하여금 즉시 거행하라고 명하였다(『英祖實

錄』 권81, 英祖 30년 윤4월 壬子. 『承政院日記』 책1106, 英祖 30년 윤4월 壬子).

㉒ 영조 30년 9월 1일에 총융청에서 아뢰기를 蕩春西城 중 香林峰에서 漢北門 서변까지 2,400보의 체성, 여장, 內外補築에 대한 역사를 작년에 시작하여 지금 이미 完畢되었다고 하였다(『備邊司謄錄』 책127, 英祖 30년 9월 1일).

㉓ 영조 30년 9월 2일에 영조는 탕춘대는 이미 京營을 설치하여, 총융사가 京畿兵使를 겸하게 하여 내가 때때로 나아가기도 하나,[29] 이름이 바르지 않으니 이름을 練戎臺라고 고치도록 명하였다(『英祖實錄』 권82, 英祖 30년 9월 戊寅).

영조 4년 4월에 한량 尹弼殷은 탕춘대성을 증축하자고 상소하고, 동왕 5년 10월에도 영조는 탕춘대에 이미 庫舍가 있으니 축성을 해야 한다고 하면서, 성이 없으면 庫舍는 북한산성 안으로 이치해야 한다고 하였다. 또 동왕 19년 5월에 영조는 탕춘대를 직접보고 경리청과 선혜청의 창고는 방비가 매우 허술하여 이곳에 축성하여 移入하려는 것이라 하고, 수문은 웃음거리가 되며 小兒라도 넘을 수 있다고 지적하였다. 이해 8월에도 영의정 김재노는 도성의 서변이 매우 허하니, 도성을 방어하려면 탕춘대에 불가불 축성을 해야 한다고 건의하였다. 그러나 11월에 우의정 조현명은 구슬을 꿰듯이 이어서 성을 쌓는 것은 병법에서 꺼리니, 탕춘대에 성을 쌓을 수 없다고 건의하였다.[30]

---

29) 摠戎使(2품이상)는 비변사의 당상을 겸하였고, 북한산성을 관장하였다. 또 영조 26년에는 경기병사까지 겸하게 하였으나, 영조 36년에 총융사가 비변사의 당상을 겸하면서 외방의 직을 兼帶하는 것은 지장이 있다고 하여 경기병사직은 해면되었다. 영조 40년에는 조지서가 총융청의 관내에 있기 때문에 조지서의 제조까지 겸하였다((『萬機要覽』 軍政篇 3 摠戎廳 官制).

30) 조현명은 영조 8년에 경상도관찰사로서 동래읍성의 수축을 지원하고, 동왕 10년에는 전라도관찰사로서 전주읍성을 수축했던 축성에 조예가 깊었던 인물이

동왕 20년 3월에 구성임은 봄이 되면 탕춘대에서 성을 시역하려고 하는데 어떻게 하는 것이 좋겠느냐고 영조에게 묻자, 영조는 잠시 자세히 살펴보고 쌓자고 하였다. 동왕 22년 12월에 영조는 탕춘대에 성을 쌓는 일에 대해 어영대장 구성임의 소견을 묻자, 구성임은 도성을 방어하려면 탕춘대성을 쌓아야 한다고 답하였다.

동왕 23년 5월에는 총융청을 탕춘대로 옮기기로 확정되었다. 9월에 영조는 총융청을 옮기는 일이 지체되었다고 하여 총융사 박찬신을 파직하고, 신임하던 어영대장 구성임을 총융사로 삼아 총융청의 이전과 탕춘대성의 축조를 전담시켰다. 營役의 필역은 동왕 24년 6월에 가서야 이루어 졌다.

동왕 29년 2월부터 북벽에 대한 역사가 시작되어, 2월 15일부터는 옹암동 근처에서 石子를 浮出하기 시작하고,[31] 18개월만인 동왕 30년 8월에 필역되었다. 役事量은 2,400보의 체성, 여장, 내외보축이었다. 2,400보의 성벽은 홍지문 북변에서 향로봉까지로, 동왕 26년에 개정한 영조척 1척의 길이인 31.22cm를 대입하면 4,496m로 실제의 3,473m보다 길다. 동왕 26년에 개정한 주척 1척의 길이 20.83cm를 대입하면 3,000m가 되어 여기에 가깝다. 여기에는 익성의 左城 성벽도 포함된 것이다. 즉 이때에 좌성의 성벽도 함께 수축한 것이다. 현재 상명대학교 북측에서 암문 사이에는 이때 쌓았던 내측 補築이 협

었다(閔德植, 『朝鮮時代의 築城碑』, 『年報』 17, 충북대학교 박물관, 2008, 64~68쪽).

31) 浮石處인 甕岩(해발 368m)은 役所에서 서쪽으로 직선거리 약 750m 거리에 있다. 부석의 작업은 築城役을 착수하기 위한 전제조건이 되는 데, 특히 산성의 축조에서는 부근에 적합한 부석처가 있는지의 여부가 산성의 중요한 입지조건이 되었다(『肅宗實錄』 권49, 肅宗 36년 12월 戊子). 부석의 작업은 이같이 役所 부근에서 실시되어야 할 필요가 있었는데, 그것은 운송을 수월히 하려는 때문이었다. 運石의 작업은 일반적으로 부석보다는 더 많은 노동력이 동원되는 고된 작업이었다(『備邊司謄錄』 책60, 肅宗 36년 7월 2일). 하여튼 탕춘대성의 부석은 조선후기 한양도성을 수축할 때의 부석 상황보다는 형편이 좋은 편이었다.

축처럼 잘 남아 있다. 한편 성역에 따른 막대한 경비는 총융청의 畿邑 需米로 충당하였는데, 동왕 29년 수미는 作錢하고 나머지는 성역에 쓰고, 동왕 30년 수미는 將校員役들의 늠료로 지급되었다. 부족분은 친휼청에서 米 1천석을 사서 壯士들의 늠료와 募軍들의 役糧으로 지급하였다. 동왕 27년에 『守城冊子』가 반포되면서, 도성방어체제가 확립되던 것과 맞추어 도성의 방어를 목적으로, 동왕 29년 2월에서 6월 사이에 홍인문 남쪽에서 광희문 북쪽 사이 6기의 치성 축조와 동시에 축조된 것이다.[32] 영조대의 축조는 도성 서쪽의 방어를 강화시킨다는 목적이 있었기 때문에, 숙종대의 축조 때와는 달리 비교적 순조롭게 축조될 수가 있었다고 볼 수가 있다.

3. 남벽의 축조

E—① 영조 30년 9월 1일에 총융청에서 아뢰기를 한북문 남변에서 인왕산 도성 밑까지 1,400보는 계속 축조할 계획이고, 체성 50보와 여장을 겨우 쌓았으나 물력이 바닥이 나고, 해가 짧아져 잠시 停役하고자 한다고 하였다(『備邊司謄錄』 책127, 英祖 30년 9월 1일).

② 영조 32년 1월 30일에 숭문당에서 대신 등을 인견할 때 총융사 李章吾가 말하기를 연융대, 한북문 성역 未畢處는 봄날이 화창하여 일을 계속해야 하는데, 금년은 常年과 다르니 어떻게 하는 것이 좋겠느냐고 하자, 영조는 금년의 秋事를 보아 거행하라고 명하였다(『承政院日記』 책1127, 英祖 32년 정월 戊戌).

③ 영조 32년 7월 16일에 희정당에서 대신 등을 인견할 때 총융사 이장오가 아뢰기를 신이 春間 입시할 때 한북문 성첩을 계속 축조하는 일을 仰稟하였는데, 秋成을 보고 거행하라는 하명이 있었다. 지금 秋成이 멀지 않은데 들어갈 물력을 마련한 연후에만 수축을 할 수 있는데, 총융청의 물력으로는 이룰 수 있는 희망이 전혀

32) 閔德植, 「새로 발굴된 서울城郭의 附帶施設—雉城과 二間水門을 중심으로—」, 『鄕土서울』 78, 2011, 34~35쪽).

없다. 지금의 형세는 매우 번민스러우니 오늘 여러 대신들이 입시하였으니 하문하여 처리하는 것이 어떻겠느냐고 하자, 영조는 대신들의 의견은 어떠하냐고 물었다. 이에 우의정 申晩은 총융사는 총융청이 鑄錢을 하면 그 이익으로 役事에 보태어 쓸 수 있다고 한다. 주전은 폐단이 있으나 근년에 삼군문이 주전할 때 총융청만이 오직 못하였으니, 지금 주전을 허용하면 이익을 취하여 보태어 쓸 수 있을 것 같다고 하였다. 영의정 李天輔도 총융청의 형세가 將臣이 아뢴바와 같은데, 조정에서 구획할 수 있는 방법은 주전에 비록 폐단이 있기는 하나, 주전을 허용하는 외는 다른 방책이 없으니 善鑄를 신칙하는 것이 좋을 것 같다고 하였다. 좌의정 김상노도 총융청의 책무가 큰데 총융청이 凋殘하여 물력이 없고, 조정에서도 획급할 방도가 없으니 주전은 폐단이 없지 않으나 이 이외는 善策이 없다. 근래 삼군문의 예에 따라 허락하고 善鑄를 신칙하는 것이 무방할 것 같다고 하였다. 부사직 金聖應도 한북문 성역에 조정에서 획급할 물력이 없으니 주전을 허용해야 한다고 하였다. 이에 영조도 주전을 허락하였다(『承政院日記』 책1133, 英祖 32년 7월 辛巳).

④ 영조 33년 3월 21일에 비변사에서 摠戎廳鑄錢節目을 마련하여 보고하였다. 여기서 한북문 성첩 繼築 및 북한산성 성첩, 城廓, 軍器修理 등 역은 버려둘 수 없는 일인데, 총융청에서는 生財의 길이 없고, 조정에서도 구획할 물력이 없으므로, 근년의 삼군문의 예에 의거 주전을 허용하여 여기서 이익을 취하여 여러 곳의 역사에 보태어 사용하는 외에는 변통할 방법이 없으므로, 新鑄를 만들어 돈으로 사용할 것을 아뢴다고 하였다(『備邊司謄錄』 책132, 英祖 33년 3월 21일).

총융사 구성임은 영조 29년 2월에서 동왕 30년 8월 사이에 북벽을 축성하고, 이어서 한북문 남변에서 인왕산 도성 밑가지의 1,400보를 계속 축성하려고 하였으나, 총융청의 물력이 떨어지고 해가 짧아져 잠시 停役을 하였다. 그 후 구성임의 뒤를 이은 총융사 이장오가 동왕 32년 봄부터 역사를 계속하려고 하였으나, 영조는 秋事를 보아 거행하라고 하였다. 이해 7월에는 축성에 따른 물력을 주전을 통해 마련하기로 결정하고, 동왕 33년 3월에는 비변사에서 한북문 성첩 繼築을 위한 摠戎廳鑄錢節目을 마련하였다. 이에 따른 남벽의 축조 내용은 알 수가 없다.

맺 음 말

북한산성은 지형이 孤絶하고 군향을 보관하는데 불편함이 많기 때문에 성 밑에 별도로 하나의 성을 쌓고, 倉廨를 지어 평시에는 蓄散에 편리하고, 유사시에는 북한산성으로 실어들일 수 있도록 하기 위해 탕춘대에 성을 쌓은 것이다.

탕춘대성은 총 길이 5,156m로 인왕산 도성 밑에서 시작하여 향로봉 남측 분기점까지 남북으로 이어진다.

익성의 축조는 탕춘대의 창고들이 건립되므로 인해 이에 대한 방비가 허술하게 되자, 숙종 41년에 들어 경리청 도제조 이유의 건의로 총융청으로 하여금 축성을 담당하게 하여, 대략 봄부터 역사를 시작하여 6월에 필역하였다. 이 축조구간은 차단성의 역할을 하도록 쌓아졌다. 즉 관문, 수문, 좌우 익성이 결합된 것이다. 역사는 전수사 趙以健이 도청을 맡아 총괄하고, 전첨사 申瑎이 수문, 전위장 金華瑞가 성문, 전만호 李東芳이 좌성, 전사과 李萬杓가 우성을 맡아 축조하였다.

북벽은 익성의 좌성의 북변에서 시작하여 향로봉 남측 분기점까지 이어진다. 숙종대의 축조는 숙종 44년 봄 판중추부사 이유의 건의에 따라 축성이 결정되고, 윤8월에는 금군별장 尹懲를 도청으로 삼고, 각 군문의 장교 및 경리청 소속 군관 중에서 선별하여 감역을 맡을 패장으로 삼았다. 역사는 윤8월 26일에 시작하여 10월 6일까지 41일간 실시되었다. 나머지 역사는 명년 봄에 다시 시작하기로 하였다. 이번 역사에서는 북벽 남변의 200여 보를 설축하였다.

그러나 명년 봄에 역사를 재개할 준비를 마친 상황에서 숙종 44년 12월 19일에 느닷없이 예조판서 민진후는 탕춘대성을 쌓을 수 없음과 북한산성을 지킬 수 없음을 상서하였다. 이에 세자는 3품관인 문신과 시종을 지낸 무신 및 閫帥를 지낸 자 이상으로 하여금 묘당에 모여 의논하게 하였다. 이에 따라 숙종 45년 2월 2일에는 탕춘대성을 쌓는 일을 정신에게 헌의하도록 하자, 같은 날 3품의 신하들이 궐중에 나아가 논의하고, 3일에도 2품 이상의 관원이 회의를 갖고, 5일에도 三司의 관원들이 회의를 하였다. 이어서 회의에 참석하지 못한 3품 이상 관원들의 헌의가 이어졌다. 드디어 4월 1일에는 여러 대신들이 조당에 모여 축성 여부에 대해 품처를 하였는데, 이 자리에서 영의정 김창집, 판부사 이이명, 우의정 이건명은 우선 탕춘대성의 역사를 정지하고, 기근과 癘疫이 蘇息되기를 기다려 천천히 의논하여 도모하는 것이 합당할 듯하다고 하자, 숙종은 탕춘대성의 역사에 대해 여러 신료들이 불편하다고 하니 정지하라고 명하였다.

그 후 영조대의 축조는 총융사 구성임의 주관 하에 영조 29년 2월부터 역사를 시작하여, 2월 15일부터는 옹암동 근처에서 돌를 浮出하기 시작하고, 18개월만인 동왕 30년 8월에 필역되었다. 이처럼 북벽은 숙종대에 토성으로 쌓은 것을 영조대에 석성으로 쌓은 것이다. 즉 토축으로 쌓은 곳은 석축으로 개축하고, 미축처는 석축으로 새롭게 쌓은 것이다. 현재 상명대학교에서 암문까지는 성벽 안쪽을 흙으로 보축을 하여, 협축처럼 쌓은 흔적이 잘 남아있다.

남벽은 인왕산 도성 밑에서 익성의 우성 남변까지이다. 총융사 구성임은 북벽을 축조하고, 이어서 홍지문 남변에서 인왕산 도성 밑까지의 1,400보를 계속 축조하려고 하였으나, 총융청의 물력이 떨어져 정역을 하고 말았다. 그 후 구성임의 뒤를 이은 총융사 이장오도 영조 32년 봄부터 역사를 계속하려고 하였으나, 영조는 秋事를 보아 거행하라고 하였다. 이해 7월에는 축성에 따른 물력을 주전을 통해 마련하기로 결정하고, 동왕 33년 3월에는 비변사에서 한북문 성첩 계축을 위한 총융청주전절목을 마련하였다. 이에 따른 남벽에 대한 역사가 어떻게 이루어졌는지는 알 수가 없다. 한편 이 구간은 지형이 매우 험준하므로, 성벽을 쌓지 않아도 자연지형만으로 어느 정도 방어를 할 수 있는 여건을 갖추고 있기 때문에 약간만 토축으로 加築하여도 성벽의 역할을 할 수가 있다.

제5장 화성의 축성

머 리 말

본고에서 다루려는 사적 3호인 수원의 화성은 1997년 12월에 세계문화유산으로 지정 등록될 만큼 주요한 유적 중에 하나이다.

정조 13년에 莊獻世子(고종대 莊祖追尊)의 묘소를 양주 永祐園에서 수원 花山의 顯隆園으로 遷葬하게 되는데, 이는 정조가 화성에 힘을 쏟게 된 계기가 되었다. 정조의 화성에 대한 정책과 경영은 이처럼 정권 안정기에 접어든 집권 중반부터 말엽에 이르는 11년 동안에 걸쳐 추진되었다. 집권 전반기에는 자신을 둘러싸고 있는 조정 내외의 정국 동향과 왕권의 위협 속에서 이를 실천할 수 있는 기회를 갖지 못하였다. 정조는 정치적 이상이 담긴 역사적 사업으로 신도시 화성을 건설 경영하는데 주력하였으며, 이러한 과정에서 본 화성이 축조되었다. 화성은 도성에 버금가는 행정, 군사, 상업의 중심 도시였으며, 국가에서도 도성의 5部처럼 중요시 하였다.[1]

본고에서는 화성의 築造過程, 築造費用, 築造機構, 動員人力, 築造材料, 運搬, 器械, 築造工法, 附帶施設 등에 중점을 두면서 화성의 축조에 대하여 전반적으로 살펴보도록 하겠다.

Ⅰ. 축조

1. 축조과정

정조는 新邑을 설치한 후부터 新邑城의 축성을 구상하고 있던 차

---

1) 『正祖實錄』 권33, 正祖 15년 8월 丙寅.

에 정조 14년 6월 부사직 姜游가 신읍을 옮겨 설치한 것을 계기로 城池도 아울러 축조하여 禿城山城과 서로 호응하는 것이 마땅하다고 상소하였다.[2] 이것이 화성 축성 논의의 시초이다. 또 동왕 15년 1월에도 사직 愼基慶이 수원 신읍에 성을 쌓을 것을 상소하였다.[3] 이어 16년 겨울에는 홍문관수찬 丁若鏞이 왕명을 받들어 화성의 規制를 지어 올렸다.[4]

동왕 17년 1월 12일에 정조는 현륭원 자리를 마련한 데 따른 수원부 관방의 중요성을 전교하고,[5] 어영대장 趙心泰와 축성을 논의하는 중에 조심태는 공사기간을 대체로 10년으로 예정한다고 보고하고,[6] 3월 10일에도 정조가 城役이 곧 시작될 터인데 工役의 완성은 몇 년이 걸리겠는가라고 묻자, 조심태는 10년을 기한으로 삼는다고 답하였다.[7] 5월 25일에는 화성유수 蔡濟恭이「築城方略」을 바치게 되었다.[8] 이처럼 축성의 역사는 채제공이 화성유수로 있을 때 추진된바 있었으나, 그가 이날 영의정으로 임명되어 화성유수직를 떠나면서 잠시 중단 되었다.[9] 즉 그가 화성유수직을 떠나면서 지금까지의 추진 내용을 바탕으로 「築城方略」을 올린 것으로 짐작된다. 또 11월 16일에 정조는 전 수원부사 조심태를 불러 화성을 쌓는데 필요한 물자와 인력을 마련할 계책을 물었다. 또 이 자리에서 정조는 흙으로는 어디까지 쌓고, 돌로는 어디까지 쌓을 지와 수문의 위치 등을 미리 마련하라고 명하였다.[10]

---

2) 『正祖實錄』 권30, 正祖 14년 6월 己未.
3) 『正祖實錄』 권32, 正祖 15년 1월 丁酉.
4) 丁奎英, 『俟菴先生年譜』(正文社), 1984, 33~34쪽.
5) 『正祖實錄』 권37, 正祖 17년 1월 丙午.
6) 『華城城役儀軌』 卷一 筵說 癸丑 正月 十二日.
7) 『華城城役儀軌』 卷一 筵說 癸丑 三月 初十日.
8) 『正祖實錄』 권37, 正祖 17년 5월 丙辰.
9) 『華城城役儀軌』 卷一 筵說 癸丑 十二月 初六日.
10) 『正祖實錄』 권38, 正祖 17년 11월 乙巳. 『華城城役儀軌』 卷一 筵說 癸丑 十一月 十六日.

12월 초에 정조는 화성 축조의 지침서인 分數, 材料, 壕塹, 築基, 伐石, 治道, 造車, 城制 등 8항목으로 구성된 「御製城華籌略」을 발표하였다.[11] 그 중요한 내용은 다음과 같다.

① 성벽 둘레는 曲城까지 합해서 약 3,600보로 하고, 체성의 높이는 약 2장 5척으로 한다.

② 축성재료는 돌로 한다.

③ 壕塹을 파서 거기에서 나온 흙을 재사용하며, 해자는 성벽으로부터 3~4장 정도의 거리를 두고 설치하고, 폭은 지면에서 7장, 깊이는 약 1장 5척으로 한다.

④ 성벽의 기초는 성터를 따라 구덩이를 폭 약 1장정도, 깊이는 약 4척정도로 파되 얼지 않을 정도로 하고, 3,600보에 1보마다 푯말 1개씩을 세운다. 인부를 모집하여 냇가의 조약돌을 옮겨다가 1단씩을 메워나가되, 구덩이가 평편하게 메워지면 많은 사람들이 달구질을 하여 단단하게 다진다.

⑤ 석재는 석공으로 하여금 떠낸 浮石所에서 다듬어서 무게를 줄여 운반하기에 편리하게 하며, 등급을 매기어 깎고 자르는데 규격이 있게 한다.

⑥ 석재의 운반은 큰 것은 한 덩이에 1車, 다음 것은 두 덩이에 1거, 작은 것은 3~4덩이에 1거로 운반하여 성벽의 1보를 쌓는 用量에 공급하게 한다.

⑦ 부석소에서 운반해온 돌들은 위에서 아래로 끌어내리기 쉽도록 흙더미 위에 벌려 놓는다.

⑧ 체성을 축조할 때에 큰 돌은 하층에, 중간 것은 중층에, 작은 돌은 상층에 쌓아 석재의 대소를 가리어 재료를 맞게 쓴다.

⑨ 부석소로부터 성을 쌓는 현장까지 소가 수레를 끄는데 장애가 없도록, 평탄하고 곧게 도로를 닦아야 한다.

---

11) 『華城城役儀軌』 卷一 御製城華籌略.

⑩ 大車나 썰매보다 제작비용이 절약되고 쓰기에 편리한 游衡車를 제작하여 활용하여야 한다.

⑪ 체성은 경성읍성[12]과 같이 笏처럼 쌓아 성의 높이를 3등분하여 아래의 ⅔까지는 점점 안으로 좁혀 매 층의 차를 1촌으로 좁히고, 위의 ⅓에서부터는 점점 밖으로 넓히듯이 매 층의 차를 3푼 정도로 한다.

⑫ 곡성 · 초루의 법은 柳成龍의 말에 따라 만들고, 門樓 · 漏槽 등의 법은 茅元儀의 『武備志』를 따라야 한다고 하였다.

이에 앞서 정조 16년 겨울에 정약용을 불러 私第에서 城制를 條陳토록 명하였는데, 정약용은 尹畊의 「堡約」과 柳成龍의 「城說」을 참고하여 譙樓, 敵臺, 懸眼, 五星池의 여러 방법을 이치에 맞게 밝혀 지은 「城說」을 정조에게 올렸다.[13] 또 그는 화성의 축조에 따른 分數, 材料, 壕塹, 築基, 伐石, 治道, 造車에 대한 의견과 「甕城圖說」, 「砲樓圖說」, 「懸眼圖說」, 「漏槽圖說」, 「起重圖說」을 지어 정조에게 바쳤다.[14] 이것이 전술한 『御製城華籌略』이 되어 화성 축조의 기본 지침이 되었다. 그러나 실제의 축성에서는 정약용의 계획안을 그대로 따른 것은 아니었으며, 이를 수정 · 보완하였다.

6일에 정조는 비국당상 조심태를 監董堂上으로 임명하여 사무를 총리도록하고, 영중추부사 채제공이 주관하여 총괄하도록 하고, 都廳 및 別看役 등 監役官을 정하고, 금위영과 여영청의 番 드는 軍人을 번마다 각각 한 哨씩을 감하여 10년 치를 앞 당겨서 그 비용으로 城役의 일에 쓸 것을 전교하였다.[15] 8일에는 李儒敬을 都廳으로 임명

---

12) 박승동, 「경성 성제와 그 방어체계에 대하여」, 『문화유산』 6, 1961, 13~21쪽. 이영민, 「경성읍성의 성벽축조 형식과 방법에 대하여」, 『조선고고연구』 3, 1990, 39~45쪽. 이영민, 「경성읍성의 성곽시설에 대하여」, 『조선고고연구』 1, 1991, 26~32쪽.

13) 『與猶堂全書』 卷十六 詩文集 自撰墓誌銘(集中本).

14) 『與猶堂全書』 卷十 詩文集 說 城說.

15) 『華城城役儀軌』 卷一 傳敎 癸丑 十二月 初六日.

하고, 또 梁塡, 朴洞, 丁遇泰를 別看役으로 임명하여 南 · 北門樓와 上 · 下 水門의 공사를 분장하여 감동하게 하였다.[16] 정조는 감동당상 조심태와 경기관찰사 徐龍輔을 친견하고 화성을 쌓을 때 기초를 견고하게 할 것, 女墻 · 甕城 · 懸眼의 제도를 도입할 것, 城樓를 웅장하게 꾸며서 보는 사람들로 하여금 기가 꺾이게 하는 것도 성을 지키는데 큰 도움이 될 것이라는 점을 강조하였다.[17] 또 營 · 司에 案付되어 있는 工匠과 각 部에 所居하는 閑職 · 散職의 匠人의 성명과 거주지를 보고하도록 하였다.[18] 같은 날 비변사에서 성역 감역관들의 회동이 있었으며,[19] 감역당상 조심태로 하여금 畵員을 데리고 화성으로 가서 성터를 살펴보고, 성터와 주변 상황을 그려오도록 명하였다.[20]

또 같은 달 10일에 정조는 柳馨遠이 일찍이 수원의 지형을 논하면서 邑治를 옮기는데 대한 계책과 성을 쌓는데 方略을 백 년 전 사람으로서 오늘날의 일을 환히 알았고, 面을 합치고 番을 드는 대신으로 돈을 내게 하는 등의 세세한 節目에 있어서도 마치 兵符를 맞추듯이 착착 들어맞았다고 하여 贈執義兼進善 柳馨遠에게 吏曹參判, 成均館祭酒를 加贈토록 명하였다.[21] 일찍이 유형원은

> 지금의 邑居는 좋다고는 하나 北坪에 비하면 천양의 차가 있을 뿐만 아니라, 北坪은 산이 크게 둘러 있고, 땅이 매우 평탄하여 판국의 매침이 深奧하고 규모가 宏遠하니, 치소를 설치하고 성을 쌓으면 참으로 大藩鎭의 기상이요, 땅의 안팎에는 萬戶를 넣을 만하다.

---

16) 『華城城役儀軌』 卷一 啓辭 癸丑 十二月 初八日.
17) 『正祖實錄』 권38, 正祖 17년 12월 丁卯.
18) 『華城城役儀軌』 卷四 甘結 癸丑 十二月 初六日.
19) 『華城城役儀軌』 卷首 座目 城役所座目.
20) 『華城城役儀軌』 卷一 筵說 癸丑 十二月 初八日.
21) 『正祖實錄』 권38, 正祖 17년 12월 己巳. 『華城城役儀軌』 卷一 傳敎 癸丑 十二月 初十日.

고 하면서 치소를 北坪平野로 옮겨 읍성을 쌓을 것을 주장하였다. 또 광주 下道의 王倫 · 一用 · 月谷 등 6면과 과천의 남면과 서면의 반을 수원에 포함시킬 것을 주장하였다.22)

13일에는 감동당상과 도청이 가져온 성터의 그림을 바치면서, 조심태는 정조에게 성의 둘레는 3,600여 보이고, 남 · 북의 문루는 명년에는 공사를 마칠 수 있을 것이라고 답하였다.23) 여기서 3,600보는 정약용의 계획안과 같은 것이다. 17일에는 각 지방 성곽의 『築城謄錄』을 올려 보내도록 하였다.24) 또 21일에는 우선 金處漢, 趙雲祥, 具壽漢, 李邦運을 浮石 · 運石의 別監董으로 임명하여 준비토록 하였다.25)

한편 동왕 18년 1월에는 화성을 쌓기 위해 8도의 수령 · 방백들에게 城池의 모양을 그려 바치게 하였고,26) 22일에는 화성부판관 金魯成을 策應都廳으로 임명하여 감동당상을 돕게 하였다.27) 드디어 1월 7일에는 浮石作業이 시작되고, 25일에는 城址가 開基되기 시작하였다. 2월 26일에는 화성유수로 임명된 조심태가 辭朝하고 임지로 부임하였으며,28) 28일에는 長安門 · 八達門 · 華虹門 · 南水門이 開基되었다.29) 이에 앞서 2월 10일에는 김후, 曺翰辰, 黃基定, 李泰協, 申百祿, 崔命健을 別監董으로 삼아 각처에 분배하여 감동토록 하였

---

22) 『磻溪隨錄補遺』 郡縣制.
23) 『華城城役儀軌』 卷一 筵說 癸丑 十二月 十三日.
24) 『華城城役儀軌』 卷三 移文 癸丑 十二月 十七日. 현재 남아 있는 築城謄錄은 『東萊府築城謄錄』(1731)과 『全州府築城謄錄』의 抄錄인「築城啓草」(1733~1734)가 있다. 『輿地圖書』 補遺 完山誌 樓亭 豊南門樓에는 都監, 裨將, 色吏 등의 성명 등은 築城謄錄에서 可考할 수 있다고 한 것을 보면, 당시에는 『全州府築城謄錄』이 있었음을 알 수가 있다.
25) 『華城城役儀軌』 卷一 啓辭 癸丑 十二月 二十一日. 『承政院日記』 책1724 正祖 十七年 十二月 二十一日.
26) 『正祖實錄』 권39, 正祖 18년 1월 乙未.
27) 『華城城役儀軌』 卷一 啓辭 甲寅 正月 二十二日.
28) 『華城城役儀軌』 卷三 狀啓 甲寅 二月 二十八日.
29) 『華城城役儀軌』 卷首 時日 推擇日時.

다.[30]

또 5월에는 성역의 진행 도중 재정상의 문제로 募軍을 추가로 고용하지 못하게 되자, 영중추부사 채제공과 우의정 李秉謨 등이 僧軍과 民丁을 징발하자는 건의를 하였으나, 정조는 화성의 성역에는 한 백성이라도 수고롭게 하지 않으려는 것이 나의 뜻이라 하여 民丁調發을 허락하지 않았다.[31]

6월 28일에는 더위 약인 滌暑丹 4,000錠을 새로 조제하여 화성의 役所에 내려주면서 공역을 감독하고 공역에 종사하는 공장과 모군들에게 나누어주어서, 속이 타거나 더위를 먹은 증세에 1정 또는 반정을 정화수에 타서 마시도록 전교하였다.[32] 7월 12일에는 더위로 잠시 성역을 중단하였다가 8월 1일에 다시 시작하였다.[33] 10월 19일에는 여름의 혹심한 가뭄 때문에 대신 및 비국당상들과 성역의 중단을 논의하였는데, 영중추부사 채제공, 좌의정 金履素, 우의정 이병모 등은 반대하였으나, 11월 1일에 정조는 가뭄으로 인한 민생고를 생각하여 성역을 일시 중단한다는 綸音을 내렸다.[34] 실제로의 성역의 중단은 성역의 수입 · 지출을 고려한 결과였다.[35] 정조는 성역 중단 기간 중에 민생대책에 유념하여 장안문 북쪽 뜰 황무지를 개간하고, 수리시설의 축조를 계획하였다.[36]

---

30) 『華城城役儀軌』 卷一 啓辭 甲寅 二月 初十日.

31) 『華城城役議軌』 卷一 啓辭 甲寅 五月 二十二· 六月 二十八日, 丙辰 二月 初七日. 『正祖實錄』 卷40, 正祖 18년 5월 戊申. 『樊巖集』 권29 疏箚 華城城役使民議. 정조는 20년 2월 7일에 가서야 백성들에 부역을 허락하는 傳敎를 내렸으나(『華城城役議軌』 卷一 啓辭 丙辰 二月 初七日), 실시되지는 않았다.

32) 『正祖實錄』 권40, 正祖 18년 6월 癸未. 『華城城役儀軌』 卷一 傳令 甲寅 六月 二十五日.

33) 『華城城役儀軌』 卷首 時日 推擇日時.

34) 『華城城役儀軌』 卷一 綸音 甲寅 十一月 初一日.

35) 『華城城役儀軌』 卷一 傳敎 乙卯 閏二月 十三日.

36) 『華城城役儀軌』 卷一 筵說 甲寅 十月 十九日. 성역이 중단된 기간에 萬石渠가 축조되고, 이어 대규모의 北屯(大有屯)이 만들어졌다. 동왕 22년에는 萬年

동왕 19년 윤2월에 화성의 축성공사를 감독한 신하들에게 상을 내렸는데, 總理使 우의정 채제공에게는 虎皮를 하사하고, 화성유수 조심태는 가자하고, 도청 이유경에게는 甲冑를 하사하였다.[37] 3월에는 정약용, 李晩秀, 李家煥, 洪仁浩 등이 왕명을 받들어 『華城整理通考』를 편찬하였는데, 특히 정약용이 담당한 분야가 많았다.[38] 또 4월 15일에는 비변사에서 行宮의 수리와 城池의 수선을 위해 華城行宮整理修城穀의 糶糴節目을 마련하였다.[39] 4월 21일에는 南甕城의 始築을 시작으로 성역이 다시 시작되었다.[40] 즉 약 6개월간 중단되었던 공사가 다시 시작된 것이다.[41]

8월 4일에 부총관 權㤥가 화성을 守城하는 器械를 미리 완비하여 둘 것과 각처의 공한지에 屯田을 설치할 것을 상소하였는데,[42] 11월 7일에는 화성의 둔전이 완성되었다. 이는 정조 18년 정조가 윤음을 내려 둔전을 만들게 하고, 둔전을 설치하는데 필요한 비용 20,000냥을 화성유수에게 주고, 둔전을 만드는데 나오는 흙으로 성벽의 축조에 쓰도록 한 것이다. 이때에 이르러 장안문 밖 북쪽 들판에 둔전이 완성된 것이다.[43] 10월 28일에 정조는 濟衆丹 3,000丸을 공장들에게 내렸다.[44]

堤를 만들고(『正祖實錄』 권22, 正祖 22년 4월 辛酉), 동왕 23년에는 祝萬堤와 西屯(祝萬堤屯)을 만들어 농업진흥과 함께 신도시 읍민의 생계를 돕는다는 차원에서 壯勇外營의 將校 · 胥吏 · 軍卒 · 官隷와 府民들로 하여금 경작하게 하였다(최홍규, 『정조의 화성 건설』(일지사), 2001, 137쪽). 萬石渠堤堰은 정조 19년 3월 1일에 시축하여 5월 18일에 준공되었는데, 만석거는 布帛尺으로 둘레가 1,022보, 堤長은 725척이었다(『華城城役儀軌』 卷首 時日 推擇日時).

37) 『正祖實錄』 권42, 正祖 19년 윤2월 乙未.
38) 『與猶堂全書』 卷十六 詩文集 自撰墓誌銘(集中本).
39) 『正祖實錄』 권42, 正祖 19년 4월 乙未.
40) 『華城城役儀軌』 卷首 時日 推擇日時.
41) 정조 21년 1월에 金鍾秀가 敎撰한 「華城紀蹟碑」(『華城城役儀軌』 卷二 碑文).
42) 『正祖實錄』 권43, 正祖 19년 8월 壬午.
43) 『正祖實錄』 권43, 正祖 19년 11월 甲寅.
44) 『華城城役儀軌』 卷一 傳令 乙卯 十月 二十八日.

체성명	체성 시축일자	체성 준공일자	여장 준공일자	비 고
北城	1794. 4. 7	1796. 8. 18	1796. 9. 9	長安門 東西
南城	1794. 4. 16	1796. 8. 18	1796. 9. 9	八達門 東西
西城	1794. 8. 20	1796. 8. 18	1796. 9. 9	西將臺 西
東城	1795. 7. 17	1796. 8. 18	1796. 9. 9	東將臺 北

〈표 1〉 성벽의 축조일자

동왕 20년 3월 26에 사간 吳鼎源이 가뭄으로 화성의 역사를 정지하였다가 가을 농사가 잘 되기를 기다려 시작하자고 아뢰자, 정조는 일을 감독하는 신하로 하여금 이런 뜻을 알게 하여 정지할만한 곳은 정지하게 하라고 명하였다.[45] 5월 12일에는 우의정 尹蓍東의 아룀에 따라 화성에 군기를 비치할 때 『煮硝新方』의 방법대로 화약을 제조하도록 하였다.[46] 7월 2일에 봉조하 金鍾秀가 內閣에 한 통의 편지를 보내 근래 兩湖地方의 유언비어 중에 秦나라처럼 축성을 한다는 말이 있는데, 화성부는 仙寢이 자리 잡고, 경기의 관방이 되며, 성을 쌓는 것은 성상의 원대한 규모와 계획에서 나온 것이고, 壯丁을 고용하여 일을 시키니 농민들에게는 조금도 방해가 되지 않으며, 재물을 저축했다가 분배하여 사용하니 호조에는 조금도 손해가 되는 것이 없다고 하였다.[47] 6월 24일에도 정조는 滌暑丹 5,000錠을 공장과 모군에게, 香薷散 100貼· 益元散 200貼을 董役將官 · 將校 및 工匠頭目에게 내렸다.[48] 또 7월 20일에는 화성유수 조심태의 장계에 의하여 다음해부터 화성의 城操를 設行하고 大操와 輪操는 남한산성

45) 『正祖實錄』 권44, 正祖 20년 3월 壬申.
46) 『正祖實錄』 권44, 正祖 20년 5월 丙辰.
47) 『正祖實錄』 권45, 正祖 20년 7월 乙巳.
48) 『華城城役儀軌』 卷一 傳令 丙辰 六月 二十四日.

건물명	開基(始築)日字	竣工日字	비 고
長安門	1794. 2. 28	1794. 9. 5	門樓成
八達門	1794. 2. 28	1794. 9. 15	門樓成
蒼龍門	1795. 5. 8	1795. 10. 17	門樓成
華西門	1795. 7. 21	1796. 1. 8	門樓成
東暗門虹蜺	—	1796. 3. 25	
北暗門虹蜺	—	1796. 3. 27	
西暗門虹蜺	—	1796. 6. 18	
南暗門虹蜺	—	1795. 2. 23	
西南暗門虹蜺	—	1796. 8. 6	
華虹門	1794. 2. 28	1795. 1. 13	門樓成
南水門	1794. 2. 28	1796. 3. 25	
南北城左右敵臺	—	1795. 2. 28	
西將臺	1794. 8. 11	1794. 9. 29	
東將臺	1795. 7. 15	1795. 8. 25	
訪花隨柳亭	1794. 9. 4	1794. 10. 19	
華陽樓	1796. 4. 16	1796. 7. 20	
西北角樓	—	1796. 7. 9	
東南角樓	—	1796. 7. 25	
南空心墩	—	1795. 10. 18	
東北空心墩	—	1796. 7. 19	
西北空心墩	—	1796. 3. 10	
北東砲樓	—	1794. 9. 23	
北西砲樓	—	1794. 9. 24	
西砲樓	—	1796. 5. 30	
南砲樓	—	1796. 7. 9	
東砲樓	—	1796. 7. 16	
西弩臺	—	1795. 2. 28	
東北弩臺	—	1796. 4. 14	
北甕城	1794. 10. 20	1795. 2. 27	
南甕城	1795. 4. 21	1795. 5. 20	
東甕城	1796. 8. 6	1796. 8. 14	
西甕城	1796. 8. 8	1796. 8. 16	
西鋪樓	—	1796. 8. 18	
北鋪樓	—	1795. 2. 20	
東北鋪樓	—	1796. 5. 15	
東一鋪樓	—	1796. 7. 10	
東二鋪樓	—	1796. 7. 3	
中鋪舍	—	1796. 8. 6	
內鋪舍	—	1796. 9. 9	
西南鋪舍	—	1796. 8. 11	
烽墩	—	1796. 6. 17	
甬道	1796. 7. 16	1796. 9. 7	
城神祠	1796. 7. 11	1796. 9. 19	位版造成

〈표 2〉 시설물의 축조일자

의 규례에 따라 하도록 하였다.[49] 8월 18일에는 화성의 성역에 참여한 공장들을 호궤하고 승지를 보내 위문하였다.[50]

9월 7일에는 甬道, 8일에는 整理大廳을 비롯한 諸 公廨가, 9일에는 女墻과 內舖舍가 준공되고, 10일에는 성역이 끝났음을 監董堂郎이 복명하였다.[51] 같은 날 봉조하 김종수에게 성역의 공적을 기록하는 비문을 製進토록 명하였다.[52] 또 이날 화성을 쌓는데 대한 공로자들에게 상을 내렸다. 총리대신 우의정 채제공에게는 大虎皮 한 벌을 내리고, 화성유수 조심태에게는 정헌대부를 가자하고, 도청 이유경에게는 갑옷 한 벌을 내리고, 작년 봄에 미리 상을 주었던 사람을 제외한 공장들까지도 모두 차등 있게 상을 내렸다.[53] 즉 16일에는 본부 공장에게, 28일에는 2 · 3등 員役에게, 10월 9일에는 3등 牌將 및 雜役牌將에게 상을 내리고, 16일에는 낙성연을 베풀었다.[54]

이해 가을에는 謄本儀軌가 완성되었고,[55] 11월 9일에 정조는 화성유수 조심태에게 성을 쌓는데 든 비용이 거의 80만 냥에 가까운데 소중한 役事를 조금이라도 구차 하게 하고 싶지 않은 것이 나의 본래의 생각이니, 이 책을 간행하여 모든 사람으로 하여금 성의 공사에 관한 본말을 분명히 알리도록 하라고 명하였다.[56]

동왕 21년 7월 19일에는 화성유수 조심태를 어영대장으로, 徐有隣을 화성유수로 임명하였다.[57] 순조 1년 9월 18일에는 『華城城役儀軌』를 목활자인 生生字로 간행, 반포하였다.[58]

---

49) 『正祖實錄』 권45, 正祖 20년 7월 癸亥.
50) 『正祖實錄』 권45, 正祖 20년 8월 庚寅.
51) 『正祖實錄』 권45, 正祖 20년 8월 辛卯. 『華城城役儀軌』 卷三 狀啓 丙辰 九月 初九日.
52) 『華城城役儀軌』 卷一 筵說 丙辰 九月 初十日.
53) 『正祖實錄』 권45, 正祖 20년 9월 壬子.
54) 『華城城役儀軌』 卷首 時日 推擇日時.
55) 『華城城役儀軌』 凡例.
56) 『正祖實錄』 권45, 正祖 20년 11월 庚戌. 『華城城役儀軌』 卷一 筵說 丙辰 十一月 初九日.
57) 『正祖實錄』 권47, 正祖 21년 7월 丙戌.

2. 축조비용

정조 17년 11월 16일에 정조는 전 수원부사 조심태에게 화성 축성에서의 재력을 구득할 방법을 묻자, 조심태는 어영 · 금위 兩營의 鄕軍 각각 1哨씩 10년에 한하여 停番하면 소요되는 비용을 충당할 수 있을 것이라고 답하였다.[59] 12월 6일에는 정조가 채제공에게 이르기를 10년 정도면 완공할 수 있다고 여기지만 감독으로 적임자를 얻으면 단축시킬 수 있을 것이라고 하고, 나무 · 돌 · 재물 · 인력 등에 대해서는 국가의 경비를 쓰지 않으려고 한다고 하였다. 이에 채제공은 30만 냥이면 충분히 경영할 수가 있다고 하자, 조심태는 30만 냥은 부족하다고 하였다. 또 이날에는 금위영과 · 어영청 두 군영에 딸린 番上軍[60]에게 10년을 한정하여 每番에 1哨씩을 감해서 번을 서는 대신 내는 돈을 화성 쌓는 역사에 쓰도록 결정하였다.[61] 이로써 금위영과 어영청군을 除番하여 얻은 돈으로 감동당상 조심태에게 28만 냥을 지급하여 일을 시작하도록 하고, 우선 금위영과 어영청에서 쓰다 남은 것과 각 衙門의 예산에서 좀 여유가 있는 곳에서 꾸어다 쓰기로 하였다.[62] 이에 따라 금위영과 어영청에게 동왕 17년 12월 16일에 5,000냥씩, 동왕 18년 1월 7일에 10,000냥씩, 2월 16일에 5,000냥씩을 分定하였다.[63]

동왕 18년 2월 11일에는 경기도 各邑 結錢 15,000냥, 충청도 각읍

---

58) 『純祖實錄』 권3, 純祖 1년 9월 壬辰. 필자는 일본 天理大 圖書館에서 今西龍이 수집한 보존 상태가 놀라울 정도로 양호한 『華城城役儀軌』를 본 적이 있다.

59) 『華城城役儀軌』 卷一 筵說 癸丑 十一月 十六日.

60) 지방의 壯丁이 차례로 서울에 올라와 役을 치르는 군사를 말한다.

61) 『正祖實錄』 권38, 正祖 17년 12월 乙丑. 『華城城役儀軌』 卷一 傳敎 癸丑 十二月 初六日.

62) 『華城城役儀軌』 卷一 啓辭 癸丑 十二月 初六日.

63) 『華城城役儀軌』 卷四 甘結 癸丑 十二月 十六日, 甲寅 正月 初七日, 二月 十六日.

결전 5,000냥, 경상도 각읍 결전 40,000냥을 성역소에 직납토록 하고,[64] 3월 2일에는 충청도 결전 40,000냥을 성역소에 수송토록 하였다.[65] 또 5월 22일에는 채제공의 계에 따라 금위영 · 어영청과 삼남에서 들어온 결전을 미리 꾸어 쓴 것이 15만 냥이나 되는데, 또 지금 변통하지 않으면 공사를 중단할 우려가 있어, 균역청 등에서 우선 10만 냥을 한도로 돌려 사용하도록 하였다.[66] 7월 29일에 감동당상 조심태는 현재 균역청에서 貸用한 것이 20만 냥인데, 또 10만 냥 정도를 균역청에서 꾸어 써야 하겠다고 하였다.[67] 11월 1일에 총리대신 채제공이 계하기를 78만 냥을 마련해야 중도에 성역을 그만두는 일이 없을 것이라고 하면서, 현재 華城城役所는 윗돌을 빼서 아랫돌을 괴고, 아랫돌을 빼서 윗돌을 괴는 식으로 간신히 꾸려나가는 실정이라고 보고하였다.[68] 24일에는 우의정 이병모의 건의에 따라 관서지방의 會付된 折米 10,000석을 화성에 나누어주어 성을 쌓는 공사와 行幸할 때의 비용을 돕게 하였다.[69]

동왕 19년 7월 15일에는 비변사에서 화성의 성역 및 物役과 관련하여 직접 획급할 것과 꾸어온 것과 도로 갚아야 할 것 등의 수효를 조목별로 구별하여 別單으로 써서 바쳤다. 이때 직접 획급한 것이 13만 냥, 꾸어온 것이 76만 냥, 도로 갚아야 할 것이 壯勇營의 25만 냥, 균역청의 30만 냥, 금위영의 4만 냥, 어영청의 4만 냥이었다.[70]

또 동왕 20년 8월 3일 우의정 尹蓍東의 계에 따라 관서 무명 150동, 영남 감영의 南倉 돈 10,000냥과 해서 감영의 記簿에 있는 別備錢 5,000냥을 취용토록 하였다.[71]

---

64) 『華城城役儀軌』 卷四 來關 甲寅 二月 十一日.
65) 『華城城役儀軌』 卷三 移文 甲寅 三月 初二日.
66) 『華城城役儀軌』 卷一 啓辭 甲寅 五月 二十二日.
67) 『華城城役儀軌』 卷一 啓辭 甲寅 七月 二十九日.
68) 『正祖實錄』 권43, 正祖 19년 7월 甲子.
69) 『正祖實錄』 권41, 正祖 18년 11월 戊申. 『華城城役儀軌』 卷一 啓辭 甲寅 十一月 二十四日.
70) 『正祖實錄』 권43, 正祖 19년 7월 甲子.

동왕 21년 6월 18일에는 좌의정 채제공의 말에 따라 안악군의 稷還으로서 상평청의 회계에 든 것과 창고에 남아 있는 18,000여 석, 영남의 화산에 성을 쌓기 위해 내준 쌀 5,000여 석, 南倉의 돈 20,000냥, 前 道臣 李泰永이 스스로 준비한 돈 10,000냥, 漕倉의 돈 20,000냥, 평양감영이 별도로 준비한 돈 10,000냥, 어영청과 금위영의 회계 외의 돈 5,000냥을 화성에 떼어주어 성을 수축하는 경비로 삼도록 하였다.[72)]

결국 성역에 쓰일 경비는 모두 873,517량 7전 9푼이 마련되었다. 이들 경비는 貸來分, 直劃分, 加入分으로 충당되었다. 첫째, 대래분은 모두 630,000냥으로 內營錢 250,000냥, 均役廳錢 300,000냥, 禁衛營錢 40,000냥을 貸來한 돈이다. 이 대래분은 御營廳停番錢[73)] 203,000냥, 禁衛營停番錢 133,000냥, 完營償債穀代錢 100,000냥, 箕營年例別備錢 100,000냥, 嶺營南倉別備錢 50,000냥, 統營年例別備錢 5,000냥, 四營門月課米代錢 18,000냥, 惠廳別下庫錢 10,000냥, 戶曹作紙色錢 5,000냥, 各道加分耗代錢 6,000냥으로 충당토록 하였다. 직획분은 모두 201,705냥 3전 1분이었다. 關西小米代錢 42,261냥 6전 2푼, 平安兵營月備錢 20,000냥, 嶺營記簿錢 20,000냥, 完營記簿錢 15,000냥, 箕營記簿錢 10,000 냥, 海營記簿錢 5,000냥, 禁御兩營米代錢 10,000냥, 各道加分耗代錢 24,000냥, 嶺南加分秏代錢 100,00냥, 海西水營軍餉小米代錢 6,000냥, 湖南漕倉餘米代錢 14,443냥 6전 9푼, 關西木代錢 15,000냥, 嶺營南倉錢 10,000냥으로 충당하였다. 가입분은 41,812냥 4전 8푼으로 遂安金店稅錢 9,666냥 4전 7푼, 換貿添補錢 23,511냥 3전 1푼, 策應所還捧錢 8,634냥 7전으로 충당하였다.[74)] 이 중에서 실제로 성역

---

71) 『華城城役儀軌』 卷一 啓辭 丙辰 八月 初三日.

72) 『正祖實錄』 권46, 正祖 21년 6월 丁亥.

73) 어영청과 금위영은 평안도와 함경도를 제외한 6도에서 양민을 징집하여 番上하게 하였다. 평시에는 많은 병력을 징집할 필요가 없기 때문에 목면 1필 또는 미 6두를 바치게 하였으며, 停番錢은 이를 각 지방에서 징수하여 換錢한 것이다.

에 쓰인 경비는 行宮, 公廨, 壇廟, 亭渠를 포함하여 860,698냥 2푼이었다.[75] 이 가운데 자재비 약 322,566냥, 인건비 약 297,132냥, 운반비 약 189,428냥, 기타(도로설치, 토지매입 등) 약 51,572냥이었다.[76] 개별 시설비로서는 남문인 팔달문이 52,423냥 1전 3푼, 북문인 장안문이 50,890냥 2전 2푼, 북수문인 화홍문이 30,940냥 4전 3푼, 남수문이 30,446냥 7전 5푼, 동문인 창룡문이 13,335냥 7전 3푼, 서문인 화서문이 12,668냥 8전 1푼의 순으로 그 비용이 많이 들었다. 이에 비해 성벽은 平地北城이 63,735냥 5전, 平地南城이 23,417냥 4푼, 山上西城이 75,198냥 9전 6푼, 山上東城이 110,873냥 3전이었고, 여장은 47,866냥 5전이 소요되었다.[77]

이밖에 감동이하 員役 料米 1,495석 11두 4흡, 匠料 米 4,632석 9두 2승 8흡 6夕, 租 410석, 車牛喂養穀 太 4,553석 5두 6승 5흡 8석, 麰 566석 7두 5승, 稷 72석 9두가 소요되었다.

3. 축조기구

1) 축조관리

화성의 축성공사를 전담하는 기구는 도감보다 한 급 낮은 華城城役所였다. 성역소의 최고 책임자인 총리대신(總理使)은 이례적으로 우의정, 좌의정, 화성유수, 영의정을 지낸 영중추부사 채제공이 임명되었다. 이로써 어느 도감에 못지않은 중앙의 최고 관료를 책임자로 내세워 국가적인 대 건축 공사의 체제를 갖추도록 하였다. 그는 중앙에서 성역을 주관하고 總察하였다. 총리대신 아래에서 현장 공사를 책임 맡은 감동당상에는 수원부사로서 현륭원 遷葬과 수원 移邑

74) 『華城城役儀軌』 卷五 財用上 區劃.

75) 화성의 축조당시 1냥은 대략 쌀 20kg정도였다고 하기 때문에, 860,698냥은 오늘날 쌀 20kg의 가격을 6만원으로 계산하면, 대략 500억 원 정도 되었다고 추정할 수가 있다.

76) 김동욱, 『18세기 건축사상과 실천—수원성—』(도서출판 발언), 1996, 254쪽.

77) 『華城城役儀軌』 卷五 財用上 實入一.

에 큰 공을 세운 어영대장 조심태가 임명되었다. 또 감동당상 아래에서 공사 전반의 실무 업무를 주관하며, 공사의 기술적인 제반 문제나 監董 · 牌將을 통솔하는 일을 맡은 도청(內都廳)은 승지, 금위중군을 지낸 李儒敬이 임명되었다. 그는 정조 20년 7월 6일에 통제사로 임명되었으나, 정조의 特敎에 의해 잠시 머무르며 임무를 수행하며, 채제공 · 조심태와 함께 전 기간 동안 성역에 참여했던 사람 중에 하나였다.[78] 이 중에서 채제공은 정조가 직접 지명하고, 조심태는 채제공의 추천을 받아 임명하였으며, 이유경도 채제공과 조심태의 추천을 받아 임명하였을 것으로 짐작된다. 이처럼 성역소의 핵심 책임자들은 정조의 두터운 신임을 받던 측근들로 구성되었다.[79] 한편 도청은 10일마다 공사의 진척 상황을 총리대신에게 보고하고, 감동이나 패장들의 근무태도를 감동당상에게 보고하였다. 또 돈이나 자재 등의 출납 관리를 맡은 策應都廳은 화성부판관이었던 金魯成 · 鄭東協 · 洪元燮이 교대로 맡았다.

이밖에 別監董 前 府使 梁塤 등 10명, 監董 前 牧使 李栢然 등 12명, 別看役 前 縣監 丁遇泰 등 2명, 看役 前 五衛將 李宗範 등 4명, 京監官 前 同知 金命遇 등 7명, 府監官 前 別將 李元榮 등 5명, 京牌將 嘉善 李道文 등 60명, 府牌將[80] 嘉義 朴震晃 등 121명, 京書吏 林致雨 등 5명, 府書吏 李完秀 등 49명, 府書寫 朴仁壽 등 3명, 京庫直 趙元鎭 1명, 京使令 金鳳文 등 4명, 府旗手 閔春得 등 54명, 京文書直 孫成得 등 2명, 府文書直 尹漢東 등 2명, 府使喚軍 秦七龍 등 4명, 京捕卒 黃麒麟金 등 5명, 府捕卒 趙萬成 등 18명으로 모두 374명이었다. 이는 성역에 동원된 工匠의 21%에 해당하는 수치이다.

---

78) 都廳은 전 공사 기간 중에 전 396냥, 미 26석 6두를 받았다(『華城城役儀軌』 卷六 財用下 朔下).

79) 화성의 축조에는 노론 僻派系는 반대하였고, 대부분의 사람들은 외면에 드러난 태도와는 달리 시대의 추이를 예의 주시하고 있었다고 한다(金成潤, 「朝鮮後期 正祖代의 水原育成과 遷都試圖」, 『釜大史學』 20, 1996, 132쪽).

80) 감관과 패장은 서울과 화성부 출신으로 한정하였다.

이 중에서 監董 · 看役 · 牌將은 공사의 기술적인 업무를 담당 감독하는 실제적인 감역관이었다. 감동과 간역 중에는 별도로 별감동과 별감역이 구분되어 있으나, 업무상의 특별한 차이는 없는 것으로 보인다. 특히 패장은 기술적인 지식을 갖추고 있으면서 공장들을 직접 다스리는 존재였다. 監官은 책응도청의 지시를 받아 사무계통의 업무를 수행하였다. 이밖에 하급직으로 書吏는 회계 업무 등의 일, 書寫는 문서 수발의 일, 庫直은 물품을 지키는 일, 使令은 한양을 오가며 업무를 연락하는 일을 맡았다.[81]

『華城城役儀軌』에는「도청은 성역소의 크고 작은 사무를 주관하고, 책응도청은 錢穀의 支放을 주관하며, 도청이 상경했을 때는 도청을 대행한다. 별감동은 각 所의 공역을 나누어 주관하는데, 그중의 한 사람은 雜物의 捧下를 兼管하고, 패장은 일하는 현장에 파견된다. 會計監官은 2명으로 錢穀과 雜物의 회계를 專管하고, 京策應監官은 한양에서 辦出한 재물과 雜物을 주관한다. 別監董은 使喚과 旗手 1명씩을 거느린다. 만일 京牌將 · 鄕牌將이 근실하지 않을 경우 도청이 경중에 따라 곤장을 치고, 감동이나 패장은 各所의 공장 · 모군 · 擔軍들이 근실하지 않을 경우에는 20度를 넘지 않은 범위 내에서 곤장을 쳐서 다스릴 수가 있다.」고 하였다.[82]

한편 內都廳은 쌀 12두, 돈 12냥, 別監董 · 京監官은 쌀 10두, 돈 10냥, 府監官은 쌀 6두, 돈 5냥, 京策應監官은 쌀 6두, 돈 4냥, 京 · 府牌將은 쌀 9두, 돈 6냥을 朔料로 받았다.[83] 정조 18년 2월부터 20년 9월까지 都廳監董이하 員役에게 지급된 삭료는 京畿會簿米 1,495석 11두 4홉이었다.[84]

---

81) 金東旭, 『18세기 건축사상과 실천—수원성—』, 244쪽.
82) 『華城城役儀軌』 卷四 事目 城役所擧行事目.
83) 『華城城役儀軌』 卷四 式例 朔下式例.
84) 『華城城役儀軌』 卷四 工匠.

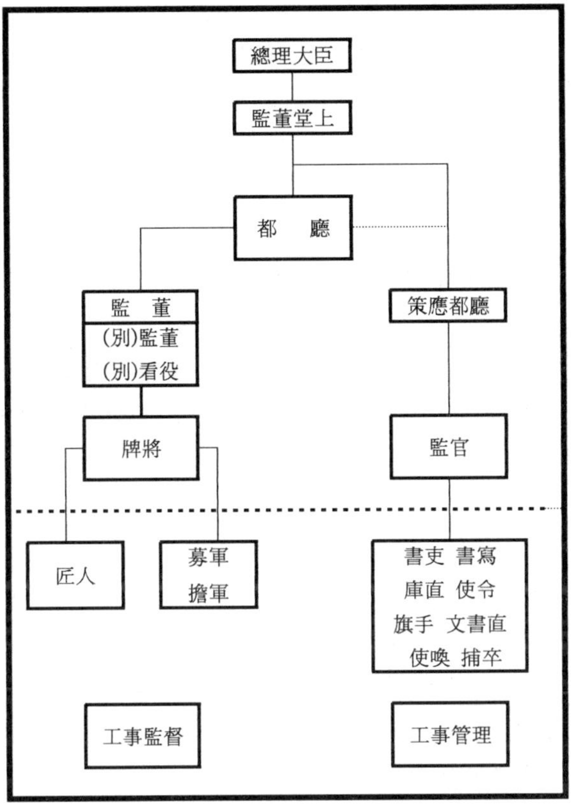

〈표 3〉 화성 성역소의 조직표

2) 동원인력

(1) 공장

전국에서 성역에 동원된 공장(匠人)은 石手 642명, 木手 335명, 泥匠 295명, 瓦甓匠 150명, 冶匠 83명, 蓋匠 34명, 車匠 10명, 畵工 46명, 假漆匠[85] 48명, 大引鉅匠 30명, 小引鉅匠 20명, 岐鉅匠 27명,

85) 단청을 칠하기 전에 바탕칠을 하는 장인이다.

毛鉅匠 12명, 雕刻匠 36명, 磨造匠[86] 2명, 船匠[87] 8명, 木鞋匠 34명, 鞍子匠 4명, 屛風匠 1명, 朴排匠[88] 1명, 浮械匠[89] 2명, 灰匠 1명 등 22개 職種에 모두 1,821명이었으며, 工役日數도 최하 10일에서 최고 875일까지였고, 공역 連日數는 376,342.5일이었다.[90]

주로 한양과 화성의 공장으로 충당하였으며, 이 중에서도 한양의 공조나 군영에 속한 공장들이 우선적으로 역사에 종사하였다. 한양은 거의 모든 직종에 망라되어 있으며, 1,101명으로 전체 공장의 약 60%를 차지하고, 이 중에서 관청이나 군영에 소속된 官匠이 3분의 1정도를 차지하였다. 이들은 당시 최고수준의 기술을 보유하고 있었다.

성벽의 축조나 건물의 건립에 기술적인 중요한 역할을 맡은 것은 片手(邊首)들이었다. 공장의 조직은 기본적으로 직종별로 편수가 우두머리가 되었으며, 직종별 편수는 한 명이 맡은 것이 아니고 한 건물에도 여러 명의 편수가 공동으로 작업을 하였다. 편수 중에는 한양의 官匠이나 私匠(閑散匠人)이 주류를 이루었다.[91]

공장들은 雇價式例에 따라 잡역부인 雇軍보다 工役 일수에 따라 높은 雇價를 지급 받고, 성역이 완공된 후에도 공로에 상응하는 상전을 받았으며 試射에도 참여하였다.[92] 그러나 호궤시에 감동은 戎服, 패장은 軍服, 공장과 모군은 일할 때의 복색을 입도록 하는 등 감역관들과는 차별이 있었다.

한편 石手工價錢이 73,169냥 1전 6푼, 泥匠工價錢이 24,417냥 4전 2푼, 木手工價錢이 13,381냥 4전 1푼, 冶匠工價錢이 10,291냥 8전 7푼으로, 성곽의 축조인 만큼 石手工價錢이 단연 많이 지출되었으며, 泥

86) 연자매를 만드는 장인이다.
87) 배를 만드는 장인인데, 건축공사장에서는 용마루나 추녀목 같이 휘어진 부분을 다듬는 장인이다.
88) 문짝에 돌쩌귀, 고리, 배목 따위를 박아서 문틀에 끼워 맞추는 장인이다.
89) 건물 주변에 세우는 架設物을 만드는 장인이다.
90) 『華城城役儀軌』 卷四 工匠.
91) 金東旭, 『18세기 건축사상과 실천—수원성—』, 259~269쪽.
92) 『華城城役儀軌』 卷二 賞典.

匠(미장이)의 일들도 많았음을 알 수가 있다. 또 木鞋匠工價錢이 1,107냥 3전 2푼, 畫工工價錢이 608냥 2전 3푼인데, 동원된 사람이 많았던 만큼 木鞋(나막신)의 수요도 많았음을 알 수가 있고, 畫工工價錢이 많은 것은 건축물의 丹靑[93]과 관련이 있기 때문일 것이다. 화공 중에서는 정조 19년 윤2월 13일에 3등으로 무명 1필을 상으로 받고, 특히 동왕 20년 9월 10일 필역 후 상전에서 화공으로는 유일하게 1등에 올라 木 2필, 布 1필을 상으로 받은 嚴致郁이 주목된다. 그는 훈련도감 馬兵으로 342일간 공사에 참여하였으며, 공사가 끝나자 9월 16일부터 공사에 관한 제반 기록을 정리하여 儀軌謄本을 작성하는 작업에도 畫師로 참여하였다.[94] 『華城城役儀軌』 圖說에는 演炬圖 1면, 大犒饋圖 1면, 落成宴圖 1면, 華城全圖 1면, 鳥瞰圖式의 等角透視式으로 그려진 部分圖 68면, 名物各圖 등이 실려 있는데, 이들 도면 중에서 상당 부분은 엄치욱이 그린 것으로,[95] 알려져 왔다.[96] 그러나 『華城城役儀軌』 卷二 犒饋條에 정조 20년 8월 10일부터 패장 다음으로 참여했던 9명의 畫員들도 주목된다. 이들은 성역이 거의 마무리될 무렵 공사내용들을 그리기 위해 파견된 도화서의 화원일 가능성도 있기 때문이다. 또 화공 46명 중에서 40명이 승

---

93) 단청에 쓰인 磊碌은 한양에서 사서 썼으나, 부족분은 경상도 장기현에서 구해 썼다(『華城城役儀軌』 卷三 移文 乙卯 七月 十三日. 卷四 來關 乙卯 八月 十二日).

94) 『華城城役儀軌』 卷首 座目 儀軌座目. 嚴致郁은 자가 敬之, 호가 觀湖로 영월인이다. 山水, 翎毛, 四君子, 花卉를 잘 그렸던 화가이다. 옛 덕수궁미술관 소장의 『竹西樓圖』의 산의 皴法處理가 김홍도와 비슷하며 수준급에 속한다.

95) 최홍규는 화성전도 1매, 부분도 60매를 전술한 엄치욱의 작품으로 보았다(최홍규, 『정조의 화성건설』, 330쪽).

96) 『華城城役儀軌』 圖說에는 북옹성과 남옹성에는 누각이 표시되지 않았다. 북옹성은 정조 18년 10월 20일에 시축되어, 정조 19년 2월 27일에 필축된 것이고, 남옹성은 정조 19년 4월 21일에 시축되어, 5월 20일에 필축된 것인데, 만약 『華城城役儀軌』 圖說 옹성의 도면이 畢築에 맞추어 작성되고, 누각이 후일 성역 중에 첨가된 것이라면, 이 도면들은 엄치욱에 의해 그려졌을 가능이 높다.

려 신분인데, 주로 양주에 있는 사찰의 승려로서 성역소에서 단청을 위해 특별히 요청했던 승려들이었다.[97] 특히 축성에 참여한 승려는 전술한 화공 40명 이외에 석수 6명, 목수 27명이 있었다. 승려 가운데 편수는 장안문, 訪花隨柳亭, 北西砲樓를 담당한 목수편수인 金化의 宏治 뿐이었고,[98] 영천 銀海寺 승 快性과 양양 明珠寺 승 震連도 문루의 축조를 위해 특별히 요청했던 목수였다.[99] 특히 쾌성은 龍珠寺 건립에 부편수로 참여하기도 하였다.[100]

한편 함경도에 솜씨가 월등한 瓦甓匠이 많다고 하여 성역소의 요청에 의해 崔三得 등 3명의 와벽장이 동원되었는데,[101] 이들은 와벽장편수로 활동하였다.[102] 이처럼 이 지역에서는 벽돌 굽는 기술을 가진 공장들이 여럿이 있었던 모양이며, 이는 甓城 축조의 전통과도 관련이 있는지도 모르겠다. 한편 공장들의 품값은 5일씩 지급되었다.

(2) 고군

화성의 성역에는 移邑 역사의 경험을 살려 전국에서 모여든 給價雇軍에 의해 役事가 이루어 졌다. 雇軍은 擔運의 擔軍, 車運의 車夫, 駄運의 駄夫, 募軍 등으로 구성되었다. 이 중에서 擔軍, 車夫, 駄夫는 石材 · 木材 · 土材 등의 城材를 운반하는 일을 담당하였고, 특히 담군은 單機와 擔機를 이용하여 짐을 운반하던 드잡이꾼이었다. 단기(목도)는 어깨에 메어 짐을 운반하며 운반하는 사람의 수에 따라 2목도, 4목도, 8목도 등이 있었다. 담기(들것)는 전후좌우에서 멍에와 동아줄을 들거나 등 또는 어깨에 메어 8~12명이 짐을 운반하였다.

---

97) 『華城城役儀軌』 卷三 移文 甲寅 九月 十一日.

98) 『華城城役儀軌』 卷二 賞典.

99) 『華城城役儀軌』 卷三 移文 甲寅 正月 三十日.

100) 『水原下旨抄錄』 庚戌 十月 初六 · 七日. 『龍珠寺事蹟記』에는 「樓片手慶尙道永川銀海寺嘉善南漢總攝快性」이라고 하였다(朝鮮總督府內務部地方局, 『增補校正朝鮮寺刹史料』 上, 1969, 61쪽).

101) 『華城城役儀軌』 卷三 移文 癸丑 十二月 十七日. 卷四 來關 甲寅 二月 十八日.

102) 『華城城役儀軌』 卷二 賞典.

잡역부인 募軍[103]은 품팔이로 끼니를 잇는 품팔이꾼이었다. 이들은 石杵(원달고) · 木杵(손달고) · 木柄鐵椎(철추)를 사용하여 흙을 다지는 일, 지게(支架) · 삼태(畚)나 어깨에 뫼고 흙을 나르는 일, 돌을 등에 지고 나르는 일, 가래(枕 · 鏵) · 삽(鍤)를 사용하여 흙을 파거나 메우는 일, 괭이(光屎) · 곡괭이(直光屎) 등을 사용하여 돌을 뽑아내는 일, 두레(龍貫子) · 擔桶 · 두레박(汲綆) · 장군(木長本) 등을 사용하여 물을 푸거나 운반하는 일 등 온갖 잡역을 도맡아서 하였다.

이들 고군들도 상응하는 품값을 지급 받았으며, 품값은 車夫는 하루에 3전 2푼, 담군은 하루에 3전, 모군은 하루에 2전 5푼씩이었고 매일 지급되었다. 이는 목수 · 미장이가 하루에 4전 2푼씩을 받았던 것보다는 차등이 있었다. 한편 담군은 12명마다 等牌를 두었고, 모군은 30명마다 등패를 두었다. 고군 중에서 募軍雇價錢은 모두 123,424냥 5전으로 전체 비용의 약 14%를 차지했던 것을 보면,[104] 성역에서 모군의 역할도 컸음을 알 수가 있다. 한편 정조 18년 6월 26일 각 성역소에서 일하던 현황을 보면, 간역 및 별감동 14명, 패장 87명, 書吏 33명, 匠手 1,073명, 모군 2,452명이 참여하였다고 한다.[105] 전체 3,659명 중에서 모군이 67%나 차지하고 있다. 여기서 모군은 고군 전체를 의미하는 개념인데, 흔히 匠募라고 하여 모군이 고군 전체를 의미하는 경우가 많았다. 『華城城役儀軌』 卷二 犒饋條에는 모군을 擔軍募軍과 入役募軍으로 구분하였다.

4. 축조내용

1) 지형선정

103) 영조 10년 수축공사에서도 역군을 모두 徵發軍으로 충당하지 않고, 작업의 효율을 위하여 雇錢을 지급하는 모군을 일부 병용하였다.

104) 『華城城役儀軌』 卷六 財用下 實入三.

105) 『華城城役儀軌』 卷三 別單 甲寅 六月 二十六日.

정조 17년 12월 11일에 감동당상과 도청이 城址를 看審하고, 18년 1월 14일 정조의 園行時에는 立標定基하였다.[106] 이때 정조는 깃발을 꽂아 놓은 성 쌓을 터를 두루 살펴보고, 남쪽과 북쪽 사이의 거리가 가까우니 성 쌓을 때 버들잎 모양을 본뜨고, 내천자(川)의 형태를 모방하여 성터를 정하라고 화성유수 조심태에게 명하였다.[107] 즉 처음 성터를 잡을 때 화서문과 북수문 사이를 곧게 연결했던 것으로 보인다.

장헌세자의 園寢이 있는 花山에서 유래된 화성은 팔달산을 중심으로 平山城의 형태를 취하고 있다. 이러한 형태는 고려 말에서 조선 초에 걸쳐 축조된 읍성에서 그 예를 흔히 볼 수가 있다.

2) 규모

성벽의 총 둘레는 周尺으로 27,600척(5.749km)이었으며[108], 이는 4,600보, 약 12리에 해당되었다.[109] 이 중에서 元城이 3,964보 2척(4.955km)인데, 山上이 2,944보 4척, 평지가 1,019보 4척이었다. 원성은 北暗門 좌측의 18m, 우측의 25m의 甓城을 제외하고는 모두 석성이다. 4곳의 옹성의 둘레는 163보였는데, 南甕城과 北甕城이 55보, 東甕城이 24보, 西甕城이 29보였다. 또 門譙 · 雉 · 舖 · 臺 · 墩이 635보 4척(794.45m)이었다.[110] 측량도와 지적도 등을 대비하여 계산

106) 『華城城役儀軌』 卷首 時日 推擇日時.

107) 『正祖實錄』 권39, 正祖 18년 1월 癸卯. 『華城城役儀軌』 卷一 筵說 甲寅正月 十五日.

108) 화성의 축조에 사용된 척도는 周尺은 6척을 1보, 營造尺은 3척 8촌을 1보로 삼았다. 영조 26년에 개정된 영조척의 길이는 31.22cm이고, 주척은 20.83cm였다((朴興秀, 「李朝尺度에 關한 硏究」, 『大東文化硏究』 4, 1967, 221쪽). 한편 화성의 복원에서는 1周尺를 19.633cm, 1營造尺을 31.0cm로 계산하여 1보를 1.178m, 1장을 3.10m로 계산하여 4,600보를 약 5,418.8m로 보았다(경기도, 『수원성 복원 정화지』, 1980, 57~58쪽). 화성박물관에서 G.P.S로 실측한 둘레는 5,544m라고 한다.

109) 『華城城役儀軌』에서는 성벽 둘레는 周尺, 구조물 등은 營造尺으로 計測된 것이다.

된 성벽 둘레는 약 5.4km정도인데, 서남적대를 포함한 팔달문 서측 약 98m, 동남적대, 남암문, 남공심돈, 남수문을 포함한 팔달문 동측 약 230m, 도로로 절단된 곳 등 약 484m정도의 성벽은 남아 있지 않다.111)

3) 재료

(1) 석재

정조 17년 12월 6일에는 돌을 뜨는 문제가 논의되었는데, 채제공은 돌을 뜨는 장소로 팔달산 건너편의 空石面을 지적하였다. 또 이날 조심태는 남쪽과 북쪽은 석성으로 할 것과 동쪽과 서쪽은 토성으로 할 것인지에 대한 여부와 여장 · 문루 · 곡성을 두는 문제를 대신에게 자문하여 달라고 정조에게 요청하자, 채제공은 동쪽과 서쪽도 남쪽과 북쪽과 같이 돌로 쌓고 여장과 문루도 설치하여야 한다고 정조에게 건의하였다.112)

돌을 캐는 곳은 5곳이었는데, 孰知山에 2곳, 如岐山에 2곳, 權洞에 1곳이었다. 성 쌓는 작업을 시작할 무렵까지는 이 지방에서 돌이 나지 않았기 때문에 혹은 벽돌을 사용하는 것이 마땅하다고 하기도 하고, 혹은 토성을 쌓는 편이 낫다고도 하여 의견이 일치하지 않았다. 화성부의 서쪽 5리쯤에 공석년이 있었는데, 여기에 숙지산이 있었으며, 그 서쪽으로 5리쯤에 여기산이 있었다. 처음에는 이 두 산이 흙으로 덮여서 돌이 있는지도 모를 정도였으나, 여기에서 石脈을 찾아내고, 후에 권동에서도 숙지산이나 여기산 만큼은 못하나 상당히 좋은 石脈을 찾았다. 또 팔달산 왼쪽 등성이에서 남으로 甬道에 까지 600~700보나 뻗은 석맥을 찾아냄으로써 西城의 一面은 이 돌들을 사용하였다. 현재도 화양루 밖과 서성벽 밖에는 석재를 떼어냈던

110) 『華城城役儀軌』 卷首 圖說.
111) 경기도, 『수원성 복원 정화지』, 59 · 89쪽.
112) 『正祖實錄』 권38, 正祖 17년 12월 乙丑.

흔적들이 남아 있다. 이처럼 기적적으로 석맥을 발견함으로써 석성으로 쌓을 수 있는 토대가 마련된 것이다.

이 중에서 숙지산 길은 도로가 평탄하고 가까웠으나, 老高山이나 여기산은 그러하지를 못하여 牛車가 다닐 수 있도록 도로를 평탄하게 닦아야 하였다.[113] 이들 지역에서 캐낸 돌은 숙지산에서 약 81,100여 덩이(塊), 여기산에서 약 62,400여 덩이, 권동에서 약 30,200여 덩이, 팔달산에서 약 13,900여 덩이였다.[114] 전체가 187,600덩이로, 이 중에서 숙지산이 약 43%, 여기산이 약 33%를 차지하였다.

각 浮石所에서는 떼어낸 돌은 앞면은 정교하게 다듬지는 않더라도 먹줄로 긋고 다듬어 네모가 반듯하게 하였다.[115] 또 각 부석소에서 떼어 낸 돌을 한 곳에 쌓아 놓고 한꺼번에 練正을 하기 때문에 크고 작은 것이 뒤섞여서 척수를 계산하고 값을 지불할 때 분별할 수가 없게 되었다. 이에 따라 돌을 연정할 때 돌의 면에 길이, 넓이, 부석소명, 邊首나 石手의 이름을 쓰도록 하였다.[116] 또 패장은 각각 標말을 세워 돌을 쌓아두고 여기에 패장의 성명을 기록하고 매일 돌을 사들이는 수효를 대 · 중 · 소로 구분하여 가격을 役記에 적어서 受納토록 하여 부정을 막도록 하였다.[117] 각 부석소에서 캐낸 돌은 古等村面 眞木亭 路邊에 설치한 부석소에서 浮石別監董과 浮石牌將의 감독아래 다듬어져 성역소로 운반되었다.

한편 돌의 크기는 대석은 前面 2척 後長 3척 이상이었고, 중석은 전면 1척, 후장 2척 5촌 이상이었으며, 소석은 전면 1척, 후장 2척 이상이었고, 전면은 비록 크나 후장이 2척이 못되는 것은 잡석으로 구분하였다.[118] 하여튼 성역소에서는 일정한 규격의 석재에 대해 가

---

113)『華城城役儀軌』 卷四 甘結 癸丑 十二月 二十二日.
114)『華城城役儀軌』 卷首 圖說.
115)『華城城役儀軌』 卷四 甘結 甲寅 七月 初三日.
116)『華城城役儀軌』 卷四 甘結 甲寅 四月 三十日.
117)『華城城役儀軌』 卷四 甘結 乙卯 四月 十八日.
118)『華城城役儀軌』 卷四 甘結 甲寅 七月 初三日.

격을 제시하고, 그 규격품의 돌을 가져오면 돈을 지급하였다. 즉 大城石인 후장이 3척 5촌, 전면 2척은 6전, 中城石인 후장 3척, 전면 1척 8촌은 5전, 小城石인 후장 2척 8촌, 전면 1척 5촌은 3전이었다.[119] 실제로 체성에 남아 있는 면석의 전면을 보면 큰 것은 92cm(폭)×61cm(높이), 113cm×53cm, 83cm×57cm정도이고, 중간 것은 60cm×48cm, 52cm×44cm, 49cm×38cm, 46cm×36cm정도이며, 작은 것은 30cm×28cm, 28×25cm, 27cm×30cm, 26cm×25cm정도이다.

체성의 축조에는 대성석, 중성석, 소성석, 大磚石, 中磚石, 小磚石이 쓰였다. 한 예를 들어보면 山上西城의 경우에는 대성석 2,344덩이, 중성석 11,182덩이, 소성석 18,591덩이, 대전석 2,520덩이, 중전석 3,689덩이, 소전석 4,752덩이가 소요되었다.[120]

화성의 축조에 사용된 석재는 대성석, 중성석, 소성석, 대전석, 중전석, 소전석 이외에도 大・中・小長臺石, 大・中・小臥長臺石, 大・中・小步石, 庫莫石, 隱溝短柱石(隱柱石), 大・中・小扇單石, 大・小虹蜺石, 大・中圓柱石, 大・中・小武砂石, 大・中・小隅石, 漏槽石, 大・小樞石, 大・小遠山石, 將軍石, 信防石, 鼈點石, 大・中・小階石, 大・中・小礎石, 大・中・小方柱石, 短柱石, 大・中駕石, 大・中耳機石, 大・中・小廳板石, 大・小遠音石, 船艙石, 螭頭石, 螭柱石, 臺石, 板墻小隅石, 短柱石, 八角柱石, 大・中旗竹石, 毛老臺石, 路臺石 등으로 모두 202,204덩이 였다. 이 중에서 대성석이 3,0573덩이로 약 15%, 중성석이 40,694덩이로 약 20%, 소성석이 62,283덩이로 약 31%였다.[121] 이처럼 체성의 면석이 전체 석재의 약 66%를 차지하였다.

또 여장에 쓰인 돌은 墻石으로 구분되었다. 한편 적심석으로 사용되었던 돌들은 잡석으로 분류하여 면석에 쓰인 돌과는 달리 負로

119) 『華城城役儀軌』 卷五 財用上 措備 石子.
120) 『華城城役儀軌』 卷五 財用上 實入一.
121) 『華城城役儀軌』 卷五 財用上 措備 石子・ 實入一.

계산하였다.

석수는 우선 京衙門에 등록된 京工匠으로 충원하고, 부족한 인원은 각 지방에 분정하여 동원하였다. 그러나 外邑에서 뽑아 보낸 석수들이 나이가 많거나 기술이 부족한 경우도 있고, 심지어는 사람을 바꿔 代立하는 폐단이 있는 등 석수를 구하는데 어려움이 많았다. 이들 석수들은 浮石(伐石)과 축성을 담당하였다. 도구로는 鐵夢同(쇠메), 釘, 飛金鐵(비금쇠)이 있었고, 특히 正鐵로 만든 鐵釘이 많이 쓰였으며, 무뎌지면 대장장이들이 벼리였다. 또 石手는 助役 1명을 포함하여 1패를 지어 작업을 하였으며, 패마다 매일 쌀 6升, 돈 4전 5푼씩 품값이 지급되었다.[122] 한편 성역에 참가한 석수는 642명이었으며, 石手工價錢은 73,169냥 1전 6푼, 石子浮出價錢은 126,617냥이었다.[123]

(2) 목재

여러 종류의 목재들이 사용되었는데, 길이 30척의 大不等 344株, 길이 27척의 中不等 677주, 길이 25척의 小不等 735주, 길이 8~12척의 末端木 421개, 길이 15척의 槐雜木 52주, 길이 30척의 檜木 4주, 길이 22척의 樓柱 918주, 길이 20척의 宮材 2,160주, 길이 18척의 圓體木 1,567주, 길이 9척·方 7寸의 劈鍊木 3,229주, 길이 10척 5촌·廣 1척·厚 1촌 7푼 등의 長松板 2,300立, 길이 20척의 大椽木 3,044개, 길이 8~12척의 裁折木 500개, 길이 25척의 中椽木 6,346개, 길이 15척의 小椽木 3,909개가 사용되었다.[124] 이들 목재들은 충청도 安眠島, 황해도 長山串, 全羅左·右水營과 水上禁養處인 강원도 金城, 楊口, 狼川 및 경기도 廣州 於葉里, 石雲洞(청계산 줄기), 旺倫面, 南陽의 簇子洞, 廣坪 등지에서 베어온 것이다.[125] 각 斫伐處에서 운반된

122) 『華城城役儀軌』 卷四 式例 雇價式例.
123) 『華城城役儀軌』 卷六 財用下 實入三.
124) 『華城城役儀軌』 卷五 財用上 措備 材木.
125) 趙炳魯, 「18세기 華城城役의 物資確保와 運送實態」, 『京畿史學』 창간호, 1997, 66~76쪽.

목재는 화성부의 경계인 남양 鷗浦 治木所(현 화성시 비봉면 구포리)로 모아져 治木되고, 새로 修治된 도로를 따라 수레를 이용하여 성역소로 운반되었다. 이렇게 성역소에 운반되어 성역에 쓰인 목재는 모두 26,206주였다. 특히 長松板 소요량 2,300립 전량을 민간에서 구입하고, 서까래(椽木)도 약 90%를 민간의 것을 사서 사용하였다.[126] 특히 이들 목재 중에서 강원도에서 베어온 檜木은 결이 바르고 나무가 단단하여 2층 건물의 高柱에 주로 쓰이는 귀한 재목이고, 전라도에서 베어온 槐雜木도 樓에서 비바람을 바로 맞는 바깥 기둥에 사용하던 목재였다.

한편 목수는 매일 쌀 3승, 돈 2전씩을 품값으로 받았으며, 木手工價錢은 모두 13,381냥 4전 1푼이었다.

(3) 토재

토재로 된 것은 기와와 벽돌이 있었다. 기와나 벽돌도 규격과 수량에 따라 일정한 단가를 정하여 만들어 오는 사람에게 값을 지급하였다. 기와는 旺倫瓦甓所에서 약 500訥(1눌은 1,000張), 棲鳳洞(棲鳳山)瓦甓所(현 화성시 봉담면)에서 약 28눌을 생산하였다. 이처럼 기와는 약 95%를 광주의 왕륜와벽소에서 구워낸 것이다. 기와 중에서 中女夫瓦(중간크기의 암키와와 수키와)는 160눌 921장으로 1눌의 가격은 12냥이고, 常女夫瓦(보통 크기의 암키와와 수키와)는 352눌 158장이었으며, 1눌의 가격은 11냥이었다. 中女夫防草(중간 크기의 암막새와 수막새)는 모두 8눌 930장이었는데, 1눌당 가격은 17냥, 常女夫防草(보통 크기의 암막새와 수막새)는 6눌 980장으로 1눌의 가격은 15냥이었다. 구워낸 가격은 모두 6,198냥 3전 6푼이었다.[127]

벽돌 가마는 모두 20座였는데, 처음에는 모두 재래식 가마인 旺倫洞瓦甓所에서 구워 다가 사용하였다. 그러나 시범적으로 『天工開物』의 窯制를 본받아 북성 밖에 2기의 가마를 만들고, 또 이러한

126) 『華城城役儀軌』 卷五 財用上 措備 材木.
127) 『華城城役儀軌』 卷五 財用上 措備 瓦子.

가마 1기를 서봉동에도 만들었다. 『천공개물』식 벽돌을 굽는 가마는 큰 종처럼 생겼는데, 안은 벽돌로 쌓고, 밖에는 흙을 붙였다. 아궁이 앞에 무지개 같은 구멍을 뚫어 놓아 사람이 드나들면서 불을 지피게 되어 있었다. 가마 뒤에는 堗口를 만들어 벽돌을 꺼내기 쉽게 하였다. 한편 작은 가마에서는 큰 벽돌 1,600장, 반 벽돌(半甓) 3,200장, 큰 가마에서는 약 3,000여 장 정도를 구울 수가 있었다고 한다.128) 왕륜와벽소에서 구워낸 벽돌은 617눌 936장, 북성와벽소에서는 37눌 582장, 서봉동와벽소에서는 39눌 329장을 생산하였다. 이처럼 전체의 약 89%의 벽돌은 재래식 가마인 왕륜동 가마에서 만들었고, 『천공개물』식 가마에서 구워낸 양은 얼마 되지 않았다.

성역에 쓰인 전돌과 벽돌은 7종류가 있었다. 즉 정방형 전돌인 大 · 小方甎, 장방형 전돌인 半方甎, 虹蜺壁의 아치를 트는데 쓰인 虹蜺甓, 모서리부분에 쓰인 것으로 보이는 삼각형 모양의 耳甓, 벽체 제일 꼭대기에 장식한 것으로 보이는 宗甓, 여장의 꼭대기를 장식한 蓋甓이 있었다. 이 중에서 半方甎은 580눌 292장이 쓰여 전체 694눌 919장의 약 84%를 차지하고, 蓋甓은 49눌 336장으로 약 7%를 차지하였다.

성역에 소요된 벽돌은 모두 694,919板, 기와는 528,989枚였다.129) 瓦甓匠 李龍海가 772일 동안 旺倫瓦甓所에서 벽돌을 구웠던 것을 보면 벽돌은 성역의 개시와 더불어 구워지기 시작하였음을 알 수가 있다. 한편 벽돌을 쌓는 와벽장은 매일 쌀 3승, 돈 2전씩을 품값으로 받았으며, 蓋匠은 五樑閣 매 칸에 6전, 行閣 매 칸에 4전씩과 매일 밥값 3전, 사흘 걸러 짚신 값 7푼씩을 받았다.130) 특히 砲穴 등을 방향에 따라 만들려면 벽돌공들은 벽돌을 크기에 맞게 깨고 갈아서 사

---

128) 『華城城役儀軌』 卷首 圖說.

129) 이밖에 鐵(正鐵 · 强鐵 · 水鐵) 576,543斤, 炭 69,056石, 石灰 86,442石이 소비되었다.

130) 『華城城役儀軌』 卷四 式例 雇價式例.

용하여야 하기 때문에 많은 功力이 들고, 깨뜨릴 때 잘못하여 생기는 벽돌의 손실도 많았다고 한다.

화성에는 성벽으로는 북암문 · 서암문 · 서남암문 양 옆 성벽에 벽돌을 사용하고, 甕城, 暗門, 弩臺, 砲樓, 鋪樓, 鋪舍, 水門, 女墻, 烽墩 등에도 벽돌을 전부 혹은 일부를 사용하였다. 옹성에는 장안문, 팔달문, 창룡문, 화서문의 옹성에 사용되었고, 암문은 동암문, 남암문, 북암문, 서암문, 서남암문에 사용되었다. 노대는 西弩臺, 東北弩臺에, 공심돈은 西北空心墩, 南空心墩, 東北空心墩에, 鋪樓는 東北鋪樓, 北鋪樓, 鋪舍는 中鋪舍, 수문은 북수문, 서수문에 사용되었다.[131)]

우리나라에서 벽성(塼城)이 시도된 것은 조선 초기부터였다. 지리지에는 『新增東國輿地勝覽』에 豊川邑城, 豊川古行城, 加吾亇堡(가오맛보), 榛遲達堡, 小農堡, 加乙波知堡, 小斜亇洞堡, 松山堡 등 8개소가 전하고, 『大東地志』에는 小農舊堡와 小斜亇洞堡 등 2개소가 수록되어 있다. 豊川邑城과 豊川古行城에는 벽돌과 石土로 잡축하거나, 甓土로 交築하였다고 하였다. 이들 벽성의 분포를 보면 함경도가 5개소, 황해도 2개소, 평안도가 1개소로 함경도에 집중되어 있으며, 특히 번경지대에 집중되어 있는 것이 특징이다. 규모도 404~1,292척 사이로 작은 편이다.[132)] 벽돌의 제작에는 비용이 많이 들기 때문에 대규모의 성곽에는 활용하지를 못했다. 이러한 벽성의 축조와 사용 시기는 대체로 조선전기에 한정되었음을 알 수가 있다.

한편 영조 18년 10월에는 강화성을 벽성으로 개축하였다. 본래 강화유수 金始爀이 강화의 토성이 비를 맞으면 허물어지고 있으니, 북경에서 벽돌을 구워 성을 쌓는 방법에 의해 개축하자고 건의하였다. 이에 영조는 대신과 여러 將臣에게 물으니 모두 편리하다고 하였으므로 허락하였다. 처음에는 三軍門으로 하여금 힘을 나누어 같이 쌓게 하라고 명하였는데, 공사가 지연되기 쉽고 또 소요가 일어

131) 『華城城役儀軌』 卷首 圖說.
132) 閔德植, 「특수한 유형의 城郭」, 『아시아문화』 18, 2002, 152~159쪽.

날 것을 두려워하여, 다시 강화유수가 연도를 한정하여 句管하여 완전하게 다 쌓도록 명하였다.[133] 현재 강화군 불은면에 남아 있는 이 벽성은 강화외성(인천광역시 기념물 20호)의 일부인데, 하부 기초 부분은 갯벌층 위에 진흙으로 약 1m 높이로 다진 후에 돌로 2~3단을 쌓고, 위 부분은 剛灰를 사용하여 벽돌로 축조하였으며, 장방형의 벽돌을 켜 쌓기 방법으로 축조하였다.[134]

甓築일 경우 성벽 전체를 벽돌로 쌓는 경우와 일부분만을 벽돌로 쌓는 경우가 있었다. 남한산성의 경우는 체성은 석축으로 하고 여장만을 벽돌로 쌓았다. 또 3호 암문과 4호 암문에도 일부 벽돌을 사용하였다.[135]

4) 운반

운반에는 수레를 이용하여 운반하는 車運, 소나 말을 이용하여 운반하는 駄運, 목도로 운반하는 擔運이 있었다.[136] 우선 車運에 쓰였던 器械로는 城材인 扇單石, 虹霓石, 廳板, 長臺石, 圓柱木 등을 운반하던 소 40여 마리가 끄는 大車, 中石이나 樓柱 등을 운반하는 소 4~10여 마리가 끄는 別平車 · 平車, 小石을 운반하는 소 1마리가 끄는 發車가 있었다. 또 游衡車가 있었는데, 大車, 別平車, 平車보다 제작비용이 적게 들고 사용하기가 편리하였으며, 기존의 수레 100량으로 324일에 걸쳐서 운반하던 짐을 유형거로는 70량을 사용하여 154일에 나를 수가 있었다고 한다. 유형거는 이러한 효율성 때문에 처음에는 60~70량을 제작할 구상을 하였으나,[137] 웬일인지 실제로는 11량만 제작되었다.[138] 유형거는 정약용이 석재 등의 운반을 위해

133) 『英祖實錄』 권56, 英祖 18년 10월 乙未.
134) 鮮文大學校 考古硏究所 · 江華郡, 『江華塼城地表調査報告書』, 2002, 60~63쪽.
135) 漢陽大學校 · 京畿道, 『南漢山城地表調査報告書』, 1986, 32~33쪽.
136) 석재의 운반에는 밧줄을 꼴 熟麻 및 生葛이 많이 소요되어 생산되는 外邑에 分定하였다.
137) 『承政院日記』 책1724, 正祖 17년 12월 21일.

기존 수레의 결점을 보완하고, 저울의 원리를 응용하여 고안한 것이다.

손으로 끄는 기계로는 童車, 駒板, 雪馬(썰매) 등이 있었는데, 여기서 동거는 장정 4명이 밀고 끌었으며, 구판은 밑에 散輪을 깔고 사용하고, 설마는 밑 없는 배 같이 생겼는데 맨 앞의 가로 대에 동아줄을 매어서 끌었다. 실제로 겨울에는 석재를 운반하는데 눈길이라 얼음이 미끄러워 설마를 썼으며, 동거는 더욱 빨랐다고 한다. 한편 1734년의 전주부성 수축공사에서도 車子 2량을 비롯하여 동거 418량, 설마 41좌가 활용된 것을 보면, 기존의 축성공사에서는 재래식의 동거와 설마가 주로 사용되었음을 알 수가 있다.139) 이 수축공사에서는 曳石(運石)役夫가 전체 역부의 약 56%정도를 차지할 정도였는데, 특히 5명으로 운용되는 동거의 활용으로 공력을 크게 줄일 수가 있었다고 한다. 駄運은 소나 말의 등에 싣고 운반하였고, 전술한 거처럼 擔運은 주로 목도를 하여 운반한 것인데, 도구로는 單機와 擔機가 있었다. 태운은 한 바리에 보통의 암키와와 수키와는 40장, 보통의 암막새와 수막새는 30장씩을 실어 나르고, 담기에는 큰 돌은 1덩이, 약간 작은 돌은 두 덩이씩을 얹고 다녔다고 한다. 이처럼 깨지기 쉬운 기와는 태운으로 운반하였음을 알 수가 있다. 또 체성의 적심석으로 사용된 잡석들은 支架(지게)를 이용하여 등에 지고 운반하였다.

실제 운반에는 유형거 11량(1량은 왕실제작), 大車 8량, 別平車 17량, 平車 76량,140) 童車 192량, 發車 2량, 雪馬 9좌, 駒板 8좌가 투

---

138) 수레를 움직일 때 車桶에 바르는 黑土는 함경도 高原 · 永興에서 구해서 사용하였다(『華城城役儀軌』 卷三 移文 癸丑 十二月 二十二日. 卷四 來關 甲寅 正月 二十八日.

139) 유재춘, 「18세기 全州府城 축성기록 築城啓草 硏究」, 『史學硏究』 81, 2006, 61~69쪽.

140) 平車는 가볍고 값이 싸다는 이유로 豊川에서 10채, 長淵에서 20채를 만들어 썼다(『華城城役儀軌』 卷三 移文 癸丑 十二月 二十四日. 卷四 來關 甲寅 三

입되었다. 이밖에 車를 끄는 車牛가 608隻, 募牛馬 중에서 소가 80척, 말이 252필이었다.[141] 실제 공사가 진행되는 과정에서는 유형거보다 기존에 있던 재래식 운반도구인 평거, 동거, 설마 등이 훨씬 많이 활용되었다. 특히 설마는 일본의 修羅처럼 예로부터 많이 사용되어 왔다.

기구명	제작된 수량	단 가	금 액	제작처	사용하고 남은 수량
游衡車	10량	14냥	140냥	城役所	1량
大車	8량	60냥	480냥	城役所	8량
別平車	17량	23냥	391냥	城役所	18량
平車	76량	20량×8냥 10량×10냥 46량×25냥	160냥 100냥 1,150냥	長淵 豊川 城役所	14량
童車	192량	2냥 5전	480냥	城役所	27량
發車	2량	9냥	18냥	城役所	0
雪馬	9좌	14냥	126냥	城役所	9좌
駒板	8좌	2냥	16냥	城役所	0
합 계			4,326냥 7전 5푼 (보수한 것 포함)		

〈표 4〉 화성성역에 쓰인 수레의 종류와 비용

車夫에게는 매일 3전 2푼, 擔軍에게는 매일 3전, 募軍에게는 매일

月 初八日.

141) 『華城城役儀軌』 卷首 圖說. 卷五 財用上 措備 器械 · 車牛 · 募牛馬. 卷五 財用上 實入二.

2전 5푼씩이 지급되었다.[142] 이로써 擔運雇價錢은 58,535냥 5전, 車運雇價錢은 53,895냥 1전 6푼, 駄運雇價錢은 23,147냥 3전 8푼이었고, 車子價錢은 4,326냥 7전 5푼, 車牛價錢은 25,710냥 4전 1푼으로,[143] 擔運이 가장 많이 운용되었다. 車運도 상당한 비율을 차지하는 것을 보면, 수레를 이용한 기동성 있는 운반이 이루어지고 있었음을 알 수가 있다. 駄運에는 주로 운반 중에 파손될 염려가 있는 기와, 전, 벽돌 등을 운반하였다.

5) 기계

정조는 동왕 1년에 진하겸사은정사 李澈으로 하여금 『四庫全書』를 구입하라고 명하였으나, 공역이 끝나지 않아 대신 銀子 2,150냥을 주고 『古今圖書集成』 중에서 5,020권을 구입하여,[144] 창덕궁내 중국서고였던 閱古觀에 보관하였던 것으로 보인다.[145] 정조는 동왕 16년 겨울에 內閣에 있는 『古今圖書集成』 중 「奇器圖說」[146]을 정약용에게 내려 주면서 引重起重之法을 언급하자,[147] 정약용은 「起重架圖說」을 지어 바치고, 滑車 · 鼓輪 등을 써서 작은 힘으로도 크고 무거운 물건을 운반할 수 있는 거중기를 만들었다. 축성을 마쳤을 때 정조는 정약용이 起重架를 사용하여 공사비 40,000냥을 절약하였다고 칭찬하였다.[148] 이처럼 정약용은 擧重器를 제작하여 화성

---

142) 『華城城役儀軌』 卷四 式例 雇價式例.
143) 『華城城役儀軌』 卷六 財用下 實入三.
144) 『正祖實錄』 권3, 正祖 1년 2월 庚申.
145) 『正祖實錄』 권2, 正祖 즉위년 9월 癸巳.
146) 『奇器圖說』은 예수회 소속의 독일인 선교사 요한 테렌스(鄧玉函)가 지었으며, 1627년에 중국어로 출판되었다.
147) 『奇器圖說』에는 起重之法 11條, 引重之法 4조, 轉重之法 2조 등이 수록되어 있는데(『欽定四庫全書』 子部 九 奇器圖說 卷三). 丁若鏞은 『與猶堂全書』 卷十 詩文集 說 城說에서 起重之法 중에서 8 · 11圖를 참고하고, 변통하여 거중기를 만들었다고 하였으나 차이가 많다.
148) 『與猶堂全書』 卷十六 詩文集 自撰墓誌銘(集中本).

의 성역에 사용함으로써 재용과 시일면에서 큰 실효를 거두었다.

거중기는 도르래의 원리를 이용하여 물건을 달아 올리는 기계이다. 즉 보에 평행하게 游樑을 상하에 대고 여기에 도르래 4개씩을 달았다. 상부의 유량은 고정되고, 하부의 유양은 상하로 이동되며 이 밑에 중량물을 매달게 되어 있다. 좌우에서 15명이 밧줄을 돌림대(繅車, 얼레)에 감으면 3.6톤의 석재 등을 용이하게 올릴 수가 있었다. 특히 달아 오릴 때 물건의 무게가 한쪽으로 쏠리지 말아야 하며, 감아올리는 힘도 고르게 씌어야 하였다. 또 轆轤도 물건을 들어 올리는 기계인데, 사용방법은 큰 동아줄로 나무나 돌 따위를 竿頭의 滑輪(도르래)에 걸고, 동아줄 끝을 後柱의 돌림대의 軸에다 매고, 장정 8명이 갈라서서 각각 돌림대의 끝을 잡고 돌리면 돌림대의 축이 쉬지 않고 돌아가며, 물건도 따라서 올라간다. 竿頭에서 4척쯤 떨어진 곳에 줄 갈고리로 끌어 옮겨 놓아야 할 자리에 옮기고, 물건을 옮긴 다음에는 돌림대를 늦추어 내리었다.

이처럼 거중기는 무거운 석재 등을 들어 올리는데 사용되고, 녹로는 무거운 석재 등을 높게 달아 올리는 데에 사용되었으며, 왕실에서 제작한 거중기 1部를 비롯하여 녹로 2坐가 활용되었다.[149] 하여튼 화성 축성시 제작된 기구 중에서 새롭게 특별히 제작된 것은 거중기, 녹로, 유형거였으며, 정약용의 「城說」에는 이러한 형태의 녹로는 보이지 않는다. 녹로는 거중기와 원리상 공통점이 있으며, 아마도 공사현장에서 거중기의 영향을 받아 거중기보다 더 간편하고 실용적으로 사용할 수 있도록 기존의 녹로를 개량한 것으로 보인다.[150] 오늘날의 크레인과 같은 녹로는 백제의 익산 미륵사지에서 철로 만든 도르래가 출토된 것을 보면, 돌을 위로 들어 올리는 기구로써 삼국시대에도 많이 쓰였음을 알 수가 있다. 특히 활륜인 도르레의 출토 예가 거의 없는 것을 보면, 나무로 만든 것이 많이 쓰였

149) 『華城城役儀軌』 卷五 財用上 器械.
150) 金東旭, 『18세기 건축사상과 실천—수원성—』, 302쪽.

던 것으로 추정된다. 한편 器械價錢은 모두 13,586냥 2전 6푼이었다.[151]

6) 성벽 축조단위

화성의 성벽 축조단위는 北城所, 南城所, 西城所, 東城所 등 4개소로 나누었다. 1731년의 동래부성(둘레 2,881보 5척) 축조에도 東所, 南所, 西所, 北所 등 4개소로 나누고, 각 所內에는 각각 15패씩을 두었다. 동래부성 各所에는 所將 1명을 두고, 소장 아래에 都牌將 1명씩(단 西所는 2명)을 두고, 각 패에는 패장 1명씩을 두어 감역토록 하였다.[152] 1734년의 전주부성(둘레 2,616보) 수축에서도 左一所, 左二所, 右一所, 右二所 등 4개소로 나누고, 각 所에는 각각 3패씩을 두었다. 전주부성 各所에는 감역 1명을 두고, 패에는 패장을 두었다. 동래부성과 전주부성의 축조로 보면, 화성에서도 各所內를 여러 단위로 세분하였을 가능성이 있다.

7) 축조공법

(1) 기초쌓기

성벽의 터 닦기는 北坪 평지의 龍淵밑으로부터 시계 반대방향으로 전개되었으며, 성벽을 開基할 때 성터를 따라 폭 약 4~5장 정도로 培土를 하였다. 소요된 터가 모두 5,130보였다. 서성벽에는 암반을 그대로 기초로 사용하면서 그렝이공법을 응용했던 흔적이 남아있다.

① 체성

山上 동북성에서 龍淵까지는 흙이 푸석거려서 바닥을 영조척으로 깊이 4척 5촌, 폭 10척으로 파고 구덩이 안을 石杵로 다짐을 한 후 자갈과 물을 섞어 두께 5~6촌을 다지고, 이어 파냈던 흙을 3촌정도

151) 『華城城役儀軌』 卷六 財用下 實入三.

152) 『各司謄錄』 13 慶尙道篇 3 東萊府築城謄錄.

넣고 다진 뒤에 다시 자갈과 파내 흙으로 메우고, 다지기를 거듭하여 地平하도록 하였다. 평지 위에는 1척 정도의 磚石을 이어서 깐 다음 돌로 덮어 다진 뒤에 城石을 쌓았다. 성석 밖으로는 물려서 전석을 폭이 8~9척 정도가 되게 깔았다. 여기에 또 흙을 단단히 다져 성석 1층까지 돋구었다. 또 여기에 흙을 덮고, 이러한 작업을 3차례 반복하였다.

東北弩臺의 북에서 東南角樓까지는 진흙이므로 浮土를 걷어내고, 바닥에서 5척 깊이로 판 후 흙을 다지어 쌓는 것을 동북성에서 용연까지와 같은 공법을 응용한 후 전석을 2중으로 깔았다.

西砲樓 남쪽에서 華陽樓까지와 동쪽으로 南砲樓까지 600여 보는 흙을 2척 정도만 파면 돌이 깔려 있어 돌을 깎아 판판하게 고르는 것으로 기초를 삼고, 캐어낸 돌은 그 자리에서 다듬어 썼으므로 멀리서 돌을 떠서 실어오는 수고를 덜 수 있었다.

南砲樓 아래에서는 샘물이 솟아나서 땅을 6척 깊이로 파고 잡석으로 채워 묻어서, 그 곳에서 나는 물이 스며들어 隱溝로 통하게 하고 전석을 3중으로 깔았다.

남쪽과 북쪽의 평지는 흙이 개흙과 같아서 바닥을 6척 깊이로 파내고 전석을 3중으로 깔았다. 또 北東川邊의 땅은 자갈밭이어서 4척 깊이로 파내고 전석 1층을 깔았다.

우리나라 석성의 기초쌓기에서는 여러 공법들이 응용되었다. 즉 성벽의 기초를 마련하는 과정에서 암반이나 풍화암반층이 노출될 때까지 파내는 공법, 바닥이 암반이 아닌 경우 땅을 파고 그 곳에 점토에 자갈이나 막돌을 섞어서 다지는 공법, 기초공사용 구덩이를 암반층까지 파고 여기에 몇 단의 기초석을 쌓는 공법, 생토층까지 파고 생토면 위에 성토다짐 하거나 점토 · 모래 · 잡석 등으로 다지는 공법, 바닥이 암반인 경우 암반을 平坦狀 · 階段狀으로 다듬거나 홈을 파는 공법들이 응용되었다.[153] 앞서 화성에서 응용된 공법들도 이와 같은 공법들이라고 볼 수가 있다.

② 성문

장안문은 남북 22보, 동서 47보를 정리하고 바닥을 깊이 10척 7촌으로 파서 모래에 물을 섞어서 다졌다. 地平 위로는 3척 2촌을 더 올려 쌓고, 다시 두께 1척 5촌을 회다짐하였다. 팔달문도 형편이 장안문과 같아서 5척 정도를 파내려 갔는데 마침 물이 솟아나서, 물을 푸고 다시 9척을 파내려 가서 장안문과 같은 공법으로 기초를 하였다. 화서문과 창룡문은 동서 19보, 남북 27보의 규모로 8척 정도의 깊이로 파고, 地平 위로는 1척 두께로 흙을 쌓고 다시 1척 두께로 회다짐을 하였다.154)

③ 수구문

남수문과 북수문은 동서 38보, 남북 51보를 정리한 후 바닥을 14척 깊이로 파내고, 여기에 모래와 물을 섞어서 다지고 전석을 2중으로 깔았다. 다리의 안팎에도 넓게 魚鱗磚石을 깔고, 그 끝에 長石을 세워서 고정시켰다.155)

④ 장대

서장대는 본래 돌 자갈 밭이었고, 그 지세가 동북으로 비탈이 졌으므로 돌을 쌓고 흙으로 쌓으며, 모래주머니를 말뚝으로 고정시켜 산마루와 가지런하게 만들었다. 이렇게 補築한 높이가 거의 3장이나 되었고, 山頂을 다듬은 것이 사방 70보였다. 또 동장대는 황벽한 곳이어서 파고 돋우기를 약 4~5척을 하였고, 동남 모퉁이는 거의 1장의 높이로 보축을 하였다.156)

(2) 체성쌓기

화성의 체성에서는 기초 위에 基礎板石(기단석)을 놓고, 성석을 그 보다 15~25cm를 들여쌓았다. 전술한 대로 성석 밖을 돋워서 보

---

153) 閔德植, 「발굴조사 자료로 본 고구려 성곽의 축조공법—체성의 축조공법을 중심으로—」, 『史學志』 37, 2005, 77~78쪽.

154) 『華城城役儀軌』 卷首 圖說.

155) 『華城城役儀軌』 卷首 圖說.

156) 『華城城役儀軌』 卷首 圖說.

강하였기 때문에 노출되지 않고 있다. 그러나 서북성벽에는 14cm정도 기단석이 앞으로 튀어나온 곳이 있고, 서성벽의 암석 위에 쌓은 성벽도 체성이 밖으로 밀리는 것을 막기 위해 앞으로 35cm정도 내어 쌓았으며, 동성벽도 16cm정도 기단석을 나오게 쌓은 부분이 있다. 이처럼 기단석을 앞으로 나오게 하는 공법은 일찍이 고구려 성곽에서 출현하였으며, 고려 말~조선 초로 오면 기단석의 규모가 커지고 앞으로 크게 튀어나오는 현상이 나타난다.

儀軌에서는 체성을 쌓을 때는 面石의 뿌리가 안으로 가게 從으로 배열하고, 塊石을 돌 뿌리 둘레에 놓고 쇠몽둥이로 분쇄하여 틈 사이를 메우고, 다시 半丈 정도의 폭으로 搗築을 하고, 뒤쪽으로 생긴 공간에는 흙으로 內托을 하였다고 하였다. 이때 체성의 하폭은 5장 정도, 상폭은 3장 정도로 하였으며, 체성의 기울기는 「御製城華籌略」에는 圭形工法을 응용하였다고 하였는데, 이러한 공법은 성벽이 비교적 높게 축조된 북성적대와 장안문과 화서문 사이의 성벽에서만 부분적으로 확인된다. 물론 이러한 규형공법도 삼국시대부터 우리나라 석성에서 일반적으로 응용되던 공법으로, 일본의 성곽에서는 勾配라고 부른다. 화성에서는 체성의 높이가 비교적 높지 않기 때문에 시각적으로 두드러지게 보이지 않으나, 성벽이 높은 신라의 三年山城이나 일본 근세의 성곽에서는 두드러지게 나타난다. 한편「御製城華籌略」처럼 체성은 밑으로는 큰 돌을 쓰고, 위로 올라가면서 작은 성돌을 쓰는 공법도 우리나라 석성에서는 일반적으로 보인다. 또 성벽의 높이는 2장을 기준으로 삼았으며, 산 위에서는 평지보다 5분의 1을 감하였다고 한다.[157] 이러한 공법 역시 우리나라 석성에서 일반적으로 응용되었다. 즉 성벽의 높이는 지형에 따라 차이는 있으나 4~6m(평균 5m내외) 정도이며, 전술한 것처럼 일반적으로 평지 부분이 산지보다 높게 쌓았다. 면석은 門樓나 角樓 등 중요부에는 정

157) 『華城城役儀軌』 卷首 圖說.

다듬 등으로 잘 다듬어 사용하고, 중요하지 않은 곳은 마름돌이나 막돌을 사용하였고, 대체로 品字形으로 바른층쌓기(整層積)를 하였으며, 사이에는 쐐기돌을 사용하였다. 또 부분적으로 위아래 면석들이 서로 이가 물리도록 하여 돌 사이에 마찰력이 작용하도록 하는 공법을 다양하게 응용하였는데, 여기에서 석수들의 훌륭한 기술 수준을 엿볼 수가 있다. 즉 사각형 면석의 귀퉁이 일부를 오려내어 결합시켜서 사용하는 공법은 우리나라에서는 불국사의 축대에 보이고, 조선시대의 성곽에서는 일반화되었던 공법으로, 이미 이집트유적에서 사용하던 공법이었다. 이러한 초기의 공법이 발전하여 복잡한 다각형 면석이 사용되었는데, 이러한 다각형 돌벽은 그리스신전, 잉카유적, 16C의 일본성에서 응용되었고, 화성에서도 일부 응용되었다.

근래 西三雉 부근의 성벽을 복원 할 때 출토된 면석들이 있다. 크기는 60cm(폭)×47cm(높이)×54cm(後長), 58cm×52cm×120cm, 45cm×40cm×80cm, 48cm×40cm×46cm, 97cm×34cm×56cm정도이다. 이 중에서 후장 120 · 80cm의 것은 根石(뿌리돌)으로 쓰였던 것으로 보이며, 이러한 근석 용 역시 삼국시대의 성곽에서부터 출현하였다.

체성에 대한 발굴조사가 실시되지 않아 문헌자료만 가지고는 구체적인 내용을 알 수는 없으나, 『華城城役儀軌』와 발굴조사가 이루어진 다른 성곽의 자료를 종합하여 보면, 성벽은 石築部와 土築部로 구성되었던 것으로 보인다. 즉 체성의 외면에 쌓은 면석은 火功에 대비하기 위해 비교적 규모가 크고 뿌리가 긴 사각추형 성돌을 사용하였으며, 면석의 뿌리가 성안으로 깊이 들어가도록 종으로 놓았다. 면석의 후면에는 塊石이나 碎石을 놓고 쇠몽둥이(쇠메)로 분쇄하여 다지며 뒤채움을 하였던 것으로 보인다. 이들 적심석들을 의궤에는 잡석으로 분류하면서, 負로 계산된 것을 보면 지게로 지고 다닐 수 있을 정도로 크기가 작았던 것 같다. 즉 삼국시대에는 면석의 뿌리에 생기는 삼각형의 공간에 菱形石을 놓아 면석의 뿌리를 고정시키고, 면석의 뿌리와 능형석의 사이나 능형석간의 사이에는 괴석이나 쇄석을 놓고 쇠몽둥이로 분쇄하며 다졌던 것과는 차이가 있다. 이것이 조선시대 성곽의 일반적인 단점이기도 하였다. 석축부로 된 적심의 폭은 4 · 5장 정도였고, 다시 석축부의 뒤쪽으로는 0.5장 정도를 흙다짐하여 적심을 보강하였다. 이는 성안으로부터 체성 밖으로 쏠리는 地壓을 줄이고 流水를 차단하기 위함이었다. 마지막으로 토축부의 뒤쪽에 생긴 공간에는 흙으로 채우면서 내탁을 하였다. 이러한 공법은 片築으로 쌓여진 석성에서는 일반적으로 보이는 현상이다. 한편 북수문에서 화서문까지는 팔달문 부근의 남성벽처럼 평지인데도 夾築으로 쌓지 않고, 안쪽으로는 인위적으로 내탁을 하였다. 또 낮은 구릉위에 쌓여진 성벽도 상당 부분 인위적인 내탁을 하였다. 이는 병사들이 성벽위로 쉽게 올라가는데 효과가 있었다. 하여튼 이 때문에 貿沙取土價錢이 山上西城 1,165냥 7전 5푼, 山上東城 2,502냥 5푼, 平地北城 9,748냥 1전 5푼, 平地南城 2,986냥 7전 4푼이 소요되어, 貿沙取土價錢이 모두 34,787냥 7전 6푼이나 되었는데, 이는 성벽의 내탁 등에 많은 흙이 필요했음을 말해주는 것이다.

한편 고려 말 火砲戰術이 등장하면서 우리나라 성곽은 큰 변화를 보였다. 삼국시대 성곽을 비롯하여 이전의 석성들이 성벽을 높게 축조하여 적들이 성벽을 넘어오지 못하도록 하는데 주력했던 것에 비해, 화성의 성벽 높이는 그다지 높지가 않다. 이는 화포공격에 유의하였기 때문일 것으로 보이는데, 화포공격에 대한 대비는 성벽의 중요한 부분에 돌보다 화포에 耐久性이 강한 벽돌을 사용한 점에서도 찾아 볼 수가 있다.

(3) 여장쌓기

체성과 여장 사이에는 眉石을 놓았는데, 미석은 두께 10~15cm이고, 10~15cm를 돌출시켰다. 미석을 기준으로 체성과 여장을 구분한다. 미석 위에는 여장의 基石인 墻臺를 깔고 墻石을 쌓았다. 여장의 높이는 1~1.35m이고, 1垜의 길이는 3.6~4.5m, 두께는 75~90cm 정도이다. 타에는 중앙에 성벽 가까이를 볼 수 있는 近銃眼과 좌우에 비교적 먼 곳을 볼 수 있는 遠銃眼을 만들었다. 여장은 돌 또는 전돌로 쌓았으며, 주로 건물 주위나 중요 특수한 부분에는 전돌 여장을 하였다. 여장의 屋蓋部는 전돌 여장은 전돌 옥개, 돌 여장은 강회 바름이나 전돌을 썼던 것으로 추측된다.

각 시설물에 설치된 砲穴 · 銃穴 · 射穴은 적이 100보안에 당도하면 佛狼機와 鳥銃을 교대로 쏘고, 50보안에 당도하면 射手가 일제히 발사하고, 적이 성벽 아래까지 당도하면 성 위에서 돌을 던지기 위한 것이었다.[158] 실제로 서남암문 부근에서는 조경사업을 하던 중 투석용 돌들이 쌓여져 있는 것을 확인하였다. 우리나라 산성에서는 이러한 석환무지의 흔적을 흔히 볼 수가 있다.

여장의 형태로는 平女墻, 凸形女墻, 圓女墻이 있었다. 고구려의 丸都山城, 五女山城 등에서 여장의 유구가 남아 있는 것을 보면, 여장은 우리나라에서 이른 시기부터 응용되었음을 알 수가 있고, 처음에는 평여장이었으나, 철형여장, 원여장 등으로 발전하였다. 특히 원여장은 화성에서만 볼 수 있으며, 화성에서도 남수문, 동암문, 북암문, 동북노대에서만 응용하였고, 벽돌로 축조하였기 때문에 가능하였다.

한편 元城의 타는 1,150堞, 甬道의 타는 68첩, 각 문과 옹성 내외의 타는 122첩 2把, 舖 · 雉 · 臺 · 墩의 타는 99첩 3파였다.[159]

Ⅱ. 부대시설

1975년 5월부터 1979년 9월 사이에 32억 8천 6백만 원의 예산을 들여 부대시설물을 포함한 성곽 전체에 대한 복원 및 주변 정화 사업이 행하여졌다. 장안문 등 문루 2개소, 角樓 3개소, 砲樓 5개소, 舖

158) 『正祖實錄』 권42, 正祖 19년 2월 辛酉.
159) 『華城城役儀軌』 卷首 圖說.

樓 5개소, 鋪舍 1개소, 空心墩 1개소, 弩臺 1개소, 暗門 2개소, 雉城 10개소, 女墻 등이 복원되고, 팔달문 등 문루 2개소, 角樓 2개소, 水門 1개소, 將臺 2개소, 敵臺 2개소, 暗門 1개소, 空心墩 1개소, 弩臺 1개소, 烽墩 1개소, 城壁 등이 보수되었다. 南水門 · 南空心墩 · 南暗門 · 南西敵臺, 南東敵臺, 內鋪舍, 中鋪舍, 北隱口, 南隱口, 西將臺 後堂, 4대문안 守直所 등은 아직도 복원되지 못하고 있다.160)

1. 4대성문

1) 성문

장안문은 한양으로 향한 북문으로 정문이었다. 정조가 현릉원으로 가는 원행 길에도 이 문을 통해 화성으로 들어 왔다.161) 이 문을 통해 안팎으로 석축의 虹蜺門을 내고 重層의 장중한 門樓를 만들었다. 문루는 정면 5칸, 측면 2칸의 목조 건물로 화려하고 복잡한 多包式의 공포를 결구하여, 정문으로서의 威儀를 갖추었다. 건물 내부는 1, 2층으로 구분되고, 그 사이에 마루를 깔았다. 편액은 전 참판 曹允亨이 썼다. 팔달문(보물 402호)은 장안문의 반대방향으로 남향하여 건립한 남문으로 규모나 형태가 장안문과 동일하다. 편액 역시 전 참판 曹允亨이 썼다.

창룡문은 동문으로 장안문과 비교하여 성문의 규모도 작고 형태도 간략하다. 석축의 내외 홍예를 설치하고, 문루는 단층으로 정면 3칸, 측면 2칸에 二翼栱 八作지붕이다. 편액은 판중추부사 兪彦鎬가

---

160) 경기도, 『수원성 복원 정화지』, 33~92쪽.

161) 정조의 원행길은 처음에는 과천길을 이용하였다. 궁궐에서 노량진의 한강 舟橋(京江商人들의 배를 동원)를 건너 과천행궁을 거쳐 수원 지지대고개를 넘어 화성으로 들어 왔다. 그러나 이 길은 높은 남태령을 넘기가 어려웠고, 과천에 있는 사도세자의 죽음에 중요한 역할을 했던 김상노의 묘가 원행길에서 보이므로 이를 꺼려 시흥길을 이용하였다고 한다. 즉 한강의 주교를 건너 시흥행궁, 안양을 거쳐 지지대고개를 넘어 화성으로 들어오는 길이다. 이 길을 新作路라고 불렀다. 시흥행궁에서 유숙하는 1박 2일 노정이었다.

썼다. 화서문은 서문으로 홍예나 문루의 제도는 창룡문과 같다. 문루도 정면 3칸, 측면 2칸의 단층으로 이익공 팔작지붕이다. 이 성문은 성벽이 90° 꺾이는 부분에 설치하였는데, 꺾이는 부분에는 서북공심돈을 설치하였다. 편액은 좌의정 蔡濟恭이 썼다.

2) 옹성

장안문의 옹성인 北甕城은 반원형의 中央門式이다. 古制에는 왼쪽이나 오른쪽에 하나의 통로를 내는 片門式이었으나, 八達한다는 뜻을 따라 한 가운데 문을 내어 정문과 마주하게 하였다고 한다. 정문의 좌우 武沙로부터 각각 7보정도 되며 벽돌로 쌓았는데, 높이 17척, 안 둘레 159척 6촌, 바깥 둘레 209척, 하폭 15척, 상폭 12척이고, 바깥쪽에 길이 12척, 지름 1척 2촌 규모의 懸眼[162] 16개를 뚫고, 안쪽에 지름 5촌의 甓漏槽[163] 8개를 설치하였다. 두 문 사이는 10보 3척이다. 돌로 쌓은 홍예의 내폭은 18척, 높이 19척, 바깥 홍예의 문폭은 16척, 높이 17척 5촌이다. 홍예의 蓋板위에는 灰三物로 다진 후 벽돌을 쌓고, 敵이 甕城門을 불사르게 되면 5개의 구멍으로 물을 흘러내리는 五星池를 만들었다.[164] 오성지는 池面의 길이 14척, 폭 5척, 깊이 2척, 구멍의 지름 1척이었다. 팔달문의 옹성인 南甕城 역시 반원형의 중앙문식이며, 내외의 홍예는 모두 벽돌로 쌓았고, 현안 12개를 설치하였다. 전체적인 형태는 장안문의 옹성과 같다. 이들 옹성에는 누각이 설치되었다.[165]

---

162) 懸眼은 적이 성벽 밑으로 접근하면 城上에서는 발견하지 못하게 되므로, 이를 극복하기 위해서 14C 말부터 생겨났다.

163) 石漏槽는 고구려의 遼寧省 庄河市 城山鄉의 城山山城에서 이미 나타난다(徐吉洙, 「벽류하(碧流河)유역의 고구려 산성과 관방체계」, 『高句麗硏究』 11, 2001, 224쪽).

164) 五星池는 이러한 기능이외에도 快鎗을 放하거나, 화살을 쏘거나, 돌을 굴리는 기능도 있었다.

165) 『華城城役儀軌』 圖說에는 누각이 없으나, 1915년에 발간된 『朝鮮古蹟圖譜』 권11에는 오늘날처럼 누각이 있다.

창룡문의 옹성도 반원형으로 서울 興仁門처럼 片門式이며, 古制에 한쪽만 열려 있다는 뜻을 취한 것이라고 한다. 성문의 오른쪽에서부터 6보 3척 정도에서 시작하여 성문의 왼쪽으로 6보 3척 정도에서 끝났는데, 성벽과 이어져 있지 않는 거리는 4보 1척이고, 높이는 9척 6촌이었다. 안쪽은 돌로 쌓고, 바깥쪽은 벽돌로 쌓았다. 안쪽 둘레는 57척이고, 바깥쪽 둘레는 91척이며, 성문에서 떨어진 거리는 28척이다. 바깥쪽에는 길이 8척 5촌, 가로지름 1척의 현안 3개를 뚫었다. 상면은 三物로 회다짐을 하였다. 남쪽 끝에는 石磴을 설치하여 위로 元城에 통하도록 하였다. 옹성의 끝 부분과 마주보는 원성을 밖으로 돌출시켜 방어력을 높였다. 화서문의 옹성제도도 창룡문의 옹성제도와 같으며, 높이 11척, 안 둘레 76척, 성문과의 거리 36척, 바깥 둘레 110척이었다.

정조가 감동 洪采疇를 옹성의 제도를 우리나라에 처음으로 생기게 했다고 칭찬한 것을 보면,[166] 홍채주가 화성의 옹성 건립에 큰 공헌을 했던 것 같다. 실제로 우리나라 옹성은 고구려에서 이른 시기에 출현하였으며, 사각형옹성에서 시작하여 반원형옹성으로 발전하고, 이러한 두 형태는 고려의 도성인 개경성에 까지도 남아 있다. 조선시대에는 반원형옹성이 유행하였다.

2. 암문

암문은 성곽의 깊숙하고 후미진 곳에 적이 알지 못하도록 출입구를 내어 사람이나 가축이 통과하고, 군수품을 조달하기 위해 설치된 작은 間門이다. 만일 적에게 노출되면, 성안에서 흙이나 돌로 문을 메워서 일반 성벽과 같이 되게 하였다.

南暗門 · 東暗門 · 北暗門 · 西暗門 · 西南暗門 등 5개소의 암문을 설치하였으며, 현재 팔달문과 남수문의 중간에 위치했던 남암문

---

166) 『華城城役儀軌』 卷一 傳敎 乙卯 閏二月 十三日.

은 시가지화 되면서 없어졌다. 남암문의 홍예는 돌로 쌓고, 내폭 13척 1촌, 높이 12척으로, 문 위에는 누각을 짓지 않고 睥睨만을 설치하였다. 동암문은 내외 홍예를 벽돌로 쌓고 겨우 한 마리의 말을 타고 드나들 정도였다. 홍예의 내폭 7척, 높이 8척이고, 문 위에는 벽돌을 깔고 누각은 세우지 않았다. 오성지와 크고 둥근 원여장 1개를 설치하고, 좌우에 비예를 설치하였다. 북암문은 옹성 사이에 벽돌로 홍예를 쌓았으며, 홍예의 내폭 4척 6촌, 높이 6척 5촌이었다. 문 위에는 동암문처럼 원여장을 설치하였다. 서암문은 이곳의 성벽이 엇갈렸기 때문에 암문은 북쪽을 향하고, 밖에서 보면 문이 있는지 조차 알 수가 없게 되었다. 홍예는 벽돌로 쌓고, 내폭 5척 5촌, 높이 7척 7촌이고, 안팎으로 평여장을 설치하였다. 이 암문은 우리나라의 엇갈림식 옹성을 응용한 것으로 보인다. 서남암문은 甬道가 시작되는 지점이고, 華陽樓의 통로가 된다. 벽돌로 만든 홍예는 내폭 7척, 높이 8척 5촌이고, 문 위에는 안팎으로 평여장을 설치하였으며, 문 위에는 舖舍를 지었다. 암문 위에 포사가 설치된 것은 이 곳 뿐이다.

암문은 고구려의 城山山城 내성 북문에 잘 나타나 있고, 현재도 돌로 막혀 있다. 이처럼 암문은 삼국시대부터 간문으로 활용되었는데, 조선시대로 내려오면 남한산성, 상당산성의 암문처럼 지형을 잘 활용하여 적절하게 응용하였다.

3. 수구문

光敎山에서 발원하여 연무동을 거쳐 수원시내로 관통하는 柳川(水原川)은 북쪽에서 남쪽으로 성내를 관통하는데, 이 천의 상 · 하류에 설치된 수구문이 北水門(華虹門) 과 南水門이다. 북수문은 龍淵이 있는 지점에 있으며, 訪花隨柳亭이 위치하는 등 경관이 아름다운 곳이다. 물이 흐를 수 있는 돌로 쌓은 7개의 홍예문이 설치되고 교량의 역할도 하였다. 내외 홍예의 폭은 중앙 칸이 2.79m, 좌우 칸들은 2.48m이고, 높이는 중앙 칸이 2.57m, 좌우 칸이 각각 2.42m이다.

이처럼 가운데 홍예가 다른 홍예들보다 넓고 높게 만든 것은 錯視現象을 없애려고 한 것으로 알려져 있다. 또 한양도성의 홍인문 옆 五間水口門처럼 홍예 하단 지대석이나 돌기둥을 마름모꼴로 하여 물살이 좌우로 갈라지게 하였다. 이러한 공법은 이미 신라 月精橋의 木橋址와 石橋址에서도 나타난다.[167] 문루는 정면 3칸, 측면 2칸의 누마루 형식으로 팔작지붕이며, 兪漢之가 편액을 썼다. 한편 북수문의 건축비는 30,940냥 4전 3푼으로 장안문 · 팔달문 다음으로 비용이 많이 들었으며, 남수문도 30,446냥 7전 5푼으로 북수문 다음으로 공사비가 많이 들었다.

4. 장대

장대는 西將臺와 東將臺(鍊武臺)가 있다. 서장대는 팔달산 정상에 자리 잡고 있는데, 성의 안팎이 한눈에 들어오며 주변일대가 조망된다. 정면 3칸, 측면 3칸의 重層樓閣으로 상층은 정면 · 측면 각각 1칸의 모임지붕이다. 남한산성의 장대처럼 아래층에 비해 위층이 갑자기 좁아지는 모습을 보인다. 華城將臺라는 편액은 정조의 어필이었는데 화재로 소실되었다. 이 장대는 화성의 총지휘소로 화성에 주둔했던 壯勇外營의 군사들을 총지휘하던 곳이다. 동장대는 지형상 높은 곳은 아니지만, 사방이 트여 있고 등성이가 솟아 있는 仙巖山에 자리 잡고 있다. 정면과 두 측면에 축대를 쌓아 돌리고, 그 안쪽에 외발대의 기단을 축조하였다. 건물은 정면 5칸, 측면 4칸으로 단층의 팔작지붕이다. 건물 주변에는 調練場이 있었고, 부근에는 이 장대를 보호하기 위하여 東北弩臺를 설치하였다. 우리나라의 성들은 성 안팎의 상황을 정확히 살피면서 전투를 지휘해야 하기 때문에 장대는 성의 정상부에 설치하는 것이 상례였다. 성의 규모가 방대하거나, 성안의 지형이 가로막혀 城主 혼자서 전투를 지휘하기 어려울

---

167) 文化財硏究所 慶州古蹟發掘調査團, 『月精橋發掘調査報告書』, 1988, 83~101쪽.

경우에는 별도로 장대를 두어 副將들로 하여금 일정 구역의 전투를 지휘토록 하였다.

5. 공심돈

望樓인 空心墩은 서북공심돈, 남공심돈, 동북공심돈 3개소가 있다. 南空心墩은 시가지화로 없어졌으며, 형태는 서북공심돈과 비슷하였다. 城書에는 「벽돌로 삼면에 섬돌로 쌓고 그 가운데를 비워둔다. 가운데를 2층으로 구분하여 널빤지로 樓를 만들고, 나무 사다리를 사용하며, 위아래에 구멍을 많이 뚫어서 바깥의 동정을 엿볼 수 있게 한다. 佛狼機 · 百子銃을 발사하여도 적들은 화살이나 총탄이 어느 곳에서 날아오는지를 모르게 되어 있다.」고 하였다.[168] 화성에서도 이 제도를 본떠서 雉 위에 墩을 설치하였다. 치에는 2면에 각각 현안 2개씩을 뚫었다. 치 위에는 벽돌로 쌓았으며, 속을 비게 하고 위에다 누각를 지었다. 층마다 벽면에 佛狼機穴을 내었고, 누각에는 문마다 箭眼을 뚫었다. 남공심돈에는 板門을 내지 않았다. 특히 東北空心墩(소라각)은 여장 안으로 만들었는데, 요동의 薊平墩을 본떠서 甓築으로 둥글게 돈을 만들었다고 한다.[169] 외벽은 지대석 2~3단을 화강석으로 쌓고, 그 위에는 두께 1.05m의 벽을 전돌로 쌓았으며, 내부의 통로 폭 1.20m를 남기고 내벽은 외벽과 같은 동심원 형태로 두께 65cm의 전돌벽을 쌓고 그 속은 진흙을 넣어 다졌다. 각층의 3면에는 상하 2단으로 총안과 포혈을 두고, 중층에는 전안을 두었는데, 이들 구멍들은 밝은 빛을 끌어드리는 역할도 겸하게 된다. 아래층의 空心에서 구불구불한 벽돌 사다리를 통해 위로 올라가면 상층의 정면 2칸, 측면 1칸의 누각으로 올라가게 된다. 규모는 지반면에서 여장 옥개석 하부까지의 성외측 높이는 6.81m, 성내측은 6.10m이고, 1층 높이는 1층 바닥에서 2층 바닥까지 2.26m, 2층 높이

168) 『華城城役儀軌』 卷首 圖說.
169) 『華城城役儀軌』 卷首 圖說.

는 2.32m이다. 한편 西北空心墩은 下長(밖으로 튀어나온 길이) 9.3m, 하폭(앞면 폭) 7m가 성벽 밖으로 돌출되었다.

공심돈은 『武備志』의 공심돈과 적대를 절충하여 원성의 성벽에 만든 것으로, 군사들이 臺 위로 올라가기에 쉽게 하기 위하여 고안된 것이라고 한다.170) 즉 공심돈은 본래 중국 변방의 독립된 墩堠의 한 형태였다. 공심돈은 기존 墩臺의 내부를 비워 적이 급히 다가 왔을 경우 군사들이 위아래로 쉽게 오르내릴 수 있도록 고안된 것으로,171) 화성에서는 성곽의 부대시설로 설치된 것이 특징이다. 일찍이 鄭尙驥는 성 밑에 2~3보 거리에 돈대를 대포 탄알이 닿을 수 있는 거리를 계산하여, 성벽을 따라 500보나 1,000보마다 1개소씩을 만들고, 돈대의 좌우, 앞 3면에는 화살과 총을 쏠 수 있는 구멍을 많이 뚫어 無敵神飛砲, 大佛狼機, 百子銃, 鳥銃을 설치하고, 또 弩牀을 만들어 强弩를 설치하며, 상부 중앙에는 3~4칸의 루를 지어서 바람, 비, 화살, 돌을 피할 수 있게 하며, 매 돈대에는 10~20명의 군사가 지키도록 하자고 주장하여,172) 돈대를 부대시설로 응용할 것을 언급한 일이 있었다. 한편 공심돈은 정약용의 계획서인 「城說」에는 보이지 않는 것으로 보아, 축성과정에서 첨가된 것으로 볼 수가 있다.

한편 정조는 화성을 순행하면서 서북공심돈에 이르러 閣臣과 승지들에게 말하기를 공심돈은 우리 동국에서는 처음 만든 것이니 마음껏 구경하라고 하고, 동장대에 이르러 「초루나 돈대 등속은 가끔 엉뚱한 모양만 낸 것 같아서 실용에 적합하지 않다. 이것은 유수와 도청이 다투어 논란하던 것으로, 결국 도청의 주장에 따라 시행하게 되었지만 나의 본뜻은 아니다.」173)라고 하였다. 이로써 보면 방화수류정 등의 초루와 동북공심돈 등의 돈대의 조성에 도청인 이유경의

---

170) 金東旭, 『18세기 건축사상과 실천—수원성—』, 152쪽.

171) 『武備志』 권110 軍資乘 守 城制. 『城制考』 天 城制圖說. 『城制考』는 화성 축조 이전에 편집된 것으로 보고 있다.

172) 『農圃問答』 陣法築城墩.

173) 『正祖實錄』 권46, 正祖 21년 1월 庚午.

의견이 크게 반영되었음을 알 수가 있다.

6. 치

치[174]는 西一雉, 西二雉, 西三雉, 東一雉, 東二雉, 東三雉, 北東雉, 南雉, 甬道雉인 西南一雉, 西南二雉 등 10개소가 있다. 치는 포루와 더불어 화성의 기본적인 방어시설이었다. 특히 동쪽 성벽은 지형이 낮고 굴곡이 적기 때문에 치를 비롯하여 여러 시설물들을 배치하였다. 치는 돌출된 3면에는 여장을 두르고, 원총안과 근총안을 각 면에 내고 성벽 정면에는 현안을 만들었다. 치란 성벽을 돌출시켜 성벽 밑으로 접근하는 적을 방어하기 유리하도록 만든 시설물이다. 즉 치에서 적을 좌우로 살피면서 적이 곧바로 성벽 아래로 다가오지 못하도록 하였다. 만일 적이 성벽 밑에 붙게 되면 화살이나 총탄을 쏠 수 없어, 적이 성 밑을 허물게 마련이다. 그러나 상대한 치에서 방어를 하면 飛樓 · 雲梯 · 衝車로도 공격을 할 수가 없게 된다. 西一 · 二 ·三雉, 南雉, 東三雉와 같이 모서리를 둥글게 하는 공법도 고구려의 치에서 이미 나타난다. 이러한 공법은 치뿐만 아니라 東北舖樓, 西舖樓, 東二舖樓, 西北空心墩, 西北角樓, 東南角樓, 南砲樓, 東砲樓, 烽墩 등에도 응용되었다.

치는 성벽이 직선을 이루는 경우나, 능선과 만나는 지점에 만드는 것이 일반적이다. 그러나 우리나라 산성들은 轉曲을 이루기 때문에 모퉁이와 마주치거나 성문이 있는 곳에 이르면 스스로 치의 형상을 이루어 正城을 보호하는 경우가 많기 때문에, 垛를 따지고 步數를 계산하여 치를 설치하는 중국의 제도를 그대로 따를 수는 없었다. 현재 치의 규모는 서1치 하장 7.25m, 하폭 6.15m, 서3치 하장 5.75m, 하폭 5m, 남치 하장 5.9m, 하폭 4.2m, 북동치 하장 7.8m, 하폭 7.8m로 치마다 약간씩 차이가 난다.

---

174) 雉는 꿩이 제 몸을 숨기고 밖을 엿보기를 잘하는 까닭에 여기에서 유래된 것이라고 한다.

성문을 보호하기 위해 만든 치를 구별하여 敵臺라고 부른다. 北城敵臺인 장안문 좌우의 적대는 장안문 좌우로 각각 53보 정도에 설치하였는데, 높이는 22척으로 원성의 여장과 가지런히 하고, 외면 하폭 26척, 상폭 21척이며, 길이 20척, 지름 1척 5촌의 현안 3개를 만들었다. 팔달문 좌우에 설치된 南城敵臺는 바깥쪽에 현안 2개를 만들고, 나머지는 북성적대와 같다. 남성적대는 시가지화 되면서 없어졌다. 현재 북성적대 중에서 北西敵臺 규모는 하장 9.3m, 하폭 7.9m, 석축 높이 6.15m, 여장 높이 1.25m이고, 北東敵臺는 하장 9.1m, 하폭 8.3m, 석축 높이 6.7m, 여장 높이 1.24m이다. 북동적대에는 직각으로 北東雉를 두어 방어력을 한층 높였다. 특히 창룡문에서는 曲城을 설치하여 적대와 같은 역할을 하도록 하였다.

7. 포루

砲樓는 동북포루 · 동포루 · 북서포루 · 서포루 · 남포루 등 5개소가 있다. 성벽의 일부를 치처럼 외부를 돌출시키고 포사를 지었다. 3층으로 그 가운데를 비운 것이 공심돈과 비슷하다. 벽돌로 만들었으며, 아래 넓이나 위로 줄어든 넓이가 古制의 再突하는 형세를 따랐다고 한다. 이곳에 화포를 많이 감추어 두고, 위아래에서 한꺼번에 쏘게 하였다. 외면의 하폭 24척, 상폭 20척, 左右 하폭 29척, 상폭 27척, 높이 27척 5촌, 삼면 벽두께 6척이고, 나무 사다리로 오르내리게 하였다. 현재 南砲樓는 하장 8.3m, 하폭 7.65m가 성벽 밖으로 돌출되었다.

유형원은 포루의 중요성을 강조하면서 제도는 치와 같으나 벽돌로 쌓고, 성 밑으로 내려가서 가운데를 비게 하여 많은 사람을 넣게 하고, 3면에 많은 포혈을 내며, 상부에는 누를 지어서 활을 쏨에 멀리 바라보는 처소로 삼는다라고 하였다.[175] 정약용의 「城說」에도

---

175) 『磻溪隨錄』 권22 兵制後錄 城池.

砲樓 7, 敵樓 4, 敵臺 9, 舖樓 2, 弩臺 1, 角城 7개소가 계획되어 있는데, 이들 시설물들이 모두 「砲樓圖說」내에 서술될 정도로 정약용 역시 포루를 중요시하였다. 한편 우리나라의 포루는 치위에 포사를 짓는 것이 일반적이었다. 경성읍성은 성벽 둘레가 2,100m인데, 7개소에 포루가 설치된 것을 보면 화성의 포루는 많은 것이 아니다.

8. 포루

舖樓는 동북포루(角巾臺) · 서북포루(『華城城役儀軌』의 北舖樓) · 서포루 · 동1포루 · 동2포루 등 5개소이다. 3면이 치처럼 성밖으로 돌출되었다. 城書에는 치 위에 지은 집을 舖라고 하며, 치의 군사를 가려 적군이 보지 못하도록 하는 것이라고 하였다.[176] 성벽의 벽면은 석축이나 필요에 따라 甎築을 하였으며 현안을 내었다. 현재 東北舖樓는 하장 5.75m, 하폭 8.2m가 성벽 밖으로 돌출되어 있다.

9. 각루

角樓에는 동북각루(訪花隨柳亭) · 서북각루 · 서남각루(華陽樓) · 동남각루 등 4개소이다. 치 위에 만든 것으로, 성벽이 휘어 돌아가는 모퉁이의 돌출부에 세운 누각을 각루라고 한다. 높은 지형에 만들어 일대를 감시하고 때로는 휴식을 즐길 수 있는 정자처럼 지은 건물이다. 방화수류정은 상하 중층의 누각으로 형태가 불규칙하면서도 조화를 이루어 주위의 경관과도 아름답게 어울려 정자건물의 높은 수준을 보여준다. 특히 기단의 甓砌石緣에 雙絲技法을 응용한 것은 錯視效果를 주어 건물을 보다 장엄하고 견고하게 보이려는 의도에서 나온 것이라고 한다. 편액은 전 참판 曹允亨이 썼다(현 편액은 金基昇). 바로 앞에는 연못 속에 섬을 만든 용연이 있는데 못의 서쪽에 설치된 석조의 螭頭로 물을 뿜는다. 화양루는 甬道 끝에 위치하여 2

176) 『華城城役儀軌』 卷首 圖說.

개의 치를 끼고 있는 등 행궁과 서장대의 보호에 중요한 역할을 하고 있다.

10. 노대

弩臺는 서노대와 동북노대 2개소가 있다. 노대는 弓弩라는 큰 화살을 쏘는 弩手가 몸을 숨기는 높은 대를 가리킨다. 西弩臺는 서장대의 뒤에 있는데, 『武備志』의 제도를 본떴으나, 형태를 달리 하여 대를 팔각으로 하여 우뚝 서게 만들었다.177) 한 면의 아래 넓이 8척 5촌, 위의 넓이 6척 5촌이고 높이는 12척이었다. 地臺에는 砌甓을 올려 면을 삼고 돌을 깎아 모퉁이를 괴었다. 위에 長臺를 얹고 철여장을 7면에 설치하였는데, 높이 4척 2촌이고 총안을 뚫었다. 위에 오를 수 있도록 9층의 돌사다리를 설치하였다. 대 위에는 네모난 甎을 깔고, 한 가운데에 높이 1척의 方臺를 만들었다. 이 노대에서는 성 밖의 서쪽과 북쪽이 한 눈에 보인다.『武備志』의 6각 노대를 우리 고유 사상이 담긴 8각으로 만든 점 등이 돋보인다. 東北弩臺는 치 위에 벽돌을 쌓아 대를 만들었는데, 대 아래의 석축 높이 13척, 대의 높이 18척, 바깥쪽 넓이 19척이었다. 대는 벽돌로 쌓고 모서리를 죽였으며, 현안 2穴을 뚫고, 상면에는 원여장을 설치하였다. 또 石梯와 甓磴을 설치하여 올을 수 있도록 하고, 臺上에는 方甎을 깔았다.

노대는 바깥이 잘 보이는 성안의 높은 곳에 대를 설치해 놓고, 성 밖의 동정을 살피다가 바깥의 움직임에 변화가 있을 때, 깃발 신호를 하여 노대 주변의 장대에서 적의 동향에 대응하여 군사들에게 작전을 지휘할 수 있도록 하였다. 또 적이 성벽에 접근하면 노대 위에서 弓弩를 발사하였다.

11. 봉돈

177) 『華城城役儀軌』 卷首 圖說.

烽墩(案山烽燧)는 치처럼 돌출시키고 아래는 석축, 위는 전축으로 쌓았다. 높이는 25척, 폭은 54척이며, 현안 2개와 포혈 18개를 설치하였다. 5개의 火竇를 설치하였는데, 화두의 밑 둘레 17척 2촌, 위 둘레 11척 5촌, 높이 11척이었다. 허리쯤에는 길이 3척 1촌, 폭 1척 5촌의 炬口를 만들었다. 봉돈의 내측 좌우에는 군기고와 兵戍處를 설치하였다. 정조 20년 조심태의 건의로 설치되어,[178] 9월 25일에 擧火되었다. 동쪽으로는 용인 石城山烽燧, 서쪽으로는 棲鳳山間烽(정조 20년)[179]을 거쳐 興天臺(山)烽燧와 연결되었다. 그러나 서봉산봉수는 健陵 遷奉後 순조 21년에 乾達山烽燧로 옮겨졌다.

12. 포사

鋪舍는 中鋪舍, 內鋪舍가 있으며 성안에 지었다. 성 밖의 숨겨 놓은 길에서 警報를 알리면, 각각 자기가 맡은 城面에서 포를 쏘아 보고하고, 포사에 있는 군사는 旗를 두르거나 포를 쏘아 응하도록 하였다.

13. 용도

甬道는 능선이 길게 뻗어 있어 적이 이곳을 점령하면 성안의 허실을 탐지할 수 있기 때문에 능선 위의 삼면에 높이 5척, 두께 4척의 여장을 쌓고, 서남암문에서 84보 동쪽에 하나의 치를 설치하고, 10보 정도 서쪽에 또 하나의 치를 설치하였다. 용도의 규모는 길이 177보, 여장 안의 폭 6보이고, 삼면의 둘레는 367보였다. 본 용도는 식량을 운반하던 길이 아니고 치가 확대된 凸城인데,[180] 남한산성에서도 용도라고 표현한 것을 보면, 옛 사람들은 이러한 구조물을 용

178) 『華城城役儀軌』 卷一 啓辭 丙辰 正月 二十二日.
179) 『華城城役儀軌』 卷一 傳敎 丙辰 九月 二十一日.
180) 식량 등을 운반하던 본래의 甬道를 경주 남산신성과 진천 伊訖山城(萬弩山城)에서는 수레길이라고 불려왔다.

도라고도 불렸던 모양이다.

14. 해자

화성은 남쪽 성 밖과 장안문 옆에 자연적으로 생긴 도랑이 있고, 또 西山의 뒤와 東城의 아래에도 자연적인 도랑이 있어 성 둘레에 人工垓子를 만들지 않았다고 한다.181) 해자는 고구려 평양성처럼 보통강과 대동강을 자연해자로 활용한 경우도 있으나, 고구려의 下古城子土城, 백제의 夢村土城, 신라의 月城처럼 일찍부터 인공해자를 만들어 사용하기도 하였다.182) 즉 山地에는 隍, 평지에는 해자를 만들었는데, 평지성에서는 해자가 필수적이었다. 그러나 근세 일본성인 오사카성의 해자 폭이 75m, 깊이가 6m나 될 정도로 규모가 방대한 것으로 발전한 것에 비해 우리나라의 해자는 왜소하고 형식적이었다.183) 정유재란시 남원성(남원읍성)전투 때 왜군이 인근 논의 볏짚으로 해자를 쉽게 메웠던 사례가 우리나라 해자의 단점을 잘 말해준다고 하겠다. 하여튼 화성이 제대로 된 해자를 갖추지 못한 것은 이 성의 단점이라고 볼 수가 있다.

맺 음 말

화성의 축성공사는 정조 18년(1794) 1월 25일에 개시하여 동왕 20년(1796) 9월 10일에 완공되었다. 완공에는 2년 8개월 15일이 소요되었으며, 이중 공사가 공식적으로 중단된 기간을 제외하면 실제 공

---

181) 『華城城役儀軌』 卷首 圖說.

182) 정조의 「御製城華籌略」에서처럼 해자를 만들 때 나온 흙을 재활용하였다.

183) 동래성 해자의 발굴조사에서 출토된 적이 건너지 못하도록 설치한 끝이 뾰쪽한 말목도 너무 왜소하다. 적의 도강을 막기 위해 여울에 마름쇠도 깔았는데, 해자에도 마름쇠를 활용하는 것도 한 방안일 수 있다.

사기간은 2년 2개월 14일이었다. 공사에 참여한 총 연인원만도 70여 만 명에 달할 정도로 대역사였다.[184] 이는 10년을 예상했던 것에 비하면 엄청나게 공기가 단축된 것이었다. 공기의 단축에는 民丁徵發이 아닌 給價雇立制에 의해 공사가 이루어짐으로써 작업에 효율성을 높일 수 있었던 점, 자재들이 원활하게 공급된 점, 정약용이 고안한 거중기 등 기계들을 활용한 점, 정조 연간의 탄탄한 국가재정 등이 큰 역할을 한 것으로 보인다.

화성 성역의 공사비는 30만 냥 정도를 예상하였으나, 실제로는 860,698량 2푼이 소요되었으며, 어영청과 금위영의 停番錢 10년분 336,000냥은 전체 공사비의 39%에 불과하여, 나머지 부족액은 각 도와 국고의 예비비 성격의 보조재원 및 각종 부가세· 이자 등으로 충당하여야만 하였다.

화성의 축조에는 몇 가지 특징을 들 수 있는데, 화성의 축조는 선침을 호위하고, 행궁을 보호하며, 京師의 날개가 되는 畿輔의 큰 진[185]으로 삼고자 하는데 있었다는 점,[186] 정조의 왕권강화를 위한 치밀한 계획 하에 이루어진 만큼 화성은 정조의 정치적 위용과 장려함을 상징하는 건축물이라는 점, 정조시대의 문화적 · 과학적 역량이 총동원된 역사적 산물이라는 점, 정조의 정책을 뒷받침해 주는 친위군영인 壯勇外營이 주둔하던 군사적 거점이었다는 점, 축성 작업의 능률을 높이기 위해 새로운 운반도구인 유형거, 거중기, 녹로 등을 새로 제작하여 큰 성과를 거둘 수 있었다는 점, 우리나라와[187] 중국의 성제를 종합하여 우리나라에서는 처음으로 성제를 제대로 갖춘

184) 「華城紀蹟碑」(金鍾秀).

185) 총리사 채제공은 화성을 남한산성과 서로 구원하는 형세를 이루고, 서로 도우며 의지하는 관계를 맺어야 한다고 하였다(『正祖實錄』 권42, 正祖 19년 윤2월 己丑).

186) 「華城紀蹟碑」.

187) 정조는 심지어 사람을 보내서 진주성의 초루를 그려오게 까지 하였다(『華城城役儀軌』 卷一 筵說 癸丑 十二月 初八日).

성곽이라는 점 등을 들 수 있다.

화성 성역은 인건비 위주의 중세적 틀을 벗어나 자재비의 비중이 증대되는 근대적인 면모를 서서히 나타내 주고 있었다. 이는 상품 유통이 점차 활발해지는 18C의 시대 변화와 맥을 같이 하는 현상이었다.[188] 하여튼 화성은 18C 말 우리나라 최고 건축기술를 바탕으로 축조된 것으로, 정조의 지극한 효심과 정성,[189] 실학자이자 신예 관료였던 정약용의 기술적인 창견, 성역을 주관한 채제공 · 조심태 · 이유경 등의 열정, 당대 최고 수준 공장들의 기술이 종합된 우리나라 성곽의 정수이다.

(이 책은 판교의 書隱書室에서 쓰여 졌음)

---

188) 金東旭, 『18세기 건축사상과 실천—수원성—』, 259쪽. 인건비중 공장과 잡역부의 인건비가 전체 공사비의 약 32%, 자재비가 약 35%, 운반비가 약 20%, 상량식 등 각종 공사 의식이나 주변 토지 매입, 보상비 등이 약 6%를 차지하였다. 이밖에 성역소 관리의 급료가 16,901냥 6전 2푼(給料米는 1,495석 11두 4홉)으로 2%였다(金東旭, 위의 책, 252~259쪽).

189) 『正祖實錄』 권51, 正祖 23년 5월 丙寅.